비고츠키 선집 3

**어린이 자기행동숙달의
역사와 발달 I**

비고츠키 선집 **3**
**어린이 자기행동숙달의
역사와 발달 I**

초판 1쇄 인쇄 2013년 1월 7일
초판 1쇄 발행 2013년 1월 11일

지은이 L. S. 비고츠키
옮긴이 비고츠키 연구회

펴낸이 김승희
펴낸곳 도서출판 살림터

기획 정광일
편집 조현주
디자인 시아
필름출력 소망
인쇄 제본 (주)현문
종이 월드페이퍼(주)

주소 서울시 마포구 서교동 395-27
전화 02-3141-6553
팩스 02-3141-6555
출판등록 2008년 3월 18일 제313-1900-12호
이메일 gwang80@hanmail.net

ISBN 978-899444-35-9 (93370)

*가격은 뒤표지에 있습니다.
*잘못된 책은 바꿔드립니다.
*이 책은 저작권법에 의하여 보호를 받는 저작물이므로 무단 전재와 복제를 금합니다.

비고츠키 선집 3

어린이 자기행동숙달의

역사와 발달 I

살림터

| 옮긴이의 말 |

어린이 본능과 습관의 어둠을 지나 동트는 지성과 의식적 파악의 새벽

밤 늦게까지 잠을 안 자고 공부하는 아이를 상상해 보자. 혹은, 이와는 반대로 컴퓨터 게임을 그만하고 잠을 자러 가려는 아이를 상상해 보자. 아니면, 무언가를 기억하려 애쓰는 아이, 학급 생활 속에서나 숙제를 할 때 넘치는 상상력에 의해 발생하는 수많은 오류들을 통제하려고 애쓰는 아이를 생각해 보자.

어쩌면 우리는 이와 같은 순전히 개인적이고 심리적인 사례보다는 매우 복잡한 사회적 사례를 서문의 출발점으로 삼는 것이 더 나을 수도 있을 것이다. 놀이터에서 한 아이가 돈을 빼앗으려고 (혹은 자기를 흉본 친구에게 보복하기 위해서) 다른 아이를 위협하거나 때리려고 할 때, 또 다른 아이가 사이에 끼어들어 싸움이 멈추게 되는 상황을 상상해 보자.

비고츠키 혹은 우리 자신이 싸움을 말리는 아이라면, 우리는 다른 아이의 행동을 변화시키기 위해 그 아이의 행동을 미리 예측할 수 있어야 한다. 그러나 행동을 예측하기 위해서는 단순히 행동을 기술하는 것으로는 충분치 않다. 행동을 설명할 수 있어야만 한다. 그렇다면 행동을 변화시키는 것은 차치하고라도 행동을 예측하고 설명하는 것이 어떻게 이 책의 주제, 즉 어린이의 자기행동숙달 및 자유 의지와 상통하는가? 어린이가 자유 의지에 따라 행동한다면 그의 행동을 예측하고 설명하는 것은 전혀 불가능해지는 것이 아닐까?

비고츠키가 제시하는 답은 간단하지 않다. 세 어린이 반응은 모두 복잡하며 그들이 상호작용하는 방식은 더더욱 복잡하다. 예를 들어, 싸움 장면에서는 도망치려는 충동과 맞붙어 싸우려는 충동이 공존하며 아마도 이는 자연적 본능일 것이다. 그 다음 수준의 행동에는 갈등을 피하고자 하는 발달된 습관이 존재한다. 이는 경험을 통해 학습된 것이다. 이에 더해, 다툼의 상황이 벌어지면 어린이들은 갈등 상황에서 이길 수 있을지 없을지 주의 깊게 계산하게 된다. 그러나 우리는 이 모두를 넘어서는 전혀 새로운 행동의 수준을 발견할 수도 있다. 때로 어린이들은 '우정'과 '정의'라는 이름하에 본능과 습관 그리고 심지어 지성에조차 반하는 행동을 한다. 이러한 행동이 고등정신에 기반한 행동이며 이 '고등정신기능'이 이 책의 주제이다.

그렇다면 이 책의 제목은 무엇이 되어야 할까?

폭풍 같은 삶의 막바지에서 비고츠키는 '투란도트'에 대한 짧은 리뷰가 포함된 연기에 대한 긴 에세이를 썼다(Vygotsky, 1999). 푸치니의 오페라를 본 사람이라면 누구나 알고 있듯 투란도트의 중심 모티브는 이름 추측하기이다. 투란도트라는 이름은 수수께끼에 대한 답이다. 주인공은 이 수수께끼를 맞힌 대가로, 투란도트에게 자기의 이름을 알아맞히거나 아니면 자신과 결혼할 것을 요구한다. 투란도트는 온 중국을 밤새 잠들지 못하게 하여 순전히 추측을 통해 그 남자 주인공의 이름을 알아내라고 명령한다. 푸치니는 이 오페라를 완성하지 못하고 심지어 오페라의 제목도 짓지 않은 채 사망하였다. 이 오페라가 초연되던 밤 토스카니니가 푸치니에게 경의를 표하기 위해 푸치니가 작곡한 3막 중간까지 지휘한 뒤 지휘봉을 내려놓고 관객에게 돌아서서 "여기서 오페라가 끝납니다. 마에스트로가 여기까지 작곡한 후 죽었기 때문입니다."라고 이야기한 것은 널리 알려진 일화이다. 아마 우리도 이 책 역시 제목을 짓지 않은 채 남겨 두는 것이 옳을지 모른다. 비고츠키 사후 그의 미출간 원고 더미에서 이 책이 발견되었을 때 제목은 없었기 때문이다. 비고츠키의 러시아어 선집과 영문판 선집에서 이 책의 제목은 가장 처음에 나오는 말인 "고등정신기능의 발달의 역사는……"에서 따와 붙여졌다.

물론 무제로 남아 있는 작품을 그 첫 낱말들을 이용하여 제목 붙이는 것은 훌륭한 전통이다. 이러한 원칙에 따라 모든 셰익스피어의 소네트가 지칭되고 있으며 대부분의 오페라 노래 제목이 붙여져 왔다. 아마도 이런 이유로 푸치니의 'Nessun Dorma'를 부를 수 있는 사람이 이 노래가 '아무도 잠들지 못한다(우리나라에서는 「공주는 잠 못 이루고」라는 제목으로 알려져 있다)'라고 지칭되는 이유를 설명할 수 있는 사람보다 훨씬 많은 것인지 모른다. 그러나 우리가 기존의 전통 있는 명명법을 아이들의 이름 짓는 데에서도 따른다면 많은 어린이들은 '마' 나 '파' 혹은 '이거' 나 '저거', '줘' 등으로 불리게 될 것이다. 비고츠키가 살아서 이 책이 출간되는 것을 보았다면 이 책을 '고등정신기능 발달의 역사'로 선택했을 가능성은 매우 낮다(Yasnitsky, 2011: 54). 그가 살아서 자신의 책이 한국어판으로 출간되는 것을 보았다면 더더욱 그러한 제목은 원하지 않았을 것이다. 왜냐하면 비고츠키의 다른 책들 중 어느 것도 그와 같은 야심 찬 제목을 가지고 있지 않으며 비고츠키가 **1-3**에서 "(1권은) 체계적으로 제시하는 첫 번째 시도"이며 "(2권은) 개별 연구들을 한데 모으는 것"이라고 밝히고 있다시피, 이 책은 역사책이 아니라 역사에 대한 서문일 뿐이라고 말하고 있기 때문이다. 또한, 비고츠키는 **1-39**에서 고등정신기능 발달의 역사는 아직 쓰이지 않았음에 주의하도록 경고한다. 사실 "고등정신기능의 발달의 역사는……"이라는 이 책의 첫 문단의 첫 문장이 말하고 있는 것은 이것이 아직 탐사되지 않은 영역이라는 점이다.

책이나 개념 심지어 대상의 이름을 짓는 것은 (대상의 명칭이 대상 속성의 일부라고 믿는) 어린이에게나 비고츠키 자신에게도 사소한 일이 아니다. 비고츠키는 톨스토이와 같이 "개념이 준비되면 낱말은 언제나 준비되어 있다."고 믿었다(『생각과 말』 6-1-20 참조). 다시 말해 개념이 없다면 명칭은 의미가 없는 것이다. 사실 이 책의 독자는 책을 읽으면서 짜증과 초조를 겪을 수 있다. 비고츠키는 자신이 염두에 두고 있는 개념이 본문의 논의를 통해 정확히 정의되고 사용될 준비가 되기 전까지는 그 개념에 이름을 붙이거나 심지어 용어를 정의하는 것조차도 삼가기 때문이다. 2장에서 등장하는 '흔적 기능'이나 4, 5장에서 등장하는 '네 번째 단계'가 그 좋은 예이다. 아동 발달의 각 시기를 규정하는 새로운 행동 행태들에 대해서도 그는 단지 '신형성'이라고만 명명한다(Vygotsky, 1998). '발달의 고등정신기능의 연구'라는 제목은 그와 제자들에 의한 임상 연구 수집을 위해 1933년에 분명히 거부되었다 (Puzyrei, 2007: 49). 비고츠키 스스로의 심리학 이론의 명칭을 어떻게 붙일지에 대한 문제를 다룬 노트에서 그는 자신의 이론을 '도구적', '문화적', '의미론적', '구조적'이라고 부를 수 있는지 고심한 후 이 모든 명칭이 적합하지 않다고 결론 내린다. 그는 이 명칭들이 "다른 이론들과 혼동을 줄 뿐 아니라 내적 명료성이 결여되어 있기 때문에" 거부한다. 비고츠키는 실험 방법으로 '이중 자극 방법'이라는 용어를 채택하고 이를 밑줄 그어 강조하기까지 하였다. 그러나 전체 이론의 명칭 대해서는 다음의 세 가지 가능성을 열어 두었다. '고등기능의 심리학', '역사적 심리학', '고등심리기능의 역사적 이론'이 그것이다. 그러나 그는 이들 중 어느 것에도 밑줄을 긋지 않았으며 (Zavershneva, 2010: 30) 비고츠키는 그의 제자들과 함께한 임상 연구 모음집에 대한 제목으로 '고등정신기능의 발달에 대한 연구'라는 제목은 사용하지 않을 것임을 명확히 하였다.

비고츠키는 스스로 이러한 거부에 대하여 이 책의 4장 **4-50**에서 설명한다. 그는 '고등 행동'이라는 말은 잠정적인 표현으로서, 과학에 새롭게 등장한 개념을 지적하기 위한 방편일 뿐, 미래에는 그와 같은 말이 문제를 단순화시킨 것으로, 마치 본능과 습관을 '반응'으로 환원시킨 것과 같이 질적으로 다양한 기능들을 하나의 공통분모로 환원시킨 것으로 간주될 것이라고 말한다. 아마도 비고츠키는 미래에 있는 우리들을 과대평가한 듯하다. 사실 아직까지도 언어 능력이 고등 기능인지, 그렇다면 어느 정도까지 그러한지, 언어 능력은 의식적, 의도적으로 학습되는 것인지, 또한 '지능'이라는 것이 본능적인 것으로 유전되는 것인지와 같은 더욱 심각한 질문들에 대해 격렬한 논쟁이 진행 중이다. 비록 비고츠키는 '고등' 기능과 '저차적' 기능 사이의 구분에 대한 질문이 곧 진부한 것으로 되리라 기대하였지만 이는 여전히 살아 있는 논제이다.

현대의 독자들에게 '고등'이라는 말은 은유적이다. 이 말은 인간이 신의 위치까지는 닿을 수 없겠지만 동물의 수준은 넘어섰다는 의미를 함축한다. 비고츠키도 이러한 의미를 느끼고 있었지만 '고등' 기능의 고등성에 대해 다소 덜 은유적인 세 가지 의미를 들 수 있다. 첫째, 고등 기능들은 어린이 행동의 문화적 활동들과 연결되어 있고 따라서 그 조직 형태는 개인의 행동 형태에 비해 위계적으로 '고등'하며 개인의 행동을 설명하고 나아가 개인의 행동을 포함할 수 있다. 둘째, 비고츠키가 볼 때 고등 기능들은 두뇌의 최상위 부분, 즉 대뇌 피질에 위치한 연결과 이어져 있다(이에 대한 세부 사실은 비고츠키가 알고 있었던 것보다 훨씬 복잡하지만 현대 신경과학의 증거들은 비고츠키의 관점을 뒷받침한다). 셋째, 고등 기능들은 저차적 기능을 완전히 통제할 수 있고 때로는 지각과 같은 저차적 기능을 대체할 수 있다는 점에서 고등하다고 말할 수 있다. 이는 말이 몸짓을 대체하고 사고가 행위를 대체할 수 있는 것을 통해 알 수 있다.

'정신적'이라든가 '기능'과 같은 낱말들 역시 비고츠키에게 있어서, 우리에게 그러한 것보다 더욱 정확하면서도 심오한 의미를 가지고 있다. 첫째, 비고츠키에게 '정신적'이라는 말은 심리적 현상들이 단순히 그 기원을 뇌에 두는 '마음의' 현상이 아니라 그 기원을 뇌와 신체 그리고 대다수는 이미 죽은 지 오래인 타인들과의 삶에 두는 역사-문화적 현상이기도 하다는 의미를 갖는다. 둘째, 그러나 '정신적'이라는 말은 이러한 활동들이 사회적으로 지향되어 있는 것이 아니라 자기 스스로를 향한다는 의미를 갖기도 한다. 셋째, '정신적'이라는 말은 그것이 사회에 기원을 두고는 있지만 그럼에도 개인의 통제하에 있음을 함의한다.

이와 유사하게, 현대 독자들에게 '기능'이라는 말은 어린이의 사회적 활동의 결과 남겨진 정신적 흔적이 아니라 의도적으로 만들어진 가능성이나 능력을 함축할 것이다. 그러나 이 책 전반에 걸쳐 비고츠키는 그리기, 세기, 말하기 등의 실천은 의지적 지각, 논리적 기억, 말로 하는 생각과 같은 내적 '기능'의 외적, 역사적 발달 노선임을 강조한다. 1장의 **1-39**에서 비고츠키는 이 책의 2권이 끝날 즈음에는 고등정신기능이라는 개념, 문화적 행동 발달이라는 개념 그리고 내적 과정에 의한 자기행동숙달이라는 개념이 모두 동일한 개념이라는 것을 증명했기를 바란다고 밝힌다.

2권이 끝날 때까지 비고츠키는 자신이 염두에 두고 있는 자기행동숙달이 살아 숨 쉬는 어린이에 의해 수행되는 실제적이고 구체적인 활동이며 그들의 그림과 산술 그리고 무엇보다도 입말과 글말의 두드러진 특징임을 보이게 된다. 비고츠키의 책은 피아제가 '발생적 인식론'이라고 불렀을, 추상적인 인간 '지식자' 즉 '인식론적 주체'가 나타나게 되는 방식에 대한 기술(Piaget, 1971: 214)과는 거리가 멀다.

깊은 숙고 끝에 우리는 이 책의 제목을 '어린이 자기행동숙달의 역사와 발달'이라고 짓기로 하였다. 이러한 결정을 내린 데에는 세 가지 이유가 있다. 첫 번째, 독자들이 이 책의 제목을 보고 영문판History of the Development of Higher Psychological Functions과 러시아어판История развития высших психических функций 제목을 연상할 수 있게 하기 위해서이다. 두 번째 이유는 이 책은 의심의 여지없이 과정에 대한 책이며 '역사'와 '발달'은 '자연'과 '문화'보다 훨씬 명백히 과정을 함의하기 때문이다. 그러나 가장 중요한 세 번째의 이유는 '역사'와 '발달'이 어떤 의미에서 상호적으로 참조하며 심지어 상호 규명하는 관계라는 점이다. 이들은 물과 얼음같이 상호 간 배타적이지 않다. 우리가 논리적 혹은 비교적 분석을 통해 이들을 분리하더라도 우리는 이들이 태극의 음양과 같은 관계임을 보게 된다. 발달은 어린이의 역사이며 역사는 인간의 발달인 것이다.

불행히도 이는 '역사'와 '발달'이 최소한 이 용어들의 일상적 사용에 있어서는 또한 상호 침투적인 성격을 가지고 있다는 것을 의미한다. 예컨대 우리는 '자연적 역사'라고도 말하고 '문화적 발달'이라고도 말한다. 문화적 역사의 결과가 어린이 발달의 상당 부분을 차지하는 이유임은 쉽게 알 수 있다. 그리고 이에 따른 필연적인 결과로 '역사'와 '발달'이라는 용어는 또한 모든 것을 아우르는 의미를 가지게 되므로 이 책의 제목으로 삼기에는 의미상의 정확도가 떨어진다는 것을 우리는 발견하게 된다. 이러한 모호성을 방지하기 위해 우리가 할 수 있는 일은 '역사'와 '발달'을 더욱 '대상 지향적'으로 만드는 것뿐이다. '어린이 발달에서 도구와 기호'의 경우에서와 같이 그들이 가리키는 구체적인 대상, 즉 어린이와 어린이의 행동이 명시되어야 한다.

우리가 이와 같이 자의대로 이 책의 제목을 짓는 것은 오직 비고츠키가 생전에 책의 제목을 정하지 않았기 때문이다. 비고츠키의 다른 저작들과 마찬가지로 이 책은 이제 역사적인 문서가 되었다. 우리는 번역자로서 본문의 내용을 어떤 방식으로도 변경을 가할 수 없었다. 그러나 이 책을 우리말로 번역한 목적은 역사학자들의 연구를 위한 기록의 보존도 아니고 학자들의 연구를 위한 문헌 자료의 제공도 아니다. 우리는 이 책이 바로 오늘의 우리나라 교사들과 밀접한 관련을 맺고 있다고 믿기 때문에 이 책을 번역하였다.

불행한 점은, 번역을 위해 이 책을 읽으면서 역자들이 경험한 것을 통해서 그리고 비고츠키 선집 1권(『생각과 말』), 2권(『도구와 기호』)에 대한 독자들의 반응을 통해서 우리는 비고츠키의 글이 우리나라의 교사 독자들이 읽기에는 너무 어렵다는 것을 깨달았다는 것이다. 물론 비고츠키는 어려운 작가이다. 읽기 쉬운 비고츠키를 만났다면 이는 역설적으로 오역된 비고츠키를 만났다는 의미이다. 교사들이 여러 가지 업무에 시달리는 것은 사실이다. 그리고 우리 중 대다수는 이해할 수 없는 책은 사용할 수 없는 책이며, 사용가치가 없는 책은 읽을 필요가 없다고 느끼는 것도 사실이다.

하지만 이것은 비고츠키뿐 아니라 우리 자신에게도 비극이다. 우리가 이 책을 읽지 않는다면 비고츠키가 비판하고 그 정체를 폭로한 이들, 즉 객관주의자와 주관주의자, 경험주의자와 관념주의자, 사회적 행동주의자 또는 순수 인지주의자의 손에 교육정책 계획, 교육과정 수립, 그리고 심지어는 교수-학습 과정안의 수립에 있어서의 중요한 측면을 넘겨주게 된다. 설상가상인 것은 비고츠키가 이 책의 핵심에 두고 있는 경험적 상황과 구체적 문제들에 대해 전혀 이해하지 못하는 이들, 즉 '교사'가 아닌 이들의 손에 교육에 대한 이론화의 작업을 넘기게 되는 것이다.

우리가 이 책을 읽지 않으면 비고츠키는 시시포스의 형벌을 계속 감당해야만 한다. 토마셀로는 선대의 지혜가 책으로 남겨지지 않는다면 매 세대는 언덕을 향해 올라가는 기차와 같게 될 것이라고 한다. 엔진이 멈추는 순간 기차는 밑바닥으로 다시 미끄러져 내려가게 된다(1998: 38). 인도 같은 나라에서는 언덕길에 기차 엔진이 멈추는 일이 흔히 일어난다. 그러한 경우를 대비해 인도인들은 바퀴가 거꾸로 도는 것을 방지하는 '레쳇(역회전 방지 기어)'을 장착한다. 토마셀로가 볼 때 책은 선조들이 죽더라도 우리가 출발점으로 되돌아가 모든 것을 다시 시작하는 것을 막아 주는 일종의 레쳇과 같은 것이다.

하지만 이것은 글의 내용이 올바르게 이해될 수 있는 경우에만 사실이다. 글릭이 말했듯이 비고츠키를 이해하는 것은 모든 독자와 해석자들에게 이중의 위험을 감수해야 하는 일이다(2004: 354-355). 한편으로 비고츠키의 저작들 특히 미완의 상태에 있는 것들은 우리 시대와 명백하고 직접적인 관련이 있기 때문에 현 상황에 맞추어 비고츠키의 글을 고치고 싶은 유혹은 차마 거부하기 어렵다. 다른 한편으로 비고츠키의 비할 수 없는 해박함과 광범위한 관심 분야 그리고 비고츠키 당대에는 열기가 높았으나 지금은 관심에서 멀어진 논쟁거리에 대한 깊은 관련 등으로 인해 독자는 그의 논의를 따라가기 힘들고 여러 방면으로 향한 논의를 따라가다가 길을 잃기 십상이다.

우리 역자들은 두 가지 방법을 통해 이러한 난관을 해결하고자 하였다. 첫째, 번역 과정에서 함께 논의를 하면서 본문을 하나씩 차근차근 풀어 나갔으며 필요한 경우에는 역자 자신의 연구들과 관련을 지어 이해하기도 하였다. 이러한 논의의 결과는 본문 곳곳의 글상자에 나타난다. 어쩔 수 없이, 다소 긴 글상자들이 본문 여기저기에서 나타나게 되지만 독자들은 이를 통해 두 가지 종류의 정보를 얻을 수 있을 것이다. 하나는 본문 내용이 어려운 경우 이를 단순화하여 재진술한 것이다. 반면 다른 하나는 본문에 더해 부연 설명을 하거나 예시를 제공한 경우로 이는 문단 앞에 '*' 표시가 되어 있다. 불가피하게 본문 내에 역자들의 설명이 필요했던 경우, 괄호 속에 간단한 해설과 함께-K 표시를 하여 한국인 역자들이 덧붙인 내용임을 나타내었다. 본문을 이해한 독자라면 글상자를 무시하고 넘어갈 수 있을 것이다. 일부 독자들의 우려와 달리, 삽입된 글상자들은 최대한 문단과 문단을 이어 주는 교량의 역할을 할 수 있도록 편집되었다.

둘째, 원문과 글상자 삽입으로 인해 비대해진 텍스트로 인해 한 장을 다 읽고 난 후에는 그 장의 처음에 무슨 이야기가 나왔는지, 그리고 장 전체의 구조와 모습은 어떠한지 전체적으로 파악하지 못하게 되는 경우가 흔하다는 사실을 발견하였다. 따라서 역자들은 각 장의 끝에 미주를 제공하기로 하였다. 독자들은 본문에 삽입된 글상자와 문단 번호 그리고 미주가 전적으로 독자의 이해를 위해 역자들이 첨부한 것임을 특히 유념하고, 비고츠키 자신이 저술한 본문과 구분해 주기를 바란다. 어디서나 비고츠키의 논쟁은 연쇄적인 사슬이 아닌 강의 흐름과 같은 방식으로 구성되어 있어 흐르다 끊기는 지류도 있고 소용돌이치며 확장되는 부분도 있다. 이는 강 주변을 깔끔하게 정리하고 수심을 동일하게 6미터로 깎아 낸, 역자들의 미주가 보여 주는 그러한 강의 모습과는 전혀 다르다. 우리는 비고츠키가 초안을 작성하지도, 퇴고를 하지도 않았음을 알고 있다. 그의 노트들은 얼마든지 다양한 순서로 정리될 수 있는 작은 종이 조각들에 쓰여 있었다(Puzyrei, 2007: 13). 그러나 본 번역본에서 제공되는 미주들이 비고츠키의 생각의 급류를 타고 가는 데 도움이 될 것이라 생각하며 본문을 읽고 이해하는 데 유용할 것이라고 믿고 본

번역본을 내놓는다.

아마 비고츠키는 자신의 원고가 두 권으로 나뉘도록 의도하지도 않았을지 모른다. 그러나 이 책이 1960년에 즉, 비고츠키 사후 사반세기가 지나 처음 출간되었을 때 다른 장들은 미완이라는 주석이 달린 채 1권의 이 다섯 장만이 독자들에게 선을 보였었다(Vygotsky, 1997b: 279). 운이 좋게도 다음 권에서 우리가 보게 될 바와 같이 이 주석은 사실이 아니었다. 물론 이 책의 4장과 마찬가지로 2권의 일부 장들은 완성되지 않은 상태로 남아 있기도 하다. 그러나 비고츠키는 1권에서 예고한 '특별한 연구'를 실제로 수행하였고, 더욱 이론적인 성격이 강한 1권은 그러한 특별한 연구들에 의존하고 있다. 2권이 1권에 의존한다기보다는 1권이 2권의 내용을 바탕으로 저술된 것이다.

주의 깊은 독자라면 한국어판으로 우리가 출간할 2권조차도 미완성적이며 더 많은 논의가 필요하다는 것을 어쩔 수 없이 느끼게 될 것이다. 이 책의 제목을 알 수 없는 것과 같이 우리는 비고츠키가 미래에 어떤 논의를 하고자 했었는지 알 수 없다. 자베르쉬네바(2010b)가 주장한 바와 같이 그는 인간 의식의 본성에 관한 거대한 3부작을 저술하고자 하였고 『생각과 말』은 그중 제1권일 뿐이었을까? 아니면 우리가 생각하는 바와 같이 본 책이나 사망 당시 저술 중이던 『아동 발달에 대한 교과서』(Vygotsky, 1998)에서 볼 수 있듯이 더 실천적인 연구에 매진했을 것인가?

위대한 작품들이 역사의 흐름에 발을 담그는 순간 그들은 원래대로 남아 있을 수 없게 된다. 비고츠키는 그 자신이 번역자이기도 하였으므로 이 사실을 완벽히 알고 있었다(코프카는 모스크바에 초청되어 연설을 했을 때, 자신의 통역자였던 비고츠키 교수가 그보다 훨씬 더 유창하게 그리고 훨씬 더 오래 말했다고 비꼬며 언급한 바 있다). 따라서 비고츠키는 모든 통역자는, 그리고 모든 해석하는 독자들은 마틴 루터의 추종자들이 처한 입장과 같음을 너무도 잘 이해하고 있었음에 틀림없다. 마틴 루터는 그들의 제자들에게 "나아가 용감하게 죄를 저지르라."라고 말했다. 비고츠키의 작품들은 여러 언어를 통해 널리 퍼져 나가면서 확산되고 변형되며 일부는 명백히 그릇되게 받아들여졌으며, 고도로 이론적인 목적으로부터 완전히 실천적인 목적에 이르기까지 매우 다양한 목적으로 사용되어 왔다. 아마 비고츠키에게 기회가 있었다면 그는 자신의 사후에 이어진, 수없는 파생적 해석들을 따라 자유롭게 논의의 발전에 참여했을 것이다.

푸치니 역시 초연의 밤에 토스카니니가 그랬던 것처럼 '문지방 앞에서 잘린 채 뒹굴고' 있기보다는 자신의 오페라가 제자들에 의해 완성되기를 더욱 바랐을 것이다(비고츠키, 2011: 0-10). 그리고 결국 푸치니의 추종자들은 투란도트의 뒷부분 버전을 여럿 작곡하였다. 흥미로운 것은 이러한 버전 중 가장 유명한 것이 거장의 원작에 가장 충실한 작품이라는 것이다. 그것은 「아무도 잠들지 못한다」의 음악과 함께 막을 내린다. 아마도 우리가 잠들지 못하는 것은 바로 쉽지 않은 이런 추측하기 때문이 아닐까? 아니면, 단지 이는 의식적 파악을 획득하는 것은, 잠에서 깨어 있는 것과 같이 자기행동숙달과 관련이 있으며 이는 결코 완결되지도 완결될 수도 없기 때문이 아닐까?

2013년 1월 9일
비고츠키 연구회 일동

| 참고문헌 |

비고츠키, L. S.(2011), 『생각과 말』, 서울: 살림터.
비고츠키, L. S.(2012), 『도구와 기호』, 서울: 살림터.
Brown, M.(1997), Romanticism and Enlightenment. In *Turning points: Essays in the history of cultural expressions,* Stanford: Stanford University Press, pp. 195-219.
Glick, J.(2004), The History of the Development of the Higher Mental Functions. In *The Essential Vygotsky,* New York, Boston, Dordrecht, London, Moscow: Kluwer Academic/Plenum Publishers, pp.345-358.
Piaget, J.(1971), Biology and knowledge, Chicago: University of Chicago Press.
Puzyrei, A. A.(2007), L. S. Vygotsky: Letters to students and colleagues. *Journal of Russian and East European Psychology,* 45(2) 11-60.
Scribner, S.(1997), Vygotsky's uses of history. In *Mind and social practice: Selected writings of Sylvia Scribner,* Cambridge: Cambridge University Press, pp.241-265.
Tomasello, M.(1999), *The cultural origins of human cognition,* Cambridge, MA and London: Harvard University Press.
Van der Veer, R. and J. Valsiner(1991), *Understanding Vygotsky: A quest for synthesis,* Oxford, UK and Cambridge, USA: Blackwell.
Vygotsky, L. S.(1997a), *Collected works,* Vol.3. London and New York: Plenum.
Vygotsky, L. S.(1997b), *Collected works,* Vol.4 .London and New York: Plenum.
Vygotsky, L. S.(1998), *Collected works,* Vol.5. London and New York: Plenum.
Yasnitsky, A.(2011), The Vygotsky That We (Do Not) Know: Vygotsky's Main Works and the Chronology of their Composition. *Psyanima Dubna Psychological Journal,* 454-61.
Zavershneva, E. Iu.(2010a), The Vygotsky Family Archive (1912-1934) New Findings. *Journal of Russian and East European Psychology,* 48: 1, pp.14-33.
Zavershneva, E. Iu.(2010b), The Way to Freedom. *Journal of Russian and East European Psychology,* 48:1, pp.61-90.

차례

옮긴이의 말 5

제1장
고등정신기능 발달의 문제
.... 21

제2장
연구의 방법
.... 129

제3장
고등정신기능의 분석
.... 291

제4장
고등정신기능의 구조
.... 373

제5장
고등정신기능의 발생
.... 441

참고문헌 일람표 555

색인 557

영원한 자연 법칙 역시 점점 더 역사적인 것으로 변형된다.

-F. 엥겔스

*이 인용구는 엥겔스의 미완작 『자연 변증법』(1883)으로부터 따온 것으로, 인간 과학의 지구중심설에 대한 엥겔스의 노트 중 일부이다. 엥겔스는 물이 100℃에서 끓는다는 법칙을 예시로 든다. 이것이 진짜 법칙일까? 다시 말해서, 인간에 의해 공식화된 법규의 일부인가? 아니면 인간이 그것을 공식화하는 방식에 완전히 무관하게 존재하는 절대적으로 객관적인 패턴인가?

두 가지 모두이다. 즉, 이 법칙은 자연의 객관적 패턴이되 인간에 의해 점점 문화적·역사적으로 규준화되는 변형을 겪어 가고 있는 것이다. 이러한 현상이 발생하기 위해서는 액체 상태의 물과, 해발 0m의 대기압 그리고 그것을 측정할 수 있는 수단이 있어야 한다. 이러한 조건은 달이나 태양은 물론 심지어 지구상의 극지나 오지에서는 충족될 수 없는 것이다. 엥겔스는 자연의 객관적이고 영원한 규칙성은 인간의 과학 활동에 의해 점점 더 지구 중심적인 법칙의 규준화를 겪는다고 말한다.

인간은 스스로에 대해 의식하게 된, 자연의 작은 일부이다. 의식이라는 것은 사실 인간의 자각과 동등한 것이기 때문이다. 그러나 이러한 약간의 의식이 취하는 형태는 언제나 종種 중심적 즉, 역사적 문화적이다. 이와 동일하게 어린이가 처음으로 스스로를 의식하게 될 경우 이는 필연적으로 자기중심적인 의식이 된다. 우리는 자연의 천진난만한 어린아이이며 우리가 아는 만큼, 그리고 우리가 자연에 대해 알고자 하는 만큼만 존재할 뿐이다.

제1장
고등정신기능 발달의 문제

야생아 feral child의 한 사례인 지니 : 13년간 작은 방에 홀로 방치되었던 지니는 구출 이후에도 언어를 잘 습득하지 못하는 등 문화적 '원시성'의 상태를 벗어나지 못했다.

1

> *이 책의 처음 다섯 장章은 비고츠키 사망 26년 후인 1960년에 모스크바에서 한 권의 책으로 출판되었다. 출판 당시 주석에는 이 책의 나머지 장들은 쓰이지 않았다고 밝히고 있으나, 우리가 보게 되듯이 그것은 사실이 아니다. 이 책은 열다섯 장으로 구성된 매우 긴 책이다. 이 책의 완결판은 1984년 러시아에서 비고츠키 선집으로 처음 출판되었다. 3장의 일부분이 『사회 속의 정신』에 포함되었으며, 이 책 7장(2권)인 '글말 발달의 선역사'는 비고츠키 사망 직후에 출판되었고 또한 『사회 속의 정신』에 포함되었다.

1-1] 고등심리기능 발달의 역사는 심리학에서 전혀 탐사되지 않은 영역이다. 어린이 인격의 다양한 측면을 올바르게 이해하고 확실히 파악하기 위해서는 이러한 고등심리기능의 발달 과정에 대한 연구가 대단히 중요하다. 그럼에도 불구하고, 이 분야의 경계선은 명확히 구분되지 않았다. 연구 방법을 개발하는 연구자가 직면하는 주요 문제와 난관들이 제시되지 않았고, 적절한 연구 방법이 개발되지 않았다. 심지어는 연구자가 연구의 경로에서 얻어진 사실과 관찰된 규칙성을 이해하고 설명하는 데 도움이 될 수 있는 이론의 요소나 작업가설조차도 발전되지 않았다.

1-2] 게다가 아동심리학에 적용된, 우리 의견으로는 발생 심리학의 핵심 개념 중 하나인 고등심리기능이라는 개념 자체가 불명료하고 모호하게 남아 있다. 이는 유사하거나 연관된 개념들과 적절히 구분되지 않고, 그 뜻의 구분이 모호하며, 그 안에 담긴 내용은 명료하게 정의되지 않았다.

> 이전 문단은 고등심리기능이 극도로 중요함에도 불구하고, 거기에는 명확하게 공식화된 과업도 방법도 작업가설도 없다고 말했다. 이 문단은 고등심리기능의 개념 자체에 관하여 정확히 동일한 이야기를 하고 있다. 어린이 발달에 적용된, 어떤 발생 심리학에서도 중심 주제가 되어야만 하는 고등심리의 개념 자체가 다음과 같은 의미에서 모호하다.
> 1. 고등심리 개념은 유사하거나 연관된 개념들과 명확히 구분되지 않는다(예를 들어, '의도적 활동', '지적 반응'의 구분. 『도구와 기호』의 결론의 첫 부분을 보면, 비고츠키와 루리야는 고등 기능과 저차적 기능 사이의 구별이 항상 의지적 활동과 반응적 활동 사이의 구분과 일치하지는 않는다고 지적한다. 유인원이 자발적이지 않은 이유는 그가 계획을 세우지 않기 때문은 아니다).
> 2. 고등심리 개념은 분명한 경계를 갖고 있지 않다. 즉 우리가 그 단어를 사용하는 뜻이 두서가 없고 종잡을 수 없다(예를 들어, 우리는 그것을 의지적 기능과 자발적 기능의 의미로 사용하지만, 또한 자연발생적인 기능의 의미로도 사용한다). 『생각과 말』의 마지막 장에서 비고츠키에 의해 이루어진, 폭넓고 쉽게 일반화되는 뜻 가치와 자기 유사적이고 사회적으로 정의된 의미 가치 사이의 구분을 기억해 보자. 고등심리라는 용어 역시 사용하는 사람들에 따라 다양한 개인적 의미를 가진 말로 사용되고 있는 것이다.
> 3. 고등심리 개념은 잘 정제된 내용을 갖고 있지 않다(크레치머와 루리야 같은 저자들은 고등심리기능을 특별한 뇌 영역과 연결시키는 반면, 비고츠키

> 같은 다른 저자들은 고등심리기능이 문화적 기원과 사회-심리학적 본성을
> 갖는다고 주장한다).

1-3] 이 문제를 둘러싼 상황을 생각할 때, 우리는 기본 개념으로부터 시작해야 하고, 주요 문제들을 제기해야 하며, 중요한 과업을 정의해야만 한다는 것이 매우 분명하다. 새로운 분야에서의 모든 연구가 그것이 답해야만 하는 질문을 정확하고 분명하게 공식화해야 하듯이, 어린이의 고등심리기능 발달의 역사에 관련하여 많은 개별적 연구들을 체계적으로 제시하고 그것들을 이론적으로 종합하는 첫 번째 시도인 이 모노그래프는 이 연구가 탐구하는 주제에 관한 분명한 이해로부터 시작해야만 할 것이다.

> 주어진 문제 상황을 고려할 때 우리는 중심 개념부터 시작해야 하며, 주요 논점을 제시해야 하고, 핵심 과업을 공식화해야 한다. 새로운 분야의 연구라면 반드시 핵심 논점을 정의함으로써 시작해야 한다. 다양한 연구를 제시하고 이론적으로 일반화하려고 시도하는, 고등심리기능의 발달 역사를 다룬 이 모노그래프(전문서) 역시 그 주제를 정의함으로써 시작해야 한다.

1-4] 이 질문은 우리의 주제에 대한 이해가 아동 심리 발달 과정에 대한 전통적 견해의 근본적인 변화를 요구한다는 사실로 인해 더욱 복잡해진다. 발달에 대해 우리가 접근하는 일상적인 방식의 변화는 필수적인 전제 조건이며 그렇게 하지 않고서는 우리가 여기서 관심을 가지는 질문을 올바르게 제기할 수 없다. 그러나 어떤 분야에서 새로운 수천 가지의 사실을 받아들이는 것보다 잘 알려진 몇몇 사실에 대한 새로운 관점을 채택하는 것은 훨씬 더 어렵다. 더욱이 이미 아동심리학 체계에서 견고히 확립된 많은 사실들은

우리가 이들을 어린이의 고등심리기능 발달이라는 측면에서 바라볼 경우, 뿌리째 뽑혀서 완전히 새롭게 해석되지만 이것은 이러한 관점에서는 거의 인식될 수 없다. 우리 문제의 난관은 관련된 질문들이 정교화되지 않고 새롭다는 데 있다기보다는, 지난 수십 년간 수집된 모든 사실적 자료의 영향에 따라 질문이 일방적이고 그릇되게 공식화되었고 오늘날까지도 이어지는 잘못된 해석이 무기력하다는 데 있다.

> 연구의 주제 즉 고등정신기능의 발달 역사의 이해에 대한 질문은 심리적 발달을 이해하는 방식을 변화시켜야 한다는 사실에 의해 복잡해진다. 이러한 변화 없이, 연구 문제를 공식화시키는 것은 단지 어려운 것이 아니라, 불가능하다. 그러나 수천 가지 새로운 사실을 받아들이는 것보다 새로운 관점을 받아들이는 것이 훨씬 더 어렵다. 게다가 고등심리기능의 문제라는 관점에서 바라볼 경우, 많은 사실들이 뿌리째 뽑혀 잘못된 위치에 놓인 것처럼 보인다. 그래서 이 문제의 어려움은 질문의 새로움에 있는 것이 아니라, 바로 지금까지도 계속 제공되고 있는 답변 즉 이미 제공한 잘못된 대답이 부담이 되고 있다는 데 있다.

1-5] 고등심리기능 발달과 관련된 사실들에 대한 전통적 관점의 일방성과 모순성은 무엇보다 먼저 이 사실들을 역사적 발달의 사실로 검토하지 못하고 일방적으로 자연적 과정과 형성으로 간주하거나, 아동 심리 발달에서 자연적 과정과 문화적 과정이, 혹은 본질적인 것과 조건적인 것이, 생물적인 것과 사회적인 것이 혼재하여 구별되지 않은 것으로 간주한 데 있다. 요컨대 연구되는 현상의 본질을 근본적으로 잘못 이해한 것이다.

> 발달 사실들에 관한 전통적 관점에서 일방성과 모순성은 다음에 있다.
> 1. 이 사실들을 역사적 발달에 기인한 것으로 보지 못하는 문제.

> 2. 이 사실들을 자연적(즉 사회학적으로 결정되는 것이 아니라 생물학적으로, 계통 발생적으로 결정되는) 과정이라는 편향적 방식으로 고찰하는 문제.
> 3. 어린이 정신 발달의 요소들을 혼합주의적 결합물(절충적 혼합)로 보는 문제. 즉, 자연과 문화, 본질적인 것과 우발적인 것, 그리고 생물학적인 것과 사회적인 것이 한데 무질서하게 섞여 있는 것으로 이해하는 것. 요컨대 우리가 연구해야 하는 현상에 대한 기본인 몰이해.

1-6] 어린이 고등심리기능의 발달에서의 다양한 측면과 논제, 계기들에 대한 탁월한 구체적 연구와 모노그래프들이 많이 있다. 어린이의 말, 계산, 문해, 논리, 어린이의 세상 개념, 수 개념과 조작의 발달 심지어는 대수와 개념 형성의 심리도 실험의 대상으로 여러 번 다루어졌다. 그러나 이 모든 과정과 현상, 이 모든 정신 기능과 행동 형태들은 그 자연적 측면 즉 그들을 형성하고 구성하는 자연적 과정의 관점에서만 주로 연구되어 왔다.

> 고등심리기능 발달의 다양한 측면, 문제, 단계에 관한 많은 특별한 저술들이 있었다. 예를 들어 말, 산술, 문해, 생각 그리고 심지어 대수와 개념 형성에 대한 스턴, 피아제, 뷜러, 아흐, 리마트 등의 연구들은 모두 편향적으로 자연적 측면에만 집중했다.
> *비고츠키는 1931년에 이 글을 쓰고 있다는 것을 기억하자. 이때는 비고츠키가 러시아어로 출간된 피아제의 저작에 길고 매우 비판적인 서문을 썼던 시기이다. 이 문단에서 비고츠키는 피아제의 초기 자연주의적 연구, 예컨대『아동의 언어와 사고』『아동의 판단과 추론』, 그리고 아마도『아동의 세상 개념』을 염두에 두고 있음이 분명하다.『생각과 말』2장 참조.

1-7] 고등정신기능과 그 복잡한 문화적 행동 형태는 그것의 모든 기능적, 구조적 특정성, 시작에서 완숙에 이르러 사멸하기까지의 고유한 모든 발생적 과정, 그것이 따르는 모든 특정한 규칙성과 함께 일반적으로 연구자의 시야 밖에 머물러 있었다.

> *비고츠키는 저차적 · 자연적 · 생득적 심리기능에 초점을 맞추었던 당시 만연한 연구 풍조에 대해 지적하고 있다. 이는 지각과 반응 시간만이 실험실에서 측정될 수 있다고 주장하고 문화, 사회적 심리학은 민속학으로 넘겨 버린 분트만의 문제가 아니었다. 이러한 경향은 행동주의자나 심지어 형태주의자, 그리고 물론 피아제에 의해서 이어져 나갔다.

1-8] 복잡한 형성물과 과정들은 그들의 구성 요소로 분석되어 더 이상 전체로서 구조로서 존재할 수 없었다. 그들은 전체를 구성하는 하나의 부분으로, 종속적 위치를 차지함으로써 특정한 기능만을 충족시키는 기초적인 수준의 과정으로 환원되었다. 유기체를 그 구성 요소들로 나누면 해부학적 구조가 드러나지만 그 고유한 유기체적 특성과 규칙성은 더 이상 드러나지 않는 것과 마찬가지로 이 복잡하고 통합된 정신적 형성물은 그들의 가장 중요한 성질을 잃는다. 통합된 정신적 형성물들이 그 과정의 가장 작은 공통분모로 환원된다는 그 사실에 의해 그들은 스스로의 정체성을 잃게 되는 것이다.

> *이 문단에서는 형태주의적인 경향성이 물씬 묻어난다. 또한 비고츠키가 이후『생각과 말』1장에서 도입하는 '단위로의 분석'과 직접적인 연관이 있는 내용이기도 하다. 위와 같은 연구 방법론적 전체주의는 심리학 연구가 자극-반응 단위에 의존하여, 유기체가 자극에 대해 반응하는 양상만을 관찰하는 것에 대해 비판한『도구와 기호』에서도 찾아볼 수 있다.

1-9] 이런 식의 질문 제기는 아동 심리 발달의 문제에 있어 가장 치명적이었다. 개별 부분들을 산술적으로 더해서 총합을 구하는 것처럼 개별 요소들로부터 복잡한 심리 과정이 나타난다는 기계적 세계관이 발달에 대한 이해 자체와 정면으로 배치되는 것이기 때문이다.

1-10] 어린이 고등심리기능 발달의 문제에 대하여 이러한 접근법이 만연함에 따라, 완료된 행동 형태에 대한 분석이 일반적으로 이 형태의 발생에 대한 설명을 대체하게 되었다. 그 발생 대신 발달의 여러 단계에서 드러나는 복잡한 행동 형태를 분석함으로써, 전체 형태가 발달하는 것이 아니라 개별 요소들이 발달하며 요소들의 총합이 행동 형태의 각 발달 단계의 국면들을 형성한 것이라는 인상을 심어 주었다.

> *물론 비고츠키가 여기서 비판하고 있는 것은 당대의 반사학이나 행동주의이다. 그러나 오늘날에도 유사한 현상이 흔히 발견된다. 예를 들면 어린이의 언어 발달을 어휘 증가로 이해하는 것이다. 어린이의 다양한 발달 지점에서 어휘만을 측정한다면 어린이가 하루에 7개에서 10개 정도의 새로운 낱말을 배운다는 통계적 결론을 얻게 된다. 문제는 이를 근거로 언어 발달이 7개에서 10개 정도의 새로운 낱말을 획득함으로써 이루어진다고 추론을 하는 것이다. 이와 같은 요소로의 분석은 문법 학습에서 발견되는 위기와 폭발적 증가나, 언어적 성장의 범위보다 넓은 담화 수준에서의 어린이의 성장을 설명하지 못하는 것은 물론이고, 심지어 어휘 습득의 과정에서 나타나는 학습고원현상plateau도 설명하지 못한다. 그러나 가장 중요한 것은 개별 어휘의 요소만을 헤아린다면 낱말의 의미가 변하는 것을 설명할 수 없다는 것이다. 낱말의 의미는 단순한 명칭으로부터 대상 부류에 대한 복합체적 일반화로, 이러한 일반화로부터 다른 개념들을 통해 정의되고 분류되고 위계적으로 관계를 맺는 진정한 개념으로 발전한다.

1-11] 간단히 말해 복잡한 고등 행동 형태의 발달 과정은 이처럼 설명되지 않은 채, 방법론적으로 잘 알려지지 않은 채로 남겨졌다. 발생적 자료들은 어떤 형태의 고등 과정들이 어떤 시기에 나타나는지에 따라 순수하게 외적, 기계적, 시간적 사건으로 대체되었다. 예를 들어 심리학을 통해 우리는 추상적 개념이 형성되는 시기가 대략 14세경임을 알 수 있는데, 이는 마치 젖니가 7세경에 영구치로 대체된다는 지식을 얻는 것과 같다. 하지만 심리학은 왜 추상적 개념 형성이 그 나이에 발생하는지, 그것이 어디에서 왔는지, 어떻게 생겨나게 되었는지, 어떻게 발달하는지에 관한 질문들에는 답을 할 수 없었다.

*최근 외국어 교수법의 역사에서 발견되는 요소로의 분석을 살펴보자. 의사소통교수법CLT은 영국과 미국에서 매우 다른 경향을 가지고 발달해 왔다. 미국에서는 크라셴과 그의 동료들이 행동주의를 배제하고 구조주의만을 토대로 어린이들이 문법적 형태소를 습득하게 되는 자연적 과정을 촘스키의 언어습득장치(LAD, Language Acquisition Device)와 연계하여 연구하였고 이를 바탕으로 외국어 학습 이론을 발달시켰다. LAD는 그 과정을 보여 주지 않는 비밀의 상자에 비유된다. LAD는 형태소들이 특정한 순서로 학습되는 이유나 발달 양상에 대해 전혀 설명하려 하지 않는다. 영국에서는 윌킨스와 동료들이 구조주의는 배제하고 '의사소통 기능'이라는 형태로 행동주의만을 유지하였다. 언어를 통해 할 수 있는 일들의 순서를 짜서 외국어 학습의 토대로 사용한 것이다. 물론 이 경우 역시 특정한 기능이 제시되는 순서에 대한 이유나 기능들 간의 관련성(특정 기능을 학습하기 위해 필요한 선행 기능이 무엇인지)에 대한 설명과 기능들이 어떻게 발달하는지에 대한 설명이 전혀 제시되지 않는다. 이러한 안타까운 상황은 문법 습득과 같은 고등 심리 현상이나 사회적 상호작용과 같은 복잡한 행동을 언어 습득 구조라든가 특정 문장으로 현현된 의사소통 기능과 같

> 은 탈맥락화된 요소로 환원하려 했기 때문에 일어난다. 이러한 시도는 고
> 등심리기능을 고등한 것으로 만드는 본질적인 것을 제거할 뿐 아니라 우
> 리로 하여금 인간의 언어라는 것이 가지는 고유성이 무엇인지조차 잊게
> 만든다. 외국어 교수법의 금과옥조가 되어 버린 PPP(제시연습발화)의 과
> 정은 기능 학습skill learning의 모델이다. 그러나 언어는 다른 어떤 외적 기능
> 과 비교 불가능한 내적 도구임을 비고츠키는 이 책에서 강조하고 있다.

1-12] (치아와 개념에 관한-K) 우리의 비교는 우연적인 것이 아니다. 그 것은 아동기 심리학의 실제 상황을 반영한다. 심리학은 유기체적인 성숙과 문화적인 발달 간의, 본질적 실질적으로 서로 다른 두 발생 노선 간의, 그리고 어린이 행동 발달에서 이 두 노선을 지배하는 근본적으로 다른 두 가지 법칙들 간의 차이점을 아직도 충분하게 탐구하지 못하고 있다.

> 14세의 개념 형성과 7세에서의 영구치 형성 사이의 비교는 단순히 외
> 관상으로만 유사한 것이 아니다. 그것은 아동심리학이 처한 상태를 반영
> 한다. 아동심리학은 다음을 아직 구분하지 못하고 있다.
> 1. 근본적으로 다른 두 변화 과정:유기체적 성숙 과정과 문화적 발달
>   과정
> 2. 본질적 실질적으로 다른 두 발생 노선:자연적 발달 노선과 문화적
>   발달 노선
> 3. 서로 다른 두 발달 노선을 지배하는 근본적으로 다른 두 가지 규칙성

1-13] 아동심리학에서는—예나 지금이나—정반대의 현상이 두드러진 다. 문화적·유기체적 발달 작용을 동일한 토대에 놓고 이 둘을 근본적으로 동일한 종류의 법칙을 따르는, 하나의 심리적 본성을 가진 동일한 수준의 현

상으로 간주하는 것이다.

1-14]   우리는 이제 출발점으로 다시 돌아가서 아동심리학에서 서로 다른 두 수준의 현상과 규칙들이 어떻게 그리고 어떤 대가를 치르며 동일한 수준으로 환원되었는지를 보여 줌으로써 문화적 발달에 관한 전통적 견해에 대한 비평 전체를 마무리할 수 있을 것이다. 이것은 특정한 한 수준의 법칙에 관한 연구를 희생하고, 복잡한 정신 과정을 기초적인 과정으로 환원하며, 심리적 기능을 자연적 측면에서만 편향적으로 접근하는 대가를 치름으로써 행해졌다.

> 우리는 문화적 발달에 대한 전통적 관점을 비평하기를 마무리 짓고 서로 다른 (문화적·유기체적) 두 수준의 현상이 어떻게 그리고 어떤 대가를 치르면서 하나로 즉, 심리-신경학적 혹은 행동주의적 프레임으로 환원되었는지 살펴볼 것이다.
> 1. 이러한 환원은 하나의 전체적인 특정한 법칙, 즉 문화적 행동의 법칙에 대한 연구를 포기함으로써 얻어졌다.
> 2. 이러한 환원은 복잡한 정신 과정을 매우 단순한 과정으로 환원함으로써 얻어졌다. 예를 들면 도덕적 결정 능력의 형성 과정은 처벌에 대한 두려움으로 환원되었다.
> 3. 이러한 환원은 심리적 기능의 자연적 측면에 대한 과잉 강조를 통해 얻어졌다. 예를 들면 쓰기 학습에서 가장 중요한 요인으로 학습자의 생물적 준비도, 즉 연필을 쥘 수 있는 소근육의 발달이 강조되었고 외국어 학습의 준비도는 모국어 학습 과정에 빗대어 설명되었다.

1-15]   인간 행동 형태의 기능적 구조와 발생에 대한 분석과 설명을 다루는 몇몇 특별한 장에서 우리는 전체와 부분의 관계를 토대로 한 특별한 사

례 연구를 고등정신기능 발달과, 고등 행동 형태를 더욱 기초적인 형태로 환원시키는 문제에 적용할 것이다. 그때 우리는 주요 정신 기능 연구에서 발견한 어린이 정신 발달 과정의 가장 중요한 규칙을 이론적으로 나타내려는 시도를 할 것이다. 그로 인하여 우리의 추상적 추론은 보다 구체적이 될 것이고, 과학적 사실이라는 살과 피를 입게 될 것이다.

> *비고츠키는 주의, 기억, 자기 통제(9, 10, 12장)와 같은 '기능적 구조' 뿐만 아니라 말, 쓰기, 계산(6, 7, 8장)과 같은 '행동 형태'에 대해 언급하고 있다. 비고츠키가 고등 행동 형태를 기초 행동 형태로 환원시킨다고 말할 때, 그는 또한 이 장에 바로 뒤따라 나오는 기능적·구조적·발생적 분석에 대한 장들(3, 4, 5장)을 언급하고 있는 것이다. 정신 발달 규칙의 이론화는 13, 14, 15장에 나온다. 이런 식으로 이 단락은 전체 책에 대한 간략한 개요를 제공한다. 그러나 먼저 비고츠키는 완전히 새로운 접근법의 상황을 제시해야 한다. 그것이 비고츠키가 다음 두 단락에서 한 것이다. 하나는 구접근법에 대해 우울한 어조로, 다른 하나는 밝은 어조로 긍정적이고 전도양양하지만 아직까지는 완전히 실현되지 않은 계획을 제시하고 있다.

1-16] 하지만 지금 우리가 생각하는 유일한 당면 과제는 어린이의 심리적 발달 과정에 관해 취해진 두 개의 기본적인 관점을 비교하는 것이다. 첫 번째 관점은 암묵적인 전제의 형태로, 그 누군가가 표현하거나 공식화한 적이 없음에도 불구하고 모든 연구를 이끄는 전제 조건으로 아동심리학이 존재해 온 모든 시기를 지배해 왔다. 이는 요즘의 새로운 연구들에서조차도 사실상 계속 그 형태를 유지하고 있으며, 고등정신기능 발달에 관한 사실을 다루는 심리학 책이나 글의 모든 장 속에 암묵적으로 존재하고 있다.

1-17] 두 번째 관점은 문제에 대한 모든 선행 이론들의 발달에 의해서, 모든 사실적인 자료들의 축적에 의해서, 낡은 관점을 따라 접근한 연구자들

이 마주치게 된 모순과 막다른 길에 의해서, 낡은 계획을 따라서는 해결할 수 없는 거대한 질문들의 덩어리들에 의해서, 잘못된 기초 위에 놓인 사실들의 무리와 함께 수십 년에 걸쳐 크게 자라난 혼란에 의해서, 심리학 위기의 전체적인 경로에 의해서, 발생 심리학의 다른 영역—동물 심리학, 원시적 인간에 대한 심리학에서의 성취에 의해서, 마지막으로 변증법적 방법론을 심리학에 도입하는 것에 의해서 준비되어 왔다.

*이 문장은 새로운 심리학적 방법론의 출현을 위한 7개의 전제 조건(역사, 사실, 질문, 혼란, 위기, 성공, 변증법적 경로)들을 나열하고 있다.

1. 이 문제를 다루어 온 전체 역사(아동 발달에 어떤 통찰력도 제공하지 못한 내관적 심리학과 행동주의의 실패)
2. 실험적·관찰적·임상적 사실들의 축적
3. 기존 방식으로 해결할 수 없는 질문들(특히 고등 기능들, 생각과 말 사이의 내적 관계에 대한 질문들)
4. 순전히 관찰을 토대로 놓인 새로운 사실들의 더미로 비대해진 혼란 (스턴, 피아제)
5. 심리학의 위기(행동주의/반사학의 도전, 정신분석학, 형태주의 심리학 등 심리학자의 수만큼이나 많은 심리학이 존재한다는 사실)
6. 다른 영역에서의 발생 심리학의 성공(쾰러, 투른발트)
7. 변증법적 방법론의 도입(볼로쉬노프, 비고츠키)

*다음 단락에서 보게 되듯이, 이런 두 번째 접근은 널리 알려지거나 인정된 것도 아니고 비고츠키 스스로도 아직 뚜렷이 의식하고 있지 않은, 잠재적인 것일 뿐이다. 비고츠키는 단일하게 통일된 현존하는 심리학파가 아니라 지금은 서로 다른 수많은 영역에 분포되어 있지만, 잠재적이며 미래의, 가능한 접근법에 대해 말하고 있는 것이다.

1-18] 그러나 우리가 아는 한 이 두 번째 관점 역시 명확하고 완전하게 표현되거나 공식화된 바가 없다. 우리는 어린이의 문화적 발달의 역사에 대한 새로운 이해를 위해서 모든 실마리와, 개별 연구자들 사이에서 산발적으로 발견될 법한 새로운 방법론적 공식의 모든 요소들을 모아 설명 과정에서 제시하고자 한다. 그러나 우리가 이들을 한데 모아놓는다고 해도 이들이 우리 연구의 출발점에 필요로 하는 것을 충족시키지 못한다. 따라서 우리는 두 관점의 핵심을 더욱 정확히 정의하고자 노력해야 하며 동시에 우리 연구의 출발점을 정확히 서술해야 한다.

> 두 번째 관점 역시 누군가에 의해 명확히 제시된 것은 아니다. 우리는 이러한 관점을 내비치는 모든 암시적 힌트와 실마리들을 한데 모으고자 노력할 것이다. 그러나 우리가 이들을 모두 한데 모아 둔다 하더라도 우리의 이론을 위한 단단한 토대를 구축하지는 못할 것이다. 따라서 우리는 두 가지 접근법을 모두 살펴보고 빠진 것이 정확히 무엇인지 알아볼 것이다. 이를 통해 우리는 두 번째 방법이 출현한 이유를 이해하고 이 두 번째 방법 역시 결여하고 있는 것이 무엇인지를 살펴볼 것이다.

1-19] 첫 번째 관점은 우리가 이미 가리킨 바와 같이 세 가지 계기로 특징지어진다. 즉, 고등심리과정들을 그들을 구성하는 자연적 과정들의 요소적 측면에서 연구하는 것, 더 복잡하고 고등 과정들을 기초적 과정으로 환원하는 것, 문화적 행동 발달을 지배하는 특성과 규칙을 무시하는 것이다. 이러한 계기들은 주관적이고 경험적인 구舊심리학과 새로운 객관적 심리학인 미국의 행동주의와 러시아의 반사학에서 동등하게 나타나는 특성이다.

> 첫 번째 관점은 세 가지 두드러지는 특징을 갖는다. 첫째, 고등심리기능을 그 자연적·생물적 측면에서 즉 행동의 한 형태로, 개인적·신체적 능

> 력의 하나로 연구하는 것이다. 예컨대 지능은 힘의 한 형태로, 발달은 생장의 한 형태로 인식된다. 둘째, 복잡한 고등 과정을 단순 과정으로 깎아내리는 것이다. 예컨대 수 감각을 구체물 세기로, 말하기 능력을 문장 따라 하기로, 기억력과 같은 기능을 자극-반응 시험 수행 능력으로 환원하는 것이다. 셋째, 발달 과정을 지배하는 법칙에서 문화적인 것의 고유한 특성을 무시하는 것이다. 예컨대 일상적 개념과 과학적 개념 사이의 구분의 무시, 고등 과정과 저차적 과정의 차이점의 무시이다. 이러한 특징들은 스턴과 분트로 대표되는 구심리학과 손다이크나 베흐테레프로 대표되는 새로운 객관적 심리학에 공통으로 나타난다.

1-20] 구舊심리학과 새로운 심리학 사이에는 심오하고 원칙적인 견해들의 차이점이 있음을 한시도 잊어서는 안 되지만 또한 이 둘은 여러 저자들이 이미 수차례 언급한 바 있는 형식적인 방법론적 공통 계기를 가지고 있다. 이 계기는 두 관점 모두가 과학적 연구 과제를 기초적인 요소로 분해하는 것과 동일시하며, 고등 형태와 형성을 기초적인 것으로 환원하고, 양적 차이로 환원할 수 없는 질적 문제를 무시하는, 즉 비변증법적인 과학적 사고를 향하여 분석적으로 편향되어 있다.

1-21] 주관주의적인 구심리학에서는 과학적 연구의 주된 과제가 쾌락, 불만, 자발적 노력의 느낌과 같은 기초적 정신 현상들을 추상화함으로써 발견된 더 나눌 수 없는 경험의 요소를 추출하는 것과, 그와 동일한 방식으로 발견된 주의와 연합과 같은 기초적 심리 과정을 추출하는 데 있다고 보았다. 고등하고 복잡한 과정들은 구성 성분들로 분해되고, 다시 이러한 기초적인 현상이나 과정들의 남김 없는 조합으로 환원된다. 이렇게 하여 경험의 조각들로 구성된 심리적 삶의 거대한 모자이크, 즉 분할된 인간 정신의 거대하지만 원자론적인 그림이 나타났다. 하지만 새로운 객관주의 심리학자들도 분

석과 분할, 그리고 요소로의 조합과 환원 이외에 복잡한 전체에 대한 지식을 얻는 방법을 모르고 있다. 반사학 역시 고등 행동 형태의 질적 고유성을 외면하고 있다. 그들은 고등 행동 형태는 저차적인 기본적 과정들과 근본적으로 다르지 않다고 본다. 일반적으로 모든 행동 과정들은 연결의 기간과 수에서만 차이가 있으며, 때로는 억제되고 때로는 외적으로 억제되지 않는 반사 결합의 연쇄로 분해된다. 행동주의는 약간 다른 성격의 단위들을 사용하지만 만약 반사학적 분석의 단위들을 반사 대신 반응으로 대체한다면, 객관주의 심리학적 분석과 놀라울 정도로 비슷한 그림이 나오게 될 것이다.

*위 문단에서 남김 없는 조합이란 저차적 요소들이라는 블록이 하나도 남거나 모자람 없이 그대로 고등 기능의 재료가 되었음을 의미한다. 따라서 전체적인 형상을 묘사해서 그리는 그림 대신 경험의 수많은 조각들을 모아 일종의 모자이크를 만드는 것이 가능했다.

'연쇄(사슬)'는 자극반응이나 작용-반작용, 목표-행위의 연결 사슬을 의미한다. 이 연결 사슬들은 때로는 길고 때로는 짧다. 영어 수업의 '듣고 따라 하기' 부분처럼 반응이 정해져 있는 경우도 있고, '듣고 이해하기' 또는 '듣고 생각하기' 부분에서처럼 그렇지 않을 때도 있다. 그러나 사슬 안에서의 연결은 기본적으로 언제나 똑같다. 즉, '듣고 따라 하기'와 '듣고 답하기'는 본질적으로 같다고 보는 것이다.

당시에는 '객관적 심리학'과 '행동주의'가 다른 것이었다. 행동주의자들은 그들이 하고 있는 것을 심리학이라고 생각하지 않았다. 그들은 본인들이 마음이라는 개념과는 독립된 '행동'만을 기술하고 있다고 믿었다. 따라서 왓슨은 행동주의자의 관점에서 볼 때 심리학이라는 것은 전혀 존재하지 않는다고 말한다. 비고츠키는 사실 행동주의를 반사학보다 한 발 더 앞선 것으로 간주한다. 새 접근법에 대한 희망이라는 점에서 그는 옳았다.

> 반사학은 심리학적 기능을 단순 신경적 반응, 우리 몸에서 나타나는 전기 화학적 변화로 환원한다. 반대로 행동주의는 행동을 사회학자들과 같은 방식으로 이해한다. 즉, 행동을 환경 안의 유기체에 의한 행위의 모음으로 간주하고 신경 과정에 대한 탐구에 골몰하지는 않은 것이다. 비고츠키가 지적한 대로 이것은 '체계'와 '기능'이라는 개념으로 가는 길을 열었으며, 이들은 요소가 아니라 단위로서 인간의 생각과 말을 기술한다. 하지만 행동주의자들은 인간이 가진 기본적인 체계와 기능이 쥐, 고양이, 개, 원숭이에게서 볼 수 있는 것과 같다고 생각했기 때문에 행동주의는 사회학적 심리학이 되지 못했다.

1-22] 사실─가장 일관적이며 극단적인 형태의─행동주의는 유기체 전체의 역할과 중요성을 강조하려는 경향이 있었으며, 심지어 심리학적인 연구를 생리학과 구별 짓는 핵심적 특징으로 행동 과정에 대한 총체적인 관점을 취하려는 경향도 있었다. 때로 행동주의는 복합체를 전체로 간주하는 데까지 이르기도 한다. 이런 경우에 본능적이고 정서적인 기능들은 습득된 기능들, 즉 특정한 상황에서 사용하도록 발달되고 준비된 습관들의 체계와 대조된다.

> 극단적이며 그리고 철저하게 일관적인 형태에서 행동주의는 환원주의적인 규칙에 예외적인 것으로 보일 수도 있다. 결국 행동주의자들은 전체 유기체의 행동을 생리학 영역의 연구와 심리학 영역의 연구를 구별해 주는 열쇠로 본다. 즉, 행동주의자는 단일 기관의 활동을 관찰하는 대신, 전체 동물이 자극에 어떻게 반응하는지를 관찰한다. 따라서 행동주의는 때로 복잡한 전체를 고려하기도 한다. 예를 들자면, 조건화된 행동은 전全 유기체의 반응들을 토대로 하고 있다는 점에서 본능적인 행동과 대조적이

> 다. 파블로프의 실험에서 조건화된 것은 전체 개(개라는 유기체 전체)이지 개의 타액선만이 아니다. 미로에서 달려야 하는 것도 쥐라는 유기체 전체이지 쥐의 눈과 다리만은 아니다. 이러한 점에서 조건화된 행동 혹은 학습된 행동은 우리 신체 기관이 본능에 따라 개별 자극에 반응하는 것과는 다르다.

1-23] 체계와 기능의 개념은 물론 산술적 합산이나 기계적 연쇄 반응의 개념과는 근본적으로 다르다. 그것은 체계 설계에 있어서 모종의 규칙, 체계가 체계로서 가지는 고유한 역할, 마지막으로 체계의 발달과 형성의 역사를 함의한다. 반면 합산과 반응의 기계적 연쇄를 통한 설명에서 우리는 주어진 자극과 반응들 사이의 외적인 근접성이 단순히 수렴한다는 것을 가정할 뿐이다. 정신 기능이라는 개념은—심지어 정신 기능 속에서 기존에 발달된 습관 이외에는 아무것도 발견하지 못하는 행동주의의 극단적 지지자들이 사용하는 뜻에서도—첫째, 어떤 기능이 수행되는 전체와의 관계와 둘째, 기능이라고 불리는 정신 형성물의 통합적 본성이라는 관념을 필연적으로 그 자체에 포함한다.

> *정신 기능을 체계와 기능으로 보는 관념은 반응의 연쇄나 반사궁의 누적으로 보는 관점과 본질적으로 다르다. 체계로 보는 관점은,
> 1. 체계 속에 성립된 규칙성, 반복성, 법칙을 가정한다. 예를 들면 어떤 체계는 의식적인 통제에 의존하지 않는 반면 다른 체계는 그러한 성질을 가지며 어떤 체계는 규칙적인 연습을 필요로 하는 반면 다른 체계는 그렇지 않다.
> 2. 체계 자체가 체계로서 가지는 기능적인 역할을 가정한다. 즉, 운동신경체계는 근육을 자극하는 기능을 가지는 것이다. 아마도 감정적 혹

은 인지적 반응의 체계 역시 자기 보존을 위해 유사한 기능을 가지고 있으리라 짐작할 수 있다.

3. 발달의 역사를 가정한다. 즉, 정신적 반응들은 어린 아기들의 경향성으로부터 혹은 심지어 본능으로부터 발달해 온 것이다. 그러나 기능을 반응의 기계적 연쇄나 반응의 산술적 누적으로 보는 관점에서는 그러한 전체적 관점을 가져올 필요가 없다. 외적 자극과 반응과 이어지는 것으로 충분한 것이다.

기능이 습관으로 환원될 수 있다고 생각한 행동주의자들에게도 정신 기능이라는 개념은,

1. 개별 기능이 전체와 가지는 관계를 전제로 한다. 예를 들어 감정이라는 기능은 그 주체가 되는 전체 유기체를 전제로 한다.
2. 그 자체에 전체성을 내포한다. 예를 들어 인지와 같은 기능은 그 안에 지각, 주의, 기억과 같은 여러 가지 기능들의 조합을 포함한다.

비고츠키는 두 번째 접근법이 그 이전의 접근법들에 의해 준비되어 왔다고 말하였다. 비고츠키는 모든 것을 역사화하며 이는 심리학에 대한 접근법에서도 예외가 아니다. 역사적 접근법에서는 과거가 언제나 암울한 것으로 취급되지는 않는다. 역사적 접근에서는 언제나, 태양이 뜨기 훨씬 이전에 수평선 너머 여명의 희미한 빛이 빛나고 있다. 어디를 바라봐야 하는지를 아는 한 미래를 암시하는 한 줄기 빛은 언제나 과거 속에서 반짝인다.

비록 비고츠키가 주관적 방법과 객관적 방법이 공유하는 환원주의를 지적하고는 있으나 그는 동시에 역사적 진보를 나타내는 중요한 차이점에 주의를 환기시킨다. 그는 행동주의가 한 중요한 기여, 즉 기능과 체계라는 개념의 도입에 주의를 기울인다. 이 개념들은 복잡한 전체라는 관념을 이해할 수 있도록 도와준다.

1-24] 이런 의미에서 행동 심리학에 체계와 기능이라는 개념들을 도입하는 것은 의심할 여지없이 행동에 대한 순수한 기계론적 관념으로부터 진일보한 것임을 나타낸다. 이 두 개념들의 과학적 발달은 곧 이 개념들을 적용하는 연구자들로 하여금 기계론적 관념을 완전히 거부하도록 할 것이다. 그러나 현재 행동 심리학에서 발달된 개념들은 이전 용어와 개념들의 불충분성에 대한 미미한 지적에 불과하며, 발달의 현 단계에서는 그들이 고등 행동 과정의 심리적 본성에 적합한 연구를 위한 전제 조건을 만들어 내지 못한 것이 사실이다.

1-25] 그러나 주관적 심리학과 객관적 심리학을 하나의 특정한 관점으로 묶을 때 우리는 단지 다음과 같은 것을 주장하는 것이다. 경험적이고 객관적인 심리학의 원자론적 정의야말로 고등정신과정 연구를 그 심리적 본성에 어울리게 만드는 것을 근본적이고 사실적으로 불가능하게 하는 것이다. 본질상 이들 각각은 단지 기초 과정들의 심리학일 뿐이다.

1-26] 따라서 아동심리학에서 기술되고 있는 것이 매우 어린 연령과 관련된 장들일 뿐인 것은 우연이 아니다. 이 시기에 성숙하는 것들은 대부분 기초적 기능이고 고등 기능들은 여전히 초기 단계에 있으며 본질상 그들의 선先역사적 시기에 있다. 앞으로 우리는 고등정신기능 발달의 선역사적 시기에 대한 올바른 이해 없이 발달의 과학이나 정신 발달의 역사에 대한 추적이 불가능하다는 것을 보게 될 것이다. 그러나 한 가지는 확실하다. 고등 행동 형태 발달에서 선천적이고 자연적 측면에 의해 지배되는 것이 바로 이 시기이며, 요소로의 분석이 가장 잘 적용되는 시기가 바로 이 시기라는 것이다.

1-27] 따라서 예를 들어 거의 대부분의 연구자들이 어린이 말 발달의 역사가 초기 연령에서 끝난다고 보는 것은 그리 놀라운 일이 아니다. 그러나 사실 이 시기는 말하기 운동 습관을 숙달하고 말하기의 외적이며 자연적인 측면을 숙달하는 과정에서는 거의 완성에 가깝지만, 복잡한 고등 행동 형태로서의 말하기가 발달하는 경로에서는 아주 첫 단계를 거쳤을 뿐이다.

1-28] 아동심리학의 최고 권위자가 아동심리학의 주요 관심은 언제나 어린이 삶의 첫해에 초점을 맞추어야 한다고 결론을 내린 것은 더더욱 놀라운 일이 아니다. 이 연구자들의 눈에 아동심리학은 기초적 기능들이 성숙하는 유년기의 심리학이다. 이 저자들은 어린이가 출생한 지 얼마 되지 않아 발달상 거대한 걸음들을 내디디며 (현대 심리학에서 연구 가능한) 이 첫걸음들이야말로 심리학자들이 조사해야 하는 것이라고 믿는다. 이것은 마치 신체 발달에 대한 연구에 있어서 고려해야 할 것은 배아胚芽일 뿐이라고 말하는 것과 본질적으로 같다.

1-29] 이러한 비교는 아동심리학의 실상을 반영한다. 정신 발달에 있어서 첫걸음의 핵심성에 대한 모든 논의와, 아동심리학이 영아와 유년기의 심리학이라는 입장에 대한 모든 옹호는 우리가 앞에서 논의한 것과 일맥상통한다. 현대 아동심리학은 그 흐름의 본질상 고등 기능들의 배아적 발달에 대한 연구, 인간 정신에 대한 태생학胎生學적 접근만을 가능하게 하며 스스로의 방법론적 한계를 더더욱 뚜렷이 깨닫고는 의식적으로 그(태생학-K)에 대한 연구를 지향한다. 그리고 사실상 배아들만이 연구되고 있다.

*최초 유년기 경험의 결정성에 대한 믿음, 즉 생후 1년간의 경험이 아동의 운명을 좌우하며 발달은 어린이가 나이 듦에 따라 그 속도가 현저히 느려진다는 관점은 여전히 강력하다. 언어 습득이 본질적으로 5세 이전에 완성된다는 촘스키의 믿음에서 우리는 어린이의 초기 성적 트라우마가 남은 일생을 지배한다는 정신분석적 심리치료의 관점을 발견하며, 또한 조기 교육에 지나친 자원과 시간을 투자하는 근거를 발견하게 된다. 이러한 관점은 근본적으로 인간이 동물이며 발달은 개인의 발달이라는 믿음 그리고 인간의 자유와 의지, 선택이 장기적으로 볼 때 스스로의 운명에 전혀 영향을 미치지 못한다는 신념에 토대를 두고 있다. 비고츠키는 이 중 어느 것에도 동의하지 않는다.

1-30] 그러나 태생학과의 비교는 객관적으로 정확할 뿐 아니라 동시에 배반적인 비교이기도 하다. 왜냐하면 그것은 아동심리학의 약점을 지적하기 때문이다. 그것은 아동심리학의 아킬레스건을 알려 주며 심리학이 미덕으로 포장할 수도 있었던 피동적 절제와 자기 한계를 드러내 보인다.

> 그러나 태생학과의 비교는 객관적으로 정확할 뿐 아니라 (주관적으로) 배반적이다.
> 1. 배반자와 같이 이 비교는 적들에게 그 약점이 무엇인지를 알려 준다.
> 2. 배반자와 같이 이 비교는 아킬레스의 뒤꿈치가 연약하다는 것을 트로이인들에게 알려 준다.
> 3. 밀고자와 같이 이 비교는 아동심리학이 스스로의 영역을 발달의 초기로 제한하는 것이 겸손한 미덕이 아니라 어쩔 수 없이 떠밀려 온 절제이자 타의에 의한 규제의 결과임을 만천하에 보여 준다.

1-31] 아동 정신 발달이 태아의 발달과 가지는 매우 기초적인 연관과 유사성으로부터 발달의 기본 법칙을 알아내려는 시도들은 전통 심리학에서 행동의 발달이 신체 배아의 성장과 유사한 것, 즉 순전히 자연적·생물적 과정으로 간주된다는 사실을 충분히 명백하게 보여 준다. 이러한 입장은 본질적으로 잘 알려진 의심할 바 없는 기본적 사실, 즉 두뇌 발달은 생애의 초기 3년에 집중되며, 이 기간 동안 어린이의 기초 기본 정신 기능의 발달과 더불어 두뇌의 무게가 증가한다는 사실에 근거한다.

1-32] 우리는 어린이 인성의 총체적인 역사에서 정신 발달의 이 첫 단계들이 가지는 중요성이나 이런 단계들을 탐색하는 것의 가치를 폄하하려는 생각은 전혀 없다. 이 둘은 의심의 여지없이 굉장히 중요하다. 이는 특별히 집중적으로 발생하고 출생 후 얼마 지나지 않아 저절로 완성되는 생물적 행동 발달이 심리학적 연구의 필수적인 주제를 이루기 때문만이 아니라 고등

심리기능의 발달 역사가 이러한 기능들의 선역사, 그들의 생물적 기원, 그들의 유기체적 본능들에 대한 연구 없이는 불가능하기 때문이다. 두 가지 기본적 문화 행동 형태, 즉 도구와 말의 사용의 발생적 기초가 영아기에 마련된다. 이 정황만으로도 영아기는 문화적 발달의 선역사의 중심이 된다.

1-33] 고등 기능들의 배아적 발달에 대한 연구로 아동심리학을 제한하려는 시도는 고등정신기능에 대한 심리학 자체도 배아적인 단계에 여전히 머물러 있음을 나타내는 것임을 우리는 지적하고자 할 뿐이다. 이에 의하면 고등정신기능들의 발달이라는 개념 자체가 아동심리학에 이질적인 것이며, 우리는 필연적으로 어린이의 심리 발달이라는 개념을 어린이의 유기체적 성숙에 의해 나타나는 뇌의 성숙에 직접적으로 의존하는 기초 기능들의 생물학적인 발달로만 제한해야 하는 것이다.

1-34] 이와 유사한 상황이 객관적 심리학에서도 만연하고 있다. 반사학의 가장 일관성 있고 방법론적으로 견실한 부분이 영아기 반사학인 것은 우연이 아니다. 행동 심리학의 가장 우수한 연구들이 유년기와, 어린이의 기초적인 본능적-정서적 반응에 대한 것임은 우연이 아니다.

1-35] 그러나 어린이의 문화적 발달 문제에서 객관적 심리학과 주관적 심리학의 경로들은 고등심리기능들에 접근하면서 갈라진다. 객관적 심리학이 저차적 기능과 고등심리적 기능들을 구별하는 것을 지속적으로 거부하고 선천적인 것과 습득된 반응을 구별하는 것으로 그 스스로를 제한하면서 습득된 반응들을 습관이라는 하나의 부류에 놓은 반면, 경험적 심리학은 한편으로는 대단히 일관되게도 어린이의 심리적 발달을 기초적 기능들의 성숙으로 종결시키면서 다른 한편으로는 어디서 유래하는지 아무도 모르는 두 번째 층을 각각의 기초적 기능 위에 세웠다.

> *분명하게도 객관적 심리학의 '대단한' 일관성에 관한 비고츠키의 언급은 매우 아이러니하다. 이 아이러니는 다음 세 문단에서 잘 설명된다.

『도구와 기호』 3-21에서 비고츠키와 루리야가 한 주장을 되돌아보자.

"고등정신기능들은 기초 과정들 위에 상부구조나 추가된 층으로 세워지는 것이 아니라 기초 기능들의 짜임이 포함되는 새로운 심리 체계를 나타낸다. 기초적 기능들은 새로운 체계 안에 포함됨으로써 새로운 법칙에 따라 작용하기 시작한다. 따라서 각각의 고등정신기능은 본질적으로 여러 가지 기초적 기능들이 새로운 전체 속에서 고유하게 결합됨으로써 결정되는 통합된 고차적 체계를 나타낸다."

객관적 심리학의 실수는 저차적 기능과 고등 기능을 연결하고 있는 매듭을 무시하고 이 둘이 같은 것인 양 취급한 데 있으며 경험적(주관적) 심리학의 오류는 두 기능 사이를 연결하는 매듭을 아예 잘라 버리고 각각이 서로 동떨어진 것처럼 취급한 것이다. 이 책의 과업은 두 기능 사이의 소실된 연결을 되찾아 이 매듭을 풀어낸 후 다시 묶는 것이다. 이렇게 함으로써 우리는 첫 번째 층을 구성하는 심리학적 토대로부터 어떻게 두 번째 층이 세워지는지 알 수 있을 것이다.

1-36] 기계적인 기억에 대해 논리적 기억은 고등한 형태로 구분되었고, 비자발적 주의 위에 자발적 주의라는 상위 구조가 아무렇게나 올려졌으며, 재생적 형상화 위에 창의적 상상이 세워졌고, 기술적記述的으로 생각하기 위의 이층에 개념적 생각이 있으며, 저차적 감각 위에 고차적 느낌들이 세워지고 이와 유사하게 충동성 위에 예측하기가 올려진다.

	논리적 기억 (글자 그대로 기억하는 것이 아니라 내용을 이야기화하여 논리적으로 조직하는 기억)	자발적 주의 (세부 사항에 대한 선택적·선별적 주의. 예: 모음의 차이에 대한 인식)	창조적 상상력 (예: 전에 들어 본 적이 없는 언어적 촉발에 대해 반응할 수 있는 능력)	개념적 생각 (일반적이고 추상적으로 생각할 수 있는 능력. 예: 개 한 마리가 아닌 일반적인 개를 상정하는 능력)	고등감정 (예: 처벌이나 피해를 감수하는 용기)	사전 계획, 숙고, 예측 (가능한 행동 중 최선의 것에 대한 숙고와 선택)
2층 고등 기능 고등 형태						
1층 저차적 기능 저차적 형태	기계적 기억 (직관적 기억, 또는 습관과 반복을 통해 찍힌 기억)	비자발적 주의 (움직이는 물체를 감지하거나 시끄러운 소리를 들었을 때 자연히 기울이게 되는 주의)	재생적 이미지 (형상화) (예: 소리나 기호를 이해하지 않고 반복하는 능력)	기술적 생각 (구체적이고 복합체적으로 생각하기. 예: '그 개', '멍멍이' '바둑이')	저차적 감각 (무조건 고통을 피하고자 하는 신체적 두려움)	충동성 (분노나 두려움에 의해 촉발된 행동)

1-37] 이와 같이 주요 심리기능들에 대한 모든 연구들은 두 개의 층으로 구조화되었다. 그러나 아동심리학이 아래층만을 다루었고, 고등 기능들의 기원과 발달은 전혀 설명되지 않은 채로 남겨져 있었기 때문에, 아동심리학과 일반 심리학 사이에는 틈이 벌어지게 되었다. 일반 심리학에서 자발적 주의, 창조적 상상력, 논리적 기억, 예측 등의 이름으로 발견되거나 구별되었던 것들, 즉 고등 형태와 고등 기능들이 아동심리학에서는 미지의 영역 terra incognita 으로 남아 있었다.

> *본문에서 비고츠키는 미지의 영역을 terra incognita라는 라틴어 원문을 사용하여 표현하고 있다. 중세의 세계지도는 탐험되지 않은 영역을 'terra incognita'라고 표시하였고 사람들은 이곳에 괴물과 용들이 살고 있다고 믿었다. 비고츠키는 당대의 심리학 역시 중세의 몽매한 상황과 다

르지 않음을 비유적으로 표현하고 있다.

1-38] 어린이 의지 발달의 역사는 아직 쓰이지 않았다. 이 책의 결론 장 중 하나에서 우리는 다음과 같은 것을 보일 것이다. 앞의 진술은 본질적으로 모든 고등정신기능 발달의 역사가 아직 저술되지 않았거나 혹은 누구도 어린이의 문화적 발달의 역사를 쓴 적이 없다고 말하는 것과 같다. 세 가지 진술 모두가 본질적으로 같다. 이들은 동일한 생각을 표현한다. 그러나 우리는 이 의심할 바 없는 사실을, 여러 가지 연관된 문제들의 과학적 운명의 사실적 유사성으로 인해 다른 고등심리기능에도 역시 확장 적용될 수 있는 사례의 하나로 파악할 것이며 당분간 우리 연구의 세 가지 기본 개념인 **고등심리기능의 개념, 문화적 행동 발달의 개념, 자기 행동 과정에 대한 숙달이라는 개념**을 모아 보여 줄 수 있는 진전된 생각의 복잡한 경로는 잠시 미루어 둘 것이다. 어린이 의지의 역사가 아직 쓰이지 않은 것과 같이 다른

고등 기능들의 발달의 역사, 즉 자발적 주의의 역사, 논리적 기억의 역사 등등도 쓰이지 않았다. 이것은 간과할 수 없는 근본적인 사실이다. 우리는 본질적으로 이러한 과정의 발달에 대해 전혀 아는 바가 없다. 문헌에 두세 줄로 등장하는 흔히 목격되는 현상에 대한 파편적인 관찰을 제외하면 우리는 아동심리학이 이러한 문제들을 침묵으로 회피해 왔다고 말할 수 있다.

1-39] 고등 기능의 발생적 모호함은 사실상 형이상학적인 개념을 낳을 수밖에 없다. 즉 기억, 주의, 사고의 고등 형태와 저차적 형태가 짝을 이루면서 그러나 서로 독립적으로 존재하면서 발생적·기능적·구조적으로 서로 연관이 없다는 것이다. 이들은 Ch. 다윈 이전에 서로 다른 형태의 동물 존재가 제시된 방식처럼 진실로 둘씩 짝을 지어 창조되었다. 이것이 고등 과정에 대한 과학적 연구와 설명으로의 길, 그리고 일반 심리학으로의 길을 가로막는다. 그래서 최근 심리학이 발달의 역사뿐 아니라 논리적 기억과 자발적 주의에 관한 이론들을 결여하고 있는 것이다.

> 고등심리기능의 기원은 명백하지 않다. 이러한 모호성으로 인해 실제 연구에서 학자들은 형이상학적인, 즉 비과학적이며 종교와 유사한 개념을 형성하게 되었다. 고등심리기능들은 발달적으로 연결되어 있지 않으며(예를 들어 언어적 기억은 자연적 기억으로부터 발생되지 않는다) 기능적으로도 연결되어 있지 않고(예를 들어 의지적 지각은 비의지적 지각과 같은 기능을 수행하지 않는다) 구조적으로도 연결되어 있지 않다(예를 들어 논리적 주의는 재구조화된 형태로 자연적 주의와 동일한 심리 과정을 취하지 않는다). 그 대신 심리적 기능들은 개별적으로, 짝을 이루어 창조된 것으로 간주된다. 이는 다윈 이전에 사람들이 동물 창조에 대해 믿었던 것과 유사한 방식이다. 그러나 이러한 형이상학적 관념은 실험의 가능성을 닫아 버리며 궁극적으로는 어떠한 설명도 불가능하게 한다. 또한 이는 아동심리학을 일반 심리학과 연결시키지 못하도록 한다. 이러한 이유로 현대 심리학은 발달의 역

사를 결여하고 있으며 또한 논리적 기억과 의지적 주의에 대한 이론을 결여하고 있다.

1-40] 저차적인 것과 고등한 것에 관한 이 이원론, 즉 심리학을 두 개의 층으로 나누는 이 형이상학적 구별은 심리학을 두 개로 구별된 별개의 과학으로 보는 관점을 통해 궁극적으로 표현된다. 생리학적, 자연과학적, 설명적 또는 인과적 심리학[1]이 그 하나이고, 정신에 대한 해석적, 기술적 또는 목적론적 심리학을 인간 과학의 토대로 보는 것이 또 다른 하나이다. 매우 널리 확산되고 많은 지지자들을 모은 W. 딜타이, H. 뮌스터베르크, E. 후설과 많은 다른 학자들의 관념은, 경험적 심리학이 존재하는 동안 그 안에서 충돌해 온, 두 개의 상이한 그리고 어떤 의미에서는 반대되는 경향을 순수한 형태로 보여 준다.

*고등 기능과 저차적 기능을 한 집안의 두 분리된 층으로 보는 관점을 극단까지 전개시키면 우리는 결국 두 개의 별개의 집을 만나게 된다. 이 관념은 이미 딜타이, 뮌스터베르크, 후설과 다른 학자들에 의해 널리 알려져 있다. 비고츠키는 오로지 독일학자들만 언급하였으나 아마도 러시아의 슈페트나 프랑스의 베르그송을 덧붙일 수도 있을 것이다. 이 관념은 어떤 의미에서는 상호 배타적인 별개의 두 경향성들이 경험적 심리학에서 역사적으로 존재해 왔다는 것을 보여 준다.

비고츠키는 이 문단에서 심리학이 두 분파로 나뉘게 된 것에 대해 언급한다. 이에 대한 언급은 그가 매우 초기에 저술한 '심리학 위기의 역사적

---

[1] 정신 현상에 대한 생리적인 이유들을 찾으려고 하는 심리학의 경향인 설명적, 인과적 심리학은 넓은 의미에서 결정적 원인과 심리적 본성을 발견했다고 가정한다.—실험 심리학에 대한 러시아어 판 편집자 각주.

의미The Historical Meaning of the Crisis in Psychology'나 그가 후에 저술한 '감정의 교수The Teaching on the Emotions'에서 모두 나타난다. 그는 이 두 저작에서 현상학(즉 자기 성찰에 기초한 심리학, 자신의 의식에 대한 의식에 기초한 심리학)은 '기술적이지만 설명적이지는 않은' 것으로, 실험에 기반한 심리학 즉 실험실에서 관찰될 수 있는 생리학적 과정들에 기초한 심리학은 '설명적이지만 기술적이지 않은' 것으로 부른다.

*딜타이(W. Dilthey, 1833~1911) 사회학자. 그는 철학자로 활동했으나 오늘날의 관점으로 보자면 사회학자라고 부를 수 있을 것이다. 그는 다윈의 영향을 받은 스펜서와 뒤르켐의 사회학을 거부하였다. 그는 또한 사회학이 인문과학이며 인문과학은 자연과학이 그런 것처럼 설명적일 수도 기계적일 수도 없다고 주장하였다. 우리가 확인할 수 있듯이 당연히 이것은 비고츠키가 비판한 '이중 기능 체계'로 귀결된다.

*뮌스터베르크(H. Münsterberg, 1863~1916) 분트의 제자였던 그는 윌리엄 제임스를 학회에서 알게 되어 하버드대에서 재직하게 되면서 미국 심리학자의 선도자가 되었다. 그의 주요 관심사는 그가 순수한 과학적 흥미로 취급했던 정신 장애와 직업에 적합한 사람을 고르는 산업적 선발과 범죄 탐지(그는 고문에 반대한 최초 주장자 중 하나였다)였다. 비고츠키가 지적한 바와 같이 그는 모든 신체적 과정들에는 그에 상응하는(즉, 서로 관여하지 않는) 심리학적 기능들이 있다고 믿는 관념인 '심신 병행론'을 신봉하였다. 이 또한 '이중 체계'로 귀결된다.

*후설(E. Husserl, 1859~1938) 수학자였으나 프란츠 브렌타노와 칼 스텀프 밑에서 철학을 연구하였다. 그는 후에 의식의 내관적 접근법인 현상학을 발전시켰다. 그는 비고츠키가 암시한 것과 같이 관념론자이나 다소 특이한 관념론자이다. 그는 질료가 의식과는 독립적으로 존재한다는 가능성을 배제하지 않았으나 이를 괄호로 묶어 한쪽으로 제쳐 둘 것을 요구하였

> 고, 단순히 어떻게 이 질료들이 그에 대한 우리의 의식에 영향을 주는지에 대해서만 집중하였다. 당연히 이 '괄호로 묶는다'는 개념, '대상과 분리된 의식'이라는 관념 또한 '이중 체계'를 내포한다.

1-41] 심리학의 현대적 위기에 대한 역사적·방법론적 연구가 보여 주듯, 경험적 심리학은 결코 통일되지 않았다. 한편으로는 생리학적 심리학과 다른 한편으로는 정신 심리학에서 궁극적으로 규정되고 결정화된 이원론이 경험론의 덮개 아래 숨어서 계속 남아 있었다. 경험적 심리학이 정신생활 요소들에 대한 연구를 초월하기에는 무력하다라는 전적으로 옳은 입장에서 정신 심리학이 비롯되었다. 즉 그것은 역사, 언어학, 예술 비평, 문화 과학 같은 인문학의 기초가 되기에는 무력하다는 것이다.

> 경험적 심리학은 하나가 아니라 최소한 두 개이다(비고츠키는 정신분석학과 다른 심리학들이 이 두 주요 경향들 사이의 어딘가에 위치할 수 있다는 것을 보여 줄 것이다). 사실을 주장함으로써(『생각과 말』제2장의 피아제의 경험론에 대한 비고츠키의 논평을 보라) 심리학은 이러한 이원론을 은폐하려고 하였다. 그러나 그것은 이제 신체의 심리학과 또 다른 정신의 심리학으로 명확히 정의되고 공식화되었다. 이 정신의 심리학은 실제로, 신체의 심리학은 심리학적 생활의 시작 요소를 능가할 수 없다는 올바른 입장에서 출발한다. 그러한 신체의 심리학은 인문과학의 토대가 될 수 없다.
>
> *비고츠키가 '경험적 심리학'을 언급할 때, 그는 사색과 내관에 토대한 심리학에 대립하는 것으로서 실험실이나 임상 진료소에서의 관찰에 토대를 둔 심리학을 의미하고 있다. 『생각과 말』에서 비고츠키가 현상을 이해하기 위해서는 '분석 단위', 즉 우리가 조사하고자 하는 특성과 문제를 여

> 전히 가지고 있는 가능한 최소의 단위를 찾아야 한다고 어떻게 주장하는지를 기억하자. 의식에 대해서 그 단위는 낱말 의미이며, 어린이의 감정적 생활에 대해서 그 단위는 정서적 경험 즉 당신에게 무엇인가 일어났다는 느낌이다. 얼음의 본성 즉 물이 왜 불을 끄는지를 이해하려면, 우리는 그 구성 원소가 아니라 온전한 물 분자를 볼 필요가 있다. 그래서 비고츠키가 여기서 다루는 문제는 다음과 같다. 고등정신기능 발달의 분석 단위의 본성은 무엇인가? 객관적 심리학에서 그 대답은 저차적 심리기능에 대한 것과 같다. 즉 그것은 자극반응 단위 또는 아마도 행동의 단위(즉 활동)이다. 우리는 이미 이것이 너무 작다는 것을 보아 왔다. 즉 그것은 고등심리기능의 특성을 포함하지 않으며, 또한 고등심리기능이 왜 그리고 어떻게 출현하는지의 핵심 문제를 포함하지 않는다. 그래서 다음 단계는 딜타이와 현상학자들의 기술적 심리학을 살펴보는 것이다. 그들이 도입하는 분석 단위는 이전과 달리 원자적이지 않다. 그러나 기술적 심리학이 전적으로 설명을 회피한다는 단순한 이유 때문에, 고등심리기능이 왜 그리고 어떻게 출현하는지의 문제는 여전히 다루어지지 않는다.

1-42] 설명적 혹은 인과적 심리학, 즉 심리 현상에 대해 생리적 원인을 찾고자 지향했던 심리학은 넓은 의미에서 결정적 원인과 심리의 본성을 동일시한다. 이런 논의의 여지가 없는 입장으로부터 관념론적인 철학은 정신 심리학이 본질적으로 자연과학의 질서일 수 없다는 유일한 결론을 이끌어냈다. 정신의 삶은 설명이 아닌 이해를 요구한다. 실험적이고 귀납적인 탐구 방법은 직관적인 판단과 본질적인 이해에, 즉 의식의 직접적인 자료들의 분석에 그 위치를 양보해야만 한다. 인과적인 설명은 목적론으로 대체되어야만 한다. 설명적 심리학의 편협한 유물론은 고등 심리로부터 완전히 추방되어야만 한다. 정신에 대한 연구에서는 모든 물질적 연결들과 모든 자연과학

의 결정적인 사고 방법들을 거부하는 것이 필수적이다. 따라서 구심리학은 이 낱말의 글자 그대로의 정확한 의미에서 영혼에 대한 과학이라는 새로운 형태로 회복된다.

> 설명적 심리학은 의제에 있어서 인과적이었다. 그것은 심리적 현상의 필요 충분한 원인을 찾으려 했다. 그러나 설명적 심리학은 또한 생리학적이었다. 그것은 심리적 현상에 대한 이유를 단지 신체 속에서만 찾았다. 관념론적 심리학은 생리학 대신에 인과 관계를 거부했다. 그것은 자연과학적 설명에 등을 돌렸고 심지어 해석을 위하여 인과 관계의 모색(결정적 사고)이라는 전체 과업을 포기했다. 원인으로부터 결과로 나아가는 결정 대신에 관념론자들은 결과로부터 원인으로 나아가는 목적론을 제안한다. 이런 식으로 유물론은 축출되었고 세속적 관계는 버려졌으며 자연 과학의 결정론은 포기되었다. 그리고 이런 식으로 우리는 과학 이전의, 형이상학적인, 반*종교적인 영혼의 과학으로 돌아간다.

1-43] 심리학이 고등정신기능의 문제를 경험적 토대 위에서 해결할 수 없다는 사실을 가장 극명히 보여 주는 증거는 바로 이 과학의 역사적 운명이다. 우리의 목전에서 경험적 과학은 두 동강이 나서, 저차적 부분은 자연과학에 배당함으로써 고등부분의 순수함을 보존하였고 그리하여 신의 것은 신에게 가이사의 것은 가이사에게 바쳐졌다. 따라서 경험적 심리학이 불가피한 운명으로 인식했던 딜레마는 마음의 생리학과 형이상학 사이의 선택이다. 과학으로서의 심리학은 불가능하다. 이것이 경험적 심리학의 역사적 결과이다.

> *"가이사의 것은 가이사에게"라는 표현은 바리새인들이 예수를 시험하기 위해 한 "유태인들이 로마에 세금을 내야 하는가, 내지 말아야 하는

> 가." 질문에 대한 예수의 대답인 "가이사의 것은 가이사에게, 하나님의 것은 하나님께 바치라."를 차용한 것이다(마가복음 12: 13-17, 마태복음 22: 15-22, 누가복음 20: 20-26). 이는 물질적인 것과 고등정신기능의 엄격한 이분법을 수용한 기존 관점에 대한 패러디이다.

1-44] 형이상학적 심리학의 재확립, 심리학에 대한 인과적이고 유물론적인 생각의 완전 부정, 순수한 관념론 즉 신플라톤주의로의 회귀 이 모든 것들이 정신을 요소로 나누는, 경험적 심리학의 시작과 끝인 기계적 분리와 관련하여 앞서 언급되었던 비변증법적이고 원자적인 생각의 반대쪽 극단을 구성한다는 것을 확신할 수 있을 것이다. 기원상 인간의 역사적 발달과 결합되어 있는 고등 행동 형태는 생리적·유기체적 과정과 동등하게 취급되거나 (여기에 한술 더 떠서 고등 행동 형태의 발달은 두뇌의 무게가 비약적으로 증가하는 한 살까지로 한정된다), 아니면 물질적인 모든 것들이 제외되어 새로운, 영원한, 현세를 초월한, 자유로운 관념 영역의 삶이 시작되어 '정신의 수학'이라는 영원한 형태를 취하는 직관적 지식으로 나타난다. 인류 전체 역사의 일부로 마음의 생리학과 수학 둘 중 하나만이 고려되었을 뿐 사람 행동의 이야기는 고려되지 않았다.

> *신플라톤주의자들(예를 들어 플로티노스, 그러나 또한 유스티니아누스 황제와 심지어 일찍이 성 아우구스티누스)은 소크라테스와 플라톤의 관념주의적 관점의 보존을 추구했던 그리스와 로마의 사상가들이었다. 그들은 모든 물체는 플라톤의 동굴의 비유에서처럼 우리의 이해를 넘어서는 영원한 이상에 의해 드리워진 그림자 같은 것이라고 믿었다. 둥근 물체나 정사각형 물체는 이상화된 수학적 형태(원 또는 완벽한 이상적 등변 사각형)가 물질에 단순히 투사된 것이다. 동일한 방식으로 기술적 심리학은 웃음과 눈물과

> 같은 신체적 행동과 생리적 과정이 순수하게 이상적인 과정에 의해 드리워진 그림자이며, 실제 심리학 연구는 원과 정사각형과 같은 '수학적 대상'을 발견하기 위해 노력하는 일종의 '정신의 수학'이라고 간주한다. 이러한 종류의 심리학은 기술적이지만, 설명적이 아니라는 것에 주목하자. 왜 원이 둥근지 왜 등변 사각형이 정사각형인지에 대한 아무런 실제 설명이 없다. 둥금과 정사각형성은 단지 그런 것이다. 마음 또는 원이나 정사각형에 대한 우리의 이해는 순수하게 현상학적 이해이며, 그것은 어떤 식으로도 설명적이지 않다.

1-45] 문화적 관점에서 볼 때, 심리학의 기저에는 법칙들이 역사적이 아닌, 순전히 자연적 본성이나 혹은 순전히 정신적이고 형이상학적 본성을 지배한다고 가정되었다. 거듭 말해서 역사적 법칙이 아닌 자연의 영원한 법칙 혹은 정신의 영원한 법칙만이 고려되었다.

1-46] 경험적 심리학이 마주친 막다른 골목을 심리 발달의 구조적 이론이나 문화적 심리학에 대한 기능-발생적 접근을 통해 돌파하려는 최근의 연구자들조차도 반역사주의의 병폐에 가로막혀 왔다. 이 연구자들이 자신들이 발견하고 공식화한 발생적 법칙이 특정한 어린이, 특정 시대의 어린이에게만 적용된다는 것을 알고 있다는 것은 사실이다. 그렇다면 이러한 법칙들이 역사적 본성을 가진다는 것을 인정하기 위해서는 한 걸음만 더 떼면 되는 것으로 보인다. 그러나 앞으로 한 걸음을 떼는 대신 이 연구자들은 빠르고 대담하게 뒤로—동물학으로—도망쳐서 예컨대 유년기 말 발달을 지배하는 법칙은 도구를 사용하는 침팬지의 행동 법칙, 즉 생물적 본성의 법칙과 같다고 주장한다. 여기에는 인간 고유의 행동에 대한 설명의 여지가 없다.

> 구조주의적 혹은 기능적-발생적(발생적-비교적) 접근법을 채택하여 경험

적 심리학을 타파하려 한 학자들조차 진정 역사적인 접근법을 피하였다. 이들 중 많은 이들은 그들이 발견한 것이 오직 역사적인 어린이(즉 특정한 시대적, 역사적, 문화적 맥락 속의 어린이)에게만 적용됨을 이미 알고 있었다. 『생각과 말』 2장에서 비고츠키는 (제네바 어린이들을 대상으로 한) 자기중심적 말과 관련한 피아제의 발견이 함부르크의 어린이들에게는 적용되지 않으며, 피아제 스스로가 '영원한 어린이'에 대한 모색은 역사적 어린이를 찾는 연구로 대체되어야 한다고 했음을 지적한다. 이 연구자들이 한 걸음만 더 내디며 그들의 발견을 일반화하였다면 그들이 발견한 법칙이 역사적이고 조건적·일시적 성격을 가진다는 것을 당연히 인정하게 되었을 것이다. 그러나 앞으로 한 발자국을 떼는 대신 그들은 '대담하게' 뒷걸음질쳐 어린이의 말 발달을 지배하는 동시에 도구를 사용하는 침팬지를 지배하는 (초역사적이고 심지어는 종들 간의 차이를 초월하는) 일반적 법칙에 매달린다. 이러한 법칙에는 인간 특유의 행동 형태를 설명할 수 있는 여지가 전혀 없다.

*이 단락은 명백히 코프카와 비고츠키의 친구 쿠르트 레빈의 작업을 언급하고 있다.

1-47] 구조에 대한 동일한 개념이 모든 행동 형태와 정신 형태에 동일하게 적용된다. 거듭 말해, 구조의 빛 속에서, 정확히는 구조의 황혼 속에서 모든 고양이들은 유황 빛으로 보인다. 유일한 차이점은 자연의 유일한 불변 법칙, 즉 연합의 법칙이 또 다른 동일한 불변 법칙, 말하자면 구조의 법칙으로 대체되었다는 것뿐이다. 여기에도 문화적이고 역사적인 인간 행동에 적합한 개념은 없다. 구조 개념은 점점 더 신경 활동의 생리학으로 스며들게 되고, 점점 더 낮게 그리고 점점 더 깊게 물리학으로 침투하게 된다. 역사적인 것(그리고 모든 문화적인 것은 그 자체의 본성에 따라 역사적인 현상이다)은

다시 한 번 선천적인 것으로 녹아 버렸고, 문화도 자연적인 것으로 녹아 버렸다.

> *이것은 비고츠키가 『생각과 말』 7장 1절에서 지적했던 것이다. 즉 형태주의 심리학은 단순히 연합주의의 초역사적 개념을 구조주의의 초역사적 개념으로 대체했다. 자극과 반응 사이의 연합 대신에 그들은 구조를 형성한다. 비고츠키는 프랑스 속담 "해질 녘에 모든 고양이는 잿빛(즉 검은색도 흰색도 아닌)으로 보인다."를 이용한다. 그러나 러시아인들은 잿빛 대신 '유황 색'이라 말하여 마치 지옥에서 온 고양이인 것처럼 악마적 의미를 덧붙인다.

1-48] 역사적 범주의 심리학을 자연적 범주에서 접근하려는 방법론적 불합리성은 고등 행동 형태의 배아적 연구의 한계를 넘어서려는 용기를 지닌 연구들과, 정신 발달과 뇌의 무게의 증가 사이에 평행론적 원칙을 적용하는 신뢰할 만하고 안내적이지만 고등 행동을 설명하기에는 명백히 부적합한 설명들을 뒤로하는 연구들에서 극명하게 내적 모순을 드러낸다. 이러한 연구들은 고등정신기능의 가장 중요한 특징들의 발달이 생후 3년 안에 끝나지 않는다는 가정, 그것(고등정신기능의 특징의 발달-K)이 고등 행동 형태의 구성 부분이 되는 자연적 과정의 발달에 국한되지는 않는다는 가정, 그리고 심리학은 문화화된 심리적 발달의 고유한 법칙들을 찾을 수 있고 찾아야만 한다는 가정에서 출발한다.

> 마치 자연적 범주인 것처럼 역사적 범주에 접근하려는 오류는 뇌 조직과 정신 기능의 '평행 발달'을 가리키는 대개의 고등정신기능에 대한 설명을 넘어서려는 연구에서 특히 명백하다. 이러한 연구는 다음의 세 가지를 가정한다. 발달은 생후 첫 3년에 끝나지 않는다. 발달은 고등 기능의

토대를 이루는 자연적 기본적 기능(자연적 지각, 소리 내기, 기억)에 제한되지 않는다. 발달은 문화적 발달을 위한 고유한 법칙을 포함한다.

*출생 시 뇌는 겨우 300그램이 불과하다. 4세가 되면 4배로 증가하여, 성인 뇌의 80%에 달하는, 약 1,200그램에 이른다. 많은 과학자들은 이것이 어린이 고등 정신 능력의 약 80%가 이 시기에 발달한다는 것을 의미한다고 가정했음이 틀림없다. 비고츠키는 이 생각을 '심신 평행설'이라고 부른다. 이 생각은 고등심리기능들과 뇌의 물리적 무게가 두 개의 평행선처럼 안정적이고 선형적인 비율로 증가한다는 것이다.

비고츠키는 뇌 발달에 대해 놀라울 만큼 많이 알고 있었다. 예를 들어 그는 뇌 중량의 증가의 많은 부분이 수초 형성myelination, 즉 뉴런을 둘러싼 하얀 피복(백질:뉴런을 둘러싼 절연체로 뉴런을 통해 전달되는 전기 신호가 방전되지 않도록 하여 뉴런 간 신호 전달 과정을 효율적으로 일어나도록 함)의 형성에 기인한다는 것을 알았다. 따라서 그는 뇌의 크기와 무게의 선형적 성장률이 고등심리기능들의 비선형적 성장률과 유사하지 않다는 것을 알고 있었다.

1-49] 그러나 학령기 전 후 어린이의 언어와 생각의 발달, 아동의 판단과 추론의 발달, 아동의 세상 개념 발달, 실제 세계와 인과 관계에 대한 아동의 개념, 고등하고 더 복잡한 기능들의 발달, 어린이 인격의 형성과 그 양상들을 다룬 이런 종류의 연구 중 최고의 것에서조차, 이 모든 문제와 관련하여 마치 그들 모두가 선천적이고 자연적인 정신 영역들인 것처럼 다루는 특유한 방법론이 존재한다. 모든 것이 역사적 양상 밖에서 이루어진다. 교육을 받은 현대 유럽 어린이와 원시 부족 어린이, 석기시대, 중세시대, 20세기 어린이의 세계와 인과관계에 대한 개념이 서로 기본적으로 유사하고 같으며 동등하다.

> *이 문단은 피아제의 첫 네 권의 책,『아동의 언어와 사고』(1923),『아동의 판단과 추론』(1924),『아동의 세상 개념』(1926),『아동의 물리적 인과성』(1927)에 대한 언급이다. 우리는 비고츠키가 첫 두 권의 책을 편집하고 아마도 번역했으리라는 것을 알고 있다. 그는 물론『생각과 말』2장에서 그 책들의 긴 서문을 썼고 그 속에서 그 책들이 내포하고 있던, 생물학에 근거한 반反역사주의를 들추어냈다.

1-50] 문화적 발달은 마치 역사로부터 격리되고 자기 충족적인 것처럼, 내재적 논리에 종속되는 내적이고 내재적인 힘에 의해 이끌리는 독립적인 과정인 것처럼 나타난다. 문화적 발달은 자기 발달로 간주되었다.

1-51] 따라서 어린이의 생각과 세계관의 발달을 통제하는 모든 법칙에 대한 고정적, 정적, 절대적인 특성이 도출된다. 우리 앞에는 다시 한 번 영원한 자연의 법칙이 나타난다! 어린이의 물활론과 자기중심주의, 융즉(전혀 다른 현상들이 연결되어 있거나 동일하다는 생각)에 토대를 둔 주술적 생각과 인공주의(자연 현상이 창조와 생산의 산물이라는 생각) 그리고 많은 다른 현상들이 아동 발달에 항상 내재하는 모종의 근원적이고 불가피하며 불변하는 형태로 우리 앞에 나타난다. 어린이와 그의 고등심리기능의 발달은 추출되어서(in abstracto)—그들의 사회적 매체 밖에서, 그들의 문화적 매체 밖에서, 논리적 생각과 세계관 그리고 인과 개념의 지배적 형태 (밖에서-K) 검토된다.

> *다시 한 번 레바-브륄의 연구에 대한 언급이 나타난다.『생각과 말』2장에서 지적되었듯이 피아제는 어린이로부터 다양한 유형의 자기중심적 생각을 발견하였다. 물활론은 대상들이 살아 있다는 믿음이다. 탁자에서 떨어지는 컵을 보고 어린이는 컵이 뛰어내린다고 말한다. '융즉'은 전혀 무관한 두 현상들 사이에 보이지 않는 인과적 연결이 있다는 믿음이다. 돼

> 지꿈을 꾸면 재수가 좋다는 믿음이나 다양한 징크스 등은 융즉의 예이다. 인공주의는 사람이 모든 것을 만들었다는 믿음이다. 제네바 호수는 제네바 시가 만들어진 덕분에 존재하게 되었다는 생각이 이에 해당한다.

1-52] 본질적으로 우리가 영아기로부터 멀어지면서 고등 기능들의 발달이 정신 기능들과 뇌의 성장 간의 평행성과는 이별을 고했다는 사실로부터 그다지 많은 것을 얻지 못해 왔다. 우리 앞에 놓여 있는 것은 배아가 아니라 발달되어 극도로 복잡한 형태들임이 사실이다. 그러나 아동심리학을 지배했던 사실적-자연적 접근의 자리에, 새로운 연구들에 의해 주장된 조건적-자연적 접근을 두는 것이 주는 이점은 무엇인가? 한때 고등정신기능들의 발달이 그 자연적 측면에서 자연적 과정으로 고려되었다. 이제는 동일한 유형이지만 가늠할 수 없을 정도로 더 복잡한 사실들이 그 문화적인 측면에서 마치 자연적 사실인 양 검토된다.

1-53] 한 가지 이상의 의미에서 기능주의인 이 접근법의 승리 즉 '마치 als ob'의 승리는 우리의 상황을 조금도 향상시키지 못한다. 우리는 문화적 발달의 심리학적 본질에 대한 적합한 이해로 단 한걸음도 가까이 다가가지 못한다. 문화적 발달과 관련된 사실과 현상에 대한 자연주의적 접근법이 그대로 남아 있다. 우리가 연구하려는 현상들의 특성은 온전히 어둠 속에 남아 있다.

> *als ob(as if)는 문화적 현상을 '마치' 자연적 현상인 것처럼 다룬 피아제의 이론에 대한 언급이다. 문화적 사실을 '마치' 자연적 사실인 것처럼 취급할 때, 우리는 문제를 기능적으로 보고 있는 것이다. 즉 동일한 기능을 수행하는 두 과정이 '마치' 완전히 같은 것처럼, 그래서 언어화된 지각과 자연적 지각이 정확히 같은 것처럼 간주하고 있는 것이다.

1-54] 전통적 연구와 비교할 때 아동심리학을 새로운 관점에서 접근하고, 아동심리학에 새롭고 심오한 문제를 도입한 것은 진일보이다. 그러나 이는 새로운 현상을 새롭게 접근하면서 옛 관점을 유지하려는 상황에서는 누구도 피할 수 없는 필연적인 심각한 결점, 대단히 급격한 후퇴로 인해 완전히 상쇄된다. 문화적-심리학적 문제에 대한 자연주의적 접근법은 불충분하고 편향되어 있으며 여기저기 잘못된 부분들이 있었다. 그러나 자연적 접근은 생물학적으로 지향된 영아기와 유아기 심리학으로 어느 정도 완전히 완성되고 정당화되었다.

> 피아제, 프로이트, 심지어는 슈프랑거의 새로운 연구들은 어린이 심리를 새로운 관점, 즉 고등 기능에 대한 관점에서 접근한다. 이것은 진일보한 일이다. 하지만 이 새로운 연구자들은 진정으로 옛날 관점과 결별하지 못했다. 그들의 진일보는 비틀거리는 후퇴와 동행해 왔다. 구접근법, 즉 문화적 심리학적 문제에 대한 자연주의 접근법은 편파적일지언정 유아기에 대한 생물학적 연구라는 확고한 토대를 가지고 있었다.
>
> *비고츠키는 피아제, 프로이트, 슈프랑거의 새로운 연구들이 대체로 이러한 확고한 생물학적 토대 없이 이루어졌다고 주장했다. 그는 다음 몇 단락에서 이 주장을 발전시킬 것이다. 옛날 연구들은 고등 기능들과 하위 기능들을 같은 것으로 보았다. 그러나 새로운 연구에서는 그들을 완전히 다른 것으로 보았다. 프로이트학파에서는 성적 성숙과 성적 콤플렉스가 나란히 발달한다고 보았고, 그것은 상관관계만을 볼 뿐 인과관계를 보지 못했다. 예를 들어 성적 콤플렉스의 직접적 원인은 성숙이 아닌 억압이다. 슈프랑거의 형이상학적 접근법은 심지어 더 멀리 간다. 그것은 설명을 완전히 피하고 단순히 이해를 위해서만 노력했다.

1-55] 이것은 이 연구들의 모든 문제들이 생물학적 심리학의 수준에 놓여 있다는 사실과, 모든 고등정신기능이나 조작의 자연적 형성에 대한 설명이 전체 연구의 사슬에서 완전히 적절하고 필요한 부분이었다는 사실에 의해 정당화된다. 오류는 다른 데 있었다. 하나의 연결 고리가 전체 사슬인 것처럼 여긴 데 오류가 있었으며, 행동의 문화적 형태와 구조에 대한 설명을 그들의 구조적 측면에 대한 분석으로 대신한 데 오류가 있었다.

1-56] 문제들이 새로운 수준으로 옮겨져서, 문화적 행동 형태 그 자체로 연구되지만 자연주의적 접근법이 그대로 남아 있는 새로운 연구들에는 심각한 내적 모순이 있다. 이전에는 고등정신기능에 대한 자연적 접근이 연구의 과업과 어울렸다면 이제는 과업의 변화에 따라 접근법은 과업들과 양립할 수 없는 모순에 처하게 된다. 이전에는 접근법이 연구 대상 현상에 불충분하고 적절하지 않았지만 이제 그것은 단순히 그릇될 뿐으로 연구 대상의 본성과 상충한다. 심리학적 기계론의 황금률이 다시 한 번 승리를 거둔다. 문제의 공식화에 있어서는 우리가 이와 맞붙어 승리를 거두었지만 문제 해결로의 근본적 접근에 있어서는 패배하였다. 우리는 어떠한 소득도 없는 게임을 하였다. 사태는 불과 몇 쪽 앞에 우리가 남겨 둔 바로 그 자리에 남아 있다. 우리가 새로운 발걸음을 떼어 학령기로부터 성적 성숙기 즉 청소년기, 청년기로 올라간다면 우리는 우리가 전에 폐기한 착각을 잠시 동안 다시 하게 될 것이다. 유년기로부터 전학령기 그리고 학령기로 이행하면서 연대기적으로뿐 아니라 사실상 문제의 본질에 있어서 배아와는 훨씬 멀리 떨어진 것으로 확실히 이동하고 있는 것으로 보일 수도 있다. 그러나 잠시만 주의 깊게 조사해 보면 이러한 착각은 사라진다. 우리는 동일한 장소에 되돌아와 있다.

> 피아제의 경우와 같이 문화적 행동이 연구되는 경우가 있다. 그러나 이러한 경우에도 자연적 접근법, 즉 어린이를 환경에 반응하는 유기체로 보

는 생물학적 관점이 유지되고 있으며 이는 곧 모순을 낳는다. 이전에는 자연적 접근법이 연구가 그런대로 효용이 있었지만 이제는 전혀 사용할 수 없다. 쾰러의 바나나와 막대기 실험에서 자연적 접근법은 시사점을 던져 주었지만 언어적 지성을 검사하는 데 그와 동일한 방법을 사용할 수는 없다. 이전에 자연적 접근법이 던져 준 시사점은 인간이 말을 획득하기 이전까지의 시점에서 유인원과 얼마나 비슷한지만을 보여 주며 언어적 지각과 판단을 검사하는 데는 적절하지 않다는 면에서 그 효용이 제한적이라고 평가를 할 수 있다. 그러나 문화적 행동 자체에 대한 연구에 있어서 자연적 접근법은 연구 대상의 본성에 완전히 모순되며 아무런 쓸모가 없다. '모든 작용에는 그에 대한 반작용이 수반된다.'는 심리학적 기계론은 이 경우, 문제의 정교화로 인해 해결 방법의 무용성이 강조되는 현상으로 나타나 연구자들을 압도한다. 과학은 어떠한 진보도 이루지 못했으며 지금까지의 노력은 오직 헛되었다. 우리는 몇 페이지 앞에서 논의한 문제에 되돌아와 있는 자신을 발견한다. 1-27에서 우리는 어린이의 말에 대한 연구가 의미가 아닌 운동 습관에 초점을 두는 경향이 있음을 지적했다. 1-35에서 우리는 객관적 심리학의 가장 우수한 연구조차 원시적 정서적 반응에만 제한되어 있다는 사실을 지적한 바 있다. 이러한 문제를 무시한 채 성적 성숙의 시기로 나아간다면 우리는 또다시 발달이 생물적 성숙의 산물이라는 환각을 경험할 것이다. 사춘기는 피상적으로 볼 때 고등심리기능 발달에 있어서의 위기로 인해 일어난다기보다는 생물학적 변화에 의해 영향을 받아 일어나는 현상으로 보기 쉽기 때문이다. 얼핏 보기에 우리는 배아에 대한 연구와는 작별을 고한 것으로 보인다. 이는 단순히 시간적으로만 그런 것이 아니라 문제 자체의 본질에서 있어서도 그러한 것으로 보인다. 이제는 더 이상 어린이가 생득적으로 타고난 것을 연구하고 있지 않기 때문이다. 성性은 다른 기능과 비교할 때 매우 뒤 늦게 나타난다. 그러나 이에 대해 조금만 생각해 보면 이러한 환상은 여지없이 깨진다. 성적 성숙은 청소년기에 나타나는 개념 형성을 설명해 주지 못한다.

*음식을 가지고 노는 어린이에 대해 순전히 자연주의적 설명 예컨대 반사학 또는 행동주의 또는 동물 행동에 대해 우리가 사용할 수 있는 어떤 다른 심리학적 설명을 한다고 생각해 보자. 우리는 어린이를 어린이가 음식의 모양과 냄새에 대해 반사, 자극궁 또는 적응 행동 즉 지각, 침 분비, 손 뻗기와 잡기와 같은 운동 행위로 반응한다고 기술한다. 이러한 기술은 연구 중인 현상에는 전혀 충분하거나 적합하지 않다. 이것은 예를 들면 어린이가 음식을 먹지 않는 이유는 설명하지 못한다. 그러나 이는 현상의 본성과는 사실상 상충하지 않는다. 즉 우리는 결국 주로 지각과 반응으로 이루어진 감각 행동과 운동 행위의 게임을 보고 있는 것이다. 그러나 이와 동일한 자연주의적 접근법을 '식당' 역할극을 하는 어린이를 연구하는 데 적용한다고 생각해 보자. 한 어린이는 종업원을 하고 다른 어린이는 요리사를 할 것이며 다른 어린이들은 손님이 될 것이다. 여기서 자극-반응의 원칙으로 행동을 분석하는 연구 방법은 심각한 오류가 된다. 이는 지각과 행위가 아닌 역할 가장하기, 상황 상상하기가 활동의 본질을 이루는 역할극의 본성과 완전히 상충된다. 이어서 다른 예들을 살펴보자.

말		술래잡기 놀이		데이트	
비강-인두 모음(예: 울음) 양순 자음 (예: '마마마' '파파파')	명명하기, 상징하기 문법, 담화	운동 행위 (달리기, 잡기)	역할, 규칙, 페어플레이 개념	사춘기, 월경, 변성기	낭만에 대한 개념, 자의식

 말이나 놀이, 데이트에는 물론 물리적인 행동이 수반되며 이는 자연적 접근법을 통해 기술될 수 있다. 물론 이러한 물리적 차원조차 자연적 접근

> 법으로 완전히 기술될 수 있는 것은 아니다. 아기의 울음이나 '마마', '파파'와 같은 자음 발화는 아기의 유기체 내적 조건과 외적 환경과의 매우 복잡한 상호작용의 결과이며 아기의 주변인들에게는 단순한 소리 이상이다. 그러나 자연적 접근법은 특정 현상의 생리적·물리적 토대를 설명하는 데 여전히 그 효용성을 가지는 것도 사실이다. 다만 이 활동들의 의미를 묻는 순간 자연적 접근법은 아무런 도움이 되지 않는다. 술래잡기를 하는 목적을 '달리기' 하고자 하는 충동으로 설명하는 것은 잘못이다. 이성에 눈뜨고 데이트를 시작하는 것을 호르몬의 변화와 변성기를 통해 설명하는 것은 완전히 틀린 것이다.

1-57] 청소년과 청년의 행동 연구에서 문화적 심리학의 문제가 지배적이 되는 상황에 의해 (우리의 아동심리 연구가 태생학으로부터 점점 더 멀어지고 있다는-K) 환상이 생겨났다. 어떤 연구자들은 성숙의 형태를 원시적인 것과 문화적인 것으로 공공연히 구분했다.

> 태생학을 넘어 전진하고 있다는 이 착각은 청소년과 젊은이의 문화적 행동에 초점을 맞추고 있는 점점 더 많은 연구들(예를 들어 교육에 대한 연구)의 결과이다. 그래서 코프카와 같은 연구자들은 성숙을 원시적인 것과 문화적인 것으로 나누기 시작하고 있다.
>
> *비고츠키가『생각과 말』6장에서 어린이의 심리적 발달에 기여하지 않는 자전거 타기, 타자 치기, 골프 치기 같은 신체적 기능과 명백히 심리적 발달에 기여하는 읽기, 쓰기, 계산 능력, 외국어 학습 같은 다른 기능을 구분했던 것을 기억해 보자. 비고츠키는 또한 형식 교과(사어死語, 수학 등)에 반대한 손다이크의 주장이 원시적 기능에 토대하고 있다고 지적한다. 손

다이크에 따르면 형식교과의 내용은 일반화되지 않는다. 최종적으로 비고츠키는 코프카 같은 연구자들이 발달에 기여하는 교육된 학습 형태와 발달에 기여하지 못하는 형태를 구별하기 시작했다고 제안했다.

1-58] 다른 연구자들은 청소년들이 문화 속으로 성장한다는 사실에서 각 연령에 따른 기본적이고 본질적인 심리적 특성들을 본다. 사실, 초기 연령대의 어린이 행동의 문제들과 비교했을 때 연령이 높아짐에 따라 문제들이 극도로 복잡해진다는 것이 알려졌다. 여기서 두뇌 크기의 증가는 아무것도 설명하지 못한다. 이와 관련해서 연구 방향은 더욱 복잡해진다. 고등 기능의 발생적 심리학, 어린이와 청소년의 문화적 발달에 대한 심리학(우리가 볼 때 이들은 동의어이다)이 여기로부터 시작되고 창조되었다는 인상이 나타나게 된다.

* '연령의 문제'에서 비고츠키는 어린이의 성장에서 서로 다른 연령기를 구별하는 방법이라는 전반적인 문제를 논한다. 언제나 그렇듯 그는 순전히 물리적인 방법(예를 들어 치아 발육에 따라)으로 조사하고 그것들을 거부한 다음 또 순전히 문화적인 방식으로 조사하고 그것을 거부한다. 결국에는 우리가 학령기로 사용하는 연령대가 초등교육 시기와 중등교육 시기에 상당 부분 실제적 경험치와 상응한다고 지적하며 비고츠키 자신이 나눈 연령기 역시 이것과 매우 근접한 것이라고 기술한다. 다른 한편, 많은 공립학교 교사들은, 적어도 한국에서는 초등 저학년(3~4학년)과 초등 고학년(5~6학년) 간의 기본적인 차이점을 주목해 왔다. 따라서 연령기를 나누는 문제는 역사적·문화적·지리적 영향에 따라 달라질 수 있다. 결국 보편적인 연령기는 존재하지 않는다.

1-59] 주의 깊은 연구는 우리가 문화심리적 발달의 문제에 관한 두 개의 친숙한 기초적 공식화를 여기서도 대면한다는 것을 보여 준다. 단지 그 형태와 일부 세부 사항만 새로울 뿐이다. 그 본질은 같다.

> *우리가 전학령기 심리학으로부터 학령기와 청소년기의 심리학으로 나아갈 때, 우리는 다시 한 번 우리가 사용한 방법이 환원주의적임을 발견하며, 우리는 다시 한 번 그들이 발달을 생물학주의(프로이트)나 유심론적 인격주의(슈프랑거)로 환원한다는 것을 발견한다. 우리는 이제 단지 생물학적 기능이 아니라 문화적 기능들을 다룰 것이기 때문에 그 형태와 세부 사항들은 다르다. 하지만 그 환원주의적 방법은 거의 같다.

1-60] 이 경우 생물학 지향적 심리학의 특성인 자연주의적 접근은 정신분석 이론으로 대표되고, 관념론적 철학을 지향하는 형이상학(형이상학적 접근-K)은 해석적 심리학으로 대표된다. 하나에(정신분석-K) 의하면 고등정신기능 발달 전체가 성적 본능, 성적 충동의 변형, 위장되고 승화된 성적 발달에 관한 연구에 불과하다. 또 다른 하나(해석학-K)에 의하면 고등심리기능 발달은 순수하게 정신적인 과정이다. 우리는 이 과정이 신체에서 일어나는 모종의 과정과 시간적으로 다소간 동시에 일어난다는 사실을 주장하는 것만이 가능하다. 그러나 그 자체는 우리에게 인과관계를 고려할 수 있게 해주지 않고 설명이 아닌 이해만을 요구한다.

1-61] 정신분석학에 있어 인격 심리학에서 문화 전체는 단지 성性의 또 하나의 측면, 즉 경향성의 간접적 표출이다. 감추어진 생물적 경향성의 노출, 각각의 문화적 행동 형태에 포함되어 있는 자연적 씨앗의 발현, 인간 심리의 역사적 형성물에 대한 생물학적 해석, 인격과 사회라는 문화의 무의식적 하층토의 발굴, 그들(인격과 사회-K)을 정신적 삶의 고대적·원시적·원래적 형태로 환원, 문화를 자연의 언어로 번역, 문화적·심리적 기능에 대한

자연적 등가물에 대한 탐사—이들 모두가 한데 모여 문화적 심리학 문제에 대한 정신분석학적 접근의 본질이 되며 고등심리기능과 연결되어 논의 중인 최근 심리학의 두 경향 중 하나를 가장 극단적인 한계로 이끈다.

> 프로이트 학설에서 문화 전체는 섹슈얼리티가 다양하게 발현된 모습일 뿐이다. 다음은 정신분석의 본질이며 우리가 살펴볼 두 가지 경향 중 첫 번째 경향이다. (1) 문화적 경향성의 가면을 벗기면 이는 생물적 경향성인 것으로 드러난다. 오이디푸스 콤플렉스나 죽음으로의 본능이 그러한 예이다. (2) 자연적 씨앗, 발아는 모든 문화적 행동 형태에서 발견된다. 예술 창조활동의 근원이 리비도인 것이 그러한 예이다. (3) 역사적 형성은 자연적 동인으로 해석된다. 영국 부르주아의 가족제가 근친 간 결혼의 산물로 해석되는 것이 그러한 예이다. 무의식은 인격과 사회의 밑바탕을 이루는 하층토이며 이는 발달과 함께 점점 지표로 드러나게 된다. 예를 들어 아동 발달은 아동 스스로의 성적 욕망을 자궁 속에서 자신을 향하는 것으로부터 모성을 향하는 것으로, 다시 이성 상대를 향하는 것으로 옮겨 가는 과정이다. 사회적 수준의 현상은 개인 심리적 수준의 현상이 투영된 것으로 이해된다. 인격과 사회는 정신적 삶의 고대적 형태로 환원된다. 즉, 사회적으로 요구되는 도덕적 기준과 현실적 행위의 갈등은 순전히 생물학적인 가상 개념인 초자아super ego와 자아id라는 개념을 통해 설명된다. 문화는 자연의 언어로 해석된다. 즉, 쾌락 원칙Lustprinzip과 현실 원칙 사이의 갈등의 산물이 문화이다. 이와 같이 모든 문화적 기능에는 자연적 기원이 되는 기능이 있다는 믿음이 있었으며 이러한 자연적 대응물을 찾고자 하는 연구가 계속되고 있다. 문화적 카타르시스에 대한 자연적 기원은 오르가슴이며 수치심이라는 문화적 감정에 대한 자연적 기원은 배변排便 작용이다.

> *볼로시노프의 책에서 발췌한 다음 부분과 비교해 보자.
> 14쪽 "프로이트의 '성적' 개념은 이러한 널리 퍼진 생물학주의의 한 극단이다."
> 64쪽 "모든 문화와 산업은 상징적이다. 우리는 상징의 세계에 살고 있다. 최종 분석에서 상징은 단 하나—모태(더 정확히는 자궁)로의 회귀로回歸路를 나타낸다. 원시인이 피난처로 삼았던 동굴은 무엇인가? 우리가 안락함을 느끼는 방은 무엇인가? 고향, 조국 등등은 무엇인가? 이들은 우리를 보호했던 어머니 자궁의 대리물들일 뿐이다."
> 90쪽 "프로이트 학파를 대단히 잘 드러내며 매우 흥미로운 특징은 가족과 모든 가족관계를 토토(오이디푸스 콤플렉스)를 통해 도매급으로 성적性的으로 만들어 버린다는 것이다. 자본주의의 성곽이자 아성인 가족은 경제적으로나 사회적으로 이해되지 않으며 진지하게 받아들여지지 않았다. 이것이 가족을 도매급으로 성적으로 만들어 버리고 이를 통해 가족이 새롭게 의미를 부여받았다고 혹은 형식주의자들의 표현과 같이 '유별화有別化, made strange' 되었다고 말하는 결과이다. 오이디푸스 콤플렉스는 사실 가족 단위를 대단히 '별나게' 이해하는 방식이다. 아버지는 기업가가 아니고 아들은 아버지의 후계자가 아니다.—아버지는 오직 어머니의 연인일 뿐이고 아들은 아버지의 연적이다."
> V. N. Voloshinov(1987), *Freudianism,* Bloomington and Indianapolis: Academic Press.

1-62] 물론 고등 기능들의 특정성을 무시하는 기본 원칙은 문화에 의해 창조된 모든 심리적인 형성을 생물학적인 해석으로 근본적으로 왜곡하는 것과 함께 나타난다.

1-63] 이러한 연구들에 있어서 최고의 이상은 셰익스피어의 비극, 도스

토예프스키의 소설, 레오나르도 다 빈치의 그림이 그 심리적 관점에서 저자들의 성적 발달 역사로부터 비롯된 사실임을, 그리고 독자나 관람자의 성애적 꿈으로부터 암호화된 예술적 이미지임을 나타내는 것이다. 이러한 관점에서 볼 때 인간 심리학에서 문화적 형성물은 정신에 표현된 제3의 성적 인공물에 불과하다. 만일 우리가 위의 문화적 심리학의 문제에 있어서 생물학적 관점의 일반적인 우세를 자연적 접근으로 묘사한다면, 이 문제에 있어 정신분석적 관점은 마땅히 극단적-자연주의라고 불릴 만할 것이다.

> 프로이트주의의 예술 연구의 주요 목적은 예술 작품을 작가의 성적 발달 또는 관람자의 억압된 성적 판타지의 기록으로 다루는 것이다(아래의 『예술 심리학』 82쪽의 인용 참조). 이런 식으로 문화적 형성물은 제3의 인공물로 인식된다(제1반응은 성적 충동 자체이고 제2반응은 성적 충동의 억압이며 제3반응은 예술 작품 속에서 성적 충동의 위장된 표출이다). 앞서 우리는 문화적 심리학의 생물학적 관점을 '자연주의적' 접근이라 불렀다. 이러한 접근법은 모든 것을 단일한 생물학적 충동(리비도)으로 환원시키기 때문에 우리는 그것을 초자연주의적 또는 극단적 자연주의라 부를 것이다.
>
> *이것은 비고츠키가 **1-61**에서 말했던 자연주의적 경향의 극단적 한계를 확장시킨 것이다. 그것은 또한 비고츠키의 『예술 심리학』 제4장의 비평의 요약이다. 다음과 비교해 보자.
>
> 82쪽 "왜 우리는 유년기 성의 충돌과 그 어린이와 이 아버지의 충돌이 더 나중의 정신적 외상, 경험, 감정보다 도스토예프스키의 삶에 더 큰 영향을 끼쳤다고 가정해야 하는가? 왜 우리는 사형 집행을 기다렸던 경험, 강제 노동의 경험 등이 새롭고 복잡한 감각과 감정의 원천이라고 가정할 수 없는가?"

> Vygotsky, L. S.(1971), *The Psychology of Art*, Cambridge, MA: MIT Press.
>
> 이 단락은 우선 프로이트 학설을 다루고 있다. 다음 단락에서 비고츠키는 그 대안으로 순수한 현상학적 접근인 딜타이의 '위로부터의 심리학'을 조사한다.

1-64] 이러한 고등심리기능들의 발달 이론에 완전히 상반되면서도 역설적으로 상호 보완적인 것이 과도적 연령기(청소년기-K)에 대한 해석적 심리학이다. 우리는 해석적 심리학의 가장 훌륭한 대표자들의 입으로부터 양립할 수 없는 상반된 입장을 보지만 여전히 상당한 합의를 발견하게 된다.

> 한편으로는 과도적 연령기(청소년기)의 해석적 심리학은 정신분석학에 완전히 반대된 것으로 보인다(왜냐하면 그것은 생물학이 아니라 인간성에 기초하기 때문이다). 또 한편으로는 우리는 양립할 수 없는 반대뿐 아니라 실질적 합의의 입장을 발견한다(왜냐하면 해석적 심리학 또한 심리학적인, 즉 개인적이며 사실상 문화-역사적이지 않은 심리학을 주장하기 때문이다).
>
> *러시아어판에서는 이것이 딜타이를 언급한 것이라고 주석을 달았다. 비고츠키는 계속해서 딜타이의 제자였던, 에두아르트 슈프랑거에 관해 이야기한다.
>
> *에두아르트 슈프랑거(Eduard Spranger, 1882~1963)는 딜타이의 제자였으며 딜타이와 같이 자연 과학보다 인간성에 기초한 설명적이기보다 해석적인 심리학을 신봉하였다. 그러나 딜타이와는 다르게 그는 인격에서의 역사적 차이점에 관심을 가졌다. 그는 '전형적'으로 발달하는 어린이와 '전형적'인 청소년을 그리고 인격의 '유형들'을 구성하기를 원했다. 그가

구성한 많은 '유형들'은 두 부분 즉 진지함과 익살스러움, 정신적인 것과 세속적인 것 등으로 이루어졌다. 이 작업은 결국 오늘날에도 여전히 사용되는 마이어 브릭스 유형지표나 DISC(성격유형 검사)와 같은 성격 유형학에 도달했다. 나치 체제하의 독일에서 이와 같은 유형화 작업은 문화적 발달이 남성인 반면 생물학적 발달은 여성적이며 유태인들은 정신적으로 게르만 민족과 다르다는 등의 비약으로 슈프랑거를 이끌었다. 슈프랑거는 초기 나치 정부를 지지하는 등 호의적이었으며 나치의 '동조자'로 불릴 만했다. 그러나 그는 상당히 보수적이고 귀족적인 베를린 교수이자 인종차별주의자에 애국자였지만 나치 급진주의에는 반대하고 그의 조국에서 전쟁이 앗아 간 희생자들에 몸서리쳤다. 그는 1941년에 집단 학살이 시작되자 유태인 박해에 반대의 목소리를 높였다. 그는 결국에는 히틀러 암살 모의와 관련되어 체포되었다. 비고츠키는 '파시즘과 신경정신과학'에서 슈프랑거를 비판하였다(『Vygotsky Reader』, 327~328쪽 참조).

1-65] 이 두 연구 방법론은 E. 슈프랑거에 의해 제시된 요구 조건인 '심리학적 심리학psychologia psychological', 심리학적 현상과 사실은 반드시 다른 심리학적 사실로부터, 즉 심리학적으로 이해되고 설명되어야 한다는 요구에서 비롯된다는 점에서 일치한다. 다음 장에서 우리 연구에 대해 논할 때, 이 방법론적인 입장에 대한 비판으로 돌아와서 그 속에 존재하는 두 가지 서로 다른 모순적인 의미를 드러낼 것이다. 지금은 단지 정신분석학과 해석적 심리학에 있어서 심리학적인 것을 심리학적으로 접근한다는 원칙이 이 두 낱말로부터 직접적으로 추론된 것만을 의미하지 않는다는 것만 말하고자 한다. 두 이론에 있어서 이 원칙은 심리학은 정신적이라는, 즉 심리학적인 현상은 정신적 사실을 기반으로 해서 설명되어야 한다는 것을 의미한다. 이러한 이해 속에서 두 낱말로 이루어진 이 공식은 관념론적 심리학의 상투적 어

구가 되어 버린다. 심지어 슈프랑거는 프로이트가 이전 심리학의 생리학적 유물론을 완전히 정복한 것에 대하여 경의를 표한다.

> *비고츠키의 요점은 '심리학적 심리학'이라는 말이 부정적 의미를 포함한다는 것이다. 즉 그것은 심리학이 생리학적이어서는 안 된다는 것을 의미한다. 그것은 자연과학이 되어서는 안 된다. 이것은 슈프랑거와 마찬가지로 프로이트에게도 사실이다. 여기에 우리가 지금까지 논의해 왔던 것에 대한 개략적인 요약 도표를 제시한다. 현존하는 모든 심리학은 개인주의적 심리학이다. 즉 이들은 개인을 분석의 단위로 삼고, 결국엔 개인인 발달의 배아를 꽤 잘 기술하고 있으나 문화가 그 도식에 도입되고, 우리가 말에 기초한 고등 기능들을 기술하기 시작하는 순간 실패하고 만다. 그러나 그들은 두 개의 대략적으로 다른 방식으로 실패하는데, 고등 기능을 전혀 인식하지 못하는 객관주의자들과 고등 기능을 인식하지만 설명하지는 못하는 주관주의자들이 바로 그것이다.
>
> 우리는 생리학적 접근방법을 객관주의의 극단에 놓을 수 있을 것이다. 여기서 모든 것은 조건적 혹은 무조건적인 신경학적 반응으로 설명된다. 우리는 행동 심리학을 주관주의에 한 발짝 더 가깝게 놓을 수 있을 것이다. 왜냐하면 그것은 체계와 기능들(그리고 기능의 개념은 일종의 주체를 전제로 한다)을 인식하기 때문이다. 정신분석학은 객관주의에 한 발짝 더 가까운데, 이는 유기체적 충동에 관한 언급으로 정신적 사실들을 설명하려고 시도하기 때문이다. 마지막으로 해석적 심리학을 주관주의와 유심론의 극단에 놓을 수 있다.

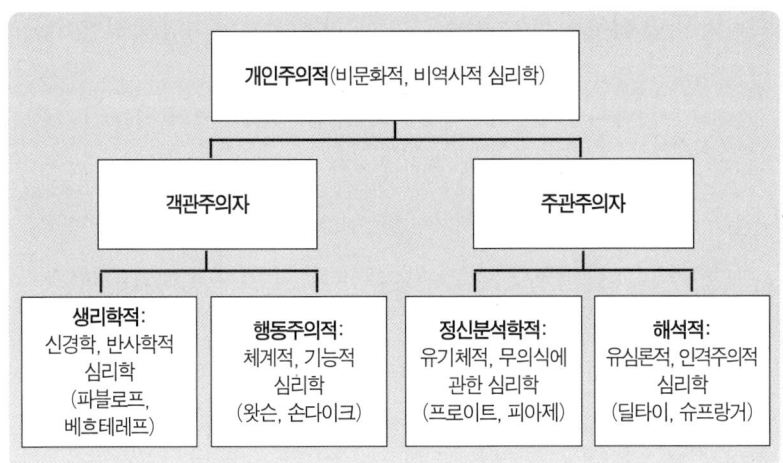

1-66] 그러나 경험적 심리학 전체에 숙명적인 설명의 문제가 나타나면서, 심리학 자체가 둘로 갈라짐에 따라 이 두 이론들 사이에 깊은 괴리가 나타난다. 정신분석학에서 무의식 개념을 도입하여 정신으로부터 심리를 설명하고, 이런 식으로 심리적 삶의 연속성을 회복하여 생리학적 개념으로의 회귀에 대한 필요성으로부터 스스로를 보호한 것은 사실이다. 그럼에도 불구하고 정신분석학은 심리학에서 조야한 생물학주의를 극복하는 방법을 찾지 못하였다. 정신분석학은 주로 유기체적 성향, 성性, 후속하는 모든 변형의 생물학적 기저를 향하기 때문이다. 정신분석학에서 인간 심리의 문화적인 측면은 파생적인 이차적 현상이며 언제나 산출물일 뿐 결코 기원이 아니다.

1-67] 우리의 비평에서 언급했듯이 여기서 정신분석 이론은 그 자체 내에서 양립할 수 없는 모순에 빠진다. 프로이트 학설에서 정신분석 연구의 전체 기반을 이루는, 성적 욕망과 그에 관련된 생각들의 전위는, 동일한 이론에 따르면 오직 이 전위 작용의 결과로 나타나는 힘들의 작용으로 설명된다. 문화적 요구와 동기는 전위의 원인인 동시에 결과이다. 학설 전체의 핵심에 존재하는 이 모순은 문화-심리적 발달의 문제에 대한 자연주의적 접근에 의해 야기된 그리고 어떤 희생을 감수하더라도 인간 정신에 존재하는 모든 것

을 하나의 바탕 위에서 설명하려는 시도에 의해 야기된 치명적 결함이다.

> 우리는 이미 프로이트 학설이 우리의 비판에 의해 빠지게 되는 모순에 대해 암시했다. 문제는 억압 즉 성적 충동의 전위가 문화적 형성물들의 토대라는 것이다. 문화는 오직 개인의 성 충동을 억압한 결과로만 나타난다. 그러나 만약 문화가 억압의 결과로만 나타난다면, 성 충동을 억압하고 있는 것은 정확히 무엇인가? 성 충동의 전위는 이 전위의 결과로만 나타나는 그러한 힘들(문화적 힘들)의 작용에 의해 설명된다. 즉 문화는 전위의 원인이자 결과가 된다. 프로이트 체계의 핵심에 있는 이 모순은 두 가지 사실의 결과이다. 우선 그것은 문화적 발달의 문제에 자연주의적 접근을 적용한 결과이다. 문화를 유기체적 충동의 억압으로 설명하고 그 다음에 유기체적 충동의 억압을 문화로 설명한다. 둘째로 그것은 모든 것을 단일한 유기체적 충동으로 무조건적으로 환원하려고 시도한 결과이다.
>
> *프로이트 학설이 모순(억압은 문화의 원인이자 결과이다)에 기초한다는 것을 보인 후, 비고츠키는 주관주의적 심리학의 다른 주요 경향 즉 딜타이의 해석적 심리학에 주의를 돌린다.

1-68] 해석적 심리학에 있어서는 정신이 일차적이다. 심지어 성애적이고 성적인 것조차도, 이들이 경험에서 나타나고, 심리학적 관조의 대상이 되는 것과 생식선腺의 성숙과는 아무 상관이 없다. 후자(생식선의 성숙-K)는 단순히 전자(성적 관심-K)와 시간적으로 우연히 일치할 뿐이다. 우리는 독립적이고 이상화된, 자기 충족적 존재에 있어서 인격의 자연적 시작과 문화적인 시작이 동등하게 흩어져 있음을 발견한다.

1-69] 그리고 비록 해석적 심리학이 우리 과학의 역사에서 거의 처음으로 고등정신기능들의 발달에 대한 문제를 전면에 내세웠지만 그리고 비록

해석적 심리학이 역사적인 관점을 발달시키고, 이를 통해 역사적인 측면에서 청소년기의 발달 심리학에 대한 연구를 이룩하기도 했지만, 이런 모든 좋은 말에도 불구하고, 이 또한 어린이 정신 발달에서 자연적인 것과 문화적인 것의 비차별화라는 낡은 토양에 전적으로 뿌리를 두고 있다.

> 해석적 심리학은 실제로 사실상 처음으로 고등정신기능의 문제를 제기한다. 해석적 심리학은 청소년에 대한 많은 연구들 중에서 역사적 관점을 발달시킨다. 여전히 그것은 심리 발달에서 자연적인 것과 문화적인 것을 구별하지는 않는다.
>
> *여기서 비고츠키는 슈프랑거가 어린이의 다양한 문화적 '유형들'을 구별하고 그 유형들을 역사적인 것으로 인지한 사실을 인정한다(예를 들어 노동자 계급 유형과 중산 계급 유형, 유대인 유형과 독일인 유형). 그러나 물론 피아제도 이렇게 했다. 즉 그는 마르타 무초우에 의해 연구되었던 함부르크 어린이들이 피아제가 제네바에서 연구했던 어린이들과 완전히 똑같지는 않다는 것을 인정했다.

1-70] 이 둘 모두는 자연과 문화를 구별하지 않는 정신 속에서 용해된다. 그러나 이 심리학이 자연과 역사 모두를 넘어선 곳에 있다고 말하는 것이 더 합당할 것이다. 이것은 형이상학적이다. 이 이론이 성적 매력의 심리학과 개념 형성이나 윤리적 기능의 심리학 사이에 기능적·구조적·발생적으로 어떤 차이도 없다고 봄에 따라 다음과 같은 사실을 대단히 잘 설명할 수 있게 된다. 즉 모두 하나의 공통분모로 환원되고 둘 다 관념화된 본질로서 동등하게 해석되고 받아들여진다.

> *극단적 객관주의자들(파블로프주의자들)이 정신이 없는 신체만을 고려

> 했으며, 극단적 주관주의자들은 단순히 신체가 없는 정신을 고려했다는
> 것을 알 수 있다. 이 양자에서는 자연적인 것과 문화적인 것 모두가 동일
> 한 정신적인 것으로서 표현된다.

1-71] 우리는 역사적 방법의 관념으로부터 발달된 이 이론의 가치를 평가 절하하고자 하는 생각이 전혀 없으며 또한 이 이론이 관념론적 철학 혹은 해석적 그리고 본질적으로 형이상학적 심리학의 관념을 포함하고 있다고 해서 최종 분석limine에서 이를 거부하려 하지 않는다. 반대로 우리는 어린이의 고등정신기능 발달의 문제를 제기하고 해결하는 방법을 알았던 관념론적 심리학의 생각을 극단까지 따라가 볼 것이다. 오직 우리는 이 발전적이고 심오한 생각이 해석적 심리학에서 형이상학적으로 나타나며, 구체적·본질적·사실적 측면이 아닌 오직 형식 논리적 측면에 있어서만 심리학의 편협한 생물학주의를 극복하고, 심리학 연구에 역사적 관점을 도입하는 입장으로 접근했다는 것만을 지적하고자 한다.

1-72] 이 이론은 심리학을 영원한 자연 법칙으로부터 해방시키고 그리하여 자연의 법칙이 차지하고 있던 자리를 영원한 정신의 영원한 법칙으로 대체시킨다. 이미 앞에서 말한 바와 같이 이 이론은 자연과 문화 양쪽과 멀리 떨어진 편에 서 있기 때문에, 인간 심리에서 자연적인 것과 문화적인 것의 차이를 알지 못한다. 이 이론은 사회적인 것과 무관하며 비록 역사적인 것에 대해 많이 언급하지만 역사적 발달은 순수한 인간 정신의 발달이 아니라 인간 사회의 발달이며 정신은 오직 사회의 발달과 더불어서 발달한다는 단순한 진리를 외면하였다. 이 이론은 특정한 역사적 시기와 특정한 사회 계층에 포함된 독일 청소년에게만, 즉 지난 100년간 나타난 교육받은 중산층 가정의 청소년이라는 역사적 유형에만 그 결론과 관점을 확장하였다.

해석적 심리학은 심리학을 생물학주의로부터 탈출시켜 이를 정신주의의 지배하에 놓는다. 해석적 심리학은 자연적 기능과 문화적 기능을 구분하지 않는다. 왜냐하면 해석적 심리학은 이 둘 모두와 무관하게 서 있기 때문이다. 해석적 심리학은 무사회적이다. 이는 개인적 마음에 대한 심리학이기 때문이다. 해석적 심리학은 명칭에 있어서만 역사적이다. 역사를 사회적 역사가 아닌 정신적 역사로 간주하기 때문이다. 해석적 심리학은 사실상 당대의 중산층 독일 청소년에만 제한된다.

*앞 문단은 해석적 심리학의 역사주의에 대한 칭찬으로 시작해서 생물학주의에 대한 해석적 심리학의 도전은 단지 형식 논리적으로 이루어졌다는 밋밋한 주장으로 마무리된다. 그것은 구체적이지도 실제적이지도 않다 ("정신에 대한 설명은 신체가 아닌 정신을 통해 이루어져야 한다."). 이 밋밋한 주장은 1-72에서 1-74에 걸쳐 구체적인 논거를 통해 구체화된다. 이것들은 표면상 모순되는 점이 있는 것으로 보인다. 비고츠키는 처음에 해석적 접근법이 초역사적이며 형이상학적이라고 주장하였고 끝에는 그것이 당대의 역사적 시대에만, 특정한 유형의 독일 청소년들에만 제한된다고 주장한다. 그러나 사실 이는 모순이 아니다. 해석적 심리학의 방법은, 마음의 스스로에 대한 지식에 토대를 둔다(내관법). 해석적 심리학이 내관적이고 청소년들을 대상으로 한 면담을 토대로 하고 있기 때문에 우리는 특정한 유형, 즉 당대의 특정 계층의 대상으로부터의 내관적 정보만을 얻을 수 있는 것이다. 이와 같이 시대와 대상에 특정한 정보가 항구적인 것으로 생각하는 것은 역사성을 고려하지 않은 것이므로 초역사적이며 특정한 정보의 맥락과 상황을 제거하여 일반화하였으므로 형이상학적이다.

1-73] 그러나 그것은 청소년기 정신 발달을 역사적인 맥락 속에 위치시키지 않고, 역사가 마음의 영역에 있다고 단언한다. 본질적으로 슈프랑거가

했던 방식처럼 역사적인 측면을 심리학적 과학으로 가져오는 것은 우리에게 어떤 새로운 것도 혁신적인 것도 알려 주지 못한다. 이것은 단순한 동어 반복일 뿐으로 인간성의 역사적 발달과 청소년의 정신 발달과 같이 그 현세적 실제에 있어 전혀 다른 과정들을 정신적인 것으로 단순히 동일시한다. 문화의 개별 분야들—인권, 윤리학, 예술, 종교, 직업 생활—속에서의 청소년들의 성숙뿐 아니라 바로 이런 문화적인 분야들 자체 또한 오직 순수하게 정신적 과정, 즉 정신의 내적 자기 동력의 결과로만 나타난다. 역사와 문화에 대한 이러한 해석, 심리학에 대한 이러한 해석과 더불어 심리학이 역사적으로 연구되어야만 한다고 말하는 것은 동어 반복적인 주장을 하는 것이며, 동일한 것을 동일한 것으로idem per idem규정하는 것이다. 즉 본질적으로 정신은 정신과 함께 놓여야 한다는 것이다. 그 이상도 그 이하도 아니다.

* 'idem per idem'은 성서학에서 온 라틴어 용어이다. 비고츠키는 성서학과 아주 친숙했다. 이는 문자 그대로 "같은 것을 같은 것으로"를 의미하는 것이다. 이는 다음과 같은 토라(모세 5경)의 절들을 가리킨다. "나는 바로 나다."(시나이 산에서 모세에게 한 신의 말), "나는 은혜를 베풀 자에게 은혜를 베풀고 불쌍히 여길 자를 불쌍히 여길 것이다."(모세가 신의 얼굴을 보기를 청할 때 모세에게 한 신의 말, 신은 거절했지만 모세에게 등을 보여 준다. 출애굽기, 33장 19절.) 신은 최종 논쟁에 '아이뎀 퍼 아이뎀' 기술을 사용한다.

*만약 우리가 한 과정을 분석적 단위들로 단순히 나누기만 한다면(예를 들어 신체를 세포로, 자본주의를 상품으로, 의식을 낱말 의미로), 우리는 정적인 묘사는 얻을 수 있지만 역동적 설명은 얻지 못한다는 것을 이미 보았다. 예를 들어 보자. 몸은 단순히 조직의 집합이나 세포의 집합이 아니다. 몸은 혈구를 운반하기 위해 혈장 또한 갖고 있어야 하며 신경 세포에 의해

> 전달되는 전기 자극을 갖고 있어야 한다. 자본주의는 그저 상품이 담긴 가방이 아니며, 인간의 마음은 그저 낱말 의미로 가득 찬 두개골이 아니다. 만약 우리가 과정의 인과-역동적 모형을 얻고 싶다면 분석적 단위는 열려 있어야 한다. 즉 그것은 그 자체가 아닌 사물들을 자체로 흡수할 수 있어야 한다. 예를 들자면 세포는 삼투막과 삼투성을 지녀야 하고, 상품은 노동을 흡수하고 유통될 수 있어야 하며, 낱말 의미는 의미 변화와 의미 증대에 열려 있어야 한다. 진정한 역사적 설명(몸, 사회, 마음에 대한)은 몸, 사회, 마음이 아닌 무언가를 포함해야 한다. 그것 없는 설명은 동어 반복적인 것이며 결코 역사적인 것이 될 수 없다.

1-74] 따라서 심리학과 역사를 형식적으로 함께 가져오는 것으로는 아직 불충분하다. 사람들은 여전히 '어떤 심리학과 어떤 역사가 함께 놓여야 하는가?'라는 질문을 던질 것이다. 형이상학적으로는 어떤 것이든 다른 무언가와 함께 놓일 수 있다. 다른 무엇보다 해석적 심리학이 문화적 발달의 문제를 기본적으로 진정한, 인과적으로 결정된 과정으로 보는 것이 아니라 '정신의 수학'으로부터 도출된 추상적인 등식으로 다룸으로써 적절한 해결책으로부터 동떨어지게 되었다는 사실에 대한 가장 좋은 증거를 다음의 상황이 보여 준다. 이 심리학은 청소년의 정신 발달에서 생물학적 범주와 역사적 범주 간의 근본적인 구별을 하지 않았다. 성적 본능과 개념 형성은 앞에서 말했던 것처럼, 심리학적 관점에서 같은 종류의 과정으로 간주되었다. 서로 다른 역사적 시대, 계층, 국적을 지닌 청소년들 간의 차이와 그리고 서로 다른 성별, 연령대의 청소년들 간의 차이, 즉 정신 발달에서 역사적인 결정 요인과 생물학적인 결정 요인이 하나의 유형을 형성한다.

1-75] 이제 우리는 현대 심리학의 주요 경향들에서 고등심리기능의 발달이 제시된 방식에 대한 우리의 긴 비판적 검토를 정리할 수 있을 것이다.

우리는 우리 조사의 결과를 요약하고 결론의 개요를 그릴 수도 있을 것이다. 그러나 우리는 먼저 우리 조사의 목적이 단지 비판을 위한 것이 아니라는 것을 표명해야 한다. 오히려, 우리 연구가 어떠한 관점에 대한 부정으로부터 출발하는지를 설명하고자 할 뿐이었다. 우리는 고등심리기능 발달의 문제에 대한 현 상태와, 현재의 주요 심리학적 체계가 인도한 여러 가지 막다른 골목들을 드러내고자 하였으며 이는 단지 다음과 같은 목적을 위한 것이었다. 첫째, 우리 연구의 구체적인 내용과 대상의 윤곽을 그림으로써 '고등정신기능의 발달'과 '어린이의 문화적 발달'이라는 실제 개념의 본질을 드러내는 것이다. 둘째, 고등정신기능 발달의 문제를 아동심리학의 근본적 문제 중 하나로 확립하고, 새롭게 떠오르는 아동심리학의 전체 체계의 운명이 이 문제를 바르게 해결하는 것에 달려 있다는 것을 보이는 것이다. 마지막으로 가장 복잡하고 극도로 얽혀 있는 이 문제에 대한 방법론적 이해를 도식적으로 나타내고 그것으로의 기본적 접근법의 밑그림을 그리는 것이다.

> *이 문단과 다음의 여러 문단에서(1-75~1-78) 비고츠키는 첫 번째 절의 비판적 논조를 해명하면서 왜 그의 많은 설명들이 사실에 관한 실제적 설명이기보다 방법에 관한 설명에 치중했는지와 더 나아가 방법에 관한 많은 설명들이 집요하게도 부정적이었는지를 해명한다.

1-76] 우리는 우리의 관심을 끄는 문제를 다루는 서로 다른 방법들에 대한 비판적 검토를 가로막는 두 가지 과업을 해결하려고 시도했다. 이 과정에서 우리는 연구자들을 방해하고, 동시대 모든 주요 심리학 체계 안에서는 이 문제의 올바른 해결을 불가능하게 만드는 근본적인 방법적 결함의 윤곽을 드러내었다. 이러한 결함을 극복하는 것이야말로 어린이의 문화적 발달에 관한 질문들에 대한 새로운 접근법의 최우선적이고 필수불가결한 조건이다. 따라서 우리는 그릇된 것은 제거해 나가는 진정한 방식으로 우리 연구

전체의 방향과 계획을 결정하는 방법적 계기를 공식화한다. 이 방법적 계기들의 바람직한 형태들은 연구 자체 속에서 반드시 드러날 것이다

> 우리는 비판적 방법을 사용함으로써 우리의 길을 가로막는 두 과업을 해결하려고 했다. 즉 우리는 개념의 내용을 확립하고 문제의 범위와 중요성을 밝히고자 했다. 우리는 연구가 직면하고 있고 올바른 질문, 예를 들어, 한편으로는 심리적 과정의 용어로 질문을 제시하는 것과 다른 한편으로 순수한 정신 현상의 용어로 문제를 제시하는 것을 불가능하게 만드는 기본적인 방법론적 어려움을 알게 되었다. 이러한 어려움을 극복하는 것은 세 번째 문제, 즉 우리의 접근법을 약술하기 위한 전제 조건이다. 마찬가지로, 우리는 우리 자신의 접근의 계획과 방향을 부정적으로, 하지 말아야 할 것을 말하는 방식으로 수립했다.

1-77] 주된 난관에 대한 가장 적절하고 구체적 기술이 바로 이것으로 보이며 우리가 이 책의 주요 과업으로 삼는 것이 바로 여기에 있다. 우리가 도입 장에서 이 같은, 아마도 간접적인 방식을 채택한 것은 그것이 우리 연구의 방법론적이고 실험적인 부분을 더욱 밀접하게 병합할 수 있게 해 주기 때문이다. 우리의 과업을 아동심리학에서 문화적 발달의 문제에 대한 전통적 이해와 대조시킴으로써 정의하는 방식은 문제 자체의 최근 형편에 가장 잘 들어맞는 것으로 보인다.

1-78] 구체적 심리학의 연구에는 방법론적 공식화를 위한 두 가지 서로 다른 방식이 있다. 하나는 연구 방법론이 연구 자체와 별도로 제시되는 것인데 비해, 다른 하나는 전체적인 설명에 스며들어 있는 것이다. 이 둘에 대한 수많은 사례들을 언급할 수 있을 것이다. 어떤 동물들 예를 들어, 연체동물은 달팽이의 껍데기처럼 골격을 밖으로 짊어지고 다닌다. 내부 골격을 형성하는 다른 유기체들은 뼈가 유기체의 안쪽에 자리 잡는다. 유기체의 두 번째

유형이 우리에게는 더 고등한 것으로 보이며, 이는 동물뿐 아니라 심리학 모노그래프에서도 마찬가지다. 이것이 우리가 바로 두 번째 유형을 선택한 이유이다.

1-79] 비판적 고찰의 결과로 돌아가서 우리는 '고등정신기능 발달'이라는 말 뒤에 감추어진 구체적인 내용을 먼저 결정해야 하며, 이에 따라 우리 연구의 직접적인 대상이 무엇인지를 결정해야만 한다.

1-80] '고등정신기능 발달'이라는 개념과 우리 연구의 대상은 두 부류의 현상을 포괄한다. 그들은 언뜻 보기에는 전혀 관련 없는 것처럼 보이지만 사실 두 개의 큰 가지이며 행동의 두 가지 고등 형태이고 이 둘은 불가분한 관계에 있으나 결코 합해지지는 않는다. 우선 우리에게는 문화 발달과 생각의 외적 수단을 숙달하는 과정인 말하기, 읽고 쓰기, 셈하기, 그리기가 있다. 다음으로, 특정한 고등심리기능 발달 과정들이 있는데, 이들은 그 정확한 범위가 한정되거나 정의가 내려지지 않았지만 전통 심리학에서 자발적 주의, 논리적 기억, 개념 형성 등으로 알려져 있었다. 우리는 일단 이 둘 모두를 합해 어린이 고등 행동 형태의 발달이라고 부를 수 있을 것이다.

1-81] 우리가 보아 온 것처럼, 고등 행동 형태의 발달에 관한 이해는 본질적으로, 아동심리학의 특별한 문제로 전혀 인식되지 않았다. 그것은 최근 아동심리학 체계에서 연구 조사의 통합되고 특별한 분야로서 전혀 존재하지 않는다. 그것은 아동심리학의 매우 다른 분야에 부분적으로 흩어져 있다. 그러나 우리의 문제의 가장 중요한 두 부분—어린이의 말, 글자, 그리기의 발달과 진정한 의미의 고등심리기능의 발달—이 각각 분리되면 우리가 본 것과 같이, 아동심리학에서 적절히 다루어질 수 없다.

*앞서 비고츠키가 고등심리기능의 발달에 대한 통합적 접근에 요구되는 부분들이 널리 확산되어 교육학, 심리학, 사회학과 같은 다양한 주제 영역으로 흩뿌려져 나타났음을 지적했던 사실을 상기하자. 이는 아동심리

학 내에서도 마찬가지로 교육심리학, 기억심리학 등으로 나타난다. 피아제의 연구가 분야별로 매우 엄밀히 나뉘어 있는 것을 상기하자.

1-82] 이것은 본질적으로 다음과 같이 설명될 수 있다. 지금까지의 아동심리학이 아동 정신 발달에 있어 두 개의 노선이 사실상 다르며 반드시 구별되어야 한다는 명백한 진실을 완전히 파악했다고 할 수 없다. 지금까지의 아동심리학은 아동 행동 발달에 관해 이야기할 때 그들의 논의가 두 개의 노선 중 어느 것을 다루고 있는지를 알지 못했으며 따라서 두 노선을 뒤섞어 왔다. 그러면서 이들은 복잡한 과정에 대한 미분화된 과학적 이해의 산물인 이 혼합물을 진정한 통합체라고 여기고 그 과정 자체가 단순하다고 여긴다. 요컨대 지금까지의 아동심리학은 지속적으로 아동 행동 발달 과정을 단순한 것으로 간주해 왔으나, 실제로는 복잡하다는 것이 증명되었다. 중대한 오류와 그릇된 해석, 고등정신기능 발달의 문제에 대한 잘못된 공식화의 근원이 의심할 바 없이 여기에 놓여 있다. 이 상황 속에는 아동 정신 발달상의 두 노선이 포함되어 있다는 것을 이해하는 것이야말로 우리의 전체 연구와 후속 논의 모두에 있어 반드시 필요한 전제 조건이다.

1-83] 개체 발생의 문제, 즉 아동 발달의 문제를 제쳐둔다면 근대 성인의 문화적 행동은 두 가지 상이한 심리 발달 과정의 결과이다. 그중 하나는 동물 형태의 생물적 진화의 과정이다. 이는 호모 사피엔스라는 형태의 출현을 이끌었다. 다른 하나는 역사적 발달의 과정이다. 이를 통해 최초의 원시적 인간은 문화적 인간으로 바뀌었다. 행동의 생물적 발달과 문화적 발달이라는 두 과정은 계통 발생 내에서 각기 독립적이고 자율적인 발달의 노선을 나타낸다. 이 발달의 노선들은 독립적이고 자율적인 심리학 분파의 대상이 된다.

*이 문단에서 비고츠키는 생물적 발달과 문화-역사적 발달의 노선의 차

이점을 강조하고 있다. 그러나 이 문단의 이면에서 이들의 연관성에 대한 힌트를 얻을 수 있다. 첫째, 둘 다 역사적이다. 즉 장기간에 걸친 변화의 산물인 것이다. 둘째, 둘 다 근대인의 모든 행동에서 나타난다. 우리는 완전히 동물도 아니고 완전히 문화적이지도 않다.

1-84] 어린이 고등정신기능 발달 문제의 고유성과 어려움은 이 두 노선들이 비록 복잡하긴 하지만 단일하게 통일된 과정을 효과적으로 형성하면서 개체 발생에서 모두 병합되어 있다는 사실에 있다. 특히 지금까지의 아동심리학이 고등 행동 형태의 고유성을 깨닫지 못한 반면, 행동의 계통 발생적 발달의 두 노선들 중 하나를 다루고 있는 민족 심리학(원시인들의 심리학)과 비교 심리학(생물학적 진화 심리학)은 모두 그들의 대상을 깨달은 지 오래이다. 이런 과학들의 대표자들은 두 과정을 동일시하고, 원시인으로부터 문화인으로의 발달이 단순히 동물에서 인간으로의 발달의 연장인 것처럼 고려하거나 행동의 문화적 발달이 생물학적인 것으로 환원된다고는 결코 생각지 않았을 것이다. 그러나 아동심리학의 모든 지점에서 행해진 것이 바로 그것이다.

1-85] 따라서 아동심리학에 얽혀 있는 복잡한 매듭을 풀기 위해서 우리는 두 노선의 연합이나 융합이 일어나지 않은 계통 발생으로 돌아가야 한다. 우리가 이렇게 하는 것은 우리 연구의 핵심적인 생각을 더욱 두드러지고 완전하게 표현하기 위해서일 뿐 아니라 연구 자체를 위해서, 더 나아가 개체 발생적 측면에서 고등 행동 형태의 발달을 연구하는 모든 연구를 위해서라는 것을 언급해야만 한다. 기본 개념(계통 발생-K)에 대한 설명의 도움으로 아동의 고등정신기능 발달의 문제를 대상 자체에 어울리는 맥락에 제시하는 것이 처음으로 가능해진다. 이 설명은 이 질문에 대한 우리의 현재 지식 수준과 함께, 인간의 심리가 역사적 발달의 연속적 단계에 걸쳐서 어떻게 발달

해 왔는지에 대한 분석에 의지해야 한다.

> *여기서 우리는 비고츠키가 방법이 실제로 골격이라고 말한 것의 의미를 찾을 수 있다. 이는 연구 전체를 관통하는 것이지, 단순히 연구 외부에 존재하는 것이 아니다. 후에 비고츠키는 방법이 실험적 추론의 '도구와 결과' 모두임을 논증할 것이다. 우리는 이를 『도구와 기호』의 5장에서도 확인할 수 있으며, 『생각과 말』의 이중 자극에 대한 기능적 방법에 대한 연구에서도 확인할 수 있다.

1-86] 이 자료에 의존하는 것이 이들을 개체 발생의 직접적인 연구로 전이시킴을 의미하지 않는다는 것은 너무도 당연하다. 별개의 두 발달 노선이 개체 발생에서 융합된 결과로 나타나는 그 독특함은 잠시도 간과할 수 없다. 이것이 가장 중심적이고 경계를 완전히 규정짓는 사실이다. 우리가 계통 발생에서 두 노선을 각각 관찰하기 위해서 그것을 잠깐 한쪽으로 미루어 둘 때조차도 항상 이를 명심해야 한다.

1-87] 우리는 가장 단순한 동물로부터 인간으로의 생물적 진화에 대한 논의에 지체할 수 없다. 진화라는 개념과 그것의 심리학적 적용은 충분히 이해되고 일반적 인식에 도달하였기에 길게 설명하는 것보다는 간단히 언급하는 것으로 충분할 것이다. 동물의 형태의 진화와 함께 그들의 행동 역시 진화하였다. 우리의 현재 관심사와 관련해서는 이 사실을 상기하는 것으로 충분하다. 비교심리학 영역에서 우리가 모르는 것이 상당히 많다는 것은 사실이다. 진화의 사슬에서 많은 연결 고리들, 특히 인간에게 가장 근접한 연결 고리들은 아직 과학으로 밝혀지지 않았다. 그것은 부분적으로는 그 고리들이 완전히 사라져서 사슬에서 떨어져 나갔기 때문이기도 하고, 또 부분적으로는 충분히 완성된 생물적 발달이라는 그림으로 제시되기에는 아직 충분히 연구되지 않았기 때문이기도 하다. 그럼에도 불구하고 이 그림의 요점은 이

해 가능하다. 그리고 최근 조건적 반사 방법에 의한 고등신경 작용 연구 덕분에, 그리고 유인원의 지적 능력과 도구 사용의 흔적을 발견한 덕분에 인간 행동의 생물학적 뿌리와 그의 진화적 유산이 우리 눈앞에 새롭게 형형히 드러났다.

*비고츠키는 물론 저차적 심리기능이 고등 기능의 필요조건이자 불가결한 요소임에도 불구하고 고등 수준의 심리기능에 관하여 저차적 수준의 심리기능에 지나치게 천착할 필요는 없다는 사례를 제시하고 있다. 우리는 생물학적 진화에 대해 자세히 논의할 시간이 없다. 이는 실제로 매우 불필요하며, 진화의 개념은 이제 일반적으로 받아들여져서 행동에 적용되어 왔기 때문이다. 신체적 장기들이 진화하는 것처럼 행동도 진화한다는 것을 기억하는 것으로 충분하다. 진화 심리학의 분야는 여전히 미지의 세계로 남아 있다. 예를 들어 우리에게 가장 가까운 사슬의 연결에 대해서만 제한적으로 알고 있을 뿐이다. 여기에는 두 가지 이유가 있는데, 첫째, 많은 연결들이 사라졌다. 호모 하빌리스와 호모 에렉투스와 같이 매우 제한적인 원시 인간 종에 대해서만 알려져 있다. 둘째, 우리가 알고 있는 그 제한적인 것에 대해서는 충분히 연구되어 오지 않았다. 예를 들어 필트 다운 인은 여전히 진짜 화석으로 간주되었으며, 아프리카의 인간 기원에 대해서는 아무도 몰랐다. 그러나 인간의 생물학적 진화에 관한 일반적인 그림은 충분히 명확하다. 여기에도 두 가지 이유가 있다. 조건 반사 방법에 의한 고등신경활동에 대한 연구와 실행 지성에 관한 연구 및 유인원의 도구 사용과 같은 연구가 그것이다. 노벨 생물학상을 수상한 초기 동물행동학자인 콘라드 로렌츠와 닐스 틴베르겐과 같은 사람들에 의해 행동이 진화한다는 것이 입증되었다. 그러나 비고츠키가 지적하는 것은 신체기관의 진화가 사실 행동의 진화와 연결되어 있다는 점이다. 예를 들어 심장과 폐가 현재의 모습으로 구조화된 이유는 그들이 맡은 기능에 따라 진화해

> 왔기 때문이다. 이것이 비고츠키가 주장한 구조적·기능적·발생적 접근이다.

1-88] 인간 행동의 또 다른 발달(문화적 발달-K) 노선과 관련해서는 사태가 훨씬 더욱 복잡하게 진행된다. 첫 번째 발달(생물적 발달-K)의 노선이 멈추는 곳에서 시작되는 행동의 역사적 문화적 발달의 노선은 원시의 반인半人 형태로부터 현재의 문화에 이르기까지 인류가 취해 온 역사적 경로와 상응한다. 우리는 매우 유익한 이 문제에 대해 깊고 자세하게 논의하지는 않을 것이다. 그것은 우리 연구의 직접적 대상인 어린이로부터 멀어지는 것이기 때문이다. 우리는 아동심리학에 있어서 전혀 알려지지 않은 새로운 발달의 양상과 유형을 특징짓는 가장 중요한 논제들로 우리의 논의를 제한하고자 한다.

1-89] 인류의 역사적 발달과 동물 형태의 생물적 진화 사이의 근본적이고도 중대한 차이점은 잘 알려져 있다. 따라서 다시 한 번 우리는 이에 대한 간단한 언급만을 통해 완벽하게 분명하고 부정할 수 없는 결론을 이끌어 낼 수 있을 것이다. 즉 인류의 역사적 발달이 동물 형태의 생물적 진화를 넘어서는 만큼 행동 발달의 문화적 유형과 생물적 유형 그 자체가 구별되어야만 한다. 왜냐하면 두 과정은 각각 역사와 진화라는 더 포괄적인 과정들의 부분을 구성하기 때문이다. 따라서 우리 앞에는 심리 발달이라는 고유한 과정sui generis, 특별한 종류의 과정이 놓인다.

> *문화적 발달은 생물학적 발달에 뒤이어 나오기 때문에 생물학적 발달과는 다르다. 이는 생물학적 진화에서 시작된 의식 과정의 지속이다. 그리고 이는 생물적으로 타고난 것의 재조직화와 체계화를 토대로 한다. 예를 들어 모피를 옷으로, 동굴을 거주지로, 사냥과 채집을 농사짓기로 전환하

> 는 것이다. 그러나 이것은 개체 발생이 그 둘 모두와 달라야만 한다는 것을 의미한다. 바로 이러한 의미에서 비고츠키는 개체 발생이 고유한, 완전히 새로운 본성과 유형을 가진 과정이며 생물학이나 사회 역사 중 하나를 이해하기 위해 개발된 방법을 사용해서는 이해될 수 없고, 개체 발생은 이 둘 모두의 발견을 토대로 한 새로운 방법으로 세워져야만 한다고 주장한다.

1-90] 이 과정과 진화적 과정 사이에 고려되어야 하는 기본적이고 포괄적인 경계를 나누는 차이는 고등정신기능의 발달이 인간의 생물적 유형의 변화 없이 일어나는 반면 생물적 유형의 변화는 진화적 발달 유형의 토대임을 입증한다. 알려진 바와 같이, 그리고 거듭 지적한 바와 같이 이 특질이 인간의 역사적 발달이 가지는 일반적인 차이점이다. 이와 같은 인간의 완전히 다른 적응의 유형과 함께 먼저 대두되는 것은 몸의 구조와 기관의 변화가 아닌, 인공 기관器官 즉 도구의 발달이다.

1-91] 생물적 유형의 변화 없이 발달이 일어난다는 이 논지는 심리학에서 완전히 특별하고 이례적인 중요성을 갖는다. 한편으로 행동의 고등 형태와 고등정신과정들이 신경체계의 구조와 기능에 대해 가지는 직접적 의존성에 관한 질문들, 따라서 해당하는 신경 체계와 뇌의 변화나 발달 없이 고등심리기능들이 어느 정도까지 그리고 가장 중요하게는 어떤 의미에서 일반적으로 변형되고 발달할 수 있는지에 대한 질문들에 대해 지금까지는 충분한 답이 없었다. 또 다른 한편으로는, 완전히 새롭고 심리학에서 다음과 같은 숙명적인 질문이 야기된다. 우리는 보통, 인간 적응의 특별한 특성(도구의 사용과 노동) 덕분에 인공 기관의 발달이 자연 기관들의 발달을 대체할 수 있다고 말한다. 그러나 생물학적 종의 변화가 없는 고등심리기능들의 발달에 대해 이야기할 때 우리가 일반적으로 염두에 두는 것으로, 정신적 발달에 있어

서 신경체계의 유기체적 발달을 대체하는 것은 무엇인가?

> *비고츠키는 여기서 의식의 기호론적 구성에 관한 기초를 마련하고 있다. 신경계의 변화를 대체하는 것은 의식의 기호론적 구조에서의 변화들이며, 다시 말해 의미의 변화, 관념의 변화와 이념의 변화들이다. 이렇게 함으로써 비고츠키는 데카르트와 딜타이가 영구적으로 만들려 했던 거대한 구분을 극복하면서 인문과학과 자연과학의 최종 통합의 기초를 놓는다. 그러나 비고츠키가 여기서는 계통 발생에 대해 논의하고 있음을 잊지 말자. 수백만 년 수천만 년의 장기적 관점을 취하는 계통 발생에서 자연적인 발달과 역사적 발달 사이의 구분이 가장 명확히 드러나기 때문이다. 따라서 다음 문단에서 비고츠키는 장기적 관점을 다시 취한다. 계통 발생에서는 고등심리기능과 상관관계를 맺는 생리적 측면, 이른바 대뇌 피질이 있다.

1-92] 우리는 각 동물들의 형태가 그 유기체적 구조와 기능에 상응하는 자신만의 독특하고 특정한 행동 형태를 가지고 있다는 것을 안다. 더 나아가서 행동의 생물적 발달에 있어 각각의 결정적 단계가 신경체계의 구조와 기능상의 발달과 일치한다는 것을 안다. 우리는 전체적으로 두뇌 발달이 보다 오래된 층 위에 새로운 층을 건설함으로써 일어난다는 것, 따라서 모든 하등 동물의 고대 두뇌가 같은 방식으로 배치된다는 것, 고등정신기능 발달의 새로운 각 단계가 중앙 신경 체계 속에 새로운 층을 건설하는 것과 함께 일어난다는 것을 안다. 고등심리기능 발달의 새로운 각 단계와 두뇌 발달의 새로운 각 층의 연결을 설명하기 위해서는 조건 반사라는 회로가 완결되는 장소로서 대뇌 반구의 피질의 역할과 중요성을 떠올리는 것으로 충분하다. 이것은 기본적인 사실들이다.

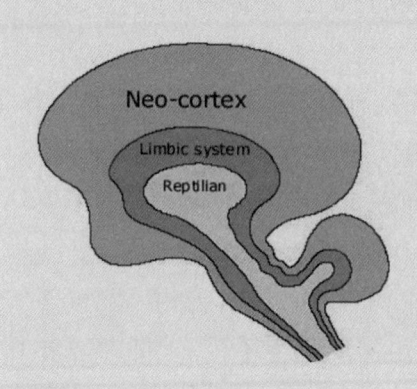

*이 그림은 두뇌 중추가 파충류의 두뇌에 적용된다는 것을 보여 준다. 파충류 두뇌를 둘러싼 '변연계'는 원시 포유류에 적용된다. 신피질은 물론 비고츠키가 조건 반사가 일어나는 곳이라 여긴 대뇌 피질이다. 이는 비고츠키가 실제 인간 두뇌 사진에 관해 이야기한 세 개의 기본 '층'으로 간단히 구분할 수 있다. 가장 안쪽에 있는 뇌간은 심장 박동과 같은 불수의적 기능을 수행한다. 뇌간 위에 다음 층은 작은 소뇌가 있다. 소뇌는 균형을 유지하는 반의지적 행위에 협응하는 두뇌의 일부이며, 세 번째이자 가장 큰 층인 대뇌 피질은 주름지고, 갈라진 회백질이며 의식적 의사 결정, 자발적 기억과 학습을 수행한다.

1-93] 그러나 원시인은 생물적 유형에 있어서 본질적인 차이를 전혀 보이지 않는다. 즉 행동에 있어서 (근대인과 현대인의-K) 엄청난 차이 전체를 설명할 수 있는 차이점이 없다. 가장 최근의 연구가 보여 주듯 이것은, 한 연구자에 따르면 온전히 인간이라고 불려야 하는 오늘날의 대부분 원시 부족민들에게 동등하게 적용되며, 저차적 영장류에 포함시킬 수 있는 근거가 될 만한 두드러진 신체적 차이가 없는, 우리와 근접한 시기에 존재한 선역사 시기의 인간에게도 동등한 사실이다. 앞에 언급한 연구자에 따르면 두 경우 모두에 있어 우리는 비록 더 원시적이기는 하지만 온전한 인간을 연구하는 것이다.

> *비고츠키가 '문화적 인간'이라는 용어를 사용하여 근대인을 지칭한다고 해서 그가 원시적 부족민이 문화를 전혀 가지고 있지 않음을 뜻하는 것은 아니다. 여기서 문화적이라는 말은 '교육을 받은', 즉 읽고 쓰는 능력을 획득했다는 뜻으로 사용된다. 이러한 의미에서 전학령기 어린이들 역시 원시적이며 비문화화된 사람이라고 할 수 있다.

1-94] 모든 연구들이 이 입장을 확증한다. 그리고 그 연구들은 원시인과 문명인 사이에 행동의 차이를 야기할 만큼 원시인의 생물학적 유형에 본질적인 차이점이 없다는 것을 증명한다. 모든 기초적인 심리적 기능과 생리적 기능들—지각, 운동, 반사 등—은 문명인의 동일 기능에 대해 우리에게 알려진 사실들과 비교했을 때 어떤 차이점도 보여 주지 않는다. 이것은 원시인에 대한 심리학과 역사적 심리학에서 기본적인 신조이다. 이와 반대되는 것이 생물학적 심리학(동물적 심리학, 즉 하등동물과 고등동물에 대한 심리학-K)에서 기본적 신조로 받아들여진다.

1-95] 생각할 필요도 없이 거부해야 하는 두 가지의 가정이 나타난다. 하나는 전혀 근거가 없어서 오래전에 과학에서 배제되어 왔으며 다른 하나는 일반적으로 과학의 경계 밖에 놓여 있다. 첫 번째는 연합심리학의 지지자들이 원시 문화에 대해 가정하고 발달시켜 온 것과 같이 인간의 마음이 항상 동일하고, 기본적 심리 법칙 즉 연합의 법칙은 언제나 동일하며, 원시인의 행동과 생각의 고유성은 오직 경험의 결핍과 제한으로만 설명된다는 사실에 놓여 있다. 이 관점은 우리가 이미 말한 바와 같이 인류의 역사적 발달 과정에서 정신 기능이 동일하게 남아 있다는 가정과 정신의 내용, 즉 내용과 경험의 총합만이 변하며 생각의 실제적 방식과 심리 과정에서 구조와 기능은 원시인이나 문화화된 사람이나 동일하다는 가정으로부터 나아간다.

1-96] 본질적으로 이러한 가정은 아동심리학 체계 내에 감추어진 형태

로 계속해서 존재해 왔으며 아동심리학은 행동의 문화적 발달과 생물적 발달 사이의 차이, 즉 사실상 아동심리학의 전체를 이루는 것을 인식하지 못하였다. 민족 심리학에 있어 이 이론은 이제 오직 역사적 중요성만을 가질 뿐이다. 두 가지의 주요한 오류는 첫째, 행동과 생각의 역사적 발달을 설명하는 데 (이 과정의 사회적 본성을 무시하며) 개인 심리학의 법칙(연합의 법칙)을 적용하였다는 것이며 둘째, 행동의 문화적 발달의 내용을 본질적으로 구성하는, 고등정신기능에 있어서의 심오한 변화에 대해 무지했다는 것으로 이는 결코 정당화될 수 없다.

1-97] 역사적 발달 과정에서 심리-생리적 기능들이 변화 없는 채로 지속 되었던 만큼 고등 기능(말로 하는 생각, 논리적 기억, 개념 형성, 자발적 주의 등)은 깊고 폭넓은 변화를 겪었다.

1-98] 두 번째 가정은 상황을 탈피할 수 있는 훨씬 쉬운 길을 택하여 문제를 더욱 쉽게 해결한다. 그것은 과학적 문제들 모두를 제거하고 문제의 해결을 영혼의 영역으로 이동시킨다. 이것은 (문제의 해결-K) 원시 문화를 탐구한 다른 연구자들이 가정한 것과 같이 문화가 사실상 유물적 사실과 현상이 아니라 이러한 현상을 유발하는 힘, 즉 의식이 가지고 있는 영적 능력과 자기완성의 기능으로 구성되어 있다는 신조에 바탕을 둔다. 이러한 관점에서 생물적 유형에서 변화 없이 정신이 발달하는 것은 인간의 영혼이 스스로 발달한다는 신조에 의해 설명이 가능하다. 또는 연구자들 한 명이 동일한 생각을 표현한 것에 따르면, 문화의 역사는 인류 영혼의 역사로 다시 이름 붙여질 수 있다.

> *이러한 관점은 "모든 눈에 보이는 사물들은 오직 판지로 만든 가면에 지나지 않는다."는 말로 잘 나타나는 플라톤주의와 크게 다르지 않음을 알 수 있다(멜빌의 모비딕에서 에이허브 선장이 스타벅에게 한 말이다). 이러한 관점에 의하면 문화는 물질적인 것이 아니라 관념적인 것이다. 인간의 역사

는 오직 인간 관념의 역사이며 이러한 관념들이 남기는 물질적 대상들은 모래에 남겨진 발자국과 같은 것이다.

1-99] 우리는 더 이상의 논의 없이 이 두 가정에 이별을 고할 수 있다. 이 중 하나는 정신 기능의 문화적 발달이라는 존재를 간단히 부인하는 것으로 우리가 관심 갖는 문제를 제거한다. 반면 다른 하나는 인간 정신의 역사 속에 문화와 그것의 발달을 하나로 융해시켜 버린다

*우리는 비고츠키가 왜 이 두 관점이 고려의 대상이 되지 않을 것이라고 말했음에도 불구하고 이 둘을 고려하려고 하는지 알 수 있다. 그것은 그가 한쪽에는 반사학, 다른 한쪽에는 해석적 심리학이라는 극단의 입장에 관심을 보이는 것과 넓게 보면 같은 이유이다. 이 두 가지 가정들은 심리학의 위기의 핵심인 이원론을 반영한다. 첫 번째 가정은 고등 기능의 발달이 물질적인 면에서 단순히 양적인 성장의 문제라는 것이다. 즉 마음은 그 자체가 질적으로 변하지 않으며 다만 물질적인 경험이라는 측면에서만 변한다는 것이다. 두 번째 가정은 물질적인 경험은 발달하지 않는다는 것이다. 즉, 마음 그 자체만이 역사적으로 변할 뿐이라는 것이다.

1-100] 오래된 질문이 다시 우리 앞에 제기된다. 생물학적 유형에 있어서는 어떤 변화도 없는 고등정신기능의 발달이란 것은 무엇이란 말인가?

*우리는 **1-91~1-96** 단락에서 제기되었던 질문으로 되돌아간다. 만약 사회 발생적인 발달이 생물학적 유기체의 느린 성장을 인위적인 '유기체'의 훨씬 더 유연하고 급속한 창조로 대체하는 것을 포함한다면, 개체 발생적으로 인간 두뇌의 층간의 느린 성장을 대체하는 것은 무엇인가?

1-101]   우리는 무엇보다 먼저 고등정신기능 발달의 내용은 우리가 위에서 규정한 것과 같이, 원시인에 대한 심리학으로부터 우리가 알게 된 사실들과 정확히 일치한다는 것을 지적하고자 한다. 우리가 앞에서 순전히 부정적인 방식의 서술, 즉 아동심리에 있어 간극과 정교화되지 않은 문제들을 토대로 규정하고자 하였던 고등심리기능 발달의 영역이 이제는 그 경계와 윤곽을 명확히 드러내며 우리 앞에 나타난다.

1-102]   원시적 생각에 대해 더 권위 있는 연구자 중 한 명이 표현하듯이 고등정신기능이 사회학적 연구 없이는 이해될 수 없다는 생각, 즉 고등정신기능은 행동의 생물적 발달의 산물이 아니라 사회적 발달의 산물이라는 생각은 새로운 것이 아니다. 그러나 이는 최근 수십 년에 들어서야 민족 심리학 연구에서 견고한 사실적 지지 기반을 얻었으며 우리의 과학에서는 지금에 와서야 재론의 여지없는 신조로 간주되게 되었다.

1-103]   우리의 흥미를 끄는 관점에서 볼 때 이것은 고등정신기능의 발달이 행동의 문화적 발달의 가장 중요한 측면 중 하나라는 것을 의미한다. 이에 대해서는, 우리가 문화적 발달의 두 번째 가지와 관련하여, 즉 말하기, 셈하기, 글쓰기, 예술 등등과 같은 문화적 행동과 생각의 외적 수단의 숙달과 관련하여 이미 앞에서 밑그림을 제시한 생각 이외에 다른 특별한 증거가 필요하지 않다. 이는 민족 심리학의 자료에서도 논의의 여지없이 완벽히 확인된다. 따라서 우리는 행동의 문화적 발달이라는 개념이 최소한 (연구의-K) 예비적 목적을 위해서는 적절히 밝혀졌다고 생각할 수 있을 것이다.

> 고등정신기능의 발달이 문화적 행동 발달의 가장 중요한 측면 중 하나라는 것은 증명할 필요가 없다. 그러나 고등 기능 발달의 외적 노선, 즉 말하기, 셈하기, 글쓰기 그리고 예술의 중요성을 지적하고자 한다. 이러한 고등기능 발달의 외적 노선은 위에서 지적한 민족 심리학의 주요 발달 노선이기도 하다.

1-104] 이와 함께 우리는 발생적 심리학의 다른 분야의 측면에 대한 필요했던 우회, 잠시 동안 우리의 직접적인 목적에서 벗어난 여담을 멈추고 다시 한 번 개체 발생으로 돌아갈 수 있을 것이다. 그러나 그 전에 이러한 여담으로부터 도출할 수 있는 올바른 결론을 간단히 진술할 수 있을 것이다. 이 결론은 다음과 같다. 문화는 특별한 행동의 형태를 창조하며, 정신적 기능의 활동을 수정하고, 인간 행동 발달 체계 내에 새로운 층인 상위 구조를 세운다. 이것은 문화적-심리적 발달을 순수하고 고립된 형태로 연구하는 원시 인간에 대한 심리학의 매 페이지에서 확증된 기본적인 사실이다. 역사적 발달의 과정에서 사회적 인간은 그의 행동의 접근법과 방식을 변화시킨다. 그는 자연적 본능과 기능을 변형시키며, 문화적 행동에 고유한 새로운 형태를 발달시키고 창조한다.

1-105] 우리는 이러한 고등 행동 형태의 출현과 기능 그리고 구조를 지배하는 고유한 법칙을 지금 당장 면밀히 규정하지는 않을 것이다. 이러한 질문에 대한 대답은 우리의 연구들에서 찾아야 한다. 지금은 위에서 제시한 두 개의 질문에 대해 순전히 형식적인 대답을 다음과 같이 제시할 수 있을 것이다. 어린이의 문화적 발달에 대해 언급할 때 우리가 염두에 두는 것은 인류의 역사적 발달의 과정에서 성취된 정신적 발달에 상응하는 과정이다. 이어서 우리는 이 질문들에 대한 답을 연구의 언어로 사실적으로 제시할 것이다.

> *두 가지 질문 중 첫 번째는 '고등정신기능 발달'이라는 말 뒤에 숨어 있는 암묵적 동의를 드러내는 것이며 두 번째는 본 연구의 목적을 밝히는 것이다. 계통 발생적으로 '고등 기능 발달'이라는 말 뒤에 숨어 있는 것은 새로운 행동 패턴을 가능하게는 하지만 직접 현실화하는 것은 아닌 뇌의 새로운 '층'이다. 사회 발생적으로 이 말 뒤에 숨어 있는 것은 뇌나 신체의 생리적 변화와는 전혀 무관한 새로운 행동 패턴들이다. 연구의 목적은 사회 발생에서 발달되는 '인공 기관'과 계통 발생에서 발달되는 자연 기

> 관에 상응하는 것으로 개체 발생에서 발달되는 것이 무엇인지 규정하는 것이다. 따라서 연구의 목적은 초기 인류의 문화적 발달에서 일어난 것에 해당하는 것으로 어린이에게 일어나는 것이 무엇인지를 밝히는 것이다.

1-106] 그러나 우리는 인간을 동물과 구별하여 (생존 경쟁이라는) 동물 삶의 법칙을 인간 사회에 대한 과학으로 전이시키는 것을 원칙적으로 불가능하게 만드는, 자연에 적응하는 인간만의 독특한 법칙이 있으며, 인류의 역사적 삶 전체에 기초한 이 새로운 형태의 적응이 새로운 행동 형태 없이, 즉 유기체와 환경 사이의 균형을 위한 기본적인 기제 없이 불가능하다는 생각을 처음부터 a priori 거부하기 어렵다. 환경과의 이러한 새로운 형태의 관계 맺음은 생물적인 전제 조건의 존재로 인해 발생했지만 생물학의 범위를 크게 넘어섰기에 근본적으로 구별되고 질적으로 두드러지며 새롭게 조직화된 행동 체계를 탄생시킬 수밖에 없었다.

> 우리가 비록 이러한 종류의 적응을 지배하는 특정 법칙이 특별한 연구 과정을 통해 명확하고 사실적이며 구체적으로 밝혀져야 한다고 생각하더라도 먼저 다음과 같은 가정을 부정하기는 어렵다.
> 1. 인간을 다른 동물들과 구별하는 자연 적응의 독특한 형태가 존재한다.
> 2. 이 독특한 적응 형태는 단순히 다윈의 적응 법칙을 계통 발생에서 사회 발생으로 전이하는 것을 불가능하게 만든다.
> 3. 이 독특한 적응 형태는 새로운 행동 형태 없이는 불가능하다. 행동이 유기체와 환경 사이의 관계에 균형을 가져오는 주요 기제이기 때문이다.
> 4. 자연과의 이러한 새로운 관계들은 매우 특정 생물적 자질들로부터 시작된다. 예를 들어 말은 혀와 폐, 그림은 손과 눈, 계산과 수 세기는

> 뇌와 손에서 시작된다. 하지만 그들은 이내 이 자질들을 넘어선다.
>
> 5. 그들은 완전히 새로운 행동 형태를 탄생시킬 수밖에 없다.
>
> *물론 이것은 특별한 연구에서 증명하고자 하는 온전히 예비적인 작업 가설이다.

1-107] 처음부터 사회가 행동의 초超유기체적 형태를 창조하지 않는다고 상상하기 어렵다. 유기체적 기관들과 근본적으로 다른 도구의 사용이 새로운 기능과 행동으로 유도하지 않는다고 상상하기도 어렵다. 그러나 우리가 고등 행동 형태라 이름 붙인 인간 역사의 경로에서 나타나는 이 새로운 행동은 반드시 생물적으로 발달된 형태와는 다른 그 스스로의 특징적이고 뛰어난 발달 형태와 자신만의 특정한 근원과 경로를 갖는 것이 분명하다.

1-108] 따라서 우리는 다시 개체 발생으로 돌아간다. 계통 발생 내에서는 독립된 형태로 발견되는 두 가지 정신 발달 유형, 즉 행동의 생물적 발달과 역사적 발달 또는 자연적 발달과 문화적 발달이 아동 발달에서 나타난다 (하지만 이들이 반복되는 것은 아니다). 이 두 과정과 (평행하지는 않지만) 유사한 것이 개체 발생 내에 존재한다. 이러한 사실들은 근본적이고 핵심적인 것이며, 행동의 계통 발생적 발달의 두 노선에 상응하는 아동 정신 발달의 두 노선을 구분하는 것이 우리 연구의 출발점이다. 이와 같은 생각은 우리가 아는 한 아직까지 공표된 적이 없다. 그럼에도 불구하고 이 생각은 현대 발생적 심리학의 자료에 비추어 볼 때 너무나도 명백해 보이고, 이러한 생각이 지금까지 연구자들의 주의를 끌지 못했다는 상황이 오히려 의아하다.

1-109] 이를 통해 우리는 개체 발생이 계통 발생을 반복하거나 재생산한다든가 혹은 계통 발생과 어떤 방식으로든 평행한 관계에 있다는 것을 말하고자 하는 것이 아니다. 우리가 염두에 두고 있는 것은 완전히 다른 것이다. 나태한 사고를 가진 사람만이 이것을 생물 발생적 추론으로의 회귀라고

간주할 것이다. 우리의 연구에 대한 설명에서 행동의 문화적 발달이라는 기본적 최초 개념을 순수하고 명확하게 규정할 필요가 있다고 느낄 때에는 우리는 발견적 목적을 위해 몇 번이건 계통 발생의 데이터에 의지할 것이다. 다음 장에서 우리는 이와 같은 이탈이 가지는 가치를 꼼꼼하고 세세하게 밝힐 것이다. 지금은 계통 발생의 두 노선에 비견할 수 있는 아동 발달의 두 노선에 대한 이 비교를 결코 두 과정의 구조와 내용으로까지 확장시키지는 않는다는 것만을 밝히도록 하겠다. 우리는 이 비교를 계통 발생과 개체 발생에 있어 두 개의 발달 노선이 존재한다는 하나의 논지로만 온전히 제한할 것이다.

> *E. 헤켈과 S. 홀은 인류의 진화 과정이 개인의 발달 과정에서 그대로 반복된다고, 즉 개체 발생은 계통 발생을 반복한다고 믿었다. 예를 들면, 놀이는 사냥과 채집으로부터 유래된 활동으로 간주된다. 피아제 역시 유년기가 사회 발생을 반복한다고 믿었다. 비고츠키의 논점은 훨씬 시적詩的이다. 이 둘 사이에는 유사와 은유적 관계가 있으며 개체 발생에는 역사적 과거를 되돌아보게 하는 요인이 존재한다. 그러나 이들은 구조적으로나 혹은 본질적으로 동일하지 않다. 이들은 너무도 상이한 방식들로 심오하게 변형된다.

1-110] 첫걸음부터 우리는 이미 생물 발생적 법칙과 근본적으로 이별을 고할 수밖에 없다. 계통 발생에서는 이 두 과정이 개별적으로 다루어져서 각각이 순차적으로 연결되고 하나가 다른 것을 계승하는 식으로 관련되지만 개체 발생에서는 융합된 형태로 나타나며 사실상 단일한 과정을 구성한다. 여기에서 우리는 어린이의 정신 발달에서 매우 중대하고 가장 기본적인 고유성을 보게 된다. 이 고유성은 어린이 발달을 다른 어떤 유사한 과정들과 구조상 비교할 수 없게 만들며, 생물 발생적 평행론에 근본적으로 등을 돌리도록 한다. 여기에 전반적인 문제의 근원적 난해함이 놓여 있다.

1-111]   우리에게 핵심적인 의미를 지닌 이러한 상황에 대해 자세히 설명해 보자. 앞서 말한 것처럼, 인류의 문화적 발달은 진화의 과정에서 비교적 변화가 적은 휴지기에 비교적 고정적인 생물적 인간 유형을 통해, 호모 사피엔스라는 생물적 형태로 모종의 안정적 조건하에 성취된 반면, 어린이의 문화적 발달은 무엇보다도 유기체적 유형이 역동적으로 변화한다는 조건 아래 이루어진다는 특징을 갖는다. 그것은 어린이의 성장, 성숙, 유기체적 발달 과정에서 일어나며 이들과 함께 통일된 전체를 구성한다. 추상화를 통해서만 어떤 과정을 다른 과정과 분리할 수 있다.

> *문화적 발달은 생물적 발달이 성공한 후에 일어나는 후속적인 것이다. 따라서 문화적 발달은 상대적으로 안정적인 생물적 형태를 바탕으로 일어난다. 개체적 발달은 다르다. 그것은 끊임없는 변화와 성장 과정 중간에 발생한다. 예를 들어 어린이가 쓰기를 숙달하는 것은 어린이의 손과 두뇌가 급격하게 변하고 성장하고 있는 조건 아래서 발생한다. 외국어를 배우거나 노래를 배우는 어린이는 사춘기 때 목소리의 변화를 경험한다. 추상화를 통해서만 우리는 그들을 분리시킬 수 있다. 즉, 우리는 자연적 변화가 존재하지 않는다는 가정하에 일시적으로 자연적 과정과 문화적 과정을 분리시킬 수 있다. 예를 들어, 3학년 학생들은 모두 2학년이나 4학년 수준이 아닌 3학년 수준으로만 생각한다고 가정한다.

1-112]   문명사회 내에서의 평범한 어린이의 성장은 일반적으로 유기체적 과정들의 성숙과 하나의 합금을 형성한다. 발달의 자연적인 측면과 문화적인 측면은 모두 동시에 일어나며 서로 병합된다. 이 두 변화의 질서들이 서로서로 스며들면서 본질적으로 형성되는 것은 단일한 질서, 즉 어린이 인격의 사회적-생물적 형성이다. 유기체적인 발달이 문화적 환경 내에서 성취되기 때문에 이는 역사적으로 조건화된 생물적 과정으로 전환된다. 동시에

문화적 발달은 자연에서의 어떤 것과도 비교할 수 없는 완전히 독창적인 특성을 획득하게 된다. 이는 문화적 발달이 유기체적 성숙과 더불어, 그리고 동시에 성취되기 때문이며 그 발달의 수단이 어린이의 성장하고 변화하며 성숙하는 유기체의 형태로 나타나기 때문이다. 어린이 말의 발달은 자연적이고 문화적인 발달의 두 측면이 이와 같이 융합된 좋은 예를 제공한다.

1-113] 유기체의 성장과 성숙 과정에 덧씌워진 문화적 발달의 고유성은 이 책에서 직접적으로 우리의 관심을 끄는 학문 분야에서 나온 단순하고 명백한 예, 정확히 말해서 아동기 도구 사용 발달의 예로서 설명될 수 있다. H. 제닝스는 활동 체계라는 개념을 심리학에 도입했다. 그는 이 용어를 통해서 각각의 동물이 지닌 행동 방법과 행동 형태(즉, 활동)가 그 동물의 기관과 구조의 제약을 받는 하나의 체계를 나타낸다는 사실을 지적했다. 예를 들어 아메바는 적충류처럼 헤엄칠 수 없으며, 적충류에는 비행 기관이 없다.

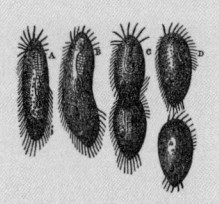

*아메바는 의사족을 사용하여 움직이지만 적충류는 섬모를 이용하여 헤엄을 친다. 반면에 적충류는 날 수 없다.

*허버트 스펜서 제닝스(Herbert Spencer Jennings, 1868~1947)는 하등동물의 유전적 조합의 수학적 가능성을 최초로 밝혀낸, 미국의 권위 있는 미생물학자이다. 그는 범죄자들에 대한 거세를 지지하는 법률에 반대하고 중국인을 겨냥하여 북유럽인들의 이민만을 허용하는 1924년 이민법을 반대하는 등 유전학의 남용에 대항하여 발언함으로써 사회적 이슈가 되었다. 그는 생애 전반에 걸쳐 영원한 삶을 가진 것처럼 보이는 무성 생식 동물을 연구하였다. 그러나 생애 후반에 이르러 그는 유성 생식이 또한 영원한 삶의 형태를 제공한다고 결론지었다. 왜냐하면 유성 생식으로 형성된 세포는 '젊어지기' 때문이다. 적충류는 무성생식을 하는 단세포 편모동물이다.

1-114] 심리학 연구자들이 어린이 일생에 있어서 결정적이고 중요한 순간이 생후 1년의 영아기라는 사실을 정립한 것은 바로 이 의심할 여지없이 매우 중요한 생물적 관념에 근거한 것이다. 인간은 제닝스의 법칙에 예외적인 어떤 것도 나타내지 않는다. 인간 역시 자기 행동의 양식에 모종의 제한을 가하는 활동 체계를 가지고 있다. 예를 들어 비행의 가능성은 이 체계 속에 포함되지 않는다. 그러나 인간은 자신의 활동 범위를 도구를 통해 무한히 확장시킨다는 점에서 모든 동물을 넘어선다. 인간의 뇌와 손은 자신의 활동 체계, 즉 접근할 수 있고 가능한 행동 형태의 영역을 무한히 확장시켰다. 따라서 어린이가 사용할 수 있는 행동의 종류와 형태를 규정한다는 의미에서, 아동 발달에서 결정적인 계기는 생후 1년경 아기가 내딛는, 도구의 독립적 모색과 사용을 향한 첫걸음이다.

1-115] 그러므로 어린이 행동 양식 목록은 물론 그 목록이 활동 체계라는 정립된 원칙에 따라 구성된 생물적인 목록으로 남아 있는 한, 이런 결정적인 계기에 이르기 전까지의 어린이 행동만을 포함할 수 있다. 그러나 연구에 따르면, 생후 6개월 된 영아도 이미 본질적으로는 도구 사용 발달의 첫 단계를 시작한다고 한다. 물론 이는 진정한 의미에서의 도구는 아직 아니다. 하지만 근본적으로 그 아기들은 이미 활동 체계의 한계를 넘어서서 최초의 도구 사용을 준비한다. 아기는 하나의 대상을 이용하여 다른 대상에 작용하는 행동을 보이며 다른 어떤 것의 도움을 통해 무언가를 획득하려고 시도한다. 관찰에 따르면 생후 10개월이나 12개월 영아는 침팬지가 풀었던 것과 유사한 과업을 해결하기 위해 아주 단순한 도구들을 사용할 수 있는 능력이 있다는 것을 보여 준다. K. 뷜러는 이 시기를 침팬지와 같은 연령으로 부를 것을 제안했다. 이 용어는 이 시기에 영아가 가장 고등한 유인원의 행동에서 우리가 익히 알고 있는 도구 사용법을 터득한다는 사실을 뜻한다.

1-116] 도구의 사용이라는 단순한 사실이 근본적으로 다른 인간 활동 체계를 창조하기 위한 조건이었다는 것은 새로운 사실이 아니지만, 제닝스

의 공식을 기초로 하여 인간 행위 체계를 세우려고 노력하는 생물학적 심리학은 여전히 이를 충분하게 고려하지 않았다. 유아심리학 전체와 아동심리학에서 새롭고 중요한 것은 도구의 사용으로 인해 생겨난, 동물에게서는 발견되지 않는, 활동 체계 발달의 중요한 계기들을 결정했다는 것이다. 근래에 이르기까지도 유아심리학은 단순히 이 기본적인 사실을 알지 못했으며 그 중요성을 깨닫지 못했다. 구심리학이 단순히 평면적인 측면만 보거나 발생적 과정을 주지주의적 설명으로 대체한 반면, 새로운 연구의 이점은 그들이 결정적인 발생적 과정이 보여 주는 실제 복잡성 전체를 밝혀냈다는 사실에 있다.

1-117] 그러나 이러한 새로운 연구들조차 구舊주지주의 이론들로부터 자유롭지 못하여 하나의 논점을 완전히 명료하게 인식하지 못하였다. 더욱이 이 논점은 문제 전체에 있어 핵심적 중요성을 가지며, 따라서 이제 우리의 직접적 관심의 대상이 된다.

> *어떤 의미에서 피아제와 같은 연구들이 '주지주의적'이라고 말할 수 있을까? 피아제는 생물학자의 입장에서, 자기중심적인 욕구를 가진 연합적 유기체로 어린이에 접근하지는 않았는가? 비고츠키는 사회학적 방법으로 접근했던 초기 피아제의 연구에 관하여 이야기하고 있다. 그러나 이 '사회학적' 관점은, 발달을 사회적 압력에 대한 어린이의 조절 accommodation로 보았다는 이유로 프로이트가 사회학자라고 말하는 것과 같은 의미다.

1-118] 어린이에 의해 성취되는 하나의 활동 체계(동물 활동 체계)로부터 또 다른 활동 체계(인간 활동 체계)로 이어지는 이 경로의 모든 고유성은 다음과 같은 사실들로 이루어져 있다. 하나의 체계가 다른 것으로 단순히 변하는 것이 아니라 두 체계가 동시에 함께 발달하고, 동물 발달 역사에서나

인류 발달 역사에서나 이와 평행한 과정을 찾을 수 없다는 것이다. 어린이는 이전부터 주어진 생물적으로 야기된 활동 체계가 끝까지 발달한 이후에 새로운 체계로 넘어가지 않는다. 원시 인간은 생물적 발달을 끝낸 이후에 도구를 사용했지만 어린이는 도구를 그처럼 사용하게 되지 않는다. 어린이는 제닝스가 말한 바로 그 체계 자체가 아직 발달의 초기 단계일 때 그 체계의 경계 밖으로 발걸음을 내딛는다.

1-119] 어린이의 뇌와 손 그리고 어린이가 다룰 수 있는 자연적 움직임의 전체 범위는 어린이가 이미 그 범위의 한계를 넘어선 후에도 아직 완전히 성숙하지 않는다. 6개월 된 아기는 병아리보다도 더 연약하다. 10달이 되어도 아기는 여전히 혼자서 걷거나 먹을 수 없다. 그러나 이 시기 동안 아기는 침팬지와 같은 연령을 거치며 최초로 도구를 다루기 시작한다. 이 예시는 계통 발생의 전체 질서가 개체 발생에서는 얼마나 뒤집혀 있는지를 가장 설득력 있게 보여 준다. 이와 같은 도구 사용의 역사보다 생물 발생적 평행이론을 더 강력하고 설득력 있게 반박하는 것은 없다.

> *아기는 초기 인간의 가장 발달된 측면(도구 사용)과 가장 원시적인 측면(미완성된 생물적 형성, 신체적 연약함, 낮은 자주성과 적응력)을 결합한다. 이는 문화적 진화와 신체적 진화가 완전히 병합되었거나 아니면 서로 분리되어 평행선을 달리지 않음을 증명한다. 최소한 계통 발생과 사회 발생의 관점에서 볼 때 아기가 거치는 것은 '비대칭적이고 결합된' 발달이다. 그러나 이러한 비대칭적이고 결합된 발달과 유사한 것이 전혀 없는 것은 아니다. 레닌이 러시아의 자본주의 발달에 대해 쓴 책에서 기술했듯이 러시아는 세계에서 가장 후진국인 동시에 (독일 자본 덕에) 산업적으로 가장 선진화된 나라였다. 한국이 일본의 식민지였던 시기를 돌아보면 이와 유사하며 어떤 의미에서 오늘날에도 한국 상황과 유사하다. 한국의 농수산업은 매우 뒤처진 반면 철강, 정보, 산업 분야에 있어서는 선진국이기 때

문이다.

1-120] 만약 인간의 생물적 발달에서 유기체적 활동 체계가 지배적인 반면 인간의 역사적 발달에서는 도구의 활동 체계가 지배적이라면, 따라서 만약 계통 발생에서 두 체계가 서로 분리되어 나타나고 각각 발달한다면, 오직 개체 발생적에서만 동물적 행동 발달과 인간적 행동 발달의 두 측면이 함께 환원된다는 사실은 생물 발생적 반복 이론의 모든 토대를 무너뜨린다. 두 체계는 동시에 함께 발달한다. 이것은 개체 발생에서 활동 체계의 발달이 이중적인 조건을 지니고 있음을 뜻한다. 제닝스의 공식은 어린이가 전적으로 새로운 규칙성에 지배를 받는 발달 시기에 사실상 들어갔을 때에도 여전히 작용한다. 이 사실은 어린이 발달의 기초적인 문화적-생물적 모순이라 불릴 만하다. 도구 사용뿐 아니라 어린이의 동작과 지각의 체계, 두뇌와 손, 그리고 모든 기관 역시 발달한다. 이미 언급했듯이 두 과정은 완벽하게 고유한 발달 과정을 형성하면서 하나로 융합된다.

1-121] 결과적으로 어린이 활동 체계의 수준은 그의 유기체적 발달 정도와 도구 숙달 정도에 따라 결정된다. 서로 다른 두 체계가 함께 발달하며 본질적으로 특별한 종류의 새로운 제3의 체계를 구성한다. 계통 발생에서 인간의 활동 체계는 자연적 기관이나 인공적 기관들의 발달에 의해 결정된다. 개체 발생에서 어린이 활동 체계는 둘 다에 의해 동시에 결정된다.

1-122] 우리는 제닝스의 공식에 대한 사례를 세밀하게 검토해 왔다. 왜냐하면 이 사례가 어린이의 문화 심리적 발달의 두 가지 기본적 특징, 즉 이 유형의 발달(문화심리적 발달-K)이 생물적 발달과 근본적으로 다르고, 유기체적 발달과 문화적 발달이 하나의 과정에서 융합된다는 것을 모두 드러내기 때문이다. 어린이 행동의 문화적 발달 전체와 개별 정신 기능의 발달 과정은 지금까지 제시된 사례들과 완전히 유사함을 보여 준다. 개별 정신 기능

은 그것이 요구될 때 각 정신 기능을 특징짓는 유기체적 활동 체계의 한계를 넘어 완전히 다른 활동 체계의 한계 내에서 문화적 발달을 시작한다. 그러나 두 체계는 같이 발달하며, 실상 서로 다른 발생적 과정들의 교착을 함께 형성한다.

> *예를 들어 8개월 된 아이가 책을 본다고 가정하자. 당연히 그 아기는 책을 물리적 대상으로 다루고 문화적인 것으로 여기지 않는다. 그 아기는 책을 마루에 던지고 집고 책장을 펄럭일 것이다. 그러나 그 아기가 책장을 펼치게 되면 그림과 기호들을 알아차리고 보게 된다. 10개월 이전의 아기들은 누군가 책을 읽어 주는 경험을 통해 좋아하는 그림을 갖게 될 것이다. 그림을 고르는 사례에서, 우리는 씨실을 형성하는 생물적 성숙과 날실을 형성하는 문화적 성숙이 하나의 격자를 형성하는 것을 볼 수 있다. 다시 말해 신체적 성숙(감각 운동 활동)과 문화적 성숙(말하기, 그림 인식하기, 다른 사람이 읽어 주는 것 보기)이 교차된 조직을 볼 수 있는 것이다.

1-123] 이러한 두 과정의 엮임은 앞서 언급한 구심리학의 두드러지는 특징이었던 행동 발달의 두 노선을 뒤섞는 것과 엄격히 구분되어야 한다. 구심리학은 아동 행동 발달에서 이 두 과정을 완전 하지 않았고, 아동 발달이 단일한 과정일 뿐 아니라 단순한 과정으로 가정했다. 아동 발달 과정의 진정한 통합체를 확립하는 새로운 관점은 그 과정의 복잡성을 한 순간도 잊지 않는다. 구심리학이 말 발달과 걷기 발달과 같은 어린이 발달의 모든 현상들을 하나의 똑같은 노선 위에 놓는 것이 원칙적으로 가능하다고 생각한 반면, 이제 새로운 관점은 아동 발달을 원칙적으로 구별되는 서로 다른 두 노선의 변증법적 통합체로 이해하는 것에서부터 시작한다. 이 새로운 관점에서 볼 때 근본적인 과제는 두 노선에 대한 합당한 연구와 각 연령에서 두 노선이 엮이는 법칙에 대한 연구이다.

*예를 들어 영문판 비고츠키 전집 5권에 포함된 미완성 원고인 '아동 발달'에서 비고츠키는 한 살의 위기를 독립성의 위기로 규정한다. 이 한 살의 위기에는 최소한 서로 다른 세 개의 발달 노선이 얽혀 있음을 알 수 있다. 사고의 측면에서 보면 어린이는 원시적인 '우리'의 개념을 거부하고 다른 이들로부터 자신을 분화시킨다. 말의 측면에서 보면 어린이는 자의적 말(옹알이)을 시작한다. 운동 발달 측면에서 보면 어린이는 혼자서 걷는 것을 배운다. 이 위기는 명백히 한 명의 어린이가 겪는 하나의 위기지만, 생각, 말, 걷기는 동일한 것이 아니다. 이들은 통합적이면서도 복잡한 과정의 각기 다른 세 개의 생성물인 것이다.

1-124] 이런 식으로 고등정신기능 발달을 이해하는 연구는 언제나 이 과정을 더욱 복잡하고 광범위한 전체의 일부로, 즉 생물적 행동 발달과 관련하여 그리고 두 과정이 엮이며 만들어 내는 배경에 비추어 이해할 것이다. 따라서 우리 연구의 대상은 어린이의 생물적 발달 과정에서 성취되고 또한 생물적 발달에 영향을 미치는 발달이다. 따라서 우리의 연구에서는 하나를 다른 하나와 엄밀하게 구분하되, 뚜렷이 나누지는 않을 것이다. 어떠한 생물적 배경을 바탕으로 어린이의 문화적 발달이 일어나는지 그리고 (생물적 발달과 문화적 발달의-K) 두 과정의 엮임이 어떤 형태로 어떤 단계에서 일어나는지는 우리의 연구에서 결코 사소한 것이 아니다.

1-125] 우리는 두 과정이 엮이는 다양하고 구체적인 형태들이 어린이 발달의 구체적인 유형과 연령에 따라 행동 발달 각 단계의 고유성을 결정한다고 가정한다. 그리고 우리의 모든 연구들은 이런 가정에 대한 우리의 신념을 강화한다. 그러므로 우리는 '자연'과 '문화'를 대비시키는 것은 인간 심리에서 조건적으로만 옳은 것이라는 E. 크레치머의 말을 따를 수 있다. 그러나 크레치머와는 반대로, 우리는 이 둘을 서로 구별하는 것이 인간 심리에

대한 합당한 모든 연구에 전적으로 필요한 전제 조건이라고 가정한다.

바로 이 두 과정의 상호작용이 발달의 각 계기들의 개별성을 결정한다고 볼 수 있다. 예를 들어 어린이가 걷는 방식은 그가 처한 사회적 환경과 자신의 근육 운동 조절력의 성장, 이 둘 모두에 의해 결정된다. 또한 어린이가 말하는 방식은 그들의 조음기관 운동 조절력과 함께 작용하는 사회적인 말하기 방식에 의해 결정되는 것이다. 또한 이런 상호작용은 어린이의 연령과 발달 유형에 따라 달라진다고 가정할 수 있다. 예를 들어 '1세의 위기'는 연령에 따른 것이기도 하지만 어린이가 평범한가 아니면 어떤 장애를 지녔는가에 따른 것이기도 하다(장애에 대해서 비고츠키는 이후에 좀 더 자세히 다룰 것이다). 우리는 자연과 문화를 대비하는 것이 조건적으로 옳다는 크레치머의 말을 따른다. 그의 진술은 계통 발생 측면에서 볼 때는 참이다. 하지만 우리는, 크레치머와는 반대로, 만약 자연과 문화가 개체 발생적으로 단일한 과정으로 나타난다 하더라도 여전히 이 둘을 서로 구별할 필요가 있다고 본다.

*고등심리기능과 저차적 심리기능을 단순히 기능적 수준에 따라 구분하는 것이 아니라 발생적 수준에서 구별하기 위해서는 이 기능들의 자연적 기원과 문화적 기원이 설명되어야 할 것이다. 예를 들어 '느낌'에 관해서 연구한다고 할 때, 추위나 배고픔 같은 느낌은 부끄러움이나 죄책감 같은 느낌과 구별될 필요가 있다. 마찬가지로 사고에 대해 연구할 때도 단순한 반응은 예측이나 계획과 구별되어야 한다. 비고츠키가 말한 '조건적으로 옳다'는 말은 자연과 문화 각각의 기여도를 이해하기 위해서는 연령과 발달 유형을 세세하게 살피는 것이 전제되어야 한다는 뜻이다. 예를 들어 출생 직후 또는 유아기나 초기 아동기와 같은 발달 초기 연령에서는 생물적인 과정들이 우세할 것이다. 초등학교 고학년에 이르면, 저학년에 비해

서 생물적 과정이 아닌 문화적 과정이 발달을 주도하게 될 것이다. 또한 같은 고학년이라고 하더라도 체육과 같은 발달 형태에서는 생물적 과정들이 지속적으로 주도적인 역할을 수행할 것이다. 하지만 말 발달 과정에서는 애초부터 문화적 과정이 주도적 역할을 수행한다.

*에른스트 크레치머(Ernst Kretschmer, 1888~1964)는 독일인 의사이자 정신과 의사였고 후에 마르부르크 대학의 정신과 원장이 되었다. 고등심리기능과 저차적 심리기능을 구별하고, 이 두 기능이 서로 다른 뇌 영역(이 영역을 가리켜 비고츠키는 '층'이라고 불렀다)과 연결되어 있다는 것을 밝혔다. 그럼에도 불구하고 신체와 고등 기능들 간의 연결에 대한 그의 진술은 대부분 전前 과학적인 것이었다. 예를 들어, 그는 인간의 신체에 세 가지 유형, 즉 날씬하고 약한 유형과 근육질이며 강한 유형, 단단하고 뚱뚱한 유형이 있으며, 이 세 유형이 모두 개인적인 기질이나 정신병리학과 연결되어 있다고 믿었다. 즉 날씬한 사람은 신경질적이며 정신분열증에 걸릴 확률이 높은 반면, 뚱뚱한 사람은 쾌활하며 친화적이지만 조울증에 걸리기 쉬우며, 오직 근육질로 강하게 태어난 사람만이 정신적으로 건강하다는 것이다. 크레치머는 슈프랑거와 마찬가지로 나치에 대항해 사임했지만 히틀러와 파시즘을 지지하게 되었다. 그 예로 그는 정신 장애인들을 말살시키는 나치의 정책에 반대하지 않았다.

1-126] 이와 관련하여, 우리가 관심을 갖는 문제에 있어 근본적으로 결정적인 것으로 판명이 될 극히 중요한 방법론적 문제가 자연스럽게 발생한다. 즉, 문화적 발달이 사실상 순수하게 분리된 형태로 존재할 수 없음에도 불구하고 실험 과정에서 행동의 문화적 발달과 생물적 발달을 구별하여 문화적 발달을 분리해 내는 것이 어떻게 가능한가, 그리고 이렇게 두 과정을 분리하는 것이 어린이 정신 발달의 기본적인 형태로서 두 과정이 엮인다는

생각과 모순되고, 이러한 엮임이 어린이의 문화적 발달을 지배하는 고유한 법칙을 이해하는 것을 불가능하게 만드는 장애물이지는 않은가 하는 것이다.

1-127] 표면적으로는 그렇게 보일 수 있다. 하지만 기실 어린이의 고등 정신기능 발달 연구에서 매우 심각한 어려움에 직면했을 뿐 그것이 불가능한 것은 아니다. 본 연구에서는 이 어려움을 극복하기 위해 두 가지 기본적인 방법을 사용하였다. 첫째로 발생적 연구 방법, 둘째로 비교 연구 방법이 그것이다. 발생적 단면에서 조사되는 두 가지 상이한 발달의 과정의 엮임은 그 자체로 하나의 변인이 된다. 두 과정 모두 발달의 각 단계에서 그들의 엮임을 지배하는 특별한 법칙과 특정한 형태를 가진다. 두 과정이 아동기 전체에 걸쳐 복잡한 통합의 형태로 나타나지만 이 통합을 구성하는 법칙과 그 두 과정의 엮임의 본성은 동일하게 남아 있지 않는다.

> 개체 발생 연구는 불가능한 것처럼 보인다. 문화적인 것과 자연적인 것을 구분해야만 개체 발생을 연구할 수 있는데, 이 둘을 완전히 구분하는 것이 불가능하기 때문이다. 그러나 이것을 가능하게 하는 두 가지 방법, 즉 발생적 방법과 비교적 방법이 존재한다. 발생적 방법은 동일한 어린이를 대상으로 이 어린이가 겪어 나가는 개체 발생의 서로 다른 순간들을 비교하는 방법이며, 비교적 방법은 서로 다른 어린이들을 비교하는 방법이다. 이때 두 과정의 엮임은 그 자체가 하나의 변인으로 취급되어야 한다. 이 '두 과정의 엮임'은 동일한 어린이의 상이한 발달 순간들을 비교할 때나 서로 다른 어린이들을 비교할 때 똑같은 상태로 머무르는 것이 아니라 지속적으로 변화하기 때문이다. 발달에 있어서 각 시기들은 고유한 짜임의 형태와 법칙을 가진다. 예를 들어 아주 어린아이들의 경우 행위에 의한 의미와 일정한 형태를 지닌 반복적 활동이 지배적인 반면, 조금 더 자란 어린이의 경우에는 의미에 의한 행위가 지배적이다. 이것은 처음엔 역할극으로 나중엔 규칙에 기반한 놀이로 나타난다. '엮임'이라는 말에서 알

> 수 있듯이 자연적 형태가 전혀 없는 역사적 형태도 없고, 문화적 형태가 전혀 없는 자연적 형태도 없는 것이 사실이다. 그럼에도 불구하고 자연적인 형태가 우세한 상태로부터 문화화된 형태가 우세한 상태로의 변화가 보여 주는 다양성은 개체 발생을 하나의 과정으로 연구할 수 있도록 해 준다.

1-128] 고등정신기능 발달의 역사는 분트가 말과 관련하여 때 이른 발달이라고 칭한 예들로 가득하다. 아동심리학에는 이와 유사하게 때 이르거나 서로 적합하지 않은 생물적·문화적 발달 과정이 엮이는 사례가 매우 많다는 아주 분명한 사실을 확인하기 위해서는 앞서 언급한 사례, 즉 6개월 혹은 10개월 된 아기에게서 관찰된 최초의 도구 사용과 미숙한 생물적 구조의 엮임 사례나 분트가 제시한 사례(성대가 성인 크기에 도달하기 이전에 어휘와 문법이 완성되는 말의 발달-K)를 상기하면 될 것이다.

1-129] 엮임 그 자체는 발생적 연구 방법을 통해, 서로 다른 지질학적 층과 같은 복잡한 형성의 개별적 층들을 숨김없이 드러내는 많은 전환점을 나타내 보인다. 고등 행동 형태의 발달은 어느 정도의 생물적인 성숙과 특정한 구조를 전제 조건으로 요구한다. 이로 인해 인간과 가장 가까운 고등동물에서조차 문화적 발달의 가능성이 닫힌다. 이 발달의 전제 조건이 부재하거나 불충분한 경우 이 두 활동 체계는 마치 하나의 형태가 다른 형태로 치환되거나 전환된 것처럼 부적당하거나 불완전하게 합류한다. 발생의 전체 연쇄(진행-K)에 걸쳐, 이미 언급된 두 체계의 치환이나 전환, 불완전한 합류와 일치 또한 변화하며 그 결과로서 통합되고, 연속적이며, 완전하게, 단단히 배열된 연쇄가 아니라 종류도 다르고, 본성도 다르며, 그 정도에 있어서도 다른 여러 가지 연결들을 보게 된다.

> 두 과정들이 엮이면 이들은 서로 얽히고 서로 잡아당긴다. 비고츠키의 다른 표현에 따르면 이들은 대륙의 판들과 같이 서로 부딪히고 서로를 깎아 내는 것이다. 이것은 때때로 얽힌 발달의 노선을 풀어낸다. 이는 지층의 충돌로 인해 발생하는 지진과 비견된다. 말과 같은 고등 행동 형태의 발달은 일정 정도 성숙을 필요로 한다. 즉 말이 발달하기 위해서는 폐와 성대가 일정 형태로 발달해야 하며 무엇보다도 신경 체계의 발달이 전제되어야 한다. 이는 침팬지나 유인원 같은 고등동물에게는 갖추어지지 않은 조건들이다. 인간의 경우에도 이러한 생물적 조건들이 갖추어지지 않거나(농아) 손상을 입은 경우가 있다(뇌 손상). 생물적 기관과 문화적 활동 체계 사이에 불일치가 일어날 경우 발생적 연쇄에 변화가 일어난다. 비유컨대 장애가 없는 정상적인 발생적 연쇄를 '2, 4, 6, 8'이라고 한다면, 손상을 입은 연쇄는 '2, 2.2, 2.7, 3.1, 4.9, 6.7, 9' 정도로 묘사할 수 있을 것이다. 후자의 연쇄는 부드럽고 연속적인 발달이 아니라 간헐적이고 급작스러우며 위기와 단절을 포함하는, 광범위하고 이질적인 혼합체적 연결인 것이다.

1-130] 연구의 두 번째 방법은 상이한 문화적 발달의 유형에 대한 비교 조사이다. 정상적 유형으로부터의 이탈, 발달 과정에 있어서의 병리적 변화는 일종의 자연적 실험으로서, 우리의 문제 및 아동심리학 일반의 모든 문제와 관련하여 매우 강력하게 우리의 관심을 끄는 이 과정의 진정한 본성과 구조를 드러내어 잘 보여 준다.

1-131] 우리가 말하는 소위 장애, 즉 생물적 결함이 있는 어린이 발달의 역사에서 고등정신기능의 발달을 이해하기 위한 열쇠를 찾고자 한다는 것은 역설처럼 보일 것이다. 이 역설은 모종의 신체장애로 인해 지체된 어린이 고등 행동 형태 발달의 본질을 통해 설명될 수 있다.

1-132] 위에서 우리는 문화적 발달 과정과 생물적 발달 과정의 엮임이 어린이 발달의 기본적 고유성을 이룬다는 생각을 구체적으로 발전시켰다. 장애를 가진 어린이에게서는 두 과정의 엮임이 나타나지 않는다. 발달의 두 측면은 다소 예리하게 분리된다. 유기체적 결함이 이러한 분리의 원인이 된다. 인류 문화는 인간의 생물적 유형의 안정성과 일관성이라는 조건 위에 구성되고 형성되었다. 따라서 인류 문화의 물질 도구와 적응, 사회심리학적 관습과 제도는 정상적인 정신 생리적 조직을 위해 고안된 것이다.

1-133] 도구와 그 밖의 다른 기구의 사용은 인간 특유의 신체 기관과 기능들의 존재를 필수 전제 조건으로 가정한다. 문명 내에서의 어린이의 성장은 기구에 상응하는 기능들의 성숙에 의해 일어난다. 두뇌와 발음기관이 정상적으로 발달한다면 주어진 생물적 발달 단계 내에서 어린이는 언어를 터득하게 된다. 또 다른, 더 고등한 발달 단계에서 어린이는 십진수 체계의 수 세기와 글말을 터득하고 훨씬 이후에는 기본적인 산술 조작을 터득하게 된다.

1-134] 그때그때의 발달 단계가 그때그때의 생물적 성숙 특징과 맞아떨어지는 이러한 일치, 이런 연결 현상은 수백, 수천 년 동안 거듭 일어났으며, 그 두 과정의 융합을 초래하였다. 따라서 어린이 심리학은 한 과정을 서로 다른 또 하나의 과정과 구분하려고 하지 않았고, 문화적 행동 형태의 숙달을 여타의 신체적 증상만큼이나 자연스러운 생물적 성숙의 증상이라고 확신하기에 이르렀다.

1-135] 뒤이어 이러한 증상들은 유기체적 발달 내용 자체를 의미하기 시작했다. 특정 연령에서 말 발달의 지연이나 문자 언어의 숙달의 곤란은 흔히 정신적 지체의 징후라고 인식되기 시작하였다. 그 후 이러한 현상들은 그러한 지체 상태의 본질을 나타내는 것으로 받아들여지기 시작하였다. 그러나 이들은 단순히 특정한 조건하에서 드러나는 증상일 뿐이다.

> *비고츠키는 진단에 대한 지나친 경험적 접근에 대해 경고한다. 순전히 경험에 바탕을 둔 진단은 증상과 그 증상의 원인이 되는 조건을 구분하지 못한다. 예를 들면 이민자 자녀들은 이민 간 나라의 언어를 구사할 수 있는 능력을 갖추지 못한 경우가 많은데 이는 흔히 정신지체의 증상으로 간주되었고 이 때문에 1970년대까지 미국에서 이중 언어를 구사하는 어린이들은 정신지체아로 취급되었다. 이러한 경험적 추론은 우리나라에서도 찾아볼 수 있다. 미국에서 유년기를 보내고 한국에 돌아온 학생들이 한국어를 습득하는 데 어려움을 겪는다는 현상을 바탕으로 외국어 학습이 모국어의 습득을 저해할 것이라는 가설은 일부에서 여전히 뜨거운 논쟁거리이다.

1-136] 장애를 가진 어린이의 발달과 특징들에 대한 연구 전반, 전통적인 손상학 전반은 아동심리학보다 더 심하게 어린이 발달 과정을 획일적이고 단일한 것으로 보는 생각에 침윤되어 있고, 장애의 일차적인—생물학적—특징들과 이차적인—문화적—복잡성을 단일한 연속선 위에 두었다. 이는 본질적으로 우리가 위에서 언급했던 상황, 즉 유기체가 점진적으로 발달함에 따라 문화적 성장의 과정이 점진적으로 이어진다고 믿었다는 사실에 의해 야기되었다.

1-137] 장애는 인간의 안정적인 생물적 유형으로부터 변형을 만들어 내고, 개별 기능들의 탈락, 신체 기관들의 결함이나 손상, 혹은 전체 발달의 다소간 본질적인 재구조화를 새로운 토대 위에 야기하며 새로운 유형에 따라 어린이의 문화적 성장 과정의 정상적인 흐름을 당연히 방해할 것이다. 사실 문화는 인간이 형성한 것 중 정상적이고 전형적인 것에 따라 만들어지기 때문에 장애에 의해 야기된 이례적인 발달은 정상적인 어린이의 경우와는 달리 직접적이고 자발적인 문화적 성장으로 이끌지 못한다.

> 장애로 모든 기능을 잃을 수 있다. 실명으로 인해 쓰기와 계산 발달이 이루어지지 못하게 되거나, 점자를 익히게 되는 등 발달의 재구조화가 이루어지는 것처럼 말이다. 문화는 정상적인 것에 적응을 하기 때문에 특수 교육을 받는 어린이가 보통 어린이들처럼 자발적이고 직접적으로 발달하기는 어렵다. 심지어 왼손잡이 어린이들도 학교에서는 어려움을 겪는다. 시각적, 청각적, 정신적 장애를 가진 아이들은 훨씬 더할 것이다.

1-138] 장애 아동이 문화적 성장과 관련하여 겪는 이 심각한 어려움은 위에서 우리의 관심 영역으로 명명된 어린이 문화 심리학적 발달, 고등정신기능의 영역과 문명화된 행동 방법 및 양식의 숙달 영역에까지 확장되어 명확히 나타난다. 이들은 그 발달을 위해서 다른 어떤 문화적 삶의 형태와 양식보다도 더 어린이의 정신-생리학적 기관器官의 보존을 요구한다. 왜냐하면 그것들은 인류의 역사적 발달 과정에서 일어나는 특별한 행동 형태이기 때문이며, 도구가 신체의 연장으로 나타나는 것과 같이 자연적, 정신생리학적 기능의 문화적 연장으로 나타나는 특정한 문화적 형태를 가지기 때문이다. 도구의 사용이 손과 두뇌의 발달이라는 생물적 전제 조건을 필요로 하는 것처럼 정상적 유형의 어린이 정신생리학적 발달은 문화심리학적 발달에 필요한 전제 조건이 된다.

1-139] 그러므로 비정상적인 어린이의 고등정신기능의 발달은 또 다른 강의 흐름을 형성한다. 전통적인 손상학은 이 사실, 즉 손상이 생물적인 영역이나 분야뿐 아니라 문화적 행동 발달의 영역에서도 곤란과 지연, 분리를 초래한다는 것을 알지 못했다. 그 때문에 비정상적인 어린이의 문화적 발달은 지금까지 거의 연구되지 않았다. 동시에 손상학적 처치, 이른바 치료 교육학은 지금까지도 가장 중요한 원칙을 깨닫지 못하고 있다. 우리는 이 원칙을 비정상적인 어린이의 문화적 발달을 위한 대안적 노선의 창조라고 규정

할 수 있을 것이다.

> *이하에서 비고츠키가 말하는 것들의 대부분은 오늘날에는 명백하게 보이는 것들이다. 그중 일부, 예를 들어 수화로 글자를 표현하는 것이 몸짓을 통한 언어라는 가정은 분명히 오류가 있지만 우리는 비고츠키가 특수 교육 시설이 거의 없는 매우 빈곤한 나라에서 연구했다는 것을 기억해야 할 것이다. '소아 의학' 또는 '손상학' 이라는 용어에서 볼 수 있듯이 특수 교육은 '교육적' 문제가 아니라 '의학적' 문제로 인식되었다.

1-140] 문화적 발달의 대안적 노선에 대해 언급할 때 우리가 의중에 두고 있는 것을 설명해 보도록 하겠다. 시각 장애 어린이는 문자 언어를 숙달할 수 없다. 글자 하나하나는 개별 음소를 나타내는 시각적 상징 혹은 기호의 체계이기 때문이다. 글자들의 기저에는 시각 장애인이 접근할 수 없는 시각적 자극의 체계가 놓여 있다. 내적 말과 생각의 발달에 엄청난 가치를 지닌 이런 행동 형태, 이런 문화적 기능, 즉 읽기와 기억의 문화적 형태 기타 등등은 문자 언어의 대안적 발달 경로, 즉 점자 혹은 브라유 점자가 발명되어 소개되기 전까지는 시각 장애 어린이들이 접근할 수 없는 것이었다. 촉감적 알파벳이 시각적 알파벳을 대체하였고 그에 따라 시각 장애인이 글자를 구성하고 읽는 것이 가능하게 되었다. 그러나 이를 위해서는 시각 장애 어린이의 특성에 맞도록 만들어진 특별하고 보조적이며 인공적인 체계를 창조하는 것이 필요했다. 치료 교육학은 이와 유사한 사례들로 가득하다. 우리는 하등의 과장 없이, 치료 교육의 알파와 오메가는 문화적 발달의 대안적 경로의 창조에 있다고 말할 수 있다.

1-141] 이와 유사하게, 인류 대부분이 가진 음성에 기초한 언어와 더불어 농아聾啞들에 의해 행동의 언어가 고안되었으며 허공에 문자를 쓰는 것으로 음성 언어를 대체하는 수화문자와 같은 지화술이 창조되었다. 이런 문

화적인 지원 체계를 숙달하고 사용하는 과정은 우리가 이들을 문화적인 고안물들을 숙달하고 사용하는 것과 비교할 때 발견되는 차이점들에 의해 특징지어진다. 시각 장애아가 손으로 (점자를-K) 읽는 것과 (청각 장애아가-K) 눈으로 (수화를-K) 읽는 것은—이 둘이 어린이 행동에서 하나의 동일한 문화적 기능을 수행하고 있고 그 기저에 있어서는 유사한 생리적인 기제를 지니고 있다고 할지라도, 엄연히 구별되는 정신 과정들이다.

> *사실, 브라유 점자나 어떤 수화도 시각 장애인이나 청각 장애인을 위해 고안되었던 것이 아니다. 브라유나 수화는 시각 장애인이나 청각 장애인에 의해 고안되었다. 이런 이유 때문에 독순술讀脣術을 가르치는 것을 선호하는 비-청각 장애인인 교사에 의해 청각 장애인들이 종종 억압을 당하기도 한다(예를 들어 A. 벨은 수화에 대해 강력히 반대하였다. A. 소모사 독재 정권하의 니카라과에서는 수화가 법으로 금지되었다). 심지어 비고츠키도 그의 초기 저작에서는 '모방'에 대해 적대적이었다. 그는 수화가 모상과 지시의 체계인 모방이 아니라 개념적 재현이 완전히 가능한 상징 기능에 기초한 상징체계라는 것을 명백하게 깨닫지 못했다. 그러나 『생각과 말』 4장을 저술할 때(1928)에 이르러 그는 수화가 진정한 언어라는 것을 깨닫게 되었다. 이것이 바로 그가 침팬지에게 상징 기능에 대한 실험을 했어야만 했다고 제안했던 이유이다.

1-142] 시각 장애로 인해 문자 언어의 발달이 지연되고 그 발달의 경로가 대체되는 것처럼, 청각 장애는 음성 언어의 숙달을 불가능하게 하여 문화적 발달 전체에 가장 심각한 난관 중 하나를 발생시킨다. 청각 장애 어린이의 모든 문화적 발달은 보통 어린이와는 완전히 다른 수로를 따라 흐르게 된다. 장애는 생물적 발달에 있어서 모종의 어려움을 야기하지만 문화적인 발달에 있어서는 이와 완전히 다른 어려움을 야기한다. 따라서 청각 장애는 유기체

적 발달의 측면에서 특별히 파괴적이거나 매우 심각한 결함은 아니다. 귀가 먼 동물들은 눈이 먼 동물들보다 일반적으로 적응을 더 잘한다. 하지만 문화적 발달의 측면에서 청각 장애는 가장 심각한 장애물 중 하나이다. 언어 발달의 대안적인 경로들은 새롭고 비교할 수 없는 예외적 행동 형태를 낳는다.

> *눈이 먼 동물들은 일반적으로 그리 오래 살지 못하지만, 귀가 먼 동물들은 눈의 보상작용을 통해 오래 살아남을 수 있다. 이와는 반대로 인간은 말이 매우 결정적인 발달 기능이므로 청각 장애가 좀 더 심각한 것이다. 문화적으로 청력을 보상하는 수단이 적극적으로 발달해 왔고, 이제 청력은 쉽게 보상될 수 있는 것으로 간주된다. 역사적으로 청각 장애가 있는 사람들은 수화를 사용하며 스스로를 다른 언어를 사용하는 사람들 정도로 생각할 뿐 장애인이라고 생각하지 않았다.

1-143] 정상적 아동 발달과 관련하여 우리가 앞서 언급한 방식을 따르자면, 정상적인 어린이의 정신 발달에서는 두 발달 노선(자연적 발달과 문화적 발달 노선-K)은 합류하는 특징을 지니는 반면 비정상적인 어린이의 정신 발달의 주요 특징은 두 발달 노선의 분기와 불일치라고 할 수 있다. 두 노선은 일치하지 않으며, 갈라져 나아간다. 즉 일관적이거나 응집적인 과정을 형성하지 않는다는 것이다. 한 노선에서의 간극과 결함은 다른 노선에서의 결함과 간극을 야기한다. 문화적 발달의 대안적 경로는 실험적 목적을 위해 의도적으로 조성된 것처럼 보이는 특별한 행동 형태를 창조한다.

> *장애 아동의 정신적 발달의 주요 특성은 자연적 노선과 문화적 노선 사이의 어긋남이다. 이 두 노선의 합류는 정상적 아동의 발달에 매우 중요하다. 그러나 장애 아동에게서는 이 두 노선이 만나지 않으며 대신에 대체적 과정이 필요하게 된다. 이러한 대안적 과정들은 거의 자연적 실험들에

> 가깝다. 『생각과 말』에서 비고츠키가 학교에서 과학적 개념을 가르치는 것은 일종의 자연적 실험으로 보인다고 언급한 것을 생각해 보자. 과학적 개념은 『생각과 말』 5장에서 제시된 인공적 개념들과는 다르지만 그렇다고 일상적 개념도 아니다.

1-144] 예컨대 정상적인 어린이의 경우 1세 반경에 나타나는 말 발달 요소들이 청각 장애아의 경우 때때로 학령기가 되어서야 전혀 다른 형태로 나타나는 것을 보면서 우리는 말 발달을 비교 연구할 가능성을 얻었다. 그리고 이렇게 해서 우리는 정상적인 어린이의 문화적 발달과 생물적 발달의 엮임을 이해할 열쇠를 손에 쥐게 된다. 분리와 엮임은 이 둘을 비교적으로 연구하는 동안 서로를 조명하고 설명한다. 이것이 문화적 발달 전체에 유효한 일반적 생각이다. 이 생각을 따라가면서 우리는 정상적인 어린이와 비정상적인 어린이의 문화적 발달의 역사를 연구할 것이다. 이 둘은 본질적으로 같으며, 그 과정에서 취한 형태가 서로 다를 뿐이다.

1-145] 한 과정으로부터 다른 과정으로의 연결은 아동 원시성이라는 개념을 통해 이루어진다. 이 개념은 비교적 최근에 과학계에 소개된 것이다. 이 개념에 대한 정확한 정의는 여전히 논쟁거리임에도 불구하고 아동 정신 발달의 특별한 유형을 원시적 아동으로 구분하는 데 대해서는 누구도 이의를 제기하지 않는다. 이 개념은 원시적인 것을 문화적인 것에 대비시킨다는 데 그 의의가 있다. 장애가 유전의 부정적 극단인 것과 같이 원시성은 문화의 부정적 극단이다. 원시적 아동은 아직 문화적 발달을 전혀 이루지 않았거나, 더 정확히 말하면 문화적 발달의 가장 낮은 단계에 위치한 아동을 말한다.

> 원시성이란 문화나 교육이 결핍된 상태를 일컫는 것으로 사회 발생적으로는 전근대사회에서, 계통 발생적으로는 석기시대 공동체에서 발견될 법

한 것이다. 원시성에 대한 정확한 정의는 아직 토론 중이지만 모종의 아동 정신 발달 유형이 교육되지 않았고 문화화되지 않았다는 의미에서 '원시적'이라는 데 반론을 제기하는 이는 거의 없다. 장애가 영재성의 반대이듯 원시성은 교육받았다는 것과 반대이다.

*원시성은 비고츠키와 루리야가 『도구와 기호』에서 저차적 수준의 심리적 기능(지시적, 상징적이 아닌 모상적 기능의 사용)과 고등심리기능 사이에 있는 것으로 생각했던 단계임을 상기하자. 원시성의 일례로, 비체계적인 기억술의 사용이나 사물의 명칭이 실제 그 대상의 자질이라는 믿음을 들 수 있을 것이다. 이는 『생각과 말』 4장에서 언급된 '소박한 심리학'의 단계에 해당하는 것으로 보인다. 어린이 놀이의 많은 형태들이 '원시성'의 명백한 사례를 보여 준다. 놀이는 가상의 친구, 초자연적 힘, 마법 주문의 사용 등으로 점철된다. 이러한 것들은 석기시대 사람들의 삶에서 사용된 것과 같으며 문화적 또는 과학적 생각과 명백히 대조된다.

1-146] 아주 오랫동안 어린이 정신의 원시성은 발달의 병리적인 형태인 것으로 가정되었으며, 정신지체와 혼동되어 왔다. 사실, 두 형태의 외적 현상들은 아주 유사하다. 이 둘은 모두 동일한 증상을 보인다. 그러나 본질적으로 이것은 서로 다른 수준의 현상들이다. 특정 조건하에서 원시적인 어린이들은 문명인의 지적 수준에 도달하는 정상적인 문화적 발달을 보인다. 이는 정신지체와 원시성을 구별한다. 정신지체는 유기체적 장애의 결과이다. 크레틴병 환자는 자연적인 지적 발달에 있어서 두뇌 자체의 발달이 제한된다. 이 때문에 보통 어린이에게는 가능한 문화적 발달을 완전하게 성취할 수가 없고, 그저 대안적인 경로를 통해서만 그것을 성취할 수 있다. 그렇지만 원시 인간은 자연적 발달에서 표준을 벗어나지 않는다. 그는 다만 다양한, 특히 외적인 이유들 때문에 문화적 발달의 외부에 남겨졌을 뿐이다.

*아마도 유기체적이고 문화적인 발달에서 혼합된 채 지속되었던 가장 주목할 만한 것은 '결정적 시기 가설'이다. 13살이 되도록 말을 할 수 없는 조건에서 자라 온 지니와 같은 야생의 어린이는 '자연적인 실험'이나 다름없었다. 그러나 오늘날까지도 지니가 정신지체아였는지 아니면 비고츠키가 말한 문화적으로 박탈당한 원시적 아동이었는지는 누구도 확신할 수 없다. '원시성'이라는 용어는 비고츠키 당시에 널리 사용되던 용어였지만 비고츠키는 이에 자기 자신만의 의미를 불어넣어 사용하고 있다. 사회 발생의 맥락에서(1-49) 원시성은 훔볼트나 레비 브륄과 같은 민족학자들이 사용하던 의미와 동일하다. 즉 투른발트가 연구했던 뉴기니와 같은 전근대적 사회를 의미한다. 그러나 마르크스주의자로서 비고츠키는 이러한 사회들은 그들의 문화나 이데올로기가 아니라 생산수단과 관계에 있어서 전근대적이라고 생각한다. 제비뽑기에 대해 논의하는 다음 장의 부분에서 비고츠키는 '원시 공동체'에 사는 전근대적 사람들이 문화적으로나 이데올로기적으로 뒤떨어진 부분이 없다는 것을 명백히 한다. 개체 발생의 맥락에서 '원시성'은 비고츠키가 주로 활동한 5년의 기간 내내 비고츠키의 머리를 떠나지 않은 문제이다. 러시아의 700만 집 없는 어린이, 학교를 다니지 못한 어린이들 대부분은 범죄와 구걸로 길거리에서 사는 전쟁고아들이었다. 이들은 문화적, 이데올로기적인 기회를 박탈당했다는 의미(학교교육을 받지 못했다는 의미)에서 원시적이다. 그러나 아동학자로서 비고츠키는 그 어린이들이 "빠릿빠릿하고 간교하며 재간이 넘치고 무엇보다도, 그들 자신만의 직업윤리와 스스로의 선악 개념을 가지고 있는 좀도둑과 소매치기의 특별한 도덕에 모든 것을 바쳐 헌신하는 모습을 보인다."(『교육심리학』, 231쪽)고 생각한다.

1-147] 이러한 특별한 유형의 어린이의 미발달, 즉 원시성을 보여 주는

임상적 관찰은 원시성이 문화적 발달에서만 지연되는 형태로 나타날 수 있다는 것 또한 보여 준다. 그러나 원시성은 어린이가 가진 매우 다양한 형태의 결함이나 재능과 결합될 수도 있다. 하지만 원시적 어린이의 순수한 유형에 대해 구분하고, 그가 정신지체아 즉 정신박약아와 어떻게 다른지를 깨닫는 것 자체가 아무리 중요할지라도(이것은 서로 다른 발달 지연의 양상들을 통해 두 가지 서로 다른 어린이 정신 발달 과정의 존재를 확실하게 보여 줄 것이다) 여전히 더욱 중요한 것은 그 다음 단계이다. 이것은 아직까지는 수행되지 않았지만, 정상 어린이와 비정상 어린이의 문화적 발달에 관해 충분한 연구가 이루어지는 대로 틀림없이 어린이 원시성이 연구 대상이 될 것이다.

1-148] 이 단계의 연구는 모든 정상적 아동이 그들의 연령에 따라 각기 다른 단계에서 각기 다른 정도의 원시성의 징후의 복합체 전체를 드러낸다는 사실과 원시성이 아직 어떠한 문화적 발달을 경험하지 못한 어린이의 일반적이고 정상적인 상태라는 사실을 인식하는 것으로 이루어진다. 이 사실은 비정상아와는 훨씬 더 깊은 관련이 있다. 우리가 보았듯이, 비정상아의 유기체적 결함은 항상 문화적 발달의 지연을 야기하며 결국 원시성으로 귀결된다. 원시적 아동의 순수한 유형은 정상적 어린이의 원시성이 극단적으로 응축되고, 유별나게 연장되며 확장된 상태일 뿐이다.

1-149] 다시 한 번 우리는 나선형 순환의 한 회기를 완결 지을 수 있다. 우리는 아동기 정신 발달의 두 노선을 구분하는 것에서 시작했다. 이 생각이 점차 발달해서 어린이 미발달의 서로 다른 두 유형, 즉 정신지체와 원시성의 확립에 이르렀다. 이들은 정상적 발달의 두 노선이 부정적으로 반영된 것이다. 하지만 정상적인 경우와 병리적인 경우 모두에 있어 우리는 또 다른 대칭적 위치, 즉 발달이 이루어진 경우와 발달이 이루어지지 않은 경우 양쪽 모두에서의 두 노선의 엮임, 합류 지점을 확립해야만 했다. 생물적 발달과 문화적 발달은 병리적인 경우와 정상적인 경우에 있어서 서로 다른, 고유하고 독특한 발달 형태를 지니고 있음이 증명되었다. 이러한 발달 형태는 단일

한 연쇄 속에서 공존하는 것이 아니고, 각각의 발달 형태가 서로 평행한 위치에 놓이는 것도 아니며, 그 어떤 종류의 기계적 관련도 맺지 않는다. 반대로 이러한 고유하고 독특하며 서로 다른 발달 형태들은 가장 고등하고 복잡하면서도 통합된 전체로 합금된다. 이 합슴의 구성과 발달의 근본적 법칙을 밝히는 것이 우리 연구의 기본 과제이다.

우리는 이 장을 다음의 표와 같이 요약할 수 있을 것이다.

유형	부정적	긍정적	비정상적	정상적	발달 중인	발달된
자연적 발달	장애	건강한 신체와 정신	대안적 경로들 (점자, 수화)	발달의 주류 (정상적인 발달의 단계)	엮이는, 끌어당기는, 부딪히는	엮인 합금된, 합류하는
문화적 발달	원시성	문명화				

1-150] 우리가 본 바와 같이 아동심리학은 고등정신기능의 문제 혹은 이와 같은 어린이의 문화적 발달의 문제를 인식하지 못해 왔다. 따라서 아동심리학에서 모든 심리학의 핵심적이고 중요한 문제인 인격과 그 발달의 문제가 닫힌 채로 남아 있었다. 아동심리학의 최고 권위자에 따르면 아동심리학은 전체적인 인간의 정신적 삶에 대한 기술을 시인이나 전기 작가의 능력에 맡겨야 한다는 결론에 도달하였다. 이는 본질적으로 테스티모니엄 포페리타이티스testimonium pauperitatis, 즉 아동심리학의 파산 상태를 보여 주는 증거이며, 아동심리학이 세워지고 형성된 방법론적 영역의 테두리 안에서는 인격에 대한 사례적 연구가 근본적으로 불가능하다는 고백이다. 오직 전통적 아동심리학의 방법론적 테두리 밖으로 발걸음을 확고히 내디딤으로써 우리는 아동의 인격이라고 명명될 만한 이유가 충분한 고등정신 통합체의 발달에 대한 연구로 향할 수 있다. 어린이의 문화적 발달의 역사는 인격 발달의 역사로 우리를 인도한다.

•고등정신기능 발달의 문제

이 책에서 비고츠키는 각 장을 유사한 길이의 소절로 나누어 제목을 붙이지 않고 하나의 논의를 강물처럼 유유히 전개, 확장시킨다. 물론 비고츠키는 종종, 주어진 발달 형태가 생물학적인지 문화적인지, 혹은 발생적 분석인지 비교 분석인지를 결정하는 것에 관한 논의와 같이 논의하고 싶은 문제의 여러 측면들을 열거하기도 한다. 그러나 그 질문에 대한 답이 똑같이 중요한 것은 아니어서, 우리는 비고츠키가 어떤 것을 다른 것들보다 훨씬 더 길고 자세히 설명하는 것을 종종 볼 수 있다. 예를 들어 비고츠키가 정상 아동과 장애 아동을 비교하여 기술하는 1장의 끝부분은 발생적 분석을 기술한 부분보다 그 길이가 훨씬 더 길다. 이것은 절과 하위 절들의 길이가 매우 불균일하며, 하위 절을 얼마나 정교하게 논의하느냐에 따라 전체 절의 길이가 결정되었음을 의미한다. 그리고 이것은 결국 우리가 미주에서 사용한 분할은 어느 정도 임의적이라는 것을 의미한다.

이 미주를 위하여, 우리는 1장을 네 개의 절로 나누며 각 절을 네 개의 하위 절로 세분화한다. 첫째 절에서 비고츠키는 아동심리학에서 새로운 출발점, 즉 고등한 문화적 행동 형태가 어떻게 발달하는가에 대한 역사적, 혹은 발생적 기술記述의 필요성에 대해 논한다. 둘째 절에서 비고츠키는 심리학의 주요 학파(객관주의와 주관주의)와 그 주요 분파(러시아 반사학과 미국의 행동주의 그리고 프로이트의 정신분석학과 독일의 해석 심리학)에 대한 비판을 진행한다. 셋째 절에서 비고츠키는 자연적 발달과 문화적 발달은 동시에 일어나야 하며 결과적으로 복잡하게 '엮여' 있다는 사실에 어린이 발달의 고유성이 있음을 확립한다. 넷째 절에서 비고츠키는 이 사실을 입증하는 두 방법을 제안한다. 즉 실험실이나 가정에서 펼쳐지는 발달 과정을 관찰하는 '발생적' 분석과 정상과 비정상 발달 양상을 비교하는 '비교' 분석이 그것이다.

I. 비고츠키는 처음에는 부정적이고 단호하게, 그 다음에는 더 긍정적이고 가설적 방식으로 이 모노그래프의 과업을 진술하는 것으로 시작한다(1-1~1-18).

    A. 고등정신기능, 문화적 행동 형태 그리고 그 발달이라는 전체 주제는 전혀 정의되지 않았으며 명백하게 공식화된 과업이나 기본 과제가 없고 만족스러운 연구 방법이나 이론도 없으며 말, 문해력, 산술, 도덕과 같은 중요한 문화적 행동 발달을 연구하기 위한 작업가설은 더군다나 없다(1-1~1-3).

    B. 그러나 당면 문제는 이러한 전제 조건의 결핍이 아니다. 실제 문제는 이러한 전제 조건들이 충족되기 전에, 이미 시도되어 왔던 잘못되고 편향된 접근법을 제거해야 한다는 것이다. 이러한 접근법은 고등 기능을 마치 저차적 기능이나 저차적 기능들의 묶음과 같은 것으로 연구하는 경향이 있었기 때문에 잘못되고 편향된 것이다. 이 접근법에서

우리는 유치가 7세에 교체되고 개념은 14세에 형성된다는 것을 알게 된다. 그러나 우리는 이 과정이 어떻게 다른지 또 왜 그 때 일어나는지는 알 수 없다(1-4~1-14).

C. 2장은 연구 방법의 기초를 제공할 것이며, 이어지는 세 장은 분석(3장), 구조(4장), 역사(5장)에 기초한 이론을 제공할 것이다. 제2권으로 이어지는 장들에서는 특수 연구(말, 글, 산술, 주의, 기억, 생각, 자기 조절)를 토대로 작업가설을 '구체로 고양' 시킬 것이다(1-15).

D. 비고츠키는 1장의 과업은 두 개의 다른 관점을 비교하는 것이라 말한다. 한 관점은 사실상 어린이의 심리학에 관해 쓰인 모든 책의 페이지마다 숨겨진 형태로 존재한다. 이는 저차적 심리과정과 고등심리과정이 본질적으로 개인 속에서 나타나는 모습과 동일하다는, 즉 이 둘을 분리할 수 없다는 관점이다. 이러한 관점의 완전한 실패에 의해 강하게 암시된 또 다른 관점은, 아직은 변증법적 철학뿐만 아니라 동물 심리학과 인류학과 같은 다양한 주제에 대한 몇몇 산재한 단락들에서 어렴풋이 암시될 뿐이다. 이 관점은 저차적 심리과정과 고등심리과정이 본질적으로 가족, 공동체 그리고 사회의 문화적 역사 속에 나타난다고 믿는다. 즉 저차적 심리과정과 고등심리과정은 밀접하게 연결되어 있지만, 그럼에도 불구하고 변증법적으로 구분된다는 것이다(1-16~1-18).

II. 비고츠키는 다양한 심리학이 있다고 지적한다. 그러나 '주관적' 심리학(분트와 그 제자들의 '경험적' 심리학), 객관적 심리학(베흐테레프), 행동주의 심리학(손다이크와 왓슨), 아동심리학(스턴과 피아제) 그리고 정신분석학(프로이트와 융)과 같은 이 모든 다양한 길들은 한 곳을 향해, 즉 우리가 출발했던 곳으로 돌아가는 것처럼 보인다.(1-19~1-74)

A. 비고츠키는 모든 다양한 경로가 공통으로 가지는 세 방향, 즉 문화를 자연적인 것으로 간주하는 경향, 고등심리기능을 저차적 기능으로 환원시키는 경향, 고등 기능의 고유한 특성을 무시하는 경향을 보여 준다. 비고츠키는 생리학적 접근법이 단순히 반응을 연합시키는 반면에 행동주의는 기능의 개념과 구조의 개념 속에서 암묵적으로 환경의 역할을 인정한다는 차이점에 주목한다. 비고츠키는 아동심리학이 생후 첫해에 관한 중요한 발견을 했음에 주목한다. 그러나 이 접근법 위에 어린이 고등정신기능의 심리학을 세우는 것은 태생학만을 토대로 하여 생리학을 세우는 것과 같다고 비고츠키는 말한다(1-19~1-30).

B. 비고츠키는 이러한 '태생학적' 초기 시기의 중요성을 부정하지 않는다. 장난감, 도구, 말의 사용이 발달하는 것은 바로 이 시기이기 때문이다. 그러나 비고츠키는 분트와 그 제자들의 일반적, 경험적 심리학이 '고등 기능의 태생학'에 제한되지 않았음을 지적한다. 고등 기능이라는 '두 번째 층(예를 들어 고등 주의, 고등 기억, 상상, 개념)'을 추가함으로써, 일반 심리학은 고등 및 저차적 기능 간의 명백히 설명할 수 없는 단절뿐만 아니라 단순히 아동심리학과 일반 심리학 간의 균열을 창조한 것이다. 심리학은 '고등정신기능의 역사', '문화적 행동의 역사', '내부로부터의 행동 숙달의 역사' 그 어느 것도 쓰

지 못했다. 비고츠키는 이 책의 목적은 이것을 쓰고자 시도하는 것이 아니라 모든 세 '역사'가 실제로는 하나의 모노그래프임을, 즉 이들이 본질적으로 동일한 이야기라는 것을 제안하는 것임을 드러낸다(1-31~1-40).

C. 심리학의 한 학파만이 다른 학파들의 세 가지 공통점에서 벗어난다. 관념적·해석적 '인문 과학' 심리학(딜타이, 후설과 뮌스터베르크의)은 단순히 자연과 문화 간의 모든 연결을 부정하고, 저차적 및 고등 기능 간의 모든 연결을 거부하며, 고등 기능에 고유한 것만을 인정한다. 비고츠키는 경험주의에 대한 거부에 동의한다. 그러나 비고츠키는 인간의 심리적 행동이 단지 해석될 수 있을 뿐 설명될 수는 없다는 결론에는 단호히 반대한다.

D. 비고츠키는 이 길을 취함으로써, 문제가 외관상 훨씬 더 간단하게 '공식화' 되는 대신 문제를 해결할 수 있는 접근 경로가 즉각 막힌다는 것에 주목한다. 그리고 사실상 우리는 출발했던 곳으로 되돌아오는 것처럼 보인다. 즉 문화적으로 지향된 독일의 관념론적 심리학(슈프랑거)과 더 자연주의적으로 지향된 정신분석학적 심리학(프로이트) 간의 균열은 주관주의적, 내관적 독일 심리학(분트)과 반사학과 행동주의(러시아와 미국)와 같은 객관주의적 경향 사이의 오래된 분열과 대부분 유사하다. 새 길 위의 새로운 분기점이 옛 길 위의 오래된 분기점과 거의 똑같아 보인다!(1-50~1-74)

III. 비고츠키는 어린이의 자연적 성장과 문화적 발달이 함께 일어나며 실제로 두 가지 복잡한 과정이 있음에도 연구자들이 하나의 단순한 과정으로 가정하기 때문에 혼란이 생긴다고 보았다.

A. 비고츠키는 이 장의 첫 부분이 왜 매우 장황하고 가혹하며, 비판적인 논조를 지녔으며 추상적이고 이론적인 성격을 가졌는지를 지적한다. 그는 구체적인 연구 문제들과 방법들은 내부 골격을 가지고 있는 유기체들이 고등한 생명 형태를 나타내는 것과 같이 실제적 연구에 근접할 때 가장 잘 논의될 수 있다고 설명한다. 그는 한편으로 자연주의적 심리학과 다른 한편으로 해석적 심리학의 이원론적인 함정을 피하는 방식으로 이 책의 주제를 재정의하면서 나아간다. 이 책의 모든 연구들은 문화적 행동의 도구와 기호를 숙달하는 과정(일반적으로 외적 활동으로 간주되나 의심의 여지없이 내적인 측면을 가지는 과정)과 의도적으로 주의를 기울이고 기억하며 추상화, 일반화하는 과정(보통 내적인 과정으로 간주되나 분명히 외적 표현을 갖는 과정)들을 연결할 것이라고 말한다(1-75~1-82).

B. 비고츠키는 현대 인간의 삶의 발달이 실제로 별개의 두 과정, 즉 생물학적 변화와 사회 문화적 진보의 산물이라고 말한다. 생물학적 변화와 사회문화적 발달은 개체 발생에서 함께 일어나며, 그 결과로 심리학자들은 이 둘을 혼동하는 경향을 보인다. 그러나 생물학자와 인류학자들은 그 둘을 구별하는 데 거의 문제가 없으며 이 때문에 비고츠키는 이들의 시각에서 하나씩 차례로 살펴본다. 비고츠키는 인간의 고등심리기능의 발달이 어떤 신체적 유형의 변화 없이도 일어난다는 것이 가장 큰 차이점이라고 말한다. 바로

이 점에서 당시 구소련에 팽배했던 라이센코주의자들과 비고츠키의 견해가 구별된다. 비고츠키는 라이센코주의와 함께 두 가지 가정, 즉 정신이 신체와 같이 문화화의 과정에서 변화하지 않고, 신체와의 어떠한 상호작용이나 신체를 통한 환경과의 상호작용 없이 스스로 완전해진다는 가정들을 폐기한다. 그는 이 둘 모두 인류학적 증거에 의해 명백히 부정된다고 말한다. 인류는 사실 '초超 유기체적' 발달 양식으로 문화적 형태인 도구와 기호를 소유한다(1-83~1-107).

C. 비고츠키는 인간 발달의 두 노선을 구별하기 위해 생물학적 증거와 인류학적 증거를 사용했다. 그는 두 노선이 동시에 발달하고, 따라서 두 물줄기가 완전히 합쳐지는 모습으로 나타나는 개체 발생의 문제로 돌아온다. 비고츠키는 두 노선이 엮이거나 짜인다고 주장한다. 그 둘은 상호작용하지만 구별된 채 남아 있다는 것이다. 예를 들어 '말'은 분명히 이런 종류의 상호작용을 드러낸다. 왜냐하면 말은 자연적 측면(발음)과 완전히 문화적인 측면(의미) 모두를 갖기 때문이다(1-108~1-112).

D. 비고츠키는 생물학자 H. 제닝스의 '활동 체계' 개념을 도입한다. 제닝스에 따르면 유기체의 행동은 그 기관의 능력에 따라 제한된다. '인공 기관'인 도구와 '인공 지능'인 기호를 통해 어린이는 이러한 제약들로부터 자유로워지며, 이것이 고등 기능의 발달을 가능하게 한다(1-113~1-126).

IV. 비고츠키는 고등정신기능의 역사를 쓰기 위해서는 어린이 발달에서 자연과 문화의 서로 다른 기여를 구분해야 한다는 것을 확립해 왔다. 그는 이 장의 마지막 부분에서 이를 가능하게 하는 두 가지 방법을 제시한다(1-127~1-149).

A. 첫 번째는 통시적, 발생적 연구이다. 즉, 더 성숙한 것과 덜 성숙한 것을 비교하고, 기원과 그 최종 결과를 비교하며, 과정이 연구실 안에서 실험적으로 형성되도록 하는 것이다. 비고츠키는 인간 발달이 걷지도 못하는 어린이가 장난감이나 심지어 기호 같은 것들을 숙달하는 '때 이른 발달'의 예들로 가득하다고 말했다. 개발도상국의 불균등하고 가파른 경제 성장에 비유할 수 있는 이러한 '고르지 않고 서로 엮여 있는' 발달은 그것의 자연적 측면과 역사적 측면 사이의 수많은 분리 상태를 드러내게 함으로써, 이들을 연구할 수 있게 해 준다. 비고츠키가 다음 장에서 보여 주듯이, 발생적 과정은 실험실에서도 재현될 수 있을 것이다(1-127~1-129).

B. 생물학적 변화와 사회문화적 과정의 기여를 구분하기 위한 비고츠키의 두 번째 방법은 공시적, 비교적 연구이다. 비고츠키는 문화가 생물학적으로 안정된 조건하에서 발달하며, 정상적인 생물적 발달의 범주에서 안정화하려는 경향이 있음을 상기시킨다. 이것이 장애 어린이 행동의 자연적 발달과 문화적 발달의 노선이 쉽게 엮이지 못하는 이유이다. 불행히도 문화는 강자에 의해 그리고 강자를 위해 만들어졌다. 이것이 아동심리학자들이 단순하게 하나의 발달 과정만을 가정하고, 실제로는 다른 형태의 발달인 것을

유기체적 불능으로 오해한 이유이다(1-130~1-137).
C. 비고츠키는 장애가 자연적 발달과 문화적 발달의 차이를 분명하게 가리킨다고 지적한다. 시각을 잃은 동물은 오래 살아남지 못하지만 청각을 잃은 동물들은 흔히 정상적으로 발달한다. 반면 인간의 문화적 실천에 있어서는 말이 매우 핵심적인 부분이기에 청각 장애가 시각 장애보다 더욱 심각한 장애로 간주된다. 그러나 만약 장애가 어린이의 자연적인 행동 유도성과 장애가 없는 어린이를 위해 설계된 문화가 요구하는 전제 조건들 사이의 조화의 결핍이라면, 가장 중요한 것은 (문화가 아무런 힘을 발휘하지 못하는) 자연적인 장애가 아니라 (문화가 엄청난 영향을 미치는) 비정상적 어린이 발달의 우회적 경로일 것이다. 비고츠키가 제시한 우회적 발달 경로의 예는 시각 장애 어린이를 위한 브라유 점자와 청각 장애 어린이를 위한 수화의 발달이다. 발달이 우회하기 때문에, 그것은 자연적 측면과 문화적 측면의 병합이 지연되는 생생한 예이며 그 두 측면의 구별이 명확히 관찰된다(1-138~1-142).
D. 비고츠키는 이러한 비非병합을 '어린이 원시성'이라고 불렀다. 그는 생물적인 뇌 장애와 원시성을 분명하게 구분하였다. 원시성과 교육의 관계는 정신적 장애와 영재성의 관계에 대응된다. 원시성이 정상적인 문화 적응의 형태에 있어서 발달되지 않은 것이고 교육이 발달된 것인 것처럼 정신적 장애는 자연적 신경 성장에 있어서 발달되지 않은 것이고 영재성은 발달된 형태이다. 그러나 어린이들 간의 다양성이 각각의 어린이 속에도 존재한다. 모든 영재아들이 부족한 부분을 가지고 있는 것처럼 보통의 모든 어린이들도 광범위한 원시적 행동들을 가지고 있다고 말했다. 비고츠키는 다음과 같은 경고로 끝을 맺는다. 아동심리학은 여전히 고등 기능 발달과 저차적인 기능 발달을 구분 짓지 못했다. 이 둘을 구별 짓지 않는 한, 인격 발달의 역사에 있어 밝혀지지 않은 채 남겨지는 것은 정상이거나 비정상적인 어린이에 관한 것이 아니라 아동심리학 그 자체이다(1-143~1-150).

제2장
연구의 방법

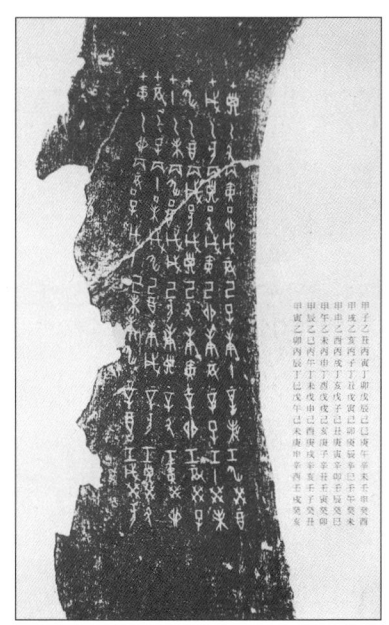
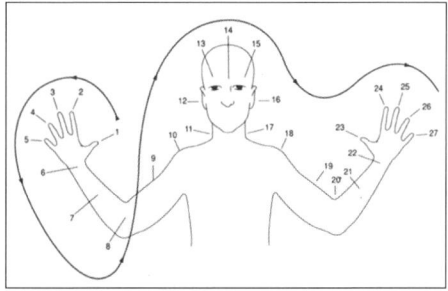

흔적 기능을 나타내는 세 가지 유물
좌로부터 시계 방향으로 고대 중국에서 점을 치는 데 사용되었던 '신탁의 뼈', 1에서 27까지 셀 수 있는 '오크사프민의 수 세기 체계', 매듭을 묶어서 사건을 기억하기 위해 사용된 잉카의 '키푸'

2

*1장에서 비고츠키가 두 가지 유형의 동물이 있다고 말한 것을 기억해 보자. 바로 연체동물처럼 신체 외부에 뼈대를 간직한 동물보다 척추동물과 같이 부드러운 조직 내에 뼈대를 갖고 있는 동물이 더 고등한 동물 형태라고 말하였다. 비고츠키는 또한 '연구 방법론'이라는 영역을 따로 제시하는 것보다 방법론적 논의가 연구 속에 녹아 있는 것이 고등 형태의 연구라고 언급하였다. 그렇다면 왜 '연구의 방법'이라는 별도의 장이 여기에 나타나는가? 비고츠키가 연구를 체계적으로 제시하겠다고도 말했음을 상기하자. 첫 번째 당면 과제는 연구의 한계와 영역을 확립하는 것이었다. 이를 위해 생물학과 사회학 같은 다른 연구 분야와 고등심리기능의 연구를 연결 지은 후, 고등심리기능을 순전히 생물적인 기능으로 환원하는 '자연주의적' 접근법과 이를 순전히 정신주의로 환원하는 '형이상학적' 접근법이 설 자리가 없음을 보여 주었다. 이 연구는 저차적 기능이나 고등 기능에 대한 것이 아니라 어떻게 저차적 기능으로부터 고등 기능으로 도달하는지, 즉 고등 기능들의 발달 양상에 대한 것이다. 따라서 이 연구는 변화의 과정 그 자체에 대한 것이라 할 수 있다. 어떻게 사물이 아닌 변화를 고정된 대상을 조사하듯이 연구할 수 있을 것인가?

과정은 과정으로 연구된다. 개체 발생적 과정은 핵심적인 미소 발생적 계기들을 통해 미소 발생적으로 재현된다. 하지만 이는 실제적인 교수-학습 과정을 통해 일어나는 것으로 여기에서는 다루지 않는다. 따라서 이 장은 실제 연구 방법에 대한 것이 아니며 연구 방법론, 즉 방법 선택의 기저에 놓인 원리에 대한 것이다. 그렇다고 이 장의 논의가 온전히 이론적인 것만은 아니다. 실제로 연구를 하지 않는 사람에게조차 매우 흥미로운 논의가 될 수 있다. 교수-학습에 대한 연구에서, 연구의 수단이 종종 수업 방법이 되곤 하는 것은 잘 알려진 사실이다. 예를 들어, 설문조사는 질문지를 통한 활동으로, 소리 내어 생각하기think aloud protocol는 브레인스토밍 방법을 낳았다. 훌륭한 기술은 교수 방법이 되기도 하며 연구 방법이 되기도 한다. 여러 측면에서 이 장은 기존의 생각들을 소재로 구성되어 있다. 그러나 그것을 구성하는 방식은 매우 새롭다. 연구 방법을 연구의 도구인 동시에 결과로 보는 것이다.

2-1] 새로운 분야의 모든 연구는 그 연구 방법을 찾고 설계하는 것으로 시작해야 한다. 일반적인 원칙으로, 과학적 문제에 대한 모든 근본적인 새로운 접근은 새로운 조사 수단과 방법으로 불가피하게 귀결된다고 말할 수 있다. 연구 대상과 방법은 명백하게 서로 긴밀하게 연관되어 있다. 따라서 어떤 연구가 새로운 문제에 적합한 새로운 방법을 제시하는 것과 관련될 때, 그 연구는 완전히 다른 형태와 과정을 취한다. 이러한 경우 과학에서 발달되고 성립된 방법들을 단순하게 새로운 영역들에 적용하는 연구의 형태와는 근본적으로 차이가 있다.

*비고츠키는 새로운 분야는 새로운 방법을 필요로 한다는 말로 시작하고, 이 새로운 방법은 새로운 분야에 구舊방법을 적용하는 것과는 매우 다를 것이라는 말로 끝맺는다. 이는 새로운 분야에도 이전의 연구 방법을 적

용하는 것이 가능하다는 의미로 첫 문장과 모순되는 것으로 보인다. 예를 들어 고등심리기능과 그 발달에 대한 연구는 새로운 분야이다. 쥐 대신 유인원을 대상으로 하는 자극반응 연구 방법을 적용한다는 것은 구방법을 오래된 분야의 새로운 영역에 적용하는 것에 불과하다. 사실 이러한 사례는 우리 주변의 연구들에서 흔히 찾아볼 수 있다. 한 연구자가 역할극에 관한 외국의 연구 사례를 한국의 학생 상황에서 재현한다고 가정한다면, 이는 구방법을 구분야의 새로운 영역에 적용한 것이다. 그러나 이 연구자가 역할극을 통해 발화에 나타난 법(法: 의문문, 명령문, 평서문)이 대화 기저의 정서적 층위를 나타내는지 연구한다면 이는 새로운 영역이자 새로운 방법이다.

2-2] 이 차이점은 미지수가 하나인 방정식과 미지수가 두 개인 방정식 간의 차이점과 비견할 수 있다. 우리가 염두에 두고 있는 연구는 언제나 두 개의 미지수를 가진 방정식이다. 연구 문제와 연구 방법의 발달은 평행적이지는 않더라도 언제나 서로 함께 발전하며 발생한다. 연구 방법의 탐색은 연구의 가장 중요한 작업 중 하나가 된다. 이러한 경우에 연구 방법은 전제 조건인 동시에 그 산물이고, 측정 도구인 동시에 그 결과이다. 연구 방법에 대한 이러한 설명을 어린이의 문화적 발달 역사에 도입하여 포함하는 것은 주로 연구 체계의 설명을 위한 것이다. 따라서 본 장은 우리 연구가 택한 경로를 도식적으로 기술하는 것에 국한하고자 한다. 우리의 연구 방법에 대한 완전한 기술은 (이 책에서 제시되는-K) 설명 전체를 통해 이루어질 과업이다.

2-3] 연구 방법은 연구 대상에 상응해야 한다. 앞에서 주장한 바와 같이 아동심리학의 접근법은 고등 과정에 적합하지 않았다. 이는 아동심리학이 연구 방법을 갖고 있지 않았다는 것을 의미한다. 우리가 문화적 발달이라고 불러온 행동 변화의 과정이 가지는 고유성은 (그에 어울리는-K) 매우 특수한

연구 방법과 기법을 명백히 요구한다. 이러한 고유성을 인식하고 이 지점으로부터 면밀히 연구를 시작하는 것은 문제와 연구 방법의 상응을 위한 전제조건이다. 따라서 방법론은 어린이 문화 발달 전체 역사의 시작이자 토대이며 알파와 오메가이다.

2-4] 연구 방법에 대한 지식과 그것의 근본적인 정당화는 모든 장의 이야기를 정확하게 이해할 수 있기 위해 필요한 전제 조건이다. 이런 이유로 우리가 설명에서 직면하게 될 사실, 우리의 사실적 자료들로 얻어질 일반화, 이러한 일반화에 기초하여 정립하고자 하는 법칙들은 모두 우리 연구 방법의 기초와 본질, 즉 이러한 사실이 얻어지는 방식, 그것이 일반화되는 방식, 어떤 법칙에 종속되는 방식에 의해 결정된다. 따라서 연구 방법의 적절한 선정, 다른 방법들과의 관계 이해, 강점과 약점의 정립, 근본적인 정당화의 이해와 그것에 대한 바른 태도의 정립이라는 이 모든 것은 앞으로 제시될 아동심리학의 전체 주요 문제에 대해 문화적 발달 역사라는 측면에서 어느 정도 올바른 과학적 접근법을 갖는다는 것을 의미한다.

2-5] 우리는 우리 연구 방법의 원칙적 정당성과 그것이 다른 심리학적 연구 방법과의 관계를 설명하는 것으로 시작하고자 한다. 그러고 나서 구체적 절차, 즉 우리의 실험 연구 기법과 구조를 도식적으로 기술할 것이다. 그 구체적 절차들은 당면 문제의 내용(기억이나 생각 등에 대한 연구), 연구 대상의 성격(다양한 연령과 유형의 어린이들), 특정한 연구 과제(주어진 과정의 분석 또는 발생), 마지막으로 연구 성격(실험적 또는 임상적)에 따라 다양한 형태를 취할 수 있다.

2-6] 아직까지는 우리가 근본적인 사실과 처치, 구체적인 절차들의 형태와 유형을 모두 체계화하고 포괄적으로 기술할 수 없다. 이들의 다양함은 거의 무한하다고 할 수 있을 것이다. 그러나 우리는 그 기본적 형태와 가장 중요한 변이형들 그리고 핵심적으로는 그들의 토대에 놓여 있는 구성 원칙을 기술하고자 할 것이다. 우리가 사용한 연구 방법과 실험 기법의 특별한

형태에 대해서는 구체적인 개별 연구들에 대한 설명을 위해 할애된 각 장에서 검토할 기회가 있을 것이다.

> 우리는 가능한 다양한 절차의 형태를 범주화하기는커녕 그들을 모두 나열할 수도 없다. 그 형태들은 거의 무한하기 때문이다. 연구의 대상, 주체, 과업과 연구의 유형에 따라서도 모두 다르다. 그러나 우리는 여기서 다음의 세 가지를 제공할 것이다. (1) 기본적 형태(예를 들어 자극 반응, 임상적 연구 방법 등), (2) 중요한 변인들(예를 들어, 기억, 주의, 주어진 기호와 신경적 기호 등), (3) 구성 원칙들(즉, 매개된 행위의 원칙, 보조 자극 등). 각각의 형태를 다루는 다른 장에서 각 형태들의 특정성을 기술할 것이다.
>
> *비고츠키는 실험 대상이 항상 수동적이고 자극을 수용하도록 요구하는 자극 반응 실험이 실제로 능동적으로 자극을 창출하며 그들의 환경에 적응하기보다는 환경을 변화시키는 실험 대상의 행동을 예상하는 타당한 방법들이라고 여기는 생각에 대해 의문을 던질 것이다. 이는 매우 타당한 비판이다. 그러나 비고츠키는 실험실에서의 행동이 실험실 밖에서의 행동을 예측할 수 있다는 생각에 대해서는 의문을 제기하지 않는다. 왜 비고츠키는 브론펜브레너가 "어린이가 최소한의 시간 내에 낯선 상황에서 낯선 어른과 함께하는 것에 대한 과학"이라고 부른 것을 믿었을까? 여기에는 최소한 세 가지 이유가 있다. 먼저, 환경이 반응을 촉발하고 어린이는 반응을 한다고 가정한다면, 실험실에서의 행동에 대한 사례를 실험실 밖에서의 행동으로 일반화하는 것이 매우 어렵다. 일상에서 어린이는 실험실에서처럼 자극에 수동적으로 반응만 하지 않으며 또한 일상에서의 자극은 실험실에서의 자극처럼 자의적이지도 않고, 일방적이지도 않기 때문이다. 그러나 어린이(주체)가 촉발을 하고 환경이 반응한다고 가정한다면, 일반화 가능성이 훨씬 더 타당성을 갖게 된다. 왜냐하면 환경이 다르더라도 어

> 린이의 심리적 행동 유도성은 실험실이나 일상에서 종종 같게 나타나기 때문이다. 둘째로, 교실 역시 일종의 실험실이라는 것을 인식해야만 한다. 적어도 전前 학령기 어린이에게는 교실도 매우 낯선 상황일 것이며 교사도 만난 지 얼마 안 되는 낯선 성인일 것이다. 이는 특정한 반응과 행동적 변화를 이끌어 내도록 고안된 잘 통제된 환경이다. 마지막으로, 비고츠키가 반대하는 주장은 발달이 단선적이며 생물적이고 문화적인 사실의 혼합으로부터 연역될 수 있는 단일하고 단순하며 동질적 과정이라는 경험주의이다(마지막으로 비고츠키는 발달이 단선적이며 생물적이고 문화적인 사실의 혼합으로부터 연역될 수 있는 단일하고 단순하며 동질적 과정이라고 주장하는 경험주의를 반대한다). 이 경험주의에 의한 발달에 대한 견해는 엄마나 교사에게도 터무니없는 것이며 진지한 연구자들에게 전혀 무의미한 것이다. 발달의 다양한 생물적 요소들을 문화적 발달로부터 구별하기 위해 계통 발생을 사용한 것과 같이, 그는 실험이 가지는 추상화와 분류의 힘을 믿었으며, 연구에 필수불가결한 이 도구를 포기하지 않는다.

2-7] 현재의 실험 연구에서 사용된 모든 심리학적 방법들은 그 방대한 다양성에도 불구하고 자극-반응이라는 하나의 원칙, 하나의 유형, 하나의 도식에 따라 고안되었다. 심리학 실험의 구성 유형이 아무리 구체적이고 복잡하다 하더라도, 이 보편적 기저는 언제나 쉽게 발견된다. 심리학자가 실험을 어떻게 하건 무엇에 관해 하건 간에 그는 여전히 어떻게 인간에게 영향을 미치고, 어떻게 이런저런 종류의 간섭을 생성하며, 어떻게 그의 행동이나 경험을 자극하는 이런저런 방법들을 사용하여 이러한 자극을 통해 발생된 반응을 조사하는지, 즉 (자극-K)행위에 대한 반응을 분석, 기술 또는 비교하는지에 관해 이야기하고 있다.

2-8] 실제로 실험 자체의 의의는 연구자가 연구하는 현상을 인위적으로

유발하고 현상이 일어나는 조건을 조절하여 자신의 목적에 맞게 그 현상을 변화시키는 사실에 있다. 따라서 자극과 반응을 연관 지어 분석하는 가능한 유일한 길이 심리학 실험의 가장 중요하고 근본적인 수단으로 남아 있다. 행동주의와 반사학과 같은, 심리학 분야에서 객관적인 경향에 관한 한, 자극과 반응이라는 연구 방법만이 행동의 탐구를 위한 유일한 길로 완전히 인정받고 있다. 그러나 우리가 방법론에 대한 문제를 더욱 확장시켜 최근 심리학의 다른 조류들과 고등신경활동의 생리학을 그 속에 모두 포함한다 하더라도 연구 방법의 근본적인 토대는 바뀌지 않은 채 남을 것이다.

2-9] 서로 다른 경향들과 서로 다른 학파들 속에 있는 모든 방법론적 차이, 그것의 구체적인 형태와 절차의 모든 다양성, 모든 방법적 다양성의 기원은 이 기초적인 심리학적 방법으로부터 분지分枝, 그것의 근본적인 이해, 그것의 구체적인 적용에 있다. 이 모두는 기본적 가정의 문턱을 넘어서서 출현한다. 자극-반응의 원칙은 모든 심리학적 방법의 일반적 뿌리로서 그들의 전반적인 시작이나 추출된 공통 인수로 간주될 것이고, 최근 실험-심리학적 방법의 일반적 특징으로 고려될 것이다.

2-10] 만약 객관적 심리학적 방향에 관해서라면 이 입장은 자명하기 때문에 더 이상의 생각이나 증거를 필요로 하지 않는 반면, 주관적, 경험적 심리학에 적용하기 위해서는 어떤 설명이 더 요구된다. 사실, 심리학적 방법의 기본적인 출발점으로서의 자극-반응의 원칙은 객관적 방법의 뚜렷한 특징으로 간주되고, 경험적 심리학의 주관적 방법과는 종종 대조되어 흔히 객관적 심리학의 특별한 성과로 받아들여진다. 경험적 심리학은 이와는 다른, 원칙적으로 상이한 어떤 실험 형태를 갖고 있다는 인상을 주기 쉽다.

2-11] 문제를 자세히 조사해 보면 그렇지 않다는 것을 확인하기는 어렵지 않다. 이런 잘못된 인상은 외부적이고 오해의 소지가 있는 특성에 기초하여 만들어진다. 첫째, 전통적 심리학에서 반응법은 일반적으로 실험적 방법으로 간주되어 왔다. 둘째, 기초 방법론으로서 자극-반응 개념은 경험적 심

리학의 한계를 뛰어넘어 그것과의 강력한 투쟁을 통해 형성되었으며, 경험적 심리학에게 받아들여지지도 인정을 받지도 못했다. 마지막으로, 문제의 고유한 속성이지만 문제의 본질에 이질적이고 무관한 이유가 있었다. 새로운 심리학에서 자극-반응의 관계와 본질에 대한 이해 자체가 근본적으로 변화하였고 이것이 어느 정도로는 개념의 내용을 변화시켰으며, 새로운 언어적 공식화와 더불어 심리학의 실험적 방법론이라는 공식적 시초에서 변화와 혁신이라는 인상을 만들게 되었다.

> 경험적 심리학이 자극-반응 실험 방법을 바탕으로 하고 있는지 아닌지를 조사해 보면 자극-반응 방법에 바탕을 둔다는 사실을 알 수 있다. 경험적 심리학이 자극-반응 방법에 바탕을 두지 않았다고 사람들이 생각하는 이유에는 세 가지가 있다. 그중 두 가지는 순전히 외부적이고 오해의 소지가 있다. 실험적이라기보다는 경험적인, 전통적인 경험적 심리학은 자극-반응을 실험 방법으로 간주한다. 자극-반응 방법이 경험적 심리학과의 경쟁이라는 경향에서 근본적으로 비롯되었다는 생각이다. 세 번째 이유는 사실 내부적인 것이며, 본질적인 것이 아니다. 이는 용어상의 문제인데, 개념의 본질이 새로운 '자극-반응'이라는 용어와 실험주의 기술에 따라 변화되었다.

2-12] 사실 구심리학은 새로운 심리학과 동일한 형식적 토대 위에 실험을 해 왔다. 이것을 인정한다고 해서 구심리학과 새로운 심리학 사이의 경계를 지운다거나 그 둘 사이의 구분된 방향이나 심리학적 방법의 차이가 가지는 근본적인 가치가 폄하되는 것을 의미하지는 않는다. 이는 오직 심리학에 실험적 방법이 도입된 사실 자체가 경험적 심리학에서의 혁명을 내적으로 일으켰고, 심리학의 방법을 자연과학의 방법과 정신에 가깝게 하였으며, 역사적으로 객관적 심리학의 출현을 준비하였다는 사실을 가리킬 뿐이다. 이

는 자연과학의 견고한 토대에 부분적으로 발을 디디고 있었던 구舊경험심리학의 지지자들조차도 실험 과정을 통해 우발적으로, 실험 자체의 힘에 의해 정신적 삶의 반응적 본성을 올바르게 이해하게 되었음을 나타낼 뿐이다.

> *비고츠키가 행동주의로 대표되는 객관적 심리학이 경험적 심리학 외부의 것이 아니라 경험적 심리학 내에 포함되는 조류라는 것을 강조하는 중요한 세 가지 이유는 다음과 같다. 첫째, 비고츠키는 이 둘의 연구 방법론상 본질적인 차이를 인정하지 않는다. 따라서 이 둘 사이에는 인식론적·철학적 차이가 없다고 주장한다. 둘째, 비고츠키는 객관적 심리학과 주관적 심리학 사이의 괴리를 인정하지 않는다. 비고츠키는 행동주의가 심리학이 아니라는 주장을 받아들이지 않는다. 그는 고등심리기능에 대한 심리학은 설명적일 수 없다는 해석적 심리학자들의 주장도 인정하지 않는다. 셋째, 비고츠키는 딜타이의 인문과학과 자연과학의 구분을 인정하지 않는다. 그는 인간이 자연 속에 존재하는 것으로 인식하고, 인간의 의식은 그 자체로 자연의 의식이라고 믿는다. 인간과 자연에 대한 두 종류의 진리가 있는 것이 아니라 오직 하나의 지식이 있을 뿐이다.

2-13] 실험적 심리학의 역사적 뿌리가 처음으로 정착된 정신물리학과 정신생리학의 영역에서 실험적 방법이 일반적으로 설계되기 시작된 것은 외적인 주체와 가장 명백하고 직접적으로 연결되고 외적 주체에 의해 결정되는 가장 단순한 정신 현상의 영역에서였다. 분트는 물질적 자극의 변화를 통해 그에 연결된 정신 과정을 변화시키는 것이 바로 심리학적 실험의 본질이라고 생각했으며, 야기된 정신 과정의 외적 표현을 가능한 정밀하게 기록하는 것을 자신의 목적으로 삼았다. 실험적 방법이라는 관념 전체가 본질상 이미 완전히 발달된 형태로 여기에 담겨 있었다. 물론 이 경우 반응은 순수하게 정신적인 과정으로 이해되고, 연구의 진정한 목적인 정신 과정들과 실험

에서 나타나는 (정신 과정의-K) 외적 표현들 사이의 관계에서 경험적 심리학 전체의 토대인 이원론이 주는 커다란 부담이 감지되는 것은 사실이다. 그러나 이것은 실험 자체의 형태적 구조를 전혀 바꾸지 않는다. 이들은 자극-반응 측면의 도식에 따라서 세워진, 그러나 경험적 심리학의 정신에 비추어 해석된 실험이다.

〈독일 심리학의 개관〉

*먼저 분트에 대하여 이야기해 보려 한다. 분트는 심리학 연구를 위하여 처음으로 실제 실험실을 설립한 심리학자였다. 분트는 그의 실험실에서 정신적 경험에 '평행한' 관계를 가지는 생리적 과정을 연구하였다. 그는 정신적 경험과 생리적 과정이 상관관계를 지니고 있지만 인과적 관계를 갖지는 않는다고 간주하였다. 분트는 원자론과 연합론을 믿었다. 그는 경험이 피실험자에 의해 기술記述될 수 있는 원자적 요소들로 이루어진다고 생각하였다. 이러한 경험들과 상관관계를 가지는 생리적 자료가(반응시간, 혈압의 변화 등) 그 경험들의 변화 양상을 확인하게 해 줄 것으로 생각되었다. 생각은 항상 심상으로 나타나지만, 이러한 심상들(단순한 지각이 아닌 '통각')은 함께 연합될 수 있다. 그들은 또한 심리적 과정들(예를 들면, 주의)을 통하여 합쳐지기도 한다. 분트는 실험실 밖에서의 고등정신과정은 오직 민족학과 인류학의 방법을 통해 기술적記述的으로만 연구될 수 있다고 생각하였다. 이제, 분트와 함께했던 전 세계의 수많은 제자들 중 양극단을 살펴보려 한다. 티치너는 분트의 생리학을 미국의 코넬 대학으로 가져온 영국인이다. 퀼페는 독일에 머물면서 뷔르츠부르크 대학의 짧은 임기 동안 분트의 두 가지 가장 중요한 믿음인 원자론(생각은 원자적 경험으로 환원된다)과 연합론(경험 요소들의 합을 통해 정신 과정이 이루어진다)을 뒤집었다. 티치너는 원자론을 믿었지만, 연합론은 믿지 않았다. 그는 심상과

감각에 관한 분트의 생각을 발전시켰다(그는 자기 자신에 대해 많은 내관 실험을 하였다. 그는 특출 난 시각적 상상력을 가지고 있었던 것으로 보이며, 갑자기 사망하기 전까지 30,500개의 가능한 시각 감각의 목록을 작성하였다!). 그러나 티치너는 정신적 과정은 믿지 않았다. 그는 우리가 무엇인가에 주의를 기울이고 있다면 정신적인 과정을 거치는 것이 아니라 단지 선명한 감각을 경험하는 것이라고 한다. 과정이라는 것은 기능주의적인 것이고, '기능주의'는 미국적이며 실용주의적인 것이다. 티치너는 그의 심리학을 전적으로 구조적이고 기술적인 것으로 간주하였다. 반대쪽 극단은 분트의 많은 독일 제자들 중 한 명인, 퀼페에 의해 대표된다. 그는 정신 과정을 믿었지만, 최소한 생각에 관한 한 분트의 심상과 감각에 대한 생각을 수용하지 않았다. 예컨대 분트는 일련의 낱말 연상 실험(실험자가 '동물'과 같은 단어를 제시하면, 피험자는 '개' 등과 같이 그 낱말이 연상시키는 다른 낱말을 대답하는 실험)을 많이 실시하였다. 분트는 이러한 것들이 인간의 생각이 항상 심상화되는 경향이 있다는 것을 보여 준다고 생각하였다. 낱말 연상 실험은 구체적인 심상을 생산해 내는 경향을 보였기 때문이다. 그러나 퀼페는 단지 제시 문제를 "개는 ⋯⋯의 한 예이다."로 바꿈으로써 쉽게 무심상적인 응답을 얻을 수 있음을 보여 주었다. 여기서 보게 되는 것은 심상도 아니고 또한 엄밀히 말하면 연합도 아니며, 일반화와 추상화이다. 퀼페의 제자인 베르트하이머는 '개'와 '동물'과 같은 요소들은 '게슈탈트(형태)'라 불리는 전체적인 구조에 속한다고 봄으로써 위의 일반화와 추상화의 경향성을 설명하였다. 또한 그는 이러한 구조들은 일반화와 추상화와 같은 고등 과정뿐만 아니라 또한 지각과 감각 같은 저차적 과정들 역시 설명한다고 하였다. 예를 들면, 베르트하이머는 한 학생을 어두운 방 안에 두고 멀리 떨어진 두 전등을 하나씩 깜빡이면, 그 학생은 두 개의 불빛을 보게 되지만 가까이 붙어 있는 두 전등을 깜빡인다면, 하나의 전등이 움직였다고 말할 것이라고 하였다(가현 운동 혹은 파이 현상으로 불리는 이러한 현상은 영화의 원리이다). 베르트하이머는 마음은 부분이 아닌 전체를 보려는 경향을 가지고 있다고 함으로써 이 현상을 설명하였다. 베르트하이머는 그의 두 명의 제자인 쾰러와 코프카를 대상으로 이러한 실험을 하였다. 물론 쾰러는 비고츠키가 『생각과 말』의 4장에서 논의한 유인원 실험을 주관한 심리학자이며, '때때로 지도된 학습이 발달을 이끈다'는 코프카의 생각은 비고츠키가 ZPD의 개념을 만들어 냈던 6장에서 사용되었다. 두 사람 모두 형태주의자이고, 어떤 점에서 코프카는 상당히 비고츠키와 가까웠다(비고츠키가 모스크바에서 그를 위하여 통역을 하였고, 또 그는 루리야와 우즈베키스탄까지 동행하기도 하였다). 그러나 비고츠키와는 다르게, 둘 중 누구도 말과 그 이외의 다른 실행적 활동의 형태를, 또 언어적 생각과 비언어적 생각을 원칙적으로 구분하지 않았다.

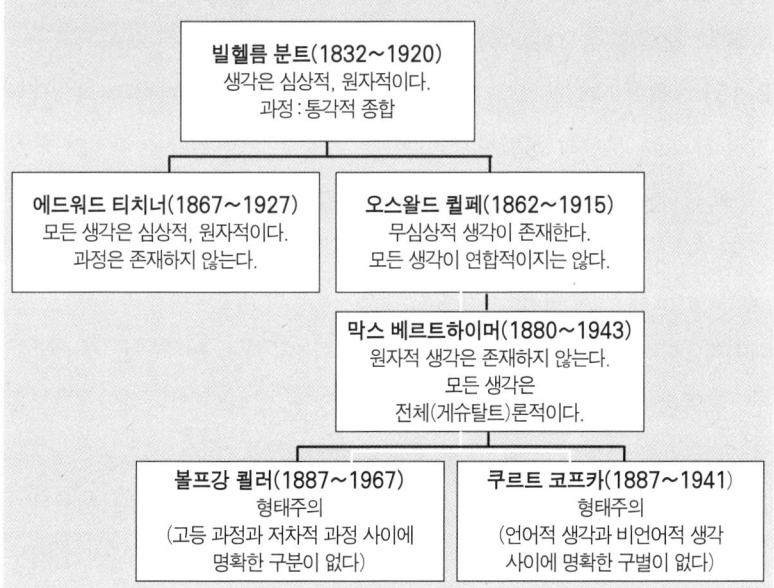

2-14] 사실 분트 자신도 심리학 실험에서 자극과 반응이 방법론적 원칙이 아닌, 보조적 방법의 역할을 수행했다고 생각했다. 자극과 반응은 정신 과정의 윤곽을 규정하는 틀이었다. 그 속에서 주요한 것이 성취되었다. 그 중심부에는 내관內觀이 있었다. 하지만 내관은 실험적 행위라는 테두리 안에서 그리고 외적 탐구라는 이름 아래에서 안정성을 획득했다. 사실상 자극-반응은 신뢰할 수 있는 내관을 위한 전제 조건으로 여겨졌다. 분트의 의견에 의하면, 생리적 효과의 자극에 의해 엄격히 규제된 자신의 실험은 내적 지각을 때때로 다르게 하는 불안정성을 차단하고자 한다. 그러나 심지어 분트도 이 실험의 환경, 실험의 목적이 그 형태에 있어서나 그 실제 지위에 있어서 전적으로 경험 심리학의 테두리 안에 속해 있었고, 그것이 이미 자극-반응 유형에 관한 실험, 즉 심리생리적 실험이었음을 잘 알고 있었다. 또한 역사적으로 분트로 거슬러 올라가는 현대 심리학 실험은 이러한 최초의 심리학 실험들과는 실험을 구성하는 형식적 유형에 있어서라기보다는 그 근본적인 해석과 그 실험을 구성하는 가치의 이해에 있어 크게 다르다.

2-15] 심리학적 실험의 형식적 구조와 근본적 이해 간의 이와 같은 불일치의 결과로, 분트의 심리학 실험은 그 토대에 놓인 생각을 인정하지 않았다. 분트는 한편으로는 정신 과정, 다른 한편으로는 자극-반응 사이의 관계라는 관점에서 세 가지 유형의 심리학 실험을 구별하였으며, 모든 조사 방법의 종류는 이 세 가지 유형인 간섭의 방법, 표현의 방법, 반응의 방법으로 환원되었다. 형식적 구조의 측면에서 볼 때, 이 세 가지 형태들은 본질적으로 모두 그 토대에 자극-반응 도식을 가지고 있는, 하나의 일반적인 실험 유형으로 환원될 수 있다는 것을 아는 것은 어렵지 않다.

2-16] 이러한 세 유형의 마지막—반응의 방법—에 관해서는 이야기할 필요가 없다. 그것이 현재 논의 중인 도식을 순수한 형태로 드러내기 때문이다. 하지만 다른 두 유형—간섭의 방법과 표현의 방법—도 이와 똑같은 방식으로 구성된다. 간섭의 방법에서는 모든 감각 기관에 대한 간섭으로 일어

난 정신적 조건의 변화는 간섭에 대한 정신적 반응이며, 이는 실험 대상의 대답에 근거하여 연구된다. 우리에게 익숙한 완전한 도식이 다시 한 번 나타난다. 유일하게 다른 점은 반응에서 오직 정신적 양상만이 연구되고, 실험 대상의 언어적 반응은 정신 과정의 징후로서의 역할만을 할 뿐 연구 대상이 아니었다는 것이다.

*위의 논의를 다음과 같이 요약할 수 있다.

비고츠키의 논의	논의되지 않음 (그러나 2-16에서 언급됨)	첫째 (2-16에서 논의됨)	둘째 (2-17에서 논의됨)
심리학적 요소	집중, 주의	쾌감, 불쾌감	각성, 흥분
실험 방법	반응(반사)	간섭(자극)	표현(표현 행동)
자료	시간	낱말	생리적 반응
실험 예시	빛이 번쩍인 후, 실험 대상은 버튼을 누른다. 반응 시간이 측정되고 집중이나 주의로서 해석된다.	실험 대상에게 똥 냄새를 맡게 한 후, 그 불쾌한 느낌을 묘사하도록 한다. 이 묘사는 정신 반응으로 해석된다.	실험 대상을 큰 소음에 노출시킨 후, 정신 반응의 징후로서 맥박 수, 호흡 수, 땀 배출량을 측정한다.

2-17] 형태상으로는 정반대로 보이지만 실제로는 동일한 상황이 두 번째 방법인 표현의 방법에서 나타난다. 여기에서 다시 한 번 연구 방법은 감정을 불러일으키도록 채색된 자극물(기분 좋은 또는 불쾌한 냄새 혹은 맛이 나는 물질들)로 간섭을 야기하여 정서적 경험과 그에 관련된 표현 행동을 유발하여 이것을 특수한 장치의 도움으로 조사하는 것으로 구성되어 있다. 다시 한 번, 똑같은 도식이 나타난다. 유일하게 다른 점은 정신 반응의 외적 징후가 이번에는 실험 대상의 언어적 반응이 아니라 맥박, 호흡, 혈압에서의 반사적 변화로 구성되었다는 것이다.

2-18] 이와 같이 간략한 분석으로도 구심리학 역시 자극-반응의 원칙에 따라 실험을 시행해 왔다는 결론을 충분히 내릴 수 있다. 반복하건대 구심리학과 새로운 심리학의 차이와 새로운 심리학에서 각각의 방향들의 차이는 이러한 원칙이 이해되는 방식, 이러한 낱말들 속에 내포되는 내용, 자극-반응 실험이 수행하는 역할에서 찾을 수 있다. 일부 심리학자들은 (심리적-K) 반응을 자연에서 발견되는 다른 모든 반응 과정과 유사한, 순수하게 객관적 과정으로 이해하면서 자극-반응을 연구의 가장 직접적인 대상으로 삼는다. 다른 이들은 자극-반응을 심리학 실험 조건을 조성해 주는 외적 틀로 보거나 때로는 내적 과정의 징후로 보면서, 반응 자체를 심리학 실험 대상으로 삼아 실험의 내적, 정신적 과정과 완전히 동일시한다.

> 이전의 경험적 심리학 역시 자극-반응 실험을 이용하였다. 구심리학과 새로운 심리학의 차이는 실험의 본성에 있어서가 아니라 (1) 반응을 해석하는 방식, (2) '자극' 과 '반응' 이라는 낱말 속에 의미가 부여되는 방식, (3) 연구에서 자극-반응 실험이 수행하는 방식에 있어서 나타난다. 한 부류의 심리학자들은 다른 자연적 과정들이 객관적이듯 피실험자의 반응이 객관적이라고 간주한다. 대상을 지각하거나 생각하는 것이 대상을 집거나 떨어뜨리는 것과 같다고 생각한 것이다. 다른 부류의 심리학자들은 이를 거부하고 반응을 내적 과정의 징후로 간주한다. 반응은 대상을 집거나 떨어뜨리는 외적 과정이 아니라 의사 결정과 같은 내적 과정과 연결되어 이해되어야 한다고 생각한 것이다.

2-19] 어느 경우에서든 우리는 형식적 구조에 관하여 자극-반응의 원리를 모든 다양한 심리학 실험 형태의 일반적 토대로 간주하여 이를 괄호 밖으로 꺼내 공통 인수로 취할 수 있다. 물론 우리는 모든 실험 형태가 단 하나의 원형으로부터 생겨난다고 말하려는 것은 아니다. 누구도 이러한 원칙이

적용되는 방식에서 다양한 경향들 사이에 있는 방법론적 본성의 거대하면서도 종종 근본적인 차이를 간과할 수는 없다. 특히 반응 과정 자체에 대한 객관적이거나 주관적인 이해, 심지어 객관적-주관적 이해가 가능하다.

> *비고츠키가 전에 무언가를 '인수분해' 한다는 개념을 사용한 것을 생각해 보자. 그는 『생각과 말』의 첫 장에서 기능들 간의 관계가 지속적으로 변하기 때문에, 인수분해 될 수 없다고 논쟁한다. 그러나 여기에서 그는 자극-반응의 원리가 그 변하지 않는 속성으로 인해 인수분해가 가능하다고 이야기하고 있다. 그 원리 자체는 변화하지 않는 반면 원리가 적용되는 방식은 변화할 수 있고, 무엇보다 반응을 해석하는 방식도 변할 수 있다. 예를 들어, 다음의 사례를 살펴보자.
>
> 교사: In spring, flowers and?(동작을 취한다)
> 학생들: (웃음)
> 학생1: Bee.
>
> 우리는 여전히 교사의 발화가 자극이며, 학습자의 대답을 반응이라고 여길 수 있다. 그러나 어떻게 우리가 학습자의 반응을 해석하는가? 몇몇의 어린이들은 즐거워한다. 왜일까? 질문이나 동작 때문에? 한 명의 어린이가 'bee' 라는 관사 없는 명사로 대답한다. 왜일까? 그 어린이는 복수를 사용하는 규칙을 모르기 때문이거나 규칙을 알지만 완벽한 문장 형태를 사용하지 않기 때문에, 또는 그 규칙이 여기에 적용되는지를 모르거나, 그냥 빼먹고 말할 만큼 게으르거나 나태하기 때문이거나, 또 다른 이유일 수 있다. 이와 같이 반응은 여러 가지 방식으로 해석 가능하다는 것을 알 수 있다. 몇몇 해석은 더 심오하고, 다른 것보다 의미론적 과정을 좀 더 내포한다. 따라서 반응이 객관적 행동으로 간주될 수 있는지 아니면 주관적 과정의 징후인지의 문제는 여전히 우리의 연구의 주요한 부분이 된다. 비고

> 츠키가 지적하고 있는 당대의 상황이 현재도 그대로인 것이다.

2-20] 더욱이 우리는 경험적 심리학에 있어 실험 전체의 근본 목적과 방법적 설계에 따라 원칙상 다른 두 가지 실험 유형을 구분할 수 있는 충분한 근거를 갖는다. 한쪽 실험에서는 연구의 대상이 되는 정신 과정을 일으키고 나타내는 것을 과제로 삼는 반면, 다른 쪽 실험에서는 어떤 과정의 진정한 인과적 또는 발생적 연관성을 밝히는 역동적-인과적, 자연-과학이라는 목적을 추구한다. 전자에서는 내관이 중심적 역할을 수행하고, 후자의 활동 실험에서는 원칙적으로 말하여 내관이 아무런 역할을 하지 않거나 종속적인 역할을 수행한다. 그러나 이 두 실험 유형의 이면에는 동일한 보편적 도식이 존재하며 이 도식에서 전자의 경우에는 정서적 경험이, 후자의 경우에는 활동이 반응의 역할을 담당한다.

2-21] 우리는 더구나, 심리학 실험 본성의 이해에 관해 새로운 심리학에서 나타나는 또 다른 근본적인 차이점인 자극-반응의 관계 및 연결에 대한 기계적인 이해와 구조적인 이해 사이의 괴리를 간과할 수 없다. 한 경우에서, 이런 관계와 연결은 원칙상 임의의 요소들이 순전히 외적인 시간적 일치로 연합되어 만들어진 통합된 총합으로 간주된다. 다른 경우에서, 부각되는 것은 이런 연결과 관계를 통합된 형성, 과정, 구조로서 연구하는 것이며, 이들은 특히 각 부분의 역할과 가치를 결정하는 전체로서 이해되어야 한다.

> 우리는 자극과 반응 간의 관계와 연결에 대한 기계적인(연합주의) 이해와 총체적인(구조주의자) 이해의 차이점을 묵과할 수 없다. 전자의 경우, 그 관계는 단순히 시간적으로 연결되었을 뿐이다. 자극은 반응 전에 나온다. 그러나 거기에는 어떤 필연성도 없으며 그들 간 내적 연관성도 없다. 이론상 어떤 자극이든지 아무 반응과 연결될 수 있다. 예를 들어, 우리는

불빛의 반짝임이나 종소리, 심지어 낱말 소리에도 개가 침을 흘리도록 훈련시킬 수 있는 것이다. 후자의 경우, 그 관계는 구조적이다. 즉, 그들은 전체에 대한 부분의 관계에 의존한다. 자극과 반응은 욕구나 문제와 같은 좀 더 광범위한 활동 단위의 부분이며, 그 단위에 의존한다.

*다음 단락에서(2-21~2-23) 비고츠키는 실험 방법에 대한 비판을 형태주의 심리학까지 확장한다. 비고츠키가 행동주의자들의 '체계'와 '기능'과 같은 개념(행동주의자들은 기관이 전체의 부분들이며 기능을 가지고 있고, 유기체는 전체 생태계의 부분이며 기능을 지니고 있다고 인식했기 때문이다)을 한 발 더 나아가 인지하게 되었던 것처럼, 형태주의 심리학자들의 '구조'와 '전체'와 같은 개념(게슈탈트 심리학자들은 한 구조 안에서 부분 간 관계성은 임의적인 것도, 무의미한 것도 아니라고 인식했기 때문이다)도 한발 더 나아간다는 것을 인지하게 되었다. 그러나 우리는 '체계'와 '기능'은 습관의 문제라고 판명되었고 이 원칙은 고등 기능과 저차적 기능에 있어 동일했다는 사실로 인해 반사학에서 더 나아간 행동주의자들이 손상된 것을 비고츠키가 어떻게 보았는지 기억한다. 같은 방식으로 비고츠키는 고등심리기능과 저차적 심리기능을 구별하는 것에는 무력했다는 것으로 연합주의에서 더 나아간 형태주의 심리학자들이 손상되었다는 것을 안다. 어떤 면에서는 형태주의 심리학자들이 저차적 심리기능과 고등심리기능의 구분에 실패하도록 한 것은 바로 그들의 총체성이었다. 예를 들어, 그들은 지평선상의 작은 반점과 낱말을 측정하는 데 타키오스코픽(tachioscopic, 인식 시간을 측정하는 기계를 활용한) 방법을 사용한다. 그들은 지각에 관심이 지대하며, 지각을 모든 기능들을 위한 일종의 모델로 간주한다.

2-22] 다음에서 살펴보겠지만, 심리 과정의 구조적 이해는 의심할 여지 없이 완전히 새로운 실험 형태의 배아를 품고 있다. 이것은 이미 새로운 유

형의 많은 연구에서 실현되어 왔다. 사실상, 이것은 우리가 이번 장에서 밝히고자 하는, 어린이의 역사적 발달 연구의 기본적이고 적절한 방법이라고 생각하는 특정 실험 형태에 필요한 방법론적 전제 조건을 만들어 내기까지 하였다. 하지만 그럼에도 불구하고 심리학에서의 주관적 관점 및 객관적 관점의 두 극단과 편파성을 극복하고, 그들을 연결, 종합하여 정신과 행동에 대한 통합적 접근법을 만들고자 하였던, 구조주의(형태주의-K) 심리학에 의해 생산된 심리 실험의 개혁은 심리학적 실험의 형식적 구조보다는 원칙의 측면과 훨씬 더 많이 관련되어 있다.

2-23] 구조주의 심리학은 새로운 유형의 실험을 만들어 내기보다는 실험 결과를 새롭게 해석하는 기본 과제를 우선시했다. 특히 고등심리기능의 영역에서 최초로 이런 종류의 문제가 제기된 이래로, 새로운 심리학은 이 문제의 특성에 적절한 방법을 개발하려는 시도를 하지 않았다. 일반적으로 새로운 심리학은 자극-반응과 연구 과제 간의 관계에 대한 이해를 가장 깊게 변화시킴으로써 전체적으로 심리학 실험의 기본 개념을 한층 더 발전시키는 길을 개척했으며, 필수적인 방법론적 전제 조건을 만들었다고 말할 수 있다. 그러나 일반적으로 새로운 심리학은 스스로 이 방향으로 결정적인 한 걸음을 내딛지 못했으며, 지금까지도 여전히 실제 실험과 실험 방법론에 있어서 자극-반응의 낡은 입장을 온전히 고수하고 있다고 말할 수 있다.

2-24] 우리는 심리학의 실험방법에서 가장 본질적인 특성을 추출하기 위해 의도적으로 상황을 단순화하고 있다. 사실상 (실험의-K) 상황이 더욱 복잡하다는 것은 더 말할 필요가 없다. 하나의 자극이 아닌 일련의 전체 자극, 때로는 복잡하게 구성된 전체 자극 집단들이, 따라서 하나의 반응이 아니라 반응의 긴 연쇄나 반응들의 복잡한 내적 연결들이 실험의 특징이 될 수 있다. 정신 조작이라고 불리기에 손색이 없는, 어떤 목적을 향하는 조합된 반응 체계를 요구하는 다소 복잡한 문제가 실험 대상에게 제시되는 경우가 종종 있다. 예를 들어 실험 대상은 자료를 비교, 기억해야 하며, 이해, 숙고,

결정하기 등을 해야 한다. 그러나 이러한 경우에서조차 실험 원칙은 변하지 않는다. 기본적으로 낱말, 무의미 음절, 그림과 같은 여러 자극들이 주어지면 실험 대상은 이들을 기억하고 재생산한다고 상정할 수 있을 것이다. 세부 조건이 어찌 되었건 실험의 도식은 동일하게 남는다.

2-25] 이런 조사 방법이 정신 과정은 원인이 되는 자극에 대한 반응이라는 기본 조건이자, 기본적 심리학 법칙에 의존한다는 것은 의심할 여지가 없다. 자극-반응 실험의 기본 개념은 동시에 행동의 근본 법칙이다. 심리학에서 가능한 모든 종류의 연결들이 다양한 자극-반응 변화의 별자리 속에서 조사되어 왔다. 그러나 우리는 기본적이고 사실상 초보적인 행동 법칙의 한계를 넘어서는, 근본적 진보를 이룬 어떤 연구도 알지 못한다. 모든 변화는 일반적 도식 안에 남겨진다. 심지어 조건적 반사 방법도 실제로는 여기 그 공통 범위 내에 머무른다. 그러므로 다른 모든 점에서는 여타 방법들과 다르지만, 이런 점에서 조건적 반사 방법은 그 공통 줄기에서 뻗어 나온 것이다.

2-26] 이런 식으로 심리학은 저차적, 기초적 과정의 탐구 방법과 고등적, 복잡한 과정과 기능의 (탐구 방법 간의-K) 원칙적 차이를 구별하지 못한다. 따라서 단순한 반응과 복잡한 반응에 대한 연구가 원칙적으로 동일한 방법을 기반으로 수행되었다. 복잡한 과정—인식, 분별, 선택, 연관, 심지어 판단—들은 단순히 자극과 반응 사이에 삽입되었고, 실험자들에게 이러한 형태(자극-반응-K)로 나타났다. 하지만 특히 실험적 심리학의 아킬레스건이 된 것은 바로 고등정신과정에 관한 연구이다. 실험적 심리학이 겪어 온 모든 위기 중에서 가장 위험하고 극심한 위기는 바로 이러한 노선(고등정신과정의 연구-K)을 따라 발달되어 왔다. 이러한 상황은 결코 우연이 아니다. 이 상황은 전통적 심리학 실험이 지닌 본성과 그것의 기본 설계에 의해 체계적으로 생겨난 것이다.

> *이 단락과 다음 단락에서 비고츠키는 분트, 베흐테레프, 그리고 궁극적으로 파블로프를 반박하면서 조건 반사의 문제로 돌아간다. 이는 그가 위에서 형태주의와 관련하여 언급하고 있는 것과는 전혀 무관해 보인다. 그러나 형태주의에 대한 비고츠키의 주요 비판점은 형태주의가 고등 기능과 저차적 기능을 구분하지 못했음에 있다는 것을 상기하자. 어째서 조건적(인공적, 조작적) 반응과 무조건적(자연적, 본능적)반응이 고등 기능과 저차적 기능을 나누는 데 믿을 만한 역할을 하지 못하는 것일까? 비고츠키는 『도구와 기호』의 마지막 장에서 이 문제를 다루었다. 『도구와 기호』에서 비고츠키는 기호는 고등심리과정의 진정한, 본질적 촉매라고 주장한다. 기호는 실험자가 부과한 조건화된 반응이 아니다. 그것은 실험 대상이 자기 자신을 향해 사용할 수 있는 수단이며(자기를 향한 말) 또한 실험 대상이 다른 이들로 하여금 행동하도록 하는 수단이기도 하다(타자 지향적 행위). 이 두 가지 기능들 모두는 어린이가 더 이상 자극의 대상이 아니라 진정한 의미에서 주체라는 것을 의미한다. 즉 피동적인 반응 생산자가 아닌 능동적 촉발자인 것이다.

2-27] 본질적으로, 분트에 의해 개발된 실험의 형태는 명백하게 외적 간섭과 연결된, 정신생리학적 본성의 저차적이며 기초적인 과정의 영역에 적절한 방식의 것이었다. 많은 심리학자들은 그것이 실험적 연구가 가능한 유일한 연구 영역이라는 생각을 지속적으로 표현해 왔다. 그러나 고등정신과정들과 기능들은 일반적으로 유사한 연구 방법을 허용하지 않으며, 실험 심리학에서는 영구히 닫힌 채로 남겨질 것이다. 특히, 아동심리학과 관련하여 그런 관점들은 두드러지게 단정적이고 확고한 방식으로 표명되었다. 아동심리학에서 고등 과정들에 대한 전체 문제가 다루어진 방식과 우리가 앞 장에서 언급한, 초보적 행동 형태에 관심을 집중하는 아동심리학의 일반적

인 경향성을 기억한다면, 이 선언은 우리에게 놀랄 만한 것도 전혀 예상치 못했던 것도 아닐 것이다.

2-28] W. 분트 그 자신이 설정한 세 가지 적용 영역의 복잡도에 따라, 스스로 실험을 세 가지 유형으로 구분한 것은 사실이다. 그는 간섭에 의해 발생하는 심리적 반응이 균일해야 하고, 그것의 원인이 되는 간섭과 직접적으로 연결되어야 한다는 필요조건을 오직 간섭의 방법에서만 발전시켰다. 표현의 방법은 이미, 물론 아직 기초적인 형태이기는 하지만, 훨씬 복잡한 정서적 반응의 범주를 다루고 있다. 마지막으로 자극과 반응의 조건적 상관관계와 실험 대상이 직면한 과업의 인위적 구성을 허락하는 반응의 방법은 우리가 본 바대로 연합과 결정의 조사 방법, 즉 생각 과정의 조사 방법을 포함하고 있다. 하지만 전체적으로, 분트가 실험에 있어서 기본적이자 변함없는 본질적 형태라고 생각한 실험 형태가 사실상 기초적 심리 과정의 영역에만 적용될 수 있다는 사실은 분트 자신조차 알고 있었다.

2-29] 두 관점은 어느 경우에든 의심할 바 없이 정확하며 우리 관심사에 중요성을 지닌다. 우선 이 문제에 대한 분트의 개인적인 관점이 무엇이든, 실험적 연구의 객관적 실행과 심리학의 후속 발전은 분트의 실험이 주로 저차적 정신 기능의 연구에만 기여하였음을 완전히 확증했다. 둘째, 실험적 심리학의 창시자이며 심리학적 측면에서 문화적 발달의 문제를 발전시킨 민족 심리학의 창시자인 분트 자신이 이 두 가지 연구 영역을 폐쇄된 방법론적 장벽으로 분리시켰다. 민족 심리학과 실험 심리학 사이에, 역사적 심리학과 생리적 심리학 사이에 분트가 만든 이 장벽은 언어 연구 및 다른 복잡한 문화적 형태의 연구를 더욱 기초적인 과정들에 대한 연구로부터 분리하는 경계선과 완전히 동일하다. H. 베르너가 이러한 사실이 그 중요성에 못지않게 모순적이라고 말한 데에는 그럴 만한 이유가 있다.

*하인즈 베르너(Heinz Werner, 1890~1964)는 독일의 초기 발달 심리학자

들 중 한 명이다. 유태인인 베르너는 나치 점령기에 독일을 떠나 미국의 클락 대학교의 교수가 되었다. 클락 대학은 여전히 그의 영향을 크게 받고 있으며, 현대의 비고츠키 학파인 J. V. 버치와 J. 발시너가 교편을 잡았던 학교이다. 비고츠키와 루리야는 베르너의 발달에 관한 초기 작업과 그의 방법론에 관심을 가졌다. 베르너는 인생 후기에 비고츠키의 자기중심적 말과 루리야가 유도비치와 함께 쌍둥이에 관해 한 실험(이 실험에서 루리야는 쌍둥이들의 말이 자기중심적 말과 비슷함을 보여 주었다)에 관심을 가졌다. 하지만 그는 B. 카플란과 함께 쓴 어린이의 상징 발달에 관한 그의 책에서, 피아제에 대한 비고츠키의 비판을 거부하며 비고츠키가 '자기중심성'을 '무사회성'이라고 곡해하였다고 주장하였다. 또한 그는 자기중심적 말이 내적 말과 외적 말의 분화가 시작되는 지점이라는 의견에 반대한다.

Werner, H. and Kaplan, B.(1963/1984), *Symbol Formation*, Hillsdale, NJ: Lawrence Erlbaum. 318-320.

2-30] 일반 심리학과 실험 심리학이 문화적 발달 문제에 대해 이해하지 못했으며, 원칙적으로는 자연적 측면, 즉 자연 과정의 측면에서만 정신과 행동 연구를 인정했다는 생각을 확증하는 증거로 우리는 이보다 더 납득할 만한 새로운 예를 찾을 수 없을 것이다. 이 문제가 충분히 설명되었다고 생각할 수도 있지만, 그럼에도 불구하고 우리는 문화 심리학 분야에서는 그의 실험이 차지할 수 있는 위치가 없다는 분트 자신의 의견을 짚고 넘어가지 않을 수 없다. 잘 알려진 바와 같이, 분트는 해석적 방법 즉 언어, 예술작품, 관습과 같은 객관적인 정신적 형성물духовных образований에 대해 해석하는 방법을 사용하여 민족 심리학 전체를 건설하였다.

일반 심리학과 실험 심리학이 모두 가지고 있는 방법론적 자연주의는 다음과 같은 사실, 즉 한편으로는 실험 심리학과 일반 심리학 사이에 세워진 분트의 벽과 다른 한편으로는 민족심리학과 인류학 사이의 벽이 저차적 기능과 고등 기능 사이의 구분과 정확히 일치한다는 사실에서 가장 명확히 드러난다. 그러나 비록 이러한 것이 이미 증명된 것으로 간주할 수 있지만, 그럼에도 실험은 문화적 심리학에서 발붙일 자리가 없다는 분트의 주장을 묵과할 수 없다. 분트는 민족 심리학이 해석적, 즉 발견적, 비설명적, 서술적이라고 생각했다. 이는 어떠한 현상이 어떻게 생겨나고 어떻게 통제될 수 있는지에 대한 설명과는 거리가 멀며 현상이 의미하는 바에 대한 기술과 깊은 관련을 맺는다.

*돌이켜 보면 '국민 정신'이나 '인종적 기억'과 사회적 이데올로기 사이의 혼동이 어떻게 일어났는지 그리고 어디에 이르렀는지 이해하기는 쉽다. 민족학 그리고 심지어 인류학조차 식민주의에서 시작되었다. 분트, 레바브뢸 그리고 찰스 다윈 같은 사람들조차 문화적 차이는 발달적 중요성을 갖는다고 생각했다. 즉, 성인은 어린이보다 더 발달했고, 더 성숙했으며, 더 교육을 받았으므로 어린이를 돌보아야 하는 것과 같이, 어떤 문화가 단순히 다른 문화보다 더 발달했고, 더 문화화되고 문명화되었기 때문에 다른 문화를 돌보는 역할을 해야 한다는 것이다(물론 루소도 문화를 성인과 아동에 비유하는 것에 대해 반대하지는 않았다. 그가 반대한 것은 성인이 아동보다 우월하다든가 하는 평가와 관련된 것이었다). 물론 비고츠키는 사회 발생과 개체 발생 모두에 '문화적으로 뒤처진'이라는 표현을 분명히 사용한다. 최소한 과거에 있어서는 많은 역사적 차이들이 명백히 발달의 차이에 기인하였다. 예를 들어, 현대인은 유아 사망률이 훨씬 낮으며, 르네상스 시기에 살았던 중세인보다 생물학적으로 훨씬 더 오래 산다. 이러한 차이는 심지어 자연에 대한 더욱 탁월한 이해와 자연에서 인간이 차지하는 위치에 대한 더욱 깊은 이해와도 관련지어질 수 있다. 그러나 어떤 역사적

차이는 진보와 맺는 관련이 희미하다. 현대인이 언어적으로 선사 시대의 인간보다 더 발달했다는 것은 실제 사실이 아니다. 현대인은 단지 다르게 적응했을 뿐이다. 예를 들어, 오늘날은 과거에 비해 훨씬 적은 언어가 존재하며, 적어도 문법적·형태론적으로 과거의 언어에 비해 더 단순하다. 많은 이데올로기적 형성물(종교와 법 규정 같은)은 본질적으로 수천 년 전 상태 그대로, 적어도 종이 위에는 그대로 남아 있다. 우리는 정말 현대 예술이 르네상스 시대의 예술과 단지 다르기만 한 것이 아니라, 더욱 뛰어나다고 말할 수 있는가?

*비고츠키에게 두호브니흐 오브라죠바니Духовных образований라는 표현은 명백히 '이데올로기적 형성물', 즉 언어, 예술, 민속 같은 것을 의미한다. 그러나 이것은 분트에게 이데올로기적이라기보다는 '국민정신'이나 '집단 영혼'과 같은 것과 밀접한 관계를 갖는다. 따라서 본문에서는 이를 '정신적 형성물'이라고 번역하였다.

2-31] 물론 사태는 여기서 끝나지 않았다. 이러한 실험이 민족 심리학에 도입되었으며 일반 심리학, 실험 심리학, 민족 심리학은 사태의 진전에 따라 각각의 입장에서 서로에 점차 접근하게 되었다. 사실 이러한 관계는 사소하고 외적인 것에 불과했지만 그럼에도 그들 사이의 근본적인 방법론적 경계를 허무는 것이었다. 그러나 지금까지 이 두 학문이나 그 분파 중 어느 것도 이러한 접근의 근본적인 가치, 즉 각각이 과학에 시사하는 거대한 전체적 방법론상의 재구성을 깨닫지 못하였다. 이는 문화적으로 낙후된 조건에서 성장한 사람이 교육받은 성인을 대상으로 심리학 실험실에서 개발된 조사 실험 방법으로 연구된다는 사실에서 쉽게 알 수 있다.

실험의 문제는 저차적 기능에 대한 실험과 고등 기능에 대한 민족 심리학적 관찰 및 인류학적 해석이라는 분트의 구분으로 마무리되지 않는다. 오히려 민족 심리학은 실험을 도입한다. 또한 일반적 실험적 심리학도 고등 기능을 연구하기 시작했다. 이는 분트가 구분하였던 두 연구 사이의 조우, 만남으로 이끌었다. 두 심리학 사이의 상호 접근이 역사적인 사건들에 의해 일어난 것이다. 그러나 이러한 현상이 내포하는 방법론적 의미는 인식되지 못하였다. 이는 심리학 실험실에서 개발된 연구 방법이 연구실 밖 현장에서 그대로 사용된 것을 보면 알 수 있다.

*사실 비고츠키가 이 글을 쓰고 있던 당시, 비고츠키의 제자였던 루리야 역시 실험실에서 개발된 착시 현상과 삼단 논법을 활용한 조사 방법을 교육받지 못한 이들을 대상으로 적용하고 있었다. 비고츠키는 이러한 연구 방법에 아마도 우려를 가지고 있었던 것으로 보인다. 비고츠키가 루리야에게 쓴 편지에는 루리야의 연구를 고무하는 말들이 쓰여 있었다. 그러나 착시 현상과 삼단 논법 자료에 대해, 교육받지 못한 우즈벡 사람들이 교육받은 우즈벡 사람들과는 다르게 반응했다는 사실은 비고츠키가 볼 때 동일한 연구 방법으로 이들을 조사할 수 없음을 시사하였다. 이러한 의구심은 실제 마이크 콜이 서아프리카에서 한 연구에서 확증된다.

Scribner, S. and Cole, M.(1981, 1999), *The Psychology of Literacy*, Cambridge, MA: Harvard.

2-32] 최근에서야 실험이 독자적으로 자리를 잡게 된 아동심리학에서도 상황은 나아지지 않는다. 아동심리학에서 실험이 적용 불가능하다고 간주했던 이전의 지배적 견해는 아직 완전히 극복되지 않고 있다. 이는 직접적으로 표현되지는 않았지만 심리학적 실험은 오직 내관에 의해서만 가능하다고 가정한 것이다. 최근 우리는 아동실험심리학의 풍부하고 인상적인 발달

을 목격했다. 그러나 우리 과학의 이 새로운 분파(아동실험심리학-K)의 연구 방법에 대한 질문에 직면하는 순간 아동심리학에서의 실험은 그 본성과 기원에 근거하여 모두 세 가지 종류 또는 무리 중 하나에 포함된다는 것을 확인할 수 있다. 이들 중 일부는 K. 뷜러가 정확히 지적했듯이 동물 심리학에 기반을 두고 있고, 일부는 성인을 대상으로 한 유사한 실험의 부분으로 설계되며, 일부는 어린이의 일상적 사건들에 대한 무작위적인 관찰로부터 유래한 아동심리학에 기반을 두고 있다.

> 이전 단락에서 살펴본 바와 같이, 현대인들을 이상적 비교 대상으로 사용하고, 실험실 안에서의 현대적 인간에 관해 발달된 실험의 양식을 사용하면서 전근대적인 인간과 현대적인 인간의 심리학적 비교가 만들어진 것에 비하여 아동심리학의 상황은 더 나을 것이 없었다. 먼저, 실험들을 단순히 어린이들에게 적용할 수 없다는 관념은 아직 극복되지 않았다.
>
> 이는 심리학 실험은 그 최종 분석에 있어서는 언제나 자기관찰과 내관의 문제로 환원된다는 믿음에서 유래한 것으로 보인다(이러한 생각은 이원론의 한 형태이다. 마음은 오직 마음을 통해서만 관찰될 수 있다는 생각에 토대를 두기 때문이다). 그러나 쾰러의 유인원에 대한 실험의 반복 실험인 뷜러의 어린이를 대상으로 한 실험과 A. 비네와 같은 이들에 의한 성인 대상 실험에 대한 비교 실험, 피아제의 임상적 방법을 사용한 이야기 다시 하기와 설명하기 실험과 같은 아동심리학의 최근 몇몇 연구가 있어 왔다. 그러나 방법들을 들여다보면, 여기에는 오직 세 가지 유형만이 있을 뿐이다. 즉, 동물과의 비교, 성인과의 비교, 일상적 생활의 관찰이다.

2-33] 또한 문화적 발달 연구의 합당한 방법이 아동심리학에 결여되어 있으며, 아동심리학이 이 문제에 대해서 단 한 가지 방법인 자연주의적 접근만을 시도했고, 아동심리학의 3분의 2는 동물과 성인의 행동에 대한 기본적

접근 방식을 그대로 어린이에 관한 연구에 옮겨 적용했으며, 3분의 1은 다소 무작위적인 관찰을 실험의 언어로 번역하였다는 진술에 대해서 이보다 설득력 있는 증거를 찾을 수 없다. 이러한 상황에서는 어린이의 문화적 발달 문제를 다룰 여지가 전혀 없다. 그럼에도 불구하고 실험적 아동심리학이 명백히 거대한 성공을 이루었다면, 그것은 순전히 (아동 발달의-K) 심리학적 연구에서 발견된 자연적 의존성과 관련성에 대한 설명에서 이러한 방법들이 완벽히 들어맞음을 입증하여, 스스로의 타당성을 보인 덕분이다.

2-34] H. 폴켈트는 아동실험심리학이 이룬 성취에 대한 연구에서 대다수 연구들이 동물 심리학적 실험 모형에 따라 설계되었으며, 말의 필요성을 철저히 배제한 방법을 사용했다는 특징이 있음을 지적했다. 우리는 이러한 전적으로 정확한 인식을 통해 어린이 행동에 대한 실험의 두드러진 특징을 파악하고자 한다. 그러나 이를 파악한다는 것은 앞 장에서 표현했던 내용을 다르게 말하는 것을 의미한다. 즉 아동심리학은 어린이에 대한 순전히 자연주의적 접근에 완전히 젖어 있다는 것이다. 이러한 아동심리학은 어린이를 주로 사회적 존재라기보다는 자연적 존재로 여기고 연구한다.

> *한스 폴켈트(Hans Volkelt, 1886~1964)는 독일 심리학자로 1912년 F. 크뤼거의 지도하에 동물 심리학 박사 학위 취득한 후 아동심리학자가 되었고, 교사 양성자가 되었다. 전직 동물 심리학자로서 그의 연구는 강력하게 자연주의적이며 생물학적이었다. 크뤼거처럼 그 역시 1939년에 열렬한 나치 당원이 되었다. 그는 인종 심리학 유형 이론들을 개발했고, 그 이론들은 나치의 유대인과 정신 장애자 학살을 뒷받침하는 데 사용되었다.

2-35] 하지만 우리는 후속 관찰과 앞서 전개한 진술의 보강은 제쳐 두려고 한다. 발생적 심리학의 서로 다른 분파(민족 심리학과 아동심리학-K) 간 관계의 문제점과 발생적 심리학과 일반 심리학, 실험 심리학 사이의 문제점

은 이 장의 끝에서 다시 등장할 것이다. 지금은 실험 방법의 일반적인 문제와 관련하여 도출해야 하는 결론을 공고히 하고자 한다. 그 결론은 충분히 간략하게 표현될 수 있다. 민족 심리학과 아동심리학에서 실험적 방법이 그 둘을 관통하고 있기에 이들은 동일한 구성 원칙, 즉 자극-반응 원칙의 지배를 받는다.

2-36] 이 보편적 도식(자극-반응 원리-K)의 운명에 대한 설명을 마무리 짓고 다음으로 넘어가기 전에, 짚고 넘어갈 것이 한 가지 더 있다. 우리는 고등 과정 연구의 운명이 무엇이 될 것인지, 또 이 분야에서 실험 구성 원칙은 무엇인지 물어야 한다. 한편으로 문화적 발달 측면과 관련된 고등 과정은 실험의 범위와 적용으로부터 완전히 제외되었으며, 다른 한편으로 정신-생리학적 측면에서 고등 과정(예를 들어, 복잡한 판단 반응)은 기초 과정과 본질적으로 동일한 것으로 취급되었다는 것을 우리는 이미 알고 있다.

2-37] 물론 사태는 여기서 멈추지 않았다. 연구들은 고등 과정들, 특히 생각은 분트 학파가 실험에 사용한 그래프 위에 쉽게 표시될 수 없다는 사실과, 생각 과정은 감각의 영역에서처럼 주어진 외적 자극에 대해 결코 일가함수─價函數적 관계만을 맺지 않는다는 사실, 그리하여 실험의 도식이 다시 세워져야 한다는 사실을 곧 마주하게 되었다. 이러한 과업은 뷔르츠부르크 학파인 O. 퀼페와 그의 제자들의 연구 그리고 파리의 A. 비네의 연구에 의해 이루어졌다. 이 연구자들은 실험의 범위를 넓혔으나 심리학 실험의 기본적인 최초 개념을 탈피하지 못했다. 이들을 비롯한 다른 혁신적 연구자들은 자극과 반응에 대한 새로운 이해와 역할에서 돌파구를 찾았을 뿐, 이러한 기본 개념의 한계를 일반적으로 넘어서려는 시도를 하지 않았다. 가장 먼저 개혁의 칼날을 맞은 것은 간섭의 개념이었으며 그 다음은 반응의 개념이었다. 그러나 이들 오래된 짝은 변함없이 남아 있었다.

> 시각 반응의 경우 망막이 빛에 반응하도록 하는 것은 매우 간단히 이루

어질 수 있으며 촉각 자극을 통해 신경 세포를 흥분시키는 것 역시 단선적, 일대일 대응적 자극-반응 실험 설계를 통해 이루어질 수 있다. 그러나 생각의 과정은 다른 저차적 기능들과는 달리 자극-반응 사이의 관계를 일대일 대응으로 그릴 수 없다는 점이 발견되었다. 이에 따라 퀼페나 비네와 같은 연구자들은 생각을 연구하기 위해서는 실험 자체가 재구성되어야 한다는 생각을 하기 시작했다. 그러나 이들은 자극이 먼저 주어지고 반응이 나타난다는 기본적 프레임에서 거의 진전하지 못했다. 자극-반응 자체를 넘어서지 못한 것이다.

*비고츠키는 자극과 반응을 하나의 짝에 비유한다. 퀼페나 비네와 같은 연구자들이 실험을 새로이 구성하고자 자극과 반응의 개념을 다양한 관점으로 해석하고자 했으나 이들 개념들은 본래의 본성을 굳건히 유지한 채 사이좋은 부부로 그대로 남아 있었던 것이다.

*비네는 지능에 관심을 가졌다. 그는 최초의 IQ 테스트를 고안하였다. 그는 퀼페와 뷔르츠부르크 학파처럼 대상(사물, 물체)을 더욱 추상적인 범주로 나누는 실험을 하였다('동물→개'가 아닌 '개→동물'). 이러한 실험은 사고, 생각이 지각적 이미지를 떠올리는 과정에 불과한 것이 아니라는 것을 증명하였다. 따라서 비네는 퀼페나 뷔르츠부르크 학파처럼 무심상, 무감각 사고를 믿었다. 사실 그는 '뷔르츠부르크 방법', 즉 사람들에게 실제 지적 문제를 제공하여 풀게 하고 그 과정을 내관하도록 하는 방법이 퀼페의 공로로 인정된 것을 언짢아했으며, 그 방법이 '비네의 방법'이나 '파리의 방법'이라고 불려야 한다고 주장했다. 하지만 비네는 또한 지능이 많은 부분에 있어 직관적이거나 무의식적인 어떤 것이라고 믿었다. 비고츠키가 지적한 대로 그것은 문제 해결 능력이 본질적으로 다른 모든 종류의 기술과 다름없다는 믿음과 큰 차이가 없는 것이다.

2-38] 간섭과 관련하여, 비네는 감각 기관상에 미치는 어떤 물질적 요소의 작용뿐 아니라 일반적으로 실험자들이 자유 의지로 실험 대상의 의식 속에 일으키는 여하간의 변화 역시 자극으로 이해해야 한다고 저술했다. 따라서 심리학자가 사용하는 언어와 말은 보통의 감각 자극과 마찬가지로 섬세하고 구체적인 자극이다. 자극으로서의 언어는 심리학 실험에 있어 중대한 영역을 확보해 준다.

2-39] 생리학과 영혼의 역사 사이, 인간 심리에 있어서 자연적인 것과 문화적인 것 사이에 오랫동안 놓여 있던 경계, 즉 분트에 의해 철저히 나뉜 언어와 실험 사이의 경계는 상당히 간단하지만 값비싼 대가를 요구한 조작을 통해 새로운 연구에서 허물어지게 되었다. 심리학 실험에서 말의 역할은 보통의 감각적 자극과 동일시되었으며 원칙상 같은 위상에 놓였다. 고등사고 과정의 촉발자로서의 말에 대한 자연주의적 접근, 말의 자연적 측면만을 바라보고 말을 여타의 감각자극과 동일하게 취급하는 편향적 접근은 본질상 반대적인 양극단 즉 뷔르츠부르크 학파에서 유래된 생각에 대한 관념적 개념, 그리고 행동주의 및 반사학으로부터 유래된 기계적 유물론적 개념을 한데 합하였다. 양극단에 있는 두 개념 사이의 방법론적 접근의 관계를 온전히 인지했던 V. M. 베흐테레프가 상당히 직접적으로, 생각 과정의 기술에 있어서 주관주의적 용어들이 객관주의적 용어로 바뀐 것을 제외하면 뷔르츠부르크 학파의 실험 자료는 반사학적 분석의 결과와 완전히 동일하다고 말한 데에는 일리가 있다.

> *분트는 모든 사고는 심상으로 존재한다고 가르쳤다. 또한 그의 실험실에서 사고에 관한 연구를 금지했다. 어떤 낱말을 들었을 때 마음속에서 나타난 첫 번째 단어를 말하는 것이나 향기를 맡았을 때 그 감각을 묘사하는 것과 같은 과업은 사고와 아무 관련이 없다고 가정하였기 때문이다. 그러나 그의 제자 중 한 명인 퀼페(1862~1915)는 뷔르츠부르크 대학의 교수가

되었으며 그의 방법을 사고 과업에 사용하기 시작했다. 예를 들어, 그는 실험 대상에게 니체의 경구인 '신은 죽었다.' 같은 진술문을 생각하라고 요구한다. 분트의 실험에서처럼 실험 대상은 그 진술문을 떠올릴 때 그의 마음속에 나타난 것을 묘사하거나 회상한다. 이는 오늘날 우리가 '소리 내어 생각하기'나, '자극된 회상법'이라고 부르는 것과 같은 방법이다. 뷔르츠부르크 학파는 이러한 실험들의 토대 위에, 분트와 미국의 티치너가 항상 주장했던 것과는 반대로 어떤 사고는 심상을 전혀 포함하지 않으며, 분트와 미국의 손다이크가 주장했던 것과는 반대로, 어떤 사고는 연합과 아무 상관이 없다는 결론을 내렸다. 비고츠키는 이 두 가지 결론에 동의하지만, 뷔르츠부르크 학자들이 그 결론에 도달하기까지 사용한 방법에는 동의하지 않았다. 비고츠키는 이러한 실험에서 생성된 데이터들은 사고의 형태가 아닌 말의 형태임을 지적한다. 그는 또한 사고는 순수하게 정신적인 과정이며 완전히 언어와 독립적이거나 어떤 다른 물질적 과정과도 독립적이라고 보는 뷔르츠부르크 학파의 관념을 거부하였다. 비고츠키에게는 사고는 항상 어떤 것에 관한 사고이며, 언어적 사고는 항상 발생적으로 (종종 기능적으로) 말과 엮이게 된다. 파블로프와 같이 베흐테레프도 '주관주의'적 용어인 '생각하다' 또는 '의식'과 같은 용어를 사용하지 않았으며, '언어적 반응'과 '지적인 반응'이라고 말하기를 선호하였다. 비고츠키의 견해는 여기서 실험들이 매우 유사하기 때문에, 심지어 베흐테레프도 어떤 낱말을 다른 낱말로 대체하기만 한다면 파블로프의 결론을 수용할 수 있을 것이라고 말했다. 그러나 이는 불가능하다. 뷔르츠부르크 학파와 베흐테레프 학파는 심지어 그들이 같은 것을 연구했다고도 여기지 않았다. 뷔르츠부르크 학파는 심리가 순수하게 정신적인 과정이라고 믿었으며, 베흐테레프 학파는 심리가 생리학의 한 갈래로 온전히 설명될 수 있을 것이라고 믿었다. 식물학 교과서를 택하여 그 모든 식물의 이름을 광석의

> 이름으로 대체한다고 가정해 보자. 그 책은 여전히 말이 된다는 것을 발견하게 될 것이다. 우리는 두 방법론에 기저에 상당히 의심스런 무언가가 분명히 있음을 알 수 있다.

2-40] 새로운 연구들을 토대로 뒤이어 생겨난, 생각에 대한 전반적인 개념은 처음부터 이러한 경로에 포함된 채 왜곡되어 온 것이었다. 만약 말이 단순히 의식 속에서 변화를 야기하는 다른 자극과 같은 평범한 자극에 불과하다면, 만약 말의 역할이 미리 여기까지로 제한되고 생각 과정이 나타나는 데 필요한 물질적인 추진력으로 환원된다면, 우리가 일어날 것이라고 예상하는 바로 그 일이 일어난다. 모든 감각적 흔적이 제거된, 말에 의존하지 않는, 무심상적無心象的 사고에서 연구자들은 순수 현실태actus purus, 즉 순전히 정신적인 행위를 발견하게 되는 것이다. 우리는 이런 연구들에 대해 퀼페가 언급했던 생각에 다시 이르게 된다.

> *비고츠키는 자극반응 실험을 변혁하는 것이 자극, 즉 간섭에 대한 조치를 취하는 것으로 시작되었다고 한다. 그는 낱말을 하나의 자극으로, 생각 과정을 하나의 반응으로 고려하면 어떤 일이 일어나게 되는지 논하고 있다. '생각하기'라는 낱말을 좀 더 객관적이고 관찰 가능한 어떤 것으로 대체하기만 한다면, 이는 우리가 충분히 할 수 있는 일이라고 베흐테레프는 앞에서 말했다. 퀼페와 뷔르츠부르크 학파는 낱말을 순전히 물질적인, 실제적인 생각과는 관련되지 않는 것으로 간주한다. 그래서 그들은 자극-반응 실험에서 낱말을 일종의 물질적인 자극, 생각하는 이를 생각하도록 만드는 일종의 물리적인 신호로 축소시킨다. 그렇게 되면 물질적인 낱말은 불빛의 번쩍임이나 종소리 같은 외적 자극이고, 심리적인 반응은 정신적 발견이나 갑작스런 영감과 같은 내적 반응이기 때문에, 낱말과 심리적

반응 사이에 연결선을 긋는 것이 아주 쉬워진다. 이에 따라 일어난 사태는 정확하게 우리가 일어날 것이라고 예견한 것이다. 즉 우리는 퀼페와 뷔르츠부르크 학파가 제안했던, 생각을 물질적 삶과는 연결되지 않은 순수한 정신 행위로 보는 모든 관념주의적인 개념들을 얻는다.

*순수 현실태actus purus는 비고츠키가 아리스토텔레스와 중세 스콜라 학파의 용어를 차용한 것이다. 그들은 오직 신만이 순수 현실태, 즉 순수한 영혼으로 존재한다고 믿었다. 인간도 잠재적으로 순수한 영혼을 가지고 있지만 그들의 영혼은 오직 죽음을 통해서만 본래의 순수함을 회복한다. 마찬가지로 생각은 순수 현실태, 즉 순수하게 정신적 존재로서 자극에 대한 반응을 통해서만 본래의 순수함을 회복한다.

2-41] 언뜻 보기에는 역설적으로 보일지라도 생각에 관한 문제에 있어 행동주의와 반사학의 개념이 왜곡된 형태로 같은 정의를 가진다는 것을 알게 된다. 비네는 다른 경로를 통하여 이미 같은 길에 도달하였다. 그는 그의 논리를 발전시켜 베흐테레프와 J. 왓슨의 생각에 도달했다. 비네는 무심상이며 말 없는 생각에서, 그가 내적 모방이라고 부르는, 생리적인 과정과 유사한 무의식적인 과정, 본질적으로 동적인 본성을 가진 여러 가지 심리적 고착물들을 본다. 그 같은 생각을 조금 더 극단적으로 정련하면 생각은 운동 습관들, 예를 들어 수영이나 골프 게임을 하는 것과 전혀 다르지 않다는 왓슨의 공식에 어렵지 않게 도달한다.

낱말을 단순한 자극으로 환원함으로써 주관주의자적 전제로부터 객관주의자적 결론에 도달한다는 것은 매우 역설적으로 보일 수 있다. 그러나 우리는 이러한 것을 이미 비네의 연구에서 발견한다. 비네는 지능을 연구한 심리학자로 주관주의자이다. 그는 이미 다른 경로를 통해 베흐테레프

> 와 왓슨과 같은 결론에 도달하였다. 그는 무의식의 과정이 본질적으로 습
> 관이라고 본다. 예를 들면, 익숙한 수학 문제를 푸는 것은 정신적 모방 혹
> 은 달달 외워 표현하는 것이다. 우리는 이러한 입장이 생각과 (수영이나 골
> 프와 같은) 다른 행동 기능 사이에는 전혀 다른 점이 없다는 왓슨의 입장을
> 내포한다는 것을 알 수 있다.

2-42] 다른 방향에서 시작되었으나 이 두 연구가 똑같이 도달하게 된 막다른 길은 이전 장에서부터 이미 우리에게 익숙한 것이다. 우리는 문화적 행동 발달과 고등심리기능의 문제가 다루어지지 않으면, 일반 심리학과 아동심리학은 필연적으로 막다른 벽에 직면한다는 것을 보았다. 우리는 앞서 말했던 것을 반복하거나 발전시키지는 않을 것이다. 우리는 단지 부언하고자 한다. 결과를 보면 방법을 알 수 있다고 하는 일반적인 고찰을 만약 이 경우에 적용한다면, 이것은 뷔르츠부르크 학파의 생각의 개념과 함께, 그 방법 또한 파산했으며, 그 역사적 평결은 이론과 방법에 대해 동시에 똑같이 선고되었다는 것을 의미한다.

> 객관주의와 형이상학적 형태의 심리학 문제 모두를 논의했던 이전 장에
> 서 우리는 양쪽 경로에 모두 '출구 없음' 표시를 붙였다. 한편으로는 문화
> 적 행동 발달에 대한, 다른 한편으로는 고등 심리 과정에 대한 논의 없이
> 는 아동심리학이나 일반 심리학 어느 쪽도 앞으로 나아갈 길이 없다. 우리
> 는 이러한 평가에 다른 논의를 덧붙이지 않고, 다음만 말해 두고자 한다.
> 우리가 만약 연구의 결과를 보고 그 방법의 타당성을 평가한다면, 자극과
> 관찰된 반응(내관)에 기초하며, 비언어적 자극 대신에 생각하기 과제만을
> 사용하는 뷔르츠부르크 학파의 방법은 이 학파가 제시하는 생각에 대한
> 이론(생각은 어떤 방식으로도 말에 의해 매개되지 않는 순수 정신 과정이다)과

같이 파산의 상태이다.

2-43] 그러나 뷔르츠부르크 학파와 행동주의의 방법—이는 무엇보다도 우리의 흥미를 끄는 것이다—은 자극-반응의 방법과 완전히 동일한 것이다. 퀼페와 제자들은 실험에서 사용된 자극과 반응의 역할을 반사학자들과는 다르게 이해하였다. 연구의 목적과 대상을 다르게 설정한 것이다. 이들 중 일부는 언어적 자극에 종속적·보조적 역할을 부여한 후 이를 통해 사실상 언어적 자극과는 완전히 무관한 정신적 반응을 연구하였다. 다른 이들은 언어적 자극과 반응 자체를 실험의 대상으로 삼았다. 언어적 자극과 반응 뒤에는 기호와 환영 이외에는 숨겨진 것이 없다고 생각한 것이다. 그러나 이 둘은 언어적 자극과 반응—말—의 자연적인 측면만을 조사함으로써 말을 보통의 감각 자극으로 다루었다. 이 둘 모두는 똑같이 자극-반응의 원칙을 기반으로 서 있었던 것이다.

*언어적 자극과 무관한 정신적 반응을 연구했다는 것은, 뷔르츠부르크 학파의 내관법 실험 중 특히 퀼페의 실험과 연관이 있다. 퀼페는 피험자에게 '신은 죽었다.'와 같은 문장을 제시하고 그로부터 떠오르는 생각을 기술하도록 한다. 이를 통해 '신'과 관련된 혹은 '죽다'와 관련된 다양하고 자의적이며 주관적인 생각 반응들이 보고되지만 이들은 실험이 언어적 '자극'인 경구의 의미와는 무관한, 실험 대상의 생각에 대한 주관적인 기술일 뿐이다. 언어적 자극과 반응 자체를 실험 대상으로 삼았다는 것은, 자극반응 실험에서와 같이 언어적 자극인 '시작'이라는 말이 곧장 반응에 영향을 미친다고 간주했다는 것이다. 그러나 당연하게도 '시작'이라는 말이 의미를 갖기 위해서는 실험에 대한 설명과 지시가 선행되었어야 하며, 심지어 예비 연구test experiment도 필요했을 수 있다. 여기에는 필연적으로

> 실험자와 피험자 사이의 활발한 상호 관계가 내포된다.
>
> 비고츠키가 언어적 자극과 일반적 자극을 구분한 것은 볼로시노프가 『마르크스주의와 언어철학』에서 신호와 기호를 구분한 것과 일맥상통한다.
>
> "이해의 과정은 결코 인식의 과정과 혼동되어서는 안 된다. 이들은 완전히 다른 과정들이다. 기호만이 이해될 수 있다. 인식되는 것은 신호이다. 신호는 내적으로 고정되어 있는 단일체로서 자기 자신이 아닌 다른 무엇을 의미하거나 혹은 지시하지 않는다. 신호는 (일정하게 고정된) 여러 가지 대상이나 (마찬가지로 일정하게 고정된) 여러 가지 행동을 표시하기 위한 기술적인 수단에 불과하다. 어떠한 경우에도 신호는 이데올로기의 영역과 관련되지 않는다." (『Marxism and the Philosophy of Language』, p. 68)

2-44] 사실 우리는 실험 대상의 말을 단순히 운동 반응으로 간주하고 언어적 반응에 대한 자연주의적 접근 방법의 극단적 한계로 이끄는, 언어적 명령에 대한 근본적인 행동주의적 접근의 가장 극단적인 표현을 (반사학 실험에서의-K) 언어적 지시, 즉 반사학적 연구 과정에서 모든 다른 연합적 자극과 완전히 유사한 것으로 간주되는 언어적 명령에서 보게 된다. 그러나 우리는 한계까지 밀어붙인 이 극단적 입장과 실험 심리학에서 실험 대상의 말을 계측하는 언어적 지시의 일반적 적용 사이에는 어떤 특정한 의미에서 종류보다는 정도의 차이가 있다고 주장하고자 한다. 물론 한 경우에서는 정신이 완전히 무시되고 다른 경우에서는 연구자의 유일한 관심이다. 이런 의미에서 구심리학과 반사학은 완전히 상반된다. 그러나 한 가지 특정한 의미에서 우리는 다시 그들을 함께 놓을 수 있다. 이 둘 모두 구어적 지시와 여타 자연적 감각 자극 사이에—하나는 더 적게, 그리고 다른 하나는 훨씬 더 크게 구분을 두었을 뿐—근본적 차이를 두지 않는다.

> 본질적으로, 반사학적 실험에서 언어적 지시는 언어적 지시에 대한 행동주의적 접근법의 극단적인 표현이다. 그 접근 방법에 의하면 지시는 단지 연합된 자극이며 다른 자극들과 동일시된다. 깜빡이는 불빛 또는 울리는 벨 소리 또는 이제 시작한다고 말하는 실험자의 진술들이 모두 같은 수준의 자극으로 취급되는 것이다. 이런 접근 방법에서는 실험 대상의 반응은 운동 반응으로 해석된다. 그 접근 방법은 언어적 반응에 대한 순수하게 자연주의적 태도로 이끌며 이 자연주의적 태도를 극단까지 밀고 나간다. 그러나 실제로는 반응에 대한 이러한 극단적 자연주의적 태도는 분트로 대표되는 전통적 구조주의 실험이 취하는 입장과 차이가 없다. 물론 한 경우에 있어서 정신은 무시된다. 반사학에서는 주관적 경험이 완전히 무시되었기 때문이다. 다른 경우는 그 정신이 전부이다. 왜냐하면 분트와 그의 제자들이 관심을 가진 것은 오직 정신이었기 때문이다. 이런 의미에서 구시대적 분트의 심리학과 반사학은 완전히 상반된다. 그러나 다른 의미에서, 우리는 구시대적 심리학과 반사학을 한데 놓을 수 있다. 그 둘 다 말로 하는 지시와 다른 종류의 자연적 자극을 구별하지 못한다.

2-45] 실험 심리학에서 언어적 지시는 모든 실험의 기본이다. 언어적으로 지시함으로써 실험자는 실험 대상에게 필요한 동기를 가지게 하고, 관찰하고자 하는 과정을 일으키며, 관계를 확립한다. 그러나 이 모든 경우에서 언어적 지시 자체의 심리학적 역할은 대개 무시된다. 그 다음 실험자는 언어적 지시를 통해 그 자신이 만들어 내고 야기한 규칙성, 관련, 과정 그리고 다른 모든 것들이 마치 자연적으로, 저절로, 지시 없이 일어난 것인 양 취급한다.

2-46] 보통은 이러한 실험의 결정적인 계기—지시—가 연구 시야 밖에 놓여 있었다. 지시는 분석되지 않았고, 부차적이며 부가적인 과정으로 환원

되었다. 실험은 보통 주어진 과정이 그것이 설계된 이후에 자동적으로 작동하기 시작했던 것처럼 간주된다. 초기 실험들은 통상 버려졌고 그 과정들은 사후 검시post mortem적으로 조사되어, 실제의 지시는 배경 속으로, 어둠 속으로 사라져 버렸다. 인간이 만든 과정의 기원에 대해 잊어버린 연구자는 그 과정이 지시 없이 스스로 일어나는 것과 같은 것이라고 순진하게 믿었다. 심리학 실험의 비교할 수 없이 중대한 독창성은 전혀 고려되지 않았다. 예를 들자면 반응에 대한 실험들은 마치 반응이 주어진 지시에 의한 것이 아니라 사실상 드러난 자극에 의해 야기된 것처럼 연구되었다.

> *비고츠키는 초기 실험이 대부분 버려졌다는 사실로 우리의 주의를 이끈다. 실험 대상자가 지시의 의미를 실험자와 함께 협의하는 단계는 바로 이 처음의 실험들이다. 이러한 실험들을 버림으로써, 실험자는 지시가 실험 내에서 기여하는 부분을 완전히 무시한 채 지시가 실험의 중립적인 부분이라는 착각을 만들어 낸다. 교사라면 누구나 이것이 사실이 아니라는 것을 알고 있다. 어떤 교사라도 어린이가 매우 자주 질문에 답을 하기 위해 질문 자체를 탐색한다는 사실을 알고 있다. 예컨대 "방과 후에 무엇을 하는 것을 좋아하니? 축구를 좋아하니?"와 같은 교사의 질문은 예시 답을 이미 포함한다. 이것이 바로 반응 실험에서 지시가 무시되어도 무관한 것처럼 간주되는 것이 어처구니없는 일임을 비고츠키가 지적한 까닭이다. 우리가 기억하다시피 반응 실험은 언어적 반응을 요구한다. 그러나 심지어 순수한 형태에서도, 예를 들면, 피실험자가 불빛이 깜빡이면 버튼을 누르라고 들었을 경우, 불빛이 버튼을 누르게 한다고 간주하는 것은 터무니없다는 것을 알 수 있다. 실험의 행동에 대한 설명에서 지시를 배제하는 것은 정당화될 수 없다.

2-47] 심리학 실험에서 지시에 관한 문제는 다음에 다시 다루기로 한

다. 따라서 지금은 이런 짧은 관찰만을 가지고 그 주제를 너무 자세히 다루려고 하지는 않을 것이다. 그렇지만 심리학 실험에서 말의 역할에 대한 분석은 실험의 기본 조건들을 정확히 평가하기 위해 결정적으로 중요하다. 말은 다른 감각 자극들과 같은 지위에 놓여 왔다. 지시는 실험 설계의 전체적인 틀에서 한 부분으로 여겨져 왔다. N. 아흐 같은 몇몇 심리학자들이 지시의 심리학적 분석에 접근하려고 시도한 것은 사실이지만 이는 지시가 내관의 과정과 그 결정에 미치는 영향력에 대한 관점으로 제한되었다. 이에 대해 조금 앞서 이야기하자면 고등정신기능에 대한 적합한 접근이라는 문제 전체가 이 하나의 외견상 단일한 관점에 포함되어 있다고 볼 수 있다.

아흐와 같은 일부 심리학자들은 자신들이 실험에서 사용하는 지시들을 분석하려는 시도를 하기도 했다. 그러나 그렇게 한 목적은 지시가 자기 관찰의 과정을 엄격히 규정하고 한계 지음으로써 무작위적, 자의적 반응이 아닌, 실험자가 보고자 하는 과정을 도출하기 위함이었을 뿐 지시 자체의 실험적 가치에 대한 관심이 아니었다.

*비고츠키는 몇 가지 요점을 반복한 후 다른 것들은 완전히 뛰어넘어 저 앞으로 대담하게 나아가 버리는 식의 글쓰기를 한다. 여기서도 그는, 말이 다른 감각 자극과 같은 것으로 취급되었고 실험 계획 전체의 한 부분으로서 다만 숨겨진 채로 남겨져 있어 왔다는 주장과 같이 앞서 이미 여러 번 언급한 적이 있는 것들을 반복한다. 이런 부분들이 그렇게 반복되는 것은 사실 다행스러운 일이다. '지시가 실험 설계 전반의 한 부분으로 여겨져 왔다.'는 문장은 사실 이전의 배경 지식이 없이는 명확히 이해하기 어렵다. 이러한 반복과는 달리 또한, 이 문단의 마지막에서 그는 서둘러 앞서 나간다. 물론 이후에 그는 이중 자극법의 매우 중요한 핵심으로서 실험 대상이 사용하는 말(낱말), 중립적 기호, 매개적 수단을 다룬다. 비고츠키 방법의 핵심은 자극이 실험자에 의해 어떻게 적용되는가에 있는 것이 아

니라 실험 대상자에 의해서 어떻게 활용되었는지에 있다. 이런 과정을 조사하는 데 있어서 완전히 중립적인 자극인 낱말은 고등정신기능 연구라는 문제에 있어 사실상 총체적인 열쇠이다.

*나르치스 아흐(Narziss Ach, 1871~1946)는 뷔르츠부르크 심리학자였으며 후에 베를린과 괴팅겐에서 심리학 교수로 재직했다. 그는 뷔르츠부르크 학파로서 연합주의를 거부하고 과업은 '결정적인 경향성' 또는 오랜 기간 동안 행동을 조절할 수 있는 목표를 수반한다고 주장했다. 각 과업에는 단순한 연합의 모음이라기보다는 그것을 해결할 수 있는 사고를 결정하는 사고방식이 있다는 것이다. 후에 비고츠키는 이러한 주장은 마치 표적이 포탄의 궤적을 결정한다는 주장과 같다고 풍자한다. 그러나 비고츠키의 제자였던 레온티예프는 이 주장의 그의 활동이론에 채택하여 활동과 행위를 오로지 동기와 목적으로 설명한다. 1993년, 아흐는 라이프치히에서 열린 학회에서 나치 당에 의한 권력의 강탈을 인정하고, 새로운 정권을 지지하기 위하여 나치 심리학을 구상한 논문을 발표했다. 그는 또한 위대한 1세대 유태계 심리학자들과 그들의 동료들, 동조자들(막스 베르트하이머, 오토 셀츠, 에드문트 후설, 쿠르트 레빈, 쿠르트 코프카, 볼프강 쾰러를 포함하는 분트의 제자들) 모두를 제거하도록 승인하였다. 옌쉬와 스프랑거에게 이것은 인종을 바탕으로 한 심리학을 의미하였다. 다시 말하면, 순전히 자연적 측면으로부터 정신적 초인을 발전시키는 과제에 접근하는, 생물학적 토대를 가진 심리학이다.

2-48] 심리학 실험에 있어서 말의 역할과 여타 감각 자극의 역할의 근본적 미분화는 S→R(자극→반응)이라는 기본 개념의 절대적인 우세가 낳은 직접적이고 필연적인 결과이다. 물론 꽤 정당하게 이런 방법으로 말을 조사할 수 있다. 어떤 관점에서는 완전히 합법적으로 말을 여러 다양한 습관들

중 하나의 운동 습관으로 간주하는 것이 실제로 가능하다. 개념이나 낱말 의미의 형성 과정에서, 연합 기제와 그 밖의 훨씬 더 기초적 기제들은 각각 그들 고유의, 부수적 역할을 담당한다. 결국은 말의 자연적 구조를 감각 자극으로 연구하는 것이 가능하다. 그러나 S→R 방법이 저차적인 것에서 고등에 이르는 모든 행동 형태에 동일하게 적용된다는 바로 그 이유 때문에, 그것은 고등 기능 연구에 불충분하다. 그것은(S→R 방법-K) 고등 기능과 저차적 과정과의 공통되는 사실만 포착할 뿐, 고등 기능의 고유한 특성을 포착하지 못하므로 고등 기능의 본성에 부적절하기 때문이다. 그것은 문화적 형성을 그 자연적 측면으로부터 접근하는 연구 방법이다.

> 말과 다른 자극을 구별하는 데 실패한 것은 연구에서 S→R 형식이 지배적이기 때문이었다. 물론, 말을 자극으로 간주할 수도 있다. 또한 말을 연합이나 훨씬 더 기초적인 기제의 산물로 간주하는 것도 가능하다(예를 들어, 대화 중에 어떤 낱말이 별다른 이유 없이 다른 낱말을 생각나게 하기도 하고 또는 그것이 듣기 좋기 때문에 어떤 낱말을 선택한다). 또한 말을 자연적 구조로 연구하는 것도 가능하다(예를 들어, 청자가 낱말의 문화적 의미보다 소리의 크기에 반응할 때). 그러나 S→R 형식은 고등과 저차적인 모든 행동 형태에 이용된다는 바로 그 이유 때문에, 이는 다양한 행동 형태들이 서로 어떻게 다른지 말해 주기를 기대할 수 없다. 그것은 우리에게 말의 문화적 측면이 아닌 말의 자연적 측면에 대해서만 알려 줄 수 있는 접근법이다.

2-49] 말과 다른 자극 사이의 차이를 상쇄하는 이와 유사한 접근법과, 문화적인 것을 포함한 모든 행동 현상에 대한 자연적 측면에서의 접근법이 절대적으로 필요한 고등신경활동의 생리학에서는 이상하게도 이러한 오류가 반복되지 않는다. 생리학적 측면에서조차 I. P. 파블로프는 다른 신호적 자극의 더미와 구분되는 '말의 웅장한 신호론'의 고유성을 지적한 바 있다.

> 이상하게도 고등신경체계를 연구하는 신경학자들에게는 이와 같이 말을 다른 감각적 자극과 동일시하는 오류가 나타나지 않는다. 신경학은 말과 다른 자극의 차이를 무시하는 것이 일상적이며 심지어 그러한 것이 요구되는 분야이기도 하다. 또한 (문화적인 것까지를 포함한) 모든 행동적 현상을 자연적 측면에서 접근하는 것이 보통이다. 그러나 파블로프와 같은 생리학자는 말이 자연적 신호가 아닌 웅장한 형태의 기호라고 하며, 말이 다른 자극과 다르게 취급되어야 함을 천명한다.

2-50] 파블로프에 의하면, "물론 인간에게 낱말은 동물과 공유하는 다른 모든 자극처럼 실제적인 조건적 자극이지만, 동시에 낱말은 다른 것과 달리 모든 것을 망라하는многообъемлющий 것이며, 이 점에서 양적으로나 질적으로 동물의 조건적 자극과 비교될 수 없다." (I. P. 파블로프, 1951, pp. 428~429). 물론 파블로프가 독특한 특성으로 지적한, 낱말의 모든 것을 망라하는 특징은 심리학적 측면에서 낱말의 고유성 전체를 모두 설명하지 않으며 심지어 이 고유성의 중심 특성을 표현하지도 않는다. 그러나 그 주된 중요성은 생리학 연구가 낱말의 질적, 양적 고유성을 확립하고 인정했으며, 이러한 측면에서 동물의 조건적 자극과의 비교 불가성을 이끌어 냈다는 데 있다.

> *이 문단은 동료 심리학자들에 대한 비고츠키의 질타라고 할 수 있다. 의식의 존재를 믿지 않는 생리학자조차도 낱말은 다른 자극과 비교될 수 없는 것임을 알고 있다. 어째서 심리학자들만이 그러한 신조에서 벗어나지 못하는가? 물론 비고츠키는 파블로프가 제시한 '모든 것을 망라하는 성질'을 인정하지 않는다. 이는 단지 낱말이 특정한 인간 경험의 측면에 얽매이지 않고 모든 측면과 연관을 맺을 수 있다는 의미이므로 낱말을 이와

> 같이 특징짓는 것은 여전히 자극-반응의 틀 안에서 낱말을 이해하는 것이다. 비고츠키는 **2-59**에서 진정 본질적이고 고유한 말의 특성이 무엇이며, 어떻게 낱말이 인간 고유의 자연 적응과 나란히 작용하는지를 밝힌다. 여기서는 낱말이 자극이나 반응에만 제한되는 것이 아니라 사회적 의사소통에서는 타인을 향한 행위를 그리고 그 내성적 사용의 측면에 있어서는 자기를 향한 자극을 나타낸다는 점을 지적하는 것으로 충분할 것이다.

2-51] 물론 이러한 측면에서 말의 고유성을 의식한 것은 심리학에서도 생소한 일은 아니었다. 하지만 심리학 분야에서는 모든 감각적 자극이, 인간 언어까지 포함하여, 동등한 지위에 놓인다. 이런 의미로 그것은 고등인간행동에 대한 접근 방식에 있어서 사실상 생리학과 일치하였다. 두 이론이 S→R이라는 방법적 도식에 의해서 통합된다. 비네의 입을 빌리자면, 실험 심리학에서 이 도식을 사용하는 한 본질적으로 언어는 다른 보통의 감각적 자극과 동등하게 취급할 수밖에 없다. 그 도식을 없애서 파괴하거나, 아니면 모든 것을 그 도식에 종속시킬 수밖에 없었다.

2-52] 우리는 상이한 경향성의 연구들에서 심리학 실험이 취하는 형태의 다양성과는 무관하게, 또 실험이 포함되는 심리학 분야와는 무관하게 여기서 언급되는 도식이 실험의 토대가 되는 것을 보았다. 그 도식은 일반 심리학에서 아동심리학까지 심리학의 모든 영역을 포괄할 뿐 아니라, 연합주의 심리학에서 구조주의 심리학까지의 모든 경향성과 기초 과정부터 고등 과정까지의 모든 연구 분야를 포괄한다.

> 이런 자극-반응 연구 설계는 모든 경향들, 모든 연구 문제들, 그리고 장에 따르는 모든 심리학 분야들에 침투되어 있다. 그것은 연합주의 심리학과 구조주의 심리학(분트와 베르트하이머), 기초 과정과 고등 과정(반사학적

> 실험과 뷔르츠부르크 학파의 실험), 일반 심리학(제임스)과 아동심리학(피아제)에서도 사용된다.

2-53] 그러나 이 입장은 우리가 만들어 냈던 일반화, 즉 우리의 기본적인 결론을 비판하게 될 반대 측면을 가진다. 적어도 언뜻 보기에는 그렇다. 이 반대 측면은, 이 도식이 점점 더 넓은 심리학 분야로 퍼져 나감에 정비례하여, 그리고 심리학의 모든 경향성으로 일반화됨에 비례하여 도식의 구체적 내용은 해체되고 증발된다는 사실로 이루어진다. 우리는 그것의 뒤에, 가장 다양하고 심지어는 인간 정신과 행동과는 정반대가 되는 접근법들, 매우 다양한 연구 목적과 과업들, 그리고 서로 동떨어진 연구 영역들이 숨어 있을 수 있음을 보았다. 다음과 같은 질문이 제기된다. 이런 상황에서는 도식 전체가 아무것도 보여 주지 못하는 유명무실한 것, 모든 것을 감추고 있으므로 어떤 특정한 내용도 담고 있지 않은 것이지 않은가? 그리고 그런 이유로 인해 우리가 만들어 냈던 일반화는 무의미해지지 않는가?

> *이 단락에서, 비고츠키는 다소 역설적인 이의를 제기한다. 만약 자극-반응이 그렇게 광범위하게 퍼진다면, 그것의 모든 내용을 잃고 창유리와 같이 투명하게 되지 않을까? 만약 자극반응 실험이 그렇게도 널리 퍼졌다면 오히려 이는 모든 실험의 공통분모로 추출되어 괄호 밖으로 빼내어짐으로써 단순하게 제외되고 무시될 수 있는 것은 아닐까? 만약 자극-반응 실험이 많은 종류의 내용을 포함할 수 있다면, 왜 또한 비고츠키 자신이 제안하는 고등정신기능의 발달에 대한 연구를 포함 할 수 없는가? 이 이의는 오해가 더 퍼질수록, 그것이 덜 해로워질 수 있다는 것을 암시하기 때문에 역설적이다. 이것이 비고츠키가 말한 것처럼, 자극-반응 실험이 모든 곳에 존재한다는 현상의 '반대' 측면이다. 역설적으로 보임에도 불구

하고 이것은 자극반응의 편재에 대한 진정한 이의 제기이다. 비고츠키는 그의 저서 『심리학 위기의 역사적 의미』에서, 스스로 '인격', '리비도(성욕)' 그리고 '게슈탈트'와 같은 개념들은 스턴, 프로이트 그리고 구성주의자들의 저작들에 한없이 부풀려져서 마침내 사실상 내용이 없어지게 되었다는 점을 지적하였다. 그는 각각의 심리학 학파를 스스로 자신의 사이즈를 코끼리만큼 부풀리고 터져 버리는 황소개구리에 비교하였다. 비고츠키는 이러한 이의에 대하여 다음 문단에서 대답한다. 자극-반응 방법은 그 인기와 함께 시들어 버리지 않는 진정한 내용을 실제로 가지고 있다. 이는 자극-반응의 틀이 인간 주체에 부과하는 수동적 역할, 즉 인간이 동물의 반응과 공통적으로 가지는 그러한 측면에 대한 것이다. 따라서 인간과 동물의 공통점에 대해서 자극-반응 방법은 유효한 발언권을 가지는 셈이다. 물론, 인간 고유의 측면은 자극-반응으로 환원되지 못함이 명백하다.

2-54] 이 질문에 답하기 위해서, 우리는 S→R 도식 뒤에 실제로 숨어 있는 내용이 무엇인지, 그것이 모든 심리학 실험 방법의 토대라는 사실이 의미하는 바가 무엇인지, 혹은 다른 말로 이 도식 뒤에 숨겨진 모든 다양한 형식과 유형의 심리학적 실험들의 공통점은 무엇이고 그들의 토대에는 무엇이 놓여 있는지를 확립해야 한다.

이것에 답하기 위해서, 우리는 S→R 도식이 실제로 무엇을 포함하고 있는지 말해야 한다. (방법의) 일반성이 무엇을 의미하는지, 모든 다른 형식들이 무엇을(방법론적 원칙) 공유하는지, (인식론적) 토대는 무엇인지.

2-55] 심리학 실험의 모든 형태와 유형을 한데 모으며, 모든 실험들이

S→R 원칙에 의존함에 따라 정도는 다르지만 실험들 모두에 내재하는 공통점은 인간 심리학에 대한 자연주의적 접근이다. 이것을 밝히고 극복하지 않는다면 행동의 문화적 발달을 조사하는 데 적합한 연구 방법을 찾는 것은 불가능하다. 이러한 관점은 본질적으로 역사에 대한 자연주의적인 이해와 연관이 있는 것으로 보인다. F. 엥겔스에 따르면, 이러한 관점들은 하나같이 "자연이 인간에 작용하고 자연적 조건이 어디서나 인간의 역사적 발달을 결정한다."는 것만을 내세우고 "그에 대해 인간 역시 자연에 작용하고, 변화시키며, 스스로의 생존을 위해 새로운 조건을 생성해 낸다."(К. Маркс, Ф. Энгельс. Соч., т. 20, с. 545-546)는 사실을 도외시하는 공통점을 가진다.

> 모든 심리학 실험 형태들이 공통적으로 가진 것은 자연적 접근이다. 이러한 접근을 드러내고 극복하지 못한다면, 우리는 문화적 행동 발달(고등기능)을 연구하기 위한 적절한 의미를 찾을 수 없다. 이것은 인류 역사를 자연적 측면에서만 이해하는 것이다. 엥겔스가 지적한 대로, 이것은 오직 자연은 인간에 작용한다는 것을 인식하고 역으로 인간이 자연에 작용한다는 것은 인식하지 않는다.
>
> *이 문단의 인용은 2장 도입에서도 인용된 바 있는 엥겔스의 『자연 변증법』에서 따온 것이다.

2-56] 행동 발달의 역사적 시기에 확립된 고등심리기능을 포함하는 전체로서의 행동에 대한 자연주의적 접근은 인간 역사와 동물 역사 사이의 질적인 차이를 고려하지 않는다. 본질적으로 S→R 도식은 인간 행동과 동물 행동에 대한 연구에 원칙적으로 동등하게 적용된다. 이러한 사실에는 인류 역사에서 전반적인 질적 차이, 인간 특성에서의 모든 변화, 그리고 인간 적응의 새로운 형태 전체—이 모두가 인간의 행동에 반영되지 않았으며 인간

행동에 근본적인 질적 변화를 야기하지 않았다는 생각 전체가 왜곡된 방식으로 포함되어 있다. 이러한 생각은 본질적으로 인간의 행동이 인류의 일반적이고 역사적인 발달의 외부에 놓여 왔다는 주장을 의미한다.

2-57] 이러한 생각의 노골적인 형태가 아무리 부당하고 심지어 터무니없다 하더라도, 그럼에도 불구하고 이 생각은 실험 심리학의 내재적 가정, 공식화되지 않은 원칙으로 감추어진 채로 존재해 왔다. 만약 우리가 엥겔스에 동의해서 "도구는 인간에게 고유한 활동, 즉 자연을 변화시키는 자연에 대한 인간의 상호작용인 생산을 나타낸다."(ibid. p.357)는 말을 받아들인다면, 자연에 대한 인간 적응의 본질을 급격히 변화시키는 노동이 인간 행동 유형의 변화와 관련이 없다고 가정하는 것은 불가능하다. (인간이-K) 자연과 맺는 관계의 차이점, 인간을 동물과 구별하는 것, 엥겔스가 "동물은 단지 환경을 이용할 뿐이고 (……) 인간은 반면에 (……) 환경을 지배한다.", "동물의 체계적인 행위는 모두 자연에 그들의 의지라는 도장을 찍는 데 성공하지 못했다. 오직 인간만이 그렇게 할 수 있다."(ibid. p.495)고 말했을 때 염두에 둔 차이에 상응하는 것이 인간 심리에서, 행동 발달에서 존재하지 않는다는 것이 정말 가능한가?

> 이러한 생각 (인간의 행동은 역사 밖에 있고, 인간은 단지 벌거벗은 유인원일 뿐이다)은 명명백백히 드러난 형태로 보면 터무니없어 보인다. 그러나 이것은 실험 심리학의 암시된 가정이다. 만약 우리가 엥겔스를 심각하게 받아들인다면, 도구와 노동이 인간의 행동에서 어떠한 변화와 연관되어 있지 않다고 가정하는 것은 불가능하다. 엥겔스는 동물은 자연을 우발적으로 이용한다고 말한다. 동물은 동굴 속에서 살고 사냥할 거리들은 무엇이든지 사냥하며, 모을 거리들은 무엇이든지 모은다. 그러나 인간은 자연을 지배하고 의지의 흔적을 그 위에 남겨 둔다. 예를 들어 인간은 숲을 밀어내고, 집을 지으며 사냥하고 채집하는 대신에 가축을 기르고 식물을 심는다.

2-58] 앞서 제시했던 예로 다시 한 번 돌아가서, 인간의 손이 도구를 만지는 그 순간인 생애 첫 1년 이후에는 **활동 체계**에 관한 제닝스의 공식이 인간에게 적용되지 않는다는 정황이 심리학 실험에 시사하는 것이 무엇인지를 물을 수 있을 것이다. S→R 도식과 인간의 심리에 대한 자연주의적 접근은 인간 행동의 기본적인 특징으로서 수동적인 본성을 암시적으로 가정하고 있다. 우리는 인간의 능동적인 적응과 대비하여 동물 적응의 수동적인 본성에 대해 말할 때 주로 사용하는 조건적 의미로 '수동적'이라는 낱말을 사용한다. 우리는 동물과 인간의 행동에서 두 가지 적응 유형의 이런 차이에 상응할 만한 어떤 것이 있는지 묻게 된다.

우리는 앞 장에서 언급된 공식으로 돌아간다(동물의 주체적 영향권은 동물의 내적 기관이 지지하는 활동 체계에 따라 결정된다는 하버트 스펜서 제닝스의 공식. **1-113~116** 참조). 우리는 이 공식이 처음으로 도구를 사용하는 생애 1년 후, 예를 들어 신생아가 모유 수유 대신에 젖병과 숟가락을 사용하기 시작할 때 이후에는 인간에게 적용되지 않는다는 것이 의미하는 바가 무엇인지 의문을 묻는다. 우리는 자극-반응 공식이 항상 인간 행동의 수동적 특성을 주장해 왔다는 것을 알고 있다. 그러나 우리는 또한 엥겔스로부터 동물의 환경에 대한 적응이 소극적이라는 것에 대조하여 인간의 환경에 대한 적응이 매우 적극적이라는 것도 알고 있다. 우리는 인간의 행동에서 환경에 대한 능동적인 적응에 상응하는 어떠한 것이 있는지 묻는다.

*제닝스의 활동 체계에 대해 논했던 1장으로 돌아가 보자. 이 논의에 따르면 어떤 기관이 무엇을 할 수 있는가는 그 내부 기관들이 제공하는 것에 일치한다. 즉, 수영하기는 솜털의 기능이며, 걷기는 다리의 기능이고, 숨 쉬기는 허파의 기능, 생각하기는 뇌의 기능이다. 그러나 우리는 이 원칙이 1세의 유아에게는 적용되지 않는다는 것을 안다. 즉, 말하기는 허파의 기능이 아니며, 유모차 타는 것은 다리가 갖는 기능이 아니다. 그래서 우리

는 이 사실이 정말 의미하는 바가 무엇인지를 물어야만 한다. 물론 이 단락을 인간의 역사는 동물을 뛰어넘어 점진적이고 계속적으로 향상한다는 낙관적이기만 한 관점으로 해석하는 것도 가능하다. 그러나 비고츠키가 가지고 있는 진보에 대한 비전은 사실상 매우 비극적이었다. 문제들은 오직 더 큰 문제를 일으킴을 통해서만 해결되며 이러한 과정은 혁명적인 위기가 다가오기 전까지 지속적으로 고조된다. 그러나 비고츠키는 인간은 견뎌 낼 뿐 아니라 승리할 것이라고 믿는다. 이것은 비고츠키가 인간은 결국 자연의 일부분이라고(비록 스스로에 대해 의식적이 된, 자연의 일부이기는 하지만) 믿기 때문이다. 인간은 자연을 지배하고, 이로 인해 (수명의 연장과 함께) 자유 의지를 획득하게 된다. 인간은 스스로를 지배하고 자신의 의지 하에 스스로를 종속시키는, 즉 자기를 해방시킬 수 있는 선택권을 가지게 된다.

2-59] 만약 이 순수하게 이론적인 생각을 고려하여 여기에 우리가 위에서 지적한, 논쟁의 여지가 없는 S→R 도식 적용의 약점을 연결한다면 이 도식이 인간 특유의 행동 형태를 연구할 적정한 방법을 구성하기 위한 토대가 될 수 없다는 것이 명백해질 것이다. 그것은 기껏해야 주요 형태의 본질을 완전히 설명하지 못하는 저차적, 종속적, 보조적 형태의 존재를 파악하는 것을 돕게 될 것이다. 모든 것을 망라하는 보편적인 도식을 행동 발달의 모든 단계에 적용하는 것은 순수하게 양적인 다양성의 정립, 즉 동물과 비교했을 때 인간에 있어서 자극 반응의 복잡화와 증가로 이끌 뿐 그것은 인간 행동의 새로운 특질을 파악할 수 없다. 인간 행동의 특질에 대해서 헤겔의 말을 빌리자면 사물이 그 사물이 되는 것은 그것의 특질 때문이며 그 특질을 잃음으로써 그것은 사실상 그 자신이 되기를 멈춘다고 할 수 있다. 왜냐하면 동물로부터 인간에 이르는 행동 발달은 몇몇 새로운 특질의 출현을 이끌기 때문

이다. 이러한 발달은 동물 심리학에서 이미 우리에게 주어졌던 자극 반응 관계의 단순한 복잡화에 포함되지 않는다. 그것은 또한 이러한 관계들의 양적인 증가와 성장의 길을 따르지 않는다. 그 중심에는 자극과 반응의 관계 그 자체를 질적으로 변화시키는 변증법적 도약이 있다. 다음과 같이 우리의 기본적인 결론을 공식화할 수 있을 것이다. 동물의 행동과 비교할 때 인간의 행동은, 동물의 적응과 발달에 비견하여 인간의 적응 형태 전체와 역사적 발달을 특징짓는 것과 똑같은 질적인 고유성으로 특징지어진다. 왜냐하면 인간의 정신 발달 과정이 인류의 역사적 발달의 일반적 과정의 한 부분이기 때문이다. 이리하여 우리는 심리학 실험의 새로운 방법론적 공식을 탐색하고 발견해야 할 필요가 있다.

> 헤겔이 말한 대로, 특질Quality은 행동이 무엇인지 정의한다. 그리고 우리는 동물의 행동에서 인간의 행동으로 시야를 옮기면서 하나의 특질, 즉 수동적 적응을 상실하는 동시에 새로운 특질인 능동적 적응을 획득함을 발견한다. 이러한 발달은 복잡성의 증가나 단순한 양적 성장이 아니다. 심지어 실험실에서도 인간 행동은, 인간 적응이 동물의 적응과 다른 것과 마찬가지로 동물 행동과 다르다. 실험실에서 동물은 수동적으로 자극에 반응하지만 인간 피실험자는 언어적 지시에 대하여 매우 능동적으로 반응하기 때문이다. 이는 그다지 놀라운 일이 아니다. 결국 실험실에서의 인간 행동은 자연에 대한 인간의 계통 발생적 적응 행동에 대한 미소 발생적 예시일 뿐이다.

2-60] 우리 설명에서 가장 어려운 지점에 가까이 왔다. 우리가 발전시킨 생각은 우리 연구가 수행된 방법의 원칙적인 토대와 구조를 간단히 공식화할 수 있는 전망을 제공한다. 하지만 우리가 이 장의 처음에 말했던 연구 방법과 연구 대상 사이의 긴밀한 관계 때문에, 공식을 제시한다는 것은 연구

전체의 핵심 생각을 드러내고, 설명의 막바지에 이르러서야 완전히 이해할 수 있고 납득이 되고 분명해지게 될 결론과 결과를 어느 정도 미리 본다는 것을 의미한다. 우리는 이제 우리의 방법을 정당화하기 위하여, 이 책 전체가 발전시키고자 하는 것이 무엇인지, 연구의 시작부터 끝까지의 완전한 흐름이 이끄는 것이 무엇인지, 고등정신기능 발달의 총체적인 역사의 알파와 오메가를 나타내는 것이 무엇인지를 말해야만 한다.

기호가 도구 사용에서 발생했다 하더라도 그들이 도구와 같은 것으로 간주되지 않음을 『도구와 기호』에서 보았던 것을 상기하자. 도구는 환경에 작용하고, 도구 사용자는 주체이다. 기호는 사회적 환경에 작용하고, 그런 면에서 기호 사용자 또한 주체이다. 하지만 기호를 기호로서 인식하기 위해서는 기호 사용자는 최소한 상상으로라도 다른 이들의 주체성을 재건설해야 한다. 기호를 기호로 인식하기 위해 기호 사용자는 주체일 뿐 아니라 대상이 되어야만 한다. 그러므로 기호는 그 개인, 즉 기호 사용자 그 자신에게도 작용할 수 있다. 그리고 사실 특별히 이러한 기호의 사용을 통해 언어적 생각이 창조되며 심리적 환경은 사회적 환경으로부터 구별되고 연결된다. 그리고 사실 그것이야말로 우리가 연구하고자 하는 것이다. 하지만 그런 면에서 기호 사용자는 자극-반응 실험에서 변함없이 그러하듯, 대상이 아니다. 그런 면에서 상황이 바뀌어, 기호 사용자는 실험자 중의 한 명이 되어 다른 이들과 자기 자신에게 기호를 사용하고 창조하게 된다. 깊이 생각해 보면 이것이 교실 연구에서 계속되는 문제임을 볼 수 있을 것이다. 서로 다른 두 학급의 학생들을 지도할 때는 물론, 한 학급의 학생들에게 두 번의 수업을 하는 경우에도 지시를 동일하게 하는 것은 불가능하다. 우리가 연구하고자 하는 대상, 즉 '학습자 언어'가 상황에 도입되는 순간 '지시'를 독립변수로 해서 두 수업을 비교하는 것은 불가능해진다. 학습자 스스로가 실험자가 되어 스스로의 발화를 통제하는 것이다.

2-61] 우리는 우리의 연구 방법의 기초가 될 이 공식을 제시하고, 우리 연구의 기본 착상을 처음에는 작업가설의 형태로 발달시키기로 결정했다. 이러한 설명 방식을 선택하는 데 있어서, 우리는 우리의 생각 방식의 방법론적 의의를 분명하게 드러내는 엥겔스의 말을 토대로 할 수 있을 것이다. 엥겔스는 다음과 같이 말한다. "과학적으로 생각하는 한 자연과학의 발달 형태는 **가설**이다. 관찰은 같은 무리의 관계된 사실들에 대한 이전의 설명 방법을 무기력하게 만드는 새로운 사실을 펼쳐 놓는다. 이 점으로부터 처음에는 제한된 수의 사실과 관찰에만 의존했던 설명 방법을 대체할 방법의 필요성이 출현하게 된다. 계속된 실험 결과들은 최종적으로 가설이 순수한 법칙의 형태로 확립될 때까지 이 가설을 정제시키고, 잘못된 부분은 추려내고, 다른 부분은 수정한다. 만약 자료들이 순수한 법칙의 형태로 완성될 때까지 기다린다면, 이것은 오직 그 순간이 올 때까지 연구를 멈추는 것을 의미하게 될 것이며, 그렇게 되면 우리는 결코 법칙을 얻을 수 없을 것이다." (К. Маркс, Ф. Энгельс. Соч., т. 20, с. 555).

> 우리는 우리의 기본적 방법을 작업가설의 형태로 제안할 것이다. 이것을 하는 데 있어서 우리는 『자연 변증법』에 제시된 엥겔스의 관점에 의존한다. 엥겔스는 자연과학의 기본 작업 방법은 항상 가설이라고 말한다. 가설은 실제 자료와 대조하여 시험되는 것이다. 가설은 자연 법칙으로 받아들여질 때까지 실제 자료에 의해 논박되고, 수정되고, 완성된다. 우리가 만약 원시 자료 자체가 자연 법칙의 형태가 될 때까지 기다려야 한다고 주장한다면, 우리는 결코 어떤 법칙도 공식화할 수 없을 것이다.

2-62] 우리는 여러 가지 행동 형태에 대한 심리학적 분석으로부터 우리의 연구를 시작하였다. 이런 행동 형태들은—사실 그렇게 자주는 아니지만—평범한 일상생활에서 수집되었으며 따라서 누구에게나 친숙하지만 동

시에 인간의 정신 발달에 있어 가장 고대 시기로부터 유래하는 매우 복잡한 역사적 형성물들이다. 특정한 상황에서 전형적으로 나타나는 이러한 계책이나 행동 방식은 인간의 문화적 발달 훨씬 이전에, 가장 원시적 단계에 생겨난 심리적 형태들이 응고되고 굳어진, 결정화된 상태를 나타내며 이들은 놀랍게도 현대 인류의 행동에 있어 역사적 흔적의 형태로, 화석화되었지만 여전히 살아 있는 상태로 보존되어 왔다.

> *비고츠키가 명백히 밝히지 않고 장황하게 설명만하고 있는 '전형적인 계책, 행동 방식'의 대상은 바로 다음의 세 가지이다.
>
> 1. 의사 결정 수단(긴 뼈 뽑기, 타로 점, 가위바위보, 제비뽑기)
>
> 2. 기억력 기술(손수건 매듭 묶기, 막대기에 칼자국 내기)
>
> 3. 손가락으로 수 세기
>
> 이들은 우선 여기저기 분산된 행동들의 응축되고 굳어진 형태들이다. 메모하기, 목록 만들기, 일정 세우기 등의 자기 매개적 행동은 일상에서 넓게 퍼져 있으나 그 자체로는 두드러지지 않는다. 반면 위와 같은 행동들은 일상적으로 발견되지 않는 대신 명확히 눈에 띄는 특성을 갖기 때문이다. 위의 행동들은 또한 살아 있는 화석이다. 다른 자기 매개적 형태들은 타인 매개와 혼합되거나 완전히 내면화된 매개적 형태와 혼합되어 그 순수한 형태를 확인하기 어려운 경우가 대부분이다. 그러나 매듭 묶기에서 우리는 근대적 행동 형태와는 무관한 것으로 보이며 역사적 진화의 수 세기 동안 전혀 변화를 겪지 않은 고대적 삶의 양식을 발견하게 된다.

2-63] 우리는 그러한 방법(특정 상황에서 전형적인 인간의 계책이나 행동 양식에 대한 심리학적 분석-K)을 우리 연구 전체의 출발점으로 선택하고 우선적인 분석 대상으로 정하여 이로부터 새로운 연구 방법의 공식을 세워 나가기를 기대하는 것은 어떤 의미에서 예상 밖이거나 이상하게 보인다는 것을

알고 있다. 이러한 행동 형태들은 일상생활에서조차도 진지하게 검토되지 않는다. 그들은 연구자-심리학자들의 정밀조사를 거친 바가 전혀 없다. 그들에 대한 언급은 보통 고려 가치가 없는 심리학적 이상 현상에 대한 호기심에 바탕을 두고 있다. 이 행동 형태들이 현대 인류의 행동에서 중요한 기능을 전혀 수행하지도 않고, 수행할 수도 없음이 확실하기 때문에 관찰자와 연구자들은 일반적으로 그들을 간과해 왔으며 대부분의 사람들에게 있어 심리학의 선도적 경로와 깊은 흐름과는 전혀 무관하게, 주류와 떨어져 변방에 놓인 채 홀로 존재해 왔다. 이 행동 형태들을 의지하고 활용하는 경우조차 현대 인류는 그들을 장난으로 다루었다. 그럼에도 불구하고 그 의미를 잃어버린 역사적 파편들, 먼 과거로부터의 이러한 심리적 생존물들, 매우 비전형적이고 무인격적 방식으로 행동의 일반적인 조직에 편입하는 이질적인 세포들, 이처럼 현대인의 정신적 적응에 거의 기여하지 못하는 것들이 행동의 본질에 대해 무언가를 알려 줄 수 있을까?

> 무언가를 결정짓고 기억하도록 해 주는 도구에는 인격적·인간적인 성질이 개입될 여지가 없다. 예를 들면 제비를 뽑아 의사결정을 할 때, 의사결정을 하도록 하는 '제비'에는 그 사람의 인격적인 고려가 포함되지 않는다. 이는 타로 카드 점, 손수건 묶기, 막대기에 자국 내기의 경우에 있어 모두 마찬가지이다.

2-64] 이러한 판결은 의심의 여지없이, 하찮고 미미하며 전혀 주목할 만하지 않은 이러한 사실들이 가지는 실제적인 살아 있는 가치에 대한 극도로 낮은 평가, 두말할 것 없이 타당하고 합당한 이 평가에 굳건한 토대를 둔다. 그러므로 살아 있는 가치가 전혀 없는 이러한 사실들을 연구의 중심에 두고 그 자체에 의미와 관심을 두는 것은 심각한 잘못일 것이다. 그들은 그 자체로는 심리학적 설명의 과업이 될 수 없음이 틀림없다. 아무리 광범위하

고 깊은 영역을 포함하는 주장의 기술記述이라도 그들 없이 완벽하게 가능하다. 그들은 그 자체로는 아무것도 아니거나 심지어 그보다 못하다.

이러한 평가는 매우 훌륭한 토대를 갖는다. 사람들은 미신적 징조와 조짐의 실제적 가치를 하찮고, 무시할 만하며 어떤 방법으로든 주목할 가치가 없다고 주장한다. 이 판단은 전적으로 옳다. 왜냐하면 징조와 조짐은 현실적으로 가치가 없기 때문이다. 따라서 이것들을 연구의 중심 목표로 삼는 연구들은 매우 큰 오류를 범하게 된다. 그 자체로 그것들은 우리가 살펴봐야 할 가장 마지막 대상이 될 것이다. 심지어 이들은 전혀 가치가 없다. 즉, 징조와 조짐은 그 자체로 인간의 합리적 사고 능력의 어떤 실제적 발달로 드러내지 않으며, 그것들은 없느니만 못한데, 이는 그것들이 최소한 교육을 받고 문화화된 성인의 관점에서 본다면, 합리적인 사고와 자발적 통제로부터 멀리 떨어져 있기 때문이다.

*비고츠키는 문제에 대한 이전의 접근 방법에서 무엇이 틀렸는지를 설명하곤 한다(객관주의와 주관주의 심리학에 관해 1장에서 길게 논의했던 것을 기억해 보자). 그는 또한 1장의 가장 중요한 문제였던 문화적 현상에 대한 '자연주의적 견해와 유심론적 견해'와 같은 이전의 이원론적 접근 방법이 왜 잘못된 길로 갔는지 이야기한다. 그는 여기에서 가장 중요한 문제는 모든 심리학적 과정들이 자극에 대한 반응과 반작용으로 환원되어 왔다는 데 있다고 말한다. 그러고 나서 그는 매우 오래되었지만, 단순히 자극에 반응하는 것이 아닌 인간 행동의 살아 있는 화석에 기초한 대안을 제시하고 있다. 왜 다른 이들은 이러한 아이디어를 떠올리지 못했던 것일까? 비고츠키는 자신이 염두에 두고 있는 인간 행동의 특정한 살아 있는 화석(기억술, 의사 결정 장치, 신탁과 같은)이 무시되어 왔기 때문이라고 설명한다. 왜 그것들이 무시되었을까? 무엇보다 먼저 그것들은 오늘날 일상생활에

서 그다지 중요하지 않기 때문이다. 최소한 현대사회에서는 그 영향력이 미미하므로 이를 무시하는 데에는 그럴 만한 이유가 있다. 사람들은 일반적으로 동전을 던져 직업을 얻을 것인지, 군대에 갈 것인지를 결정하지는 않는다. 둘째, 우리의 견해에 의하면, 그것들은 인간 행동의 합리적인 예측과 통제로의 진보를 나타내지 않는다. 만약 직업 결정이나 군 입대와 같은 중요한 문제를 동전을 던져서 결정한다면, 우리 스스로는 우리 자신의 행동을 예측하고 통제하는 위치에 있지 않다고 말할 수 있다. 그러나 우리는 또한 중요한 것이 중요하지 않은 것이 되고, 중요하지 않은 것이 역사적으로 매우 중요한 것이 되는 일이 인간의 진보의 과정에서 종종 일어난다는 것을 알고 있다.

2-65] 그러나 모든 현상에 대한 현재적 평가와 과학적-발견적 가치가 항상 일치하는 것은 아니다. 가장 중요하게는, 이 현상이 파편과 잔해에 대한 조사와 연구, 분석과 해석을 토대로 재창조되거나 밝혀질 수 있는, 그리하여 과학적 지식을 위한 귀중한 수단이 되는 어떤 거대하고 중요한 과정의 간접적이고 부분적인 물질적 증거, 즉 흔적이나 표식으로 검토된다면 이 현재적 평가와 과학적-발견적 가치는 결코 직접적, 즉각적으로 일치할 수 없다. 고생물학자는 화석화된 동물의 극히 작은 뼈 조각을 사용하여 전체 골격을 재구성할 수 있고 더 나아가 생활 방식을 구성해 낼 수도 있을 것이다. 더 이상 아무런 가치가 없는 고대 동전이 고고학자에게는 종종 복잡한 역사적 문제를 드러낸다. 역사학자는 낡힌 돌멩이—상형문자를 판독하면서 사라진 세기의 중심부를 깊이 꿰뚫어 본다. 의사는 지나칠 수 있는 작은 증상을 보고 병을 진단한다. 심리학자는 최근에서야 현상의 현재적 평가에 대한 경외심을 극복하고, 의미 없는 사소한 것들—일상생활의 심리학에 주의를 환기시켰던 S. 프로이트의 표현을 빌리자면, 현상의 세계로부터 버림받은 것

들—로부터 배우기 시작했으며 그 사소한 것들을 종종 중요한 심리적 기록
으로 바라보게 되었다.

> 어떤 대상의 과학적-교육적(과학적-인지적 혹은 과학적으로 발견적인 혹은
> 시사적인) 가치와 그 대상의 가치에 대한 현재 평가는 같은 것이 아니다.
> 사실 그 둘은, 우리가 어떤 대상을 하나의 기호로 간주하는 상황에서는
> (즉, 그 자체로서의 현재적 시장가격이 아닌 다른 현상에 대한 실마리는 제공한다
> 는 관점에서 바라본 평가에서는) 결코 같아질 수 없다. 그러한 기호는 우리가
> 고등심리기능 발달의 전체 과정을 재구조화할 수 있는 직접적인 증거, 물
> 질적 근거, 징후들을 제공한다. 예를 들면, 동물학자는 뼈 한 조각을 통해
> 동물의 전체 골격, 유기체 전체, 심지어 생태환경 전체를 다시 복원할 수
> 있다. 고고학자는 지금은 화폐가치가 없는 고대의 동전을 통해 복잡한 역
> 사적 문제를 해결할 수 있다. 역사학자는 돌 위에 새겨진 흔적을 상형문자
> 로 읽는다. 의사는 사소한 증상을 통해 병을 진단한다. 최근에 와서야 심
> 리학은 현재적 평가에 거스르는 두려움을 극복하고 사소한 현상의 세계를
> 탐구하기 시작했다. 때때로 이러한 사소한 현상들은 (프로이트가 언급한 일
> 상생활의 정신 병리학과 같은) 중요한 연구들을 낳았다.

2-66] 이 연구 문제의 분야에서 우리는 프로이트가 언급한 것과 동일한 길을 취해서 어떻게 가장 위대한 것이 가장 작은 것들 속에서 나타나게 되는지 보여 주고자 했다.

> *프로이트는 다른 심리학자들(예를 들어, 분트는 잠결에 몸을 움직이는 것과
> 같이 꿈을 본질적으로 무의미한 것으로 보았다)이 일반적으로 의미 있는 것으
> 로 간주하지 않았던 말실수, 농담, 꿈, 다른 현상에 지대한 관심을 보였다.
> 프로이트에게 이 모든 현상은 그의 방법론상 주관적 발견적 심리학을 위

> 한 생생한 자료였다. 이 모든 현상은 무의식의 작동에 대한 감추어진 단서를 포함하고 있었다.

2-67] 이 점에서 볼 때, 분석을 위해 우리가 모아 온 '현상 세계로부터 버려진 것들'은 매우 다양한 관점에서 극히 이로운 재료로 보인다. 심리적 현상의 세계에서 그들은 대단히 눈에 띄는 것은 아니지만 완전히 이례적인 위치를 점한다. 우리 문제의 기초 단위를 드러내거나 우리의 방법을 적용하는 출발점을 제시한다는 점에서 실험 데이터나 원시적 인간에 대한 심리학에서 얻은 것들은 그것들과는 비교할 수도 없다. 그것들은 훨씬 더 필수적이고, 더 복잡하며 따라서 값지다.

2-68] 사소하지만 동시에 깊은 의미가 있는 이 현상은 흔적 기관에서 유추하여 흔적 심리기능이라고 불릴 만한 충분한 이유가 있다. 잘 알려진 대로 그런 기관은 도처에 존재한다. 그들은 유기체의 세계에서 언제나 마주칠 수 있다. 그래서 I. I. 메치니코프가 말한 것처럼, 우리는 무엇보다도 어둠 속에서 살아가는 생물에서 눈의 흔적을, 그리고 무성 생식을 하는 식물과 동물들에서 퇴화한 생식 기관을 발견한다. 따라서 본질적으로 '흔적 기능'이라는 표현의 의미는 문자 그대로 역설적이다. 왜냐하면 흔적 기관의 기본적 특성이 바로 유기체의 일반적 생명 활동에서 어떤 기능과 역할도 수행하지 않는 비활동적 기관이라는 사실에 있기 때문이다. 그러나 우리는 지금까지 보존되어 온 인간 행동에서 어떤 본질적 역할도 수행하지 않고 단지 고대 행동 체계의 흔적인 정신 기능을 비유적으로 그렇게 부를 것이다.

> 이 '버려진 행동들'은 사소하지만 동시에 깊은 의미가 있다. 우리는 그것들을 '흔적 рудиментарными, rudimentary' 기능이라 부를 것이다. 이것은 '흔적 기관'이라는 표현에서 가져온 것이다. 우리는 틴트베르겐과 로렌츠

가 나오기 이전부터, 비고츠키는 구조를 기능적으로 이해한 덕분에 행동도 기관과 마찬가지로 진화한다고 말할 수 있음을 알고 있었다. 이는 그의 마르크스주의적 신념 즉 사물의 구조는 사물의 기능에 어울리게 변화한다는 믿음과 밀접하게 관련이 있다. 그런 흔적 기관은 자연에 매우 흔하다. 우리는 그것을 거의 어디서나 발견한다. 예를 들어, 메치니코프는 완전히 어둠 속에서 사는 해저 생물에서 퇴화한 눈을 그리고 무성생식을 하는 동물과 식물에서 생식 기관을 발견했다. '흔적 기능'이라는 표현은 역설적이며 모순적이기까지 하다. рудиментарными(rudimentary)는 최초의, 잠재적 가능성의 기능이라는 점을 암시하지만 실제 본문에서 의미하는 것은 더 이상 기능하지 않는 퇴화된, 잔존적 형태의 기능이다. 그러나 우리는 '버려진 행동들'을 이 이름으로 부를 것이다. 그것들은 고대 인간의 생활에서 한 때 기능했던 기능들의 흔적들임을 의미한다.

*비고츠키가 'рудиментарными(rudimentary)'란 낱말을 'остатками (vestigial)' 과거의 같은 뜻으로 사용하고 있음을 주목하자. 실제로, 두 낱말은 적어도 영어에서는 정반대의 의미를 갖는다. 그리고 러시아 낱말의 의미도 영어 낱말의 경우와 매우 유사하다. 'рудиментарными'는 어떤 과정이 막 시작하고 있는 것을 의미하는 반면에 'остатками'은 그것이 이미 종료되었음을 의미한다. 그러나 비고츠키는 그것이 모순된다는 것을 알고 있었다. 더욱이, 그는 그것들이 모두 기능주의 심리학에서 모순의 예가 된다는 것을 알았다. 활동하지 않는 기능은 실제로 전혀 기능이 아니다. 그래서 기능주의는 체질적으로 역사적 접근을 받아들이지 않는다.

*이 장은 방법론에 관한 장이므로, 여기서 비고츠키가 주장하고 있는 방법을 명백히 하려고 노력할 필요가 있다. 어둠 속에서 살면서 퇴화된 눈을 가진 물고기를 연구하고 있다고 상상해 보자. 구조적 이해를 위해서는,

실험실에서 토막 낼 수 있는 죽은 물고기가 좋을 것이다. 기능적 이해를 위해서는, 관찰이 가능한 살아 있는 물고기를 갖는 것이 더 좋을 것이다. 어떤 경우라도 자극반응 접근법이 알맞을 것이다. 그러나 비고츠키의 분석은 단지 구조적이거나 기능적인 것이 아니다. 무엇보다도 먼저 그것은 발생적 분석, 즉 역사적 분석이다. 발생적, 역사적 분석을 위해서, 물고기가 퇴화된 눈을 가진다는 사실은 매우 시사하는 바가 많은 것으로 판명된다. 같은 방식으로, 비고츠키는 기억을 돕기 위한 나뭇조각 위의 칼자국, 점치기 등의 의사 결정 수단들과 같이 버려진 행동들이 우리가 실험실에서 해부할 수 있는 '죽은' 행동이나 현지 조사에서 우리가 보는 '살아 있는' 행동보다 훨씬 더 흥미 있는 것임이 드러났다고 주장한다.

*일리야 일리치 메치니코프(Ilya Ilyich Mechnikov, 845~1916)는 러시아의 생물학자였다. 그는 독일에서 연구했으며, 거기서 비고츠키가 말한 것처럼, 어둠 속에 살지만 퇴화된 눈을 가진 해양 생물에 흥미를 갖게 되었다. 또한 메치니코프는 불가사리에 흥미를 갖게 되었고, 불가사리 유생에 대한 그의 연구는 백혈구가 해로운 세균을 섭취하고 파괴한다는 이론으로 그를 이끌었다(나중에 그의 상사가 된 루이 파스퇴르는 백혈구는 유해하고 세균을 퍼뜨린다고 믿었다). 그러나 메치니코프는 장 속에 있는 유산균이 그가 노화의 원인이라 믿었던 미생물을 파괴한다고 믿었으며, 그래서 그는 매일 요구르트를 마셨다. 그것이 우리가 예전에 마시던 요구르트 용기에서 그의 사진을 보게 되는 이유이다. 불행하게도, 노화에 관한 그의 이론은 오류로 입증되었다. 그럼에도 그는 백혈구에 대한 연구로 노벨상을 수상했다.

2-69] 흔적 기능은 기관과 마찬가지로 발달의 기록이며 고대시기에 대한 살아 있는 증인이고 그 기원과 가장 중요한 역사적 증상에 대한 명백한

증거이다. 바로 이러한 의미에서 생물학과 진화론은 메치니코프가 생각한 바와 같이 유기체의 계통을 되짚어 파악하는 데 흔적 기관들이 기여하는 엄청난 가치를 오래전부터 알고 있었다. 그 자체로는 불필요한 이러한 기관들은 그와 유사하지만 더 발달된, 우리 조상들의 조작에서 유용한 역할을 수행했던 기관들의 흔적이다. 인간에 있어서 특히 많은 흔적 기관들은 그의 동물적 기원을 보여 주는 또 하나의 증거이며, 과학이 인간의 본성을 철학적으로 이해하는 데 필수적인 자료를 제공한다고 메치니코프는 결론을 내린다.

> 퇴화 기관과 마찬가지로 '흔적 기능'은 중요한 역사적 자료이다. 왜냐하면 이들은 발달을 설명하는 역사적 기록이며, 초기 발달 계기에 대한 살아 있는 증인이고, 기원을 보여 주는 증거이기 때문이다. 생물학과 진화이론은 오래전부터 이러한 퇴화 기관이 종 분류를 복원하는 데 큰 도움이 된다는 것을 알고 있었다. 예를 들어 고래에서 발견되는 퇴화된 발은 고래가 이전에는 지상에서 살았던 포유류임을 알려 준다. 이러한 기관은 우리의 선조들에게서는 유용하고 실제적인 기능을 수행했던 유사한 기관의 흔적이다. 우리는 인류가 이전에는 나무에 사는 원인이었음을 퇴화된 꼬리뼈를 통해 할 수 있다. 이들은 인류가 동물에서 유래했음을 보여 주는 증거이며 인간이 자연에서 차지하는 위치를 이해할 수 있도록 도와준다.

2-70] 이 모든 것은 흔적 기능을 연구하는 심리학자에 의해서도 메치니코프를 따라서 거의 그대로 반복될 수 있다. 차이점이 있다면 단지 우리가 염두에 두고 있는 활성화되지 않은 기능들이 생물적 진화가 아닌 행동의 역사적 발달의 살아 있는 유물로 간주된다는 데 있다. 그러므로 흔적 기능에 대한 연구는 심리학 연구의 역사적 관점 발달의 출발점이 되어야 한다. 이 지점에서 과거와 현재는 불가분으로 섞이게 된다. 그 속에서 현재는 역사에 비추어 드러나게 되고, 우리는 현재와 과거, 두개의 층에서 동시에 스스로를

발견한다. 이것이 현재와 과거를 잇고, 발달의 고등 단계와 초기 단계를 잇는 실의 끄트머리이다.

2-71] 다른 더 오래된 심리적 체계 속의 유사하지만 더 발달된 기능의 흔적인, 우리가 행동 체계 속에서 발견한 이 흔적 기능은 이러한 고등 체계의 근원에 대한, 그리고 행동 발달에 있어 보다 오래된 층과 이 고등 체계의 근원과의 역사적 연결에 대한 생생한 증거가 될 수 있을 것이다. 이런 이유에서 흔적 기능 연구는 인간 행동을 이해하는 데 중요한 데이터, 기본적인 방법론적 공식을 드러내는 데 필수적인 데이터를 드러낼 수 있다. 이러한 이유로 우리는 이렇게 작고 사소한 사실에서부터 시작하여 그 연구를 이론적으로 보다 고등한 영역으로 격상시킴으로써 어떻게 위대한 것이 매우 작은 것에서부터 명백히 드러날 수 있는지 보여 주고자 한다.

> 비고츠키는 흔적 기능이 인간 행동에 대한 연구에 새로운 지평을 열 것이라고 말한다. 앞에서 이미 S→R 이론이 기초적 과정에서 고등 과정에 대한 설명으로 영역을 확장하면서 그 내용을 모두 잃게 되었음을 지적한 바 있다. 발달에 대한 피상적인 기술 역시 인간 문화의 다양성으로 인해 존속할 수 없음도 설명되었다. 그렇다면 비고츠키 자신이 제시하는 방법은 어떠할까? 과거의 활동 체계를 암시하는 흔적들은, 중간에 쇠퇴하여 소멸된 과정의 첫 시작을 보여 줄 뿐인 것은 아닐까? 정말로 이러한 흔적 기능들이 고등심리기능의 전체 발달 과정을 보여 줄 수 있을까? 다음 문단부터 비고츠키는 이에 대해 논의한다.

2-72] 이런 심리 형태에 대한 분석은 흔적 기능과 활성화된 기능이 어떻게 하나의 단일한 체계 속에 공존했는지, 그리고 고등심리기능들이 흔적 기능들에 함께 포함되었던 이전에는 어떻게 존재했는지를 밝혀 준다. 분석은 그들(흔적 형태-K) 발생의 출발점, 그리고 동시에 전반적인 (연구-K) 방

법의 출발점을 우리에게 제공해 준다. 물론 그것은 출발점일 뿐이다. 한 치도 더 나아가지 않는다. 우리는 그들과 활성화된 기능들 사이의 차이점을 일각도 잊어서는 안 된다. 흔적 기능의 구조에 대한 지식은 살아 있는 고등 기능 활동의 구조나 본성에 대해서, 또는 발달의 통합적 양태에 대해서도 우리에게 알려 주는 것이 전혀 없다. 이런 기능들은 증거일 뿐 전체 과정에 대한 완전한 그림은 아니다. 그들은 이후의 연구를 위한 실타래의 끄트머리를 우리 손에 쥐어 주지만 그들 자체는 그것(연구-K)을 대체할 수도, 그것을 불필요하게 할 수도 없다. 그들은 그들이 제공한 실마리의 나머지 전체 실타래를 따라가도록 도울 수도 없다. 비록 그들이 우리 연구를 문턱까지 이끌지라도 그들이 그것을(연구를-K) 시작하는 것은 아니다. 그러나 우리 분석에 요구되는 것이 바로 이것이다. 우리에게 필요한 것은 방법이다.

'흔적 기능', 즉 동전 던지기, 주사위 던지기, 기억술로서 손수건 매듭 묶기, 점복술 등에 대한 연구는 이러한 흔적 형태들이 하나의 체계 내에서 고등 형태와 공존하던 시대 다시 말해 이들이 고등 기능과 분화되지 않은 채, 점복술과 신탁이 전쟁 개시 여부와 개혁 시행 여부 등을 결정하는 데 있어 중요한 부분을 이루었던 시기를 보여 준다. 이 분석은 고등정신기능들이 이전에는 어떠했는지를 간접적으로 보여 주는 증거가 된다. 예를 들어 우리는 고등정신기능이 어느 정도만큼 개인의 심리적 과정으로 작동했는지, 또 그것이 어느 정도만큼 자연의 외적 속성으로 간주되었는지를 알 수 있다. 이 분석은 고등정신기능 발달사의 출발점과 우리 연구 방법의 출발점을 제공한다(연구 방법은 기능적·구조적 분석을 발생적·역사적 분석과 결합해야만 한다). 그러나 그것은 단지 출발점일 뿐이다. 왜냐하면 이후 발달에서는, 행동을 제어하는 이런 퇴화된, 부가적인 수단들과 좀 더 발달되고 내적인 것이 된 기능들 사이에 구조, 기능, 후속하는 역사에 있어서 근본적인 차이점이 발견되기 때문이다. 우리는 살아 있는 기능과 퇴화된 기능

> 사이의 차이점을 한시도 잊어서는 안 된다. 우리는 퇴화된, 죽은 흔적 기
> 능들로부터 살아 있는 기능 작동의 구조나 본질이나 양태를 배울 수 없다.
> 따라서 이런 기능들은 증거이기는 하나 우리가 바라는 전체적인 그림은
> 아니다. 이런 기능들은 화석 증거 같은 것이며, 화석은 그 자체로는 진화
> 론을 제공해 주지 않는다. 이들은 아리아드네가 테세우스에게 쥐어 준 실
> 타래의 끄트머리와 같은 것이다. 이 끄트머리는 우리를 연구의 문턱으로
> 이끌기만 할 뿐이다. 우리가 그것이 이끄는 곳으로 따라가지 않는다면 이
> 단초는 그나마 그러한 역할도 하지 못할 것이다. 이 실 끄트머리는 우리를
> 대신해서 우리 연구를 수행하지 않는다. 이는 단지 우리 스스로 가야 할
> 길을 알려 줄 뿐이다. 그러나 이것이야말로 우리에게 필요한 전부이다. 우
> 리가 필요한 것은 연구 방법이다.

2-73] 알다시피, 몇몇 식물이나 동물에서 볼 수 있는 이성異性 흔적 기관의 존재는 언젠가 이 유기체들이 자웅동체였다는 사실을 증명한다. 그러나 이 사실이 현재의 단성 유기체의 생식 기관의 구조와 기능의 고유성 전체에 대한 연구의 필요성이 없어지게 하는 것은 전혀 아니다. 마찬가지로 현대인의 행동에 있어서의 문화적 흔적 기능들의 존재는 주어진 행동 체계가 고대 원시 체계, 즉 현재의 흔적 기능들이 한때 활성화된 내재적·유기적 부분을 차지하고 있던 체계로부터 발달되었다는 것을 명백히 나타낸다. 그러나 이것은 고유하고 고등하며 문화적인 체계에 대한 연구가 현재 불필요하다는 의미는 전혀 아니다. 인간의 흔적 기관이 인간과 원숭이의 관계를 드러내지만 이 사실이 결코 인간과 원숭이 사이의 유기체적 구조와 기능의 명백한 차이를 잠시도 덮을 수 없다. 현대인의 행동이 더 원시적인 체계로부터 발달했음을 보여 주는 증거인 흔적 기능 역시 원시인과 문화인 사이의 경계를 무너뜨리기를 조금도 강요하지 않는다. 닭이 달걀에서 왔다는 사실을 알게

되었다는 이유로 달걀과 닭을 동일한 것으로 결론짓는 사람은 아무도 없을 것이다.

> *이 문단에서 비고츠키는 '우리는 고등 기능과 이 버려진 행동들이 과거에는 하나의 심리 체계를 형성하고 있었다고 할지라도 지금 이들을 동일하게 볼 수 없다.'는 너무도 뻔한 이야기를 하고 있는 것처럼 보인다. 여기에는 두 가지 이유를 생각해 볼 수 있다. 먼저 우리는 비고츠키가 심리학에 대한 자연적 접근법, 즉 반사학, 행동주의, 정신분석을 비판했던 것을 기억하고 있다. 이러한 심리학들은 고등심리기능들을 아기의 생후 1년간의 시작 시기와 동일시함으로써 고등심리기능의 '태생학'을 발전시켰음이 지적되었다. 비고츠키는 이러한 것을 피하려고 했던 것으로 보인다. 두 번째로는 이것은 비고츠키가 약속하듯이 연구의 출발점이다. 우리는 앞에서 메스체리야코프가 자연→문화, 사회→개인에 이어지는 세 번째 발생의 법칙 즉 정신 간→정신 내적 과정에 대해 설명했음을 지적한 바 있다. 예를 들면 속셈은 손가락 세기를 통해 발달하며 내적 말은 외적으로 들리는 자기중심적인 말을 통해 발달한다. 이 세 번째 발생 법칙은 고등심리기능을 일반적으로 이해하는 데 열쇠가 된다. 따라서 비고츠키는 이 논지를 공고히 하는 데 공을 들인다. 이 문단에서는 세 가지 은유가 등장한다. 자웅동체, 인간의 기원이 유인원임, 닭과 달걀에 대한 개체 발생적 사례가 그것이다. 고등정신기능이 저차적인 것으로부터 유래했음을 지지하는 이러한 은유들은 비고츠키가 앞 단락에서 제시한 논증, 즉 고등 기능이 정신 외적 수단, 자기 자극의 보조적 수단을 통해 발달했다는 사실이 정신 기능을 연구함에 있어 이러한 정신 외적 수단과는 독립적으로 연구해서는 안 된다는 주장을 지지한다.

2-74] 한 가지는 의심할 여지도 없으며, 방법의 문제에 있어서 가장 중

요한 문제를 드러낸다. 고등 문화 행동 양식 체계 속의 흔적 기능들과 더 원시적 체계 속의 유사하지만 더 발달된 같은 종류의 유효한 기능들은 우리가 저차적 체계와 고등 체계 간의 발생적 연결 고리를 추적할 수 있게 해 준다. 그것들은 고등심리기능에 역사적으로 접근할 수 있는 발판이 되며, 원시인 심리학과 인간의 고등 심리학 사이의 다리가 되어 준다. 그러나 동시에 그것들은 민족 심리학의 자료를 심리학 실험 연구의 자료로 이전시키는 수단이 되며, 발생적 실험에서 추출된 정신 과정과 고등심리기능의 동질성과 균일성을 가늠할 수 있는 척도를 제공한다. 하나의 연결 고리로서, 실험적으로 단순화된 행동 형태를 한편으로는 원시적 인간의 심리와 연결하고 다른 한편으로는 고등심리기능과 연결하는 고리이자 전이적 형태로서, 흔적 형태는 모든 문화적 발달 노선이 수렴하고 교차하는 지점과 같이, 전체 문제의 중심점으로서 세 가지 연구 분야를 연결하는 하나의 단위를 구성한다. 그것들은 우리가 아동심리학과 민족 심리학 실험에서 관찰한 것들과, 문화적 발달 전체의 최고점에 위치하며 우리가 고등심리기능이라 부르는 사실들의 중간에 놓여 있다.

> 고등 체계 속의 흔적 기능(예를 들어, 동전 던지기)과 더 원시적 체계 속의 유사하지만 발달된 기능(예를 들어, 예언을 위한 제비뽑기) 사이의 의심할 여지가 없는 유사성은 최우선의 중요성을 가지는 문제이다. 그것은 우리가 고등 체계와 더 원시적 체계 간의 발생적 연결 고리를 도출할 수 있게 해 준다. 두 체계는 의사 결정을 위해 외적 수단을 사용한다는 공통점을 가진다. 따라서 형태론적 뿌리를 공유하는 두 개의 언어에서처럼, 우리는 두 체계 사이의 발생적 고리를 가정할 수 있다. 이것은 우리가 발생적 방법이라는 '지레'를 사용할 수 있도록 해주는 버팀대, 혹은 역사적 방법을 사용하기 위한 '발판'이 되어 준다. 이것은 원시적 인간의 심리와(예를 들어, 델포이의 '신탁') 인간의 심리(예를 들어, 주식 시장의 '예언가') 사이의 고리를

형성한다. 그러나 이것은 또한 민족 심리학의 자료를 실험 심리학에 연결시키는 방법을 제공한다. 우리는 실제로 실험을 통해서 카드 게임과 추측 게임과 기억술을 사용할 수 있으며, 또한 실제로 우리는 명백히 동일한 과정, 즉 매개적 과정을 조사하고 있는 것이기 때문이다. 이것은 세 가지 연구 영역, 즉 (분트 이래로 저차적 수준의 기능에 집중해 왔던) 실험 심리학, (실험보다는 현장 연구를 향했던) 민족 심리학 그리고 고등정신기능 발달의 역사 사이의 일종의 중심점이다. 이 흔적 기능들은 우리가 실험 아동심리학에서 본 것(예를 들어, 혼합주의적, 복합체적 사고), 현장 관찰에서 본 것(예를 들어, '융즉'과 주술에 대한 보고)과 우리가 고등심리기능이라고 불렀던 것 사이의 중간쯤에 위치한다. 고등심리기능은 사회 발생적, 개체 발생적 모두에 있어 인간의 문화적 발달 과정 전체의 최고점이다.

*비고츠키가 '현대 생활에서 나타나는 흔적 기능들'에 대해 말할 때, 그가 의미하는 것은, 예를 들어, 더운 날 누가 아이스크림을 살지 결정할 때 아이들이 하는 것, 그리고 특별히 어렵거나 위험한 임무를 수행해야 할 때 군인들이 하는 것, 혹은 로또 번호를 찍을 때마다 항상 어른들이 하는 것, 즉 제비뽑기이다. 비고츠키가 원시적 체계 속에서 유사하지만 발달된 그리고 활성화된 기능에 대해 말할 때, 그가 의미하는 것은, 예를 들어, 부족의 우두머리를 뽑기 위해, 전투의 결과를 예측하기 위해, 또는 신탁을 받기 위해서 하곤 했던 고대 의식들이다. 이 기능들은 현대의 흔적 기능들과 기능과 구조상 매우 유사하지만 훨씬 발달되어 있고 원시적 인간의 사회적, 정치적 삶에 있어 활성화된 역할을 하는 중심적 기능들이었다는 점에서 확연히 다르다. 우리가 이러한 유사성과 차이점들을 통해서 얻으려 하는 것은 무엇인가? 비고츠키는 그것들이 우리가 원시인과 가지는 연관성의 명백한 증거이며, 그러므로 그것들은 역사적 방법을 위한 출발점이라고 말한다. 비고츠키는 항상 하나의 분야로서 심리학의 통일에 관심을 가

> 져 왔다. 비고츠키는 그 자신의 분석 속에서 기능적인 것, 구조적인 것 그리고 발생적인 것들을 결합시켰을 뿐 아니라, 항상 하나의 '일반 심리학' 속에 실험실 실험, 현장 관찰 그리고 이론적 작업을 한데 모으려고 노력한다. 프로이트는 꿈의 분석으로 이 일을 하려고 시도했다. 비고츠키는 어린이의 놀이를 분석함으로써 그 일을 하려 한다.

2-75] 우리는 고등심리기능의 조작 원칙이 흔적 기능의 구조적 원칙과 같다거나 혹은 후자가 고등 행동 과정의 발달 수단과 기제를 온전히 드러낸다고 주장하려는 것이 절대 아니다. 그러나 우리는 이 두 원칙이 연관되어 있고 하나는 다른 쪽의 근사치이며 우리가 고등 기능을 가늠할 수 있도록 실험 모델을 구성할 수 있도록 해 준다고 상정한다. 흔적 기능과 고등 기능은 우리가 보기에 동일한 행동 체계의 양극단으로 그 한계를 나타내는 최저점과 최고점이며, 그 사이에 모든 정도의 고등 기능 형태들이 놓인다. 이 두 지점은 함께 인격의 행동 체계 전체의 역사적 단면의 축을 결정한다. 이에 대해서는 설명이 필요하다.

> 가장 원시적인 흔적 기능과 가장 고등한 심리적 기능이 고등심리과정의 '횡단면'을 제공한다는 것은 무엇을 의미하는 것일까? 이것은 바로 앞에서, 흔적 기능이 저차적 정신 과정의 체계(자연적 주의, 직관적 기억, 자동적 인식 등)와 고등하고 의식적이며 자발적인 과정의 체계의 중간 지점에 있다는 그의 말과 모순되지 않는가? 사실 전혀 그렇지 않다. 비고츠키는 심리적 과정의 체계가 저차적 과정과 고차적 과정으로 구별된다는 사실을 확립해 왔다. 그들이 연결되었다는 것, 특히 흔적 기능과 고등정신기능의 다른 원시적 형태들이 연결되었다는 것은 사실이다. 그런 의미에서 흔적 기능들은 가장 고등하고 의식적인 과정과 가장 저차적이고 기본적인 과정

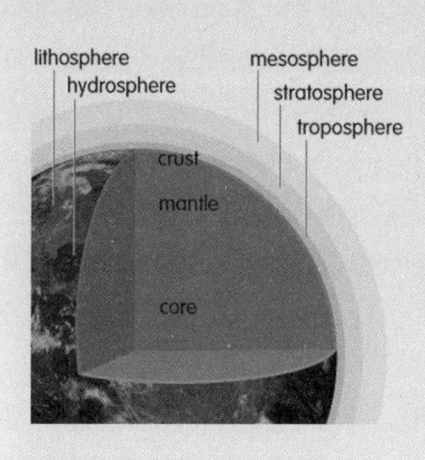

의 중간에 놓여 있다고 말할 수 있는 것이다. 가장 퇴화된 기능에서부터 가장 고등한 기능으로 확장되는 '축'을 조사함으로써 우리는 비고츠키가 '횡단면'이라고 불렀던 것을 알 수 있다. 그것은 마치 지구의 중심축을 바로 관통하도록 잘라 북반구와 남반구로 나누는 것과 같다. 우리는 철로 가득 찬 핵과, 용해된 맨틀과, 우리가 살고 있는 지각을 볼 수 있을 것이며, 심지어는 지구에서 가장 가까운 대기층(대류권)에서부터 가장 먼 대기층(열권)까지 이어지는 대기층의 횡단면도 볼 수 있을 것이다. 각 층들은 다른 층들과 연결되어 있는 동시에 구분되어 나타난다. 그런데 비고츠키가 그것이 '역사적' 단면이라고 말한 것은 어떤 의미일까? 그가 의미한 것은 가장 안쪽 층이 가장 기초적이며 가장 덜 발달되었음을 의미하며 이것은 그 층이 자연적 중심과 인간의 자연적 기원에 가장 가깝기 때문이다. 나무의 횡단면을 보면 수심으로부터 수피에 이르는 나이테들이 나무의 성장을 보여 준다. 가장 안쪽에 있는 수심은 가장 오래되고 단순한 것이며 외부 환경에 직접 맞닿아 있는 수피는 가장 최근의 것이며 가장 발달한 것이다.

2-76] 심지어 지금도 많은 이들이 역사적 심리학의 생각을 잘못된 관점에서 조명하는 경향이 있다. 이들은 역사를 과거와 동일시한다. 어떤 것을 역사적으로 연구한다는 것이 이들에게는 필연적으로 이러저러한 과거의 사실을 연구하는 것을 의미한다. 이러한 이해 즉 역사적 형태의 연구와 현재적

형태의 연구 사이에 엄격한 구분이 있다고 보는 것은 너무 순진한 것이다. 그러나 역사적 연구는 단지 현상 연구에 발달의 범주들을 적용한 것을 가리킨다. 어떤 것을 역사적으로 연구한다는 것은 그것을 (시공간적으로-K) 동적으로 연구한다는 것을 의미한다. 바로 이것이 변증법적 방법의 기본 조건이다. 연구 속에 어떤 대상의 발달 과정 전체의 국면과 변화를—그 탄생부터 소멸의 순간에 이르기까지—포함한다는 것은 곧 그 대상의 성질을 밝히는 것, 그 본질을 알게 되는 것을 의미한다. 왜냐하면 하나의 존재는 오직 동적인 상태에서만 그 진정한 실체를 드러내기 때문이다. 따라서 행동의 역사적 연구는 이론적 연구에 대하여 부가적·보조적일 뿐 아니라 바로 근본 토대를 구성한다.

2-77] 이에 따르면 과거 형태들을 역사적으로 연구하는 것만큼이나 현재 형태들을 역사적으로 연구하는 것도 똑같이 가능하다. 역사적인 이해는 일반 심리학까지도 확장된다. P. P. 블론스키는 이것을 다음과 같이 일반적으로 나타내었다. 즉, 행동은 행동의 역사로서만 이해될 수 있다는 것이다. 여기에 심리학에서의 진정한 변증법적 관점이 있다. 이 관점이 지속적으로 견지되면, 필연적으로 현재의 심리학까지 뻗어 나간다. 초기 연구자들이 예상하지 못했던 일반 심리학과 발생 심리학의 만남은 동시대 교육받은 성인의 행동이 동질적이지도 않고 발생적인 의미에서 동일하지도 않다는 것을 밝혀 준다. 블론스키나 베르너에 의해 확립된 것과 같이 (현대 교육받은 성인 행동의-K) 심리 구조는 발생적으로 서로 다른 수많은 층을 포함한다.

> *블론스키(P. P. Blonsky, 1884~1941)는 혁명 이전에 관념주의 철학자였으며 첼파노프의 제자였으나, 혁명 후에 마르크스주의자가 되었다. 그의 심리학 연구는 비고츠키의 초기 연구와 매우 닮아 있다. 그러나 비고츠키와 달리 그는 초기 입장을 끝까지 고수한다. 그는 '마르크스주의적, 객관적 심리학'과 행동주의를 동일시했으며 어린이 발달을 나타내는 생리적

징후, 즉 치아 발달과 사춘기 등에 관심이 많았다. 비고츠키는 이러한 현상과 정신 발달을 연결 짓는 것을 반대했다.

비고츠키와 더불어 그는 교육 혁명의 선두 주자였다. 레닌의 아내였던 크룹스카야와 함께 그는 '노동학교'를 창설했으며, 한동안은 헬렌 파커스트의 '달톤학교'의 지지자였다. 달톤학교는 학생들이 협력을 통해 직접 집을 짓는 경험을 통한 학습 등의 장기간의 프로젝트 학습을 장려하고, 과목별 실험실을 갖추어 학생들이 자유롭게 수강 신청을 하여 학습할 수 있도록 하는 등 파격적인 교육 실험을 실시하였다. 블론스키는 이후 심리검사 운동에 관여하였고 이로 인해 비판을 받게 된다.

2-78] 개개인(인격-K)은 행동을 통해서 이미 완결된 다양한 발달의 국면들을 응축된 형태로 드러낸다. 발생적으로 다층적인 본성을 가진 인격은 그 안에 각각 다른 과거의 층들을 포함하고 있으며 매우 복잡한 구조를 가지는 동시에 개체 발생과 계통 발생에서 인격의 가장 고등한 기능과 원시적인 행동을 여러 과도기적 형태를 경유하여 연결하는 발생적 계단의 역할을 한다. 인격의 '지질적' 구조라는 개념을 흔적 기능의 존재보다 더 공고하게 확증하는 것은 없다. 흔적 기능은 행동 역사의 발생적 맥락에 이 (지질적-K) 구조가 들어갈 수 있도록 문을 열어 준다.

개개인의 인격은 퇴적암 층과 같이 응축된 발달의 국면을 드러낸다. 예를 들면 성인의 인격은 복합체적 생각이라는 기반암 위에 놓여 있다. 고등 심리기능들은 저차적 심리 기능 발달에 의해 생성된 인격의 층을 토대로

> 쌓인다. 이는 다양한 역할과 상이한 가치들 그리고 여러 가지 생각의 유형들을 한 사람의 마음속에 포함하는 복잡한 인격의 구조를 설명해 준다. 이는 또한 원시적 인간과 현대인을 잇는, 저차적 기능과 고등 기능을 잇는 겹겹이 쌓인 층을 알게 해 준다. 인간은 고차적 감정뿐 아니라 생물적 충동을 가지고 있음을, 인간은 이성적인 동시에 비이성적으로 생각함을, 감정과 생각 그리고 내적 말은 모드 발달의 과정이 남겨 둔 서로 다른 층들임을 우리는 이해할 수 있게 된다. 인간 정신이 이렇게 지층이 쌓여 있듯 층층이 쌓여 있음을 가장 확실히 증명해 주는 것은 바로 화석, 즉 흔적 기능이 현대 인간의 행동에 존재한다는 것이다. 우리는 주술과 점술, 운명과 운에 대한 믿음들이 여전히 현대 성인의 사고 속에 뿌리 깊이 남아 있는 것을 통해 인간의 문화적 발달과 인격은 여러 층으로 구성되어 있으며 위층에 쌓여 있는 층은 그 아래층에 기반하고 있다는 것을 알 수 있다.

2-79] 흔적 기능 자체는 문화-심리적 발달 연구의 결과로서만 분명해질 것이다. 오직 장기간에 걸친 실험 결과를 민족 심리학의 자료에 비추어 해석함으로써 우리는 그들(흔적 기능-K)의 기제를 밝혀내고 문화적 행동 발달 연구 체계 속에서의 그 중심 위치를 확립할 수 있었다. 그러나 개개의 연구 계기의 연대기적 순서는 그 개념의 논리적 순서와 항상 완전히 일치하지 않는다. 이는 이 기능들의 분석을 맨 앞으로 이동시키지 않을 수 없게 만들며, 이것을 연구 자체의 본성에 가장 의미 있게 일치하는 계기로 만든다. 이 연대기적 순서는 우리에게 고등 기능의 모형을 실험적으로 창조할 수 있는 방법을 가르쳐 준다.

> *비고츠키는 실험적 심리학과 발견적 심리학 사이의 경계를 무너뜨린다. 실험은 체험적으로 해석되어야 하고, 현상에 대한 해석은 실험의 도움

을 받는다. 비고츠키의 실험은 처음부터 저차적 과정에 대한 실험 심리학과 고등 과정을 다루는 민족 심리학 사이에 놓였던 차이를 뛰어넘었다. 비고츠키의 실험이 한 것은 과정의 모형—일종의 모의(시뮬레이션)적 발달을 만드는 것이다. 이 시뮬레이션은 연대기적 순서로 놓인다. 그러나 그것은 모의되고 있는 실제 과정과 논리적으로, 즉 이론적으로 부합하는 한에서만 타당한 시뮬레이션이다. 비고츠키에게는 일련의 시뮬레이션을 한데 모아 조립해서 성립시킨 하나의 모형이 실제 모의 대상 과정과 얼마나 밀접하게 닮았는지보다 모형을 이론적으로 검증하는 것이 사실 더 중요하다. 그것은 한편으로는 우리가 새로운 모형을 발달시키도록, 다른 한편으로는 새로운 이론을 발달시키도록 도울 수 있기 때문이다.

2-80] 문화 발달의 최초 시기에 일어난 고대의 형성물처럼, 흔적 기능의 순수한 형태는 다른 모든 문화적 행동 형태의 원형이었던 활동과 구성의 원리를 포함한다. 훨씬 더 복잡한 과정에서 가려진 형태로 존재하는 것이 여기에서 명백한 형태로 제시된다. 그들(흔적 기능-K)을 탄생시킨 (사회적-K) 체계에 그들을 잇던 모든 연결이 소멸되었고, 그들이 발생한 토양은 사라졌으며, 활동의 배경은 변하였고, 그들은 그들 고유의 체계로부터 뽑혀 나와 역사적 발달의 급류에 쓸려 완전히 다른 영역으로 이동되었다. 그러므로 그들은 뿌리와 연결을 상실한 것처럼 보인다. 즉 그들은 스스로, 독자적으로 존재하는 것처럼 보이며 분석을 위해 일부러 선택된 흥미로운 대상인 것처럼 보인다. 이런 이유로, 우리가 먼저 말한 바와 같이, 그들은 그 구성 원리를 순수한 형태로 드러낸다. 그 구성 원리는 자물쇠에 맞는 열쇠처럼 고등 과정 문제(의 잠긴 문-K)를 열어 준다.

2-81] 흔적 기능들이 기원이나 연고 없이 이상하고 낯선 환경에서 이방인처럼 홀로 서 있다는 사실은 그들을 목적론적 모형, 도해, 예시로 보게 하

는 측면을 부여한다. 그들의 계보는 이미 스스로의 내부 구조에 새겨져 있다. 그들은 스스로의 역사를 자신 속에 품고 있다. 그러한 형태 각각에 대한 분석은 한 쪽짜리의, 작고 완결된 모노그래프의 가치를 갖는다. 그러나 우리가 관심을 갖는 기능은 선험적 구성물이나 인공적으로 생성된 사례 및 도식과는 대조적으로 그들의 기본 형태를 재생산하는 실험과 그들의 역사를 드러내는 원시인에 대한 연구에서 직접적이고 즉각적인 연속성이 발견되는 실제적인 형성물이다.

2-82] 그들을(흔적 기능-K) 문화적 행동 발달의 주요한 노선과 이어 주는 것은 인위적 연결이 아니라 실제의 고유한 연결이다. 그들의 역사는 장엄했다. 그들의 시대에서는 현상의 세계로부터 버려진 것이 아니었다. 그들의 시대에서, 각각의 새로운 형태의 출현은 인간 스스로의 본성을 넘어선 인간의 새로운 승리를 의미하고 기능의 역사에 신기원을 이룩하였다. 그들은 인간이 동물 존재의 경계를 초월하도록 한 실제 대로大路를 만들어 내었다. 그들—위대한 문화적 업적에 대한 실제 기념물들—은 오늘날 그들과 이질적인 시대에서 비참한 생활을 근근이 이어가고 있다. 그러나 만약 그러한 흔적 형태 각각의 역사를 알아내고자 했다면, 아마도 거기에서 인간성을 향하는 중심 대로들 중 하나를 찾았을지도 모른다. 만약 그것의 민족학을 밝혀내고자 했다면, 서로 다른 시대와 다양한 모습의 모든 사람들이 넘어섰던 보편적인 문화적 단계를 찾았을지도 모른다.

2-83] 그러나 이는 문제를 복잡하게 하고 흔적 형태로부터 얻을 수 있는 주된 이익을 잃는다는 것을 의미할 수 있다. 그들은(흔적 기능-K) 그것이 존재하는 방식 그대로, 주어진 그대로 훌륭하다. 진실로 우리가 그것에 흥미를 가지는 것은 그 자체 때문이 아니다. 우리는 그 속에서 연구 방법의 문제를 해결할 열쇠를 찾고 있다. 그들은 좀처럼 함께 나타나지 않는 두 가지 장점을 동시에 가지고 있다. 한편으로 그들은 원시 도구처럼 고대적이고 원시적이며 조야하게 만들어졌다. 이는 그 흔적 형태들이 극히 단순하다는 것을

뜻한다. 그들은 W. 쾰러로 하여금 지성의 본질에 대한 이론적 이해의 자연적 출발점으로서 도구 사용의 최초 모습을 발견하게 되리라는 희망을 갖고 유인원 연구에 눈을 돌리게 한, 바로 그 가소성과 초기 발생적 상태, 그리고 그 원시적 자질을 보존하고 있다. 다른 한편으로 우리 앞에는 그 발달을 완료하여, 미발달 속성이나 이행적 형태는 손톱만큼도 찾아볼 수 없는 온전히 완성된 형태, 자신이 무엇인지에 관한 사실을 전부 드러내는 그런 형태가 놓여 있다.

> *비고츠키는 2-76에서 역사적으로 연구한다는 것은 그것이 활동 중일 때를 연구한다는 것을 상기시킨다. 즉, 움직이는 중에 있는 그 대상이 그것의 실체를 밝히는 것이다. 반면, 2-79에서는 논리적으로 연구한다는 것이 그것이 완성된, 완전하게 실현된 형태를 연구한다는 것을 상기시킨다. 연대기적 분석의 한 가지 핵심은 그것이 처음에서 시작해야만 하며 앞으로 일어날 일을 예측하여 추론해 나간다는 것이다. 논리적 분석의 핵심은 그것이 완성된, 완전한 형태에서 시작하며 회고적으로 뒤를 돌아본다는 것이다. 비고츠키는 '흔적 기능'을 사용함으로써 이 둘을 동시에 하고자 함을 볼 수 있다.

2-84] 우리의 심리학적 화석은 화석화되고 갇힌 형태로 그 내적 발달을 보여 준다. 이(심리학적 화석-K) 속에는 발달의 시작과 끝이 연결되어 있다. 본질상 그 자체는 이미 발달 과정의 밖에 서 있다. 그 자체의 발달은 완료되었다. 가소성과 화석화, 발달의 처음과 끝 지점, 단순성과 완전함의 이런 조합은 연구에 엄청난 이점을 지니고 있는데 이는 그를 비길 데 없는 실험 대상으로 만든다. 이것은 마치 그것이 실험 방법의 출발점과 관문, 토대로서 일부러 만들어진 것과 같다.

> 흔적 기능이 중단된 발달과 완전히 완성된 발달의 순간 포착 사진을 동시에 보여 주는 것이 어떻게 가능한가? 만약 우리가 공룡 화석이나 화석화되어 호박 속에 보존된 채 남아 있는 멸종된 곤충이나 시베리아 동토층이나 라브레아타르 늪에서 발견된 화석화된 홍적세의 포유류에 대해 생각한다면 비고츠키가 말하고 있는 것이 무엇인지 바로 이해할 수 있다. 즉, 우리가 지금 관찰하고 있는 것은 사실 발달의 과정이지만 또한 우리의 관점에서는 이미 종결된 발달 과정이라는 것이다. 물론 흔적 기능들은 여전히 남아 있다. 그것은 공룡, 매스토돈, 맘모스보다는 도마뱀, 악어와 유사하다. 그러나 비고츠키의 지적은 여전히 옳다. 새로운 기능을 취하고 새로운 형태를 발달시키지 않는다는 의미에서 그들은 더 이상 발달 중이 아니다. 그런 뜻에서 그들은 실제로 화석화된 것이다. 그들은 그들의 발달 속에 갇혀 있는 동시에 또한 종료되었다.

2-85] 발달에 대해 연구하기 전에 우리는 무엇이 발달해 왔는지를 설명해야 한다. 흔적 기능에 대한 예비적 분석이 이 질문에 대한 답을 줄 것이다. 흔적 기능들이 죽은 동시에 살아 있고, 그들이 포함되어 있는 살아 있는 체계를 따라 움직였으며 동시에 화석화되었다는 것이 우리가 관심을 가진, 발달 과정에서 불가결한 **무엇**을 그들 안에서 밝혀낼 수 있게 한다. 이 **무엇**이 공식의 기초, 우리가 찾으려는 방법의 기초에 놓여야 하고, 그것은 그것의 (방법의-K) 실제적 기초를 형성하고 이를 실제 과정에 대한 유추로 변형시켜야 한다.

2-86] 이제 우리는 우리의 방법론적 공식의 실제 근거를 분명히 드러내기 위해서, 그 방법론적 가치와 논리적 근거를 세우고자 장시간 논의해 왔던 흔적 기능의 분석에 집중할 것이다.

2-87] 우리의 흥미를 끄는 행동의 초기 형태는 종종 볼 수 있는 구체적

상황과 연결해서 좀 더 쉽게 드러난다. 이 상황은 극히 단순화 용어로 뷔리당의 당나귀의 딜레마라고 불린다. 이 잘 알려진 철학적 일화는 많은 사상가들에 의해 뷔리당으로부터 비롯되었다고 여겨지지만 그의 저서에는 전혀 나타나지 않는다. 한 배고픈 당나귀가 왼쪽, 오른쪽으로 똑같은 거리에 있는 두 개의 똑같은 건초더미 사이에서 결국 굶어 죽는다. 왜냐하면 행동에 대한 동기들이 완벽히 균형을 맞추어 상반된 방향을 가리키기 때문이다. 이 유명한 일화는 행동의 절대적인 결정성에 대한 관념, 의지의 구속에 대한 관념을 그려 내고 있다. 인간은 이 유사한 궁지의 상황에서 어떻게 할 것인가? 어떤 사상가들은 당나귀의 숙명이 인간에게 닥칠 것이라고 주장한다. 이와는 반대로 다른 사상가들은 인간이 그와 같은 상황에서 죽음에 이른다면 그는 당나귀보다 더 수치스러울 것이며 res cogitans-사물思物로 볼 수 없다고 주장한다.

> *장 뷔리당(Jean Buridan, 1300~1358)은 중요한 중세 물리학자이자 성직자였다. 그의 '추진력'에 관한 관념은 오늘날 신체의 움직임을 이해하는 방법의 시초를 제시한다. 아리스토텔레스는 물체들이 움직이는 것은 그 물체에 지속적으로 작용하는 어떤 힘이 있기 때문이라고 믿었다(자전거를 탈 때 페달을 계속 돌리면 움직이지만, 페달을 멈추면 멈추고 만다고 믿는 어린이의 관념과 유사하다). 뷔리당은 우리가 물체를 움직일 때 그 물체가 계속 움직이는 이유는 소위 '추진력'이라 불리는 속성이 물체에 부여되기 때문이라고 한다. 물체는 오직 어떤 다른 추진력, 즉 공기 저항력이나 중력으로 인해서 그 움직임을 멈춘다. 뷔리당의 추진력에 대한 관념은 아이작 뉴턴의 관성의 개념과 매우 명백히 유사하다. 뷔리당은 이 추진력의 원리를 인간 행동에도 적용하였으며 스키너와 극단적 행동주의자와 매우 유사한 입장에 이르게 되었다. 그는 자유 의지는 환상일 뿐이라고 믿었다. 물론 우리는 의사 결정을 하지만, 어떤 주어진 상황이든 진정한 합리적 선택은 오직 하나이다. 따라서 자유 의지가 할 수 있는 것은 진정한 합리적 선택이 명확

해질 때까지 의사 결정을 미루는 것뿐이다. 합리적 선택 그 자체는 자유롭게 선택되지 않는다. 뷔리당은 매우 강한 반反아리스토텔레스 신봉자였기 때문에 적이 많았던 것 같다. 많은 아리스토텔레스 신봉자들이 자유 의지에 대한 그의 불신을 비꼬아 조롱했다. 두 개의 동등한 합리적 선택의 관념은 인간이 갈증과 굶주림을 겪다가 먼저 먹을 것인가 마실 것인가를 결정하지 못해 죽는 사람에 대하여 저술한 아리스토텔레스로부터 유래했다. 뷔리당의 동시대인들은 사람을 당나귀로 바꾸고 이 당나귀를 두 개의 건초더미 사이에 둠으로써 인간의 행위는 항상 결정된다는 개념을 조롱하였다.

*비고츠키는 사상가들이 이 패러독스에 어떠한 답을 했는지 언급할 때 스피노자를 인용하는 것으로 보인다. 스피노자는 『에티카』의 2부에서 '인간이 자유 의지로 행동하지 않는다면 뷔리당의 상황에서 어떻게 행동할 것인가'에 대해 다음과 같이 답한다.

"마지막으로 네 번째 반론에 관해서 말하자면, 그와 같은 평형 상태에 처한 인간, 말하자면 기아, 갈증과 똑같은 거리에 떨어져 있는 그러한 음식과 음료 이외에는 아무것도 지각하지 않는 인간은 기아와 갈증으로 인하여 죽을 것이라는 것을 전적으로 인정한다. 만일 사람들이 그러한 인간은 인간이기보다는 오히려 당나귀로 보아야 하지 않겠느냐고 나에게 묻는다면, 나는 스스로 목을 매 죽는 인간을 무엇으로 볼 것인지 그리고 어린이, 바보, 미치광이 등을 무엇으로 볼 것인지 알 수 없는 것처럼 그것을 알지 못한다고 대답하고자 한다."

(『에티카』, 강영계 역:124)

2-88] 본질적으로 이는 인간 심리학 전체에 있어서 기본적 질문이다. 우리는 여기서 우리 연구의 전체 문제 즉 자극→반응 문제가 극도로 단순화되고 관념적인 형태로 나타나는 것을 보게 된다. 두 자극들이 동일한 힘을

가지고 반대 방향으로 작용하여 두 개의 호환 불가한 반응을 동시에 야기하면 이로부터 벗어날 수 있는 방법이 없다. 기계적 필연성에 따라 완전한 운동 불가성이 자리를 잡고 행동은 멈추게 된다. 당나귀에게는 결코 불가능한 이러한 상황 타개가 인간에게 가능하다고 생각한 이들은 문제의 해결이 물질적 필요를 갖지 않고 원하는 데라면 어디든지 갈 수 있는 영혼에 있다고 보았다. 이와 같이 철학적인 '둘 중 하나'는 유사한 상황에서 인간 행동에 대한 관념론적 또는 기계론적 해석과 정확히 상응한다. 심리학에서 두 방향은 모두 똑같은 선명함을 가지고 발전되어 왔다.

> 자유 의지와 관련된 이 질문은 인간 심리학에 있어서 기본적 질문이다. 우리 연구의 전체 문제, 즉 의지 발달을 연구하기 위해 자극반응 방법을 이용하는 것이 바로 여기에 제시된다. 두 자극이 동시에, 같은 힘으로 작용하여 서로의 영향력을 지워 버린다면 행동이 멈추는 것 이외에는 다른 어떤 반응도 있을 수 없다. 인간과 동물의 차이점을 고민한 심리학자들은 해답을 '영혼'에서 찾았다. 영혼은 물질로 구성되지도 않고 물질에 의해 규정되지도 않으므로 스스로가 선택하는 방향으로 자유롭게 움직일 수 있는 것이다. 1장에서 한 번 제시된 바 있는 '이것 아니면 저것' 혹은 '둘 중 하나'라는 철학적 상황은 오늘날 심리학에서 발견되는 철학적 이원론과 일치한다.

2-89] W. 제임스는 그것에 의해 세계가 창조된, 그것 없이는 어떠한 의지적 행동의 설명 가능성을 보지 못했던 신과 같은 명령 fiat(있으라!)으로부터 정신적인 힘을—실상 실용주의자답게 가능한 한 가장 조금—빌려야 했다. 그리고 그를 따르는 행동주의자들은 만약 그들의 체계에 충실하게 남아 있고자 한다면, 이와 유사한 상황의 분석을 통해 인간과 당나귀 사이에 전혀 차이가 없다는 결론에 이른다는 것을 인식해야 했다. 후자는 동물이고 전자

는—정확하게는 가상이긴 하지만, 그래도 사람이라는 것을 잊게 된다. 우리의 탐구가 전개되면서 확장되어 온 철학적 관점에 대해 다시 돌아가 이를 철학적 언어로 표현할 기회가 연구의 결론 부분에 있을 것이다. 지금은 이를 또 다른 측면—실제 경험적 연구의 차원에서 확립하고자 한다.

> 비고츠키가 뷔리당의 당나귀를 두 개의 상충하는 심리학을 위한 패러다임으로 간주한다는 것을 기억하자. 하나는 기계론적이며, 자연적인 방법으로 절대적으로 신체에 초점을 맞추어 인간과 동물 사이의 경계를 없앴고, 다른 하나는 유심론적이며, 그 경계를 보존하며 인간과 신의 경계를 없애는 것을 통해 신으로부터 주어진 자유 의지를 설명한다. 뷔리당의 당나귀의 문제는 사실 스피노자가 지적했던 것처럼 사고 실험이다. 실제 삶에서는 완전히 동일한 두 가지 대안 같은 것은 존재하지 않는다. 그러나 우리는 실험에서 종종 비교할 수 없는 두 가지 상황을 비교 가능한 것으로 다룬다(예를 들면 실험 집단과 통제 집단으로 구성하는 것). 이것이 비고츠키가 다음에서 이야기하고자 하는 것이다.

2-90] 철학자들에게 있어 이 모든 허구적 고안은 극히 특별한 인공적 논리 구성물이었으며, 바로 이 인공적인 논리 구성물을 사용하여 자유 의지 문제에 대한 이런저런 해결책을 구체적, 시각적 형태로 그려 낼 수 있었다. 그리고 이것은 본질적으로 윤리적 문제에 대한 논리적 모형이었다. 이제 우리의 흥미를 끄는 것은 이러한 본질을 내포한 실제 상황에서 실제 동물과 실제 인간이 어떻게 행동하는가 하는 것이다. 이와 같은 문제 제기와 함께 자연히 상황, 반응 대상, 실험 양상 모두가 변화한다. 모든 것이 관념적인 국면에서 매우 불완전하면서도 또 그만큼 커다란 이점을 가지고 있는 실제 국면으로 접어든다.

> *뷔리당의 당나귀에 관한 몇 가지의 실험이 전자 공학에도 볼 수 있다. 예를 들어, 현재까지 계속 반영되는 것은 0(특정 한계점 이하일 경우) 또는 1(한계점을 넘을 경우)의 값을 지정해야만 하는 디지털 논리 게이트이다. 특별한 지점에서 논리 게이트는 현저하게 무작위적으로 변동한다. 공학자들은 이 상황에서 게이트가 0 또는 1을 선택하게 하여 이 문제를 해결하려고 노력해 왔지만, 선택을 고정할 수 있도록 한계점을 정의해야 하지만 논리 게이트는 또다시 무작위로 변동하기 시작하기 때문에 문제는 다시 발생했다. 이 예를 통해서, 비고츠키가 문제를 실제 세계에 전이시킬 때에는 상황을 바꾸고, 반응하는 주체를 바꾸고, 실험의 유형을 바꾸는 것이라고 말한 것이 어떤 의미인지 알 수 있다. 하지만 또한 문제가 사실상 실제 세계를 변형시킨다는 것도 볼 수 있다. 그러나 스피노자는 그렇지 않다고 믿었다. 진정으로 이성적인 정신과 동등한 그 어떤 대체물이 존재하는 상황은 결코 없기 때문이다.

2-91] 물론 그런 이상적인 상황은 실제 세계에서는 결코 나타나지 않는다. 그러나 이와 다소 유사한 상황은 종종 나타난다. 이런 상황들이 실험 연구나 혹은 심리학적 관찰을 가능하게 한다.

2-92] 동물과 관련해서 실험적 연구는 대립되는 신경 과정이 충돌할 경우—물론, 이는(뷔리당의 경우와는-K) 다소 다른 유형이지만, 전체적으로 볼 때 자극과 억제라는 동일한 수준의 과정이다—이것이 기계적 부동성이 아닌, 이와는 전혀 다른 성질의 반응을 발견하게 됨을 이미 보여 주었다. 파블로프는 대립되는 신경 과정들 간의 이 고통스러운 만남을 통해 종종 우리의 어떤 측정 수단으로도 잴 수 없는, 신경생리학적 행동의 표준과는 먼 다소 장기적인 일탈을 관찰하게 된다고 말했다. 이 대립되는 자극의 고통스러운 만남에 대하여 개는 혼란스러운 행동, 병적 흥분이나 억제, 신경의 붕괴로

반응한다.

2-93] 파블로프에 따르면 어떤 개는 즉시 광란에 빠졌다. 몸을 끊임없이 움직이고, 참을 수 없을 만큼 소리를 내며 짖었으며 끊임없이 침을 흘렸다. 그 반응은 막다른 골목에 갇힌 동물의 반응, 즉 '드비가쩰노이 부레이 двигательной бурей'라 불리는 것과 매우 비슷했다. 다른 개의 경우에 신경 붕괴는 막다른 골목에 처한 동물의 또 다른 생물학적 반응, 즉 죽음, 마비, 확산된 억제와 흡사한 반사 작용과 더 닮은 다른 방향을 취한다. 파블로프에 따르면 그들은 그런 개를 시험을 거친 치료제인 브롬화물을 사용하여 치료한다. 그래서 뷔리당의 상황에 놓인 개는 기계적으로 반대의 신경 과정을 중화시키기보다 더 자주 신경 붕괴에 이르게 된다. 그러나 지금 우리의 관심은 유사한 상황 속에 있는 인간에 있다. 위에 묘사된 것처럼 일상생활에서 관찰되는 흔적 기능을 가지고 시작해 보자. 문학적 예시를 들어보면, "군에 입대하여 싸움터로 나갈 것인가, 그렇지 않으면 기회를 기다려야 할 것인가?" 하고 피에르는 이러한 질문을 자기 자신에게 몇 번씩이나 되풀이했다. 그는 곁에 놓인 탁자 위에 카드를 집어 들고 카드 점을 치기 시작했다. "만약 이 카드 점이 잘 떨어지기만 하면", 하고 그는 카드를 섞어 한 손에 들고 천장을 쳐다보면서 혼자 중얼거렸다. "만약 잘 떨어지면 그것은⋯⋯ 그것은 어떻다는 이야긴가?"

*비고츠키는 크레치머의 '운동', '움직임' 또는 '동기 폭풍'을 의미하는 'Bewegungssturm'을 활용하여 двигательной бурей라는 용어를 인용한다. 그러나 그것은 대개 영어로 'motor storm(운동 폭풍)'으로 번역된다. 그러나 여기서 'motor'라는 말은 '감각운동적'보다는 '동기적' 같은 것을 의미한다. 크레치머는 인간이 극단적 스트레스하에서 어떻게 반응하는지 묘사하고 있다. 거기서 동기는 서로 충돌하고 심지어 모순된다(이것은 심적 외상 후 스트레스 장애, 폭탄성 쇼크 혹은 '군인의 심정'에 작용하는

> 근거이다. 거기서 싸우려는 욕망과 달아나려는 욕망은 서로 직접 모순된다). 크레치머가 나치의 전쟁 심리학자였다는 것을 기억하라. 오늘날 이 '운동 폭풍(동기의 회오리바람을 떠올려 보라)'은 '정서적 충격'이라 불린다. 비고츠키 언급한 것처럼, 거기에는 운동 저하증적(비활동적인) 반응과 운동 과잉증적(활동적인) 반응이 있다. 전자는 '죽음과 같은' 상태이며 후자는 여기저기서 지향 없는 돌진과 신체적 움직임의 통제 불능에 의해 특징지어진다.

2-94] 카드 점이 제대로 떨어졌는데도 불구하고 피에르는 군대에 입대하지 않고 텅 빈 모스크바에 그대로 눌러앉아 여전히 그 불안과 주저와 공포와 동시에 기쁨을 느끼면서 뭣인가 무서운 것이 닥칠 것을 기다리고 있었다(Л. Н. Толстой. Полн. собр. соч. М., 1932, т. 11, с. 178-179).[1]

2-95] L. N. 톨스토이의 소설 『전쟁과 평화』의 주인공 피에르 베주호프에게 흔적의 비활성화된 기능으로 나타난 것, 그리고 저자의 의도에 따라 기술記述적 방식으로 효과적으로 전달되어야 했던 것, 즉 주인공을 압도한 망설임의 상태는 우리로 하여금 가장 중요한 심리학적 핵심에 눈뜨게 한다. 분석은 단순하지만 의미가 있다. 이는 뷔리당의 상황에 처한 인간이 인위적으로 도입된 보조적 동기나 자극을 추구한다는 것을 보여 준다. 뷔리당의 당나귀의 상황에 처한 인간은 단순히 제비를 뽑고 그렇게 함으로써 상황을 타개할 것이다. 위의 예시에서처럼, 이는 선택 기능의 흔적 형태가 나타나기는 하되 실현되지는 않는 현상에서, 원시인의 행동이 나타나는 현상에서, 특히 인위적으로 조성된 조건의 실험적 연구에서 특정 연령의 어린이가 유사한 행동을 보이는 상황에서 그 확증을 얻는다.

---

1 역자 주—톨스토이, 박형규 옮김, 『전쟁과 평화』 3권, 219쪽, 범우사.

*선택 기능의 흔적 형태가 나타나되, 실현되지 않는다는 것은 레온티에프의 선택 실험이나 금지색 카드 실험 등에서 실험 대상이 올바른 반응을 위해 스스로 상정한 보조적 수단(선택 버튼에 라벨을 붙이거나 주의 환기를 위해 금지된 색의 카드를 따로 두는 것)을 실험 과정에서 무시하는 것을 의미한다. 물론 비고츠키는 어린이 놀이에서 술래 뽑기나 더운 날 아이스크림을 사거나, 아무도 원치 않을 때 누가 학급 회장이 될 것인가와 같은 상황을 예로 들 수 있을 것이다. 어떤 점에서는 톨스토이의 사례는 매우 빈곤한 것처럼 보인다. 결국 피에르 베주호프는 카드 점을 친다. 그러나 그러고 나서 그는 그 결과에 승복하지 않으며, 아무것도 하지 않는다. 따라서 이 톨스토이의 사례는 비고츠키가 입증하고자 하는 것과 정확하게 반대적 입장인 것처럼 보인다. 즉 피에르 베주호프는 그의 딜레마를 극복하지 못하며, 뷔리당의 당나귀의 상황에 그저 남아 모스크바에 머무른다. 그러나 상황은 그렇게 단순하지 않다. 비고츠키의 논지는 제비뽑기는 흔적 기능, 즉 비활성화된 기능이라는 것이다. 이는 중대한, 삶을 바꾸는 결정을 하지 못한다. 왜냐하면 그 기능을 적용해야 하는 발달의 사회적 상황이 더 이상 존재하지 않기 때문이다. 여기 톨스토이의 소설에서 카드 점은 결정하기가 아닌 다른 기능을 수행한다. 다음 문단에서 비고츠키가 지적하듯이 이 게임은 피에르의 망설임, 불안한 예감, 운명에 대한 믿음을 독자가 알 수 있도록 표현하는 역할을 한다.

2-96] 이어서 우리는 이 실험들에 대해 좀 더 언급하려고 한다. 우리에게 지금 중요한 것은 이 비활성화 기능이 가장 복잡하고 오래된 역사를 지니고 있다는 사실이다. 그것은 자신의 시대에는 단지 내적 상태를 드러내는 징후인 것만은 아니었다. 그러나 그것은 이제 그것이 나타나는 행동 체계에서 무의미해졌으며 그 본래의 기능을 잃고 쓸모없는 행위가 되었다. 한때 이것

은 행동 발달에서 한 시대와 다른 시대의 경계선이 만나는 지점이었으며, 우리가 위에서 언급한, 인류가 동물 존재의 경계를 넘어서게 해 준 여러 지점 중 하나였다.

2-97] 문화적으로 지체된 곳에서 성장한 사람들의 행동에서 제비뽑기는 거대한 역할을 수행한다. 연구자들에 따르면 상당수의 이러한 부족들은 난처한 상황에서 제비뽑기 없이는 중요한 결정을 내리지 않는다. 뼈 조각(주사위-K)이 던져지고 굴러가는 방식은 동기들 간의 경중을 가늠함에 있어 결정적인 보조적 자극이 된다. L. 레비-브륄은 당면 상황과 전혀 무관하며 단지 두 가지 가능한 반응 중 하나를 선택하는 데 도움이 되는 수단으로서 원시 부족에 의해 도입된 인공 자극이 어떠한 결정을 내려야 하는 상황에서 사용되는 다양한 모습을 기술하고 있다.

> *주사위를 가리키는 러시아어 단어 '코스치кости'는 뼈를 의미한다. 이는 물론 주사위가 뼈로 만들어졌었기 때문이다. 여기서 비고츠키가 말하고 있는 원시인들이 주사위를 던졌을 것이라고 생각하기는 어렵다. 뼈를 사용했을 것이라고 보는 것이 타당하다. 고대 중국인들의 경우 황소의 어깨뼈(견갑골)에 표시를 하여 점을 쳤으며 이는 한자의 기원으로 알려져 있다. 물론, 거북이 등껍질을 구웠다거나 혹은 염소의 내장, 어쩌면 피에르의 솔리테어나 타로카드와 같은 카드를 사용했으리라 추측할 수도 있다. 분명한 것은 여기서 뼈는 은유적 표현이라는 점이다. 비고츠키는 뼈를 통해 제비, 징조, 점 등을 일반적으로 지칭하고 있다. 비고츠키는 어째서 제비를 보조적 자극이라고 지칭하고 있는 것일까? '보조적 자극'이라는 말은 제비가 어떻게 다른 반응에 작용하는지 그리고 심지어 행위 주체에 직접 작용하는 것이 아니라 다른 자극에 작용하는지를 나타낸다. 이런 의미에서 제비는 (can, may, might와 같은) 보조동사와 유사한 역할을 한다. 조동사는 주어가 무엇을 하는지 혹은 무엇을 할 것인지를 알려 주지 않으며

오직 주어가 무엇을 '할 수 있는지', '할 것인지', '해야 하는지' 등에 대한 것만을 알려 준다.

*레비-브륄(Lévy-Bruhl, 1857~1939) 철학 교수였으며 현장 조사 없이 인류학을 연구한 '안락의자 인류학자'였다. 앞서 지적했듯이 레비-브륄은 발달론자였다. 그가 '원시적' 생각과 '서구적' 생각을 극명하게 구분한 것은 후자의 탁월함과 필연성을 주장하기 위함이었다. 그의 생각 중 두 가지가 본문의 논지를 이해하는 데 유용하다. 하나는 '집합 표상', 즉 공유된 생각의 양식이며 다른 하나는 '융즉', 즉 현상들 사이의 비가시적이고 비합리적인 인과적 연결이다. 비고츠키가 말하고 있는 '흔적 기능'은 두 가지 모두의 사례가 된다.

2-98] 레비-브륄은 다음과 같이 말하였다. 만일 남아프리카 부족의 토속민이 난관에 봉착한다면 그는 제비를 뽑을 것이다. 또는 아들을 학교에 보내라고 선교사가 요청할 때 그는 부족의 족장이 했던 것처럼 대답할 것이다. "내 꿈에 뭐가 나타나는지 살펴보겠소."

2-99] R. 투른발트는 이런 사실에서 자기 자신의 행동에 대한 의식적인 자기 조절의 시작을 제대로 보고 있다. 그리고 최초로 제비뽑기를 한 사람이 문명화된 행동 발달을 향한 중요하고도 결정적인 첫걸음을 내디딘 것은 사실이다. 이것은 그런 조작이 실제 삶에서 심사숙고를 하거나 경험을 사용할 중대한 시도를 말살한다는 사실과 모순되는 것이 아니다. 단지 꿈으로 볼 수 있거나 주사위를 던질 수 있는데, 왜 귀찮게 생각하고 배우는 것인가? 생각의 역사적 발달의 한 단계에서 그들이 어떤 경향의 배아를 구성하고 있다 할지라도 그들은 곧 그 이상의 생각 발달에 장애물이 된다. 이것이 모든 주술적 행동 형태의 운명이다.

*리하르트 투른발트(Richard Thurnwald, 1869~1954) 오스트리아 민족 심리학자이며 인류학자. 베를린 대학, 미국의 버클리와 예일 대학에서 가르쳤다. 레뷔-브륄과 달리 그는 뉴기니 섬, 미크로네시아, 후에 동아프리카에서 집중적인 현장 연구를 진행했던 진정한 민족 심리학자였다. 그리고 그는 서구인의 발달적 우월성을 믿지 않았다. 그는 1905년에 '인종 위생을 위한 독일 사회'를 공동 창립했지만 곧바로 인종주의에 반대하며 대항했다. 다른 한편으로 많은 민족 심리학자들처럼 그 역시 식민주의적인 틀 내에서만 작업했다. 예를 들자면 그가 뉴기니 섬에 있었을 때 지역 원주민으로부터 공격을 받았고 아메리카인들과 오스트레일리아인들에 의해 구출되어야 했다. 그는 아프리카에서 선교사로도 일을 했다. 전쟁 기간 중에는 집시에 대한 나치의 연구에 협력했다. 나치는 유대인 못지않게 집시들을 말살했다. 후에 그는 서베를린에 '베를린 자유대학'을 설립하는 데 미국인들과 함께 협력했다. 투른발트에게 대해 우리에게 가장 중요한 것은 바로 그가 기능주의자라는 것이다. 그는 호혜주의와 선물주기에 관심이 있었다. 그는 원시인들이 고난을 대비해 필수품을 저장해 두지 않았고, 대신 대축제 기간에 그것을 모두 소비했다고 믿었다. 그러나 그는 심리적 형태가 어떻게 발생했고, 심리적 형태들이 어떻게 함께 만들어졌는지에 대해서는 전혀 관심이 없었다. 그는 단지 그들이 무엇을 했는가에만 관심이 있었다. 예를 들자면 그는 축제를 위해 주어진 것이나 축제가 어떻게 생겨났는지에 대한 다양한 설명이 아니라 축제의 기능만을 알고 싶어 했다. 그는 선물주기의 역사나 구조에는 전혀 관심이 없었고, 선물주기의 기능만을 알고 싶어 했던 것이다.

2-100] 하지만 우리는 그 자체로도 대단하고 복잡한 이 문제와 이에 못지않게 어렵고 심오한 제비의 주술적 측면에 대한 심리학적 설명에 지금은

관심을 가질 수가 없다. 다만 우리가 주목하는 것은 다음과 같다. 레비-브륄이 설명한 대로, 원시적 생각에 깊게 뿌리를 둔 이 조작의 주술적인 성격이 우리가 원시적 사고의 순수하게 이성적이고 지적인 발명을 마주하고 있다는 생각을 즉시 버리게 한다. 사태는 헤아릴 수 없이 더 복잡하다. 하지만 우리가 관심을 갖는 것과 관련하여 중요한 것은 그것이 어떻게 나타났는가 또는 그것이 얼마나 무의식적이고 불확실한가, 또는 모든 조작이 세워진 토대인 기본적인 심리학적 원칙이 어떻게 종속적인 역할을 수행하게 되는가가 아니다. 지금 우리의 관심을 끄는 것은 행동의 완결된 형태―그것이 어떻게 발생했건 간에―그리고 바로 그 구성 원칙이다. 그러나 흔적 기능이 한때는 원시인의 행동 체계에서 매우 중요하고 의미 있는 계기였음을 보여 주는 것은 중요하다.

2-101] 만약 우리가 제비를 뽑는 행위의 구성 원리를 순수한 형태로 분리해 낸다면, 그 본질적 특징이 동물 행동에서는 불가능한, 자극과 반응 간의 새롭고 완전히 고유한 관계 속에 놓여 있다는 것을 쉽게 알 수 있다. 우리는 어린이와 성인을 대상으로 하는 실험 속에서 피에르 베주호프의 카드 점과 원시 부족의 제비뽑기 사이의 중간에 있는 상황을 만들었다. 한편으로, 우리는 이치에 맞고 그 상황을 벗어날 수 있는 실제 방법이 될 수 있는 조작을 목표로 했으며, 반면 다른 한편으로 제비뽑기와 관계된 복잡한 주술적 실천의 존재를 배제했다. 그 인위적인 실험 조건 속에서 우리는 흔적 형태와 원래의 주술적 형태 사이의 중간에 있던 조작의 중간 형태를 찾고자 했다. 우리는 순수하고 모호하지 않으며 복잡하지도 않지만 그럼에도 충분한 형태로 그 토대에 놓여 있는 설계 원리를 조사하고자 했다.

*이제 비고츠키가 제비뽑기의 주술적 측면 또는 뒤에 숨겨진 심리학적 원리에 너무 흥미를 갖지 말라고 지난 단락에서 경고했던 이유를 명백히 이해할 수 있다. 그러나 그럼에도 불구하고 그가 고대 사회에서 그것이 중

요한 역할을 수행했다는 사실에 흥미를 가졌으며 제비뽑기의 사용이 의식의 역사에 있어서 한때 진보를 향한 결정적인 걸음을 찍었다고 주장하는 이유를 이해할 수 있다. 비고츠키는 분석 단위를 확립하길 원한다. 그렇게 하기 위해서는 그 행위의 본질적이지 않은 모든 것, 역사적으로 우연적인 모든 것, 자극(상황)에 대한 외관상 동일한 두 개의 반응 중 하나를 선택하는, 주체가 가져야 하는 기능에 유효하거나 충분하지 않은 모든 것을 깎아 내야만 한다. 그러므로 그는 제비뽑기가 뽑는 사람에게 나타나는 방식을 깎아 내고, 제비뽑기를 둘러싼 주술과 운명의 관념을 깎아 내고, 주술과 운명에 대한 이 믿음이 제비뽑기의 논리적 근거 속에서 종속적 역할을 하는지 지배적 역할을 하는지를 깎아 낸다. 하지만 그는 핵심 요소를 유지시킨다. 비고츠키가 『생각과 말』 6장의 도입부에서 학문적 개념은 일상적 개념과 인위적 개념 사이의 중간 어딘가에 있다고 했던 것을 기억하자. 인위적 개념은 사실 실제 개념이며, 실험실이나 교실 같은 장소에서 창조된 개념이다. 비고츠키는 여기서 똑같은 주장을 하고 있다. 그가 염두에 둔 실험은 전근대적 사회에서 매우 중대한 결정을 하기 위해 제비뽑기를 하는 맥락화된, '실제 사용'과 『전쟁과 평화』에서 피에르 베주호프가 했던 제비뽑기의 탈맥락화된, '무의미한 사용' 사이의 어딘가에 존재할 것이다.

2-102] 그 실험은 마지막 장 중 하나에서 논의될 것이다. 그러나 우리는 제비뽑기의 조작에 대한 분석에서 드러나는 행동 구성 원리를 간략하게 소개하고자 한다. 우리는 도식적으로 입증할 것이다. 두 자극 'A'와 'B'가 동일한 힘이지만 반대 방향의 반응을 유도하는 특정한 상황에서 인간이 행동한다고 하자. 만일 'A'와 'B', 두 자극이 결합된 효과가 그들의 행위의 기계적인 합으로 나타난다면, 다시 말해 어떤 반응의 완전한 부재를 유도한다면, 뷔리당의 당나귀의 일화에서 일어났던 결과를 얻을 것이다. 이는 행동의

자극-반응의 원리에 대한 최상의 순수한 표현이다. 자극에 의해 행동이 온전히 결정될 수 있음과 자극→반응 도식 하에서 모든 행동을 조사할 수 있음이 여기서 단순하고 이상화된 형태로 제시된다.

2-103] 바로 이 상황에서 인간은 제비뽑기를 할 것이다. 그는 이 상황과 전혀 상관이 없지만 그것을 변화시키는 새로운 보조적인 자극 'a-A'와 'b-B'를 인위적으로 도입한다. 만약 'a'가 나타나면 그는 자극 'A'를 따를 것이고, 'b'가 나타나면 그는 자극 'B'를 따를 것이다. 인간 스스로 인위적인 상황을 만들어 내고 보조적인 자극을 도입해 왔다. 그가 행동에 도입한 방법의 도움으로 선택을 함으로써 그는 자신의 행동을 미리 결정한다. 제비뽑기로 'a'가 나오고 그에 따라 자극 'A'가 선택되어 그에 상응하는 반응 'X'를 초래했다고 가정해 보자. 자극 'B'는 결과 없이 남게 된다. 그것에 상응하는 반응 'Y'는 나타날 수 없다.

2-104] 이제 일어난 일을 분석해 보자. 물론 반응 'X'는 자극 'A'에 의해 유발되었다. 이것 없이는 반응이 일어나지 않았을 것이다. 그러나 'X'가 오로지 'A'로 인해서만 일어난 것은 아니다.— 'A' 자체는 'B'의 효과로 중화되었다. 반응 'X'는 그와는 전혀 관계없는, 상황에 인위적으로 도입된 자극에 의해서도 유발된 것이다. 따라서 사람이 스스로 만들어 낸 자극이 그의 반응을 결정한 것이다. 따라서 우리는 이 사람이 스스로의 반응을 결정했다고 말할 수 있을 것이다.—인위적 자극의 도움을 통해서 말이다.

2-105] 그러나 S→R 원칙을 지지하는 이들은 우리가 착각에 빠진 것이라고 충분히 반론할 만하다. 이제까지 벌어진 일들은 S→R 도식을 사용해서도 완벽하게 설명될 수 있다. 우리의 반대자들은 다음과 같이 주장할 것이다. "사실 우리는 당신들의 실험에서 앞선 일화에서 내세운 사실과 근본적으로 다른 차이점을 찾을 수 없다. 제비를 사용하는 두 번째 경우에서 이전에 억제되었던 상황에 반응이 생겼다면 그것은 그 상황이 변했기 때문이다. 자극이 변한 것이다. 첫 번째 경우에서는 'A'와 'B'가, 두 번째 경우에서는 'A

←a'와 'B←b'가 작용하였다. 자극 'A'는 'a'로 인해 강화되고, 자극 'B'는 'b'로 인해 약화되었다. 그러나 두 번째 경우의 행동은 첫 번째 경우와 완전히 동일한 방식으로 완벽하게 궁극적으로 의심할 여지없이 S→R 원칙에 의해 결정된다." 우리의 반대자들은 다음과 같이 반론을 마무리할 것이다. "당신들은 제비뽑기 행위의 기저에 놓인 새로운 원칙을 이야기하고, 자극과 반응 간의 새롭고도 특이한 관계에 대해서 이야기한다. 그러나 우리가 보기에 제비가 없는 첫 번째 경우와 제비를 사용하는 두 번째 경우 사이에 근본적인 차이점이 전혀 없다. 당신들은 인간이 스스로 자신의 반응을 결정한다고 말한다. 이는 터무니없다. 그 사람은 스스로 선택하기 직전 순간까지 자신이 무엇을 선택할지 알지 못하고 있었다. 인간의 행동을 결정하는 것은 자기 자신이 아니라 오히려 제비이다. 그 제비가 자극이 아니라면 무엇이란 말인가? 이 상황에서 반응 'X'를 결정하는 것은 인간 자신이 아니라 'a'라는 자극이다. 제비를 뽑는 것은 동물의 행동과 동일한 원칙이 인간 행동의 기저에 놓여 있다는 사실을 뷔리당의 당나귀 이야기보다 더 확실하게 보여 주는 것이다. 단지 인간 행동을 결정하는 자극이 좀 더 풍부하고 복잡할 뿐이다. 그것이 전부다."

2-106] 한 가지 점에서 우리는 주어진 반론에 동의하지 않을 수 없다. 일어난 일은 실제로 S→R 도식에 따라서도 또한 남김없이 완벽하게 설명될 수 있다. 어떤 관점, 즉 우리 반대자의 관점에서 볼 때, 두 경우에서 행동의 차이는 전적으로 자극 간의 차이에 의해 결정된다. 이 점에 대한 우리의 반대자의 분석은 모두 절대적으로 옳다. 그럼에도 불구하고 우리는 바로 이 관점이 제비뽑기 연구에 있어서는 근거 없는 것으로 받아들여져야 한다고 생각한다. 그것은 바로 이 관점을 계속 발전시킬 경우, 그것이 우리를 서로 다른 두 행동 형태 간의 극히 원칙적인 차이를 부정하도록 이끌 수밖에 없기 때문이다. 다시 말해서 이 관점은 첫 번째 형태와 비교해 볼 때 두 번째 형태가 드러내는 새로운 행동 설계 원칙을 파악할 능력이 없다.

비고츠키가 전체 조작이 어떤 나머지나 어떤 잉여도 없이 S→R 단위로 나뉠 수 있다고 말할 때 그것이 의미하는 것은 무엇인가? 비고츠키는 다시 한 번 수학적으로 말하고 있는 것이다. 예를 들어 21을 9로 나눌 때, 우리는 21-(2×9)=3의 잉여를 얻는다. 그러므로 3은 '나머지'이다. 그러나 우리가 뷔리당의 당나귀 상황에 사람을 놓으며 비고츠키의 실험을 나누어 본다면 그것이 정확하게 두 개의 S→R 단위로 깔끔하게 나누어지는 것을 발견한다.

(제비뽑기) → (자극에 주의하기) → (반응)

즉, (자극 'a') → (자극 'A') → (반응 'X')

즉, (S) → (R/S) → (R)

따라서 나머지가 전혀 없다. 완벽하게 묘사되며, 심지어 설명까지 가능하다. 그러나 그것은 단지 양적인 것이다. 매개된 조작과 매개되지 않은 조작들의 기계적인 합 사이의 차이는 양적인 것이 아니고 질적인 것이다. 이는 이해하기 어려운 것처럼 보이지만 비고츠키가 『생각과 말』 1장에서 단위 분석과 요소 분석에 관하여 이야기한 것을 생각해 본다면 그가 의미하고자 했던 것을 이해할 수 있을 것이다. 물과 얼음은 어떤 나머지나 잉여도 없이 완벽하게 수소H와 산소O라는 요소로 나뉠 수 있다. 그러나 이러한 요소로서의 분석은 우리에게 물과 얼음의 차이점에 대한 중요한 설명을 전혀 할 수 없다는 바로 그 이유 때문에, 우리는 물의 액체적 특성과 얼음 결정의 고체적 특성의 분석에 이를 수용할 수 없다. 똑같은 상황이다. 우리는 뷔리당의 상황을 서로를 상쇄하는 두 반대 자극으로 분석할 수 있다. 반응이 없는 자극은 없으며, 자극이 없이는 반응도 없다. 모든 것이 설명된다. 우리는 제비의 사용을 또한 자극과 반응의 문제로 분석할 수 있다. 다시 한 번, 반응이 없는 자극은 없으며 자극이 없이는 반응도 없다.

> 모든 것이 설명된다. 그러나 이런 분석은 매개된 활동, 즉 자유 의지의 작
> 용으로 인한 발달을 설명할 수 없다. 바로 그 이유 때문에, 제비뽑기 문제
> 에 대한 접근법으로서는 거부해야 하는 것이다.

2-107] 이것은 구舊 관점이 새로운 연구 대상, 다시 말해 새롭고 고등한 행동 형태에 부적절하다는 것을 의미한다. 이는 저차적 형태와 공통으로 갖고 있는 것들—행동의 새로운 형태 속에 유지된 오래된 원리들—을 파악하지만, 새로운 형태에 포함되고 독특하며 저차적 형태들로부터 구별되는 점들을 드러내지 못한다. 즉, 오래된 원리들 위에 나타난 새로운 원리들을 감지하지 못한다. 이러한 의미에서 반대자들의 반대는 구관점이 인간의 행동과 동물의 행동 사이의 근본적인 차이를 충분하게 드러낼 수 없다는 점, 즉 고등정신기능들의 구조를 적절하게 밝혀낼 수 없다는 점을 다시 한 번 입증한다. 고등 형태들의 특정한 고유성을 무시하고 이를 간단히 지나칠 수 있다는 사실을 그 누가 반박하겠는가? 인간의 말을 동물이 내는 소리 반응과 같은 방식으로 조사하여 원칙적인 차이를 무시하는 것은 가능하다. 고등 행동 형태 속에 종속적, 보조적, 저차적 형태가 존재함을 드러내는 것만으로 연구를 제한하는 것도 가능하다. 그러나 그 전체적 질문은 다음과 같다. 인간의 행동에서 고유한 것, 특별한 것, 고등한 것들에 눈을 감아 버리는 것의 과학적-발견적 가치는 무엇이란 말인가? 물론 이 모든 것들에 대해 한쪽 눈을 감아 버리는 것은 가능하지만, 그렇게 해버리는 것이 불가피하게 시야를 제한할 것이라는 것을 받아들여야만 한다.

2-108] 반대자의 분석은 반쪽 눈의 분석이다. 그것은 우리의 사례에서 일어난 역동성, 한 상황으로부터 다른 상황으로의 이행, 부가적 자극인 'a'와 'b', 자극-장치(제비)의 기능적 의미, 전체 조작의 구조, 그리고 마지막으로 그 기저에 놓여 있는 원칙을 포착하지 못한다. 그것은 분석적으로 부분들

로 나뉠 수 있는 조합을 통해서만 전체의 조작을 바라보며 그 부분들은—각각 그리고 한데 모여서도—자극-반응의 원칙을 따른다고 지적한다. 그것은 두 상황을 굳어진 형태로 비교하고, 조작의 두 번째 부분—제비뽑기—가 첫 번째(뷔리당 상황)로부터 생겨났으며, 하나가 다른 하나로 변하였고, 이러한 변형이 전체 문제가 매달려 있는 못이라는 사실을 잊은 채 두 상황을 정적으로 바라본다.

> * '못'은 한 힘을 다른 힘으로 바꾸어 주는 힘점, 중심점, 도르래 축과 같은 이미지를 지닌 낱말이다. 전체 문제가 하나의 못에 달려 있다는 것은 두 종류의 S→R 상황이 하나의 단일한 복합적 구조 내에서 연결되어 있으며 서로 별개의 것이 아니라는 것을 의미한다. 그러나 물론 이 둘은 서로 같은 비중을 가지고 있는 것은 아니다. 이 둘은 선택 상황이라는 전체를 구성하는 상보적 부분이지만 한 부분은 몸통의 역할을 하며 다른 부분은 보조적 위치를 점한다. 이에 대한 논의는 뒤 문단에서 이어진다.

2-109] 우리 예시에서 반응 'X'는 자극에 의해 결정된다고 우리의 반대자에게 대답할 수도 있다는 것은 분명 사실이다. 그러나 이 자극은 저절로 일어난 것이 아니었다. 심지어 그것은 상황 속에서 어떠한 유기적 역할도 차지하지 않았다. 게다가 그것은 실제로 상황을 구성하였던 'A'나 'B'와 전혀 관련이 없었다. 그것은 인간 자신에 의하여 상황 속으로 도입되었고, 자극 'A'와의 관계 또한 인간에 의하여 설정되었다. 이 행동의 역사 전체가 처음부터 끝까지 자극의 무리에 의해 전적으로 결정된다는 것은 사실이다. 그러나 이 무리 자체, 즉 자극 자체는 사람에 의하여 만들어졌다. 새로운 자극 'a'와 'b'가 나타났기 때문에 두 번째 경우에는 상황이 달라졌다고 당신은 이야기할지도 모른다. 이는 사실이 아니다. 상황은 누군가에 의해서 변한 것이다. 그것은 뷔리당의 당나귀처럼 정체되고 정지되도록—주어진 상황의

힘에 의해—운명 지어진 바로 그 사람에 의해서 변했다.

2-110] 우리는 우리의 분석에 따라, 새로운 자극의 도입을 구성하는, 인간의 능동적 상황 개입, 인간의 능동적 역할, 인간의 행동과 같은, 자극과 반응의 작용에서 실제로 벌어진 일을 당신이 잊고 있었다는 대답으로 결론지을 수도 있을 것이다. 하지만 우리는 바로 여기서 새로운 원칙, 우리가 말한 행동과 자극의 새롭고 고유한 관계를 발견한다. 조작을 구성 요소로 분해함으로써 당신은 중요한 부분—자기 자신의 행동을 향한 인간 고유의 활동을 놓치게 된다. 이 경우에 자극이 행동을 결정한다고 말하는 것은 쾰러의 실험에서 막대기가 과일을 따서 침팬지에게 준다고 말하는 것과 같다. 그러나 막대기를 쥐려고 하는 것은 손이고, 그 손을 지배하는 것은 두뇌이다. 침팬지의 행동에서 막대기는 단순히 도구일 뿐이다. 우리 상황에 대해서도 똑같이 말해야 한다. 자극 'a' 너머에 인간의 두뇌가 존재한다. 새로운 자극의 출현, 바로 그것이 인간 활동의 결과이다. "그들은 인간을 잊어버린 것"이라는 데 당신의 오류가 있다.

> * "그들은 인간을 잊어버린 것"이라는 표현은 체호프의 연극 「벚꽃동산」의 마지막 대사인 "그들은 사람이 있다는 것을 잊어버렸다!"는 말에서 인용한 것이다. 치매에 걸린 늙은 피어스가 집에 홀로 남겨진 채 벚꽃 나무들이 베어진다.

2-111] 마지막으로, 인간은 무엇을 할지 무엇을 선택할지 직전까지 스스로도 몰랐다고 당신은 주장한다. 자극 'a(제비)'는 그를 특정한 방식으로 행동하도록 강제했다. 그렇지만 이 자극에 이런 강제력을 부여한 것은 누구인가? 이 자극은 바로 인간의 손에 의해서 정해졌다. 이 자극은 인간에 의해 사전에 그 역할과 기능이 고정되었다. 그렇지 않았다면 막대기 자체가 과일을 따지 못하는 것과 같이 이것 역시 행동을 결정하지 못했을 것이다. 자극

'a'는 인간 활동의 도구였다. 이것이 본질이다.

2-112] 우리는 다시, 자유 의지의 문제와 직접적으로 관련이 있는 주제에 관한 더욱 상세한 논의를 우리 연구의 끝으로 미루어야 한다. 고등 행동의 모든 중요한 형태를 의미 있게 알게 되면, 이 원칙에 의거해서 우리는 그 본성을 더욱 완전하고 깊이 있게 인식하고 그것이 우리에게 열어 준 관점을 깊이 탐구하는 방법을 알게 될 것이다. 지금은 다만 우리가 분석을 통해 얻어 낸 주요한 결론만을 강조하고자 한다. 제비뽑기는 뷔리당의 상황과 비교했을 때 새롭고 고유한 구조를 드러내며, 그 새로움이란 인간이 자신의 반응을 결정하고 그 자신의 행동 과정을 다스리는 수단으로 그것들을 사용한다는 사실에 있다. 인간은 인공 자극-장치의 도움을 얻어 그의 행동을 스스로 결정한다.

2-113] 이제 제비뽑기만큼이나 평범하고 널리 퍼져 있는 그리고 비활성화된 두 번째 흔적 기능을 분석해 보도록 하자. 우리는 이러한 외관상 비생산적인 기능들에 대한 분석의 엄청난 가치를 인정하는 것에 동의해 왔다. 문화적 의지의 흔적 형태인 제비뽑기를 다루었듯이, 이번에 우리는 문화적 기억의 흔적 형태를 다룰 것이다.

2-114] 기억을 돕기 위해 매듭을 묶어 두는 것은 제비뽑기와 같이 일상 생활 심리학의 일부이다. 인간이 무언가를 기억해야만 할 때, 예를 들어 집안일을 하거나, 심부름을 하거나, 어떤 물건 같은 것을 가져와야 하지만 스스로의 기억을 신뢰할 수 없을 때, 그는 보통 그의 손수건에 매듭을 짓거나, 그의 회중시계 덮개 아래 종잇조각을 넣어 두거나 이와 비슷한 방법을 사용할 것이다. 그 매듭은 후에 그에게 무엇을 해야만 하는지를 상기시킬 것이다. 그리고 실제로 그것은 누구나 알고 있듯이 종종 믿을 만한 기억 수단으로서 작용한다.

2-115] 여기서 다시 한 번 동물에게서는 생각할 수도 없고 가능하지도 않은 조작이 존재한다. 다시 한 번 우리는 인공적·보조적 기억을 도입한다

는 그 사실에서, 기억의 도구로서 자극을 능동으로 창조하고 사용한다는 점에서 원칙적으로 새롭고 인간에게만 고유한 특징적 행동을 바로 보게 된다.

2-116] 매듭 묶기와 관련된 조작의 역사는 극도로 복잡하고 시사적이다. 그 시대에 그것의 출현은 한 시대와 그것이 존재한 다른 시대, 즉 야만과 문명을 구분하는 경계에 인류가 다가섰다는 것을 나타낸다. 자연에는 확실한 경계가 없다고 R. 투른발트는 말한다. 그러나 만약 인류의 시초가 불의 사용으로부터 비롯된다면, 문자 언어의 출현을 저차적 형태의 인간 존재와 최고 형태의 인간 존재를 나누는 경계로 간주할 필요가 있다. 기억을 위한 매듭 묶기는 문자 언어의 가장 초기 형태 중 하나였다. 이 형태는 문화의 역사와 쓰기 발달의 역사에서 엄청난 역할을 수행했다.

> 매듭 묶기의 역사는 매우 복잡하지만, 또한 시사하는 바가 많다. 이와 같이 매듭 묶기 조작의 출현은 야만에서 문명으로의 전이를 표시한다. 투른발트는 자연은 확실한 경계를 구별하지 못한다고 말한다. 그러나 아마 문화는 확실한 경계를 구별할 것이다. 그래서 만약 불의 발명이 자연과 인간 존재 간의 확실한 경계라면, 매듭 묶기 조작의 발명은 저차적 형태의 인간 존재와 고등 형태의 인간 존재 간의, 즉 선사적 형태와 역사적 형태 간의 확실한 경계이다. 매듭은 또한 쓰기의 최초 형태 중 하나였다. 따라서 그것은 더 일반적으로 문화와 문해 발달에서 엄청난 역할을 수행한다.
>
> *비고츠키가 '야만'과 '문명' 간의 차이를 문자 사회와 문자가 없는 사회 간의 차이로 정의한다는 것에 주목하자. 문자를 갖지 않은 어떤 문명도 존재하지 않는다. 비고츠키 저작의 이런 면을 보고 그를 인종차별주의자라고 비난하기 쉽다. 사실 이러한 비난은 스탈린주의자에 의해 행해졌고 오늘날에도 저차적 심리기능과 고등정신기능 간의 구별을 '엘리트주의'로 보는 사람들에 의해 여전히 진행 중이다. 그러나 비고츠키는 단지 그

시대의 언어를 사용하고 있을 뿐이다. 모건의 이론을 기계적으로 해석한 스탈린주의 역사 문헌은 역사를 다섯 개의 고정된 단계로 나눈다. 야만(원시 공산제), 노예제, 봉건제, 자본주의 그리고 사회주의. '야만'과 '노예제' 간의 구별은 윤리적이거나 도덕적인 것으로 의도된 것은 아니었다. 오히려, 원시 공산제는 비록 실질적으로는 아닐지라도 이념적으로 공산주의에 더 가까웠다는 점에서 주관적으로 노예제보다 뛰어났다. 여기서 정말로 새로운 것, 즉 비고츠키 자신의 시대의 언어에 속하지 않는 것은 비고츠키가 야만과 문명을 구분하기 위해서, 도구 사용의 형태(생산 관계)가 아니라 기호 사용 형태(관념적 형태)를 사용한다는 것이다. 기계적 유물론자는 틀림없이 이것을 관념론적이고 반마르크스주의적이라고 생각할 것이다. 그러나 만약 주의 깊게 읽는다면, 우리는 비고츠키가 실제로 말하고 있는 것은 그것이 야만과 문명 간의 경계를 표시한다는 것임을 알 수 있다. 어쨌든, 우리는 『도구와 기호』를 통해 비고츠키와 루리야가 기호 사용이 계통 발생적으로 그리고 개체 발생적으로 도구의 집단적 사용으로부터 출현한다고 생각한다는 것을 알고 있다. 여기서 비고츠키는 문자 기호가 기억을 돕는 도구로부터 사회 발생적으로, 생겨난다고 주장하고 있다. 메소포타미아에서 이것은 아마 사실이었을 것이다. 예를 들어, 설형 문자는 대개 생산된 제품을 창고에 보관하기 위해 사용된 회계 처리 방법이었던 것으로 보인다. 중국에서의 경우, 문자 기호의 중요한 뿌리는 제비뽑기, 즉 거북 등 딱지를 태워 점을 치는 행위였다.

2-117] 쓰기의 발달의 기초는 (매듭과-K) 유사한 보조 기억 수단에 의존한다. 쓰기 발달의 초기 시대가 많은 연구자들에 의해 '기억술적'인 시대로 불린 것도 무리는 아니다. '기억에 남기기 위해' 묶은 첫 번째 매듭은 그것 없이는 문명 전체가 불가능한 글말의 기원을 가리킨다. 고대 페루에서 키

푸кипу라고 불린 잘 발달된 매듭 기록들은 연대기를 기록하고 사적이거나 공적인 삶에 대한 정보를 저장하기 위해 사용되었다. 그러나 유사한 매듭 기록이 많은 고대의 사람들 사이에서 매우 다양한 형태로 광범위하게 퍼져 있었다. 원시적 인간들 사이에서 이것의 살아 있는 형태이자 초기 상태를 종종 관찰할 수 있다. 투른발트가 가정하듯, 이러한 기억의 보조적 수단이 주술적 기원을 가진다고 볼 이유가 전혀 없다. 관찰들은 오히려 매듭 묶기나 기억을 돕기 위한 유사한 자극을 도입하는 것이 순수하게 실용적인 심리적 조작으로 처음 나타나며, 나중에서야 주술적 의식이 된다는 것을 보여 준다. 그는 자신의 탐험에 도움을 주었던 원시적 인간에 대해서 언급한다. 탐험대가 그에게 임무를 부여하여 본부로 보내면, 그는 자신의 모든 임무를 상기시키는 비슷한 수단을 항상 지니고 다녔다.

2-118] 우수리스크 지역의 유명한 연구자인 V. K. 아르세니예프 В. К. Арсеньев에 의하면 여행 중 우연히 들른 우데그 정착촌에서 지역민들이 그에게 블라디보스토크로 돌아가면 리 탕쿠라는 상인이 자신들을 억압한다는 사실을 러시아 당국에 알려 달라고 부탁했다고 한다. 다음날 지역민들은 모두 모여 그를 지역의 경계까지 배웅하였다. 머리가 흰 노인이 군중에서 나와 그에게 스라소니의 발톱을 주며 주머니에 넣고 리 탕쿠에 대한 그들의 부탁을 잊지 말라고 했다고 한다. 이 노인은 기억의 과정에 능동적으로 개입하면서 상황에 인공적인 자극을 스스로 도입한다. 동시에, 타인의 기억 과정에 작용하는 것이 자기 스스로의 기억에 작용하는 것과 원칙적으로 같은 방식으로 이루어짐을 상기하자. 스라소니의 발톱은 타인의 기억과 그 기억의 운명을 결정해야 한다. 이러한 예는 셀 수 없이 많다. 그러나 사람이 그 스스로를 대상으로 같은 조작을 행하는 사례 역시 그에 못지않게 많다. 우리는 한 가지 사례만 살펴보도록 하자.

*아르세니예프(Vladimir Klavdiyevich Arseniev, 1872~1930) 탐험가, 작가.

러시아 극동지역 민속학자. 상트페테르부르크의 농노 가정에서 태어나 군에 입대하였다. 내전 중 극동 소비에트 연방에서 소수 민족을 관할하는 관리로 봉직하였다. 탐험대를 이끌고 다수의 탐사를 실시하였으며 탐사 중 타이가의 사냥꾼 데르수 우잘라를 만나 그의 이름을 딴 책을 저술하였다. '원시적 사람'과 '근대 소비에트인'의 우정을 그린 이 책은 일본인 영화감독 구로사와 아키라에 의해 영화화되었다. 당시 극동 지역에 애정을 가지고 동부 영토의 언어에 관심을 가지고 있던 러시아인들 상당수는 친일주의자로 간주되어 총살을 당하였다. 소련의 위대한 아시아 언어학자였던 폴리바노프도 그중 하나이며, 아르세니예프 역시 죽임을 당하였다. 그의 사망 직후 아르세니예프의 미망인 또한 스파이로 기소되어 10분가량의 재판 끝에 처형을 당하였고 딸은 강제 노동 수용소로 보내졌다.

2-119] 모든 연구자들은 원시적 인간에게서 선천적인 자연발생적 기억이 매우 높은 수준으로 발달한다고 지적한다. L. 레비-브륄은 숙고하는 대신 기억하려고 하는 경향이 원시적 생각의 중요한 특징이라고 생각한다. 그러나 우리는 이미 원시적 인간에게서 완전히 다른 발달 단계에 위치하는, 사실상 원칙적으로 다른 두 가지 형태를 발견한다. 훌륭한—아마도 최고의—자연적 기억의 발달과 함께 우리는 다만 문화적 기억의 가장 초보적이고 조야한 형태를 보게 된다. 그러나 심리적 형태가 더 원시적이고 간단할수록 그것의 구성 원리는 더 명백해지고, 분석은 더 쉬워질 것이다. 레비-브륄이 인용한 반제만Wangemann의 관찰을 예로 살펴보자.

*레바-브륄은 다음과 같이 반제만의 예를 들었다.
"그러나 가장 원시적 사람들에게서조차도 위에서 언급되었던 기억이 기능하는 형태만 나타나는 것은 아니다. 반대로, 이 경우에서조차도 그것과

> 함께 다른 형태의 기억들이 관찰될 수 있을 것이다. 더 근접한 분석에 기초하면 이는 완전하게 다른 발생 노선에 속해 있으며 그래서 우리를 인간 심리의 완전히 다른 형성으로 이끈다는 것이 입증된다. 기억하기 위한 매듭이나 칼자국처럼 비교적 단순한 조작에도 이미 과정의 심리 구조는 전혀 다르게 변한다."

2-120] 어떤 선교사가 한 카피르 남자에게 지난주에 들었던 설교에서 기억나는 것을 말해 보라고 요청하였다. 그 카피르 남자는 처음에는 망설이다가 곧 요점을 한 자도 틀림없이 완벽하게 반복하였다. 몇 주 후 그 선교사는 설교 중에 그 카피르 남자를 보게 되었다. 그는 설교에는 전혀 주의를 기울이지 않는 것처럼 앉아서 나뭇조각에 칼자국을 새기는 데 열중해 있었다. 그렇지만 그는 자신이 새겨 넣은 선들의 도움으로 생각들을 하나하나 재생산하고 있었던 것이었다.

> * '카피르'는 남아프리카 흑인을 비하하여 가리키는 인종 차별적인 단어이다. 비고츠키가 이러한 단어를 사용한 것은 좀 뜻밖이나 이 단어의 인용 출처를 살펴보면 그 '의문이 풀린다.
>
> "유럽인과 대화함으로써 남아프리카 원주민이 자신의 사고를 분석해야만 했을 때(이것은 원주민들에게는 꽤 새로운 일이었다), 그들이 본능적으로 이러한 노력을 최소화하려고 했던 것은 당연하다. 그들은 사고와 추론의 노력에서 벗어나기 위하여 자신들의 뛰어난 기억력을 사용할 수 있는 경우에는 언제나 기억을 사용하였다. 여기에 매우 시사적인 한 예가 있다. 선교사 네젤Nezel이 어펑구웨인Upunguane에게 말했다. '지난 일요일에 설교를 들었잖소. 기억나는 것을 말해 보시오.' 어펑구웨인은 카피르들이 언

> 제나 그렇듯이 처음에는 좀 망설이다가 나중에는 설교의 요점을 한 자도 틀리지 않고 반복하였다. 몇 주가 지난 후에 같은 선교사가 설교 중에 어 평구웨인을 보았는데, 그는 분명 설교를 듣지 않고 나뭇조각에 칼자국을 내고 있었다. 설교가 끝나자 선교사는 그에게 물었다. '오늘 들은 것 중 뭐가 기억나시오?' 그 원주민은 자신의 나뭇조각을 꺼내놓고 그것을 보면서 생각을 차례차례 말하였다."
>
> 레바-브륄, L.(1910), 원시적 정신, London and Woking: Unwin, p.25.
>
> 레바-브륄은 여기에 다음과 같은 각주를 달았다.
>
> 반제만 박사: *Die Berliner Mission im Zululande*, p.272.
>
> 여기서 우리는 다음과 같은 사실을 알 수 있다. 이 관찰은 반제만 박사로부터 비롯된 것이며, 선교사는 반제만 자신이 아니라 네젤이라는 사람이다. 비고츠키는 이 내용에 관한 레바-브륄의 문단을 거의 그대로 인용하였으나 "카피르들이 언제나 그렇듯이"나 "이것은 원주민들에게는 꽤 새로운 일이었다."와 같은 인종 차별적 구절들은 주의 깊게 제외했다. 그런 그가 '카피르'란 단어를 제외하지 않은 까닭은 그 단어가 인종 차별적인 단어인 줄 몰랐거나, 단순히 아프리카의 어느 부족의 이름이라고 생각했을 가능성을 생각해 볼 수 있다. 이어지는 문단에서 우리는 비고츠키가 인종 차별주의를 반대하고 있음을 명백히 볼 수 있다.

2-121] 여기서 생각하는 것을 피하려고 기억에 의지할 수 있는 방법이면 무엇이든 사용하려는 원시적 인간에 대한 시사적인 사례를 보는 레비-브륄과는 대조적으로, 우리는 정확하게 그 반대로 인식하고자 한다. 즉, 인간의 지성이 어떻게 인간을 새로운 기억 형태의 형성으로 이끌었는가에 대한 사례로 보는 것이다. 나무 조각 위에 낸 칼자국의 도움으로 설교를 기록하기

위해서는 얼마나 많은 사고가 필요했을 것인가! 그러나 이것은 부차적인 이야기일 뿐이다. 우리가 관심을 두고 있는 본질적인 것은 한 기억과 다른 기억 간의 차이에 관한 것이다. 우리는 다시 한 번 그들이 각각 서로 다른 원칙에 토대를 두고 있다는 주장을 하고자 한다. 여기서 이 명제는 제비뽑기의 경우보다도 훨씬 더 분명하다. 첫 번째 경우에, 카피르 남자는 자신이 기억할 수 있었던 만큼만, 자신이 들었던 방식으로만 기억했다. 두 번째 경우에, 그는 칼자국의 형태로 인공적인 보조 자극을 창조함으로써 기억의 과정을 능동적으로 형상화했다. 그는 스스로 칼자국을 말의 내용과 연결했고, 칼자국이 기억을 도울 수 있게 만들었다.

2-122] 첫 번째 경우에서 기억이 자극→반응 원칙에 의해 완전히 결정되는 반면, 두 번째 경우에서 설교를 듣고 나무의 칼자국을 통해 그것을 기억한 사람의 듣기 활동은 고유한 활동이며, 인공 자극의 창조이고, 칼자국을 통한 자기 과정의 숙달이다. 이것은 이미 전혀 다른 원칙에 토대를 두고 있다.

2-123] 우리는 이러한 활동(나무에 칼자국 내기-K)과 쓰기와의 관계에 대해 이미 언급했다. 관계는 여기서 특히 명백하다. 카피르 남자는 자신이 들은 말을 기록했다. 그러나 기억과 관련된 전통적 매듭 역시 기록과의 기능적 관련성을 쉽게 드러낸다. 또한 우리는 이미 그들 간의 발생적 관련성에 관해 언급했다. 투른발트는 유사한 기억술적 방법이 처음에는 그것을 도입한 바로 그 사람에게만 도움이 된다고 가정한다. 그 후에 그것들은 접촉수—글말—으로 기능하기 시작한다. 왜냐하면 동일한 공동체 내에서 동일한 방식으로 사용되면서 임의적인 상징이 되었기 때문이다. 이어서 전개될 여러 가지 고찰에 의하면 우리는 실제 발달 순서가 투른발트가 말한 것과 어느 정도는 반대라고 여길 수밖에 없다. 그럼에도 불구하고 지금은 한 가지, 즉 새로운 행동 형태의 사회적 본성, 자신과 다른 사람의 행동 숙달의 원칙적 동일성에 주목하자.

우리는 여기서 특히 명백한, 쓰기 관련성에 대해 이미 논의했다. '카피르'는 그가 들은 것을 간단히 기록했다. 마찬가지로 매듭짓기는, 기억과 연관되었을 때, 쓰기와 기능적 관계(즉, 말을 기록하는)를 갖는다. 우리가 말했듯이, 쓰기와 발생적 관계(이 기능적 관계에 더하여)도 존재한다. 투른발트는 이 발생적 관계는 다음과 같다고 제안한다. 즉, 기억을 돕는 기호는 원래는 개인에게 작용하고, 나중에서야 사회적 무리에게 작용한다. 여러 가지로 고찰을 해 본 결과 우리는 그것이 실제로는 거꾸로라고 생각할 수밖에 없다. 즉, 기억을 돕는 기호는 원래는 사회적 무리에 작용하고, 나중에서야 개인행동을 스스로 조절하는 데 사용된다. 우리는 나중에 이러한 고찰을 발전시킬 것이다. (예를 들어, 주의에 관한 장과 자기 조절에 관한 장) 그러나 우선은 간단히 행동 자체가 본질적으로(논리적으로) 사회적이라는 것에 주목하자. 즉, 그것은 스스로의 행동만이 아니라, 다른 사람의 행동도 조절하는 수단이다.

*이 고찰은 비고츠키가 언급한 '말, 쓰기, 산술, 자기 통제, 주의에 대한 특별한 연구'에서 발견된다. 그러나 더 일반적으로 그것들은 메스체리야코프Mescheryakov의 발생적 법칙의 공식화에서 발견된다. 즉, 사회적인 것이 개인적인 것보다 먼저 발달하며, 심지어 정신외적인 것(제비와 매듭)이 정신 내적인 것(자발적 의지와 의지적 기억)보다 먼저 발달한다.

2-124] 어린이 행동에 관한 실험에도 적용된(실험이 조작 설계의 기초에 놓여 있는 원칙을 순수한 형태로 관찰하는 것이 가능하도록 하기 때문이다) 매듭 묶기 조작에 관한 우리의 분석을 결론짓기 위해 다시 한 번 사례를 일반적이고 도식적으로 검토해 보자. 한 사람에게 기억해야 하는 과제가 있다고 하자. 이 상황은 또다시 연합적 연결이 반드시 성립되어야 하는 두 자극 A와 B의 상황이다. 한 경우에 연결의 성립과 그 운명은 많은 자연적 요인들(자극의

강도, 그들의 생물학적 가치, 동일 상황에서 그들 간 조합의 반복, 다른 자극들의 일반적인 배치)에 의해 결정된다. 그러나 다른 한 경우에는 인간 스스로 연결의 성립을 결정한다. 그는 새로운 인공 자극, 즉 그 자체로는 상황에 관련되지 않은 'a'를 도입하며, 보조 자극의 도움을 받아 회상과 기억의 모든 과정의 흐름을 그 자신의 권위에 종속시킨다. 우리는 인간이 인공적으로 창조한 자극-장치의 도움을 받아 자신의 행동을 스스로 결정한다고 다시 한 번 말할 수 있다.

> 한 사람이 어떤 과업을 기억해야 하는 상황이라고 가정해 보자. 앞에서와 마찬가지로 이 상황도 서로 연합적으로 연결되어야 하는 두 개의 자극(A, B)으로 이루어져 있다고 말할 수 있을 것이다. 물론 A는 과업을 해야 하는 필요성이고, B는 과업의 실제적 수행이다. 한 경우에 A와 B 사이의 연합적 연결은 '자연적' 요인의 결과이다. 즉, 과업의 필요성, 과업의 난이도, 과업을 수행해야 하는 생물적 동기나 욕구의 강도, 과업이 필요로 하는 생물적 어려움, 친숙도, 다른 자극들의 배열과 같은 자연적 조건이 기억에 영향을 미친다. 반면, 다른 경우에 있어서 A와 B 사이의 연결을 잇는 것은 사람 자신이다.

2-125] 현재까지 남아 있는 흔적 기능 중 우리가 선별한 마지막 세 번째는 어린이의 행동에서 가장 흔히 볼 수 있다. 이것은 산술적 생각의 발달에 있어 반드시 필요한 초기 단계를 형성하며 매우 빈번히 발견된다. 이것은 문화적 산술의 흔적 형태, 즉 손가락으로 셈하기이다.

> *손가락으로 수 세기는 다음의 세 가지 측면에서 문화적인 기능이다. 첫째 이것은 학습되는 기능이다. 둘째, 수 세기에는 낱말의 사용이 수반된다. 그러나 무엇보다 가장 두드러지는 세 번째 이유는 수 세기가 직접적인

지각에 의존하는 것이 아니라 손가락과 낱말 등의 도움을 이용한 간접적이고 매개적인 기능이라는 것이다.

2-126] 어떤 사물 집단의 양적 속성은 처음에 질적인 특성으로 지각된다. 양은 직접적으로 지각되며 이것이 자연적 산술의 진정한 기초가 된다. 사물 열 개의 무리와 세 개의 무리는 다르게 지각된다. 직접적인 시각적 인상은 두 경우에서 실제로 다를 것이다. 따라서 양적 속성은 다른 여러 특징들 중 고유한, 그러나 또한 다른 모든 자극들과 어깨를 나란히 하는 것으로 나타난다. 인간의 행동이 이런 종류의 자극에 의하여 결정되는 경우, 그것은 전적으로 자극→반응의 법칙에 의해 결정된다. 거듭 말해, 이것은 자연적 산술에서도 마찬가지다.

*헤겔은 그의 저서인 『논리』에서 질은 양으로부터 '출현'한다고 말한다. 실제로 비고츠키는 스스로 이 원리를 **2-59** 단락에서 언급하기도 했다. 양에서의 차이는 결국 질에서의 차이가 된다는 생각이다. 예를 들어, 많은 양의 짚풀은 낙타 등을 부러뜨릴 것이고, 열이 점점 더해지면 어느 순간 얼음을 녹일 것이다. 그러나 비고츠키는 이와 반대로 어린이들은 처음에는 무리의 양을 무리가 가지는 특질 중 하나로 보며 이는 오직 문화적인 영향하에서만 그것이 다른 특징들과 종류가 다른 것으로 보게 된다고 믿는다. 우리는 피아제와 클레파레드로부터 어린이들은 그들이 유사점을 인식하기 전에 차이점을 인식하려는 경향이 있다는 것을 알게 되는데, 이는 양이 아니라 질에 중점을 둔 제안이다. 특히 어떤 대상의 두 집합이 유사하게 배열되어 있는데 한 집합에서 대상이 하나 빠져 있다면 어린이들은 이를 즉시 알아차릴 것이다. 이것은 당연히 계산법이라는 문화적인 측면과 연결되는 다리이다. 대상을 '10'이라는 특정수로 배열하는 것은 문

> 화의 산물이기 때문이다. 따라서 비고츠키가 다음에 이야기하려는 것은 바로, '어떻게 하나의 사물이 없어졌다고 알아차리는 것이 수를 세는 것으로 이끄는가?'에 대한 것이다.

2-127] 이러한 자극-반응 산술은 종종 높은 수준의 발달을 이룬다. 매우 큰 무리들 사이의 세밀한 양적 차이를 한눈에 파악할 수 있었던 원시 인간의 행동에서 특히 그러하다. 연구자들은 다음과 같이 보고한다. 원시 인간은 종종 양量을 직접적으로 지각함으로써 수십 개나 심지어 수백 개의 대상으로 구성된 전체(개, 가축, 새의 무리 등등)에서 단 하나가 빠졌는지 아닌지를 구분할 수 있었다. 이와 같은 반응은 보통 보는 사람에게 놀라움을 불러일으키지만, 사실상 그것은 우리가 스스로의 경험에서 관찰하는 사실과 실질적으로 다른 것이 아니라 정도에서 다른 것이다. 우리 역시 눈으로 양을 판단할 수 있다. 다만 그 반응의 섬세함과 정확함에서 원시 인간과 우리가 다를 뿐이다. 원시 인간의 반응은 세밀하게 분화되어 있다. 그들은 동일한 자극에서 매우 미묘한 뉘앙스와 정도의 차이를 알아차릴 수 있다. 하지만 이 모든 것은 오로지 조건적 반응과 자극 분화 발달의 법칙에 의해 결정된다.

> 개, 가축의 무리를 나타내는 러시아어 스보라 사바크свора собак, a pack of dogs, 타분 табун, 스타도 쥐보트니흐стадо животных, a herd of livestock 는 대상의 집단을 한데 묶어 일컫는 낱말로서 양적인 속성을 질적인 속성으로 표현하는 사례들을 보여 준다.

2-128] 사람이 수 세기 조작을 수행하는 도구로서 자신의 손가락에 의지하는 것으로 상황의 양적 측면에 반응하자마자 문제는 그 뿌리부터 변한다. 이 사람에 대해 다시 한 번 도식적 대수적 형태를 이용하여 말한다면 우

리는 (이 경우-K) 여러 가지 자극, 즉 A, B, C, D가 작용하고 있다고 할 수 있다. 그는 보조 자극을 도입한다. 이런 자극-수단의 도움으로 자신이 직면한 문제를 해결한다.

2-129] 손가락으로 수를 세는 것은 그 당시에 인류의 중요한 문화적 성과였다. 그것은 인간이 자연적 산술에서 문화적 산술로, 양을 직접 인식하는 것에서 계산으로 나아가는 과정의 다리 역할을 했다. 손가락으로 계산하기는 많은 기수법의 기초이다. 현재까지도 그것은 원시 부족들 사이에서 매우 널리 퍼져 있다. 2나 3보다 큰 수를 가리키는 말이 없는 원시 부족은 손가락, 손, 발 그리고 다른 신체 부위를 사용하여 30이나 40까지 수를 세기도 한다. 마찬가지로 파푸아 뉴기니아의 주민들과 북미의 여러 원시 부족들은 왼손 새끼손가락에서부터 시작하여 나머지 손가락, 손, 팔 등등을 세고 그 다음 순서를 뒤집어 오른손 새끼손가락에서 끝날 때까지 신체의 오른쪽을 계속 따라 내려간다. 손가락으로 충분하지 않을 때는 종종 다른 이의 손가락이나 그 밖에 발가락, 막대, 조개껍데기, 또는 움직일 수 있는 다른 작은 물체를 사용한다. 원시 계산 체계를 연구하면서 우리는 어린이의 산술적 생각 발달에서 그리고 어떤 경우에는 성인의 행동에서 더욱 기초적 형태로 나타나는 것의 발달되고 능동적인 형태를 관찰할 수 있다.

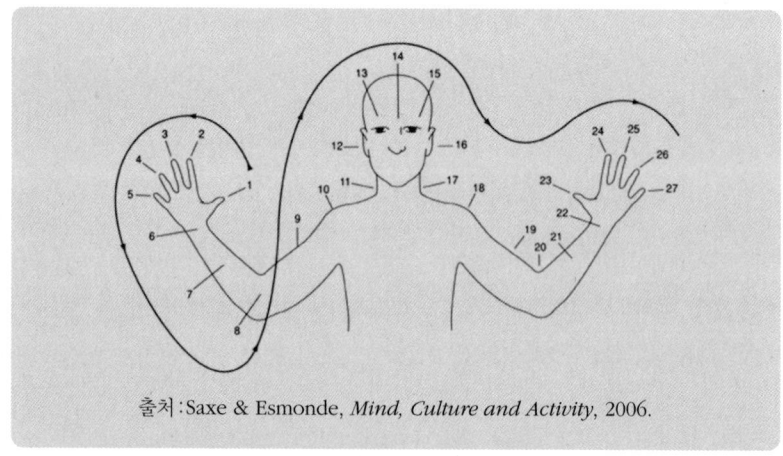

출처: Saxe & Esmonde, *Mind, Culture and Activity*, 2006.

> 파퓨아뉴기니의 오크사프민 수 세기 체계는 비고츠키가 (아마도 투른발트의 설명을 바탕으로) 묘사한 것과 정확하게 동일하지는 않다. 예를 들어, 비고츠키의 설명에서 수 세기는 새끼손가락에서부터 시작하지만 오크사프민은 엄지에서부터 수를 세기 시작한다. 그러나 근본 원리는 서로 같다.

2-130] 그러나 우리가 관심을 갖는 행동 형태의 본질은 모든 경우에 동일하게 남아 있다. 그 본질은 직접적인 양의 지각과 양적 자극에 대한 직접적인 반응으로부터 보조 자극의 창조와 도움을 통한 능동적인 행동 결정으로의 이행이다. 인간에 의해 창조되었으며 당면한 상황과 아무런 관련이 없고 능동적으로 적응하는 데 도움을 주도록 만들어진 보조 자극은 또다시 고등 행동 형태의 두드러진 특징으로 나타난다.

2-131] 우리는 구체적인 사례에 대한 우리의 분석을 결론지을 수 있을 것이다. 추가적으로 고찰한다 하더라도 결국 우리가 새로운 형태와 표현에서 선정한 주요 특징(자연적 자극을 인공 자극으로 대치하는 것-K)을 필연적으로 반복하게 될 것이다. 일반적으로, 우리의 흥미를 끄는 것은 결코 이러한 흔적 형태나 죽은 심리적 형태 자체가 아니라 그들이 드러내는 고등 혹은 문화적 행동 형태의 심오하고 고유한 세계이다. 우리는 비활성화된 기능에 대한 이 연구를 통해 이 세계로 파고들어 간다. 우리가 찾고자 하는 것은 고등 행동으로의 열쇠이다.

2-132] 우리는 그 열쇠를 여기서 분석된 심리적 형태들의 구성 원칙에서 찾은 것으로 보인다. 여기에 흔적 기능 연구의 발견적 가치가 있다. 이미 언급했듯이 고등 형태의 구조는 이들과 같은 심리적 화석에서, 고대 시기의 살아 있는 유물에서 순수한 형태로 나타난다. 흔적 기능은 모든 고등정신 과정들이 이전에는 어떠했는지, 그들이 이전에는 어떤 유형의 집단에 속해 있었는지를 우리에게 드러내 보인다.

2-133] 우리는 우리의 분석이 가지는 방법론적 중요성을 다시 상기하게 된다. 그것은 행동의 기저에 고등하고 순수하며 추상적인 형태로 놓여 있는 구성 원칙을 우리 눈앞에 드러내는 것을 의미한다. 개별 행동의 수없이 많은 특정 형태의 생성과 발달을 이 과정의 전체 복잡성을 모두 포함하여 보이는 것과 우리가 발견한 원칙이 실제의 역사에서 움직이는 모습을 추적하는 것은 후속 연구의 몫이다. '귀납법이 과학적 발견의 유일하고 심지어 가장 중요한 형식이라는 주장이 얼마나 근거가 없는 것인지'에 대한 증거로 엥겔스가 인용한 주목할 만한 예시를 언급할 수 있다.

*우리는 비고츠키가 슈프랑거와 딜타이가 연구했던 '역사는 하나의 보편적인 유형으로부터 추정된다.'는 역사주의에 대하여 매우 비판적이라는 것을 기억한다. 비고츠키는 처음의 '흔적 기능 형태'의 도입을 러시아 문학 작품에서 예시를 들며 함께 제시했다. 그러나 그는 자극 A와 자극 B를 포함한 추상적 도식도 제시했다. 또 그는 두 번째 예시와 함께 인류학에서의 예시를 제시했고 매듭을 '보조적'이고 '인공적'인 자극이라고 말했다. 세 번째 예시를 보여 주면서 인류학에서의 예시와 익숙한 도식인 A, B, C, D를 한 번 더 제시했다. 이렇게 하여 비고츠키는 처음에는 구체적인 형태와 묘사되는 현상의 징후에 집중하고 그 다음 그것의 모든 다양성과 일관성의 고유한 '본질' 혹은 '실체'에 집중한다. 물론 과학적 귀납 과정을 문학의 발췌물로 도입하는 것이 조금 유별난 것일지라도 이것은 귀납적으로 보인다. 그러나 비고츠키는 이것이 실제로는 전혀 귀납적 과정이 아니라는 것을 계속하여 지적한다. 보기 전에 무엇을 찾고 있는지 우리는 안다. 우리에게 그 예시가 있다. 그것을 분석함으로써 그 원리를 밝혀내고, 이 원리를 추상화하고 일반화함으로써 또 다른 예시를 발견한다. 과학적 발견의 과정은 순수하게 연역적이거나 귀납적인 것이 아니라 더 많은 일반화와 추상화를 통한 실행, 분석, 활용의 반복되는 과정이다.

2-134] 엥겔스는 "증기 기관은 열을 주고 기계적 운동을 얻을 수 있음을 보여 주는 가장 확실한 증거이다. 10만 개의 증기 기관이 1개의 증기 기관보다 이 사실을 더 잘 증명하는 것은 아니다(К. Маркс, Ф. Энгельс. Соч., т. 20, с. 543)."라고 말했다. 그러나 증기 기관에서 주 과정이 순수한 형태로 나타나지 않으며 부수적 과정들에 의해 오히려 불분명해진다는 것을 분석은 보여 주었다. 모든 부수적 정황들이 제거되고 나서야 이상적인 증기 기관이 창조될 수 있으며, 이것이야말로 연구자로 하여금 열의 역학적 등가물을 대면하게 해 주는 것이다. 이것이 추상화의 힘이다. 추상화는 그 과정을 순수하고 독립적이며 적나라한 형태로 보여 준다.

> 엥겔스는 (마찰을 통해 역학적 에너지가 열에너지로 변환될 수 있는 것처럼) 증기 기관이 열에너지가 역학적 에너지로 변환될 수 있음을 증명한다고 말한다. 그는 10만 개의 기관이 한 개의 기관보다 이것을 더 잘 증명하는 것은 아니라고 말한다. 그러나 이 기관 속에서 열에너지를 역학적 에너지로 변환시키는 과정은 순수한 형태로 제공되는 것이 아니라, 온갖 종류의 연료의 연소, 물 끓이기, 증기 냉각과 같은 부차적 과정에 의해 가려져 있다. 이 과정들을 추상화함으로써 사디 카르노는 변환 원리를 추출할 수 있었다. 그는 마찰도 없고 기관의 부분들 사이에 어떤 열 교환도 없는 이상적인 증기 기관을 고찰했다. 물론 그런 증기 기관은 실제로 존재할 수 없다. 이것이 추상화의 힘이다.
>
> *비고츠키는 '흔적 기능'에 대한 분석의 방법론적 요점을 보이기 위해 『자연 변증법』을 인용한다.
>
> "귀납과 분석. 귀납이 과학적 발견의 유일한 혹은 심지어 우월한 형식이라는 주장이 거의 근거가 없다는 인상적인 예가 열역학에 있다. 증기 기관은 열을 주고 역학적 운동을 얻을 수 있다는 가장 탁월한 증명을 제공했

> 다. 10만 개의 증기 기관이 한 개보다 이것을 더 잘 증명하는 것이 아니며, 단지 물리학자에게 점점 더 많은 것을 설명할 필요성을 강요할 뿐이다. 사디 카르노는 최초로 진지하게 그 과업에 착수했다. 하지만 이는 귀납법에 의한 것이 아니었다. 그는 증기 기관을 연구하고 분석하여 마침내, 중요한 과정은 순수한 형태로 드러나지 않고 온갖 종류의 부차적 과정에 의해 감추어져 있다는 것을 발견했다. 그는 본질적 과정과 아무런 관계가 없는 부차적 상황을 없애 버렸다. 그리고 이상적인 증기 기관(혹은 가스 기관)은, 그것이 사실이라는 것은 물론 기하학적 선이나 면과 같이 현실에서 실현될 가능성은 없지만, 스스로의 방식으로 이런 수학적 추상들과 같은 역할을 수행한다. 즉 그것은 순수하고 독립적이고 불순물이 섞이지 않은 형태로 과정을 드러낸다."
>
> Engels, F.(1883/1934/1974), *Dialectics of Nature*, Notes and Fragments. Progress: Moscow, pp.211-242.

2-135] 만약 우리가 그 과정을 우리의 관심을 끄는 순수하고 독립적이며 명백한 형태로 재현해서 흔적 기능에 대한 우리의 분석 결과를 일반화시키고자 한다면, 우리는 이 과정이 행동의 한 형태—저차적인 것—에서 다른 형태의 행동—그것의 발생적 기능적 측면에서 좀 더 복잡한, 우리가 조건적으로 고등한 것이라고 부르고자 하는—로의 이행으로 이루어진다고 말할 수 있다. 자극-반응 관계는 두 형태를 나누는 경계선이다. 한 형태에서 본질적인 특성은 원칙적으로 행동이 그 자극에 의해 완전히 결정된다는 것이다. 다른 형태에서 본질적인 특성은 **자기-자극**, 즉 인위적인 자극-수단의 창조와 사용 그리고 그것들의 도움에 의해서 스스로의 행동을 결정한다는 것이다.

2-136] 우리가 살펴본 세 가지 경우 모두에서 인간의 행동을 결정한 것

은 주어진 자극이 아니라 스스로 창조한 새롭고 변화된 심리적 상황이었다. 자기 자신의 반응을 숙달하기 위한 보조 자극물로서 인공 자극의 창조와 사용은 고등 행동과 더 기초적인 행동을 구별하도록 행동을 결정하는 새로운 방법의 토대 역할을 한다. **주어진** 자극이 **창조된** 자극과 함께 존재한다는 것이 우리가 보기에는 인간 심리의 두드러진 특질이다.

2-137] 자기-자극 기능으로 작용하기 위해 인간에 의해 심리적 상황에 도입된 인공적 자극-수단을, 우리는 평상시 단어 용법보다 더 넓고 동시에 더 정확한 의미를 부여하여 기호라 부를 것이다. 우리의 정의에 따르면, 다른 사람이나 스스로에 의해 행동 숙달의 수단으로 인간이 만든 어떤 조건적 자극도 기호가 된다. 그러므로 우리의 기호 개념에는 두 가지 계기, 즉 그 기원과 기능이 중요하다. 이어서 우리는 그 두 가지 모두를 상세히 조사할 것이다.

> 기호는 인공적인 자극-장치(혹은 자극-수단)이다. 인간은 스스로를 자극하는 데 이를 이용한다. '기호'라는 용어를 이렇게 사용하는 것은 평상시 용법보다 더 넓다는 것은 말 외에도 많은 것을 포함한다는 의미이고, 평상시 용어보다 더 정밀하다는 것은 기능적으로 정의된다는 의미이다. 자신이든 다른 사람이든 행동 숙달에 사용되는 모든 조건적 자극도 기호가 된다.

2-138] 우리는 파블로프가 말한 바와 같이 "고등신경활동의 가장 일반적 토대가 대뇌 피질에 있다."는 것을 알고 있다. "이는 고등동물과 사람 모두에게 사실이고, 따라서 이 활동의 가장 기본적인 현상들은 정상적이고 병리학적 조건 모두에서도 동일함이 분명하다(1951, p.15)." 실제로 이 말은 반박의 여지가 거의 없다. 그러나 고등신경활동의 기초적 현상으로부터 복잡한 현상으로, 고등한—생리학적 의미에서—활동 내에서 가장 고등한 현상

들로 넘어가는 순간, 우리는 인간의 고등 행동에 대한 특정한 고유성을 연구하기 위한 두 가지 서로 다른 방법론적인 과정을 발견한다.

2-139] 한 가지 길은 동일한 현상에 대해 실험 연구가 동물에서 확립한 것을 더욱 복잡화하고 강화하며 분화시켜 연구하는 것이다. 여기 이 길에서는 최대한 세심한 주의가 요구된다. 동물의 고등신경활동에 대한 정보를 인간의 고등 활동으로 전이시킴에 따라 사람과 동물의 기관의 활동 사이의 실제 유사성에 대해 끊임없이 점검하는 것이 필요하다. 그러나 전체적으로는 연구의 원칙이 동물에 대한 연구의 경우와 동일하다. 이것이 생리학적 연구의 길이다.

2-140] 생리학적 행동 연구 영역에서 인간과 동물의 비교 연구를 할 때, 고등신경활동을 인간과 유사한 심장, 위 등의 다른 장기들의 기능과 같은 수준에 두는 것이 불가능함―이 상황은 중대한 가치를 지닌다―은 사실이다. I.P. 파블로프는 다음과 같이 말한다. "인간을 여타의 동물들과 확연히 분리시키고 동물과는 비교할 수 없을 만큼 높은 수준으로 올려놓는 것이 바로 이 활동이다(ibid. p.414)." 따라서 우리는 심지어 생리학 실험에서도 인간 활동의 분명한 질적 차이를 발견할 것이라 기대할 수 있다. 동물의 조건화된 자극과 말의 양적 질적 비교 불가성에 대해 파블로프가 위에서 언급한 것을 떠올려 보자. 심지어 엄밀한 생리학 실험의 측면에서도 '말의 웅장한 신호론'은 다른 많은 자극 더미들과 구별된다. 즉, '모든 것을 망라하는' 낱말의 특질이 그것을 특별한 위치에 놓는다.

2-141] 다른 하나의 길은 심리학적 탐구의 길이다. 이 방법은 처음부터 인간 행동 특유의 고유성에 대한 탐구를 상정하고 그것을 출발점으로 삼는다. 이 특유한 고유성은 단지 더 복잡해지고 더 발달했다는 것, 즉 대뇌 피질의 양적이고 질적인 분화에서 볼 수 있을 뿐 아니라, 그보다 인간의 사회적 본성과 다른 동물에게는 없었던 인간 특유의 적응 방법에서 볼 수 있다. 인간 행동과 동물 행동의 원칙적 차이는 인간의 두뇌가 개의 두뇌와 비교할 수

없을 만큼 고등하다는 사실이나 고등신경활동에 의해 '인간이 여타의 동물 무리들과 확연히 구별된다.'는 사실에 있을 뿐 아니라, 그 차이는 무엇보다도 그것이 사회적 존재의 두뇌라는 사실, 인간의 고등신경활동 법칙이 사람의 인격에서 드러나고 그것에 작용한다는 사실에 있다.

2-142] 그렇지만 '고등신경활동의 가장 일반적인 토대', '동물과 인간의 동일한 (……) 대뇌 피질'로 다시 한 번 돌아가 보자. 이 지점에서 우리는 우리가 언급했던 차이점을 확실히 선명하게 드러낼 수 있다고 생각한다. 동물과 인간에서 동일한 가장 일반적인 공통 행동 토대는 **신호화**이다. 파블로프는 "무한한 양의 신호와 변화무쌍한 신호화를 통해 신호를 하는 것이 대뇌 피질의 가장 기본적이며 가장 일반적으로 공통적인 활동이다(ibid. p.30)."라고 말한다. 우리가 알다시피 이것은 전반적으로 조건 반사라는 생각의 토대 위에 놓여 있는, 고등신경활동에 대한 생리학의 가장 일반적이며 공통적인 공식이다.

> *신호는 자연 속에도 존재한다. 예를 들어 나뭇잎에 붉은 단풍이 들면 그것은 가을이 다가오고 있다는 신호이다. 비슷하게 빛의 반사 파장이 나뭇잎을 치고 눈에 들어오는 것은 눈의 간상체와 추상체에 나뭇잎이 붉다는 신호를 보낸다. 그러면 마침내 뇌의 시각 피질(시각령)은 망막으로부터 가을 나뭇잎의 색깔에 대한 신호를 받는 것이다. 이런 것들이 신호이고, 이 과정이 신호화이다. 그러나 그런 신호들이 기호화가 아니며 이 과정은 의미를 포함하지 않는다. 의미는 자연 속에는 존재하지 않는다. 의미란 인간의 사회적 의식을 통해 변형(추상화 또는 일반화)된 정보이기 때문이다.

2-143] 그러나 인간의 행동은 인공적인 신호 자극—무엇보다도 '말의 웅장한 신호론'—을 창조했으며 그에 따라 대뇌 피질의 신호 활동을 장악했다는 바로 그 사실로 인해 구별된다. 만약 인간과 동물의 기본적이고 가장 일

반적으로 공통된 대뇌 피질 활동이 신호화라면 무엇보다 인간을 동물과 구별하는 기본적이고 가장 일반적으로 공통된 인간 활동은 **상징화**сигнификация, 즉 기호의 창조와 사용이다. 우리는 그 낱말이 지닌 최대한 그대로의 뜻으로 그리고 가장 정확한 의미로 이 낱말을 받아들인다. 상징화는 기호, 즉 인공적 신호의 창조와 사용이다.

> *만약 우리가 인간의 행동이 다른 것은 (동물은 동물의 신호를 만들고) 인간은 인간의 신호를 만들기 때문이라는 의미로 이 문단을 해석한다면 매우 실망스러울 것이다. 하지만 동물이 아닌 인간만이 신호를 만든다는 뜻으로 해석한다면 완전히 그릇된 것이다. 비고츠키가 진정으로 말하는 것은 인간 행동은 인간이 신호가 아닌 기호를 만들기 때문에 다르다는 것이다. 파블로프는 기호란 신호의 복잡화, 차별화, 발달 이상의 그 무엇도 아니라고 생각했다. 비고츠키는 기호는 '인공 신호'라고 말한다. '인공 기관'처럼 인공 신호는 질적으로 자연적 기관과 다르고 매우 다른 행동 유도성을 가진 완전히 다른 활동 체계이다. 핵심적인 차이는 기호가 다른 이의 행동을 비롯한 자기 자신의 행동을 숙달할 수 있다는 것이다(비고츠키는 이 시점에서 이 둘을 크게 구별하지 않는다). 동시에 우리는 기호와 신호를 전혀 상반된 것으로 볼 수도 없다. 인간이 고등동물로부터 발달한 것과 같이 기호는 신호에서 발달해 나왔기 때문이다. 인간은 어떻게 신호에서 기호를 발달시켰는가? 이것이 비고츠키가 뒤이어 다루는 내용이다.

2-144] 이 새로운 활동 원칙(상징화-K)을 더 면밀히 조사해 보자. 그것을 신호화의 원칙과 대립시키는 것은 결코 가능하지 않다. 유기체와 환경 간의 일시적인, 조건적인, 특별한 관계 형성을 이끄는 다양한 신호화는 우리가 잠정적으로 상징화라 부르는 그 기저에 놓여 있는 고등 활동의 필수적인 생물학적 전제 조건을 형성한다. 동물의 뇌에 확립된 의사소통 체계는 직접적

으로 긍정적이거나 부정적인 현상의 출현을 신호하는 '모든 종류의 자연 동인動因' 간의 자연적인 관계의 모방 또는 반영이다.

> 이 새로운 원칙(상징화)을 더 잘 고찰해 보자. 우리는 그것을 신호화와 (상호 배타적이고 비변증법적인, 두 개의, 이원론적 방식으로) 대립시킬 수 없다. 다양한 신호화는 실제로 그 기초를 형성한다(즉, 그것은 성도聲道가 음성 말의 생물학적 전제 조건을 형성하는 것과 같이, 의미화를 위한 생물학적 전제 조건이다). 결국 의심할 여지없이 동물의 뇌와 신경 체계 속에는 환경에서 우호적이거나 적대적인 현상이 다가오는 것을 신호하는 연결 체계가 있다.
>
> *동물의 뇌 속에 있는 이러한 연결 체계는 자극 반응의 신경학적 기초에 대한 훌륭한 설명이 된다. 그러나 우리는 인간에 의한 환경의 능동적 변형을 어떻게 설명하는가? 우리는 인간의 뇌가 가능한 미래 세계를 상상 속에서 만들어 내는 것을 어떻게 설명할 수 있을까?

2-145] 유사한 신호화—현상의 자연적 관계의 반영이자 전적으로 자연적 조건들에 의해 창조된—들이 인간 행동의 적합한 토대가 될 수 없음은 아주 명백하다. 왜냐하면 대부분의 인간 적응은 본질적으로 인간 본성의 능동적인 변화를 포함하기 때문이다. 이것이 인간 역사 전체의 토대이다. 이는 필연적으로 인간 행동의 능동적 변화를 가정한다. 마르크스는 이에 대해 "따라서 외적 세계에 작용하고 그것을 변화시킴으로써, 동시에 인간은 그 자신의 본성을 변화시킨다. 인간은 그의 잠들어 있는 힘을 발달시키고 그 힘을 자신의 지배에 복종하도록 만든다(К. Маркс, Ф. Энгельс. Соч., т. 23, с. 188-18)."

> *이는 마르크스의『자본론』1권 7장 1절 114쪽에 잘 드러난다.

"노동은 무엇보다도, 인간과 자연사이의 과정이며 인간이 스스로의 행위를 통해 자신과 자연사이의 물질적 반응을 시작하고 규제하며 통제하는 과정이다. 그는 자신의 신체에 속한 팔, 다리, 머리, 손에 속한 자연적 힘을 발휘함으로써 자연 속의 재료를 자신의 욕구에 적합한 형태로 만든다. 이러한 행위를 통해 그는 외부의 자연에 작용하고 그것을 변화시켜 이러한 방식으로 동시에 그는 스스로의 본성을 변화시킨다. 그는 자신의 본성에 잠재되어 있는 힘을 발달시켜 그 힘의 발휘가 자신의 통치하에 놓이도록 한다. 우리는 동물들에게서도 볼 수 있는 노동의 최초 본능적 형태에 대해 말하고 있는 것이 아니다."

비고츠키는 마르크스를 여러 단락에 거쳐 인용하고 있다. 마르크스는 비고츠키와 마찬가지로 인간과 동물의 핵심적 차이가 자극을 자신의 의지로 대치할 수 있는 능력에 있다고 말한다.

"거미는 방직공의 조작과 닮은 조작을 수행하고, 벌은 많은 건축가가 공간을 구성하는 것과 동일한 구조를 만든다. 그러나 가장 형편없는 건축가와 가장 훌륭한 벌의 차이는 건축가가 그것을 현실에 세우기 전에 그 구조를 상상 속에서 세워 본다는 것이다. 모든 노동 과정의 마지막에서 우리는 처음부터 노동자의 상상 속에 이미 존재 하던 결과를 얻게 된다."

마지막으로, 마르크스는 이를 고등정신기능의 형성, 다시 말해 자발적 주의와 연결 짓는다.

"인간은 자연 속 재료의 형태를 변화시킬 뿐 아니라 스스로의 목적을 그 재료 속에 실현한다. 이 목적은 인간이 스스로 의식하고 있는 것이고 그의 활동 양식을 엄격한 법칙에 따라 결정하는 것이며 인간은 자신의 의지를 이에 복종시켜야 한다. 이 복종은 단순한 순간적 행위가 아니다. 노동하는 기관들의 노력과는 별개로 작업의 기간 전체에 걸쳐 유목적적인 의지가 요구된다. 이는 세밀한 주의를 의미한다. 인간이 작업의 본성과 작업 수행 방식에 더 덜 이끌릴수록 그에 따라 그가 작업을 스스로의 신체적, 정신적 능력의 자유로운 유희로 즐기는 정도가 떨어질수록 그의 주의는 더더욱 세밀하게 기울여지기를 강요받는다."

이 문단에서 비고츠키가 자신의 책을 "마르크스의 인용으로 채우기를 원치 않으며 대신 심리학의 자본론을 쓰고자 한다."고 말한 의미를 알 수 있다. 이 문단에 이르기까지 비고츠키가 한 논의 대부분은 마르크스가 한 말을 심리학 분야에 전용한 것이나 다름없다.

2-146] 자연적 힘을 통제함에 있어 거치게 되는 각각의 특정 단계는 반드시 행동 숙달에서 거치는 특정한 단계와 상응하며, 인간 능력의 정신적 과정에 종속된다. 환경에 대한 인간의 능동적 적응과 인간 본성 자체의 변화는 다양한 동인에 대한 자연적 관계를 수동적으로 반영하는 신호를 토대로 할 수는 없다. 이는 순수하게 자연적인 행동 유형, 즉 인간이 자연적 동인에 대해 가지는 연합을 토대로 해서는 불가능한 능동적인 관계 회로를 필요로 한다. 인간은 행동을 상징하는 인공 자극을 도입하고 기호를 창조함으로써 외부로부터 작용하여 뇌에 새로운 연결을 형성한다. 이러한 가정과 함께 우리는 우리의 연구에 새로운 행동 규제 원칙, 인간 반응을 결정하는 데 있어 새로운 관점인 상징화의 원칙을 도입하고자 한다. 이 원칙은 사람들이 외적으로 작용하여 두뇌 속에 연결을 창조하고 뇌를 통제함으로써 스스로의 몸을 통제한다는 사실로 이루어진다.

스탈린 체제하에서 소련은 엥겔스의 이론을 엉성하게 엮어 만든 간단한 형태의 문화-역사 이론을 가르치고 있었다. 엥겔스 자신은 루이스 헨리 모건의 저작을 토대로 『가족, 사유재산, 국가의 기원』을 저술하였는데 여기서 엥겔스는 문화의 역사를 다섯 개의 기본적 단계, 즉 원시공산제, 노예제, 봉건제, 근대 자본주의제, 사회주의제로 나눈다. 각 단계는 국가라는 형태의 사회적 매개를 통해 환경과 모종의 관계를 맺는 동시에, 사유재산과 가족이라는 매개를 통해 인간 행동의 통제와도 역시 모종의 관계를 맺음을 함의한다고 볼 수 있다. 우리는 각 단계를 도식적으로 다음과 같이 나타낼 수 있다.

인간 문화에 따른 단계	환경과의 관계	행동과의 관계
원시공산제 예: 선역사 시대의 인간, 모건의 미개인savagery	비교적 비매개적임 사냥, 채집	비교적 비매개적임 자극-반응, 흔적 기능들
노예제 예: 고대 그리스, 고대 이집트 모건의 야만인barbarism	성곽에 둘러싸인 마을, 대규모 도시-국가, 노예화 전쟁에 의한 매개	주종관계에 의한 매개. 행동 통제는 실제 인간을 직접 통제함으로써 일어남.
봉건제 예: 중세유럽 마르크스와는 달리 스탈린은 봉건주의를 중국, 인도는 물론 거의 대부분의 전前 자본주의 사회로 확장한다.	대규모 토지 재산, 농노, 소규모 장인(기술자) 계급에 의한 매개, 식민주의	토지에 대한 관계에 의한 매개: 왕-신하, 지주-소작인, 주인-농노. 행동의 통제는 토지의 통제를 통해 일어남.
근대 자본주의제 예: 르네상스 이후의 유럽. 자본주의 사회로의 도입은 사회주의제로의 변환을 이끌 것이라는 마르크스의 생각과는 달리, 이 모델은 전 세계로 뻗어 나갔다.	새롭게 부상한 민족국가nation-state. 군주제일 경우에는 절대주의자에 의해, 비군주제일 경우에는 공화주의자에 의해 매개. 원자재 수입과 가공물의 수출에 기반한 제국, 이후에는 자본의 수출에 기반한 제국주의	자본과 상품에 대한 자유 계약 free-agent 관계에 의한 매개: 자본가-급여 노동자, 생산자-소비자. 행동의 통제는 암시적·명시적 사회 계약에 의해 이루어짐.
사회주의제 예: 소련	프롤레타리아 계급이 세운 소비에트를 통한 지배에 의한 매개. 사유재산은 폐지되고 생산 수단은 '모든 이'에 의해 소유된다.	공산당의 지도하에 수립된 집단 결정에 의한 매개. 원시공산주의와 같이 행동은 자유롭다. 즉, 오직 내적으로만 매개된다.

*이는 물론 순수하게 관념적, 도식화된 제시 방식이다. 위의 표는 인간 역사의 진정한 혼란스러움과 일치하지 않으며 엥겔스의 책에서 가장 간단하게 제시된 형태보다 엄청나게 더 과잉 단순화된 형태이다. 문화의 역사

> 에 대한 마르크스의 저술은 엥겔스보다 훨씬 미묘하다. 그러나 위의 표는 소련에서 교육되었던 종류의 마르크스주의를 보여 준다. 위의 표는 자연의 힘을 통제, 정복하는 데 있어서 각각의 특정 단계는 정신적 과정을 인간의 의지에 종속시키는 데 있어 밟게 되는 모종의 단계와 필연적으로 상응한다는 비고츠키의 주장과도 매우 거친 방식으로나마 상응한다고 할 수 있다.

2-147] 다음과 같은 질문이 자연히 떠오른다. 우리가 제시한 방식으로 외부로부터 연결을 만들고 행동을 통제하는 것이 일반적으로 어떻게 가능한가? 이러한 가능성은 두 가지 계기가 동시에 발생함으로써 비롯된다. 본질적으로 유사한 규제 원리가 유사할 것이라는 가능성은 전제 조건, 즉 조건 반사의 구조 속에 감춰진 결론이다. 조건 반사에 관한 연구 전체의 근거는 사실, 조건 반사와 무조건 반사 사이의 주된 차이점이 그 기제에 있는 것이 아니라 오히려 반응의 형성에 있다는 생각에 놓여 있다. 파블로프는 다음과 같이 언급했다. "차이점은 오직 한 경우에는 완성된 회로가 있고, 다른 경우에는 회로의 완성이 요구된다는 것에 있을 뿐이다. 즉, 한 경우에는 의사소통의 기제가 완벽하게 준비되어 있는 반면, 다른 경우에는 그 준비도를 완성하기 위하여 기제가 어느 정도 강화된다(Vol. IV, p. 38)." 따라서 조건 반사는 두 자극의 동시 발생에 의해 새롭게 만들어진, 즉 외부로부터 창조된 기제이다.

2-148] 새로운 행동 규제 원칙의 출현 가능성을 설명해 주는 두 번째 계기는 사회적 삶과 사람 사이의 상호작용으로 이루어져 있다. 공적인 삶의 과정 속에서 인간은 고도로 복잡한 심리적 의사소통 체계를 만들어 내고 발달시켜 왔으며, 이것이 없었다면 노작 활동이나 사회적 삶 전체가 불가능했을 것이다. 심리적 연결 수단들은 바로 그 본성과 기능상 본질적으로 기호이

다. 즉 행동에 작용하고 인간 두뇌 속에 새로운 조건적 연결을 형성하는 데 그 목적이 있는 인공적으로 창조된 자극이다.

2-149] 두 계기는 함께 새로운 규제 원칙 형성의 가능성에 대한 이해로 우리를 이끈다. 사회적인 삶은 개인행동을 공적 요구에 종속시켜야 할 필요를 만들며, 동시에 복잡한 신호 체계—개개인의 뇌 속에서 조건적인 연결의 형성을 안내하고 규제하는 연결의 수단—를 창조한다. 고등신경활동 조직(대뇌 피질-K)은 필수적인 전제 조건을 만들어 내고 행동의 외적 규제의 가능성을 창조한다.

2-150] 인간의 심리적 행동을 설명하기에 조건 반사의 원리가 불충분한 까닭은 우리가 이미 말한 것처럼, 이 기제의 도움으로는 뇌와 인간 행동 사이의 연결의 형성을 이끄는 오직 선천적이고 자연적인 관계만을 이해할 수 있다는 데에, 즉 우리가 역사적인 측면이 아닌 순수하게 자연적인 측면에서만 행동을 이해한다는 데에서 기인한다. 조건 반사의 규제 원리의 근본적 가치에 대해 요약하면서, 파블로프는 자연 현상의 무한한 집합은 대뇌 반구라는 기관을 통해 처음에는 긍정적인, 그 후에는 부정적인 조건 반사를 끊임없이 야기하며 그 사실로 인해 동물의 활동 전체와 동물의 일상적 행동이 전체적으로 그리고 상세히 결정된다고 하였다. 자연이 행동을 야기한다. 조건적 연결이 자연적 연결에 의해 야기된다는 생각을 이보다 더 명확하게 표현할 수는 없다. 이 규제 원리는 동물에 있어 수동적 유형의 적응에 전적으로 부합된다.

2-151] 그러나 자연에 대한 능동적 적응과 인간에 의한 자연의 변형을 자연적 연결을 통해 이해하는 것은 가능하지 않다. 이것은 오로지 인간의 사회적 본성을 통해서만 이해될 수 있다. 그렇지 않으면 우리는 오직 자연만이 인간에게 작용한다는 자연주의적 주장으로 돌아가 버린다. 엥겔스는 말한다. "자연과학은 철학과 마찬가지로 지금까지 사고에 대한 행동의 영향을 완전히 무시해 왔다. 즉, 둘 모두 한편으로는 자연만을 다른 한편으로는 사고

만을 알고 있다. 그러나 인간 사고의 가장 본질적이고 직접적인 토대는 자연 그 자체만이 아니라 바로 인간에 의한 **자연의 변형**이다. 인간 지성의 향상은 인간이 자연을 변화시키는 법을 터득한 정도와 일치한다(К. Маркс, Ф. Энгельс. Соч., т. 20, с. 545.

> *엥겔스는 인간이 동물처럼 그냥 삶을 사는 것이 아닌 것과 같이 그냥 생각을 하는 것이 전혀 아니라고 말한다. 인간의 생각의 토대는 사고 자체가 아니라, 오히려 삶, 즉 자연의 변형이다. 그래서 만약 우리가 생각을 이해하고 싶다면 우리는 그것을 자연을 변화시키는 상황에 놓아야 한다.

2-152] 새로운 행동 유형은 새로운 행동 규제 원칙에 따라야 한다. 우리는 이를 기호의 도움을 받아 성취되는 행동의 사회적 결정 속에서 찾을 수 있다. 가치의 측면에서 볼 때 말은 모든 사회적 의사소통 체계의 중심이다. 파블로프는 말한다. "성인의 이전 삶 전체 덕분에 낱말은 모든 외적·내적 자극에 연결된다. 즉 이것은(낱말은-K) 모든 것을 신호화하고, 모든 것을 변형시키며, 따라서 이러한 (외적 내적-K) 자극에 의해 지배되는 유기체의 모든 행동과 반응을 야기할 수 있다(Vol. IV, p. 429)."

2-153] 인간은 이런 식으로 신호 장치, 즉 인공적으로 조건화된 자극의 체계를 창조하였으며 이를 통해 각각의 인공적인 연결을 창조하고 유기체 스스로에게 필요한 반응을 유발한다. 파블로프를 따라 대뇌 피질을 거대한 신호판에 비교한다면 우리는 인간이 이 판에 '말의 웅장한 신호론'이라는 설명서를 창조했다고 말할 수 있을 것이다. 이 설명서의 도움으로 인간은 외부로부터 대뇌 피질의 활동을 통제하고 스스로의 행동을 지배한다. 그 어떤 동물도 이와 유사한 능력을 갖고 있지 않다. 동시에 이와 더불어 행동 숙달에 대한 거의 전적으로 새로운 규제 원칙이 외부로부터 주어지고, 동물과는 다른 정신 발달의 새로운 측면, 즉 기호의 진화, 행동의 진화, 인간 의지에 대

한 행동 종속의 진화를 얻게 됨을 쉽게 알 수 있다.

2-154] 이전의 비교를 확대하자면, 계통 발생에서 일어났고 개체 발생에서 일어나고 있는 인간의 정신 발달은 이 웅장한 신호판, 즉 신경 기관의 구조와 기능의 향상과 복잡화의 노선뿐 아니라, 이 판의 설명서이자 이 판과 마찬가지로 웅장한 말의 신호론의 생성과 획득의 노선을 따른다.

2-155] 지금까지의 논리 전개는 매우 명백하다. 일시적으로 회로를 연결하기 위해 고안된 장치가 존재하고, 그 장치에 대한 설명서가 존재한다. 이 설명서는 자연적 동인의 작용하에서 저절로 형성된 연결과 더불어, 인간으로 하여금 인간의 권위와 자신의 선택에 종속된 새로운 인공적 연결을 만들 수 있게 해 준다. 그러나 그 장치와 설명서는 서로 다른 사람의 손에 들려 있다. 말을 통해 한 사람이 다른 사람에게 작용하는 것이다. 우리가 그 장치와 설명서를 같은 사람의 손에 쥐어 주는 순간, 우리가 자기-자극과 자기 자신의 숙달이라는 개념으로 넘어간 순간, 즉시 이 문제의 복잡성이 명백해진다. 새로운 유형의 심리적 연결이 이제 동일한 행동 체계 속에서 나타난다.

2-156] 우리는 인격 외부의 사회적 행위로부터 인격 내부의 사회적 행위로의 이행을 우리 연구의 중심으로 옮기고 그러한 이행의 과정에서 부가된 중요한 계기들을 설명하고자 한다. 이제 분석의 경로에는 우리의 관심을 끌 만한 두 가지 주장이 있다. 첫째는 서로 다른 개인들 사이에 장치와 설명서가 분리되어 있는, 즉 기호를 이용해 한 사람이 다른 사람에게 사회적 영향력을 미치는 전자(인격 외부의 사회적 행위-K)의 경우조차 문제가 얼핏 보듯 그렇게 간단하지 않고, 본질적으로 자기-자극을 검토할 때 명백한 형태로 드러나는 동일한 문제를 숨겨진 형태로 포함하고 있다는 것이다.

*비고츠키는 내재화 과정에 대한 분석에서 제기되는 두 가지 흥미로운 점이 있다고 말한다. 내재화 과정에서 말하기는 형태상 대화로 남게 된다. 왜냐하면 그것은 발화와 발화에 대한 반응, 그리고 반응에 대한 반응으로

구성되기 때문이다. 그러난 그것은 기능상 독백으로 나타난다. 왜냐하면 화자와 청자는 이제 두 사람이 아니라 한 사람이기 때문이다. 여기서 두 개의 명제가 도출된다. 첫 번째 명제는 **2-156~160**에서 설명되었던 것이며, 실제 말하기(애완동물이나 언어 습득 이전의 어린이에게 하는 말이나 영어를 배우는 교실의 학습자의 말하기 같은 반쪽 말과는 다른)는 선재先在하는 정보의 전체적인 양을 단순히 전달하는 것이 아니라는 것이다. 그것은 의식을 창조하는 힘을 지니고 있다. 그것은 대상을 가리키는 표시물이 아니다. 그것은 의미, 즉 자기 자신의 의식이나 타자의 의식에 의해 변형되고 재구조화된 정보를 가리킨다. 이것은 우리가 스스로에게 말하기를 할 때 분명하고 명확해진다. 우리는 보통, 어떤 이유로 인해 자기 자신의 감각으로 인식할 수 없었던, 기존 사건의 어떤 상태를 스스로에게 신호하기 위해 혼잣말을 하지는 않는다. 우리는 보통 이미 자각한 어떤 것의 의미를 변형하기 위해 혼잣말을 한다. 이것이, 우리가 스스로에게 말할 때 그 결과가 보통 사건의 새로운 상태가 아닌 마음의 새로운 상태인 이유이다. 그렇지만 이것은 타자와의 대화 속에서도 함축되어 있고 감추어져 있다. 대화를 할 때 우리는 단순히 신호를 송신하기만 하지 않는다. 우리는 사건과 사물에 대한 느낌과 생각을 공유한다. 즉, 대상과 과정이 의식에 의해 변형된 방식을 공유하는 것이다. 두 번째 명제는 **2-161~170**에서 설명되는데, 형태상으로는 (타자를 향한) 대화이고 기능상으로는 (자기를 향한) 독백인 말하기는 실제 현상이며 우리가 생각하는 것보다 훨씬 더 만연해 있다는 것이다. 그것은 사실 우리가 제비뽑기, 매듭 묶기, 손가락으로 수 세기의 흔적 기능에서 보았던 것들이다. 왜냐하면 이런 모든 것들은 의미를 만드는 사람과 의도된 의미를 받는 사람이 동일한 사람인 상황에서 일어나기 때문이다.

2-157] 사실, 한 사람이 다른 사람에게 미치는 언어적 영향에서 그 모든 과정이 전적으로 조건 반사의 도식에 완전히 들어맞는다고 무비판적으로 가정하는 것이 완벽히 가능하며 그것은 포괄적이고 적절하게 설명을 제공할 것이다. 반사학자들은 실험 연구에서 언어적 명령의 역할을 다른 모든 자극을 취급할 때와 똑같은 방식으로 조사함으로써 이러한 가정을 따랐다. 파블로프는 "물론 인간에게 말은 그가 동물들과 공유하는 다른 모든 것들처럼 실제의 조건적 자극이다(ibid, 1951, pp.428-429)."라고 말하였다. 그렇지 않다면 그것은 기호, 즉 그 자극을 통해 특정한 기능을 충족시키는 것이 될 수 없다. 하지만 우리가 오직 이것만을 주장하며 위에 인용된 구문에 대해 말이 다른 자극과 비견될 수 없다는 취지의 논의를 더 이상 계속하지 않는다면, 우리는 근본적으로 중요한 수많은 사실의 설명에 있어 막다른 골목에 직면한 우리 자신을 발견하게 될 것이다.

2-158] 말의 작용 과정을 소리 신호에 대한 수동적 연결 형성으로 환원시키는 이러한 해석은 본질적으로 인간 말에 대한 가축의 '이해'와 어린이 말 발달 단계에 있어 빠르게 지나가는 단계, 즉 소리 신호를 듣고 특정한 명령을 수행하는 것으로 특징지어지는 유사한 단계만을 설명할 뿐이다. 그러나 관습적으로 말 '이해'라고 불리는 과정에는 소리 신호에 대한 반응의 수행보다 큰 다른 무언가가 존재한다. 실제로 가축들만이 이 순수하게 수동적인 인공적 연결 형성에 대한 진정한 모형을 제공한다.

2-159] 투른발트가 매우 훌륭하게 저술한 것과 같이, 처음 길들여진 가축은 인간 그 자신이었다. 그리고 이 수동적인 연결 형성은 발생적, 기능적으로 능동적 형성에 선행하지만 전혀 그것을 설명하거나 낱낱이 밝히지 못한다. 노예와 가축 및 도구를 단지 말의 소유 여부에 따라 구분한 로마인들조차도 그 소유 정도에 따라 이들을 둘이 아닌 셋으로 나누었다. 인스트루멘툼 무툼instrumentum mutum은 말을 갖지 않은 무생물 도구들을 가리키고, 인스트루멘툼 세미보칼레instrumentum semivocale은 반쪽 말을 가진 도구(가축)

들을, (인스트루멘툼-K) 보칼레 (instrumentum-K) vocale는 말을 가진 도구(노예)를 가리킨다. 우리가 논의하고 있는 말의 개념은 오직 반쪽 말, 즉 동물들만의 특징인 순수하게 수동적인 인공적 연결 형성에만 해당된다. 고대인들에게 노예는 스스로 알아서 하는 도구였으며, 특별한 유형의 규제를 가진 기제였다.

로마인들의 3가지 종류의 인스트루멘툼(instrumentum, 도구)에 관한 이 그림에서, 세미보칼레(semi vocale, 황소), 무툼(mutum, 쟁기), 보칼레(vocale, 노예)를 확인할 수 있다. 비고츠키는 도구를 가축과 노예, 둘로 나누었던 로마인들의 기능적 구분이 음성적 신호에 대한 수동적 반응(instrumentum semivocale)과 기호의 적극적인 사용(instrumentum vocale) 사이를 구분하지 못했던 파블로프의 구분을 능가한다고 주장한다. 비록 노예가 명령에 오직 수동적으로 반응한다 할지라도, 그 노예는 그것을 단순히 신호가 아닌 기호(언어)로 간주하게 되고, 그러기 위해서는 그 기호 너머의 의도를 재현해야만 한다고 비고츠키는 말한다. 다시 말해 노예는 황소는 절대 할 수 없는, 주인의 마음을 상상하여 재현하는 일을 한다.

2-160] 사실, 외적인 말에서조차 인간이 사용하는 것은 반쪽 말이 아닌 완전한 말이다. 후속 연구에서 살펴보겠지만, 말을 이해한다는 것은 이미 능

동적인 사용을 포함하는 것이다.

2-161] 한 인간 내에서의 (말의-K) 능동적 역할과 수동적 역할의 연결에 대한, 우리의 관심을 끄는 두 번째 주장은 이 행동 형태 존재 자체를 확립하고, 이 사실을 강조하며, 흔적 기능에 관한 분석에서 우리가 이미 발견한 간단한 사실을 전면에 내세우는 것으로 이루어져 있다. 기억을 돕는 매듭을 묶거나 제비뽑기를 하는 사람은 한 손에 설명서를 그리고 다른 한 손에 연결 장치를 쥐고 있는 진정한 예이다. 이 인간의 행동은 우리가 이야기해 왔던 행동 유형의 실제 사례이다. 그것은 존재한다.

> *여기서 비고츠키는 진정한 말과 언어활동처럼 보이는 행동, 즉 마치 발화가 하나의 신호인 양 발화를 분석함 없이 수동적으로 반응하는 것(반쪽 말)을 분명히 구분하고 있다.

2-162] 이 주장은 인격과 그것이 행동과 맺는 관계를 토대로 한다. 고등정신기능은 인격과 맺는 특별한 관계에 의해 특징지어진다. 그들은 자신의 존재를 능동적인 형태로 드러낸다. E. 크레치머가 소개한 분류를 사용한다면, 한 인격 전체가 의도적 의식적으로 참여하는 개인의 반응과, 이처럼 통합적인 인격이 통째로 참여하는 것과는 달리, 반응적으로 통제되면서 자극-반응 도식에 따라 설명되는 기초적이고 불완전한 방식을 향하는 경향이 있는 원시적인 반응을 대비시킬 수 있다. 크레치머가 정확히 말했듯이, 우리는 그 후자를 인간 발달의 초기 단계에서, 어린이에게서, 동물에게서 주로 발견한다. 교육 받은 성인의 경우에는 인격이 불완전하거나 발달되지 않았거나 혹은 예외적으로 강력한 형태의 간섭에 의해 마비되었을 때 이것이 행동의 전면에 나타난다.

2-163] 문화적 행동 형태가 곧 인격의 반응이다. 문화적 행동 형태를 연구하면서 우리는 인격 속에 발달된 개별 과정들을 추출해서 in abstracto 다

루지 않고 전체로서의 인격, 크레치머의 표현에 따르면 고등 인격을 다룬다. 정신 기능의 문화적 발달을 추적하면서 우리는 어린이 인격 발달의 경로를 추적할 것이다. 이 속에서 우리의 연구 전체를 움직이는, 인간 심리학의 창조를 향한 경향성이 명백히 드러난다. 심리학은 인간화된다.

2-164] G. 폴리처의 정확한 정의에 따르면, 그런 관점이 심리학에 도입한 변화의 본질은 인간과 과정의 대조, 수축하는 근육이 아닌 일하는 인간을 볼 수 있는 능력, 자연적인 측면에서 인간적 측면으로의 이동, '비인간적인 inhumain' 개념을 '인간적인 humain' 개념으로 대체하는 데에 있다. 인간 행동을 결정하는 새로운 형태에 대해 말할 때 우리가 항상 염두에 두고 있는 규제 원리 자체는 우리로 하여금 한 측면에서 다른 측면으로 가도록 그리고 가장 중심에 인간을 내세우도록 한다. 다소 다른 의미에서 우리는 폴리처와 더불어 결정론이라는 개념 자체가 인간화된다고 말할 수 있을 것이다. 왜냐하면 심리학이 어떤 방식으로도 동물의 행동과 동일시되거나 환원될 수 없는 인간 고유의 결정론의 형태, 즉 행동 규제 형태를 찾기 때문이다. 인간 행동을 결정하는 요소로서 가장 먼저 고려되어야 하는 것은 자연이 아닌 사회이다. 어린이의 문화적 발달에 대한 우리 생각 전반은 이와 같이 정리된다.

> '심리학이 인간화되었다.'는 것이 의미하는 바는 무엇인가? G.폴리처가 말한 대로, 그 본질은 인간을 그가 참여하는 과정과 대조하는 것이다. 예를 들어 인간화된 심리학은 첫째, 일하는 인간과 수축하는 근육을 대조하고, 둘째, 인간적 상태와 자연적 상태를 대조하며, 셋째, 인간적 개념과 비-인간적 개념을 대조시킨다. 우리의 규제 원칙, 즉 의미론적 원칙 역시 규제를 자연적 측면에서 인간적 측면으로 이동하게 한다. 따라서 결정론이라는 개념 자체를 인간화했다고 말할 수 있을 것이다. 우리는 어떤 방식으로도 동물과 공유되지 않는 형태의 결정론을 찾았다. 자연이 아닌 사회가 인간 행동을 결정한다. 그것이 어린이 문화 발달에 대한 우리의 전체적

생각이다.

* '결정론'은 본질적이지만 위험한 과학적 심리학의 개념이다. 그것이 본질적인 이유는 결정론이 아니고는 인간 행동이 어떤 식으로든 결정이 된다고 말할 수 없고, 인간 행동을 사실상 설명할 수 없으며 어린이에게서 나타나는 행동들을 통제할 수 없다. 그러나 그것은 또한 위험하다. 만약 행동이 신에 의해 결정된다고 한다면 우리는 예정설과 유심론(정신주의, 관념론)을 갖게 될 것이다. 만약 자연에 의해 결정된다고 한다면 우리는 행동주의를 갖게 될 것이다. 더 나쁜 것은 행동 결정이 마치 자유 의지를 부정하는 것처럼 보인다는 것이다. 어린이에게서 특히 발달하는 것은 어린이의 자유 의지이다. 비고츠키, 그리고 폴리처는 인간 행동은 역사적으로 비인간적 힘, 자연 재앙, 폭력적 상처와 죽음, 질병 무엇보다도 배고픔과 같은 것에 의해 결정되어 왔다고 주장하였다. 문제는 어린이에게 일종의 자기 결정 형태를 제공하는 것이며, 그것은 매듭이나 제비 같은 흔적 기관의 사용이 아닌 인간 통제하에 있는 사회적 제도의 사용을 통해 자기 자신의 행동을 결정할 수 있도록 해 주는 것이다.

비고츠키는 인간화된 심리학이 단지 자유 의지만을 찬양하고 행동의 결정을 부정할 수는 없음을 확실히 했다. 인간화된 심리학은 반드시 불완전한 인격, 산만해진 인격 그리고 물론 어린이를 위한 자리를 가지고 있어야만 한다. 그리하여 비고츠키의 해결책은 행동의 결정 자체를 자연의 통제가 아닌 인간에게 종속시키는 것이었다. 어린이의 문화적 발달은 개인적 통제가 아닌 사회적인 것의 영향 아래 있다. 그러나 사회를 통제함으로써, 민주주의를 통해, 인간은 자기 자신을 통제할 수 있다.

*조르주 폴리처(Georges Politzer, 1903~1942)는 심리학자이자 철학자이며 혁명가였다. 헝가리에서 출생했으며 1919년의 혁명에 17세의 나이로

참여했으며 오스트리아로 망명해야 했다. 그는 그곳에서 프로이트를 만나 심리학 연구를 시작하였다. 프로이트는 파리에 정착하도록 그를 설득하였고, 그곳에서 그는 교사 연합, 프랑스 공산당에 차례로 가입했으며 노동자 대학 université ouvriere의 심리학, 철학 교수가 되었다. 그는 프로이트와 거리를 두기 시작 했으며 '휴머니스트(인문주의자)' 마르크스주의 심리학을 설립하고 두 개의 학술지를 창간하였다. 나치의 프랑스 침략으로 인해 그는 지하 활동을 하게 되었으나 그의 아내와 함께 심리학 논고들을 비밀리에 출판하는 활동을 계속했다. 그는 프랑스의 친親나치 정부에 의해 체포되어 그들의 정책을 옹호하는 선전문을 쓸 것을 강요당했으나 거부하여 나치의 손에 목숨을 잃었다. 그의 아내는 아우슈비츠에서 생을 마감하였다.

2-165] 심리학에서 심리적 과정을 인격적 형태로 나타내야 하는지 비인격적 형태로 나타내야 하는지의 의문이 반복적으로 제기되어 왔다. 리히텐베르크는 "Es denkt, sollte man sagen, so wie man sagt:(es blitz-K)("사람들이 '천둥이 친다es blitz'라고 말하는 것처럼 '생각이 있다'라고 말해야 한다"-K), 코지토cogito라는 말을 '나는 생각한다.'라고 번역하는 순간, 이미 너무 지나친 것이다."라고 말했다. 실제로 생리학자는 다음과 같이 말하는 것에 동의할 것이다. 나는 신경을 통하여 자극을 전달한다. "Nicht wir denken, es denkt in uns(우리는 생각하지 않는다, 우리 안에서 생각된다-K)."라고 A. 바스티안은 표현했다. 이 순수하게 구문론적 논쟁 속에서 K.지그바르트는 심리학에서 가장 중요한 질문을 발견한다. 우리가 보통, '바람이 분다ὄyuιyer', '번

개가 친다сверкает', '천둥이 친다гремит', '폭우가 쏟아진다капает'와 같이 말함으로써 묘사하는 일련의 현상으로 폭풍우를 이해하는 것처럼 정신 과정을 생각하는 것이 가능한가? 우리가 만약 완전히 과학적으로 표현하고 싶다면, 엄밀하게 비인격적 명제와 같은 방식으로, 즉 생각이 있다думается 느낌이 있다чувствуется 욕구가 있다хочется라고 말해야 하는가?라고 지그바르트는 묻는다. 다시 말해, 지그바르트가 말하는 방식을 따라서, 비인격적 심리학 또는 인격적 심리학과 나란히 어떤 과정 자체만을 다루는 심리학이 가능한가?

*이전 문단에서, 비고츠키는 인간과 그 자신의 관계에 대한 연구(자신을 향한 말, 언어적 생각 그리고 제비뽑기, 기억을 돕기 위한 매듭 묶기, 손가락으로 셈하기 속에서조차 표현된 것처럼)가 사람의 인격에 관한 질문이 된다는 문제를 다루었다. 이 질문을 연구할 때, 우리는 바로 폴리처가 제안한 방식으로 심리학을 인간화하고 개인화한다. 비고츠키에게, 이것은 단순히 '인격'과 '감정'과 '개인' 또는 심지어 '고객-중심의'나 '감정에 근거한' 과 같은 어떤 단어 사용의 문제가 아니다. 그것은 심리학을 덜 객관적이고 덜 과학적으로 만들거나 더욱 더 경험적이고 임상적으로 유용하게 만드는 문제가 아니다. 폴리처와 비고츠키가 마음에 두고 있는 인간화된 심리학은 침팬지의 심리학이 침팬지-다움에 관한 유인원의 심리학이어야만 하는 것과 동일한 방식의 인격에 관한 심리학이다. 온전한 인간에서 시작하는가, 추상적 기능에서 시작하는가? 데카르트는 잘 알려진 대로 'Cogito, ergo sum(나는 생각한다. 고로 존재한다).'라고 말함으로써 이 문제를 해결했다. 그는 이 진술이 극단적 형태의 환원주의가 되게 할 생각이었다. 즉, 그는 그의 전제를 가장 최소로 환원시키고 단지 그가 확실하게 알고 있었던 것은 꿈의 결과, 환상이나 착각일 수 없다는 것을 분명히 말하려고 했다. 우리는 비슷한 환원주의적 사고 실험을 많은 곳에서 발견한다. 예를

들어, 자신은 단지 인간이 되는 꿈을 꾸고 있는 나비일 뿐이라는 장자의 사색에서 또는 우주 공간에 떠 있는 눈과 귀가 먼 사람이 자신이 존재한다는 감각을 가지는지 아닌지에 대한 아비센나의 질문에서 그리고 현실이 꿈과 같은 상태에서 유지되고 있는 착각이라는 것을 보여 주는 '매트릭스'를 바탕으로 한 공상 과학 영화에서조차 이들을 볼 수 있다. 리히텐베르크는 데카르트의 'cogito'가 전혀 환원주의적이 아니라는 점을 지적한다. 그것은 생각이 '나', 즉 온전한 인간의 활동이라는 것을 가정하고 있기 때문에 사실상 거대한 가정이다. 그는 진정으로 환원주의적 심리학이라면 '나'가 아니라 '생각한다think'로 시작해야 하며 모든 정신 과정을 영어가 날씨 변화를 다루는 방식, 예를 들어 '비가 내린다It is raining.'에서 'it'은 실제로 주어의 역할을 하지 못하며, 아무것도 의미하지 않는 것처럼 다루어야 한다고 제안한다. 바스티안도 동의한다. 지그바르트는 이것을 심리학의 핵심 질문으로 생각한다. 한편으로, 비고츠키는 그것이 문법적 논쟁이라고 말하며, 물론 그는 옳다. 영어 등의 일부 언어에서는 '나는 꿈꾼다I dream.'라고 말하지만, 다른 언어에서는 '나는 꿈을 가졌었다I had a dream.' 또는 심지어 '꿈이 왔다a dream came.'라고 말해야 한다. 이 구문론적 차이가 꿈을 꾸는 경험을 다르게 만들거나 심지어 우리가 꿈꾸기에 관해 생각하는 방식을 다르게 만든다는 어떤 증거도 없다. 또 한편으로, 비고츠키는 이러한 외관상 문법적 논쟁이 심리학의 실제 경계를 반영한다는 것을 인식한다. 비록 어떤 생리학자가 '나'가 존재한다는 데카르트의 가정을 사용하며 '나는 전기-화학적 자극을 신경 축색 돌기를 따라 전달한다.' 같은 말을 할지라도, 그의 심리학은 정신 과정을 개인적인, 살아 있고 움직이고 생각하는 인격과 완전히 분리된 것으로 간주한다. 비고츠키가 관심을 갖는 것은 말에서의 차이가 아니라, 생각에서의 차이이다. 비고츠키에게 있어서 주체가 없는 분리된 심리적 과정을 나타내는 심리학과 인간 인격을 모든 심리적 과정의 기원으로 간주하는 심리학 사이의 진정한 경계는 바로 우리가 논의해 왔던 차이, 말과 반쪽 말 간의 차이, 언어의 능동적 창조적 사용과 신호로서 말에 대한 순수하게 수동적 반응 간의 차이에 있다. 한 경우에는, '나'—평가적, 비판적, 상호작용적 주체—의 가능성이 있다. 다른 경우에는, 인간의 것이라기보다는 침팬지의 것이라고 하는 편이 나을, 반응만이 있을 뿐이다. 『명상록』에서 데카르트는 사고思考 실험을 시도한다. 그는 말한다. 전체 세계가 어떤 나쁜 악마에 의해 잠들어 있는 영혼에 범해진 환영이라고 가정해 보자. 나는 도대체 무엇을 확신할 수 있을까? 이 '사고 실험'의 목적은 '의식의 직접적 데이터'를 결정하려고 시도하는 것이다. 데카르트는 감각은 항상 현혹될 수 있기 때문에, 이것이 감각적 데이터가 아니라고 단정 지었다. 데카르트는 이 '직접적 데이터'는 의식 자체의 느낌이었다고 단정 지었다. 그러므로—'Cogito, ergo sum(나는 생각한다, 고로 나는 존재한다).' 그런데, 라틴어에서 대명사는 동사와 '혼합되어'—일종의 접미사로('cogit-o') 나타난다. 그래서 데카르트가 실제로 말한 것은 'Think-I, therefore am-I'이었다. 그러나 리히텐베르크, 바스티안, 지그바르트가 지적한 것처럼, 이것은 여전히 나는 존재한다. 즉 데카르트가 증명하려고 시도하고 있는 바로 그것을 가정한다. 리히텐베르크, 바스티안, 지그바르트는 다양한 방식으로 이것을 교정하려고 시도한다. 영어 문법이 'It's raining.'이라고 말하는 것을 허용하는 것과 같은 방식으로, 그들은 'It's thinking.'이라고 말하는 것이 가능하다고 가정하려고 시도한다. 거기서 'It'은 실제로 아무것도 나타내지 않는다(비가 오고 있을 때 어떤 다른 실체는 존재하지 않는다. 비 자체가 그 문장의 실제 의미론적 주어이다). 지그바르트는 훨씬 더 나아가 순수한 과정만의 심리학을, 즉 'It's raining.' 대신에 'raining'을 상상하려고 한다. 그러나 그는 이것이 실제로 불가능하다고 결론 내린다. 비고츠키는 이것이 실제로 구문론적 논쟁(즉, 그것은 실제 의미보다 문법에 달려 있다)이며, 굳이 얘기하자면 데카르트가 옳다고, 즉 생각하는 사람이 없이는 생각도 불가능하다고 지적한다. 어쨌든, 존재론적 확실성의 실제 순서는 '생각-인간-세계'(데카르트가 생각했듯이)도 데카르트의 비판가들이 제안하는 것처럼 '인간-생각-세계'도 아니고, '세계-인간-생각' 이다.

데카르트: "나는 생각한다, 고로 나는 존재한다."	그의 비판가: "생각이 있다. 고로 나는 존재한다."	비고츠키와 폴리처: "세계가 있고, 인간은 그 일부이며, 그것을 변형시킴으로써 인간은 세계에 대해 생각하는 것을 배운다."
인간(의식)	생각(육체와 분리된 과정)	세계(의식이 없는 자연)
생각 (의식의 직접적 데이터)	인간 (생각하는 사람)	인간 (자연을 변화시킴으로써 의식을 갖게 되는 자연의 일부)
세계 (의식의 간접적 데이터)	세계 (생각에 의해 나타나는 사물)	생각 (자신의 행동을 변화시킴으로써 의식을 하게 되는 인간의 일부)

*크리스토프 지그바르트(Kristof Zigvart, 1830~1904)는 논리학에서 심리학적 연구 경향을 추구했던 독일의 철학자이자 논리학자였다(즉, 그는 논리학이 객관적이지 않으며 객관적 세계가 아닌 마음의 구조를 반영한다고 여겼다).

*아돌프 바스티안(Adolf Bastian, 1825~1905)은 중요한 심리학자였지만, 주로 분트가 민족 심리학이라 불렀던 것과 현대에 민족학과 인류학이 된 것에 흥미가 있었다. 그는 극동 지방에서 많은 시간을 보냈고, 특히 동아시아 문화에 흥미가 있었다. 그는 프란츠 보아스의 스승이었고, 융에게도 큰 영향을 주었으며, 그는 구조 인류학을 통해 간접적으로 가장 영속적인 영향을 미쳤다. 바스티안은 동일한 기본적 심리학적 진화(민족 관념으로

부터 더 과학적인 개념으로)가 지구상의 지리학적으로 다른 모든 지역에서 거의 유사하게 관찰될 수 있다는 '인류의 심리적 통합체' 이론을 가지고 있었다. 후에 조셉 캠벨과 레비-스트로스 같은 구조주의자에게 중요하게 된 이 관념은, 여기서의 비고츠키의 비평, 즉 사고 형식이 그것을 생각하는 개개의 사상가와 완전히 독립적으로 간주될 수 있다는 관념과 명백하게 관련되어 있다.

*게오르크 크리스토프 리히텐베르크(Georg Christoph Lichtenberg, 1742~1799)는 물리학자, 작가, (A4용지 등을 발명한) 발명가였다. 그는 실제의 철학은 거의 없이 많은 격언과 경구를 담은, 파지 위에 쓴 『쓰레기 책Waste Books』을 저술하였다. 그러나 그는 괴테, 영국 왕 조지 3세 그리고 후에 프로이트, 톨스토이와 비트겐슈타인의 많은 존경을 받았다.

2-166] 지금 우리가 관심이 있는 것은 두 표현 형태와 관련이 있는 의식의 직접적 데이터의 분석도 아니고 두 형태 중 어느 것이 과학적 심리학에 더욱 기여하는 바가 큰지를 묻는 논리적 질문도 아니다. 우리의 관심을 끄는 것은 바로, 실제로 존재하는 두 가지 가능한 관점을 대비하고 그들 사이에 경계를 확립하는 것이다. 우리는 이 차이가 수동적 적응 형태와 능동적 적응 형태를 나누는 경계선과 온전히 일치한다고 말하고자 한다. 동물이 음식에 현혹된다고 말하는 것이 가능하지만 막대기가 창살 밖에 놓인 과일에 닿기 위해 유인원의 손을 잡는다고 말할 수는 없다. 동일한 방식으로, 우리는 어떤 사람이 무언가를 기억하기 위해 매듭을 묶을 때 이 매듭이 과업을 '기억했다'고 말할 수 없다.

*의식의 직접적 데이터가 의미하는 바는 무엇일까? 쾰러 역시 그의 책 『사실들의 세계에서의 가치의 위치The Place of Value in the World of Facts』에서

의식의 직접적 데이터에 관해 이야기한 바 있다. 비고츠키와 쾰러가 지칭하는 것은 데카르트와 분트의 생각이다. 의식이 제공하는 직접적인 데이터는 우리 자신의 감정, 생각, 의식 경험의 흐름이다. 우리의 감각에 의한 데이터는 직접적이지 않으며 따라서 신뢰할 수 없다. 다른 이들에 의한 데이터는 더욱 간접적이며 더욱 신뢰하기 어렵다. 왜냐하면, 그 데이터들은 타인의 감각과 표현력 및 우리의 이해력에 의존하기 때문이다. 의식의 직접적 데이터의 표현의 두 가지 형태는 물론 "나는 생각한다."와 "생각이 있다."와 같은 인격적 형태와 비인격적 형태이다. 그러나 이번 장은 방법론에 관한 것이지, 존재론에 관한 것이 아니다. 우리의 관심은 의식의 직접적 데이터(정서적 경험)가 "나는 생각한다."와 "생각이 있다." 중 어느 것이 더 가까운지를 비교하여 결정하고자 하는 데 있지 않다. 비고츠키는 심지어 이번 장에서, 어떤 표현이 인지주의와 연관되고 어떤 표현이 행동주의와 연관되는지에도 관심을 두지 않는다. 우리가 진정 논하고 싶은 것은 "생각이 있다."와 "나는 생각한다."의 의미상 차이가 실제로 존재한다는 것을 어느 정도 밝히는 데 있다. 이는 실제로 침팬지가 음식에 의해 수동적으로 이끌리는 것과 능동적으로 음식을 얻기 위해 막대를 취하는 것 사이의 차이점과 같다. 우리는 막대가 음식을 얻기 위해 침팬지를 사용한다고 말할 수는 없으며 매듭이 사람을 위해 직접 기억을 한다고 말할 수는 없다. 심리학의 적절한 연구는 그 대상, 즉 인간에 대한 것이지, 단순한 개인적 과정들에 대한 것이 아니다. 동물학의 적절한 연구 대상은 당연히 동물이지 그 막대가 아닌 것처럼 말이다. 침팬지와 막대 사이의 경계는 확실하다. 사람과 매듭 사이의 경계도 확실해야만 한다. 인간이 그의 두뇌를 통제할 때 그의 두뇌는 매듭이 된다. 그렇다면 인간은 무엇일까? 인간은 인격이다. 우리는 그렇다면 인격으로부터 시작할 것이다.

2-167] 인격의 발달과 인격 반응의 발달은 사실상 동일한 과정의 두 측면이다.

> *인격은 물론 사회적 의식의 일부이다. 그러나 인격의 발달을 사회적 영향으로만 환원시킬 수는 없다. 여기서 비고츠키는 개인적인 측면의 인격 발달 과정을 말하고 있다. 비고츠키는 인격은 발달 과정의 주체이며 인격의 반응, 구체적으로는 기억 활동은 대상이 된다고 설명한다. 주체와 대상은 동일한 과정 즉 발달의 서로 다른 측면이다. 기억하는 주체인 인격과 기억을 매개하는 활동(칼자국 내기, 매듭 묶기)은 한데 모여서 단일한 과정에 기여하는 부분이 되며 개별적으로는 의미를 갖지 못하기 때문이다.

2-168] 기억을 돕는 매듭을 묶는 인간이 본질적으로 기억의 과정을 외부적으로 구성했고 외부 대상이 기억을 가능하게 한다는 사실, 즉 그가 외부 대상을 통해 스스로를 상기시키고, 따라서 기억의 과정을 자신의 밖에서 수행하여 그것을 외적 활동으로 전환시키는 것처럼 보인다는 사실을 진지하게 받아들이고, 일어난 사태의 본질을 고려한다면, 이 간단한 사실이 우리 앞에 놓인 고등 행동 형태의 대단히 고유한 특성을 온전히 드러낼 수 있다. 한 경우에는 어떤 것이 기억되는 반면 다른 경우에는 인간이 어떤 것을 기억한다. 한 경우에는 유기체에 동시에 영향을 주는 두 자극의 일치로 인해 일시적인 연결이 만들어지고, 다른 경우에는 인위적으로 결합된 자극의 도움으로 인간이 스스로 자신의 두뇌 속에 일시적인 연결을 만들어 낸다.

> *만약 우리가 인간이 기억을 위한 목적으로 매듭을 지을 때 어떤 일이 일어나는지에 대해 깊이 생각한다면, 그리고 만약 우리가 그것을 인간이 직접적이고 매개되지 않은 기억을 통해 무엇인가를 단순히 기억하려고 할 때 어떤 일이 일어나는가와 비교한다면 그 다음 우리는 그가 그 자신 안에

서 직접적으로 기억되는 상황 전체, 지금은 그의 '작업 기억'이라고 불리는 것을 구성하려고 하는 대신, 자신에게 외부적인 방식의 기억 과정 전체를 본질적으로 구성해 왔음을 보게 된다. 만약 우리가 이에 대해 깊이 생각한다면 그것이 완전한 고유하다는 것, 즉 매개되지 않은 기억과 다르고 침팬지의 막대 사용과도 다르며 심지어 비고츠키가 다음에서 설명하는, 인간이 사용한 도구와도 다름을 보게 된다. 이것을 설명하는 한 가지 방법은 먼저 한 경우에 무엇인가가 기억된다는 것이다(두 가지는 시간과 공간에서 동시 발생하고 의식으로부터 매우 독립적이다). 그리고 다른 경우에는 인간이 무엇인가를 기억했다는 것이다(인간이 '신호'를 '기호'로 전환시키고, 정보를 의미로 변화시켰다. 즉, 인간은 기억되어야 하는 상황을 고의로 전환시킨다). 발생한 일의 본질을 숙고한다면 우리는 고등 행동 형태가 정확하게 이러한 방식으로 완전히 다르다는 것을 알게 된다. 한 경우에서, 즉 가을이 되면 나뭇잎의 색이 변하는 것의 연결과 같은 매개되지 않은 기억의 경우 두 외적인 자극의 동시 발생이 일어난다. 다른 경우에서 즉 인간의 죽음과 잎의 색이 변하는 것의 연결과 같은 매개된 기억의 경우에서 인간은 언어, 시, 비유 등의 인공 자극의 도움을 통해 스스로 자신의 뇌에 일시적인 연결을 갖는다. 비고츠키는 인간의 손이나 인간의 정신은 그 스스로는 많은 일을 할 수 없지만, 그것이 결합하여 인간 의식의 기적을 실현시킨다는 취지의 스피노자의 인용구로 『예술 심리학』을 시작하였다. 비고츠키가 심리학에 대한 이 격언의 암시를 생각했음을 볼 수 있다. 매듭, 제비 또는 손가락 등의 외적인 보조 없이 전적으로 마음에만 근거한 매개되지 않은 기억은 거의 아무것도 할 수 없으며, 침팬지의 생각 이상의 것을 해내지 못한다. 하지만 손에 의해 제공된 인공적 자극과 함께 기억은 사실상 많은 것을 할 수 있다.

2-169] 인간 기억의 정수는 인간이 기호의 도움으로 능동적으로 기억한다는 사실에 있다. 인간의 행동에 대해 다음과 같이 일반적인 형태로 말할 수 있을 것이다. 그 특성은 무엇보다 먼저 인간이 스스로의 환경에 대한 자신의 반응에 능동적으로 개입하고 이 환경 자체를 통해 스스로의 행동을 변화시켜 행동을 자신의 권위 하에 복종시킨다는 사실로 인해 생겨난다. 한 심리학자가 말했듯이 문명의 정수는 우리가 잊지 않기 위해 의도적으로 기념비와 기념물을 건립한다는 사실에 있다. 매듭과 기념비에서 인간의 기억을 동물의 기억과 구분하는 데 있어 가장 특징적이고 중요한 것이 드러난다.

> *러시아어판은 존 듀이의 책으로부터 따온 다음의 인용구를 포함하고 있다.
>
> "문명의 정수는 우리가 잊지 않기 위해 기념비와 기념물을 건립한다는 사실에 있다. (……) 모든 인공적 적응 형태는 자연 대상을 의도적으로 수정함으로써 그 대상이 자연 상태에 있을 때보다 자연 상태에 숨겨진 것, 부재한 것, 동떨어진 것을 더 잘 드러내도록 세심하게 고안된 것이다(John Dewey, *The Psychology and Pedagogics of Thinking*, Berlin, 1922: 21-22)."
>
> 그러나 기념비만이 유일한 기억의 수단은 아니다. 비고츠키는 기호와 도구가 사회적 기억을 매개하는 두 가지 방법일 뿐이며 다른 종류의 방법도 있음을 지적한다. 헤겔은 이것은 기호, 도구 그리고 어린이의 양육이라고 말한다.

2-170] 인간 행동의 새로운 규제 원리로서 상징화의 개념에 관한 우리의 설명은 이것으로 마치게 될 것이다. 다양한 규제 원리를 토대로 한 반응으로서 무조건 반사와 조건 반사의 차이점과 유사점을 규정할 때, 파블로프는 전화 통화라는 예시를 반복하여 언급한다. 한 가지 가능한 경우는 전화

통화가 두 지점을 연결하는 특별한 유선으로 일어난다. 이는 무조건 반사와 일치한다. 다른 경우는 매우 다양하지만 짧은 요구에 부응하는 일시적인 연결들의 도움으로 중앙 본부를 통하여 전화 통화가 이루어진다. 조건 반사를 만드는 유기체인 대뇌 피질은 이러한 중앙 본부의 역할을 수행한다.

> 비고츠키는 파블로프의 유추에서 뇌는 전화 교환국처럼 단지 교환대일 뿐이라는 것에 대해 논한다. 그렇다면 누가 이 교환대를 작동시키는가? 누가 전화 교환수인가? 파블로프는 이 질문에 대답하지 않는다. 교환대의 첫 번째 작동 '설명서'는 전적으로 외부적이다. 전화 교환수는 유령이 아니라 인간에게 있어서는 자연이고, 또 노예에게는 주인이며, 어린이에게는 교사 또는 부모님과 같은 다른 사람들이다. 그렇지만 이것은 자연과 다른 사람에 의해 작동되는 조건 반사가 아직까지 고등심리기능이 아니라는 것을 의미한다. 오직 인간이 그들이 가진 교환대를 작동시키는 것을 성공할 때만 고등심리기능이 된다.

무조건 반사(긴급통화)	조건 반사(전화 교환국)
하나의 자극에 가능한 하나의 반사	하나의 자극에 가능한 많은 반사들
영구적 연결	일시적 가변적 연결
자극-반사회로의 강화, 준비, 정교함을 요구하지 않음	자극-반사회로의 강화, 준비, 정교함을 요구함
'전화 교환수'가 필요하지 않음	'전화 교환수'가 필요함

2-171] 동일한 예를 약간 더 확장한다면 우리는 분석에서 나온 매우 중요한 사실과 의미의 토대를 드러내 보일 수 있을 것이다. 기억을 돕는 매듭

이나 제비뽑기의 예를 들어보자. 여기—이 두 가지 경우 모두—에서 일시적이고 조건적인 연결, 이차적인 유형의 연결, 전형적인 조건 반사가 존재한다는 것은 의심할 여지가 없다. 그러나 만일 우리가 과학적 연구에 걸맞게 여기서 실제로 일어난 것, 이 경우에 가장 본질적인 측면을 모두 넓게 포함한다면, 우리는 이 새로 생겨난 연결을 설명함에 있어서 전화선들의 활동뿐 아니라 요구된 연결을 완결하는 전화 교환수의 일 또한 고려하지 않을 수 없다. 우리의 예에서 매듭을 만들어 필요한 연결을 만들어 낸 것은 인간이었다. 이로부터 저차적 형태와 비교해 볼 때 고등 형태가 가지는 원칙적인 고유성에 대해 결론지을 수 있을 것이다. 여기—우리가 의미라고 명명한 특수한 활동의 토대—에서 우리는 신호하기와의 차이점과 유사점을 발견한다.

> *이 단락에서 비고츠키는 인간의 두 능력, 즉 자신의 행동을 선택하고 대체하는 능력과 자신의 환경을 선택하고 대체하는 능력은 어떤 관계가 있는 것인가, 이 둘은 같은 능력인가 다른 능력인가, 기호와 도구는 어떤 관계가 있는 것인가라는 질문을 하고 있다. 그는 단락의 마지막 부분에서 신호화와 상징화는 서로 연결되어 있으면서 동시에 구별된다고 한다. 즉 인간이 자신의 환경을 스스로 선택하는 능력과 자기 자신의 행동을 선택하는 능력은 서로 연결되어 있으면서 또한 구분된다.

2-172] 상징화의 원칙이 우리를 인공적인 장치의 영역으로 이끌어 주기 때문에 그 자체로 이것은 인공 장치의 다른 형태들과의 관련성과 인간 적응의 전반적인 체계에서 그것의 위치에 대한 질문을 제기한다. 한 가지 특별한 관점에서 기호의 사용은 도구의 사용과 다소 유사함을 발견한다. 다른 모든 비유가 그러하듯 이 비유는 비교되는 개념의 본질적인 측면이 전체적 혹은 부분적으로 완전히 일치함을 의미할 수는 없다. 그러므로 우리는 우리가

기호라고 부르는 그런 장치들이 노동 도구와 엄청난 유사성을 지닐 것이라고 사전에 기대할 수는 없다. 게다가 활동 속에서 유사하고 공유된 특성들과 더불어서, 우리는 어떤 특성들이 서로 다를 것이며 심지어 어떤 측면에서는 반대적일 것이라는 기대를 말해야만 한다.

> *우리가 신호와 기호 사이의 구별에 대해 말했을 때(**2-43** 주석 참조) 우리는 비고츠키가 볼로시노프의 당시 근간近刊이었던 『마르크스주의와 언어 철학』에 친숙하다고 말했던 것을 기억하자. 볼로시노프의 언급(p.10)을 보자. "도구는 그 자체로 어떤 특별한 의미가 없다. 도구는 단지 고안된 기능—도구의 쓸모나 생산 목적—만을 가리킨다. 도구는 다른 어떤 것을 반영하거나 의미하지 않고 그것이 특별하게 주어진 목적에 봉사한다. 그렇지만 도구는 또한 관념적인 기호로 변환될 수 있다. 예를 들어 소련의 국기에서 망치와 낫은 순수하게 관념적인 의미를 담게 된다. 덧붙여 어떤 생산 도구도 관념적으로 장식될 수 있다. 선사 시대 인간에 의해 사용되었던 도구는 그림과 디자인, 즉 기호로 덮여 있다. 물론 도구는 그 자체로 기호가 될 수는 없다." 볼로시노프는 도구와 마찬가지로 생산물도 기호가 될 수 있다고 말한다. 최후의 만찬의 포도주와 빵은 그리스도의 피와 살을 의미한다. 그렇지만 생산물을 기호라고 할 때 그들은 더 이상 생산물이 아니며, 기호를 생산물이라고 할 때 그들은 더 이상 기호가 아니다. 교회는 이러한 기호와 생산물의 구분을 극복하기 위해 성변화聖變化라는 관념을 제시하였다. 성찬에서 밀빵과 포도주가 예수의 몸과 피의 물질로(비유적이 아니라 실제로) 바뀐다는 것이다.

2-173] 인간이 직면한 모든 심리학적 과업(기억, 비교, 보고, 선택 등)으로 인한 촉진물로서의 기호의 발명과 사용은 심리학적 관점으로 볼 때 도구의 발명 및 사용과 한 가지 유사점을 갖는다. 두 개념의 본질적 특성은 우리

가 이러한 적응의 역할에서, 즉 작업 조작에서의 도구와 같은 기호의 역할 혹은 기호의 도구적 기능에서 수렴한다. 우리는 기호가 수행하는 심리적 조작에 대한 자극-수단의 기능, 기호를 인간 활동의 도구로 만드는 기능을 염두에 두고 있다.

2-174] 이런 의미에서 우리는 활동의 목적이나 수단의 매개 기능을 염두에 두고 있을 때 그 용어의 잠정적이고 변하기 쉬운 의미에 의존하여 대개 도구라는 말을 사용한다. 사실, '말, 생각의 도구' 같은 그런 관습적 표현이나 '기억 보조 수단aides de memoire', '내면화된 기법', '기술적 보조 장치, 또는 심리학자들 사이에서 흔히 발견되는 몇몇 심리적 조작(Geistestechnik-정신 기법, 정신 공학, 지적 도구, 그리고 많은 다른 것들)'의 단순한 보조물들은 어떤 구체적 내용을 결여하고 있으며, 단지 이러저러한 대상이나 조작이 인간의 정신 활동에서 보조적 역할을 수행한다는 사실을 단순히 은유적·기술적으로 표현하는 것뿐이다.

2-175] 이와 동시에, 문자 그대로의 의미로 이 둘을 유사하게 지칭하고자 하는, 즉 기호와 도구를 동일시하려는 시도 역시 적지 않았다. 즉, 그 둘 사이의 심오한 차이를 지우고, 활동의 각 형태의 특정하고 구별되는 요소들을 하나의 일반적인 심리학적 정의 안에 녹여 버렸다. 그러므로 지식 이론에서 도구적 논리라는 개념을 발달시킨 실용주의의 선도자 중 한 사람인 J.듀이는 아리스토텔레스의 손에 대한 정의를 말에 전이시킴으로써, 언어를 도구 중의 도구, 기구 중의 기구로 정의한다.

> '정신의 도구'라는 순수한 은유적 기술記述이 있었던 것과 동시에 이러한 비유를 문자 그대로의 의미로 제시하려는 모종의 시도가 있었다. 즉, 말이 어떤 수사 여구 없이 사실 그대로 정신의 도구라고 주장한다. 따라서 논리의 개념을 기구(관념적 진리가 그 유용성으로 환원되는)로 발전시킨 존 듀이는 말이 도구 중의 도구라고 말한다. 이는 단순하게 손에 대한 아리스

토텔레스의 용어를 말에 적용한 것이며, 말이 인간과 도구를 잇는 '인터페이스'라는 것이다.

2-176] 훨씬 더 나아가, E. 카프는 잘 알려진 그의 기술技術 철학에서 도구라는 개념이 그 가치에 대한 진정하고 진지한 이해를 여러모로 가로막는 수사적이고 비유적인 뜻으로 사용되는 경우가 많다는 점을 지적한다. 계속해서 카프는, 분트가 언어를 편리한 도구이자 가장 중요한 생각의 도구로 정의하고, 휘트니가 노동을 돕는 기계적 장치와 마찬가지로 인류가 정신 활동의 기관으로서 말을 발달시켰다고 말할 때, 이 두 사람 모두 '도구'라는 낱말을 문자 그대로 이해했다고 말한다. 바로 이러한 이해가 말이 도구와 마찬가지로 (노동을 돕는-K) '움직이는 물질'라고 간주한 카프의 입장과 완전히 일맥상통한다.

비고츠키는 말이 도구라는 생각이 단순한 비유 이상이라고 간주한 이들(듀이, 분트, 휘트니, 카프)을 열거하고 있다. 이들 중 일부는 매우 다채로운 삶을 살았다. 러시아어판에서는 인물에 대한 주석이 전혀 없어 그러한 바를 확인할 수 없다. 카프는 도구와 같이 말은 집단적 노동을 용이하게 한다고 주장한다. 도구와 같이 말은 공기를 진동시키는 것, 즉 환경 내의 물질을 이동시킴으로써 만들어진다. 비고츠키 역시 도구와 기호를 비교한다. 하지만 그는 도구와 기호가 서로 연관되어 있으면서도 서로 구분됨을 명확히 함으로써 이러한 비유의 한계를 명확히 하고자 애쓴다. 비고츠키는 한편으로는 매우 불분명하고 애매한 비유적 비교('마음의 도구'), 즉 경험적 내용이 전혀 없는 입장과, 다른 한편으로는 매우 구체적이고 문자 그대로의 비교('신체의 연장'), 즉 심리적 측면을 완전히 무시하는 입장 사이의 매우 한정된 기능적 비교라는 입장을 취한다. 즉 기호는 도구와 공통된 기원을 가지고 있지만 서로 다른 기능을 발달시키며, 그 결과 다른 운명을 가지게 된다는 것이다.

*에른스트 카프(Ernst Kapp, 1808~1896) 마르크스와 같이, 1848년의 혁명에 참여한 붉은 48인 중 한 명이었으며 그로 인해 독일에서 추방되었다. 마르크스와는 달리 그는 텍사스에 정착하여 농부가 되었다. 그러나 그는 정치와의 연을 끊을 수 없었다. 샌안토니오에서 열린 가요제에서 그는 반노예제를 주창하는 독일인의 모임을 만들어 노예제와 자본주의적 징벌을 반대하고 무상 공교육을 대학교까지 시행할 것을 주장하였으며 양성평등임금제를 주창하였다. 농업에 종사한 경험을 바탕으로 『*Grundlinien einer Philosophie der Technik*(기술철학의 원칙)』이라는 책을 썼으며 이것이 비고츠키가 본 문단에서 언급하고 있는 저술이다. 카프는 도구가 '인공기관'이라는 생각을 제시하였고 말은 그러한 도구일 뿐이라고 주장하였다.

*윌리엄 드와이트 휘트니(William Dwight Whitney, 1827~1894) 미국인. 산스크리트어 교수이자 번역가, 사전 편찬자, 언어학자였다. 소쉬르는 언어가 자의적 기호라는 생각이 휘트니의 공로임을 지적한다. 아마도 비고츠키는 카프의 책에 인용된 휘트니의 문구를 인용한 것으로 보인다.

2-177] 우리는 첫 번째와 두 번째 해석 사이에 그어진 선과 같은 선명한 구분을 우리 자신의 유추와 그들 사이에 짓는다. 보통 도구라는 낱말의 종잡을 수 없는 사용과 연결된 이 모호하고 애매한 가치는 연구자의 과제에 어떤 식으로든 본질적인 도움이 되지 않는다. 왜냐하면 그들은 행동과 보조자극 사이에 존재하는 기술적 관계보다 실제 관계에 더 관심이 있기 때문이다. 더욱이 이런 식의 명칭은 연구 진로를 가로막는다. 아직까지 이러한 비유적 표현의 실제 가치를 파악했던 연구자는 없다. 우리는 기억이라는 것을

외적 활동과 유사한 방식으로 막연하게 받침점의 역할을 수행하고 있는, 정신 과정을 지원해 주고 도움을 주는 수단으로 생각해야 하는가? 이 '지원'은 무엇으로 이루어져 있는가? 일반적으로 생각이나 기억의 '수단'이 된다는 것은 무슨 의미인가? 혼란을 야기하는 이러한 표현들을 일부러 사용하는 심리학자들에게서 이 모든 질문에 대한 어떤 답도 얻을 수 없다.

> *심리학자들에게서 답을 얻을 수 없는 질문이란 다음과 같다. '진정 기억은 경작이나 상품의 제작과 같은 외부 과정인가?', '기호는 받침점처럼 이러한 활동을 지원해 주는 작용을 하는가?', '이 받침점이라는 것은 정말로 무엇인가? 그것은 어떤 종류의 도움을 주는가?', '일반적으로 기억을 도와주는 지레라는 것은 무엇을 의미하는가?'

2-178] 그러나 유사한 표현들을 문자 그대로 이해하는 사람들의 생각은 훨씬 더 모호하다. 이들은 심리학적인 측면을 가지고 있으나 전혀 심리학에 속하지 않는 기술技術과 같은 현상을 완전히 제멋대로 심리학화하였다. 이 동일시의 밑바탕에는 두 활동 형태의 본질에 대한 무시, 두 활동 형태의 역사적인 역할과 그들의 본성이 지니는 차이점에 대한 무시가 깔려 있다. 노동의 수단이자 자연 과정 숙달의 수단으로서의 도구와 사회적 접촉과 연결 수단으로서의 언어가 인공물 또는 인위적 적응이라는 일반적인 개념하에 용해되었다.

2-179] 우리는 정확한 경험적 연구를 통해 행동에 있어서 기호의 역할의 그 진정한 구체성을 드러내고자 한다. 따라서 우리 연구가 진행되는 동안 어린이의 문화적 발달 과정 속에서 두 기능들이 어떻게 서로 연결되어 있으면서 서로 구별되는지에 대해 우리가 지금 할 수 있는 것보다 더 자세히 검토할 기회가 좀 더 있을 것이다. 그러나 지금이라도 우리는 지금까지의 논의에 의해 적절하게 설명된 것처럼 보이고, 우리가 받아들인 연구 방법을 이해

하기 위해 아주 중요해 보이는 세 지점을 출발점으로 삼을 수 있다. 세 지점 중 첫째는 두 활동 형태 사이의 유사성과 접촉점에 관한 것인 한편, 둘째는 분기점을 설명하고, 셋째는 두 활동 형태 사이의 실제 심리적 연결을 보여 주거나 제시하려는 것이다.

> *이 문단은 다음에 올 7개의 문단을 미리 안내하고 있다. 비고츠키는 2-180~181에서 유사점을 다루고(비교), 2-182~183에서 차이점을 묘사하며(대조), 2-184~186에서 실제적인 심리학적 연결을 보여 준다(연결).

2-180] 우리가 말했듯이, 기호와 도구를 비유한 기초는 이 둘이 모두 매개 기능을 가지고 있다는 데 있다. 따라서 이러한 심리학적 관점에서 그들은 하나의 범주에 놓일 수 있다. 그림 1에서 우리는 기호 사용과 도구 사용 사이의 관계를 도식적으로 묘사하려고 하였다. 논리적 관점에서 그들은 둘 다 동등한 개념으로 간주될 수 있으며 더 일반적인 공통 개념의 범주, 즉 매개 활동에 속할 수 있다.

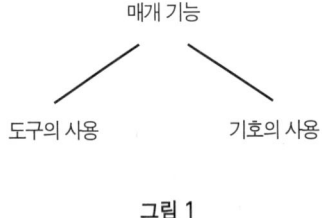

그림 1

> *도구인 것처럼 보이는 기호(망치와 낫 등)와 기호처럼 보이는 도구(추상적인 디자인의 원시 도끼 등)가 있을지라도, 그리고 그들이 발생적으로 연결되어 있을지라도(즉, 양자 모두 몸짓이나 흔적 기능 등의 더욱 원시적인 매개 활동과는 구별된다고 할지라도) 그들은 기능적으로 그리고 본질적으로 서로 구

별된다. 소비에트 국기에 그려진 망치로 못을 치거나 그 낫으로 풀을 벨 수는 없으며, 원시적인 도끼는 결론적으로 어떤 의미를 위한 것이 아니라 나무를 자르기 위한 것이다. 아마도 이 본질적 차이점의 가장 분명한 증거는 기호와 도구의 발달 경로가 수렴하지 않고 분기한다는 사실일 것이다. 예술적 진전을 통해 기호는 계속적으로 더욱 관념을 지향하게 되고 이와 반대로, 도구는 기술적 진전을 통해 점점 더 실제를 변형시키는 방향으로 나아간다.

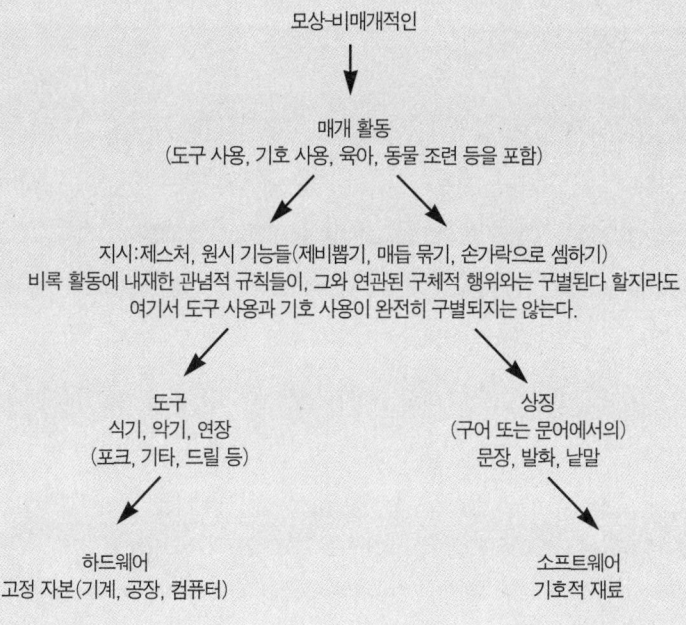

*도구와 기호를 결코 완벽하게 분리할 수 없을지라도(이 때문에 기호는 도구처럼 보이고 도구는 기호처럼 보인다), 그들은 결코 동일시될 수 없다. 하나는 실제 환경을 지향하고 다른 하나는 타인을 지향하면서 이 둘의 방향은 점점 더 멀어진다.

2-181] 헤겔이 매개 개념에서 이성의 가장 전형적인 특성을 발견하면서, 이 개념에 매우 일반적인 의미를 덧붙인 것은 타당하다. 그는 말한다. "이성은 강력한 만큼 교활하다. 그 교활함은, 그것이 사물로 하여금 그 본성을 따르게 허용하고 그것들이 소모되어 없어질 때까지 서로에게 작용하도록 하는 반면, 그 자체는 직접적으로 그 과정에 끼어들지 않음에도 불구하고 오직 그 자신의 목적을 수행하는 매개 작용에 있다고 말할 수 있다." 마르크스는 노동의 도구라는 말을 사용하면서 이 정의를 언급하는데, 이때 그는 인간이 "한 물질을 자신의 목적에 유용하게 만들기 위해 다른 물질의 기계적·물리적·화학적 특성을 사용한다(К. Маркс, Ф. Энгельс. Соч., т. 23, с. 190)."고 말한다.

> 헤겔은 '매개 활동'에 매우 일반적인 의미를 부여했고, 그가 그렇게 한 것은 옳다. 그는 그것을 이성의 본질적 특성으로 보았다. 이성은 교묘하고 기만적이기 때문에 강력하다(그것은 힘이 있거나 강하기 때문이 아니라, 즉 그것은 영리한 만큼만 강력하다). 이성은 기만적이다. 그것은 사물을 서로에 반反하도록 사용한다(우리가 보았듯이, 어린이 발달에서 결정적 계기는, 아기가 어떤 물건을 다른 물건에 작용하도록 사용하는 것을 배우는 생후 첫 6개월 내에 나타난다). 그렇게 하는 데 있어서, 물건의 단단함, 거침, 무게는 다른 물체에 반하여 사용되며 그들 모두는 서로를 극복한다(예를 들어 어떤 돌이 다른 돌을 깎아 도끼를 만들기 위해 사용되거나, 쟁기가 땅을 파기 위해 사용될 때). 반면 인간은 자신의 신체를 가지고 개입하지 않는다(어떤 단어가 생각을 전달하기 위해 사용될 때). 도구와 기호 모두 대상에 작용한다는 점에 있어서 공통적이지만 도구는 대상에 물리적으로 작용하면서 서서히 소모되는 반면, 기호는 사용과 동시에 물리적 측면이 소모되고 의미가 대상의 마음에 작용한다. 마르크스는 생산 수단에 대한 인간의 관계를 말할 때 이것을(비고츠키가 말한 것과 반대로, 그가 직접적으로 그것을 언급하지 않았을지라도) 사용한

다. 인간은 다른 물질을 그의 목적에 유용하게 만들기 위해 물질의 기계적·물리적·화학적 특성을 이용한다.

*비록 직접 인용한 것은 아니지만, 헤겔 인용문에 주목하자. 그 인용문은 G. W. F. 헤겔의 『소논리학』, 섹션 209(pp.272-273, 옥스포드판)에 나온다. 헤겔은 영리하게 사물에 대한 '이성'의 작용을 신이 인간에게 작용하는 방식과 비교한다(즉, 간접적으로).

"이성은 강력한 만큼 교활하다. 그 교활함은, 그것이 사물로 하여금 그 본성을 따르게 허용하고 그것들이 소모되어 없어질 때까지 서로에게 작용하도록 하는 반면, 그 자체는 직접적으로 그 과정에 끼어들지 않음에도 불구하고 단지 그 자신의 목적을 수행하는 매개 작용에 있다고 말할 수 있다. 이 설명을 통해, 신의 섭리는 절대적 교활함의 능력 속에서 세계와 그 과정에 세워져 있다고 말할 수 있을 것이다. 신은 인간이 그들의 특별한 열정과 흥미로 원하는 대로 하도록 한다. 그러나 그 결과는 그들의 계획이 아니라 신의 성취이며, 이것들은 신이 사용한 사람들이 본래 추구했던 목적과는 확실히 다르다."

Hegel, G. W. F.(1975), *Hegel's Shorter Logic*, Oxford: Oxford University Press, pp.272-273.

마르크스는 신을 제거하고, '이성'을 추출한 후 대신에 인간과 도구 사용을 가리키기 위해 이것을 사용한다. 그 인용문은 우리가 앞서(문단 2-145) 자본론에서 보았던 것과 같은 곳에서 나온다.

"노동의 도구는, 노동자가 자신과 노동 대상 사이에 개입시키고, 자신의 활동의 안내자로 사용하는 사물이나 사물의 복합체이다. 그는 한 물질을 그의 목적에 유용하게 만들기 위해 다른 물질의 기계적·물리적·화학적 특성을 사용한다."

Marx, K.(1995), *Capital*, Oxford: Oxford University Press, p.116.

> 비고츠키는 도구 사용과 기호 사용 간의 유사성을 확립하고 있다는 것을 기억하자. 그러나 다음 문단의 중간에서 그는 그 차이점을 확립하는 것으로 전환하고 또한 다른 형태의 매개 활동(예를 들어 신호)도 존재함에 우리의 주의를 끈다.

2-182] 같은 근거로, 우리는 이 매개적 활동에 기호의 사용이 포함되어야 한다고 생각한다. 이 활동의 핵심은 인간이 기호, 즉 자극을 그 심리적 본성에 따라 사용한 뒤 그것을 통해 행동에 작용한다는 사실에 있다. 두 경우 모두 매개적 기능이 전면에 나타난다. 우리는 이 동등한 개념들 사이의 관계나, 이들이 그들의 공통 기원이 되는 개념과 맺는 관계에 대해 더 자세하게 밝히려고 하지는 않을 것이다. 우리는 단지 이들이 수행하는 기능에 있어 이 둘이 결코 동등하거나 동일하게 생각될 수 없으며 매개적 활동이라는 개념의 내용을 완전히 낱낱이 드러낼 수도 없다는 것을 지적하고자 한다. 사유 활동이 도구와 기호 사용으로 환원될 수 없기 때문에, 그 외에도 훨씬 많은 수의 매개적 활동을 열거할 수 있을 것이다.

2-183] 우리가 제시한 그림은 이 개념들의 논리적 관계를 나타낼 뿐, 현상으로서 그들의 발생적 혹은 기능적 (전체적으로 그들의 진정한) 관계를 나타내지 않음을 주의해야 한다. 우리는 이 개념들의 관계를 지적하고자 하며 그들의 기원 또는 실제 뿌리를 지적하려는 의도는 전혀 없다. 우리의 그림은 잠정적으로 그러나 동시에 개념적 관계의 순수하게 논리적 측면에서 두 유형의 적응을 매개 활동의 두 노선으로 나타낸다. 여기에 우리가 앞에서 제시한 두 번째 논지가 있다. 기호와 도구 사이의 가장 본질적 차이와, 두 노선이 갈라지는 진정한 토대는 이들이 지닌 서로 다른 방향성이다. 도구는 인간의 행위를 인간 활동 대상으로 전달하는 전달자의 역할을 하며 외부를 향한다. 그것은 대상에 여러 가지 변화를 가해야 하며 자연을 정복하기 위한 인간의

외적 활동 수단인 것이다. 기호는 심리적 조작의 대상에 아무런 변화를 일으키지 않는다. 그것은 사용자 자신의 행동이나 다른 사람의 행동에 심리적 작용을 하는 수단, 즉 인간 스스로의 숙달을 향하는 내적 활동의 수단이다. 기호는 내면을 향하는 것이다. 이 두 활동은 매우 다르기 때문에 사용되는 수단의 본성이 두 경우에 있어 동일할 수 없다.

2-184] 끝으로, 앞의 두 지점과 마찬가지로 우리가 여기에서 더 발전시킬 세 번째 지점은 이러한 두 활동들 사이의 실제 연결, 즉 계통 발생과 개체 발생에서 그들의 발달의 실제 연결에 대한 것이다. 자연의 숙달과 행동의 숙달은 서로 연결되어 있다. 인간이 자연에 가한 변화는 인간 스스로를 변화시키기 때문이다. 계통 발생에서 역사적 기록을 통해 발견되는 흔적들을 토대로 우리는 이러한 관계를 재현할 수 있었다. 이 흔적들은 파편적이고 부분적이지만 의심할 여지를 남기지 않는다. 개체 발생에서는 실험을 통해서 그것을 추적할 수 있을 것이다.

> *여기서 발전시켜야 하는 세 번째 지점은 기호 사용과 도구 사용 사이의 구체적이고, 실제적이며, 사실적인 연결을 지적하는 것이다. 이 연결들은 계통 발생적이고 또한 개체 발생적이다. 예컨대 역사적으로 선박의 발달은 지도의 발달과 더불어 일어났으며 아동 발달에 있어서 아기들은 장난감과 말을 함께 사용한다.

2-185] 이제 한 가지는 분명한 것 같다. 어린이의 유기체적 활동이라는 점에서 볼 때, 도구가 최초로 사용되는 순간 제닝스의 공식이 폐기되는 것과 마찬가지로, 최초의 기호 사용은 모든 기존 정신 기능의 유기체적 활동 체계를 초월함을 의미한다. 도구의 사용이 신체의 자연적 활동을 수정한 것과 같은 식으로, 보조 장치의 사용과 매개된 활동으로의 이행은 모든 심리기능들을 급진적으로 재건하고, 심리기능의 활동 체계를 광대하게 확장시킨다. 이

둘은 모두 고등정신기능 또는 고등행동이라는 용어로 표현될 것이다.

2-186] 우리는 본래의 길에서 멀리 벗어났지만 다시 되돌아갈 것이다. 우리는 우리 연구가 지향하는 전반적인 원칙을 본질적으로 설명해 왔다고 생각할 수 있으며, 우리 방법의 주요 공식을 결정하려고 시도할 것이다. 그 공식은 우리가 발견한 원칙, 즉 고등 행동 형태가 세워진 원칙에 대한 비유일 수밖에 없다.

• 연구의 방법

훌륭한 모노그래프는 고등동물의 골격이 그 살과 피와 통합되어 있는 것처럼 연구의 골격 또한 연구의 '살과 피'와 통합되어야 하며, 저차적 생물이 지닌 것과 같은 외골격이어서는 안 된다고 비고츠키는 말했다(**1-78**). 그러나 그는 연구 방법을 다룬 이 장에서 마치 외골격과 같은 연구 방법을 제시한다. 이것은 그의 생각이 바뀐 것이 아니라, 실제로 수행 가능한 연구 방법이 아직 고안되지 않았기 때문이다. 따라서 이 장은 어떤 종류의 연구 방법이 연구 가능한 것인가를 토론하기 위한 것이라고 볼 수 있다. 이는 1장이 연구 문제와 두 개의 발생적 근원을 규명했던 것과 거의 유사하다. 이 장은 기실, 재현 가능한 실제 연구 방법의 기술이 아니라 오히려 연구 방법론, 즉 연구 인식론인 것이다.

2-5에서 비고츠키는 2장을 두 부분으로 구분한다. 첫 부분에서 그는 광범위하게 다양한 서로 다른 심리학 연구 방법들의 밑바탕에 깔려 있는 근거를 비판적으로 검토한다. 그 결과 다수의 심리학 이론들이 모두 자극-반응 과정에 의존하고 있다는 공통된 결점을 발견한다. 비고츠키에 의하면, 자극-반응 과정에서 인간은 그 자신의 행동과 그를 둘러싼 환경에 대하여 순전히 수동적인 자리에 위치한다. 그러한 심리학은 인간 심리를 탐구하는 바탕이 될 수 없다. 왜냐하면 인류는 자연 환경에 수동적으로 복종하지 않음으로써 자신이 부여받은 생물적 자질에서 비롯된 행동을 수동적으로 받아들이지 않았기 때문이다.

두 번째 부분에서 비고츠키는 자극-반응 과정이라는 덫에 걸리지 않을 연구의 바탕을 '도식적'으로 보여 준다. 그는 특이하게도 '흔적 기능', 즉 제비뽑기(의사 결정), 매듭 묶기(기억하기), 수 세기(계산하기)에 관한 긴 논의로부터 시작한다. 이 흔적 기능들은 모두 역사 초기의 기호 사용의 예이며, 그 당시 기호는 의사소통의 목적이 아닌, 사람의 행동을 조절하기 위한 '정신 내적' 목적으로 사용되었다. 이 흔적 기능들은 현대 성인의 삶에서 더 이상 중심 역할을 하지는 않는다. 하지만 비고츠키에 의하면, 바로 그러한 이유 때문에 이 흔적 기능들은 보다 복잡한 고등정신기능이 어떻게 정신 외적으로 진화해 왔는지를 보여 주는 일종의 원시 단세포 화석과 같은 예가 될 수 있다. 따라서 흔적 기능이 보다 정교하고 복잡한 연구 방법의 출발점을 제공하는 것이다.

비고츠키는 이것을 자세히 설명하는데, 이로 인해 이 장의 두 번째 부분이 상당히 길어진다. **2-136**에서 **2-171**에 이르기까지 그는 기호와 신호화의 관계, 이를테면 사회문화적으로 형성된 비고츠키만의 심리학과 생리학의 관계에 대해서 논한다. 비고츠키에 의하면 기호는 신호에 불과한 것으로 환원될 수 없는 것이다. 왜냐하면 신호를 기호로서 인식하는 것이야말로 인간 의식의 존재를 의미하기 때문이다. 물론 도구 역시 인간 의식을 전제로 한다. 이 장의 말미인 **2-172**에서 **2-189**에 이르기까지 비고츠키는 기호와 도구의 관계를 논한다. 그의 결론에 따르면 기호와 도구는 모두 매개 활동의 형태들이다. 그러나 이러한 순전히 논리적인 구분만으로는 발달적 관계를 보여 주지 못한다. 발달적 관계는 오직 매개 활동의 실제 발생적 과정에 대한 치밀한 분석을 통해서 그 구조적 원칙을 드러낼 때에만 관찰되는 것이다. 그러나 이 문제는 다음 장의 말미에서야 다루어진다. 이하에서는 이 장을, 비고츠키가 한 것과 마찬가지로, 서로 길이에서 상당히 차이가 나는 두 부분으로 나누어서 요약하고자 한다.

I. 첫째 부분에서 비고츠키는 연구 방법에 관한 별도의 장이 필요함을 역설한다. 비고츠키는 다른 많은 연구 방법들을 비판적으로 검토함으로써 자신만의 연구 방법의 토대를 세운다. 그는 기존의 연구 방법들이 형태상 다르기는 하지만 자연주의적인 편향, 즉 자극과 반응을 반영한 하나의 단일한 기초에 토대하고 있음을 발견한다. 흥미롭게도 내관적인 방법조차 심리적 과정들을 다소 수동적인 방식으로 간주한다(**2-1~2-62**).

　A. 비고츠키는 진정으로 새로운 연구는 언제나 '두 개의 미지수를 가진 방정식'이라고 말한다. 재료와 연구 방법이 아직 탐구되지 않았기 때문이다. 따라서 연구 방법은 언제나 고등정신기능을 연구하는 도구인 동시에 그 산물이어야 한다. 이는 미지의 장소를 탐험하는 데 있어서 지도가 도구인 동시에 또한 탐험의 결과가 되는 것과 같다. 비고츠키는 이 장에 대한 자신의 '지도'를 펼쳐 놓는다. 이 장의 첫 부분에서 비고츠키 자신이 제시하는 연구 방법과 다른 연구 형태들의 관계가 제시될 것이다. 두 번째 부분에서는 도식적 표현을 통해 그 관계가 더욱 긍정적인 방식으로 그려질 것이다. 연구의 구체적 형태는 항상 변화 가능해야 하기 때문이다(**2-1~2-6**).

　B. 비고츠키는 객관주의와 주관주의의 형태를 포함한 모든 심리학적 실험들의 근저에는 자극과 반응의 상관관계가 있다고 말한다. 이 상관관계를 채택함으로써 심리학이 적어도 정신생활의 반응적 측면을 올바르게 이해해 왔다고 비고츠키는 지적한다(**2-12**). 또한 그는 실험들 간의 중요한 많은 차이점들도 언급하였다. 예를 들면 분트는 자극을 통제하는 것과 부수적 요소에 반응하는 것을 단지 자가관찰의 다양함을 통제하는 수단으로 여긴다(**2-14**). 반면에 객관주의자들은 자기-관찰을 완전히 거부한다(**2-20, 25**). 형태주의자들은 원칙상 자극과 반응의 이원론을 거부하지만 실제로는 어떤 대안도 제시하지 못한다(**2-23**). 민족 심리학은 자극-반응 실험을 인류학 분야로 전이시키거나 단편적인 해석에 의존한다(**2-30, 31**). 이와 유사하게 아동심리학은 유인원의 자극-반응 실험을 취학 전 아동으로 전이시키거나 무작위의, 우연한 관찰의 방법을 사용한다(**2-33, 34**).

　C. 비고츠키는 자극-반응 상관관계를 말로 확장한 연구자들, 즉 한편으로 비네와 다른 한편으로 뷔르츠부르크 학파에 관해 논의한다(**2-37**). 그 방법론적 결실에 의해 이론을 판단해야 한다면, 뷔르츠부르크 학파의 이론은 그 방법이 그러하듯 결실 없는 것으로 판단되어야만 할 것이라고 비고츠키는 말한다. 짓궂게도, 비고츠키는 뷔르츠부르크 학파의 몇몇 단어들만 여기저기 바꾼 결론이 반사학의 가장 극단적 형태, 예컨대 골프와 같은

운동 기능과 말 사이에 어떠한 근본적 차이가 없다고 결론지은 미국 행동주의자 왓슨과 완벽하게 호환될 것이라고 말한 베흐테레프의 논평에 동의한다(2-39, 2-41). 이 모든 접근 방법들은 예외 없이, 본질적으로 능동적인 고등 과정(이해, 판단, 선택)을 수동적인 저차적 반응들(보기, 냄새 맡기, 바늘이나 뜨거운 난로에서 황급히 손을 빼는 것)과 동일하게 보았다(2-7~2-44).

D. 이후 논의를 위해 비고츠키는 낱말을 반응과 관련된 단순한 자극으로 보는 것은 실험에서 지시의 역할을 무시하는 것처럼 보인다는 데 주목한다. 낱말과 마찬가지로 실험에서 지시 또한 '자극'임에도 불구하고 종종 제외되고 고려되지 않는다는 것이다(2-46). 이에 반해 심리학자이기를 거부하는 파블로프는 낱말을 '모든 것을 망라하는' 자극으로 간주하며 다른 자극과의 비교를 거부한다(2-50). 비고츠키는 엥겔스를 인용하여 인간이 단순히 수동적으로 환경에 적응하는 것이 아니라는 핵심적 사실을 과학이 간과해 왔으며, 인간은 환경을 자신의 활동에 적응하도록 만드는 능력을 가지고 있다고 말한다(2-55, 2-57). 비고츠키는 유기체의 활동은 그 기관의 기능이라고 보는 제닝스의 '활동 체계' 원리가 인간에게는 적용되지 않는 것처럼 보인다는 것을 상기시킴으로써 이 장의 첫 부분을 마무리 짓는다. 비고츠키는 이제 이것이 심리학 실험에서 어떤 의미를 갖는지 묻는다(2-45, 2-59).

II. 이 지점에서 비고츠키는 그의 연구 전체의 도구이자 결과인 주요 '원칙', 즉 매개된 활동을 제시해야만 한다. 하지만 도구와 결과는 실제의 결과를 가진 실제 연구를 통해서 더 잘 제시될 것이므로 아직은 다소 시기상조이다. 비고츠키는 이 어려움을 해결하기 위해 '흔적 기능'의 개념을 사용하였으며, 의사 결정을 위한 제비뽑기, 기억을 위한 매듭 묶기, 손가락이나 산가지 등을 이용한 수 세기 같은 것들이 이에 속한다. 이것들은 그의 연구의 주요 부분을 형성할 고등 기능들은 아니지만 그의 연구 방법을 생생하게 묘사하고 외적인 정신 자극으로 (즉, 부분적으로는 도구로서 또 부분적으로는 말로서) 사용된 기호의 역사적 발달에 대해 우리에게 무엇인가 말해 줄 자족적인 역사적 화석으로서, 편리한 대용물이다. 그는 기호를 파블로프의 '신호화'와 그리고 도구와 구별 짓고, 기호의 독창적인 의미론적 특징을 주장하며 이를 '상징화'라 명명하며 이 부분을, 그리고 이 장을 끝마친다(2-60~2-189).

A. 드디어 비고츠키는 흔적 기능이 무엇인지 소개한다. 먼저 해부학적 구조와 그에 따른 활동의 관계를 설명하는 제닝스의 법칙을 이용하여 비고츠키는 흔적 기능을 무성 식물과 동물들에서 볼 수 있는 퇴화된 생식기관에 비유한다. 그는 이 흔적 기능들이 더 이상 의미 없음을 자세히 설명하면서도(2-60~2-63) 흔적 기능들이 어떤 것인지에 대해서 낱낱이 설명하지는 않으며, 다만 이들이 행동의 역사 속에서 한때 핵심적인 역할을 수행했으나 현대 사회에서는 겨우 그 실낱같은 존재의 명맥을 잇고 있다는 힌트를 줄 뿐이다(2-82). 비고츠키에 의하면, 지금은 그저 장식에 불과한 외적 정신 기능인 흔적 기

능은 판단, 자발적 기억, 개념적 사고와 같은 활발한 내적 정신 기능과 내적으로 연결되어 있다. 또한 이 흔적 기능의 진정한 장점은 이들이 자신을 생겨나게 한 문화(점술 숭배, 문자 이전의 쓰기, 표식을 사용한 산술)와 연결되어 있지 않으면서 자신의 역사를 자기 속에 간직하고 있다는 것이다(2-60~2-85).

1. 이렇게 기대감이 고조되는 가운데, 베일에 싸인 이 기능은 먼저 뷔리당의 당나귀라고 불리는 초라한 당나귀의 모습으로 표현되었다(2-87). 뷔리당의 당나귀는 두 개의 건초더미 사이에 서서 먼저 어떤 것을 먹을지 선택하지 못하고 굶어 죽는다. 이것은 사실 중세의 결정론자 뷔리당을 조롱하기 위해 아리스토텔레스주의자들이 사용했던 논리적인 문제이다. 그러나 비고츠키는 그것이 윌리엄 제임스를 당혹스럽게 하고 심리학에서 종교로 돌아서게 만든 자유 의지의 문제와 심오한 연관이 있다는 것을 보여 준다(2-89). 파블로프는 이 상황에서 개는 실제로 광적으로 변한다는 것을 보여 준다. 그러나 톨스토이는 전쟁과 평화의 주인공 피에르가 카드 점을 치면서 유사한 문제를 어떻게 다루고 있는지를 보여 준다(2-93~2-95). 그리고 레비-브륄(2-98)과 투른발트(2-99) 같은 민족학자는 인류학에서 운명과 마법의 생동하는 이데올로기와 연결된 정신 외적인 제비 사용의 예를 제시한다. 비고츠키는 제비뽑기야말로 인간 행동을 구조화되도록 한 진정한 수단이라는 것을 규명한다. 자극과 반응의 상관관계를 사용하여 우리가 탐색할 수 없는 것은 아무것도 없다고 주장하는 가상의 반대론자에 대하여 그는 도식적으로 그것(제비뽑기)을 분석하고 제비뽑기의 고유성을 옹호한다. 비고츠키는 실제 사건들이 자극-반응 기제로 완전하게 설명될 수 있다는 것에 동의한다. 그러나 이렇게 하는 것은 마치 말을 순전히 음성적인 묘사만으로 설명할 수 있다고 말하는 것처럼 환원주의적이며, 단안적이며, 극단적으로 자연주의적이다(2-107). 인간의 행위를 자극에 대한 반응으로 설명할 수 있다는 것은 사실이다(2-105). 그러나 자극 그 자체는 주체에 의해서 그 상황 속으로 도입된 것으로 설명되어야만 한다(2-109). 주체가 제비를 뽑는 바로 그 순간까지 그들이 명확하게 무엇을 하게 될지 몰랐다는 것은 사실이다. 그러나 주체는 제비에 결정 권한을 부여함으로써 조건적이며, 매개된 방식으로 자기 자신의 행위를 결정했다(2-86~2-111).

2. 비고츠키는 두 번째 '흔적 기능', 즉 무언가를 기억하기 위한 매듭 묶기, 부절符節, 표시물의 사용을 제시한다. 그는 러시아의 극동 지역 탐험가인 아르세니예프의 예를 포함하여, 전 근대인들로부터 발견되는 여러 가지 사례들을 풀어 놓는다. 이를 통해 그는 흔적 기능을 포함하는 활동 유형은 즉각적·본능적 기억을 통한 숙고하기를 대체하는 방편이라고 생각한 레비-브륄의 의견에 반론을 제기한다(2-120). 그와는 달리 비고츠키는 설교를 마음속에 다시 떠올리기 위해 나무에 칼자국을 새기는 사람이 숙고를 통해 설교를 다시 재현해 낼 뿐 아니라 새로운 형태의 시각적 언어와 외적인 기억을 고안해 냈음을 지적한다(2-121). 투른발트는 이러한 방법이 처음에는 개개인의 사용을 위해 고안되고 후에 사회적으로 공유된다고 가정한다. 비고츠키는 그와는 반

대의 과정, 즉 사회적으로 공유되어 사용되고 이후에야 개인적 사용이 나타났을 가능성이 더욱 높다고 제시한다. 비고츠키는 두 번째 흔적 기능이 도식적으로는 그의 첫 번째 예시, 즉 자극 'A(기억될 대상)'가 보조 자극 'a'로 지칭되는 것과 동일하다는 것을 지적하고, 두 경우 모두에 있어 실제 일어난 것은 인간이 인공적 자극의 사용을 통해 그 자신의 행동을 숙달하게 된 것이라는 점을 보이면서 두 번째 '흔적 기능'에 대한 분석을 마친다(2-112~2-124).

3. 비고츠키는 세 번째 '흔적 기관'으로 손가락 세기를 소개하고 이것이 전근대 사람들 사이에서 아직까지 사용되고 있다고 언급한다(예. 파퓨아뉴기니 오크사프민의 수 세기 체계). 비고츠키는 현재 친근한 도식으로 나타낸 표현을 사용하여, 이것이 역시 보조 자극 'a'로 자극 'A'를 나타내는 도식을 포함하고, 행동 숙달, 심지어는 외적 수단에 의한 사고 과정도 포함한다는 것을 쉽게 보여 준다(2-124~2-130).

B. 여기서 비고츠키는 사례에 대한 논의를 중단하고 종종 순수하게 추상적 형태의 작업가설이 사례로부터 유도되는 경험주의적 귀납보다 더 전형적인 과학적 방법론이라는 것을 상기시킨다(2-134). 비고츠키는 이제 이론적으로 그리고 실험적으로 고등정신기능, 고등 행동 형태, 어린이의 의지를 구성하는 것을 도와줄 '구조적 원리'를 발견했다. 비고츠키는 이 원리에 '기호'라는 이름을 붙인다. 이 이름은 '모든 것을 망라한다'는 의미에서 광범위하지만, 또한 그 용어를 사용하는 일상적 방식보다는 협소한 의미를 갖는다. 한편으로 그것은 정신 내로 향하는 즉 자신의 행동 숙달을 향한 기호를 포함하며 다른 한편으로 자연적 징후가 아닌 단지 인공적 상징과 몸짓과 같은 비非상징적 흔적 형태를 포함한다. 이러한 새로운 '기호'라는 개념을 정의하는 데 있어, 비고츠키는 이제 이중의 과업을 갖는다. 첫째 기호가 비非기호, 즉 자연적 징후(파블로프가 '신호화'라고 부른 것)와 어떻게 연결되고 구분되는지 보임으로써 기호의 기원을 설명해야 한다. 그리고 기호가 다른 형태의 매개 활동 예를 들어 도구와 어떻게 연결되고 구분되는지 보임으로써 기호의 기능을 설명해야 한다(2-131~2-137).

C. 비고츠키는 첫 번째 과업으로 되돌아간다. 그는 현재 인간 행동을 이해하는 경로는 오직 생리학적인 것과 심리학적인 것 둘뿐이라고 말한다(2-139~2-141). 파블로프는 첫 번째 경로를 취하며 인간 행동의 기초를 대뇌에서 일어나는 '신호화'에서 찾는다. 파블로프는 이 신호화를 그의 '조건적 반사'와 동일시한다(2-142). 비고츠키는 두 원칙을 서로 '대조'하거나 '반대'하지 않으면서 상징화, 즉 인공적인 신호들의 의도적인 창조를 '신호화'와 주의 깊게 구분한다(2-144, 2-145). 그는 인공적인 기호들의 의도적인 창조를 가능하게 만드는 것으로서 조건적인 반응(또는 뇌에서의 연결 완성)과 인간의 사회적인 삶을 지적함으로써 둘을 구별하였다. 전자가 상징화를 신호화에 명백하게 연결하는 반면, 후자는 그 둘을 명백하게 구별한다. 생리학의 길을 벗어나며 비고츠키는 오직 두 번째 길, 즉 '인간화된' 심리학 (폴리처)만이 인간 행동에서 고유한 것이 무엇인지 보여 줄 수 있다고 주장하였다(2-164). 두 번째 길만이 파블로프가 인간의 대뇌 반구에서 발

견한 위대한 '전화 교환대'의 전화 교환수의 존재를 드러낼 수 있다(**2-153, 2-170**). 이 교환수는 바로 인격을 의미하며 이것은 (데카르트의 "나는 생각한다. 그러므로 나는 존재한다."와 그것의 여러 변형으로서의) 순수하게 개인적으로 자각된 인격이 아니라 인간 사회, 말 공동체, 역사적 문명에서 기능을 하는 구성원으로서의 인격이다(**2-138~2-171**).

D. 끝으로 비고츠키는 두 번째 과업으로 기호를 도구와 같은 여타의 인공적 장치들과 구분하고자 한다. 그는 먼저 기호와 도구를 혼동하는 경향이 매우 큼을 지적한다. 어떤 학자들은 기호를 도구에 비유하고(예를 들어 '마음의 도구'), 또 다른 학자들은 글자 그대로 기호는 도구이며 삽이 흙을 떠내는 것과 마찬가지로 말이 공기를 떠밀어 낸다고 주장한다(**2-174~176**). 비고츠키는 이러한 공허한 말장난을 거부한다. 그는 도구와 기호의 진정한 유사성과 차이점, 그 둘의 실제적이고 구체적 연결에 관해 주장한다. 도구와 기호는 매개 활동이라는 논리적 범주 안에서 동등한 지위를 가진다는 점에서 진정으로 유사성이 있으며(**2-181**), 도구는 외부 환경을 향해 작용하고 기호는 인간 자신을 향해 작용한다는 점에서 차이점이 있다(**2-183**). 끝으로 도구와 기호는 한편으로 계통 발생, 다른 한편으로 개체 발생의 행동 속에서 공통적으로 사용된다는 사실로 서로 구체적으로 연결되어 있으며(**2-184**), 이 연결은 진정한 심리적 연결을 만들어 내는 것으로서 다음 장에서 검토될 것이다(**2-172~2-186**).

제3장
고등정신기능의 분석

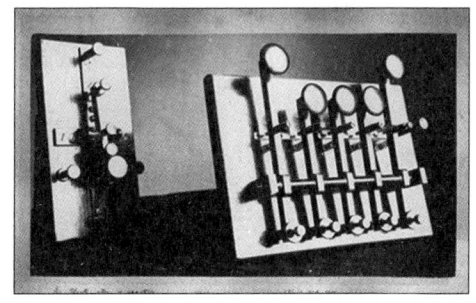

티치너와 '선택 반응' 실험을 위해 그가 고안한 건반 장치

3

> *2장의 끝에서 독자들은 1장과 2장에서 약속된 고등정신기능에 관한 구체적인 연구들을 기대하게 되었을 것이다. 그러나 사실 이 책은 고등정신기능의 분석(3장), 구조(4장), 발생(5장)으로 이어진다. 비고츠키가 이렇게 우회하는 데에는 두 가지 이유가 있다. 하나는 그가 말한 것처럼 이러한 새로운 종류의 연구를 위해서 방대한 양의 방법론적 연구가 행해져야 하기 때문이고, 다른 하나는 발달에 관한 다양한 연구들이 존재함에도 불구하고 이들이 고등정신기능과 저차적 기능을 잘 구별하지 못하고 있기 때문이다. 비고츠키는 이 모든 연구들의 기저에 깔려 있는 넓고 견고한 기반을 제공하는데, 그것이 바로 이 장의 주제이기도 한 고등정신기능을 매개 활동으로 분석하는 것이다.

3-1] 고등 행동 형태의 분석이 우리 연구의 가장 우선적이고 기본적인 형태라고 이미 말한 바 있다. 하지만 동시대 심리학의 상황을 보건대, 우리는 문제의 분석에 다가가기에 앞서 분석의 문제가 목전에 놓여 있음을 발견하게 된다.

> *비고츠키는 "비평을 위한 무기는 무기에 대한 비평으로 대체되어야 한

다." 라는 마르크스의 말에 나타난 것과 같은 일종의 교차배열법을 사용하여 '문제의 분석이 아니라 분석의 문제'가 중대함을 표현한다.

이 '분석의 문제'를 다음과 같이 도식으로 나타낼 수 있을 것이다.

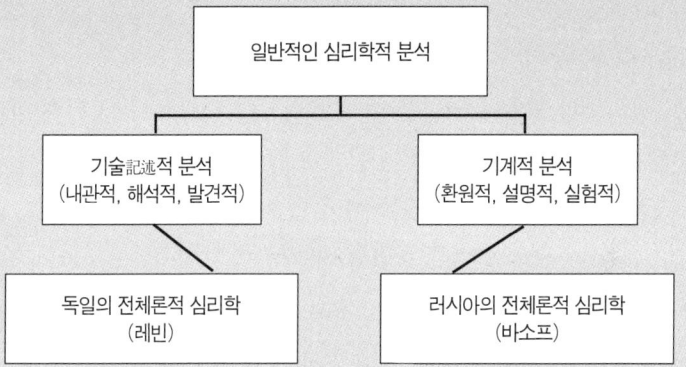

문제는 모든 심리학적 분파에서 '분석'이라는 용어를 매우 다른 의미로 사용한다는 것이다. 기술적 심리학자들이 의미하는 분석은 경험의 형태를 더 이상은 쪼갤 수 없는, 생물학도 물리학이 아닌 심리학의 최소 단위 요소로 나누는 것이다. 기계적 분석은 실제 행동을 설명할 수 있도록 행동을 신경과 같은 생물적 요소로 더 나누어 들어가는 것을 의미한다.

독일과 소비에트의 전체론적 심리학자들은 양쪽의 과정 모두에 만족하지 않고 그들을 통합하기 위해 여러 가지 방법으로 노력했다. 이 장에서 비고츠키의 방식은 기존에 존재하는 모든 분석 방법이 다음과 같은 공통점을 지니고 있음을 지적하는 것이다.

1. 과정들을 더 자세히 쪼갤 수 있는 고정된 사물로 다룬다.
2. 과정들을 설명하려 하기보다는 기술적으로 다룬다.
3. 오랜 연습에 의해 과정이 자동화되어 더 이상 분석에 민감하지 않게 된 발달의 결과만을 본다.

> 이 장에서 비고츠키는 이상의 공통점들을 부정하고자 한다. 이와는 달리 비고츠키는 과정을 연속되는 활동으로서 분석하고, 단순히 기술하기보다는 설명의 대상으로 간주하며, 발달의 마지막 계기뿐만 아니라 다양한 계기들을 살펴보고자 한다.

3-2] 심리학의 기반에 영향을 미치는 위기의 결과로서, 동시대 심리학에서 방법론적 토대의 변화가 우리 눈앞에서 일어나고 있다. 이런 점에서 심리학은 더 발달된 과학에서는 알려져 있지 않은 상황에 처해 있다. 즉, 화학적 분석에 대해 말할 때는 누구나 우리가 염두에 두고 것이 무엇인지에 대해 명확히 알고 있다. 그러나 심리학적 분석에 대해 말할 때는 그것이 완전히 다른 문제가 된다. 심리학적 분석 개념 자체가 매우 다의적이다. 때때로 그것은 서로 공통점이 전혀 없거나 심지어 반대되는 입장을 취하는 정의들을 포함한다. 그래서 특히 지난 10년 동안, 기술記述적 심리학의 기초 방법으로서 심리학적 분석이라는 개념이 주목할 만한 발달을 거쳤다. 기술적 심리학은 때때로 분석적이라고 불리었으며 그에 따라 동시대 과학적 심리학 개념과 대조되었다. 본질적으로 분석적 방법은 현상학적 방법과 일치하며, 그 결과 심리학 연구 과업은 복잡한 경험의 혼합물이나 의식이라는 직접적 데이터를 구성 요소로 분해하는 것으로 환원되었다. 이러한 이해에 기초한 분석은 경험의 분해와 일치했으며, 그러한 점에서 설명적 심리학 개념과 모순되었다.

> 심리학은 화학처럼 발달된 과학 분야와는 매우 다른 상황에 처해 있다. 그 상황은 심리학의 근저를 흔드는 위기의 결과이다(이 위기에 관해서는 1927년 비고츠키가 입원해 있는 동안 분석했던 상당한 분량의 영어판 선집 3권 '심리학 위기의 역사적 의미'를 참고할 것). 물을 각각의 구성 요소로 분석하는 화학적 분석에 관해 말할 때는 분석이 의미하는 바에 관해 일반적인 합

의가 존재한다. 그러나 심리학적 분석에 관해서는 그렇지 않다. 심리학에서 '분석'은 여러 다양한 것들을 의미하는 데 사용된다. 프로이트의 방법인 정신분석학 또는 융과 그의 스위스 추종자들의 '분석 심리학' 대 분트와 제임스의 분석 심리학, 이들 중 어떤 것들은 공통점이 전혀 없으며, 어떤 것들은 완전히 상반되기도 한다. 지난 10년간 분석 개념은 많은 발달을 이루었다. 기술적 심리학(융 심리학, 딜타이와 그 후대에는 후설의 해석적 학파 등)은 분석적이라고 불린다. 그러므로 기술적 심리학의 개념은 현대 과학적 심리학 개념과 반대된다. 이 기술적 심리학의 분석 방법은 사실 현상학에 매우 가까웠다. 기술적 심리학의 심리학적 연구는 복잡한 경험의 구조나 지각을 요소로 나누는 것으로 이루어져 있다. 여기서 분석은 경험을 분해하는 것으로 환원되며, 이 때 경험 간의 연관성보다는 구별이 강조된다. 바로 이 점에서 주의와 지각 또는 지각과 기억 사이의 인과적 연결을 강조하는 설명적 심리학과 본질적으로 상반된다.

3-3] 약간 다른 의미에서, 분석은 연합적이라고 불리는 전통적 심리학을 지배한다. 실제로 고등 과정들이 주어진 별개의 요소들의 합으로 구성된다는 원자론적 관념이 그 기저에 존재하며, 연구의 과제 역시 과정이 모종의 방식으로 연합된 원시적 요소들의 고차적 합으로 표현될 수 있음을 보이는 것이었다. 사실 이것은 요소의 심리학이었으며, 현상의 설명을 비롯한 다소 상이한 과업을 설정하기는 했으나 그럼에도 불구하고 여기에서조차 그것(요소의 심리학-K)이 분석을 이해하는 바와 심리학에서의 현상학적 관점이 만연하는 것 사이에 밀접한 관련이 있음이 드러난다. K. 레빈이 정확하게 지적했듯이, 이러한 이해의 기저에는 고차적 정신 과정이 수많은 요소들과 그들의 연합을 포함하면서, 저차적 과정보다 더 많은 연합 혹은 더 복잡한 연합으로 나타난다는 잘못된 의견이 놓여 있다. 연구자들은 복잡한 과정을, 그들

의 구성과 연합적 연결들에 참여하는 독립된 과정들로 분해하려고 시도하였다. 이러한 원자적 관점의 지배는 다음 수순으로 순수한 현상학적 문제들의 강조를 초래하였다. 이 문제들은 레빈이 지적했듯 의심할 여지없이 핵심적으로 중요하지만, 구舊심리학에서는 더욱 깊이 놓여 있는 인과적 역동성의 문제를 덮어 버렸다.

> * '분석'은 심리학적 경험들을 그 요소로 분해한다는 의미였다. 다시 말해, 지각과 통각統覺 사이의 차이점이나 혐오와 반감 사이의 구별점을 규명하려는 시도였다. 화학적 과정이 원소들의 상호작용으로 설명되듯이 전통적 심리학자들은 실제로 경험이 이런 방식으로 설명될 수 있다고 믿었다. 하지만 기술적 심리학자들은 이러한 목표를 던져 버렸다. 그들은 단순히 심리학적 경험을 세밀한 방식으로 묘사하고 싶어 했다. 그러나 둘 사이에는 경험주의적인 공통점이 있다. 심리학적 과정들을 그 요소로 나누려는 생각이 발달적 변화(인과적-역동적 관점)를 설명하고자 하는 목표를 현상학적 기술이라는 산 아래에 감춰 버린 것이다. 발달적 변화의 설명적 원리를 파악하기 위해서는 분석에 대한 모든 접근을 경험주의적 방식으로부터 진정한 발달적 방식으로 변화시킬 필요가 있다. 다음 문단에서 분명해지겠지만, 원인 및 변화의 역동성은 요소로의 분석을 통해 관찰될 수 없기 때문이다.

3-4] 따라서 구심리학에 알려져 있던 분석의 두 가지 기본 형태는 설명에 반하는 것(기술적 심리학의 경우와 같이)이었거나 혹은 사실상 완전히 기술과 경험의 분해에만 전념하여, 모든 복잡한 과정들의 기저에 놓여 있는 인과적-역동적 연결과 관계를 드러내지 못하는 것이었다.

3-5] 동시대 심리학의 발달은 분석의 방향과 의미를 모두 근본적으로 변화시켰다. 통합적 과정을 연구하려는 경향, 즉 심리적 현상의 근거가 되는

구조들을 밝히려는 경향은 심리의 원자론적 개념을 근거로 하는 이전의 분석과 대치된다. 최근 구조 심리학의 강력한 발달은 요소 심리학에 대한, 그리고 그 이론에서 요소적 분석이 차지하는 위치에 대한 반작용이라고 생각할 수 있다. 그렇다. 우리는 심지어 새로운 심리학이 의식적으로 요소 심리학과 맞서 싸운다고 생각할 수 있으며, 그것의 가장 본질적인 특징은 통합적 과정의 심리학이라는 사실에 있다고 간주할 수 있다.

3-6] 한편으로, 행동 심리학이 다양한 형태로 뻗어 나가 발달한 것은 구심리학의 순수하게 현상학적인 열망의 지배에 대한 반작용이라는 것은 의심할 여지가 없다. 어떤 형태의 행동 심리학에서는 기술적 분석에서 설명적 분석으로 나아가려는 시도가 있었다. 따라서 이 논제의 현 진행 상태에 대해 요약하고 싶다면 우리는 구심리학에 나타난 두 계기를 말해야만 할 것이다. 새로운 심리학은 이 두 계기로부터 자신을 강하게 분리하고자 하였고, 이 두 계기로 인해 새로운 심리학 자체가 두 개의 주된 경향으로 갈라지게 되었다.

*여기서 비고츠키는 구심리학의 요소주의의 두 '계기'인 요소적 기술과 요소적 설명이 구심리학과 새로운 심리학을 나누었을 뿐만 아니라 심지어 새로운 심리학 또한 두 방향으로 나누었다고 말한다. 새로운 심리학은 크게 행동주의와 구조주의의 두 흐름으로 나뉘며, 이 둘은 모두 구심리학의 경험적 원자론(요소주의)을 거부한다. 한 흐름인 행동주의와 반사학은 심리적 과정이 기술될 수 있다는 생각을 완전히 거부하며, 심리적 과정을 인과적으로(실제로는 기계적으로 심지어 물리적으로) 설명하기 위해 노력을 기울인다. 또 다른 흐름인 구조주의와 형태주의는 심리적 과정을 원인과 결과로 따로 떼어 생각하는 것을 거부하며, (구조가 필연적으로 행동을 야기하지 않을지라도) 그들이 행동의 기반이라고 생각하는 구조를 기술하기 위해 모든 노력을 쏟는다. 이에 대하여 비고츠키는 다음 몇 문단에 걸쳐 좀 더 자세히 설명한다.

3-7] 다른 한편으로 설명적인 분석을 심리학적 연구 방법의 토대로 삼고자 했던 여러 심리학적 경향들이 우리 눈앞에서 일어났다. 예를 들자면 행동 심리학의 경향들이 그러하다. 사실 그것은 구심리학의 원자론적 본성을 보존하고 있으며 고등 과정을 더 기초적인 과정이나 반응들의 합 또는 연쇄로 간주한다. 또 다른 예는 전체의 의미와 그것의 고유한 속성을 강조하면서 현재 동시대 심리학의 본질적인 방향을 이루고 있는 형태주의 심리학이다. 그것은 전체를 분석하는 것을 거부하고, 기술적 심리학의 경계 내에 남게 된다. 최근 몇 년 동안 종합적인 특성을 가진 많은 심리학적 경향들이 이런 두 계기들 사이의 분열을 극복하려고 시도해 왔다.

> *이 문단에서 우리는 새로운 심리학 안에서 기술적 심리학과 설명적 심리학(즉, 인간 과학 심리학과 자연과학 심리학) 간의 오랜 분열이 어떻게 또다시 나타나는지 보게 된다. 반사학은 사실 원자론을 수용했고, 따라서 진정한 기술記述을 성취하는 데 실패했다. 반면 형태주의는 사실 원자론을 거부했고 그에 따라 진정한 설명을 성취하는 데 실패했다. 사실 인과적역동적 분석 없이는 기술도 설명도 성취될 수 없는 것이다.

3-8] 하지만 우리의 목전에, 심리학적 분석에 대한 새로운 이해가 발달하고 있다. 먼저, 이 새로운 분석 형태를 최초로, 그리고 가장 명확하게 나타낸 이론은 M. 바소프가 세운 구조적 분석의 방법이었으며 이것은 두 노선, 즉 분석의 노선과 인격에 대한 총체적 접근법의 노선의 연구를 결합한 것이다. 바소프의 연구 방법은 분석적 접근법과 총체적 접근법을 결합하려고 시도하였으며, 두 개의 길이 보여 주는 것들 중 하나만을 배타적으로 추구하는 여타의 경향들과 구별되었다. 한편으로 우리는 '모든 것은 반사 작용에서 시작한다.'는 올바른 전제에서 시작하여 '모든 것은 반사 작용이다.'라는 그릇된 결론을 이끈 극단적 행동주의의 예를 본다. 그리고 다른 한편으로 (원자론

또는 전체론 중 하나만을 추구하는-K) 그와 같은 경향을 현대 전체론적 심리학에서 본다. 그것은 구조 속에서 보편적 자질을 인지하고, 정신 과정 전체를 시작점으로 가정하여, 이런 식으로 또 하나의 극단적 노선을 고수함에 따라 분석이나 발생적 연구 또는 행동 발달의 과학적 토대 건설을 위한 방법을 찾을 수 없게 된다.

> *미하일 바소프(M. Basov, 1892~1931)와 그의 제자들은 유인원과 사람의 관련성은 타당하지만 사람에게는 사회적 환경이 더 중요함을 강조하면서 행동주의와 어린이들에 대한 사회행동주의적 관점을 중재하려고 했다. 이것은 비고츠키와 루리야에게 만족할 만한 것이 아니었는데, 그 까닭은 바소프의 관점이 문화, 특히 그중에서도 말을 설명해 주지 못하기 때문이다. 비고츠키와 루리야는 바소프와 그 제자들이 발달에 대한 연합주의자들의 견해를 맹목적으로 받아들이고 있으며, 인간을 특별하게 해주는 인간다움에 대하여 잘 설명해 주지 못하고 있고, 어린이들의 창의성에 대해 분명히 설명 하지 못한다고 비판하였다. 미하일 바소프는 파벨 블론스키, 비고츠키과 더불어 아동학(pedology, 최근의 아동학과는 다르다)의 대표주자이며 행동주의자였다. 아동학은 어린이의 인격과 환경의 조화에 근거를 둔 아동심리학에 대한 발달적 견해를 추구했던 불운한 학문이었다. 또한 바소프는 초기 활동 이론주의자 중의 하나였는데, 반응과 행동, 목표 지향과 활동에 대해서도 연구하였다. 그는 심리 정신 기법으로 발달의 개념을 도입하였는데, 심리 정신 기법은 기억에 대한 보조와 심리적 도구에 대한 연구로서 당시에는 심리학의 발달적 범주로 여겨지지 않았다. 때문에 그의 연구실에서는 쾰러의 실험을 따라 어린이들의 말을 녹음하는 등 샤피로와 게르케가 어린이에 대한 실험을 반복하였다.

3-9] 이러한 새로운 형태의 심리학적 분석은 좀 더 자세히 살펴볼 필요

가 있어 보이며, 그것을 더 한층 발달시킨 것이 우리 자신의 연구에서 사용한 방법이다. 바소프는 이 과정을 구성하는 실제 객관적 요소를 확인한 다음에야 그것들을 구별한다. 그는 이러한 현상들을 독립적으로 존재하는 별개의 것으로 보지만, 각각의 부분은 전체의 특성을 유지하는 한도 내에서만 구성 요소가 될 수 있다. 따라서 물의 분석에서, H_2O 분자는 크기는 무한히 작지만 구성에 있어서 균질한, 객관적으로 실재하는 물의 요소이다. 그러므로 물 입자들은 이러한 분절分節에 따라 해당 형성물의 본질적 요소로 간주되어야 한다.

*비고츠키가 '객관적인 실제 요소'를 통해 의미하는 것은 어떤 형태를 갖추어 단독으로 존재하는 요소를 의미한다. 예를 들어 실험실에서 물의 양은 계량컵에 따라 변하지만 물 분자는 우리가 물을 계량하는 방법에 관계없이 독립적으로 존재하는 객관적인 단위인 것이다. 이 물 분자가 '객관적인 실제 요소'의 한 예이다.

여기서 비고츠키는 나중에 『생각과 말』 1장에서 발달시킬 '단위로의 분석' 개념을 도입한다. 그러나 거기에는 몇 가지 중요한 차이점이 있다.

1. 나중에 비고츠키는 '단위'와 '요소'를 구분한다. 여기서는 그런 구분이 없다. 비고츠키가 사용하는 러시아어 낱말은 엘리멘치элементы '요소'이다.

2. 나중에 비고츠키는 '분석'과 '일반화'를 구분한다. 비고츠키는 분자 그 자체가 분석의 단위라는 것을 명백하게 부정한다. 즉 그것은 단지 물(고체, 액체)의 고유한 특성에 관계없이 동일하게 모든 형태의 물에 속하거나 또는 분석자(불을 끄는 성질을 설명하는)의 고유한 과업에 속하는 일반화의 단위이다. 여기서는 그런 구분이 없다.

3. 비고츠키는 이 단위가 구성에 있어 균질해야 한다고 전제한다. 이것은 발달을 배제하는 것으로 보이며, 적어도 분석 단위 안에서의 발달을 배

제한다. 그러나 낱말의 의미는 말로 하는 생각 현상의 분석 단위이며, 분명 낱말의 의미는 구성에 있어 균질하지 않다.

3-10] 구조적 분석은 단지 실제적이고 객관적으로 존재하는 요소들만 다루었고, 자신의 과업이 이러한 요소들을 추출하는 것뿐 아니라 그들 사이에 존재하고 이 요소들의 역동적 연합으로부터 나타나는 활동 형태와 유형의 구조를 결정하는 연결과 관계를 설명하는 것이라고 보았다.

3-11] 최근에는 전체론적 심리학 역시 동일한 결론에 이르렀다. 따라서 H. 폴켈트는 현대 심리학 연구의 가장 기본적 특징은 전체론적 연구를 지향한다는 데 있다고 지적한다. 그러나 여기에도 분석의 문제는 이전과 다름없이 그대로이며 일반적으로 이 문제는 심리학이 존재하는 한 남아 있을 수밖에 없다. 폴켈트는 두 가지 분석 노선을 구분한다. 하나는 전체론적 분석이라 부를 수 있을 것이다. 이는 연구 대상의 전체적 본성을 항상 염두에 둔다. 다른 하나는 요소적 분석으로 여기에서 핵심은 개별 요소들을 구분하고 연구하는 것이다. 심리학에서는 아직도 이 두 번째 형태가 지배적이다. 많은 이들이 이 새로운 심리학이 분석을 거부한다고 생각한다. 그것(새로운 심리학-K)은 분석의 의미와 목적을 변화시켰을 뿐, 실상 첫 번째(전체론적 분석-K) 뜻에서의 분석을 가리킬 뿐이다.

전체론적인 심리학, 즉 구조주의적인 형태주의 심리학과 더불어 바소프와 같은 반反반사주의 경향의 소련 학자들은 분석이 구조와 활동 유형 사이의 관계를 설명해야 한다는 결론에 도달하였다. 그러나 전체론적 심리학에도 분석의 문제가 존재한다. 통상적으로 전체론적 심리학은 분석을 회피한다고 간주되기 때문에 이러한 문제는 예상 밖의 일인 것이 사실이다. 사실 이러한 분석의 문제는 심리학이 과학으로서 존재하는 한 불가피

> 한 것이다. 다시 말해 분석의 문제는 심리학적 방법 그 자체에 내재하고 있으며 심리학적 문제 제기의 일부를 차지한다. H. 폴켈트는 두 가지 유형의 분석을 구분한다. 하나는 단위로의 분석이고 다른 하나는 요소로의 분석이다(이 구분은 비고츠키의 『생각과 말』 1장(1-9)에서 그대로 도입된다). 단위로의 분석은 전체의 속성과 특성을 보존하는 부분인 단위로 분석하는 것이다. 요소로의 분석은 더 이상 나눌 수 없는 요소, 현상을 이루는 가장 기초적인 부분, 즉 원자로 분석하는 것이다. 심리학은 지금까지 전자보다는 후자를 선호해 왔다. 사실상 많은 심리학자들은 새로운 심리학이 분석 자체를 거부해야 한다고 생각한다. 그러나 그렇지 않다. 우리는 오직 분석의 의미와 과업을 바꾸어 첫 번째 의미의 분석으로 전환해야 할 뿐이다.

3-12] 물론 분석의 의미 자체가 근본적으로 변화되어야 한다. 분석의 중요한 과업은 심리적 전체를 부분이나 작은 조각으로 나누는 것이 아니라 모든 일반적인 심리적 전체 속에서 전체의 최우선성을 보존하는 어떤 특징이나 계기를 부각시키는 데 있다. 여기서 우리는 심리학의 구조적 접근과 분석적 접근을 결합하려는 생각이 명확하게 드러난 것을 발견한다. 그러나 구 심리학의 오류 중 하나 즉 원자론의 오류를 피했음에도 불구하고 새로운 분석은 곧장 다른 오류에 빠져, 이러한 현상을 구성하는 실제 연결과 관계에 대한 발견 및 설명과는 실상 아무런 관련이 없다는 것을 쉽게 알 수 있다. 폴켈트가 말한 것처럼 이러한 분석은 과정의 전체적 속성에 관한 기술記述적 선택에 기반을 둔다고 할 수 있을 것이다. 모든 기술은 항상 어떠한 구체적 특징을 강조하고 그 특징을 전면에 내세워 그것을 이해하려고 하기 때문이다.

> *비고츠키는 새로운 심리학의 중요한 약점을 지적하고 있다. 전체가 부분의 합보다 정말로 크다는 것을 받아들인다면 부분들의 상호 의존성을

받아들여야만 한다. 그러나 이것은 실제로 전체의 속성을 지닌 어떤 부분이 존재한다는 것을 의미하는 것이 아니라, 전체의 속성들은 실제로 부분들의 상호작용에서 나타난다는 것을 의미한다. 예를 들어 하나의 음절은 자음과 모음으로 이루어져 있지만 자음이나 모음만을 통해서는 음절이라는 전체를 설명할 수 없다. '책'이라 음절은 ㅊ+ㅐ+ㄱ의 구성 부분으로 이루어지지만 '책'은 이 부분의 기계적 조합으로 이루어지지 않는다. 컴퓨터 음성 조합 프로그램을 이용하여 이 세 음절을 조합하면 자연스러운 '책' 발음과는 상당히 다른 결과를 얻는다. 각 자음과 모음이 상호 간에 미치는 영향이 반영되지 않기 때문이다. 이와 유사하게 '학교'라는 낱말도 학+교의 기계적 조합으로 이루어지지 않는다. 각 음절은 서로에게 영향을 미쳐 음성학적으로나 의미론적으로 단순한 '학'+'교' 이상의 소리와 의미를 가지게 된다.

이는 담화의 경우에서도 마찬가지이다.

Q: What time is it?

A: Twelve o'clock.

위의 대화에서 질문은 대답을 가정하지 않고는 있을 수 없으며 대답은 질문을 전제하지 않으면 문법적으로, 화용적으로 의미를 가질 수 없다. 따라서 담화의 각 목소리들은 상호 간의 관계를 통해 시간을 묻고 답한다는 의미를 가진다. 그러나 언어야말로 형태주의자들이 이해하지 못했던 것이다. 그들은 언어가 어떤 다른 심리학적 기능과 다르지 않다고 보았으며 언어를 전체로서가 아니라 전체의 한 부분으로 파악했다.

3-13] 따라서 구심리학의 실수를 극복하려는 시도가 실상 완전함과는 거리가 멀고, 구심리학의 원자론을 피하고자 했던 많은 이론들이 단순히 기술적記述的 연구라는 수렁에 빠졌다는 것을 알 수 있다. 이것이 구조주의 이

론의 운명이었다.

3-14] 순수한 기술적 심리학을 넘어서려고 하면서 행동의 원자론적 이해에 다다른 또 다른 심리학자들의 집단이 있다. 그러나 첫째 이론과 둘째 이론을 종합적이고 통합적으로 이해하려는 최초의 기초가 바로 우리 눈앞에 놓이고 있다. 바로 우리 눈앞에서 심리학 분석의 성격이 변화하고 있다. 사실 심리적 요인에 대한 서로 다른 이해는 분석에 대한 서로 다른 형태의 이해와 적용 뒤에 감추어져 있다. 기술적 심리학의 해석적 분석이 이런 심리학의 기초적인 신조, 즉 정신 과정을 자연과학적으로 설명하는 것이 불가능하다는 신념과 직접적으로 연결되어 있다는 것을 알아내는 것은 어렵지 않다. 이와 유사하게 요소 심리학에서 분석은 심리학적 사실에 대한 특정한 이해, 바로 모든 고등 과정들은 여러 가지 기초적인 연합 과정의 결합에 의해 형성된다는 신조와 연결되어 있다.

* '또 다른 심리학자들의 집단' 은 반사학자들과 행동주의자들, 또한 미국에서 티치너가 이끈 '구조주의자들' 을 말하며, 이들은 원자론적이고 환원주의적인 요소로의 분석을 통해 기술記述을 초월하려고 했다. 그러나 비고츠키에 의하면, 첫째와 둘째 이론 집단의 통합을 위한 기초를 놓고 있는 심리학자들 또한 존재한다. 이 때 비고츠키가 가리키는 심리학자들은 아마도 바소프와 레빈을 뜻할 것이다. 비고츠키는 심리학에서 분석의 특성이 변화하고 있다고 말한다. 실제로 심리적 요인에 대한 분석의 개념을 해석하고 적용하는 다양한 방식들에 숨겨져 있는, 심리적 요인의 구성 요소에 대한 매우 다양한 개념들을 발견할 수 있다. 예를 들어, 분석의 개념을 해석하고 적용하는 기술적 심리학은 심리적 요인에 대한 과학적 설명이 완전히 불가능하다는 생각을 숨기고 있다는 것을 알 수 있다. 또 다른 예로서, 분석의 개념을 해석하고 적용하는 환원주의적 방식은 모든 고등 과정이 단순히 기초적 과정들의 결합이라는 생각을 숨기고 있다는 것을 알

수 있다. 전자의 기술적 심리학에서 심리적 요인은 정신적인 것으로 가정되고, 후자의 환원주의적 방식에서 심리적 요인은 생리적인 것으로 가정된다.

3-15] 심리학 이론에서 분석에 대한 이해는 심리학 문제에 접근하는 일반적 원리에 따라 변한다. 모든 분석의 적용은 분석된 사실에 대한 특정한 이해를 품고 있기 때문이다. 이 때문에 심리학 연구의 방법론적 접근의 기초가 변함에 따라 심리학적 분석의 본성이 변한다.

3-16] 우리는 세 개의 중요한 계기를 제시할 수 있다. 고등 행동 형태의 분석이 이 계기들에 의지하며, 이 계기들은 우리 연구의 토대가 된다. 첫 번째 계기는 우리로 하여금 사물 분석과 과정 분석을 구별하도록 한다. 오늘날까지 심리학적 분석은 거의 언제나 분석해야 할 과정을 주어진 사물인 것처럼 다루어 왔다. 심리학적 형성물은 모종의 안정되고 굳어진 형태로 이해되었으며 사실상 분석의 과업은 형성물을 그 구성 부분들로 분해하는 것과 같은 것이 되었다. 이것이 심리학적 분석이 아직도 굳어진 형태의 논리에 지배당하는 이유이다. K. 코프카에 따르면 심리학적 과정은 굳어지고 불변하는 조각들로 이루어진 모자이크와 같이 연구되고 분석되어 왔다.

*러시아 농부들은 세 마리의 고래가 세계를 등으로 받치고 있다는 전통적인 믿음을 가지고 있었다. 러시아 혁명도 이 전통적인 믿음과 마찬가지로 '빵, 토지, 평화'라는 세 마리의 고래에 기반하였다. 이어지는 두 개의 문단에서 비고츠키는 새로운 형태의 분석이 토대로 삼을 세 마리의 '고래'를 제시한다(**3-38**까지). 그런 후 비고츠키는 기존의 분석들이 이 세 마리의 고래와 어떻게 상충되는지 보이고(**3-39~3-64**), 마침내 대안적인 분석을 제시한다(**3-65~3-83**). 비고츠키는 이 세 마리 고래를 여러 가지 명칭

> 으로 부른다. 여기서는 '계기'라는 낱말을 사용하지만 뒤에서는 '입장' 혹은 '명제', '전제 조건' 등의 낱말을 사용한다.

3-17] 사물 분석은 과정 분석과 서로 대치된다. 사실상 과정은 그 역사적 흐름을 구성하는 주요 계기들의 역동적 발달로 환원될 수 있다. 이런 의미에서, 우리는 실험적 심리학이 아닌 발생적 심리학을 통해 새로운 이해에 도달한다. 만일 발생적 심리학이 일반(심리학-K)에 가져온 가장 중요한 변화를 지적하고자 한다면 우리는, H. 베르너가 말했듯이, 이러한 변화가 실험적 심리학에 발생적 관점을 도입한 것으로 환원될 수 있음을 인식해야 한다. 생각의 발달에 관해 이야기하건 의지의 발달에 관해 이야기하건, 모든 심리적 과정은 바로 우리의 목전에서 일어나는 특정한 변화 과정이다. 예를 들어, 정상적인 지각의 발달은 다만 몇 초, 심지어 몇 분의 일 초 안에 규정될 수 있다. 하지만 복잡한 생각 과정의 경우에 발달은 며칠 또는 몇 주로 연장될 수 있다. 특정한 조건하에서 이러한 발달을 추적하는 것이 가능하다. 베르너는 발생적 관점을 예비 연구에 적용하는 방법의 예를 제시한다. 이에 따르면 현대인에게서 오랜 기간 동안 완성된 과정으로 존재해 온 특정한 발달을 실험실에서 실험적으로 끌어낼 수 있다.

> *지각의 발달이 매우 짧은 시간 동안 이루어진다는 것은 예를 들어, 멀리 있는 물체가 가까이 다가옴에 따라 관찰자가 그 물체를 식별하는 데 걸리는 시간이 매우 짧다는 의미이다. 운전할 때 운전자가 시각적 자극을 수용하고 이에 적합한 판단을 내리는 시간은 더욱 짧다. 이 문단은 표면적으로는 실험실에서의 미소 발생이 사회 발생(현대인에게서 장기간에 걸쳐 완성된 과정 발달로서 말이나 문해 또는 자유 의지 같은 것들)을 반복한다고 가정하는 것처럼 보인다. 그렇다면 이것은 실험실의 기술들을 민족 심리학에 단

순히 적용하는 것에 대한 비고츠키의 반대와 모순되지 않는가?(1-86, 2-31 참조) 그것은 개체 발생은 계통 발생이나 사회 발생 그 어느 것도 반복하지 않는다는 그의 훌륭한 반론과 모순되지 않는가?(1-109 참조) 사실, 그렇지 않다. 첫째, 실험적 기술들을 현장 인류학에 단순히 적용시킬 수 없다고 해서 인류학적인 발견을 실험실에서 이용할 수 없다는 것을 의미하지는 않는다. 현장 인류학의 기술들은 교실 연구에서처럼 실험실에서 적용시킬 수 있으며 적용하고 있다. 물론, 개체 발생은 계통 발생도 사회 발생도 되풀이하지 않는다. 하지만 예를 들어 어린이의 발명과 유전적 변형과 같은 개체 발생 안에서 사회 발생과 계통 발생의 산물이나 심지어는 실제 작용 과정을 명백히 볼 수 있다. 둘째, 미소 발생은 사실 반드시, 어떤 면에 있어서, 사회 발생의 결과를 재구성하고 되살려야만 하며 그렇지 않고서는 어린이들은 문화적 자질을 배울 수 없음을 알고 있다. 따라서 사회 발생적 과정이 병리적인 현상에서는 거꾸로 되돌려지듯이, 사회 발생적인 과정을 미소 발생적으로 되돌릴 수 있을 것이다. 예를 들어, 언어 습득을 연구하기 위해 인공적인 언어를 사용하고, 개념 발달을 연구하기 위해 인위적인 생각의 문제들을 사용하고, 자유 의지를 연구하기 위해 인위적인 '뷔리당의 당나귀' 상황을 이용하는 것처럼 말이다. 셋째, 이론에 의해 선별된 발달의 핵심적 계기들에 대한 이러한 종류의 시뮬레이션이 발달 과정 전체를 재현할 수 없음은 분명하다. 따라서 새로운 실험적 방법이 실제로는 발달 과정의 정확한 재현이라기보다는 일종의 시뮬레이션이라는 것을 언제나 염두에 두고 실험 결과의 일반화를 사용된 추상화 수준에 의해 정당화되는 범위로 제한할 수 있는 것이다.

3-18] 우리는 앞서 우리가 사용한 방법이 정신 발달 과정을 인공적으로 야기하고 재창조한다는 의미에서, 그것을 실험-발생적 방법이라고 부를 수

있다고 말했다. 이제 동일한 방식으로 이것이 우리가 염두에 두고 있는 역동적 분석의 기본 과업을 구성한다고 말할 수 있을 것이다. 만약 우리가 사물 분석을 과정 분석으로 대체한다면, 기본적인 조사 과제는 당연히 주어진 과정 발달의 모든 계기를 발생적으로 복원하는 것이 될 것이다. 이 경우 분석의 기본 과제는 과정을 초기 단계로 되돌리는 것, 바꾸어 말하면 사물을 과정으로 변형시키는 것이 될 것이다. 그러한 시도는 주어진 실험 속에서 각각의 응축되고 응고된 심리적 형태를 용해시켜, 잇달아 서로를 대체하는 개별적인 계기들의 동적인 흐름으로 변형시키는 것으로 구성된다. 간단히 말해서 이러한 분석 과업은 사물과 그 부분으로부터가 아니라 과정에서 그 각각의 계기로 나아가기 위해 모든 고등 행동 형태를, 움직임 속에서 취함으로써, 사물이 아니라 과정으로, 실험적으로 제시하는 것으로 환원될 수 있다.

> *이 문단을 설명해 주는 예를 세 가지 들어 보자. 비고츠키의 '몸짓' 분석(무작위 운동 그 자체, 다른 사람을 향한 몸짓, 최종적으로 자신을 향한 몸짓)은 이것의 한 예이다. 말로 하는 생각에 대한 그의 분석(타인을 향한 말, 자신을 향한 말, 자신 속에서의 말)은 또 다른 예이다. 마지막으로, 2장에서 살펴본 세 가지 응고된 기능들(결정하기, 기억하기, 셈하기)에 대한 흔적 기능의 분석에서 이 방법이 사용된 것을 볼 수 있다.

3-19] 분석을 이해하는 데 토대가 되는 두 번째 명제는 분석의 기술적 과업과 설명적 과업 사이의 대조로 이루어진다. 우리는 구심리학에서의 분석 개념이 실제로 기술記述 개념과 일치하며, 현상을 설명하는 과업과 서로 대치되는 것을 목격했다. 반면, 모든 과학에서 분석의 참된 과업은 바로 어떤 현상의 기저에 놓인 진정한 인과적-역동적 관계와 연결들을 드러내는 데 있다. 이런 점에서 볼 때 분석은 본질적으로 그 현상적 측면에 관한 단순한 기술이 아니라 연구되는 현상에 대한 과학적 설명이 된다. 이런 의미에서 레

빈에 의해 최근 심리학으로 도입된, 정신 과정에 관한 두 관점 사이의 구분은 우리에게 극히 중요한 것으로 보인다. 최근에 일어난 이러한 구분은 본질적으로 모든 생물 과학을 고등한 수준으로 끌어올렸다. 좀 더 정확히 말하면 현상에 대한 단순한 경험적 기술들로부터 진정한 의미로서의 과학, 즉 현상에 대한 설명적 연구들로 이들을 변화시켰다.

> **3-16**에서 언급된 세 마리의 고래 중 두 번째 고래는 기술과 분석을 대치시키는 데 있다. 구심리학에서의 분석 개념은 명백히 기술적이며 비설명적이다. 예를 들어 딜타이는 심리학은 설명적이 될 수 없다고 말했으며, 심지어 분트도 다양한 심리학적 경험의 요소의 목록을 만드는 데 집중하였다. 그러나 모든 과학의 실제 목적은 현상들 사이의 인과적-역동적(즉, 설명적) 연결(베이컨과 괴테가 설명에서 인과관계로의 도약이라고 언급했던 것)을 밝혀내는 데 있다. 따라서 본질적으로 분석은 설명적이어야 하며, 단순히 기술에 그쳐서는 안 된다. 이것이 정신 과정에 관한 기술적 서술과 설명적 서술에 대한 레빈의 구분이 중요한 이유이다. 레빈은 비고츠키가 언급한 당시 모든 생물 과학을 고등한 수준으로 끌어 올리는 데 성공했다. 다시 말해, 이러한 구별은 과학을 현상에 대한 단순한 목록의 나열에서 현상에 대한 진정한 설명적 서술로 변화시켰다.
>
> *이 문단은 비고츠키가 **3-16**에서 언급한 세 마리의 '고래' 중 두 번째 '고래'를 소개하고 있다. 비고츠키는 오늘날 심리학의 주요 경향이 여전히 원자론적이라는 점을 지적하고 있다. 첫 번째 고래는 개체 발생에서 발달하고 미소 발생에서 전개되는 실제 과정들에 대한 연구 대신, 조각들로 분해되는 '사물'(예를 들어 구체화된 정신 '능력'들로 분석되는 '재능')에 대한 연구였다. 비고츠키는 발달에 있어 핵심적인 계기(장면)를 찾아내기 위해 개체 발생을 관찰하고, 그렇게 발견된 핵심 장면들을 실험실에서 미소 발

> 생적으로 재창조해 낸다. 이런 방식으로 그는 첫 번째 '고래'를 뒤집어 버
> 렸다. 이제 비고츠키는 순수하게 기술적이고 현상학적 접근법인 두 번째
> 고래를 소개하고 이를 반박하려고 한다. 『생각과 말』 2장에서 비고츠키는
> 피아제가 스스로를 '사실들'에 제한시킴으로써, 진실로 과학적인 서술은
> 설명적이어야 하며 단순한 기술이어서는 안 된다고 주장한 베이컨과 괴테
> 에 등을 돌렸다고 주장한다. 비고츠키와 루리야는 『도구와 기호』1장에서
> 식물학에 대한 린네의 접근법이 식물에 관한 많은 사실들을 밝혀 냈으나
> 어린이 발달을 이해하기에 매우 형편없는 모형이라고 주장한다. 다음에
> 이어지는 문단(3-19~3-34)에서 비고츠키는 진정으로 과학적인 어린이
> 발달 모형이 무엇이 되어야 하는지 설명할 것이다.

3-20] 레빈이 옳게 보았듯이, 모든 과학은 그 자신의 시대에 기술적 접근에서 설명적 접근으로 이행하였고, 그것은 현재 심리학이 겪고 있는 위기의 본질적 특성을 이룬다. 분석을 순수하게 기술적인 과업으로 제한하려는 시도가 심리학에서만 특정하게 일어나는 것이 아니라는 것을 역사적 연구는 보여 준다. 생물학이 물리학과는 달리 원칙적으로 오직 기술적 과학만이 될 수 있다는 주장을 초기 생물학 연구에서 볼 수 있다. 이러한 주장은 이제는 더 이상 근거 없는 것으로 간주된다.

> *화학과 같은 과학은 역사가 오래 되었지만 심리학과 같은 과학은 매우
> 새로운 것이다. 모든 과학은 순수한 기술적 접근(연금술 등)에서 설명적 접
> 근(멘델레예프의 주기율표는 어떤 화합물이 다른 화합물과 반응하는 이유를 설명
> 해 준다)으로 나아가야 한다.

3-21] 다음과 같은 질문이 저절로 따라온다. 모든 과학에 있어 기술에

서 설명으로의 이행은 전형적인 성숙의 과정이 아닌가? 다수의 과학들은 그 고유한 특징들이 그들 연구의 기술적 본성 속에 있다고 여겨 왔다. 예를 들어, 딜타이는 기술적 심리학의 과업을 다음과 같이 정의한다. 기술적인 개념으로부터 설명적인 개념으로의 이행은 단지 어떤 개념들을 다른 것으로 대체함으로써 이루어지는 것이 아니다. 기술적 정의의 확장이 발생적 연결의 확립으로의 이행을 포함할 것이며, 이러한 발달에 비례하여 과학은 설명적인 것이 된다. 레빈은 많은 기초적인 생물학적 개념을 제공하였으며 이 개념들은 발생적인 연결을 통해 그 내용을 확장하고 보충함으로써 기술의 범주로부터 설명적인 범주로의 이행을 이루어 왔다.

> *기술에서 설명으로의 도약은 단순히 기존의 개념을 새로운 개념으로 대체한다고 이루어지는 것이 아니다. 예컨대 기존의 '연합'의 개념을 '조건-반사'로 대체하거나 프로이트의 '충동', 아흐의 '의지', 스턴의 '인격'으로 대체한다고 해도 현상이 새롭게 설명되지 않는다. 가장 주목할 만한 예가 바로 종에 대한 것이다. 린네와 심지어 라마르크에게도 이런 범주들은 기술적인 것이었다. 왜냐하면 그 기원에 대해 유효하며 사용 가능한 설명이 없었기 때문이다. 그러나 다윈에게 있어서 이런 동일한 개념은 설명적인 내용을 획득했다. 자연 선택의 법칙은 왜 다른 종이 있는지, 어떻게 그것이 출현하는지를 설명하기 때문이다. 이와 같이 특정한 현상에 대한 설명적, 발생적 원칙을 발견하기 위해서는 현상에 대한 구체적 기술이 선행되어야 한다. 기술적 정의의 확장이 설명적 심리학의 출현을 이끈다는 것은 이러한 의미에서 이해될 수 있다.

3-22] 우리 눈에는 이것이야말로 과학이 성숙하는 방법이다.

3-23] 다윈 이전에 생물학은 유기체의 외적인 특징이나 자질에 대한 기술적 분석에 토대를 둘 뿐 그들의 기원에 대해서는 전혀 알지 못하여 그들이

어떻게 나타나게 되었는지 전혀 설명하지 못하는, 본질적으로 순수하게 기술적인 과학이었다. 예를 들어 식물학 이론은 식물의 잎과 꽃의 형태 즉 그들의 표현형적 자질에 의거하여 식물을 특정한 그룹으로 분류하였다. 그러나 동일한 식물도 저지대에서 자라느냐 고지대에서 자라느냐에 따라 상이한 형태를 가질 수 있음이 밝혀졌다. 따라서 동일한 유기체라도 상이한 환경 조건에 따라 외형적으로 본질적인 차이를 드러낸다. 반대로, 유사한 환경 조건에서 발견되는 유기체 중에는 외적인 유사성을 보일지 모르나 그 기원에 있어서 완전히 다르고 그 본성에 있어서도 전혀 다른 현상으로 남는 경우도 있다.

> *생물학적 변이는 보통 유전자와 환경의 복합적인 영향에 의해 나타난다. 발생적으로 동일한 근원을 가지는 종에서 이러한 변이를 통해 돌연변이로는 설명될 수 없을 만큼 많은 수의 개체들이 두 가지 유형으로 뚜렷이 구분되는 경우 이것을 다형성 혹은 다형 현상polymorphism이라고 한다. 가장 대표적인 사례는 암컷과 수컷의 구분이며, 인종들 사이에 근본적인 변이형이 발견되는 것 역시 다형성의 사례라고 할 수 있다. 다형성과는 반대로 전혀 다른 종들이 유사한 환경에 적응하여 동질적인 모습을 보이는 사례도 있다. '게'의 경우 서로 완전히 다른 종임에도 동질형을 보이는 사례를 쉽게 찾을 수 있다. 앞으로 보게 될 것처럼 이러한 구분은 비고츠키에게 매우 중요하다. 한편으로 기능적으로는 거의 동일하지만 발생적으로는 다른 심리적 구조(의사개념과 진개념)가 있으며, 다른 한편으로 기능적으로 다르지만 발생적으로 동일한 심리적 구조(내적 말과 외적 말)가 존재한다.

3-24] 생물학에서 기술적인 표현형적 관점을 극복하는 것은 다윈의 발견과 연관되어 있다. 이러한 발견이 드러낸 종의 기원은 완전히 새로운 유형의 과학적 특징들의 공식화에 따라 유기체를 전적으로 새롭게 분류하는 토

대가 되었고, 레빈은 이를 외적 발현에 기초한 현상학적 분류와는 대조적으로 조건-발생적 분류라고 불렀다. 현상은 표면적인 모습이 아니라 그것의 실제 기원에 기초하여 정의된다. 이 두 관점 사이의 차이는 어떤 생물학적 예를 통해서도 설명될 수 있다. 그러므로 외적 특성이라는 점에서 고래는 의심할 여지없이 포유류보다는 어류에 가까운 것으로 간주됨에도 불구하고, 생물적 본성에 따르면 그것은 창꼬치고기나 상어보다는 소나 사슴에 더 가깝다.

3-25] 현상학적 즉 기술적 분석은 주어진 현상을 외적 측면에서 발견된 것과 같은 것으로 여기며, 사물의 이러한 외적 모습이나 외적 발현이 그 기초에 놓여 있는 실제 인과적-역동적 연결인 실재와 일치한다는 소박한 가정으로부터 시작한다. 조건-발생적 분석은 주어진 과정의 외적 모습 뒤에 숨겨진 실제 연결을 드러내는 것에서 비롯된다. 후자의 분석 형태는 어떤 현상의 출현과 소멸을 조사하고, 그 현상의 기초에 놓여 있는 이유와 조건에 관해 그리고 모든 실제 관계에 관해 묻는다. 이런 의미로 우리는 레빈을 따라 심리학에 표현형적 관점과 발생적 관점 사이의 구별을 도입할 것이다. 문제를 발생적으로 연구한다는 것은 인과적-역동적 토대 위에서 그 기원을 드러냄을 의미한다. 표현형적으로 연구한다는 것은 직접적으로 주어진 표식과 대상에 대한 외적 탐지로부터 나타나는 분석을 의미한다.

> *레빈은 '조건 발생적'이란 용어를 사용하고, 비고츠키는 '인과 역동적'이라는 용어를 사용한다. 비고츠키의 용어는 레빈의 용어에서 명백히 드러나지 않은 두 측면을 드러내고 있다. 첫째로, 비고츠키의 설명은 '인과적'이며 단순히 '발생적'이지 않다. 다시 말해서 우리가 원하는 것은 단순한 시간적 순서가 아니라, 한 현상이 다른 현상에 의해 결정되는 것을 객관적으로 보여 주는 능력이다. 이것은 통제와 예측을 의미한다. 둘째, 비고츠키의 설명은 '역동적'이며 단순히 '조건적'이지 않다. 즉, 우리가

> 원하는 것은 단순히 주어진 현상에 대한 전제 조건이 아니라, 초기 조건 속에서는 실제로 내재하거나 잠재하지 않았지만 발달 과정에서 드러나는 조건을 기술하고 설명하는 능력이다. 이 구분은 『생각과 말』 1장에서도 언급되었다.

3-26] 심리학에서 이러한 두 관점의 혼합에서 비롯된 심각한 오류를 보여 주는 사례는 매우 많다. 말 발달에 대한 연구에서 이러한 유형의 두 가지 기본적인 사례를 상세히 살펴볼 기회가 있을 것이다. 외적, 기술적記述的 측면에서 대략 1.5세에서 2세 어린이에게서 발현되는 초기 말이 성인의 말과 비슷하며, 이러한 유사점에 근거하여 가장 진지하게 접근한 W. 스턴과 같은 연구자들은 본질적으로 이미 한살 반 어린이가 기호와 그 가치의 관계를 깨달았다는 결론에 도달한다. 다시 말해, 우리가 앞으로 더 보게 되겠지만 그들은 발생적 관점에서 볼 때 어떤 공통점도 없는 현상들을 결합한 것이다.

3-27] 자기중심적 말과 같은 현상은 겉으로 볼 때 내적 말과 닮지 않고 내용면에서도 매우 다르지만, 우리 연구가 보여 주듯이 발생적 측면에서 볼 때 반드시 내적 말과 같은 범주에 놓여야 한다.

> *내적 말과 자기중심적 말 사이에는 외적 유사성이 없으며 내적 말과 사회적 말은 더더욱 유사하지 않다. 하지만 이들은 사실 발생적으로 연결되어 있다. 즉 내적 말은 사회적 말로부터 시작되어 자기중심적 말을 통해 발달되는 것이다.

3-28] 우리는 레빈의 주장의 주요 지점에 다다른다. 즉 표현형적으로 통합되어 있거나 유사한 두 과정이 인과적 역동적으로는 극히 다르다는 것이 증명될 수 있으며, 마찬가지로 반대의 경우 즉 인과적-역동적인 측면에

서 극도로 밀접한 두 과정이 표현형에서는 다르게 나타날 수 있다는 것이다. 그런 현상들은 빈번히 나타나며 표현형적인 조사로부터 발생형적인 조사로 넘어간다면, 구심리학에서 확립된 모든 범위의 입장과 성취가 완전히 새롭게 조명된다는 것을 알 수 있게 될 것이다.

> *비고츠키가 '발생형적генотишически, genotypic'이라는 용어를 사용할 때 이것은 유전되는 DNA나 인간의 게놈을 의미하는 것이 아니다. 비고츠키 당시에는 DNA가 발견되지 않았다. 따라서 본문 번역에서도 유전형이라는 용어를 사용하지 않고 발생형이라는 용어를 사용한다.

3-29] 이와 같이 표현형적 관점의 토대는 과정들을 그것의 외적 유사성이나 동질성에 따라 분류하는 것이다. 똑같은 말을 마르크스는 "사물의 외형적 모습과 본질이 바로 일치한다면 모든 과학은 잉여적인 것이 될 것이다(К. Маркс, Ф. Энгельс. Соч., т. 25, ч. II, с. 384)."라는 더 일반적인 형태로 주장하였다. 그리고 사실 만약 사물들이 발생형적으로 나타난 것과 똑같이 표현형적으로도 드러난다면, 즉 사물의 외적 발현, 그들을 일상적으로 보게 되는 방식이 정말로 그들의 실제 관계들을 표현한다면 과학은 완전히 잉여적인 것이 될 것이고, 단순한 관찰, 단순한 일상의 경험, 사실의 단순한 기록이 과학적 분석을 완전히 대신하게 될 것이다. 우리가 직접적으로 받아들이는 모든 사실들이 과학적 지식의 대상이 될 것이다.

> *표면적으로 보면 마르크스 저작에서의 인용이 비고츠키가 말하려고 한 것을 직접적으로 말하지는 않는 것처럼 보인다. 마르크스는 과학적 개념의 필요성에 대하여 일반적 방법으로 말하려고 하는 것이지, 표현형적인 기술에 관해 말하려고 하는 것 같지 않다. 그러나 문맥적인 상황에서 이 인용을 다시 살펴보면, 마르크스가 말하고 있는 것이 바로 그것이라는

것을 발견하게 된다. 마르크스는 토지→지대, 자본→이자, 노동→임금과 같은 현상과 관계를 본질적으로 모순적인 범주가 아니라 완전히 자연스러운 범주로 취급하는 천박한 경제적 관점을 비판하고 있다. 비고츠키는 이 부분을 마르크스의 『자본론』 3권 7부 3절, 48장 삼위일체 공식에서 인용하였다. 마르크스는 다음과 같이 썼다.

"천박한 경제학은 실제로 부르주아 생산 관계에 빠져 있는 부르주아 생산 대리인이라는 개념을 교조적인 방식으로 해석하고 체계화하고, 방어하는 것에 지나지 않는다. 천박한 경제학이 이러한 언뜻 보기에 prima facie 부조리하고 완벽한 모순이 나타나는 동떨어진 경제적 관계의 외양으로부터 특히 편안함을 느끼며, 이러한 관계가 대중의 마음에서 이해될 수는 있다 하더라도 그 내적 관계를 감추면 감출수록 이러한 관계가 더욱더 자명해 보이는 것은 놀랄 만한 것이 아니다. 그러나 만약 외적 모습과 사물의 본질이 바로 일치한다면 모든 과학은 불필요할 것이다. 따라서 천박한 경제학은 출발점으로 삼고 있는 삼위일체, 즉 토지-지대, 자본-이자, 노동-임금 또는 노동의 대가가 언뜻 보기에 prima facie 세 가지의 불가능한 조합이라는 점을 전혀 의심하지 않는다."

그리고 나서 마르크스는 토지와 지대는 두 개의 전혀 비교할 수 없는 가치라는 점을 지적한다. 하나는 자연에 기초한 사용 가치를 갖고 다른 하나는 사회적 토대를 가진 교환 가치를 가진다. 자본과 이자는 4,000이 5와 같지 않다는 단순한 이유로 자기모순을 가지며, 노동은 모든 가치의 척도이지만 '노동의 대가'는 노동을 생산하기 위해 요구되는 노동의 양과 결코 똑같지 않다. 일상적 관찰의 범주는 실제로 부조리 하며, 오직 과학적 분석만이 이러한 오해를 낳는 표현형적 기술어記述語라고 일컫는 현상의 진정한 본성을 밝힐 수 있다. 우리가 보게 되겠지만, 비고츠키는 심리적

> 현상이 말, 생각 그리고 무엇보다 모든 자유 의지 같은 표현형적 기술어를 사용하여 '분석' 되는 방식에 관해 매우 비슷한 주장을 하게 될 것이다.

3-30] 실제로 심리학은 매 순간 두 작용이 외적 측면에서는 동일하게 나타나지만 기원과 본질 그리고 본성에 있어서 그들은 대단히 다를 수 있다는 것을 알려 준다. 바로 이러한 경우에 그 형태적인 유사성 속에 감추어진 내적 차이를 드러내기 위해서 과학적 분석이라는 특별한 수단이 필요하다. 과학적 분석의 전체적 난점은 대상들의 본질, 즉 그들의 진정한, 현존하는 관계와 외적 발현의 형태가 정확히 일치하지 않는다는 사실에 있다. 따라서 과정을 분석하는 것이 필요하며, 분석을 통해 그들이 발현된 외적 형태를 넘어서 이들 과정의 토대에 놓여 있는 진정한 관계를 드러내는 것이 필요하다.

*비고츠키는 단순한 기술이 아닌 과학적 설명을 믿었다. 이는 비고츠키가 결정론자라는 것을 의미한다. 왜냐하면 그는 심리학적 표현형(행동, 행동 징후)이 사회적, 심리학적 발생형(고등심리기능, 인격)에 의해 결정된다고 믿었기 때문이다. 물론 비고츠키 시대에도 생물학적 결정론은 존재했다. 바로 나치 심리학과 미국의 우생학eugenics이 그것이다. 이들 생물학적 결정론에 비하여 소련 심리학은 사회 발생적 결정론을 믿는 경향을 가지고 있었다. 그러나 비고츠키의 결정론은 생물 발생적이지도, 사회 발생적이지도 않다. 비고츠키의 입장은 생물 발생적 결정론과 사회 발생적 결정론의 상호작용과 상호부정을 통해 나타나는 자유 의지의 형태와 가깝다. 모든 고등심리기능과 인간 인격의 공통 토대는 말과 말로 하는 생각이다. 중요한 의미에서 이것은 상당 부분 이미 결정되어 있다. 우리는 어휘를 자의적으로 만들어 낼 수 없으며 문법 규칙을 이용해 의사를 전달하기 때문이다. 그러나 다른 측면에서 이는 극도로 자유롭기도 하다. 이전에는 결코

> 생성된 적이 없는 문장을 만들어 내고 그것을 다른 이들에게 이해시키는 것은 필요를 느끼고 그것을 해결하는 의지로부터 생겨나기 때문이다.

3-31] 분석은 이러한 관계를 밝혀내는 과업을 부여받는다. 진정한 과학적 심리학 분석은 주관적인 내관적 분석과 매우 다르며, 내관적 분석은 본성적으로 순수한 기술이라는 한계를 넘어설 수 없다. 우리의 관점에서 분석은 객관적인 분석으로서만 가능하며, 그 이유는 우리 눈앞에 나타나 보인 그대로 관찰된 사실들이 아닌 그들이 실제로 어떠한가를 우선적으로 밝히고자 하기 때문이다. 예를 들어 우리가 관심을 갖는 것은 내관적 분석에 따라 우리에게 드러난 자유 의지의 직접적 체험이 아니며, 그보다는 이 고등 행동 형태의 토대인 외적 내적 연결과 그 실제 관계들이다.

> *1980년 AIDS에 대한 임상적 진단이 처음으로 이루어졌을 때, 그것은 다만 하나의 '증후군'으로서 표현형적으로 기술된 일련의 증상이라는 설명에 그쳤다. 이러한 기술적 분석은 의료계의 그 누구도 만족시키지 못했으며, 의사들은 원인 바이러스를 찾아 이름을 붙일 때까지 연구를 계속하였다. 이러한 발생적 접근의 결과로 AIDS 치료제를 갖게 되었으나, HIV를 AIDS의 원인으로 인정하지 않고 순수하게 증상적 접근만을 계속하는 남아공에서는 아직도 AIDS 치료가 현저하게 뒤처져 있다. 이러한 의학 분야의 과학자들과는 대조적으로 심리학자들은 자신들이 관찰하는 현상에 대해 ADHD, 조울증, 우울증 등이라는 용어로 기술하는 것으로 충분하다고 생각했다. 이 순수하게 표현형적인 반-설명적 접근이 행동주의와 해석적 심리학에 만연해 있었다. 행동주의자들은 의식을 증명할 수 없는 가설이라는 근거를 내세워 행동 양식에 대한 설명을 거부하였고, 반면 해석적 심리학(즉, 대부분의 정신 요법)은 내관과 심리학적 기술이야말로 내적인

> 상태에 대해 우리가 아는 모든 것이며 알아야하는 모든 것이라고 주장했던 것이다.

3-32]   그러므로 우리가 이해하는 심리학적 분석이란 낡은 의미의 분석적 방법과 정확히 반대됨을 알 수 있다. 그(낡은-K) 의미는 설명에 반대되는 반면, 새로운 분석은 과학적 이해의 기초 수단이다. 그 의미가 원칙적으로 현상학적 연구의 한계 내에 남아 있는 반면, 새로운 분석은 실제 인과적-역동적 관계를 밝히는 과업을 갖는다. 그러나 심리학에서 설명이 확립되기 위해서는 새로운 관점이 사물의 외적 발현을 무시하거나 배타적으로 발생적 조사에만 국한되지 않고, 과학적 설명과 더불어 연구되는 과정의 외적 발현과 징후를 필연적으로 포함해야 한다. 그것은 조건-발생적 접근법을 통해 이루어진다.

> *다음 문장을 보자.
> a. 나는 점심을 먹었다. 왜냐하면 배가 고팠기 때문이다.
> b. 나는 배가 고팠다. 그래서 점심을 먹었다.
>
> 두 문장 모두 설명적이다. 어느 것도 순수하게 현상학적(예를 들어 "나는 먹지 않았다. 그리고 배가 고팠다.")이거나 순수하게 행동주의적(예를 들어 "나는 먹었다. 그리고 점심을 먹었다.")이지 않다. 점심식사 없이는 배고픔은 순수하게 내관적이며, 배고픔 없이는 점심식사는 행동 이외에는 아무것도 아니다. 이 문장들은 행동주의적 현상('점심식사')과 필요충분조건인 심리학적 이유('배고픔')를 제공한다. 그러므로 작은 조건-발생적 서술이다. 심지어 조그만 인과적-역동적 설명이라 부를 수 있다. 즉 나는 점심을 먹음에 따라 나의 배고픔은 역동적으로 줄어든다. 문화-역사적 심리학은 이런

> 방식으로 인과적-역동적(심지어 조건발생적)이다. 문화 속에서 인간은 자연의 문제에 해결책을 창조하지만, 이 문제들은 새로운 문제를 창조한다. 그리고 이 문제에 대한 해결책은 우리가 역사라고 부르는 역동적 과정을 창조한다. 인간과 심지어 자연과 역동적으로 상호작용하는 역사는, 인간 인격을 창조하는 것이다. 그러나 문화역사적 심리학이 추상적인 낱말놀이('조건발생적'을 '인과적-역동적'으로 그리고 '문화역사적'으로 대체하는) 이상의 어떤 것이 되기 위해서는, 우리가 설명하려고 하는 과정의 실제(즉, 표현형적) 결과에 관한 구체적이고 사실적 데이터를 필요로 한다. 그것이 조건발생적 미소 발생 실험과 인과적역동적 개체 발생 연구가 시작되어야 하는 곳이다.

3-33] 이처럼 분석은 오직 발생적 관점으로만 제한되는 것이 아니라, 필연적으로 주어진 과정을 가능성들의 범위로 간주하며, 이 가능성들의 범위로서의 과정은 오직 특정한 조건들의 집합 혹은 특정한 상황 내에서 특정한 표현형의 형성에 도달할 것이다. 따라서 새로운 관점은 과정의 표현형적 특징에 대한 설명을 제거하거나 한쪽으로 제쳐 두지 않고, 다만 표현형적 특징을 과정의 진정한 기원에 대해 종속적인 위치에 놓는다.

3-34] 끝으로 세 번째 기본 원칙은 심리학에서 우리가 이미 경직된 과정들 즉 오랜 역사적 발달을 거쳐 화석처럼 되어 버린 과정들과 종종 마주친다는 데 있다. 이러한 화석화된 행동은 소위 자동화된 혹은 기계화된 정신 과정 속에서 보다 잘 드러난다. 이러한 정신 과정들은 이미 수없이 이루어진 오랜 기능의 결과로 자동화되어 처음 모습을 잃어버리고, 외적인 관점에서 보았을 때 마치 자신의 기원에 관한 모든 징후를 잃어버리기라도 한 것처럼, 그들의 내적 본성에 대해 알려 주는 것이 전혀 없는 것으로 보인다. 이 자동적 특성으로 인해 그들을 심리학적으로 분석하는 데 있어 매우 커다란 어려

움이 발생한다.

> *자동화, 기계화된 심리적 과정들의 대표적인 예는 우리의 일상속에서 매일 반복되는 일어나기, 씻기, 밥 먹기 등과 같은 일상적 행동일 것이다. 이런 행동들은 본래 고등정신이 지니는 계획적, 의도적, 자발적, 선택적, 의도적인 특성을 잃어버렸다.
>
> 이러한 일상생활의 한 가지 예로서 다음 대화를 살펴보자.
>
> T: How are you?
>
> S: Fine, thanks, and you?
>
> 'Fine'은 "I'm fine."을 줄인 말이라고 생각할 수 있다. 그러나 'thanks'는 무엇에서 유래된 것인지(왜, 감사의 표현이 How are you?와 더불어 하나의 고정 쌍을 이루는지), 원래의 문장이 무엇인지, 심지어 문장 성분이 무엇인지도 명확하지 않다. 사실, 'thanks'의 원래 형태는 "Thanks be to God." 정도였을 것이다. 그러나 이러한 사실을 알고 있는 이는 거의 없고 thanks를 사용하면서 이에 대해 의식하는 사람은 아무도 없다.

3-35] 우리는 사실상 서로 다른 과정들이 이런 종류의 자동화로 인해서 어떻게 형태적인 유사성을 획득하는지를 입증하는 간단한 예를 제공하려고 한다. 전통 심리학에서 자발적 주의와 비자발적 주의로 불리던 두 과정을 살펴보자. 두 과정은 발생적으로 볼 때 매우 다르다. 그러나 실험 심리학에서 자발적 주의도 한 번 일어나면 비자발적 주의처럼 기능한다는 것은 E. 티치너의 법칙으로 공식화된 이미 확립된 사실로 간주될 수 있다. 이 저자의 표현에 따르면, 두 번째 주의(자발적 주의-K)는 일차적인 것으로 지속적으로 전환된다. 이 때문에 언뜻 보기에는 기본적인 발생적 연결과 모든 정신 과정의 발달을 제어하는 관계의 차이를 모호하게 하는 높은 정도의 상호 관계가 나타난다. 티치너는 주의의 두 형태를 기술하고 이들을 최대한 명료하게 서

로 대치시킨 후, 주의 발달에는 첫 번째 단계로의 회귀 이상의 다른 어떤 것도 아닌 세 번째 단계가 있다고 지적한다.

> *티치너는 완전히 자동화된 주의가 일차적인 주의와 본질적으로 동일한 것이라고 믿는다. 예를 들어 교사에 대한 학생의 주의는 엄마를 대하는 어린 아이의 주의처럼 특정하고, 무의식적이며, 분석할 수 없다는 것이다. 이와 달리 비고츠키는 자동화의 세 번째 단계는 단지 표현형적으로만 일차적인 단계와 유사할 뿐, 본질적으로 다른 단계라고 믿는다. 티치너는 자신을 구조주의자라 칭했지만 (비록 그가 감각의 '구조'에 대한 자세한 기술記述에 관심을 가졌을지라도) 오늘날 이해되는 의미의 구조주의자는 아니었다. 그는 일반적으로 한 명의 관찰자와 한 명의 기록자가 함께하는 내관적 방법을 사용했다. 그는 비자발적인 주의와 자발적인 주의를 서로 구별하기는 했지만 이들이 결국은 합쳐진다고 생각하여 개념상 계속 분리시키지 않았다.

3-36] 이와 같이 모든 과정의 발달에서 이후의 고등한 단계는 초기 또는 저차적 단계들과의 순수한 표현형적 유사성을 드러내고, 표현형적 접근으로 인해 우리는 고등 형태를 저차적 형태와 구별할 가능성을 빼앗긴다. 따라서 우리가 위에서 언급한 기초 과업이 연구자들 앞에 발생한다. 즉 사물을 움직임 속에서 파악하는 것, 화석화를 과정으로 재변환시키는 것이다. 주의 발달의 고등한 세 번째 단계를 조사함에 있어 이 단계가 첫 번째 단계와 비교할 때 가지는 심오한 고유성 전체를 이해하기 위해서는 이 과정을 역동적으로 발달하는 과정으로 간주하고 그것의 기원을 보여 주는 것 외에 다른 방법은 없다. 따라서 우리가 관심 있는 것은 발달의 종료된 결과, 총합, 산물이 아니라 오히려 고등 형태의 출현, 확립 과정, 살아 있는 육체로의 현현이다. 이를 위해서, 고등 형태의 출현 과정을 추적할 수 있기 위해서 연구자들은

자동화, 기계화되고 굳어진 고등 형태의 본성을 바꾸고, 그것의 역사적인 발달을 되짚어 보며, 우리가 관심을 가진 초기 계기까지 고등 형태를 실험적으로 되돌리는 것이 매 순간 필요하다. 그러나 이것이, 이미 앞서 언급한 바와 같이, 역동적 분석의 과제인 것이다.

*비고츠키가 일상적으로 사용하는 문장의 구조는 거의 예술작품에 가까울 때가 많다. 예를 들어, "따라서 우리가 흥미 있는 것은 발달의 결과, 총합 혹은 생산이 아니다. 우리가 관심을 가지는 것은 고등 형태의 출현 과정, 또는 고등 형태의 확립…… 살아 있는 육체를 가진 상태이다."와 같은 문장은 "우리가 흥미 있는 것은 A, B, 혹은 C가 아니라, D 또는 E, F이다."와 같은 대칭적 구조를 지니고 있음을 알 수 있다. 발달의 종료된 결과는 삶이 끝난 시체에 비유한다면 이는 살아 있는 육체로의 현현과 대조된다. 단순한 요소의 총합은 고등 형태의 확립과 대조된다. 마지막으로 모든 과정이 끝난 후 나타나는 산물은 과정들이 출현하는 역동적 계기들과 대조된다. 이런 구조는 2장에서 나타난 "문제의 분석을 시도하기 전에 분석의 문제를 해결해야 한다."와 같은 교차 배열법의 또 다른 예시이며, 성경에서도 자주 사용되는("첫 번째는 마지막이 될 것이고, 마지막은 첫 번째가 될 것이다.") 문장 구조이다. 게다가 비고츠키는 현상학적이고, 수학적인 표현(총합, 생산물)과 러시아 정교회의 신약 성서적 표현('육신을 입은 말', 입말과 글말을 가리킴)을 나란히 씀으로서 이 둘을 서로 대조한다. 이렇듯 비고츠키의 탁월한 단어 선택과 문장 구조는 필요와 자유 의지가 조화된 훌륭한 예를 보여 준다. 다만 이것을 하나하나 생생하게 우리말로 번역할 수 없음이 유감일 따름이다.

3-37] 따라서 우리는 심리학적 분석의 과업에 대해 논의했던 모든 것을 요약해서, 그 토대에 놓여 있는 결정적인 계기 세 가지 모두를 한 문장으로

나타낼 수 있을 것이다. 즉, 사물이 아닌 과정 분석, 단순히 과정의 외적 징후를 하나하나 구분하는 것이 아닌 진정한 인과적-역동적 연결과 관계를 드러내는 따라서 기술적이 아닌 설명적인 분석, 그리고 마지막으로 출발점으로 되돌아가서 심리적 화석화를 거친 어떤 형태의 발달 과정을 모두 복원하는 발생적 분석. 세 가지 계기는 모두 함께 취해지며, 고등 심리 형태를 기술 심리학이 가정하듯 순수하게 정신적인 형성으로 보거나, 연합 심리학이 주장하듯 기초적 과정들의 단순한 누적으로 보지 않고, 발달의 과정에서 나타나는 질적으로 고유하고 진정 새로운 형태라고 보는 새로운 이해로부터 기인한다.

> 지금까지 분석에 관해 논의한 것을 요약하면 다음과 같다.
> 1. 사물이 아닌 과정 분석
> 2. 외적 징후에 대한 기술적 설명이 아닌, 연결과 관계에 대한 설명적 분석
> 3. 과정을 되살리는 발생적 분석
>
> 이 모든 것은 고등 심리 형태를 다음과 같이 새롭게 이해함으로써 얻게 된 결과이다.
> 1. 고등 심리 형태는 딜타이나 후설이 가정했듯 순수하게 정신적인 형성이 아니다.
> 2. 고등 심리 형태는 손다이크나 제임스가 가정했듯 정신 과정들을 누적한 결과가 아니다.
> 3. 고등 심리 형태는 발달의 과정에서 생겨나는 고유한, 새로운 것이다.

3-38] 새로운 심리학적 분석과 구심리학적 분석을 모든 면에서 날카롭게 대조시키는 이러한 세 가지 계기는 복합적이거나 고등한 그 어떤 행동 형태 연구에서도 밝혀질 수 있다. 우리는 우리가 시작한 길, 더 정확히 말해,

그들을 대조시키는 길을 따라 더 나아갈 것이며, 바로 이런 방식으로 우리는 고등 행동 형태의 발생, 기원, 구조 전체의 바로 그 뿌리에 있어 근본적인 변화를 가지는 새로운 연구의 본질적 특징을 볼 수 있을 것이다. 이런 식으로 방법론적 고찰로부터 고등 행동 형태의 기저에 놓인 법칙의 공통된 형태를 밝힐 수 있도록 해주는 구체적 분석으로 전환하기 위해서 우리는 복합적인 정신 반응에 대한 실험적 분석에 머무를 것이다. 이 연구는 여러 측면에서 유리하다. 우선, 그것은 긴 역사를 가진 만큼 결과적으로 새로운 형태의 분석과 기존의 것을 최대한 명료하게 대조시킬 수 있다. 두 번째로, 심리학적 실험의 특수한 조건과 관련하여 이 연구는 모든 고등 행동 형태 분석이 도출해야 하는 두 가지 기본 명제인 공식을 가장 순수하고 추상적인 형태로 형성할 수 있게 한다.

> *마지막 문장에서 비고츠키가 언급한 두 가지 요점이 무엇인지 전혀 명확하지 않으며, 다음 문단들에서도 뚜렷한 단서를 제공하지 않는다. 하지만 비고츠키는 3-82에서 상당히 확고하게 다음을 명시하고 있다. 첫째, 어떠한 고등정신기능도 저차적 기능 없이는 불가능하다. 예를 들어, 단순 반응 없이 복합 반응이 있을 수 없고, 어휘 없이는 문법이 있을 수 없다. 둘째, 저차적 형태들은 고등 형태의 본질을 충분히 설명할 수 없다. 복합 반응은 그 부분의 총합 이상이며 이는 문장이 단순히 낱말의 집합 이상인 것과 같은 이치이다. 이 두 진술은 다음에 오는 4장과 앞으로 출간될 2권에서 이어지는 구체적 연구의 기반이다.

3-39] 만약 구심리학에서 형성된 방식으로 복합 반응 분석에 접근한다면, 우리는 가장 고전적이고 최종적인 형태로 세 가지 두드러진 특징을 쉽게 드러낼 수 있을 것이다. 이 특징에 대한 부정이 우리 연구의 출발점이었다. 첫째, 그 분석의 토대에는 N. 아흐가 시각적 도식주의라고 부르는 것, 즉 본

질적으로 우리가 사물 분석이라 부를 수 있는 것이 놓여 있다. 모든 곳에서 만연한 요소로서의 심리학의 원자론적 본성, 견고한 실체의 논리, 정신 과정을 견고하고 불변하는 사물의 혼합물로 간주하는 경향, 고등한 것은 단순히 점진적 증가의 결과로 생긴 것이라는 관념—이 모든 사실상의 시각적 도식주의가 구 심리학에서 가장 발달된 부분 즉 복합 반응의 실험적 분석에서만큼 명백하게 나타나는 곳은 어디에도 없다.

> 복합 반응을 분석하는 데 있어서, 구심리학은 우리가 원하지 않는 세 종류의 분석, 즉 과정을 사물로 분석하고, 설명적 방식 대신에 기술적으로 분석하며, 복합 반응을 마치 단순한 것처럼 취급하는 분석의 거의 완벽한 예를 제공한다. 제일 먼저 구심리학이 복합 반응을 과정이 아닌 사물로 분석하는 것을 볼 수 있다. 만약 복합 반응 분석을 조사한다면 아흐가 말한 시각적-그래픽 도식주의, 즉 데이터를 순수하게 지각에 의해 처리하는 것의 거의 완벽한 예를 보게 될 것이다. 시각적 도식주의는 다음 개념들의 가장 명백한 예를 제공한다.
>   요소로서의 심리학(원자론적 심리학) 개념
>   1. 견고한 독립체로서의 정신 과정의 개념
>   2. 고정되고 불변하는 특징들의 '모자이크'로서의 마음의 개념
>   3. 사물의 점진적 증가로서의 발달 개념

3-40] 이러한 심리학이 고등 혹은 복합 반응의 출현을 어떻게 시각화할 것인가 하는 질문에 관심을 돌린다면, 우리는 이것이 우리가 관심을 갖고 있는 과정을 극히 기초적이고 단순한 방식으로 보여 준다는 것을 알게 된다. 이 가르침에 의하면 고등 반응은 무엇보다도 그것과 함께 일어나는 자극이 복잡하다는 점에서 저차적 반응과 다르다. 만일 단순 반응이 보통 하나의 자극을 갖는다면, 제일 먼저 우리 머리에 떠오르는 생각은 복합 반응이 여러

개의 자극을 가진다는 것이다. 복합 반응은 보통 하나의 자극이 아니라 수많은 자극들이 대상에 영향을 미친다는 특징을 가진다. 이들 복잡한 자극들로부터 이차 계기, 즉 반응의 기저에 놓여 있는 정신 과정의 복잡화가 필연적으로 도래한다. 그러나 그 본질은 내적 반응의 복잡화가 자극의 복잡화에 상응한다는 것이다.

*비고츠키는 세 '고래'(사물이 아닌 과정 분석, 기술이 아닌 설명, 끝이 아닌 처음으로 시작)에 마르크스가 사용한 방법을 적용하고 있다. 마르크스는 잘 알려진 바와 같이 사물 분석(상품 숭배: 금, 땅, 돈)을 역사적인 인간관계의 분석(임금, 자본, 잉여가치, 이윤)으로 대체하였다. 이 방법은 볼로시노프에 의해서도 사용되었다. 볼로시노프는 죽은 언어의 원문 분석(문헌학)을 살아 있는 담화(언어학) 분석으로 대체하였다. 또한 이 방법은 의학에서도 사용된다. 의사는 죽은 신체의 해부학에 기초한 분석을 살아 있는 신체의 능동적인 생리적 과정에 대한 이해로 대체한다. 교실 수업의 상황을 예로 들어 보자. 우리가 한 그룹의 아이들과 '잡아채기Snatch' 게임을 하고 있다고 하자. 교사는 '빨강', '주황', '노랑', '녹색', '파랑'이라고 쓰인 카드 한 벌을 늘어놓는다. 이 게임의 첫 '계기'는 복합 반응(자극 S1, S2, S3, S4, S5의 복잡한 배열)으로 묘사될 수 있다.

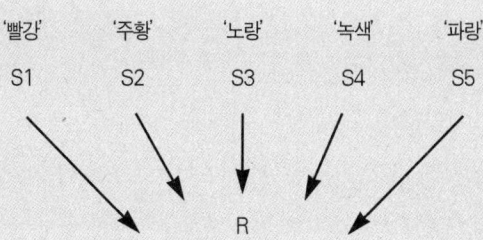

교사가 한 단어(예를 들어 "파랑!")를 말하면 아이들은 다음의 과정을 거친다.

a. 낱말 지각하기(즉 "파랑!" 듣기)

b. 지각한 낱말을 다른 낱말과 구별하기(즉, 그 낱말이 "빨강"이나 "노랑"이 아니라 "파랑!"이라고 결정하기)

c. "파랑!"이라고 말하면서 카드 잡아채기

비고츠키가 말했듯이, 이것은 단순히 사물의 복잡성이 아닌 정신 과정의 복잡화로 나타낼 수 있는 두 번째 '계기'가 그 게임에 있다는 것을 의미한다. 우리는 그것을 다음과 같이 도식적으로 나타낼 수 있다.

S4 ("파랑!") ⟶ 지각→구별→반응 (잡아채기 반응)

비고츠키의 비판은 다음과 같다.

첫째, 이것은 정신 과정의 복잡성을 사물의 복잡성(즉, 자극 배열의 복잡성)에 대한 직접적인 유사물로 간주한다. 그러나 사실 그것은 잘 숙련된 반응에서 일어나는 것이 아니다(아이는 단순히 '파랑' 또는 심지어 '파……'만 듣고 나서 다른 모든 자극을 무시한다). 그것은 또한 지시에서 일어나는 것도 아니다(아이는 "낱말을 듣고 그 낱말이 쓰인 카드를 골라라!" 같은 지시를 실험 이전에 이미 이해하고 있어야 한다). 둘째, 정신 과정을 이렇게 기술하는 것은 설명적이지 않다. 실제로 그 게임을 설명하는 것은, 결국 교사에 의해 주어진 지시이다. 그리고 이러한 많은 소위 '선택 반응' 실험(우리의 '잡아채기 게임'을 포함하는)에서 처음에 주어지는 지시는 분석이나 그 게임 속에 포함되지 않는다. 예를 들어 티치너는 '시험'은 반응 시간을 계산하는 데 포함되지 않는다고 주장한다. 셋째, 우리는 살아 있는 학습 과정이 아니라 죽은 결과를 보고 있는 것이다(실험의 경우에 결과는 반응 시간이고 게임의 경우에 반응 시간을 최소화함으로써 게임에 이기는 사람은 어린이이다). 이 결과는 이미 고정되고 화석화되었다. 즉 그것은 더 이상 구별과 선택 과정을 나타내지 않는다. 이 모든 설명의 요점이 다음 문단들에서 펼쳐

> 진다. 첫 요점은 3-40~3-47 문단에서 두 번째는 3-48~3-52 문단에서 그리고 세 번째는 3-52~3-57 문단에서 자세히 얘기될 것이다.

3-41] 복합 반응에 대한 실험적인 분석을 가능하게 했던 일반적 공식들로 주의를 돌린다면 우리는 앞에서 말한 것을 손쉽게 확인할 수 있다. 따라서 구별 반응은 실험 대상이 두 개 또는 몇 개의 자극을 반응 전에 구별해야만 할 때 일어난다. 이 경우에 우리는 P=p+P1이라는 단순한 공식에 따라 순수한 구별 시간을 계산한다. P는 구별을 포함하는 복합 반응 시간, P1은 단순 반응 시간, p는 구별에 소요된 실제 시간이다.

> 여기서 P는 러시아 낱말 реакции(반응, reaction)의 첫 글자이다.

3-42] 이런 식으로 더 복잡화하여 우리는 선택 반응을 구성할 수 있다. 우리는 다양한 행위 중 하나를 선택해야 하는 실험 대상으로부터 더 복잡한 반응을 발견하게 된다. 구별의 계기에 선택의 계기가 더해졌기 때문이다. 따라서 이 두 번째 반응의 고전적 공식은 같은 형태, 즉 P=p+P1+B로 표현된다. 여기서 B는 순수한 선택 시간이고 P는 (전체-K) 구별 반응 시간이다.

> 여기서 B는 러시아 낱말 выбора(선택, choice)의 첫 글자이다.

3-43] 이러한 공식들의 토대가 된 복합 반응의 개념을 드러내 보이면서 우리는 이것이 본질상 다음과 같이 기술될 수 있음을 쉽게 알 수 있다. 구별 반응은 단순 반응에 구별을 더한 것이며, 선택 반응은 단순 반응에 구별을 더하고 거기에 선택을 더한 것이다. 그렇다면 고등 과정은 기초 과정들의 합이 쌓여 세워진 것으로 순수하게 산술적인 합이 된다. 사실 복합 반응으로부

터 단순 반응을 단순히 차감함으로써 구별과 선택을 규정할 수 있다면, 이것은 곧 복합 반응이 단순 반응에 어떤 부가적 요소를 더한 것이라고 주장하는 것이다. 모든 뺄셈은 덧셈을 뒤집어 놓은 것에 지나지 않으므로 이 공식을 그 최초의 형태로 제시하려 한다면 우리는 식에 포함되는 항들의 합으로 이 공식을 바꾸어야 한다.

> 이 공식들의 기본적 생각을 다음과 같이 나타낼 수 있다. 여러 가지 신호 중 자신이 들은 신호가 무엇인지 인식하고 상응하는 버튼(O, X)을 누르는 실험 대상의 반응과 같은 '구별 반응'은 '단순 반응', 즉 신호를 듣고 버튼을 누르는 것에 여러 신호 중 내가 들은 것이 무엇인지를 '구별'하는 것이 더해진 것에 불과하다. 여러 가지 신호 중 하나를 듣고 여러 버튼 중 그것에 상응하는 것을 결정하는 선택 반응은 단순 반응(소리를 듣고 버튼을 누른다) 더하기 구별(어떤 신호를 들었는지 판단하는 것) 더하기 선택(어떤 버튼을 누를지 결정하는 것)에 다름 아니다. 고등 형태는 이와 같이 저차적 과정들이 산술적 규칙에 따라 합산되어 쌓인다. 이것이 가능하다면 우리는 복합 반응을 단순히 단순 반응에 새로운 요소가 부가된 것으로 간주할 수 있을 것이다. 모든 뺄셈은 사실상 덧셈의 다른 형태일 뿐이기 때문이다. 위에서(3-41~3-42) 제시된 공식의 원래 형태를 제시하고자 한다면 우리는 이들을 단순 합($p+P1=P$)으로 대체해야 한다.

3-44] 사실, 실험 심리학에서는 고등 형태로부터 저차적인 것을 빼는 이 조작이 완전히 파산했다는 것이 반복적으로 제기되어 왔다. 이와 같이, 티치너는 복합 반응이 단순 반응들로 이루어진 것이 아니며, 구별 반응과 인식 반응은 지각 반응에 구별 시간과 인식 시간을 덧붙인 것이 아님을 정립했다. 선택 반응은 구별 반응에 선택 시간이 더해진 것이 아니다. 다시 말해, 구별 반응 시간에서 지각 반응 시간을 빼서 구별 시간을 구하는 것은 불가능

하다. 선택 반응 시간에서 구별 반응 시간을 빼서 선택 시간을 구하는 것은 불가능하다.

> *이 문단은 중복이 많은 것처럼 보이는데, 이는 비고츠키가 티치너의 책 『심리학 교과서』를 글자 그대로 인용했기 때문이다. 볼로시노프가 밝혔듯, 러시아에는 현대적인 인용 방식이 없었으며, 비고츠키는 티치너의 이름과 함께 그의 말을 그대로, 인용부호 없이 옮기고자 하였다. 오늘날에는 표절로 취급될 일이지만, 19세기 중반까지도 러시아어는 물론이고 영어에서도 이것은 매우 보편적인 일이었다.

3-45] 이것은 교과서에서 빈번하게 나타난다. 즉 구별 시간, 인식 시간, 선택 시간이 제시되지만 실제로 그것들이 토대로 하고 있는 입장, 반응이 개별적 연쇄이며 이 연쇄에 구성요소를 마음대로 더하고 뺄 수 있다는 입장을 올바른 것으로 간주할 수 없다. 반응이란 지시에 의한 연습에 의존하는, 주어진 숙련 정도에 따른 단일 과정이다. 어쩌면 연합 반응은 빼기를 통해 설명할 수 있을 것으로 보이지만, 즉 정확한 연합 반응 시간에서 정확한 감각 반응 시간을 뺌으로써 연합을 위해 필요한 시간을 구할 가능성이 매우 높아 보일지도 모르지만, 사실은 그렇지 않다. 연합을 결정하는 지시는 의식의 전 흐름을 지배하며, 따라서 언급된 두 반응은 서로 비교될 수 없다.

> *티치너가 '연습'이나 '습관'을 쓸 법한 자리에 비고츠키는 'инструкция 인스트루크찌야(지시, instructions)'를 사용한다. 비고츠키는 일반적으로 인간이 아무 생각 없이 모방한다는 생각을 거부한다. 인간의 모방은 거의 항상 목표지향적이고 지적이며, 따라서 교육받은 학습과 유사하다. 비고츠키는 티치너의 실험 같은 자극반응 실험에서 완전히 무시되어 왔던 '지시'를 실험 대상에 대한 자극의 제시에 있어서 절대적으로 중요한 계기로

생각한다(이 책의 2장 문단 **2-46** 참조).

3-46] 잘 준비된 선택 반응 시간이 지각 반응 시간 자체와 같을 수 있다는, 티치너에 의해 실험적으로 성립된 기본적 사실은 복합 반응을 개별 요소들의 단순한 산술적 계산으로 분석하는 앞에서 제시한 고전적 공식을 완전히 뒤집는다. 고전 심리학에서 확립된 복합 반응에 관한 근본적인 법칙은 정확히 반대 입장을 취한다고 알려져 있다. 특히, 구舊실험들에서는 복합 반응 시간이 당연히 그(지각 반응-K) 시간을 초과하며, 구별되어야 하는 자극의 수와 실험 대상이 선택해야 하는 반응 행동의 수에 정비례하여 복합 반응에 필요한 시간이 늘어나고 길어진다고 주장되었다. 새로운 실험들은 이러한 법칙들이 항상 옳은 것은 아니며, 충분히 준비된 선택 반응이 단순 반응과 동일한 속도로 펼쳐질 수 있고, 따라서 특정 값(실제적 선택 시간-K)을 계산하기 위해 앞에서 주어진 분석 공식은 모순에 이를 수밖에 없다는 것을 보여 준다. 그것은 선택 시간이 0과 같으며, 그 기초에 놓여 있는 복합 반응의 개념이 사실상 파산했음을 드러낼 것이다.

3-47] 다수의 다른 연구자들도 빼기에 기초한 그러한 분석들이 불가능하다는 것을 보여 왔다. 비슷한 조작에 반대해서 다양한 측면에서 제기된 그 모든 이의를 여기서 검토하지는 않을 것이다. 다만 우리는 아흐가 그의 연구에서 우연히 도달한 다음과 같은 결론이 이 조작의 파산 상태를 확실히 잘 보여 준다는 것을 지적하고자 한다. 즉 일부 연구자들이 그러한 계산의 결과로 음수 값을 얻은 것이다. 구심리학이 그들의 이해를 고등 과정에 똑같이 적용시켰을 때 이와 동일한 오류를 저질렀다는 점에 대해 우리는 아흐에 동의한다. 이런 방식으로 만약 우리가 한 낱말을 한 언어에서 다른 언어로 변환할 때 걸리는 시간에서 낱말을 명명하고 설명하는 데 필요한 시간을 뺀다면, 그 낱말을 번역하는 데 걸리는 정확한 시간을 잴 수 있을 것이라고 L. 케

틀레는 가정하였다. 그러므로 이러한 관점에서는 말의 이해와 같은 고등 과정들조차도 순전히 합산하는 방식으로 더해질 수 있으며, 따라서 단순한 뺄셈을 사용한 분석을 통해서 추출될 수 있을 것이다. 만약 한 낱말을 외국어로 바꾸는 데 걸리는 시간에서 그 낱말을 명명하고 그것을 이해하는 시간을 뺀다면, 한 언어에서 다른 언어로의 번역의 기초가 되는 과정의 순수한 형태를 얻을 수 있을 것이다. 복합적, 고등 행동 형태를 이보다 더 기계적으로 이해하는 것은 진정으로 어려운 일이다.

*비고츠키는 공식을 이용한 복합 반응의 분석은 고등 과정에 적용될 수 없다는 아흐의 생각에 동의했다. 하지만 이것은 복합 반응이 고등 과정이 아님을 뜻하지 않는가? 사실, 그렇다. 첫째로, 분트와 그 제자들은 복합 반응이 고등 과정이라고 생각하지 않았다. 그들은 고등 과정은 실험실에서 연구할 수 있는 것이 아니며 '민족 심리학'에서의 인류학적인 관찰만이 가능하다고 믿었다. 비고츠키는 물론 이 생각에 반대하지만 티치너를 포함하여, 분트와 그 제자들이 사용한 것과 같은 의미로 '복합 반응'을 사용하였다. 따라서 그의 '복합 반응'이라는 용어 사용은 일면 내재적 비판을 포함한다. 둘째로, 복합 반응은 실제로 자동화될 수 있고, 그 경우 구조적으로 저차적 과정과 동일하다. 어린이에게 추상적인 용어로 실험을 설명할 때는 반드시 말을 통해 매개되고 이해되어야 하며 그것은 의심할 여지가 없는 고등 과정이다. 하지만, 어린이가 실제 실험을 할 때, 그리고 단순 반응과 같은 속도로 실험을 할 때는 그것은 단지 연합적 반응이다. 셋째로, 어린이는 어른이 고등정신과정을 사용해 답할 질문이나 문제에 대해 원시적인 방식으로 반응하곤 한다. 어린이는 개념을 사용하는 대신 생각을 복합적이거나 심지어 혼합적으로 작용시킨다. 예컨대 우리는 무의미한 언어적 표현이 고등 과정, 일반화와 추상화의 창의적 작용과 같은 수준에 놓여 있지 않다는 것을 알고 있다. 비고츠키는 이러한 고등 과정에 대

한 연구를 하고자 하였으며, 따라서 개념 형성 실험에 대한 아흐의 형식을 거부하고 개념 형성의 복합적 과정 전체를 끌어내어 후속 연구를 할 것을 『생각과 말』의 제5장에서 주장하고 있다.

*나르치스 아흐(Narziss Ach, 1871~1946)는 『생각과 말』 **5-2-2**, **5-2-3**과 이 책의 **2-47**에서 언급된 적이 있으며, 북미로의 긴 여행 중의 배 멀미에 대해 연구했던 의사이다. 결국 그는 내관적이고 정신주의, 유심론적인 뷔르츠부르크 학파의 오스왈드 퀼페의 제자가 되었다. 리마트와 함께 인공적인 이름을 붙여 블록을 분류하는 방법 같은 것들을 발달시켰으며 비고츠키와 샤카로프는 개념에 대한 연구에 이를 적용시켰다. 그러나 아흐에게는 개념 형성은 목표 지향적인 기억력 테스트에 불과했다. 아흐의 주요 연구는 '결정적 경향성'에 관한 것이었으며 그는 그것을 의지와 동일시했다. 결국 그는 의지를 히틀러와 동일시했으며 나치 당원이 된 최초의 심리학자 중 한 사람이었다. 비고츠키는 그의 최후의 글 중 하나인 '파시즘과 정신신경학(『The Vygotsky Reader』, 1994)'에서 아흐를 맹렬히 비난했지만, 여전히 아흐의 연구에서는 큰 감명을 받았다.

*램버트 아돌프 자끄 케틀레(Lambert Adolphe Jacques Quetelet, 1796~1874)는 수학자이며 통계학자였으며 천문학 및 범죄학과 사회학에 관심이 많았다. 그는 이상적인 체중을 정하기 위해 체중과 사망률을 사용하기도 하였고 그의 연구는 현재까지도 아동 비만도를 판단하는 기준이 되는 신체 용적 지수의 기초로 사용되고 있다. 그는 빈곤과 범죄 같은 사실들 사이의 명확한 관계를 보여 주었다. 일부 과학자들은 그의 관점들이 자유 의지와 모순이 되고 따라서 도덕성과도 모순이 된다(만약 범죄가 빈곤에 의해 발생된다면, 형벌을 통해 그것을 없앨 수 없기 때문이다)고 믿었기 때문에 그의 이론이 거북하게 여겨졌다. 비고츠키 역시 인과성에 대한 그의 관점들을 기계론적이라고 생각했음을 볼 수 있다.

3-48] 구심리학에서 발달한 반응 연구의 두 번째 특징은 순수한 기술적 분석을 내세우는 것이다. 이 연구의 발달에서 첫 번째 고전적 단계가 과정 분석의 자리에 사물 분석이 내세워졌다는 사실에 의해 특징지어진다면, 이전 관점의 파산을 이해했던 티치너, 아흐와 그 밖의 사람들은 새로운 관점을 반응에 대한 순수한 기술적, 내관적 분석에 제한하였다. 유일한 차이점은 단지 내관적 경험 분석이 기계적 자극 분석을 대체했다는 사실에 있다. 외적 관계의 기술은 내적 경험의 기술로 대체되었으나, 대상 자체에 대한 표현형적 접근은 두 관점 모두에 온전히 남아 있었다.

> **3-16~3-34**에서 언급된 세 지점 중 두 번째는 복합 반응 연구에 있어서 순수한 기술적 분석 형태가 전면으로 진출한 것이다. 첫 번째 지점에서는 과정이, 부분적으로 가감 가능한 고정된 실체로 다루어졌다는 사실로 특징지어진 반면, 두 번째 지점은 기술記述주의로의 후퇴에 의해 특징지어진다. 유일한 실제 차이점은 분트의 작업에서 본 것과 같은 기계적인 자극 분석이 티치너와 아흐의 작업에서 본 것과 같은 내관적인 경험 분석으로 대체되었다는 것이다. 예를 들어 선택 반응의 시간을 측정하는 대신 선택 과정에서 실험 대상이 내적으로 경험하는 바에 대한 기술에 중점을 두는 것이다. 그러나 기계적 자극 분석이든, 내관적 경험 분석이든 양쪽 모두 대상에 대한 순수한 표현형적 태도를 내포한다.

3-49] E. 티치너는 앞에서 언급한 선택 반응과 관련된 모든 지시들이 이와는 전혀 다르게 이해될 수 있음을 지적했다. 그는 다음과 같이 덧붙인다. "두 경우 모두에 있어 지시가 선택 과정을 일으킨다고 말할 수 있는지는 대단히 의문스럽다. (……) 유감스럽게도 조사자들은 여지껏 반응 의식의 분석보다는 시간을 기록하는 것에 더욱 관심을 가져왔다. (……) 분석적 자료는 매우 부족하다." 내관적 분석은 선택 반응에서 본질적으로 선택 과정이

실제로 일어나지 않는다는 것을 이미 보여 주었다. 우리는 심리학적 측면에서 선택 반응이 선택 반응을 포함하지 않는다는 것을 견고히 확립된 사실로 간주할 수 있을 것이다. 그리고 이것은 어떤 과정의 외적, 시각적 측면이 어떻게 그 실제 심리학적 본성과 일치하지 않는지를 보여 주는 놀라운 사례가 된다. 이 반응은 선택과 무관하다고 아흐는 말한다. 심리학적 측면에서 볼 때 선택이 남을 여지가 없이 모든 과정들이 진행된다. 동일한 생각이 티치너에 의해 공식화되었다. "이러한 복합 반응에 주어진 이름들—구별, 인식, 선택—은 단지 관습적이라는 것이 분명히 이해되어야 한다. 구별과 선택은 실험의 외적 배열 오직 그 하나만을 가리킨다. 구별 반응에서 우리는 구별하지 않으며, 선택 반응에서 우리는 다양한 일을 할지 모르지만 선택은 하지 않는다. (……) 이 이름들은 심리학 역사에서 실험이 새롭고, 분석이 아직 미래의 문제였던 시대에 가설적으로 붙여진 것이다." 따라서 "독자들은 그들을 심리적 실체로서가 아니라, (……) 실험의 특정한 역사적 형태에 맞춰 단순히 붙여진 이름표로 이해해야 한다."[1]

> 티치너는 실험에서 어떤 실제적 선택이 일어날 수 있다는 사실을 의심한다. 즉, 실험 대상이 단순히 반응하는 것이지, 반응하거나 하지 않기 위해 의도적으로 선택하는 것은 아니다. 유감스럽게도 실험자들은 주로 반응 시간에만 관심을 가졌으며 반응에 대한 질적 분석은 간과하였다. 따라서 타당한 심리학적 데이터는 매우 빈약하다. 티치너는 실제로 데이터 수집 조건이 매우 다양하며 신뢰할 만한 데이터는 부족하다고 말했다. 그러나 내관이 보여 주었듯이 소위 '선택 반응'이라고 부를 수 있는 실제적 선택은 존재하지 않는다. 이것은 현재 분명히 정립된 사실로서, 연구 대상에

---

[1] 러시아어판에는 비고츠키 자신이 덧붙인 것으로 보이는 다음과 같은 각주가 있다.
"여기서 우리는 자발적 주의에 관한 분석에서 티치너가 복합 반응 분석이 단순 반응의 형태를 획득할 수 있다는 것을 강조했던, 다음과 같은 복합 반응 분석의 일반적인 상황을 염두에 두고 있다."

대한 표현형적 접근이 그 심리학적 본성에 맞지 않는다는 것을 명백히 보여 준다. 아흐 역시 선택 반응에서 실제로 선택은 존재하지 않는다는 데 동의한다. 심리학적 견해에서 볼 때, 과정들은 본질적으로 선택의 공간이나 시간의 여지없이 일어난다. 티치너는 이러한 생각에 대해 "실험의 이름들은 오직 역사적 이유로 붙여졌으며 그것이 심리적 사실을 지칭하지는 않는다는 것을 명심해야 한다."라고 말했다.

*이 문단은 비고츠키의 러시아 원전을 재번역하는 대신 티치너의 영어판본(Titchener, E. B.(1928), *A Textbook of Psychology*, New York: Macmillan, 442-443)으로부터 직접 인용하고 인용부호를 덧붙였다.

3-50] 따라서 고전적 심리학의 기계적 분석이 복합 반응 과정들의 기저에 놓인 실제 관계를 자극들 사이에 존재하는 관계로 대치하였다는 것을 알 수 있다. 이것은 심리학에 있어서 실험 자체의 논리적 조건을 이용하여 정신 과정의 본성을 드러내려고 하였던 주지주의가 공통적으로 보여 준 모습이었다.

'선택' 반응에 대한 실험은 실험 대상의 입장에서는 선택을 한다는 어떤 실제 느낌도 수반하지 않는다(티치너의 실험은 초등학교 영어교실에서 흔히 하는 '잡아채기 게임Snatch Game', 즉 교사의 말을 듣고 학생들이 해당하는 카드를 먼저 집어야 하는 게임과 유사하다). 주지주의는 실험 대상이 명령을 듣고 반응 하는 과정을 사고가 결여된 단순한 행동이라고 생각하지 않고 '선택'이라는 진정한 정신 과정이라고 가정한다(티치너는 '잡아채기 게임'과 같은 활동에서 나타난 어린이의 반응이 단순한 자극-반응의 발현이 아니라 진정한 선택 과정이라고 생각한다). 그 결과 주지주의는 두 정신 기능의 관계를 두 자극 간의 관계로 치환한다(어린이가 '잡아채기 게임'을 할 때 실제로 하는 것은 소리 자극을 운동 행위와 짝 지우는 것이다. '선택'은 실험의 논리적 설계가 요구하는 것이지 어린이의 정신 과정에서 실제로 일어나지 않는다. 이와 같이 실험이 요구하는 정신 과정이 실제로 실험 대상에게 일어날 것으로 기대하는 것이 주지주의의 특징이다).

*티치너는 자신의 스승인 분트의 고전적인 반응 시간 실험에 대해 논의하고 있다. 그는 내관의 방법(실험 대상으로 하여금 실험 중에 드는 느낌을 관찰하게 하고 나중에 그들이 말한 것을 기록하는 방법)을 사용하여 반응 시간 실험을 재현했다. 따라서 티치너의 연구는 분트의 초기 기계적인 분석과 아흐나 티치너 자신의 후기 내관적인 연구의 공통분모를 검토하는 이상적인 수단이 된다. 2-48에서 이 두 번째 고래에 대해 소개하면서, 비고츠키는 초기 분석이나 후기 분석 모두 단지 표현형적인 것이라고 말했던 것을 기억하자. 즉, 이 둘은 모두 심리적 현상에 대한 표현형적 기술일 뿐 그들의 실제적인 발생형적 분석에는 관심을 두지 않는다. 비고츠키는 이런 고전적인 실험이 고등심리기능들의 실제 토대를 자극들 간의 관계로 대체해 버린다고 말한다. 질문에 대한 답변과 같이 과업이나 문제에 대한 생각, 느낌 대신에, 우리가 얻은 것은 불빛이나 종소리, 그리고 손이나 손가락의 움직임 사이의 연결이다. 비고츠키가 왜 이런 실험들이 기계적인 것이라고 생각했는지 쉽게 알 수 있다. 그런데 왜 그는 이런 실험들을 '주지주의적'이라고 말했을까? 태어나서 처음으로 낱말을 말하는 어린 아기를 생각해 보자(비고츠키가 이 책 4장에서 제공하는 예이다). 아기가 '마'라고 말하면 엄마는 아기가 엄마를 부른다고 가정한다. 그러나 비고츠키는 그 아이가 원하는 것은 오히려 의자 위에 올라가고 싶다거나 장난감을 집고 싶다거나 그저 안아 올려 달라고 하는 것과 같은 전체적인 상황과 더 관련되어 있다고 지적한다. 따라서 엄마의 반응은 주지주의적이다. 주지주의는 즉각적인 상황에 정서적으로 반응할 뿐인 경우에도 어린이가 지적 행동을 한다고 가정한다. 우리가 아이들과 '잡아채기 게임(교사가 말하는 단어를 잘

듣고, 맞는 단어 카드를 집어 올리는 게임)'을 할 때도 마찬가지다. 아이들은 단어 또는 적어도 첫 소리를 듣고 카드를 집는다. 우리는 아이들이 단어의 의미를 생각하고 있으며, 그 의미에 적절하게 맞는 카드를 선택한다고 상상한다. 하지만 이는 아주 단순한 주지주의적 생각이다. 실제로는 아이들이 단어의 의미를 생각하느라 지체한다면 그 게임에서 지게 될 것이다! 비고츠키는 소위 '선택 반응', '구별 반응' 등으로 불리는 분트의 실험에 대해 똑같은 주장을 한다. 비고츠키에 의하면 분트의 실험은 매우 단순한 자극-반응 실험일 뿐 이것을 '구별'이나 '선택'으로 해석하는 것은 주지주의적인 것이다. 사실, '구별'은 실험 대상의 반응이 아니라 실험의 논리성 속에 존재하며, '선택'은 피실험자의 실제적인 사고 과정이 아니라 실험이 분류되는 방식 속에 존재한다. 심리 측정 테스트에서도 아주 유사한 상황을 확인할 수 있다. '지능'은 실제 학업 성공도 예측하지 못하며, 실제 문제 해결 능력은 더욱 예측하지 못한다는 것은 이제 심리학계에서도 널리 받아들여지고 있는 것이다(리즈, 1991 참조). 지능이라는 것은 지능 테스트의 가공품에 불과하다. 티치너의 '선택' 반응이 자유 의지와 갖는 관계와 지능 테스트가 지능과 갖는 관계가 동일한 것으로 판명되었다. 텝스, 토플, 토익과 같은 도구로 측정된 영어 능력에 대해서도 똑같이 말할 수 있다(스폴스키, 1995). 이는 또한 국가영어능력평가 시험에 의해 측정되는 영어 능력에 대해서도 의심할 여지없이 사실이다. 이런 종류의 테스트는 무엇보다 능동적인 고등심리기능의 실제 토대를 단순히 자극에 대한 수동적인 관계로 대체하는 것이다.

Lidz, C. S.(1991), *Practitioner's Guide to Dynamic Assessment*, New York: Guilford.

Spolsky, B.(1995), *Measured Words*, Oxford: Oxford University Press.

3-51] 외부에서 볼 때 선택처럼 보이는 과정은 사실상 선택이라고 할 만한 어떤 근거도 제공하지 못한다. 이런 의미에서 내관적인 심리학 분석은 구심리학과 비교하면 한 발자국 더 나아가긴 했지만, 그것은 여전히 특별한 진전을 가져다주지는 않는다. 이미 언급했듯이 이것은 실험 대상이 반응하는 동안 겪는 경험을 세심하고 정확하게 기록하는, 경험에 대한 순전히 기술적인 분석이다. 그러나 경험 그 자체가 반응의 필수적인 과정이나 원칙적인 토대가 아니라, 단지 그 과정의 한쪽 면만을 구성하고 그 자체가 설명을 필요로 하기 때문에, 내관이 반응의 주관적인 측면에 대한 설명은 고사하고 정확한 기술조차도 제공하지 못하는 것이 다반사임은 당연하다. 동일한 과정에 대해 여러 저자들의 기술이 본질적으로 일치하지 않는 것은 이 때문이다. 이 분석은 과정 자체에 대한 실제적인 인과적-역동적 설명을 보여 줄 수 없었다. 왜냐하면 인과-역동적 설명은 표현형적 관점을 포기하고 이를 발생형적 관점으로 대체하기를 필연적으로 요구하기 때문이다.

3-52] 세 번째 특징은 구심리학이 복합 반응 과정 연구를 그 최종의 죽은 형태에서 접근했다는 사실에 있다. 티치너의 말에 따르면 연구자들의 관심은 준비 과정과 반응 내용이 아닌 반응 시간에 맞춰져 있었다. 이에 따라 반응을 조사함에 있어 그 심리적 준비를 제외하는 역사적인 전례가 생겨난 것이다. 우리는 잘 준비된 선택 반응이 단순 반응만큼 빠르다는 것을 기억한다. 그러나 구심리학의 모든 관심은 복합 반응 과정이 자동화된 형태, 즉 발달 과정이 이미 종료된 형태를 연구하려는 경향을 띠었다. 심리학이 복합 반응을 사후 검시적post mortem으로 연구하기 시작했다고 말할 수 있을 것이다. 심리학은 복합 반응을 살아 있는 형태로 파악할 수 있는 능력을 전혀 가지지 못했으며 단지 예비 실험을 계획하였을 뿐, 반응 연결을 조절하고 확립하는 흥미로운 순간 즉 반응의 출현 순간은 받아들여지지 않았다. 연구는 오직 반응이 확립된 이후, 발달이 종료되어 그것의 마지막 형태가 드러난 후, 자동화되어 다양한 경우에서 완전히 동일하게 나타나게 된 이후에만 시작되었다.

3-53] 많은 연구자들은 대부분 첫 번째 실험, 즉 실제로 반응 확립 과정이 일어나는 시기를 받아들이지 않는다. 티치너는 실험 단계에서 반응 형성이 시작되는 처음 두 실험을 버리도록 권고하였다. 다른 연구자들은 첫 실험의 반응 시간과 후속 실험의 반응 시간이 상당히 다를 경우 보통 첫 실험을 채택하지 않는다. 복합 반응, 특히 선택 반응의 조건하에서 연구의 첫 회기는 모두 버려진다고 많은 연구자들이 보고한다.

3-54] 연구를 위해서 선택 반응이 확립되는 처음 단계를 버리는 이런 기법에서 복합 반응을 죽은 형태로서, 이미 만들어진 것으로서 발달 과정이 끝난 후에 연구하는 구심리학의 기본적인 접근의 예를 보는 것은 어렵지 않다. 이런 이유에서 이들 심리학자들은 반응을 결코 어떤 발달의 과정으로 이해하지 못한다. 이런 이유로 이들은 단순 반응과 복합 반응이 가지는 형식적 유사성에 끊임없이 현혹된다.

3-55] 우리는 철저히 준비된 선택 반응이 단순 반응과 동일한 시간이 걸릴 수 있음을 다시 한 번 상기한다. 우리는 이 사실을 앞서 일반적 형태로 언급했던 상황, 즉 고등 형태의 발달 과정에 있어 그 외적 특징이 종종 저차적 형태와 닮을 수 있다는 상황과 나란히 놓는다. 우리는 복합 반응과 단순 반사 사이의 심리적 차이점을 얼마든지 많이 열거할 수 있으나, 여기서는 잘 알려진 한 가지 사실, 즉 복합 반응의 전개 시간이 반사의 전개 시간보다 더 길어진다는 것만을 제시할 것이다. 그러나 분트는 이미 반응의 전개 시간이 반복될수록 줄어들 수 있다는, 다시 말해 반복의 결과로 반응 시간이 일반적인 반사 시간으로 감소한다는 사실을 확립했다.

*이 시기에 비고츠키의 제자였던 A. N. 레온티예프는 비고츠키의 이론에 대한 자신의 견해(그리고 의미를 강조하는 비고츠키에 대한 비판)를 발전시키고 있었다. 레온티예프는 초기 인류의 전형적인 복잡한 사회적 활동, 즉 마스토돈이나 매머드 같은 거대한 동물 사냥이라는 매우 유명한 예를 들

었다. 그는 사냥 '활동'이 필연적으로 사회적으로 공유된다는 것을 지적했다. 그러나 이것은 사냥의 '동기'인 음식에 있어서도 사실이다. 그러나 사냥 활동을 구성하는 무기 만들기, 추적하기, 죽일 수 있는 장소로 몰기, 죽이기 같은 다양한 '행위'는 하위동기인 '목적'을 갖는다. 이것들은 더 큰 목적으로부터 파생된다는 의미에서 사회적이지만 좀 다르다. '행위' 역시 상황과 조건에 민감하며 종종 개인적으로 수행되는 '조작'들로 나뉠 수 있다.

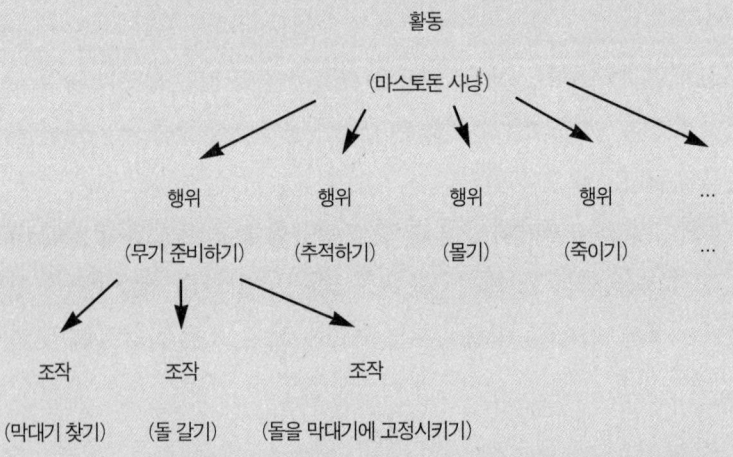

레온티예프에 의하면, 동기나 목적이 아닌 즉각적 상황(조작 조건)을 의식하는 것은 오직 조작의 수준에서이다. 조작을 숙달했다는 말이 의미하는 것은 당면 상황을 더 이상 의식하지 않는다는 것과 조작이 행위로 변화되었다는 것이다. 레온티예프는 이에 대한 많은 예를 제공한다. 자동차 기어를 바꾸는 법을 배운 운전자는 나중에 자동적으로 하게 되며, 주의 깊게 목표를 겨누어 총을 쏘는 법을 배운 사냥꾼은 나중에 생각을 하지 않고도 총을 쏘게 된다. 레온티예프에게는 이것이 바로 조작 조건이 무의식적으로 되고 조작이 행위로 수준이 바뀌게 되는 방법이다. 반복된 조작이 행위가 된다는 생각이 문화-역사적 활동 이론에서만 발견되는 고유한 것이 아님을 알 수 있다. 그것은 이미 분트에 의해 알려진 바 있다. 그러나 사물의 이러한 측면은 비고츠키에게 흥미 있는 것이 아니었다. 그에게 흥미 있는 것은 무의식적 행위로 변화되는 방식이 아니라 조작이 형성되는 방식이다. 둘째, 비고츠키는 지시가 결코 완벽하지 않다고 믿었다. 즉 실험실 실험(교실이나 공장에서는 물론)에서조차도 동기가 일치하고 목적이 완벽히 공유된다고 생각하는 것은 비현실적이며 흥미롭지 않다. 마지막으로, 비고츠키는 기어를 바꾸거나 총을 쏘는 단순한 기술에 흥미가 없었다. 그의 흥미를 끄는 것은 복잡한 사회적 활동(예를 들어 교수-학습)이었으며, 이 사회적 활동의 어떤 수준에서도 조작 조건을 무시하는 것은 전적으로 불가능하다. 무엇보다도 사회적 상호작용을 포함하는 이 조작 조건이야말로 그 활동을 사회적으로 만드는 최우선적인 것이기 때문이다.

Leontiev, A. N.(1981), *Problems of the Development of the Mind*, Moscow: Progress, pp.407~409.

3-56] 일반적으로 생각해 볼 때, 반응과 반사 사이의 모든 주요한 차이점들은 반응을 형성하는 과정의 초기에서 극히 명확하게 나타나며 점진적인 반복에 비례하여 거의 사라진다고 말할 수 있다. 이러한 두 행동 형태 사이의 차이점은 발생적 분석, 즉 그들의 기원을 통해서, 실제 조건에서 드러나야 한다. 반복될수록 반응과 반사의 차이점이 강화되는 것이 아니라 반대로 약화되는 경향이 있다. 반복에 비례하여 반응은 더 단순한 반사로 진행되는 경향이 있다. 실험 절차에 명시된 예비 실험들은 전체 실험 회기에 속하면서도 종종 계산에서 제외되었다. 이는 연구가 시작되는 그 순간 발달 과정이 종결되어 버리는 사실을 초래하였으며, 연구자들은 고정된 기계적 반응들만을 다루게 되었다. 그 기계적 반응들은 반사와의 발생적 차이를 상실하고 표

현형적 유사성만을 획득했다. 다시 말해, 심리학 실험에서 반응은 모종의 소멸 과정을 거치고 고정 형태가 된 후에야 연구된 것이다.

> 일반적으로 우리는 반응(즉, 단어에 대한 반응에서와 같이 구별 선택 또는 이해를 포함하는 조작과 같은 어떤 복잡한 조건 반응)과 반사(단순 지각 또는 신경학적 반사) 사이의 주요한 차이점들이 반응 형성 초기에 가장 분명하고 명확하다고 말할 수 있다. 그러나 반응이 반복되면서, 우리가 발견할 수 있는 반사와의 차이점들은 사라진다. 예를 들어 초등학교 영어교실의 듣고 따라 하기 연습 단계를 살펴보면, 대화문을 반복할 때 의미는 항상 사라지고, 누가 어떤 말을 하게 되는지 헷갈리는 경우가 종종 나타난다. 이는 반복에서 인지적이고 의지적인 반응이 다분히 반사화되기 때문이다. 3-54에서 묘사되었던 실험적 절차들은 종종 연구의 초기 실험들을 폐기하기를 요구한다. 그렇게 함으로써 연구자들은 오직 종료된 반응만을 연구하며, 반사와 반응의 순수한 표현형적 유사성에 직면하게 되어 그 둘 사이의 발생적 차이를 인지하지 못하게 되는 것이다. 다시 말해서 이들은 반응이 더 이상 반응이 아니고 반사가 되어 버린 이후에 연구를 시작하는 셈이다.

3-57] 비록 그 실상은 부정적인 측면에서 바라본 것이기는 하지만, 복합 반응에 대한 전통적 분석에 내재된 기본적인 계기들을 설명하는 식으로 우리의 기본 과업을 설정하였다. 역동적 분석의 과업은 명백히 반응의 출현 과정을 이해하는 것이다.

3-58] 우리 관심의 중심은 새로운 영역으로 이동한다. 반응의 확립이 일어나는 그 실험, 과거의 탐구자들이 폐기했던 그 실험이 바로 우리 관심의 중심이다. 왜냐하면 역동적 분석에서 대상을 설명한다는 것은 인과적-역동적 연결의 실제 기원과 대상의 발달을 결정하는 다른 과정들과의 관계를 찾는다는 것을 의미하기 때문이다. 그 결과 분석 과업은 반응의 초기 계기, 반

응 완성의 조건들로 되돌아가는 것이며, 더 나아가 단지 그것(반응-K)의 외적 혹은 내적 측면만이 아닌 전체 과정에 대한 객관적인 연구에 이르는 것이다. 역으로, 반복으로 정형화된 이미 확립된 반응은 과정 발달의 종착점을 보여 주는 수단일 뿐, 그 외 아무런 흥미를 끌지 못한다.

> *비고츠키는 실험의 완결된 결과물을 무시하고, 가르치는 도중 반응이 나타나는 계기에 주목할 것을 제안한다. 이것은 언어 학습에서 어린이가 자주 들었던 구절을 어떻게 어휘화하는지, 즉 구조적으로 볼 때 하나의 낱말에 불과한 덩어리로 인식하는지를 보는 것이 아니다. 이것은 어린이가 어떻게 문법화하는지, 즉 한 번도 들어본 적이 없는 복합 문장들을 더듬더듬, 한 낱말씩 처음으로 구사하게 되는지를 주목하는 것이다.

3-59] 우리의 흥미를 끄는 것은 반응의 출현, 확립, 완성의 계기, 즉 전체 발달 과정의 역동적 전개이다. 우리는 복합 반응을 조사하고자 한다. 이를 위하여 실험에서 우리는 자동화된 반응 형태를 살아 있는 과정으로, 다시 사물을 그것을 발생시킨 움직임으로 변환시켜야만 한다. 이것은 우리가 직면한 과제의 형식적 측면을 규정한다. 이제 우리 실험에 관한 내용적 측면의 질문이 제기된다. 즉 우리가 앞서 언급한 이전의 연구들은 마음속에서 일어난 선택 반응에 관한 옛 연구들을 이미 비판적으로 무너뜨렸다. 그들은 선택 반응에서 선택의 개입 여지가 없고, 복합 반응에 관한 생각의 기초에 순수한 주지주의적 관념이 놓여 있다는 것을 보여 주었다. 주지주의적 관념에서 과정들 사이의 심리적 연결과 관계는 과업을 둘러싼 조건 요소들 사이의 논리적인 관계에 의해 대체된다. 동시에 복합 반응에 대한 논리적 공식은 반응 과정에서 실험 대상에 의해 관찰되는 경험 분석으로 보완된다. 이 연구자들은 사물들의 논리적 관계를 실험의 현상학적 관계들로 대체시키려 하였다. 그러나 이들은 매우 분명하게 한 가지 의문을 제기했다. 선택 반응에서 실험

대상이 매우 다양한 조작을 수행하지만 선택은 하지 않는다고 주장한 것이다. 그러나 이것은 선택 반응에서 실제로 일어나는 것은 무엇인가 하는 질문을 야기한다. 아흐나 티치너가 제시한 매우 체계적인 형태를 취한다 하더라도 그들은 실험 대상의 경험을 기술하기는 하지만 순수한 기술의 한계를 넘어서지 못한다는 것, 선택 반응의 인과적-역동적 측면을 설명하지 못한다는 것을 알게 된다. 따라서 우리가 직면한 기본 질문을 다음과 같은 형태로 제시할 수 있다. 복합 반응의 실제 인과적-역동적 본성은 무엇인가?

> *실험에서 실험 대상은 선택 실험을 할 때 무엇을 하는지 기술하라는 요구를 받을 때 선택의 순간에 대해 기술하지 않는다. 비고츠키의 요점은 그러한 순간이 실제로 없다는 것이다. 종료된 반응은 더 이상 선택의 순간을 포함하지 않는다. 우리가 선택의 순간을 연구하길 원한다면, 우리는 실험 이전의 시험 실험trial experiment, pilot study의 순간을 보아야 한다.

3-60] 복합 반응에 대한 실험으로 주의를 돌리면 다양한 연구자들에게 공통된 한 가지 특징이 있음을 쉽게 발견할 수 있다. 이 공통점은 실험 과정에서 각각의 자극과 반응 사이에 맺어지는 관계가 무의미하다는 것이다. 많은 연구자들은 실험의 가장 본질적인 특성이 반응의 토대에 놓여 있는, 연결의 자의성과 무의미성에 있다고 보았다. 여러 가지 자극이 실험 대상에게 주어지면 그는 다양한 행동으로 반응해야 한다. 하지만 자극과 행동 사이의 연결이나 자극이 나타나는 순서는 실험 대상이 이해할 수 없는 것이었다.

> *반응 실험은 파블로프의 실험을 출발점으로 한다. 파블로프는 실험에서 개와 종, 먹이를 사용했는데, 이들의 관계는 본질적으로 무의미한 관계이다. 파블로프가 사용한 종 대신 빛이나 버저를 사용해도 그 결과는 똑같았을 것이다. 비슷하게 복합 반응 또한 자극과 반응의 관계가 분명하고 명

백히 드러나지 않으며, 다양한 자극들이 제공되는 순서에 어떤 의미가 있는 것도 아니다.

3-61] 실험 대상들은 자극에 어떤 움직임으로 반응하든 동등한 성공(가능성-K)을 가질 것이다. 원칙적으로, 모종의 자극과 반응의 기계적 연합은 무의미 철자를 이용한 전통적인 기억 연구와 실험을 동위同位에 둔다.

> *비고츠키는 뮐러, 슈만, 에빙하우스의 연구들을 염두에 두고 있는 것으로 보인다. 이들의 연구는 모이만의 다음 책에서 소개되어 있다.
> Meumann, E.(1910), *The psychology of learning: An experimental investigation of the economy and technique of memory* (Translated by J.W. Baird and reprinted by Kessinger Publishing), p.305.

3-62] 사실, 선택 반응에서 무의미한 연결로부터 유의미한 연결로 이동하려는 몇 번의 시도가 있었다. 예를 들면, 뮌스터베르크의 실험에서 실험 대상은 다섯 개의 다른 소리 자극에 대해 매번 한쪽 손의 특정 손가락들로 반응해야 했다. 그러나 매회 반응 신호는 단순히 하나부터 다섯까지 부르는 것이었고, 전자 건반에 반응하는 순서는 자연적인 수 세기 순서와 일치하였다. 실험 대상은 낱말 '하나'에 엄지손가락을, '둘'에 집게손가락 등을 올려야 했다. F. 메르켈은 유사한 방식으로 시각적 자극을 사용하여 선택 반응을 연구하였다.

> *프리드리히 지그문트 메르켈(F. S. Merkel, 1845~1919)은 지금도 메르켈 세포라 불리는 피부의 촉각 신경 말단에 대한 완벽한 묘사를 최초로 제공한 조직학자였다. 그의 이름을 딴 피부암도 있지만 그의 심리학적 연구 기

록은 거의 없다.

3-63] 이와 같이 우리는 선택 반응을 확립시키는 서로 다른 두 과정이 있다는 것을 알게 된다. 한 경우에 그것은 단순히 자극과 반응의 기계적 연결에 의해 확립되고, 그 주요한 요인은 반복이다. 그 어떤 연구자들도 시험 실험 즉 선택 반응이 형성되는 바로 그 과정을 자세히 분석하지 않았음에도 불구하고, 연습 실험에서 지시를 반복하거나, 글로 써서 같이 반복해서 읽는 것이 필요한 연결의 확립을 위한 주요 수단이라고 믿은 데에는 그럴 만한 이유가 있다. 가장 단순하게는, 두 무의미한 철자를 외워서 배우는 것과 동일한 방식으로 실험 대상이 반응을 외워서 학습한다고 말할 수 있을 것이다. 다른 경우에 우리는 자극과 반응 사이의 연결이 이해 가능하고 따라서 처음부터 기계적 반복 학습의 불편함이 사라진 어떤 다른 수준의 과정을 다루고 있다. 그러나 이 경우에 우리는 이미 완결된 연결의 사용을 다루게 된다. 다시 말해 심리학은 이 실험을 연결을 만드는 기계적 방법이나, 이미 완성된 연결의 사용에 대한 설명으로 간주할 수 있다. 그러나 우리가 연구 과정에서 관심을 가진 것은 실제 이해 과정 그 자체였으며, 바로 선택 반응의 기저에 놓여 있는 연결의 확립과 조정 과정이었다.

3-64] 애초에 우리는 복합 반응 형태를 단순 반응이나 반사와 구별하게 해주는 사실을 발견하는 과업을 설정했다. 그렇게 하기 위해서 우리가 관습적으로 사용했던 두 개의 기본적인 방법에 의지할 수밖에 없다. 첫째, 연결의 완성이 자동적으로 너무 빨리 일어나 관찰을 할 수 없게 되는 경우를 피하기 위해서 반응을 지연시키고자 했다. 이미 말했듯이 분석의 과업이 특히 이 과정에 참여하는 모든 계기들의 온전한 역동적 발달을 보이는 데 있다는 것을 보았다. 이를 위해서는 그 과정의 전개에 모종의 간섭이 필요로 하며, 그 과정의 흐름이 지연되었을 때 가장 잘 달성된다. 둘째, 실험의 전 절차에

따라, 당면 과제를 해결하는 데 도움이 되는 어떤 외적 수단을 실험 대상자의 손에 쥐어 주어야만 한다.

3-65] 객관화하는 연구 방법을 사용하려고 시도하는 이런 경우에, 우리는 연결의 확립과 모종의 외적 활동을 연관 지어야 했다. 이에 앞서 우리는 실험 대상의 손에 문제를 극복하기 위한 수단을 쥐어 주지 않은 채 복잡화하는 최초의 계기를 선택 반응 실험에 도입했다. 그 복잡화는 우리가 연습 실험 없이 실험 대상과 함께 본 연구를 바로 진행하는 것으로 이루어졌다. 다섯 개 혹은 그 이상의 다양한 자극들에 대해 서로 다른 손가락으로 반응하도록 지시되었다. 실험 대상이 그 과업을 수행하는 방법을 알지 못할 때 어떻게 행동하는지 조사하는 것이 우리에게 흥미로웠다. 세부적으로 들어가지 않고 아주 일반적으로 말하자면 실험 대상의 행동은 항상 같은 특성을 보였다. 실험 대상의 반응이 틀렸거나 자극에 대해 어떻게 움직여야 하는지 몰라서 곤경에 처했을 때마다 필요한 연결을 찾기 위한 외적, 내적 탐색이 있었다. 즉 어떻게 반응해야 하는지 실험 연구자에게 질문하거나 회상하였다. 과업이 실험 대상의 역량을 초과한 경우, 곤란함은 지시에 대한 회상과 재생에 대한 어려움으로부터 기인했다고 말할 수 있다.

*이 문단에서 비고츠키의 세 가지 핵심 개념에 대한 사례가 제시되고 있다. 객관화, 내재화(내적 변형), 발생적 법칙이 바로 그것이다.

1. 객관화: 비고츠키는 『어린이 발달에서의 도구와 기호』 5장에서 자극-반응 실험이 어떻게 객관화 없이 객관적으로 되는지 설명하고 있다. 비고츠키는 반응과 자극의 실제 연결을 객관화하고자 하는 것이 아니다. 그것은 반응 자체에서 객관화된다. 손가락이나 손을 올릴 때, 건반을 누를 때, 카드를 재빨리 집을 때 어린이는 자극과 반응 사이의 연결을 객관화시키는 것이다. 객관화될 필요가 있는 것은 연결의 성립, 즉 먼저 지시를 이해하고 그 다음 기억하는 어린이의 마음에

나타나는 정신 과정이다.

2. 내재화 : 올바르게 응답할 수 없을 때, 실험 대상은 두 가지 다른 전략, 즉 실험자의 도움(질문과 대답)과 자신의 기억(지시를 다시 상기하기 위해 노력하는 것)에 의존한다고 비고츠키는 말한다. 첫 번째 전략과 마찬가지로 이 두 번째 전략 또한 종종 언어화(자신을 향하는 자기중심적 말)되기 때문에, 관찰될 수 있고 따라서 객관화될 수 있다. 그러나 어린이에게 단순히 내관(內), 즉 무슨 생각을 하고 있는지 말하라고 요구할 수는 없다. 내관할 시간과 에너지가 있을 때조차 말할 것이 아무것도 없는 경우가 흔하다. 왜냐하면 연결은 이미 성립되었으며, 실제 기억과 선택은 포함되지 않았기 때문이다.

3. 발생적 법칙 : 비고츠키는 정신 기능(기억과 선택) 간의 모든 내면화된 관계가 한때 두 실제 사람 사이의 구체적인 관계(질문과 대답)였다고 말한다. 이는 담화라는 심리 간 범주와 문법이라는 심리 내 범주의 관계를 생각해 볼 때 매우 일반적으로 참이다. 하지만 이것은 교실 상황과 같은 특정한 경우에도 참이다. 어린이가 처음 지시를 받을 때, 이 지시는 본질적으로 정신 간 관계를 가진다. 어린이가 성인 실험자로부터 그 지시를 받기 때문이다. 그러나 어린이가 그 지시를 이해하면 그 지시들은 정신 기능(기억, 지각, 선택) 간의 관계인 정신 내적 범주로 전환되어야만 한다. 즉 어린이는 어떤 기억과 어떤 지각이 상관있는지 선택해야 하며, 난관에 부딪히면 이 관계를 다시 외현화 함으로써 반응하는 것이다. 그리고 바로 이를 통해 비고츠키는 정신 과정을 관찰한다.

3-66] 우리 실험의 두 번째 단계는 실험 대상이 적절한 연결을 확립할 수 있도록 도와주는 그러한 수단들을 상황에 도입하는 것이었다.

3-67] 먼저 두 살 반의 어린이를 대상으로 한 실험을 예로 들어보자. 이 실험에서 두 가지 형태의 선택 반응이 가장 명확하게 그리고 거의 나란히 나타났기 때문이다. 우리는 어린이에게 다른 자극을 보여 주면서 한 경우에는 오른손을, 다른 경우에는 왼손을 들도록 하였다(예를 들면, 연필이 제시되면 어린이는 오른손을 들어야 하고 시계가 제시되면 왼손을 들어야 한다). 이 반응은 즉각 확립되어 큰 오류 없이 전개되었지만 자극-반응 사이의 시간이 한참 길어지는 경우가 종종 있었다. 손을 잘못 들거나 어떤 손을 들어야 할지 모르는 경우 어린이들은 두 개의 기본 형태로 필요한 연결을 탐색했다. 어린이는 실험자에게 질문을 하거나 크거나 작게 중얼대며 기억을 되살리거나, 실험자의 긍정적 반응을 살피는 시험적 움직임들을 보였다. 이 마지막 반응이 가장 흥미로운데, 이는 해당 반응의 본성이 (반응이라는-K) 낱말의 진정한 의미와 전혀 다르기 때문이다. 이러한 경우 어린이의 손은 보통보다 낮게 올라갔고 손을 올리는 처음 움직임만 나타났으며 어린이의 전체 행동은 조심스러운 시험의 성격을 띠었다. 이런 식으로 연결을 모색하는 경우를 제외하면 두 자극에 대한 어린이의 선택 반응은 흔히, 일반적인 연결을 구성하는 완전히 일반적 방식에 따라 일어났다고 말할 수 있다.

*이 실험이 두 반응 형태를 눈으로 볼 수 있게 해 준다는 말은 무슨 의미일까? 생각해 볼 수 있는 한 가지 가능성은 비고츠키가 선택 반응이 확립되는 길은 두 가지가 있다고 말한 **3-60~63**을 여기서 되짚어 언급하는 것으로 해석하는 것이다. 그에 따르면 첫 번째 방법은 무의미한 방식을 통해서, 즉 두 개의 무의미 음절을 연합하거나 불빛이나 그 외의 다른 자의적인 자극과 손을 들어 올리는 반응을 연합과 반복을 통해 연결시키는 것이다. 두 번째는 유의미한 방법이다. 이 방법은 특히 기호의 매개를 통해 이루어진다. 하나의 대상이 다른 것을 나타내는 식으로 연결이 확립되어 보통 하나의 구체적인 대상이 관념적 대상을 가리키게 된다. 이를테면 '하

나'를 들으면 '1번 손가락'을 올리고 연필이 제시되면 '글씨 쓰는 손'을 들어 올리며 시계가 제시되면 '시계 차는 손'을 들어 올리는 식이다. 이것이 비고츠키가 의미한 바라면 선택 반응을 형성하는 두 가지 방식은 이 실험에서 거의 완벽히, 그리고 나란히 일어난다. 첫째, 연합 반응이 대체로 성공적으로 형성된다. 어린이에게 시계를 보면 왼손을 들고 연필을 보면 오른손을 들라고 지시함으로써 간단히 이루어지는 것이다. 어린이가 "왜요?"라고 묻는다면, 여기에는 마땅한 이유가 없다. 둘째, 이 실험을 통해서 유의미한 반응 역시 형성된다. 이것은 어린이의 오른편에는 종이를 두어 연필과 연관을 맺게 하고 왼편에는 온도계를 두어 시계와 연관을 맺게 함으로써 이루어진다. 또 다른 가능성은 비고츠키가 복합 반응과 단순 반응을 구별하는 요소를 추출하기 위한 두 단계를 제시했던 3-64~66을 되짚어 언급하는 것으로 해석하는 것이다. 첫 번째 방법은 반응을 지체시키는 것이며 두 번째 방법은 어린이가 그 난관을 이겨낼 수 있도록 매개적 수단을 도입하는 것이다. 물론 연필과 시계를 이용한 이 실험은 두 가지를 모두 포함하며 이를 통해 단순 반응(연합 반응)과 복합 반응(매개 반응)을 보여줌은 물론 이들이 서로 다름에도 불구하고 어떻게 연결되어 있는지도 보여 준다. 물론 비고츠키가 이 두 가지를 모두 의미했을 수도 있다. 3-61~63은 구조적 차이를 지적하는 것이며 3-64~66은 발생적 차이를 지적하는 것으로 생각할 수 있다. 이 두 가지는 모두 복합 선택 반응 형성의 상이한 두 계기인 것이다.

3-68] 우리는 같은 어린이에게서 다른 방법을 통해 선택 반응을 확립했다. 지시나 실험에 대한 반응을 반복하는 대신 어린이의 오른쪽과 왼쪽 앞에, 해당 자극과 쉽게 연결 지을 수 있는 특정한 물체를 놓아두었다. 따라서 우리 실험에서 오른쪽에는 종이 한 장을 놓았으며 이것은 연필을 보면 오른

손으로 반응해야 한다는 것을 나타내었고, 왼쪽에는 온도계를 놓았으며 이것은 어린이에게 시계를 보았을 때는 왼손으로 반응해야 한다는 것을 상기시켰다. 그러자 어린이에게서는 비슷한 반응이 오류 없이 일어났지만, 이번 경우에서 그의 행동 전체는 현저하게 달라졌다.

3-69] 자극-물체와 자극-수단 사이의 관계는 매우 단순하며 어린이가 이해하기 쉬웠다는 것을 말할 필요가 있다. 우리는 때로는 이 관계를 암시했고 때로는 직접 확립했으며, 때로는 많은 실험을 하는 동안 어린이가 스스로 주의를 집중하도록 허용했다. 마지막 경우는 성공하지 못했으나, 처음 두 경우 어린이는 매우 쉽게 연결을 이용했다. 우리의 주요 관심은 선택 반응의 구성 요소 모두를 비교하는 데 있다. 만약 첫 번째가 자극과 반응 간의 직접적인 결합의 확립에 상응한다면, 두 번째는 매개적 특성을 갖는다. 자극과 반응을 결합시키는 어떤 직접적인 연결도 없다. 어린이는 언제나 이러한 연결을 찾아야 하며, 필요한 연결을 생각나게 하는 외적 자극-수단의 도움으로 그것을 발견한다.

3-70] 이 경우에 어린이 활동의 흐름은 두 가지 형태를 취하는 듯 보인다. 선택 반응의 전체 과정은 분명하게 두 가지 기본적 단계로 구성된다. 필요한 연결의 확립은 자극을 지각함에 따라 발생하며, 오직 그 후에야 상응하는 반응이 수행된다. 연필을 보여 주면 어린이는 이제 종이를 보고, 그러고 나서야 오른손으로 반응을 한다.

3-71] 앞서 설명한 경험에 비추어 우리는 더 큰 어린이들을 대상으로 실험을 지속했다. 반응이 어떻게 두 선택 형태로 발달하는지가 우리의 관심사였으며, 어린이가 어른의 도움 없이 스스로 적절한 관계를 확립하는 형태가 무엇인지를 발견하는 것이 가장 중요한 관심사였다. 큰 어린이들을 대상으로 하는 실험 설계는 다음과 같다. 어린이에게 많은 자극을 제시하고 지시에 따라서 오른손과 왼손의 손가락을 각각 올리거나 내려야 함을 알려 준다. 낱말, 그림, 색 도형, 색 전등 등이 자극으로 사용되었다. 모든 경우에서 자

극과 반응 사이에 의미 있는 연결은 전혀 없었다.

> *이 단락에서 비고츠키는 반응이 어떻게 두 선택 형태로 발달하는지 관심을 가지고 있다. 그는 이 두 선택 형태에 관해서 3-63과 3-67에서 이미 언급한 바 있다. 이에 의하면 연결을 형성하는 두 가지 방식, 즉 무의미하고 순전히 연합적인 방식과 유의미한, 의미에 바탕을 둔 방식이 있다(3-63). 비고츠키에 의하면 이 두 방식은 눈으로 볼 수 있고 병렬적이며, 이 사실은 2세 어린이에게 실시한 시계를 보면 왼손을 들고, 연필을 보면 오른손을 드는 실험에서 잘 나타난다(3-67). 이 실험에서 어린이는 너무 어려서 의미 있는 연결을 스스로 만들어 내지 못했다. 비고츠키는 어린이가 몇 세경에 스스로 의미 있는 연결을 만들어 내기 시작하는지 발견하고자 하며 이 단락(3-71)에서 그 시도가 이제 막 시작되었다.

3-72] 실험이 진행되는 동안 어린이는 손가락을 장난감 피아노의 건반이나 건반이 많은 전자 피아노 위에 올려놓게 된다. 각각의 건반 앞에는 특수한 나무 지지대가 있고, 그 위에 인쇄된 다양한 그림이나 낱말 카드들을 섞어 놓았다. 취학 전 어린이와 초등 저학년 어린이(학령기 초반의 어린이)는 보통의 단순한 기억만으로는 지시를 수행할 수 없음을 알게 되자 보조 자극으로 관심을 돌렸다. 그들은 지시를 기억하기 위한 수단으로서 그 자극들을 적절한 건반 아래로 옮겨 놓고 그것에 적합한 자극을 연결하는 방식을 사용했다. 따라서 그것은 마치 외적으로 물질화된 지시가 부과된 것, 자극에서 반응으로 향하는 외적인 경로가 제시된 것, 지시를 기억하고 재생산하기 위한 수단이 어린이의 손에 주어진 것과 같았다. 이 경우 반응은 뚜렷이 구별되는 두 국면으로 다시 한 번 분명하게 나뉜다. 첫째, 상응하는 자극-장치를 탐색하고, 둘째, 자극을 발견한 후, 반응이 곧장 나타난다.

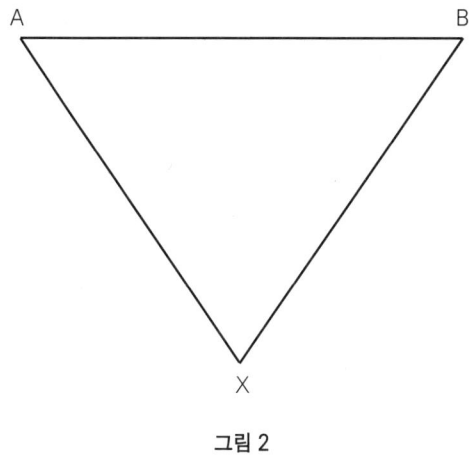

그림 2

3-73] 실험의 자세한 분석은 제쳐 두고 먼저 여기에서 일어난 사실에 대해서 일반적, 도식적으로 검토하고자 한다. 위 도식(그림 2)에서 우리는 두 개의 점 A와 B를 조건적으로 그렸으며, 그 사이에는 연결이 성립되어야 한다. 이 실험의 고유성은 현재 어떤 연결도 존재하지 않는다는 사실에 있다. 즉 우리의 연구는 그 연결의 형성이 가진 본성에 대한 것이다. 자극 A는 자극 X를 찾도록 반응을 일으키고 이어서 자극 X는 점 B에 작용한다. 따라서 두 지점인 A와 B 사이에 성립되는 것은 직접적인 것이 아닌 매개적인 연결이다. 이것이 선택 반응과 모든 고등 행동 형태의 주요 특성이다.

> *이 문단에서 '조건적'이라는 말은 두 요소 사이의 연결이 필연적, 자연적으로 형성된 것이 아니라 상황이 요구하는 조건에 따라 임의적, 자의적으로 형성되었음을 의미한다. 조건 반사의 대표적인 예는 파블로프의 개가 종에 반응하여 침을 흘리는 현상이다. 침을 흘리는 반응은 종소리와 어떠한 논리적 관계도 없으며 이들은 실험상의 조건에 따라 임의적으로 연결된다. 따라서 종소리는 중립적 자극이며 다른 어떤 자극으로도 대체될

> 수 있다. 반면 음식은 배고픔과 직접적으로 연관이 있는, 실험적으로 관계 형성이 불필요한 무조건 자극이며 다른 임의의 자극과 대체할 수 없는 유의미하고, 비중립적인 자극이다.

3-74] 이 삼각형을 부분별로 살펴보자. 두 지점을 잇는 연결을 형성하는 두 가지 방법을 비교해 보면 이 두 형태 사이의 관계는 우리가 제시한 도식적인 삼각형을 통해 명백히 드러날 수 있음을 알 수 있다. A와 B의 두 지점 사이의 중립적 연결 형성은 직접적인 조건-반사 연결로 확립될 수 있을 것이다. 매개적인 연결이 생기면서 하나의 연합적 연결이 아니라 두 개의 다른 연결들이 확립된다. 이들은 동일한 결과를 도출하지만 상이한 경로를 따른다. 이 삼각형은 고등 행동 형태와 그것을 구성하는 기초적 과정 사이에 존재하는 관계를 설명해 준다. 이 관계를 가장 일반적인 방식으로 공식화하자면, 모든 기계의 작용이 최종 분석에 있어서는 물리적·화학적 과정의 규정된 체계로 환원될 수 있는 것과 마찬가지로 모든 고등 행동 형태는 항상 완전히, 남김없이 자연적이고 기초적인 신경심리적 과정으로 환원된다고 할 수 있다. 따라서 어떤 문화적 행동 형태에 접근하든 과학적 연구의 첫 번째 과업은 그 형태를 분석함으로써 구성 부분을 드러내는 것이다. 이러한 행동 분석은 언제나 동일한 결과를 낳는다. 이러한 분석은, 정확히 말하자면, 최종 분석에서 여러 가지 기본적인 기초적 행동 과정으로 구성되지 않는 복잡하고 고등한 문화적 행동 방법이란 존재하지 않는다는 것을 보여 준다.

3-75] 우리는 어린이에게서 하나의 연합적 연결이 두 개로 대체되었음을 발견했다. 각각의 연결을 개별적으로 생각해 보면 이들은 대뇌 피질에서의 직접적 연합적 연결로 일어나는 것과 같은 조건 반사 과정의 형성이다. 새로운 것은 하나의 연결이 두 개로 대체되었다는 사실이다. 새로운 것은 신경 연결의 구성 또는 조합 즉 새로운 연결 확립의 특정한 과정이 기호의 도

움으로 안내된다는 것이다. 요소들이 아니라 반응 과정 전체의 구조가 새로워진 것이다.

> *이 논지는 표면적으로는 완전히 형태주의자의 입장을 그대로 대변한다. 매개된 반응 '전체'는 부분의 합보다 더 크다는 것이다. 그것이 사실이라면, 모든 복합 반응은 고등 기능이다. 즉, 말과 같은 언어를 포함한 복합 반응과 단순히 복잡한 것(예를 들어, 자극들을 지각, 구별 그리고 선택하는 것이나 여러 반응 중에서 하나를 선택하는 것) 사이에는 원칙적으로 차이가 없게 된다. 그러나 비고츠키는 새로운 '구조', 새로운 '형태'의 창조는 기호의 '지시', 기호의 '안내'를 통해 발생한다고 했음에 주목하자. 신호 그 자체가 무엇인가 지시하거나 안내할 수 없음은 자명하다. 기호는 다만 인간에 의해 만들어진 안내나 지시를 상징할 뿐이다. 그리고 다른 인간도 기호를 만드는 인간이 될 수 있으며, 적절한 발달 단계에서 어린이도 기호를 만들 수 있다.

3-76] 고등 행동 형태와 저차적 행동 형태 내에 존재하는 관계들은 각각의 형태에 특별하고 고유한 것을 전혀 나타내지 않는다. 오히려 우리는 고등 형태와 저차적 형태 사이의 더 일반적인 관계의 문제를 다루고 있고, 그 문제는 심리학 어디에서나 발견될 수 있으며, 더 일반적인 방법론적 고찰에 직접적으로 관련되어 있다. 현재 만연하는 분명한 요구와는 반대로, 연합을 포함한, 심리학 사전에 나오는 기초적 과정이라는 그 개념 자체를 내던져 버리는 것은 타당하지 않을 것이다. 크레치머는 인지 불능과 운동 불능 현상뿐 아니라 어린이 생각의 심리학, 사고의 기원, 관념의 흐름과 같은 고등 심리학의 많은 문제를 다루는 데 있어 연합이라는 개념이 필요하다고 말했다. 연합적 연결이 없이는 고등 심리적 삶을 형성하는 이론을 전혀 생각할 수 없다고 크레치머는 말한다.

> *비고츠키가 의미하는 '연합'이란 한 감각과 다른 감각, 감각과 관념, 한 관념과 다른 관념 사이의 매우 가까운 연결이다. 예를 들어, 파블로프의 실험실에서 개가 번쩍이는 빛을 음식과 연합시킬 때 또는 코트를 보고 코트의 주인을 떠올릴 때 보게 되는 종류의 것이다. 부르너가 말하듯이, 연합주의는 비고츠키에게 있어서 일종의 최대의 적이며 비고츠키는 특히 고등정신기능에 대한 연합주의적 설명에 냉담하다(예를 들어 개념 형성에 대한 갈톤의 사진 이론과, 지성은 연합에 불과하다는 손다이크의 관념). 그러나 여기서 비고츠키는 일반적인 심리학 이론에서 연합의 위치를 명백히 밝히고 있다. 사실, 연합은 정신의 생물학적 하부 구조 가까이, 실제 토대에 위치한다. 그럼에도 불구하고 이 단락은 비고츠키가 고등심리기능과 저차적 심리기능을 설명적 심리학이라는 하나의 테두리 안에서 연결하기 위해 지대한 노력을 기울이고 있음을 분명히 보여 준다.
>
> 운동 불능과 실어증에 관한 구츠만과 리프만의 논쟁에 대해서는 『도구와 기호』 6-36 참조.

3-77] 이런 의미에서 H. 회프딩은 그 자신의 시대에 사고 과정과 연합 법칙 사이에 존재하는 관계를 인식하였다. 그는 진정한 의미에서의 생각의 수단과 형태는 이미 비의지적인 관념의 흐름 속에 모두 들어 있다고 말한다. 그러나 관념의 연합이 특별한 흥미나 의식적 선택의 대상이 되어 왔다는 사실이 관념의 연합 법칙을 변화시키지는 못한다. 인공 기계를 자연 환경 법칙의 작용과 따로 떼어 생각하는 것이 불가능한 것처럼, 진정한 의미에서 생각도 이러한 법칙으로부터 벗어날 수 없다. 그러나 물리적 법칙과 똑같이 심리적 법칙도 우리의 목적에 맞게 활용될 수 있다.

> *연합 법칙은 아리스토텔레스까지 거슬러 올라간다.

1. 근접성: 만약 두 사물이 시간적으로나 공간적으로 가까이 있다면, 그들은 연합된다. 만일 내가 밥 옆에 커피를 둔다면, 커피와 밥은 연합된다. 그리고 만일 내가 커피를 마시고 그 다음 아침 식사를 한다면, 커피와 아침 식사는 연합된다.

2. 빈도성: 만약 내가 두 일을 자주 같이 한다면, 그들은 연합된다. 만일 내가 아침 식사를 할 때 매일 커피를 마신다면, 나는 아침 식사와 커피를 그리고 커피와 아침 식사를 연합하게 된다. 이것은 '연습의 지수 법칙power law of practice'의 근원이다.

3. 유사성: 만약 두 사물이 유사하다면, 그들은 연합된다. 만일 내가 커피가 초콜릿처럼 보인다는 것에 주목하면, 그들은 연합된다. 그리고 만일 내가 커피를 마시고 초콜릿이 생각난다면, 커피와 초콜릿은 연합된다.

4. 대비성: 만약 두 사물이 닮지 않았다면, 그들은 연합된다. 만일 내가 커피가 차와 전혀 다르다는 데 주목하면, 그들은 연합된다. 즉 만일 내가 커피를 마시고 차가 생각난다면, 커피와 차는 연합된다.

그러나 실제로 연합주의를 심리학적 이론으로 만들려고 시도했던 것은 흄과 영국의 경험주의자들이었다. 그들의 생각은 모든 정신 현상을 궁극적으로 '오감'과 같은 기본 요소들로 환원하고 그런 다음 연합에 의해 다시 결합한다는 것이었다. 흄은 심지어 연합의 법칙을 '동일성'(빈도성, 유사성, 대비성), '근접성', '인과성'('만일 ……라면 ……이다')으로 환원시켰다. 심리학 이론으로서 연합주의는 19세기에 붕괴했다. 그것은 한편으로는 생리학을 잘 설명하지 못했으며(예컨대 접촉에 의한 '근접성'은 등과 혀에서 매우 다르다) 다른 한편으로는 언어를 전혀 설명하지 못했다('read 읽다'와 'reed 갈대'는 영어에서 소리는 동일하지만 소리를 제외한 다른 방법으로는 전혀 연합되지 않는다).

그러나 비고츠키가 지적한 것처럼 연합의 법칙은 작동한다. 즉, 커피 잔이 커피를 생각나게 하며 아침 식사가 초콜릿과 차를 생각나게 하는 것은 사실이다. 문제는 그것이 어떻게 다른 정신 현상과 관계되는지를 설명하는 것이다. 예를 들어, 우리가 자신에게 커피를 상상하지 말라고 하는 것은 왜 그렇게 어려운가? 회프딩은 우리가 주의와 특별한 관심을 가진 물체를 생각하게 만들었다는 단순한 사실이 여기서 연합의 법칙을 무효로 하지 않는다고 말한다. 즉 커피를 상상하지 않도록 하기 위해서는, 우리의 일상 경험에서 커피와 근접해서, 자주, 그리고 심지어 인과적으로 동시에 일어나는 낱말 의미를 정신적으로 사용하는 것이 요구된다. 우리는 커피를 상상하지 않고 싶을 때 이러한 기본적인 커피와의 연합을 벗어날 수 없다. 우리는 단지 의식적으로 연합 법칙을 이용함으로써만 그것을 극복할 수 있다. 즉 커피 생각이 없어질 때까지 끈덕지게 계속해서 심지어 인과적으로 차茶를 생각하는 것이다. 마찬가지로, 인간은 증기 기관을 만들 때 실제로 열역학 법칙과 관성을 극복하지 않으며, 비행기를 만들 때 중력의 법칙이나 공기 압력을 극복하지 않는다. 초기 인류가 바위로 도구를 만들 때, 자연의 일부를 다른 자연과 대조시키는 것과 정확히 같은 방식으로, 인간이 하는 것은 다른 법칙에 반하여 어떤 법칙을 사용하는 것이다.

*해롤드 회프딩(H. Høffding, 1843~1931)은 코펜하겐 대학교의 심리학과 및 철학과 교수였다. 위대한 물리학자 닐스 보어가 그의 제자 중 한 명이었다.

3-78] 회프딩은 의지에 관해 검토하면서 이 생각으로 돌아온다. 그는 비의지적 활동이 의지적 활동의 내용과 토대를 형성한다고 말한다. 의지는 오직 고치고 선택할 뿐 어떤 것도 새로 만들지 않는다. 회상과 재현 행동은 특정한 법칙에 종속된다. 우리가 의도적으로 어떤 생각을 떠올리거나 물리칠 때, 이것은 눈으로 볼 수 있고 우리의 목적에 따라 변화시키고 종속시킬

수 있는 외적인 자연 법칙에 따르는 것과 동일한 방식, 동일한 법칙에 따라 수행된다. 만일 생각을 유지하거나 떨쳐 버릴 필요가 있다면, 망각의 법칙에 따라 간접적으로 그렇게 할 수 있다고 회프딩은 가정한다. 변증법에서 보통 '지양'이라 불리는 것을 감안한다면 이러한 경우에 고등 형태와 저차적 형태 사이의 관계는 잘 설명될 수 있는 것처럼 보인다. 우리는 저차적, 기초적 과정들과 그 과정들에 의해 통제되는 규칙들이 하나의 지양된 범주를 나타낸다고 말할 수 있을 것이다. '스니마츠 снимать(지양하다-K)'에 해당하는 독일 표현(aufgehoben-K)의 모호한 의미를 떠올릴 필요가 있다고 헤겔은 말한다. 이 낱말을 보면 우리는 가장 먼저 '우스트라니츠 устранить(제쳐 두다-K)', '오트리자츠 отрицать(거부하다-K)'를 떠올리게 된다. 이 단어에 따르면 법칙은 무효화되고, '우프라즈드녜니 упразднены(중지된다-K)'. 그러나 이 낱말은 동시에 '소흐라니츠 сохранить(저장하다-K)'는 의미를 갖기도 한다. '스니마츠 снимать'라는 낱말에 대한 이중적 의미(거부하다/저장하다-K)는 보유와 거부라는 긍정적이고 부정적 의미 모두를 가진 '호로니츠 хоронить(파묻다-K)'라는 용어로 잘 번역된다.

> *영어 학습이나 어린이 놀이에서 '기계적 암기 rote'가 일어나는 경우를 생각해 보자. 이것은 순수하게, 연합적이고, 저차적 수준의 기본적 기능이다. 이는 방금 수행된 운동 행위에 대한 즉각적인 표상을 형성하고 이를 다음의 수행에 사용하는 과정이다. 이것이 어린이의 손으로 만지작거리기, 웅얼거리기, 낙서하기 행위의 기초이다. 비고츠키에 의하면, 어린이가 주의를 끌기 위해 손을 드는 것을 배우고, 웅얼거림을 조절해서 말하는 것을 배우며, 끄적거리는 것을 그림이 되게 하고 더 나아가 글씨 쓰는 것을 배우더라도, 실제로 어린이는 이 만지작거리거나, 웅얼거리거나, 낙서하는 행위를 멈추게 되는 것이 아니다. 대신 이 기계적 연습은 규정된 규칙(일반화된 설명)과 궁극적으로 추상적인 규칙(개념)에 종속된다. 고등 형태

> 는 단순히 하위 형태를 떨쳐버리지 않는다. 그것은 피아제의 발달 모형일 것이다. 하위 형태는 '지양' 된다. 즉 제쳐 지며 치워지는 동시에 보존되는 것이다. 이러한 하위 형태들을 고등 활동의 종속적인 부분으로 바라보면, 어린이가 선생님이 바라보길 기다리며 손을 안절부절못할 때, 의성어를 사용하여 말할 때, 그림이나 자필 서명에 끄적거림을 섞어 넣을 때 만지작거리기, 웅얼대기, 낙서하기가 변형되기는 하였으나 여전히 존재함을 알 수 있다.

3-79] 바로 이 말을 사용하여 우리는 기초적 과정과 그것을 조절하는 규칙이 고등 행동 형태 속에 묻혀 있다고 말할 수 있을 것이다. 즉 이들이 고등 행동 형태 속에서 종속되고 숨겨진 채 나타난다는 것이다. 특히 이러한 상황이 많은 연구자들로 하여금 고등 형태를 분석하고, 부분들로 나누며, 다수의 기초적 과정으로 완전히 환원하는 것에서 과학적 연구의 기본 과업을 찾게 하였다. 실상 그것은 그저 과학적 연구의 한쪽 측면으로서, 저차적 형태로부터 고등 형태의 출현을 지배하는 연결과 법칙을 확립하는 데 도움을 준다. 이런 의미에서 분석은 고등 형태와 저차적 형태를 굳어지고 무관하며 영구적인 서로 다른 실체로 간주하는 형이상학적 사고방식에 대항하는 실제 무기가 된다.

3-80] 분석은 저차적 형태가 고등 형태의 토대와 내용을 이루고, 고등 형태는 특정 발달 단계에서만 나타나며 그것은 다시 저차적인 형태로 변화된다는 것을 보여 준다. 그러나 분석의 과업은 여기에 국한되지 않는다. 고등 형태를 저차적 형태로 환원하는 분석으로만 제한하려 한다면 우리는 결코 고등 형태의 모든 고유한 특성과 그것이 종속되는 규칙에 적합한 심상을 얻을 수 없을 것이다. 이 점에서 심리학도 여타 과학 지식 영역과 다를 바 없다. "일반적으로 변화란, 물질에 적용된 운동이다." 엥겔스는 모든 것을 기

계적 운동으로 환원하는 것과 다른 모든 물질의 자질을 이것(기계적 운동-K)
으로 환원시키는 것에 대해, 그리고 이런 식으로 다른 운동 형태들이 가지는
특정한 성질을 흐리는 경향성에 반대한다.

*생물학의 예를 들어보자. 생물학은 일정한 화학적 발달의 수준에서만
나타낸다. 그러고 나서 생물학은 화학과 매우 닮은 어떤 것, 즉 생화학의
형태로 나타난다. 그러나 생물학을 화학으로 환원하는 것은 전혀 생물학
의 목표가 아니다. 만일 그것이 사실이라면, 우리는 생물학적 과정의 특수
성 즉 그것을 단순히 화학적으로가 아닌 생물학적으로 만드는 것을 결코
설명할 수 없을 것이다. 인간 심리학 또한 일정한 수준의 인간 발달에서
나타나며, 그것은 실제로 상당히 생물학적으로 보이는 많은 현상을 제공
한다. 그러나 우리는 심리학에 그리고 단지 심리학에만 적용된 특정한 운
동 법칙을 흐리게 하지 않고서는 심리학을 생물학으로 환원할 수 없다. 다
음 문단에서 엥겔스의 요점은, 변화는 운동을 포함하며, 그리고 당연히 운
동은 물질에 적용될 수 있지만(기계적 운동은 운동의 한 종류이고 운동은 변화
의 한 종류이다), 그러나 모든 변화가 기계적 운동으로 환원될 수 있는 것은
아니라는 것이다. 예를 들어 시간은 변한다. 그리고 사실 시간의 변화는
종종 기계적 운동과 기계적 변화를 포함한다. 그러나 기계적 운동은 시간
의 본질을 철저히 규명하지 못하며, 심지어 잘 설명하지도 못한다(사물은
기계적으로 움직이지 않을지라도 시간이 갈수록 점점 허름해진다). 다음 문단에
서, 엥겔스는 생각에 관해 동일한 주장을 한다. 즉 생각 또한 변화를 포함
하며, 아마 어떤 수준에서(예를 들어 뉴런 사이에서 화학적으로, 그리고 뉴런
내에서 전기적으로) 이것은 어떤 형태의 분자 운동이나 원자 운동을 포함한
다. 그러나 이것은 생각의 본질을 철저히 규명할 수 없다는 것이다.

비고츠키는 엥겔스의 『자연 변증법』의 메모와 유고를 언급한다. 아래에

> 이 문단과 관련된 인용을 소개한다.
>
> "기계적 운동. 자연과학자들 사이에서 운동은 항상 당연히 기계적 운동 즉 장소의 변화를 의미하는 것으로 받아들여졌다. 이것은 화학이 성립되기 이전인 18세기부터 전해져 왔으며 그 과정의 명확한 개념화를 훨씬 더 어렵게 만들었다. 물질에 움직임이 적용된 것, 이것이 일반적으로 변화이다. 모든 것을 기계적 운동으로 환원시키는 열광적 유행은 동일한 오해로부터 비롯되었다……."

3-81] "이것은 각각의 고등 운동 형태가 어떤 실제 기계적 (외적 또는 분자적) 운동과 항상 필연적으로 연결되지는 않는다는 말은 아니다. 고등 운동 형태가 동시에 다른 형태를 만들어 내듯이, 화학적 작용이 온도 변화와 전기적 변화 없이는 불가능한 것처럼, 유기체적 삶은 기계적, 분자적, 화학적, 열적, 전기적 변화 없이 불가능하다. 그러나 각각의 경우에서 이러한 부수적인 형태의 존재가 주요 형태의 본질을 완전히 설명할 수 있는 것은 아니다. 우리는 언젠가 분명히 실험을 통해 생각을 뇌의 분자와 화학적 행동들로 '환원' 시키겠지만 이를 통해 사고의 본질을 모두 설명할 수 있을 것인가?"라고 엥겔스는 기술한다(К. Маркс, Ф. Энгельс. Соч., т. 20, с. 563).

3-82] 주요 형태가 보조적 형태와 함께 연구되어야 할 필요성은, 생각의 본질이 그 토대에 놓여 있는 저차적 형태를 통해서는 낱낱이 설명될 수 없다는 주장과 함께 다음과 같은 주장을 할 수 있도록 해 준다. 우리가 운동을 가장 넓은 뜻으로 받아들여 사물에 있어서의 변화로 이해한다면 생각 역시도 운동이라고 할 수 있다. "운동을 가장 일반적인 뜻에서 존재의 양식이자 물질의 내재적 속성으로 생각했을 때, 그것은 단순한 위치의 변화에서부터 생각에 이르기까지 우주에서 일어나는 모든 변화와 과정을 모두 포괄한다. 물론 운동의 본성에 대한 연구는 그 운동의 가장 저차적이고 단순한 형

태로부터 시작되어야 했으며, 더욱 고등하고 복잡한 형태를 설명하면서 무언가를 획득하기 전에 먼저 이 기본 형태를 파악해야만 했다(ibid p.391)." 과학적 분야 전반에 동일하게 해당되는 이러한 일반적인 고려를 우리가 관심을 가지는 특정한 질문에 전이하여, 이것이 선택 반응에 있어 저차적 과정과 고차적 과정 사이에도 동일하게 적용된다고 말할 수 있을 것이다. 저차적 형태 없이는 어떠한 고등 행동 형태도 불가능하지만 또한 저차적 혹은 보조적 형태들이 주된 것의 본질을 모두 설명할 수 없다.

> *위 문단의 인용은 엥겔스의『자연 변증법』3장 첫번째 문단에서 인용된 것이다. 3-38문단 끝에서도 살짝 다루어진 이 두 논지는 3장의 핵심이자 4장의 출발점이 된다. 첫째, 고등정신기능의 '형태(게슈탈트)', '구조', '배치'는 '자연적 역사'를 가지고 있다는 것이다. 셰익스피어가 말한 대로 "말은 자연의 숨결이다."(템페스트, 5.1.155) 둘째, 이 자연적 역사는 고등정신기능의 특정한 배치 및 고유한 기능, 전체 역사를 설명하지 못한다. 다시 말해 말은 자연적 숨결이지만, 숨결은 말이 아니며, 말을 설명할 수 없다. 하물며 숨결로 말을 충분히 묘사하는 것은 더더욱 불가능하다.
>
> 생각 또는 말 어느 쪽도 만들어 내지 못하는 뇌의 생화학적 변화 또는 신경의 전기-화학적 과정을 떠올려 보자. 저차적 과정은 어떤 종류의 생화학적, 전기 화학적 과정들이 고등 과정에 관여하는지를 알려 주지만, 어떻게 또는 왜 그렇게 되는지는 설명하지 못한다. 이것이 개인 내적 연결이 아닌 개인 내적 연결의 궁극적 원인인 개인 간 연결을 살펴보아야 하는 이유이다.

3-83] 우리 연구의 과업은 이 주요 형태가 구성하고 있는 본질이 무엇인지를 결정하는 것이다. 다음 장에 이에 대한 답이 제시되어야 할 것이다.

•고등정신기능의 분석

비고츠키가 확립한 연구 문제는 자연적 역사와 문화적 발달이 개체 발생 안에서 어떻게 결합되는지 밝히는 것이다. 나아가 그가 확립한 연구 방법의 토대는 어린이가 기호를 어떻게 창조하고 사용하여 스스로의 행동을 숙달하는지 관찰하는 것이다. 그에 의하면 연구 방법이 개별 연구에 내재되어 있기 때문에, 세부적인 부분들은 각각의 연구에서 좀 더 자세히 설명될 것이라고 약속했다. 따라서 개별 연구로 넘어갈 시점에 도달했다고 생각될 수도 있다. 하지만 비고츠키는 그 대신, 고등정신기능의 분석, 구조, 발생이라는 세 개의 장을 더 제시한다. 이 세 개의 장은 그가 1장 첫 단락에서 언급한 '기본 문제의 공식화'와 '정확한 범주의 확립'을 위한 것으로 보인다.

그가 이렇게 한 까닭은 무엇보다 기능과 구조의 개념, 심지어 발달의 개념을 먼저 확립해야만 했기 때문이다. 비고츠키 당시의 심리학은 기술 심리학자, 반사학자와 함께 위기에 처해 있었다. 기술 심리학자들은 의식은 오직 다양한 방식으로 해석될 수 있을 뿐 설명될 수 없다고 말하고, 반사학자들은 의식 같은 것은 존재하지 않으며 오직 신체와 행동만이 존재한다고 말한다. 그러나 비고츠키는 의식이 존재하며 설명 가능하다고 믿는다. 의식은 필요한 기능을 수행하기 위해 특정한 형태로 존재한다. 그러나 그는 기능주의자는 아니었다. 5장에서 살펴보겠지만, 궁극적으로 기능은 발생적으로 설명되어야만 한다. 그리고 3장에서 보게 되듯이, 기능은 행동 구조 분석을 통해서 가장 잘 드러난다. 우리가 '선택 반응'을 할 때 일어나는 일을 진정으로 이해하기 위해서는 그것을 실제 생활에서 분리해 내어 실험실에서 살펴보아야 한다.

다른 장과 마찬가지로 우리는 3장을 4개의 절로 나누어 요약한다. 첫 부분(3-1~3-15)에서 비고츠키는 서로 다른 '분석' 개념을 제시하고 비교한다. 그 다음 부분(3-16~3-27)에서 그는 살아 있는 심리 과정을 분석할 때 그 분석 방법이 반드시 갖추어야 할 세 가지 요건을 제시한다. 즉 심리 과정을 고정된 실체가 아닌 과정으로 다룰 것, 단순한 기술이 아닌 설명을 할 것, 끝으로 완료된 과정의 끝만 다룰 것이 아니라 그것이 시작되는 지점과 계속 이어지는 변화를 다룰 것이 그것이다. 3-38~3-63에서는 전통적 심리학의 복합 선택 반응 분석들이 이 세 요건 가운데 어떤 것을 어떻게 결여하고 있는지 보여 준다. 끝으로 3-64에서 마지막 문단까지의 부분에서 그는 2장에 기반을 둔 연구 방법을 사용했을 때 복합 선택 반응과 다른 반응들이 어떻게 분석될 수 있는지 보여 준다. 이 방법을 사용한 분석 결과는 구조적 형태로 4장에서 제시된다.

I. 첫 번째 절에서 비고츠키는 '분석'의 개념이 경쟁적인 심리학 학파들 사이에서 혼동되어 왔다는 것을 보여 준다. 즉 기술적(지난 장에서 논의된 딜타이, 후설, 뮌스터베르크의 현상학적, 해석적 심리학), 전통적(분트와 티치너) 그리고 심지어 새로운 전체론적 심리학(쾰켈트와 바소프)이 그것

이다(3-1~3-15).

   A. 비고츠키는 화학자가 분석에 대해 말하면 모든 사람이 그가 의미하는 바를 이해한다는 말로 시작한다. 하지만 심리학자의 경우에는 그렇지 않다. 예를 들어 새로운 기술적 심리학은 분석적이라 불린다(왜냐하면 내관을 통한 '의식의 직접적 데이터'에 대한 분석을 포함하기 때문이다). 그러나 오래된 전통적인 연합주의 심리학 또한 분석적이라 불려왔다(왜냐하면 심리적 현상을 심상으로 분석하는 것을 포함하기 때문이다). 우리는 문제를 분석하기 전에, 분석의 문제를 다루어야 한다(3-1~3-3).
   B. 비고츠키는 '분석'의 의미가 어느 쪽도 진정으로 설명적인 것이 아니라는 데 주목한다. 기술적 심리학은 기술을 위해 설명을 거부하며, 전통적인 연합주의 심리학은 단지 복잡한 과정이 더 단순한 과정들의 연합이라고 말함으로써 복잡한 과정을 '설명한다.' 형태주의 심리학은 전적으로 분석 방법을 거부하면서 심리적 과정은 오직 전체로서만 이해될 수 있다고 주장한다.
   C. 그러나 모든 전체론적 심리학이 형태주의 심리학과 같은 것은 아니다. 바소프는 화학자가 분석에 대한 통일된 개념을 가지고 있다는 생각으로 돌아가서, 전체이면서도 분석 단위인 것을 찾으려 한다. 즉 그 분석 단위는 자연에서 발견될 수 있으며 독립적으로 존재한다. 그리고 이것은 더 큰 전체의 특성을 어느 정도까지 유지하고 있는 것이다. 예를 들어 하나의 물 분자는 자연에서 발견될 수 있으며 더 많은 양의 물이 갖는 화학적 특성을 활성화되지 않은 채로 보유한다. 따라서 분석의 문제는 정신 현상의 '분자'를 찾는 문제가 되는 것이다(3-6~3-9).
   D. 비고츠키는 바소프의 접근법이 다른 것들(모든 것을 가장 단순한 단위로 환원하는 극단적 행동주의 또는 분석을 완전히 거부하는 극단적 전체주의)보다 더 장래성이 있다는 데 주목한다. 그러나 비고츠키는 접근법을 채택하는 것이 또다시 분석의 의미를 변화시키는 것을 포함한다는 것을 지적한다(3-10~3-15).

II. 두 번째 절에서 비고츠키는 새로운 분석 개념을 향한 세 개의 출발점을 나열한다. 이는 고정된 사물에 대한 분석과 변화하는 과정에 대한 분석의 구분, 기술과 설명에 대한 구분, 과정이 완성된 결과물의 분석과 발달하면서 겪게 되는 모든 계기를 (그 최초의 계기와 더불어) 포함하는 과정의 분석의 구분이다(3-16~3-37).

   A. 비고츠키는 대상의 부분을 기술하고자 하는 '분석적' 실험 심리학과 발달의 과정을 계기로 분석하는 발달적 심리학을 비교한다. 그는 일반 심리학에 대한 가장 중요한 기여는 후자로부터 도출된다고 말한다. 그러나 심리적 과정은 1초도 안 되게 짧거나 1주일 이상 길어질 수도 있기 때문에 비고츠키는 발생적 방법도 당연히 연구실에서 실험적 방법을 사용할 수 있다고 믿는다. 그는 현대 인간이 이미 오래전에 획득한 (기호 체계의 형

성과 같은) 장기간에 걸친 발달의 과정조차도 실험실에서 시뮬레이션 될 수 있다고 제시한다. 이렇게 함으로써 비고츠키는 우리가 완성된 결과물을 살아 있는 과정으로 다시 한 번 '용해'시킨다고 말한다(이에 대해서는 아래의 세 번째 논지에서 다시 다루어진다). (3-17~3-18)

B. 다음으로 비고츠키는 사물과 과정의 구분을 과학 자체에 적용시킨다. 그는 생물학이 자연 선택을 통한 진화라는 진정한 설명적 이론을 발달시키기 전에 얼마나 기나긴 자료 수집의 과정을 거쳤는지 지적한다(3-20). 이러한 전前 설명적 기간 동안 표현형, 즉 현상의 외적 모습이 인과적-역동적 연결과 동일하다는 소박한naive 믿음이 있었다고 비고츠키는 말한다. 그러나 동일한 종의 식물이 서식지의 고도에 따라 전혀 다른 외양을 취하는 사례나 이와 반대로 고래나 물고기와 같이 겉으로 보기에는 동일한 종이 사실 발생적으로는 전혀 다른 사례들이 많이 있다(3-23). 비고츠키는 이와 유사한 문제가 심리학에도 있다고 한다. 예를 들어 유아가 사용하는 낱말은 성인의 낱말과 유사하게 보이지만 이 둘의 낱말 사용은 서로 매우 다른 생각의 과정을 내포하며(3-26), 또는 이와는 반대로 자기중심적 말은 외적으로 보기에는 내적 말과 전혀 다르게 보이지만 비고츠키는 이 둘 사이에 매우 밀접한 발생적 연관이 있다고 믿는다(3-27). 비고츠키는 의식의 '직접적 경험'과 연관하여 현상학이 밝혀낸 자료(예컨대 선택 반응 실험에서 실험 대상이 스스로 선택권을 가지고 있다는 느낌)는 우리에게 현상에 대한 기술을 제공하지만 이러한 기술은 아직 설명을 포함하지 않는다고 말한다(3-32). 형태가 그 기능을 통해서 설명되어야 하는 것과 같이, 형태와 기능 모두는 그들의 역사를 통해 설명되어야 한다(3-19~3-33).

C. 비고츠키의 세 번째 논지는 우리를 그의 첫 번째 논지로 돌아가게 한다. 많은 심리적 과정들이 '굳어져' 있는 것으로 나타난다. 다시 말해 심리적 과정이 지속적인 사용을 통해 불변하는 사물로 변환된 것으로 나타나는 것이다. 비고츠키는 이러한 예로 (어린이가 교사를 바라보는 것과 같은) 자발적 주의와 (창가에 앉은 어린이가 창 밖에서 움직이는 대상에 자동적으로 눈길을 돌리는 것과 같은) 비자발적 주의를 제시한다. 일단 잘 확립되면 이 두 가지 유형의 주의들은 거의 같은 것으로 보이며 심지어 그 반응 시간의 길이조차 거의 비슷하게 된다. 그러나 이 주의들이 어떻게 발달하는지 연구한다면, 매우 다르다는 것을 알게 된다. 자발적 주의는 학습되는 것인 반면 비자발적 주의는 본능적으로 나타나기 때문이다(3-34~3-36).

D. 비고츠키는 위의 세 논점(과정의 분석, 움직임과 원인의 분석, 발생적 분석)이 판단, 선택, 생각과 같은 복합적인 '반응'을 바라보는 새로운 관점을 제공한다고 결론 내린다. 그는 이러한 새로운 방법이 심리 과정을 정신적 형성물로 여기는 기술적 심리학의 방법도 아니고, 심리적 연결이 역동적 인과적이 아니라 연합적이고 누가적이라고 믿는 연합주의 심리학의 방법도 아니라고 말한다.

III. 세 번째 절에서 비고츠키는 복합 선택 반응에 대한 전통적 분석을 검토하고 그것이 이전 절에서 확립한 세 가지 논점을 결여하고 있음을 발견한다.

  A. 먼저 비고츠키는 전통적 분석이 복합 선택 반응을 단순 반응의 모자이크로 구성된 고정물로 다루고 있음을 지적한다(3-39). 복합 반응의 반응 시간에 대한 전통적 공식은 복합 반응의 단순 구성요소에 요구되는 시간을 모두 더하는 것이다. 예를 들어 낱말이나 신호에 반응하여 건반을 누름으로써 그림을 지각, 판단, 선택하는 데 걸리는 시간을 계산 하는 상황을 생각해 보자. 전통적 분석은(사실 분석이라기보다는 종합에 가깝다) 단순히 지각 시간, 판단 시간, 건반을 누르는 데 걸리는 시간을 개별 실험을 통해 측정한 후 이를 더하기만 한다(3-41~3-43). 그러나 이러한 방법을 이용하여 티치너는 한 번 잘 확립되기만 하면 복합 반응이 단순 요소 반응과 같은 시간이 걸림을 보여 주었다(3-44). 이와 유사하게 일부 연구자들은 번역하는 데 걸리는 시간을 낱말을 인식하는 데 걸리는 시간에 낱말을 전환하는 데 걸리는 시간과 더하여 계산하고자 하였다(3-47). 비고츠키는 이러한 분석은 '기계적'이라고 결론짓는다.
  B. 비고츠키는 선택 반응에 대한 전통적 설명을 '주지주의적'이라고 일컫는다(3-50). 이 말은 전통적 이해가 실제 인간의 반응을 순수한 논리적인 관계로 대체한다는 것을 의미한다. 건반을 누를지 누르지 않을지에 대한 인간의 결정은 논리적 명제인 '만일…이라면……'으로 대체되었고, 이런 식으로 자극과 인간의 관계는 한 대상(자극)과 다른 대상(건반) 사이의 관계로 대체되었다. 비고츠키와 마찬가지로 티치너와 아흐는 복합 반응의 원인을 연합된 반응의 연쇄로 보는 전통적 관점이 기계적이라고 생각했으며 이 과정에서 진정한 선택은 일어나지 않는다고 결론을 지었다. 이 결론은 티치너의 내관적 자료를 통해 확증되었다(3-49). 비고츠키는 이러한 입장을 일보 진전이라고 부른다. 물론 그는 내관적 자료는 단순히 기술적일 뿐이며 그다지 신뢰할 수는 없음을 지적하기는 한다(3-51). 그러나 티치너와 아흐는 각각, 인과적 설명은 전혀 불가능하며 심리학자가 기대할 수 있는 성취는 오직 정확한 기술일 뿐이라고 결론 내린다(3-51). 비고츠키는 이 결론을 거부한다.
  C. 그러나 그들의 결론은 비고츠키로 하여금 복합 반응을 완전히 완결된 결과로 간주하는 전통적 분석에 대한 세 번째 비판으로 옮겨 가도록 해 준다. 비고츠키는 이것이 실험적 방법 자체의 필연적 결과임을 보여 준다. '초기 시도'는 지시의 한 사례로 간주될 뿐이고 실험의 온전한 부분으로 인정되지 않기 때문이다. 예를 들어 티치너는 모든 실험 과정에서 처음 두 번의 시도들의 결과는 버리도록 한다(3-52). 그러나 비고츠키는 바로 이 초기 시도에서 복합 반응과 단순 반응의 명확한 차이를 관찰할 수 있음을 알고 있었다(3-55).
  D. 요컨대 비고츠키는 복합 반응에 대한 전통적 실험이 복합 반응을 분석하는 잘못된 방법에 대한 세 가지 분명한 교훈을 보여 줄 뿐임을 지적한다. 그러나 그는 거의 모든 실험

이 (예컨대 붉은 불빛을 보면 오른손을 올리고 푸른 불빛을 보면 왼손을 들도록 하는 것과 같이) 자극과 반응 사이에 완전히 자의적이고 의미 없는 연결만을 포함함을 또한 지적한다. 그러나 일부 실험은 유의미한 자극을 사용하기도 한다. 예컨대 숫자 '1'에 대해 첫 번째 손가락으로 반응하고 숫자 '2'에 두 번째 손가락으로 반응하도록 하는 것이다. 물론 이와 같이 더욱 유의미한 조건은 이미 학습된 연결을 토대로 한다. 그러나 이것은 비고츠키에게 표현형적으로 동일한 반응들에 대해 발생적으로 서로 다른 토대들이 있음을 시사한다(3-60~3-63).

IV. 마지막 절에서 비고츠키는 마침내 자신의 실험을 제시한다. 그는 복합 반응을 대상이 아닌 과정으로 간주하며, 이를 단순히 기술하는 것이 아니라 설명하려 하며, 발달을 보기 위해 그 최초의 지점으로 되돌아간다. 그는 앞 장에서 말한 바와 같이, 실험의 결과가 자극과 반응의 연쇄로 설명될 수 있음을 보여 준다. 그러나 그는 또한 우리가 실험의 결과를 기호를 포함한 구조로 볼 경우 결과를 구성하는 연합적 반응들은 옆으로 치워지고 보존됨을 발견한다고 주장한다. 비고츠키는 이를 '지양'이라고 부르며, 그것으로부터 두 개의 중요한 결론을 이끌어 낸다. 첫째, 자유 의지와 같은 고등심리기능은 저차적 심리기능들 없이는 설명될 수 없다. 둘째, 구성 요소가 되는 저차적 기능에 대한 기술만으로는 고등 기능의 본질을 설명할 수 없다. 고등 기능의 본질은 구조를 통해서 설명 가능하며 이것은 4장의 주제가 된다(3-64~3-84).

A. 비고츠키는 반응 과정을 보고, 그것을 설명하며, 그것의 최초 지점으로 돌아가기 위해 그와 동료들이 두 가지 방법을 사용했다고 말한다. 첫째 그들은 어린이에게 스스로가 해결할 수 없는 과업을 제시하였다. 둘째 그들은 과업을 해결할 수 있는 수단을 제공하였으며 이 수단은 어린이의 행위가 외적 활동으로 드러나도록 하였다. 첫 번째 실험에서 두 살 반의 어린이는 연필을 보면 오른손을 올리고 시계를 보면 왼손을 올리도록 지시를 받는다. 어린이는 이러한 지시에 따르는 것에 어려움을 느끼며 자주 도움을 요청하였다. 이에 따라 실험자는 어린이 오른편에 종이를 두어 연필을 보면 오른손을 들어 올릴 것을 상기시켰다. 왼편에는 온도계를 두었다. 실험자는 어린이가 스스로 이러한 보조적 자극들의 연결을 형성하도록 격려했지만 그렇게 할 수 있는 어린이는 없었다 (3-67~3-70).

B. 좀 더 큰 어린이를 대상으로는 더욱 복잡한 실험이 행해졌다. 그림을 부착할 수 있는 건반이 사용되었다. 이전과 마찬가지로 어린이의 반응은 '자극장치'(그림)를 모색하고 건반을 모색하는 두 단계로 구분되었다(3-73). 2장에서 도식적인 설명을 도입했던 것과 마찬가지로 비고츠키는 이 실험에 대해서도 다음과 같이 '도식적으로' 설명한다. 자극 A는 반응 B와 연결될 수 없다. 그러나 자극장치 X는 A와 연결되며 이는 어린이가 X를 B와 연결할 수 있도록 해 준다. 이렇게 하여 결국 A와 B가 연결된다(3-71~3-75).

C. 비고츠키는 이와 같은 도식적 분석을 통해 우리가 복합 반응을 하나의 사물이 아니라 진정한 과정으로, 단순한 기술이 아닌 설명의 관점에서, 이 반응의 변화를 처음부터 관찰한다면, 이 반응이 실제로 저차적 수준의 연합적 반응들로 구성되어 있다는 것을 발견하게 된다고 결론을 짓는다. 그러나 우리는 이러한 저차적 수준의 연합적 반응들이 고차적 수준의 반응, 즉 기호를 포함하는 구조 내에 '지양' 된다는 것, 즉 한쪽으로 치워지는 동시에 또한 보존된다는 것을 발견하게 된다(3-76~3-79).

D. 이로부터 비고츠키는 후속 장을 위해 두 가지 결론을 도출한다. 한편으로 고등심리기능에 대한 설명은 저차적 심리기능을 반드시 포함해야 한다는 것이고, 다른 한편으로 저차적 심리기능은 고등심리기능을 완전히 설명할 수 없다는 것이다. 반대로, 이제는 고등 구조의 한 부분이 된 저차적 기능은 오직 고등 형태를 통해서만 설명될 수 있다. 이어지는 장에서 이러한 고등 형태에 대한 설명이 계속된다(3-79~3-83).

제4장
고등정신기능의 구조

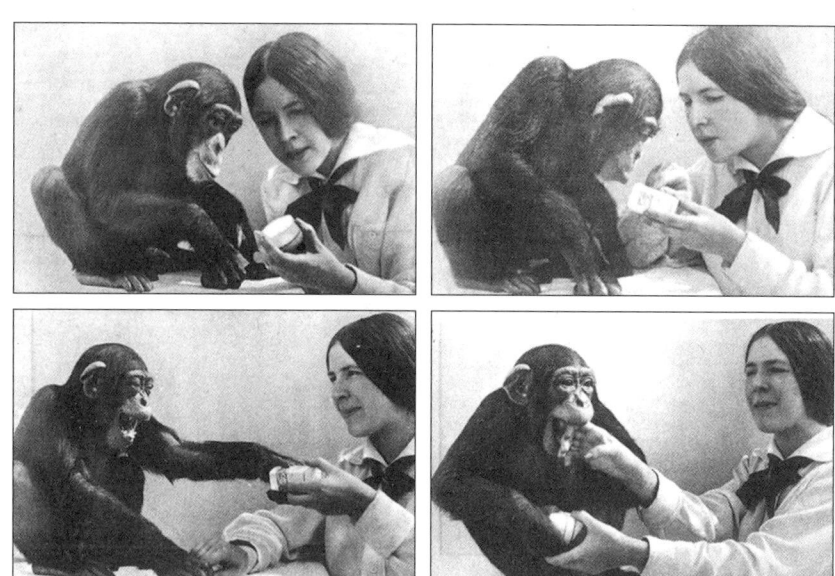

비고츠키의 동료였던 라디기나코흐츠와 침팬지

4

*비고츠키는 앞 장을 마무리하며 이번 장의 과업이 발생적으로 조사될 '주요 형태'를 제시하는 것이 될 것이라고 말한 바 있다. 그 형태란 고등정신기능이 함께 작용하는 방식이자 함께 발달하는 방식, 즉 고등정신기능의 구조이다. 어떤 의미에서 이 책의 모든 특별한 연구(말, 산술, 자기조절 등)들이 말로 하는 생각이라는 공통된 발생적 기초를 가지고 통합적으로 작용하고 통합적으로 발달하는 고등정신기능 구조의 특별한 사례가 된다. 우리는 보통 '통합적으로 나타남'을 고등심리 과정을 규정하는 특성으로 생각한다. 그리고 발달적 의미로 볼 때 이것은 사실이다. 저차적 심리 기능들은 고등심리기능들과는 달리 일반화하지 않는다. 예를 들어 청각이 뛰어나다고 해서, 이것이 시력으로 일반화되지 않지만, 언어적 기억이나 언어적 주의, 논리와 수학적 능력이나 모국어와 외국어 능력은 서로 매우 관련이 높으며 일반화된다. 그러나 구조적으로 비고츠키가 이번 장에서 고등심리기능에 관해 지적하는 것은 어떻게 그들이 구조적으로 분화되는지에 관한 것이다. 다시 말해 어떻게 의지가 욕구보다 훨씬 더 많은 작용 부분을 포함하는지, 그리고 어떻게 선택과 같은 고등 행동 형태가 연합반응과 같은 저차적 형태보다 구조적으로 더 복잡한지에 관한 것이다.

4-1] 이전 장에서 살펴보고자 했던 심리 분석의 개념은 일반적인 정신 과정 및 그 본성에 대한 새로운 그림을 제시한다. 최근에 심리학에서 일어난 가장 중요한 변화는 정신 과정에 대한 분석적 접근을 전체적 혹은 구조적 접근으로 대체하였다는 것이다. 현대 심리학의 가장 영향력 있는 대표자들은 전체적 관점을 제시하고 그것을 모든 심리학의 핵심에 놓았다. 새로운 관점의 본질은 전체의 가치를 전면에 놓는 것이고, 그 전체는 고유한 특성을 가지고 있으며 이를 구성하는 부분의 특성과 기능을 결정한다. 복잡한 행동 형태의 형성을 개별 요소들의 기계적 과정들의 합으로 제시하는 구심리학과는 달리, 새로운 심리학은 그 부분들의 합으로부터 추론될 수 없는 이러한 특성을 전체에 대한 연구의 중심에 놓는다. 이 새로운 관점에 대한 타당성은 실험적 증거들에 의해 충분히 확립되어 왔다.

4-2] 전체는 그 부분들의 합으로부터 기계적으로 산출될 수 있는 것이 아니라, 부분적인 특징의 단순 합으로 추출할 수 없는 특별한 성질과 독특한 고유성을 가지고 있다는 관점은 변증법적 사고에서 볼 때 전혀 새로운 것이 아니다.

> *변증법dialectic이라는 말의 원래 의미는 대화dialogue이다.
>
> T:How are you?
> S:Fine, thanks, and you?
> T:Pretty good.
>
> 우리나라 영어 수업 어디서나 들을 수 있는 위의 대화는 각 부분들의 합 그 이상이다. 어린이들의 말은 문법적인 면에서나 일관성 면에서 교사가 말한 것에 문자 그대로 '의존'하고 있다. 이와 비슷하게, 제일 처음 구절을 제외한 각 구절의 억양과 강세도 바로 앞에 나오는 구절에 의존하고 있다. 따라서 이 짧은 대화조차도 서로 단절된 두 개의 목소리나 동일한 목

> 소리로 말하는 두 발화로 환원될 수 없다. 대화가 되기 위해서 말은 반드시 필연적으로 각 부분의 합 그 이상이 되어야 한다.

4-3] 어린이 발달의 역사에서 우리는 구조의 개념을 두 번 만나게 된다. 첫 번째의 경우 이 개념은 어린이 문화적 발달의 가장 처음에 나타나 전체 과정의 최초 계기 혹은 출발점이 되며, 두 번째의 경우 문화적 발달 과정은 기본 구조에서의 변화와 이러한 변화에 토대한 부분들 간의 새로운 관계로 특징지어지는 새로운 구조의 최초의 출현으로 이해되어야 한다. 첫 번째 구조는 원시적이라고 불릴 것이다. 그것은 자연적인 심리적 전체이며 주로 정신의 생물적 특성으로부터 유래한다. 두 번째는 문화적 발달 과정에서 나타나며 발생적으로 더욱 복잡하고 고등한 행동 형태이기 때문에, 이들을 고등 구조라고 부를 것이다.

> *여기서 비고츠키는 "헤겔은 모든 거대한 세계사적 사건과 인물들은 두 번 나타난다고 말한다(Karl Marx: *The Eighteenth Brumaire of Louis Napoleon*)."는 마르크스의 글을 염두에 두고 있는 듯하다.
>
> 어린이는 어떻게 '욕구'와 같은 기본적이고 원시적인 구조를 '의지'나 '선택'과 같은 고등한 구조로 바꿀 수 있을까? 다시 말해 배고픔, 목마름, 거처나 안전에 대한 욕구를 넘어서서 욕구를 위계화하고 즉각적 욕망의 충족을 연기하며 한 욕구를 이용하여 다른 욕구를 제어하는 심리적 능력을 어떻게 획득하게 되는 것일까? 비고츠키는 '의지'나 '선택'과 같은 구조는 원시적이고 생물적인 욕구를 양적으로 누적하는 것으로 이루어지는 것이 아니라는 점을 지적한다. 물론 어린이가 새로운 '정신력'이나 '권위'를 획득함으로써 이러한 고등 구조가 생기는 것도 아니다. 실상 어린이들

이 어른들의 권위를 통해 획득하는 것은 자발적인 의지와 같은 고등정신 기능이 아니라 '두려움'과 '필요 충족에 대한 전망'으로 이는 다른 형태의 욕구일 뿐이다. 고등 구조의 형성을 가능하게 하는 것은 구성 부분들 간의 새로운 관계이다. 욕구는 위계화되어 다른 어떤 욕구에 종속되고 심지어 한 욕구는 다른 욕구를 억제하고 제거하는 수단으로 사용되게 된다. 이러한 일은 말과 생각을 통해 일어난다. 말과 생각은 어린이의 행동을 욕구 충족의 수단으로부터 조작과 통제의 대상으로 바꾸어 놓는다. 이전까지 어린이가 조작하고 통제해야 하는 환경은 주변의 사물과 대상이었다면 이제 이 환경 속에 어린이 스스로의 행동 또한 포함된다. 그러나 이러한 일이 가능하게 되기 위해서는 욕구들 간의 위계를 토대로 한 새로운 구조가 생겨나야만 한다. 어린이는 자아라는 개념을 획득해야만 하는 것이다. 바로 이 때문에 비고츠키는 4-18에서 자기 숙달이 전면으로 부각되어야 하고 복종과 선의는 그에 종속되어야 한다고 주장한다.

4-4] 원시적 구조의 주요한 특성은 실험 대상의 반응과 모든 자극이 동일한 역동적 복합체에 속해 있으며, 연구에서 보였듯이, 선명한 정서적인 색채를 지니고 있다는 것이다. 많은 연구자들이 정신의 주요한 힘을 발견한 곳은 바로 부분을 지배하는 전체, 정서적으로 채색된 어린이의 원시적 행동 형태의 총체적인 특성 속에서였다. 전체가 부분의 합이라는 전통적 생각은 이처럼 반박을 당했으며, 연구자들은 지각과 행위라는 각각의 구별된 부분들이 아닌 전체가 발생적으로 일차적이며 가장 기초적이고 단순한 것임을 실험적으로 입증해 왔다. 전체와 부분은 나란히 그리고 서로 함께 발달한다. 이러한 점에 의지하게 되면서 많은 연구자들은 심리학 연구가 특히 고등 행동 형태를 명확히 밝히는 데 있어 급진적으로 변했다고 믿게 되었다

*어린아이를 백화점에 데리고 가 보면 어린이의 반응과 모든 자극이 역동적 전체에 속한다는 것을 쉽게 확인할 수 있다. 장난감 가게에 접근하면 할수록 장난감에 대한 어린이의 욕구는 점점 더 커지고 사탕이나 옷에 대한 욕구는 작아진다. 또한 이 역동적 전체가 매우 강한 정서적 색채를 가지고 있음을 확인할 수 있다. 즉, 어린이는 이 명백히 순간적이고 역동적으로 변하는 욕구가 충족되느냐 좌절되느냐에 따라 종종 울거나 웃는다. 폴켈트나 다음 장에 등장하는 베르너 같은 여러 심리학자들은 이 백화점 이야기에서 나타난 '지각과 행위의 통합체' 전체를 통한 원시적 지배가 '마음의 주요한 능력'이라고 보았다. 그들은 이것이 전체(상황)가 부분(지각과 행위)을 지배하는 것을 분명하게 보여 준다고 생각한다. 상황과 어린이의 지각 및 행위는 통합적으로 발달하고 서로를 발달시킨다. 비고츠키는 이것이 부분은 우선적이고 전체는 부분으로부터 나온 것이라는 전통적인 생각을 반박한다는 것을 알아차렸다. 즉, 어린이가 그의 지각, 행위, 정서를 백화점에 가져가서 거기서 그것들을 조합하는 것이 아니라, 이 전체가 역동적으로 변화한다는 것이다. 비고츠키에게 있어 이 사실은 지각과 행위의 통합체가 '주요 능력'이 아니며, 미리 존재하는 것도 영속적인 것도 확실히 아니라는 것을 의미했다.

4-5] 고등 형태를 설명하기 위해서는 개개의 요소들을 새롭고 고유하며 질적으로 고등한 과정으로 결합하는 창조적 종합의 존재를 가정해야 한다고 믿은 분트와는 반대로, 베르너는 창조적 종합이 아니라 창조적 분석이 고등 행동 형태의 형성으로 가는 실제 길이라고 하는 다른 관점을 주장했다. 우리는 복잡한 정신 과정의 요소로부터 새로운 전체를 이끌어 내는 것이 아니라, 전체 속에 처음부터 존재하는 역동적(복합체-K)의 전개를 통해 구성 성분들과, 상호 의사소통의 토대에서 일어나는 그들 사이의 발달 관계를 도출하고

이해해야 한다. 심리학은 살아 있는 전체로부터 시작하여 분석을 통해 저차적인 결합 관계로 전환해야 한다.

> 분트는 고등 형태가 (전체 심리학적 과정들의) 요소들의 새로운 과정으로의 재종합에 의해 설명될 수 있다고 믿었다. 베르너는 의견이 달랐다. 베르너에 의하면 고등심리기능에 이르는 진정한 경로는 실제로 분석이지 종합이 아니다. 새로운 과정은 부분들의 종합의 결과가 아니라 전체 분석의 결과로서 출현한다. 예를 들어, 우리는 지각, 판단, 선택을 함께 모으는 것이 아니라 전체 상황을 잠재적 행위로 분석함으로써 선택 반응을 이끌어 낸다는 것이다. 이러한 분석이 '전개'이다. 이는 $3(3x+2y-z)$ 같은 단순한 방정식을 $9x+6y-3z$로 전개하는 것과 같다. 부분들과 그들의 관계는 추출되어 이해되어야 한다. 그래서 심리학은 살아 있는 단위로부터 나아가야 하며 저차적 단위의 모든 조화와 복잡성(즉, 일관성)은 살아 있는 단위로의 분석을 통해 설명되어야 한다.

4-6] 그러나 상황과 반응이 하나의 복합체로 융합된 것으로 특징지어지는 원시적 구조들은 출발점일 뿐이다. 여기서 구조의 파괴, 재구조화 그리고 원시적 구조로부터 고등한 유형으로의 이행이 시작된다. 새 원칙의 가치를 새롭게 나타나는 심리학 분야 전체로 확장하고자 하는 열망이 구조라는 관념에 보편적 가치를 부여하기 시작했다. 본질적으로 형이상학적인 이 관념은 영원한 자연 법칙을 구성하는 불가분의 어떤 것을 의미하기 시작한다. 폴켈트가 어린이의 원시적 정신이 지닌 주요 특징을 원시적 구조라고 말하면서 이를 '영원한 어린이다움'이라고 부른 것은 전혀 놀랍지 않다. 사실 연구들은 '영원한 어린이'가 모든 다른 원시적 행동 형태들과 마찬가지로 순식간에 일시적으로 그 자신을 파괴하면서 고등한 형태로 나아감을 보여준다.

> *『생각과 말』 2장 말미에서 비고츠키가 괴테의 『파우스트』의 마지막 부분에 관해 언급한 것을 기억해 보자. 『파우스트』에서는 '영원한 여성성'이 그를 구원하지만, 심리학자들의 관심을 끄는 것은 '영원한 어린이'가 아니라 역사적인 어린이라고 주장했다. 또한 비고츠키는 『생각과 말』 2-9-20에서 '영원한 어린이'를 다른 인간 유형과 구분하는 원시적 통합체에 관한 폴켈트의 말을 인용하고 있다.

4-7] 저차적, 즉 원시적 구조와 대비되는 새로운 구조의 주된 차이점은 자극과 반응이 융합된 하나의 복합체가 분리된 것처럼 보인다는 데 있다. 앞서 선택 반응에서 관찰되었던 구체적 행동을 분석해 보면, 이 행동이 여러 개의 원시적 구조들이 한데 뭉쳐 나타난다는 것을 깨닫지 않을 수 없다. 행동을 유발하는 자극과 인간의 반응 사이에 새로운 요소가 삽입되고, 전체 조작은 매개된 행위의 특성을 취한다. 이로 인해 분석은 행동적 행위와 외적 사건 사이에 존재하는 관계에 대한 새로운 관점을 발전시키게 된다. 두 종류의 자극은 명백히 구분된다. 한 종류는 자극-대상이고 다른 종류는 자극-수단이며, 이들은 서로의 관계 속에서 각각 고유한 방식으로 행동을 정의하고 방향 짓는다. 새로운 구조의 특징은 이 두 종류의 자극을 둘 다 가지고 있다는 것이다.

> *행동을 유발하는 자극과 인간의 반응 사이에 삽입되는 새로운 요소 즉 매개 수단은 비고츠키와 루리야의 책 『도구와 기호』 2장(2-25~2-31)에서 '장벽'이라는 말로 보다 비유적으로 표현된다. 자극과 즉각적 반응 중간에 기능적 '댐'이 세워지는데, 이것이 신경 자극이 충동적 반응으로 즉시 '쏟아져' 내리지 않도록 막아 주고 다른 방향으로 향할 수 있도록 도와주는 것이다.

4-8] 우리 실험에서 매개 자극(기호)의 제공에 따른 변화가 행동과 과정의 구조를 어떻게 변화시키는지 관찰할 수 있었다. 지시를 기억하는 것과 관련된 모든 과정이 동일한 방향을 취하도록 하기 위해서는 기억 수단으로 낱말에 의존하는 것으로 충분했다. 그러나 낱말 대신 무의미한 기하학 도형으로 대체하기만 해도 그 전체 과정은 다른 방향을 취하게 되었다. 우리가 수행한 간단한 실험을 통하여 다음과 같은 일반적인 법칙이 주장될 수 있을 것이다. 즉, 고등 구조에서 **기능적 전체를 정의하는 전체 과정의 핵심은 기호와 기호의 사용으로 향하는 경로이다.**

> *비고츠키와 루리야가 선택 반응을 위한 건반 실험에서 어린이에게 카드와 그림을 주었을 때 어린이들이 '이야기를 만들어 내는' 경향이 있다고 했던 것을 우리는 알고 있다. 예를 들어, '게'와 '극장'을 서로 연결 짓는 구조를 만들기 위해서 어린이는 마치 게가 극장에서 조약돌과 조개를 보고 경탄하는 것처럼 이야기를 지어낸다(Luria, A. R.(1994), The Cultural Behavior of the Child. In van der Veer and Valsiner(eds). *The Vygotsky Reader*, p.54 참조). 이와는 반대로, 손잡이에 기하학적 도형이 있는 도끼와 태양을 연결 지을 것을 어린이에게 요구했을 때, 어린이는 때로 도끼에 있는 점을 가리키면서 그것이 태양이라고 했다(『도구와 기호』 4-34). 기하학적 도형이 있는 경우, 과업은 아주 다른 방향으로 이루어진다는 것을 알 수 있다. 즉, 상징적인 관계에 의한 것이 아니라 도상학적 유사성에 기초한다는 것이다.

4-9] 도구의 사용이 노동 행위의 전체 구조를 좌우하는 것처럼, 사용된 기호의 본성이 나머지 과정들의 구성을 결정하는 핵심이다. 고등 구조의 기저에 놓인 가장 중요한 관계 중 하나는 전체 과정을 조직하는 특별한 형태이며, 이는 특정한 인공적 자극이 상황에 포함되어 기호로 작용함으로써 과정

이 구성된다는 사실로 이루어진다. 따라서 서로 다른 두 자극의 기능적 역할과 그들 서로 간의 관계는 과정을 구성하는 연결과 관계의 토대가 된다.

> *비고츠키는 비유를 사용하여 설명한다. 어떠한 도구를 사용하는지에 따라 작업의 조직 방식이 결정된다. 손 연장과 같이 노동 집약적 도구들은 많은 농부를 필요로 하며, 동물을 사용하는 도구는 농부에게 가축을 기르고 관리하는 수고를 요구하는데 농기계는 이러한 수고를 전혀 필요로 하지 않는다는 것이다. 기호는 다양한 형태를 가진다. 기하학적 형태도, 낱말도 모두 기호이다. 그러나 그들이 조직하는 심리적 조작의 구조는 다르다. 한 경우에 관계가 순수히 모상적이고 연합적인 반면 다른 경우에 관계가 상징적이거나 심지어는 서사적일 수도 있다. 전기 도구가 손 연장과는 다른 노동 조직을 함의하는 것과 같이 상징은 모상과는 다른 심리적 과정을 함의한다. 따라서 두 개의 다른 자극(즉 수단-자극과 목적-자극의 분화)이 갖는 기능적 역할과 그들 서로 간의 관계(즉 모상적인지 상징적인지)는 정신적 조작 과정의 방향 자체를 결정한다고 비고츠키는 결론 내린다.

4-10] 이질적인 자극이 상황 속에 포함되어 특정한 기능적 의미를 획득하는 과정은 어린이가 먼저 비매개적 조작을 하고 그 후에 기호의 사용으로 이행하는 실험에서 가장 쉽게 관찰된다. 우리는 실험 연구에서 기억, 비교 혹은 선택을 해야 하는 상황에 어린이를 두었다. 과업이 어린이의 자연적 능력의 한계를 넘지 않을 경우, 어린이는 과업을 직접적, 즉 원시적 방식으로 해결한다. 이러한 경우 행동의 구조는 폴켈트가 개괄한 도식과 매우 유사하다. 이러한 도식의 본질적인 특징은 반응 자체가 상황의 일부이며 필요가 전체 상황의 구조 자체에 있다는 것이다. 폴켈트가 말하는 지배적 전체는 어린이의 잡는 움직임의 방향을 미리 결정한다. 그러나 우리 실험에서의 상황은 거의 전혀 이런 식으로 나타나지 않는다. 어린이가 당면한 과업은 통상 그의

능력을 넘어선 것이기 때문에 그와 같은 원시적 방법으로는 해결될 수 없다. 보통 전체 상황에 대해 완전히 중립적인 물체들이 어린이 바로 앞에 제시된다. 특정한 조건하에서, 즉 어린이가 불가능한 과업에 마주쳤을 경우 우리는 중립적인 자극들이 어떻게 더 이상 중립적이지 않고 행동 과정에서 기호의 기능을 획득하는지를 관찰할 수 있다.

4-11] 우리는 이 과정을 쾰러가 묘사한 것과 비교할 수 있다. 잘 알려진 대로, 막대를 도구로 사용할 수 있는 지성을 가졌던 유인원은 후에 막대와 외적 유사성을 지니는 여러 가지 다른 물체들을 도구로 사용하기 시작한다. 쾰러는 다음과 같이 주장하였다. 어떤 상황에서 특정한 기능적 의미를 가진 것으로 지각된 막대가 그것이 무엇이든 다른 모든 대상에 적용될 수 있는 가치를 획득한다고 말한다면, 우리는 관찰된 동물의 행동과 일맥상통한 관점에 이르게 된다.

*비고츠키는 쾰러의 실험이 지니는 이러한 측면에 대해 『생각과 말』 5-17-10에서 언급한다. 유인원의 경우에 막대기, 수건, 모자의 챙 등이 다양하게 도구로 사용되지만 그 목적은 동일한 한 가지, 즉 바나나를 집는 것이다. 반면 어린이의 경우 기억하기, 선택하기, 판단하기로 과업이 다양화되지만 그 도구는 동일한 것(낱말 또는 그림)이었다. 그럼에도 불구하고 두 사례를 나란히 놓고 생각할 수 있다고 비고츠키는 말한다. 각 경우에 해결 수단의 기능적 가치가 유사 사례 전체에 퍼져 나가게 된다. 한 경우에는 도구의 가치가, 다른 경우에는 기호의 가치가 퍼지는 것이다.

4-12] 중립적 자극이 장애물을 만나 기호의 기능을 획득했을 때, 그 순간부터 조작의 구조는 본질적으로 다른 형태를 취한다고 말할 수 있다.

*이 보기 드문 한 문장짜리 문단은 불필요해 보일지 모르지만, 중요한

방법론적 측면을 도입하고 있다. 즉 비고츠키는 형태와 기능 그리고 기능과 발달 사이의 관계에 대해 논의하고 싶어 한다. 우리는 비고츠키를 형태에 관련해서는 기능주의자(형태는 기능을 따르지만 기능이 형태를 따르지는 않는다)로, 기능에 관련해서는 발생주의자(발달의 역사는 기능을 설명해 준다)로 생각하는 경향이 있다. 사물이 특정한 형태를 취하는 것은 그들에게 요구되는 기능에 부합하기 위해서이다. 그리고 그들의 기능은 현재 상황은 물론 발달의 역사에 의해 결정된다. 그러나 이것은 비고츠키에게는 실제로 너무 단순하다. 역사와 기능 간, 기능과 구조 간의 관계가 실제로 비대칭적일지라도 완전히 일방적인 것은 아니다. 새로운 구조는 새로운 기능에 굴절 적응될 수 있다. 예를 들어, 호흡과 식사를 하는 기관이 말에 굴절 적응될 수 있고, 말은 말로 하는 생각을 위해 내적 말로 굴절 적응될 수 있다. 기능과 발달의 역사 사이에는 똑같이 비대칭적이긴 하지만 일방적이지 않은 관계가 있다. 물론 진화는 유기체가 수행할 수 있는 기능의 범위를 결정한다. 그러나 말과 말로 하는 생각과 같은 완전히 새로운 기능은 인간 발달의 역사의 경로 자체를 지배할 수 있고, 실제로 지배한다.

4-13] 이런 방식으로 우리는 밀접하게 관련되어 있는, 문제의 또 다른 측면으로 나아간다. 잘 알려진 것처럼, 구조의 유기적 본성은 기능과 매우 밀접하게 연관되어 있다. 그들은 통합되어 있으며 상호 설명적이다. 형태적 현상과 생리적 현상, 형태와 기능은 서로에 의존하고 있다. 우리는 가장 일반적인 형태로 그 구조가 변화하는 방향을 확인할 수 있다. 즉 그것은 부분들이 더 자세히 분화하는 방향으로 변화한다. 고등 구조는 무엇보다도 그것이 분화된 전체이기 때문에 저차적(구조-K)와 다르다. 이 분화된 전체 속에서 부분들은 다양한 기능을 가지며, 전체 과정 속에서 부분의 결합은 상호 연결의 기능성과 기능들 사이의 관계에 기초한다. 베르너는 저차적 유기체

와 고등 유기체 간의 차이는 훨씬 더 높은 분화라는 괴테의 말을 인용한다. 신체가 완벽할수록, 부분들은 서로 덜 유사하다. 한 경우에 전체와 부분은 대체로 서로 유사한 반면, 다른 경우에 전체는 부분들과 상당히 다르다. 부분들이 서로 유사할수록, 부분들은 서로 덜 의존적이다. 종속은 신체 부분들의 더 복잡한 관계를 의미한다. 이 점에 관해서 베르너는 점진적인 분화와 이와 관련된 집중화에서 발달의 본질을 찾는다.

*문제는 물론 고등 기능의 구조이다. 이 문제의 한 측면은 이 구조가 기능적 변화로부터 어떻게 생기는지에 대한 것이다. 즉, 과업에 직접 작용하는 것이 아닌, 과업을 위한 수단에 작용하는 것과 같은 조작 기능의 변화로부터 어떻게 고등 기능의 구조가 출현하는지에 대한 것이다. 예를 들어, 어린이는 낱말을 사용하여 두 자극 사이에 기능적 연결을 창조하는 것을 배운다. 즉 어린이는 '종이'라는 기호를 가지고 '연필'과 '오른손'을 연결하는 것을 배운다. 그러나 이 종이는 실제로 그 연결을 충분히 설명하지 못한다. 즉 어린이는 적어도 "나는 연필로 종이에 쓴다."와 같은 더 많은 말, 더 많은 생각을 이용해야 할 것이다. 우리는 이 연결을 만드는 데 있어서, 적어도 암시적으로, 많은 구조적 분화가 존재한다는 것을 알 수 있다. 즉 '과정'(쓴다)은 '참가자'(나, 종이, 연필)로부터 분화되며 '주체'(나)는 '목표'(종이)와 '도구'(연필)로부터 분화된다. 비고츠키는 이 구조적 분화를 자연에서 발견하는 형태적 분화와 비교한다. 즉 식물은 성장하면서 줄기로부터 뿌리를 꽃으로부터 잎을 분화시키며 동물은 단세포 유기체로부터 복잡한 형태의 생명체로 나아가면서 복잡한 상호 의존적 기관 체계, 즉 심장과 폐, 위, 장腸 그리고 간, 뇌, 신경 그리고 근육을 발달시킨다. 물론 이 구조적 분화는 새로운 기능을 발생시키며, 새로운 기능들은 차례로 더 큰 구조적 변화를 일으킨다. 이러한 변화 중 하나는 중추 신경계와 같이 다른 기관을 지배하는 기능을 갖는 구조적 '중심'을 창조하는 것이다. 이

> 중심화가 고등 기능을 '고등'하다고 말할 수 있도록 해 준다. 즉 고등 생
> 리 구조는 더 복잡하고 더 일반적일 뿐만 아니라, 다른 생리적 기능을 조
> 절하는 새로운 기능을 갖는다. 동일한 방식으로, 어린이의 언어 구조와 같
> 은 고등 심리 구조는 다른 기능을 통제할 수 있다. 즉 다른 기능을 구분하
> 고, 순서를 매기며, 계획하고, 심지어 대체하는 능력을 가진다.

4-14] 구조에 적용하면, 고등 구조의 특징이 원시적 통합성의 분화이자 두 극단(자극-기호 와 자극-대상)의 분명한 분리라고 말할 수 있다. 그러나 분화는 모든 조작 전체가 새로운 특성과 새로운 의미를 갖는다는 또 다른 측면을 갖는다. 새로운 전체 조작의 의미를 **자기 행동 과정 숙달**을 나타낸다고 말하는 것 이상으로 더 잘 설명할 수 없을 것이다.

4-15] 앞 장에서 제시된 선택 반응 도식을 폴켈손의 도식과 비교할 때 실제로 이 둘 사이에 근본적인 차이는 행동을 하나의 전체로 규정하는 데 있음을 깨닫게 된다. 둘째 경우에서 유기체의 활동은, 그 구조의 논리에 따라 전체 상황의 부분 집합으로 규정된다. 하지만 첫째의 경우 인간은 스스로 연결과 반응 경로를 만들고, 자연적 구조를 다시 만들며, 기호를 통하여 스스로의 행동 과정을 자신의 의지에 종속시킨다.

> * '앞 장에서 제시된 선택 반응'은 3장 말미에서 논의된 매개적 반응을
> 가리킨다. 이 논의에서 어린이는 주어진 매개 도구(종이와 온도계)를 사용
> 하여 연필을 보면 오른쪽 손을 들고 시계를 보면 왼손을 들었다. 이것을
> 상황을 중심으로 본다면 발달과 전혀 관련이 없다. 오로지 자극을 중심으
> 로 초점이 맞추어져 있기 때문이다. 그러나 자극 기능이 이제 인간 주체의
> 손에 넘어왔다는 사실이 매우 중요하다. 인간의 입장에서 본다면 이는 발
> 달이다. 이전에는 상황에 종속된 한 부분에 지나지 않았고 자극에 대해 오

> 직 반응하는 것으로 기능하던 인간이 이제는 스스로 자극하고 반응할 수 있게 기능적으로 분화되었다. 이러한 실행 기능의 획득이 바로 선택이라는 단어가 의미하는 것, 즉 인간의 자유 의지이다.

4-16] 전통 심리학이 우리가 자기 반응 숙달이라고 부르는 이런 현상에 주목하지 않았다는 것은 놀랄만하다. 심리학은 '의지'라는 사실을 설명하려고 하면서 신경 과정의 흐름 속에 기적과 영적 차원의 개입에 호소했고, 최대 저항 노선에 따라 그것을 설명하려고 했다. 예를 들자면 이는 제임스가 믿음의 본성에 대한 가르침을 발전시키면서 이루어졌다.

> *최대저항노선: 부피와 무게가 없는 '의지'와 '관념'이 어떻게 물리적인 대상에 영향을 미치고 움직이도록 하는가? 제임스는 모든 물리적 대상들이 '의지'에 저항하는 성질을 가지고 있다고 가정하였다. 인간의 의지와 생각은 의지에 반하려는 물리적 대상들의 반작용을 이용하여 이들에 영향을 미치게 된다는 것이 제임스의 생각이다.

4-17] 그러나 심지어 자기행동숙달의 관념을 심리학의 개념으로 서서히 도입하기 시작한 최근 심리학에서조차 아직까지 이 개념이 명확히 설명되지 않았고 그것의 진정한 가치가 적절히 평가되지 않았다. 자기행동숙달이라는 현상이 의지의 심리학에 의해 명확히 설명되지 않는다는 레빈의 지적은 합당하다. 반대로 교육학적 질문 속에서 자기행동숙달은 오랫동안 중심 문제로 여겨져 왔다. 현재의 교육은 행위를 자발적 의지로 바꾸도록 제안한다. 외적 규율과 강제된 훈련 대신에 독립적 행동 숙달이 존재한다. 이것은 어린이의 자연적 경향을 억누르지 않으면서 그들의 자기행동숙달과 연관된다.

*비고츠키가 지적하는 '현재 교육'은 그 시대에 진행되고 있던 소비에트의 도덕 교육을 지칭하는 것으로 보인다. 비고츠키의 책 『교육 심리학』에 개괄되어 있듯이 당시 소비에트 교육은 어린이의 자연적 경향성을 억압하는 대신 자기 규제를 촉진할 수 있는 교육과정을 실시하였다. 예를 들면, 소비에트 혁명 이전까지 도덕교육의 주류를 이루었던 종교교육은 성性을 무조건 금기시 죄악시함으로써 학생들이 성에 대해 관심을 가지고 이에 대해 말하거나 욕망을 표출하는 것을 엄격히 금하였다. 그러나 '현재 교육'에서는 성에 대한 과학적 정보를 학생들에게 제공하고 올바르게 이해하게 함으로써 스스로 건강한 성적 결정권을 갖게 하는 데 성교육의 초점을 맞추었다. 이와 관련하여 오늘날의 '최근 사례'를 들어보자. 최근 교육계의 뜨거운 감자는 학교 폭력 문제이다. 물리적 강제력으로 상대를 제압하는 성향은 자연적이고 원시적 구조를 나타내는 것이라고 할 수 있다. 다시 말하면 학교 폭력의 가해자들은 스스로의 행동을 통제하고 숙달할 수 있는 능력을 가지고 있지 않다. 이러한 학생들을 대상으로 본능을 억압하게 함으로써 폭력 문제를 해결하려 하는 것은 근본적인 대책이 될 수 없다. 특히 사회 전반에 걸쳐 폭력의 문화가 만연한 경우에는 더더욱 억압에 근거한 교육은 효과를 보기 어렵다. 자기 통제에 기반한 교육은 폭력 현상을 도외시하거나 그에 대한 토론을 억압하지 않는다. 오히려 그러한 교육은 액션 영화에서 등장하는 분출적인 폭력을 반성적으로 고찰하고 영화에서는 사건의 전개에 영향을 미치지 않는 그러한 폭력들이 낳는 결과와 등장 인물들의 정서적 상태를 감안하도록 하는 '폭력에 대한' 교육을 포함한다. 비고츠키가 기호의 역할을 정서적 에너지에 대한 '기능적 댐'이나 '장벽'에 비유했을 때 그가 의미한 것이 바로 이것이다. 물리적인 행위를 매개하는 것은 물론 도구를 통한 조작의 효율화이다. 그러나 심리적 관점에서 매개, 즉 기호의 가장 중요한 기능은 직접적인 충동에 따른 우발적 행

> 동을 저지함으로써 오히려 심리적 기능을 느리게 하는 것이다. 매개적 사고, 즉 고등한 구조는 다양한 행동을 행위자 스스로의 선택하에 두고 의지적이고 의도적인 행동을 할 수 있도록 한다.

4-18] 이런 식으로 복종과 선의는 배후로 물러서고 자기 숙달의 문제가 전면으로 나오게 된다. 그러나 이 문제는 더욱 큰 의미를 지니게 된다. 바로 우리는 의도가 어린이의 행동을 어떻게 통제하는지를 염두에 두고 있기 때문이다. 자기 숙달과 관련하여 의도를 배후로 물리는 것은 유아의 복종에서 가장 잘 드러난다. 어린이는 자기 숙달을 통해서 복종을 배워야 한다. 자기 숙달을 토대로 복종과 의지가 세워지는 것이 아니라 자기 숙달 속에 복종과 의지가 포함된다. 의지의 교육학에 있어 우리에게 친숙한, 이와 유사한 수정이 의지의 심리학의 기저에 놓인 문제에도 필요할 것이다.

> *어린이가 복종을 배우기 전에 자기 조절을 배워야 한다는 주장은 첫눈에 볼 때에는 이상해 보일 수 있다. 다른 사람에게 먼저 복종하는 것을 배우고 이를 통해 자기 스스로를 규제하는 것을 배우는 것이 비고츠키가 말한 '일반 발생 법칙', 즉 기능들은 정신 내적 과정으로 되기 전에 정신 간의 과정으로 획득된다는 법칙에 어울리는 것처럼 생각되기 때문이다. 이는 발생 법칙이 도덕교육에 있어서의 보수적 상식과 부합하는 몇 안 되는 예이기도 하다. 그런데도 어째서 비고츠키는 타인을 통한 조절로부터 자기 행동 규제로 나아간다는 것을 반대한 것일까? '청개구리' 이야기를 생각해 보자. 청개구리의 엄마는 지극한 노력과 정성에도 불구하고 청개구리가 엄마 말을 듣도록 만드는 데 실패하였다. 청개구리가 엄마의 말에 순종하게 된 것은 엄마의 말을 그대로 따르려는 수동적인 욕구에서가 아니라 스스로의 행동을 반성하고 뉘우치는 적극적인 자기 조절의 의지로부

> 터 시작되었음을 주목할 필요가 있다. 자기 조절 능력 없이 순종한다는 것은 순종하지 않았을 경우 일어날 일에 대한 두려움으로 인한 것이다. 즉, 순종을 위한 도덕 교육은 오히려 도덕적 인간을 양성하는 데 영향을 미칠 수 없으며 오히려 비도덕적 인간을 키우는 데 기여하게 될 것이다. 진정한 자발적 순종의 심리적 근거는 오직 (처음에는 개인 간 관계를 위한 그리고 후에는 내적 목적을 위한) 자기 숙달에서만 찾아볼 수 있다.

4-19] 행동을 의도하거나 결심하는 것과 더불어 행동 숙달의 문제를 의지의 인과적-역동적 문제 전면으로 끌어내야 한다. 하지만 행동 숙달의 핵심적 중요성을 인지했음에도 불구하고 레빈의 연구에서 이 과정에 관한 명확한 정의나 후속 연구를 찾아볼 수 없다. 레빈은 한번도 이것을 다시 연구한 적이 없으며 결과적으로 그의 연구는 두 개의 주요 행동 형태를 구분 짓는 것으로 마무리 지어졌다. 이 구분이 원시적 구조와 고등 구조 사이의 구분과 가깝게 일치하며, 이것이 우리의 출발점이므로 우리는 레빈의 관찰에 한동안 머무르고자 한다.

4-20] 레빈을 따라서 과학적 개념을 더 명확히 공식화하기 위하여 필요하다면 우리는 '의지'라는 용어를 포기하고 대신에 '주체에 종속된 또는 잠재적으로 그러한 행위'와, 상황 자체의 힘으로부터 직접 일어나는 행위라는 용어를 도입한다. 우리가 볼 때 후자는 특히 중요해 보인다. 레빈은 말한다. "물론 주체에 의해 조종되는 행위 또한 전체 상황의 결정력에 종속되지만, 이런 종류의 행위에 대해 인간은 그 해당 상황에 대개 자신의 모든 인격이 포함되어 있다고 느끼지 않으며, 어느 정도 그는 그 상황의 외부에 남아 있다. 그래서 행위 자체는 확고히 그의 손 안에 남아 있게 될 것이다. 여기서 단순한 행위와 '나' 체계의 더 큰 독립성 또는 더 큰 지배성을 가지는 다른 심리적 체계 사이가 구분된다."

*이것은 비고츠키가 『도구와 기호』 6-19에서 인용했던 다음과 같은 레빈의 저작들로부터 그대로 인용한 것으로 보인다.

Lewin, K.(1926), Vorsatz, Wille und Bedürfnis: mit Vorbemerkungen über die psychischen Kräfte und Energien und die Struktur der Seele. Springer, Berlin 1926.

Lewin, K.(1927), Vorbemerkungen über die psychische Kräfte und Energien und über die Struktur der Seele. Psychologische Forschung, 7(1) 294-329.

비고츠키가 지적한 것처럼, 레빈의 '설명'은 특히 분명하지가 않다. 주체에 의해 조정되는 행위와 상황에 의해 조정되는 행위 간의 구분이 있다. 단, 주체에 의해 조정되는 행위는 또한 상황에 의해 조정된다. 그러나 레빈은 '의지'라는 개념이 잠재적으로 매우 모순적임을 인식했다. 한 개인은 의지를 갖지만, 마찬가지로 자신이 그 일원인 집단도 그러하며, 이것은 서로와 모순될 것이다. 동시에 레빈은 집단은 분화되지 않아야 하고 사회적 집단들은 공통의 의지를 공유한다는 생각을 거부한다.

"집단을 구성하는 것은 개인의 유사성이나 차이점이 아니라 운명의 상호 의존성이다. 어떤 보통 집단도 그리고 확실히 어떤 발달되고 조직된 집단도 매우 다양한 성격을 가진 개인들을 포함하며 포함해야만 한다. (……) 모든 유대인의 공동 운명이 그들을 실제로 집단으로 만들었다는 것을 이해하기는 매우 쉽다(유럽의 유대인 공동체가 완전히 분열된 1939년에 쓰인 쿠르트 레빈의 저술)."

4-21] 전체 문제에 대한 이러한 모호한 진술에도 불구하고, 레빈은 종속된 행동을 통한 그러한 연결의 형성이 교육을 받은 성인, 또는 다르게 말

하면, 문화적 발달의 결과물의 특징이라는 결론에 도달한다. 주요 쟁점은 모든 의도가 이러한 방식으로 형성될 수 있는지 여부라고 레빈은 말한다. "인간이 모든, 심지어 가장 무의미한 의도의 형성에서도 비범한 자유를 드러낸다는 사실은 그 자체로 큰 충격을 준다. (……) 이 자유는 문화적 인간의 특성이다. 이는 어린이의 특징에서는 비할 수 없이 적게 드러나며, 분명히 원시적 인간에게도 마찬가지일 것이다. 인간의 고차적으로 발달한 지성보다도 더, 이것이 인간과 가장 유사한 동물들과 인간을 구별하는 것이라고 믿는 데에는 타당한 이유가 있다. 이런 차이점은 자기 통제의 문제와 부합한다."

> *여기서 비고츠키는 『도구와 기호』 6-19에서 인용했던 것과 같은 레빈의 글을 인용하고 있다. 레빈은 인간 심리학의 특성을 구별하기 위해 역사-문화적 발달로부터 드러나는 자유 의지를 언급한다. 그는 자유를 통해 인간이 만들어 내는 무의미한 게임이나 시간 때우기, 등산과 같은 위험한 활동과, 예술 작품과 같이 실제로 환경 적응의 기능성이 전혀 없는 대상의 생산과 같은 별 의미 없는 의도들에 대해서 놀라워했다. 레빈은 이것이 문화적 인간의 특성을 결정지으며 어린이에게는 훨씬 덜 나타나고, 원시적 인간도 마찬가지라고 말한다. 그는 이러한 자기 통제가 사람과 동물을 구별하는 것이라고 결론지었다.

4-22] 레빈과는 달리 우리는 자기행동숙달의 개념을 명확하고 정확하게 정의된 내용으로 밝히고자 한다. 우리는 행동 과정이 여전히 자연적 과정이며 다른 과정들과 마찬가지로 자연 법칙에 종속된다고 믿는다. 인간은 이 과정들을 그들의 권위에 종속시키고 자연 과정에 끼어들면서 자신의 행동에 있어서도 예외를 두지 않는다. 그러나 가장 중요한 주요 질문은 다음과 같다. 자기행동숙달을 어떻게 개념화할 것인가?

4-23] 구심리학은 두 가지 주요한 사실을 알고 있었다. 한편으로는 한

과정이 다른 과정을 지배하도록 하는, 고등한 중심과 저차적 중심 사이의 위계적 관계를 알았으며, 다른 한편으로는 의지에 대한 유심론적 개념에 의존하여, 정신적 힘이 두뇌에 영향을 미치고 이를 통해 몸 전체에 영향을 미친다는 생각을 내세웠다.

4-24] 우리가 생각하고 있는 구조는 첫째, 둘째의 경우와 매우 다르다. 그 차이점은 행동이 숙달되는 방법의 문제를 내세운다는 것이다. 자연 과정의 숙달과 마찬가지로, 자기행동숙달은 이러한 현상을 지배하는 기초 법칙들을 폐지하는 것이 아니라 그것에 따르는 것을 의미한다. 우리는 기본적 행동 법칙이 곧 자극-반응 법칙임을 안다. 따라서 우리는 적절한 자극을 통하지 않고서는 자기 행동을 숙달할 수 없다. 행동 숙달의 핵심은 자극 숙달과 함께한다. 따라서 **행동 숙달은 간접적 과정이며** 항상 어떠한 보조 자극을 통해 완성된다. 우리가 선택 실험에서 밝히고자 했던 것은 이러한 자극-기호들의 역할이다.

> 구심리학은 두 가지를 확신한다. 첫째, 한 과정이 다른 과정을 지배할 수 있도록 해주는 고등 중심과 저차적 중심이 (두뇌에) 있다는 것이다. 예를 들어, 중추신경계는 말초 신경을 지배하고, 신경 과정은 근육 운동을 지배한다. 둘째, 두뇌에 영향을 미치고 이를 통해 인간 전체의 생리에 영향을 끼치는 '정신적 힘'이 있다는 것이다. 이는 의지력에 대한 유심론적 해석에 의존한 결과이다.

4-25] 최근 아동심리학에서 인간 행동의 고유성을 탐구해야 한다는 생각이 여러 번 제시되었다. M. 바소프는 환경 속의 능동적 주도자로 인간을 개념화하여 인간의 행동을 동물 특유의 수동적 적응 형태와 대조시킨다. 심리학의 주체로서 인간은 유기체와 주변 환경의 주도자로 우리 앞에 있으며 그의 활동은 환경과의 관계 속에서 다양한 행동 형태와 과정으로 나타난다

고 저자는 말한다.

> 당시의 아동심리학은 인간의 행동이 고유하고 특별하다는 주장을 여러 번 내놓았다. 특히 바소프는 인간을 능동적 주체로 개념화하여 적응적인 동물과 대조시켰다. 심리학의 주체로서 인간은 자연과의 관계를 통해 스스로를 드러낸다. 인간은 자연에 대해 주체, 책무자, 경영자의 역할을 가진다. 인간과 자연의 관계는 사냥, 채집, 농경, 채굴, 산업 등의 다양한 행동 형태와 과정으로 나타난다.

4-26] 하지만 인간 행동의 특수성에 관한 문제에 가장 가깝게 접근한 바소프조차 그의 연구에서 수동적 적응 형태와 능동적 적응 형태를 명확히 구별하지 않았다.

> *바소프는 비고츠키와 루리야 이전에 이미 동물 심리학을 인간 심리학에 적용하는 것의 잘못된 점에 대해 기술하였다(비고츠키와 루리야의 연구는 『도구와 기호』 제1장에 기술되어 있다). 하지만 비고츠키는 바소프가 그의 실험 연구에서 수동적 적응 형태와 능동적 적응 형태를 다루지 않았으며, 그 또한 자극-반응 실험에 의존하고 있음을 지적하였다.

4-27] 고등 행동 형태와 저차적 행동 형태의 비교를 이끌어 낸 우리의 고찰을 요약한다면 고등 형태의 모든 과정의 통합성은 두 가지 계기에 근거하고 있다고 말할 수 있을 것이다. 첫째, 인간이 직면한 과업의 통합성이고 둘째, 우리가 말했듯이 전체 행동 구조를 지배하는 그 원천들(의 통합성-K)이다.

> 고등 행동 과정이 가지는 통합성은 다음의 두 가지에 근거한다.
> 1. 기능적 통합성 : 자연의 도전에 직면하고 있는 인류의 공통된 운명

2. 행동 과정을 지배하는 원천들의 구조적 통합성 : 매개적 수단으로서의 공통된 도구와 기호(언어)

4-28] 저차적 형태와 고등 형태의 특징을 명확히 구별하고 동시에 본질적 차이점을 찾아낼 수 있게 해주는 예로서, 우리는 어린이 말의 원시적 구조와 문화적 구조를 들 것이다.

> *어린이 말에서 원시적이고 오래 지속되는 구조의 명백한 예시는 의성어이다. 그러나 이는 흔적 기능이라고 할 수 있다. 어린이가 의성어나 의태어를 분석할 가능성이 매우 낮기 때문에 또한 발달의 가능성도 낮다. 다음 문단에서 비고츠키는 어린이의 발화는 처음에는 상황에 구속된 미분화된 '전체'(원시적 구조)이며 오직 더 나중에만 문법과 어휘(문화적 구조)로 분화된다는 생각을 전개한다. 우리는 이것을 주어와 술어가 융합되어 있는 영어 명령문의 구조에서 매우 분명히 볼 수 있다.

4-29] 잘 알려진 것처럼, 처음으로 발화된 어린이 말은 이미 온전한 문장의 의미를 포함할 것이다. 때때로 그것은 복잡한 말이기도 하다. 그러므로 표현형적으로 드러나는 말 발달의 외적 형태는 기만적인 것으로 판명된다. 실제로 만약 우리가 겉으로 드러나는 것만을 신뢰한다면, 어린이는 처음에 개별적 소리를 말하며, 그 다음에 낱말을 분리하고 단순한 진술에 두 개나 세 개의 낱말을 결합하기 시작하며, 그리고 오직 맨 나중에 낱말들을 온전한 진술 체계 속에서 복잡한 진술로 발달시킨다는 결론에 도달해야만 한다.

> 우리 모두 알고 있듯이 어린이가 처음으로 발화한 말은 하나의 문장 또는 하나의 진술과 동등한 온전한 언어적 행위이다. 더구나 이는 심지어 길

> 고 복잡한 대화에 상응하는 내용을 포함할 것이다. 그래서 말 발달의 외적 형태는 기만적이다. 만약 우리가 단순히 외적 특징으로만 판단한다면 아기는 단순히 개별 소리(비강-인후부를 통해 만들어진 모음, 즉 울음)를 내고 있을 뿐이다. 이후에야 어린이는 개별 낱말('맘마!')을 형성할 수 있다. 오직 더 이후에 어린이는 낱말 2~3개를 묶어서 단순한 진술을 형성할 수 있다('엄마 죽', '죽 줘'). 그리고 오직 훨씬 더 나중에만 문장의 체계 속에서 완전한 문장('엄마 죽 더 먹고 싶어요!')을 말할 수 있다.

4-30] 우리가 이미 말했듯이, 이 표면적인 그림은 기만적이다. 연구들은 어린이 말의 원시적, 기원적인 형태는 복잡하고 미분화된 정서적 구조임을 확실하게 보여 준다. 아기가 처음으로 '마'라고 웅얼거릴 때, 이 낱말은 '엄마'와 같은 성인의 언어로 번역될 수 없고, 예를 들어 '엄마, 의자에 올려주세요.' 등과 같은 온전한 제안으로 번역되어야 한다고 스턴은 말한다. 우리는 그러한 긴 번역이 '마'라는 말 그 자체에 합당한 것이 아니라, 전체로서의 모든 상황, 즉 의자에 오르려고 시도하는 어린이, 이 조작을 통해 잡으려고 했던 장난감, 실패한 시도들, 그 행동을 지켜보고 있던 근처의 엄마, 마침내 그의 첫 번째 외침이 고려되어야 한다는 점을 덧붙여야 한다. 이 모든 것이 하나의 전체적 복합체로 융합되며 폴켈트의 도식을 통해 완전히 표현될 수 있었다.

> *이 문단과 거의 동일한 논의를 『생각과 말』 3-24에서 찾아볼 수 있다.

4-31] 이 미분화된 원시적 구조와 3살이 된 같은 어린이에게서 발견된 말의 구조를 비교해 보자. 이제, 같은 욕구가 발달된 한 문장의 형태로 표현된다. 새로운 구조와 낡은 구조 사이의 차이점이 무엇인지 우리는 묻는다.

이 새로운 구조가 분화되었다는 것을 우리는 알게 된다. 하나의 단어 '마'는 이제 네 개의 서로 다른 단어들이 되며, 각각은 특정한 행위를 가리키고, 그 조작에 포함된 주어와 실제 대상들 사이의 관계를 제공하는 문법적 관계를 나타낸다.

*여기서 말하는 네 개의 단어는 '엄마, 의자에 올려 주세요.' 이다.

4-32] 이와 같이 개별 부분의 분화와 종속은 발달된 말의 일반적 구조를 우리가 비교했던 원시적 구조와 구별하게 한다. 그러나 가장 중요한 차이는 이것이다. 즉, 그것은 상황을 향하는 행동이 아니라는 것이다. 전반적이고 일반적인 상황의 복잡성의 통합적 부분이었던 초기의 외침과 달리, 현재 어린이의 외침은 노출된 대상과의 직접적 연결을 상실하였다. 이제 그것은 다른 사람을 통해서만 효과를 갖는다. 그리고 여기에서 어린이와 엄마 두 사람으로 나누어진 행동에 영향을 미쳤던 기능들은 단일한 전체로, 하나의 복합체적 행동 구조로 통합될 수 있다. 어린이는, 어른이 어린이에게 주로 시행했던 행동들을 자신에게 적용하기 시작한다. 그리고 이것은 우리가 관심을 갖고 있는 사실, 즉 자기행동숙달의 열쇠이다.

*어린이가 상황을 탁자, 의자, 장난감, 엄마, 어린이로 분석하는 것으로 얻게 되는 것은 무엇일까? 어린이는 그것을 어떻게 창조적으로 재조합할 수 있는 것일까? 비고츠키는 여기서 진정으로 새로운 것은 어린이 반응이 더 이상 전체 상황을 향하지 않는 것이라고 말한다. 어린이의 울음은 더 이상 대상을 바라보는 것과 직접적으로 연결되지 않는다. 어린이의 울음은 이제 울기 시작할 때까지 방 안에 없었던 엄마를 향하게 된다. 어린이는 의자, 탁자, 장난감 그리고 일반적인 상황을 향해 외치는 것은 소용없다는 것을 깨닫는다. 의자, 탁자, 장난감 그리고 모든 상황은 외쳐봐야 답

> 을 하지 않는다. 반면에, 엄마를 향해 외치는 것은 아주 유용하다. 엄마는 대답을 한다. 뿐만 아니라 엄마를 통해서 아이는 간접적으로 그 상황, 장난감, 탁자, 의자에 작용할 수 있게 된다. 얼마나 위대한 발견인가! 도움을 주고받는 행위는 두 사람 사이로 나뉜다. 그러나 그들은 단일한 전체, 즉 '의사소통 행위와 그에 대한 반응으로 제공되는 협력적 행위'로 결합될 수 있다. 이것이 다가 아니다. 아이가 엄마에게 했던 것(비명)은, 엄마가 아이에게도 할 수 있다(외침). 머지않아 엄마가 아이에게 했던 것(돕기)을 어린이가 자신에게도 할 수 있다. 이런 노동의 분화와 재분화는 행동 숙달의 열쇠이다.

4-33] 더 일반적인 유형의 구조와 구분되는, 쾰러를 따라 우리가 우회 구조라고 부르는 이 구조가 갖는 특징에 대해서 앞서 제기한 문제를 아직 명확히 하지 않았다. 쾰러는 목표를 향한 직접적인 통로가 막혔을 때 일어나는 조작들을 이렇게 부른다. 쾰러는 이런 구조들이 우회로를 드러내는 두 가지 주요하고 구체적인 형태를 언급한다. 첫 번째는 물리적 장애가 장벽의 형태로 동물과 목표 사이에 있고, 동물이 우회로를 통해 장애를 돌아가며 목표에 도달할 때, 문자 그대로의 의미에서 우회가 발견된다. 두 번째 구체적 형태는 도구 사용이며 비유적으로 이 역시 우회로나 이탈이라고 불릴 수 있다. 이는 동물이 사물을 직접 통제할 수 없는 경우, 즉 손으로 잡을 수 없는 경우에 이 조작을 사용하여 그것을 가져옴으로써, 우회적으로 보이는 방법으로 목표를 획득하는 것이다.

> *비고츠키가 이러한 행동 유형의 특수성과 인간에 있어서의 그 고유성에 관하여 앞에서 제기한 문제를 아직 명확히 하지 않았다고 할 때 비고츠키가 의미하는 것은 무엇인가? 비고츠키는 아마 **4-25** 단락을 언급하고

있는 것이며, 거기서 비고츠키는 인간 행동에 고유한 것을 분리하는 데 누구보다도 가깝게 다가간 바소프가 실제로는 능동적 적응 형태와 수동적 적응 형태를 충분히 구별하지 못했다고 지적했다. 이것은 『도구와 기호』 1장의 주요 주제이며 거기서 비고츠키와 루리야는 쾰러의 실험을 어린이에게 적용하는 것은 단지 어린이의 침팬지다움을 설명했을 뿐이며 어린이의 인간다움, 즉 침팬지는 갖지 못한 특성(특히 기호와 연결된 것들)을 설명할 수 없다고 주장한다. 그러나 그것은 또한, 우리가 보게 될 것처럼, 뷜러에 대한 비고츠키의 논의의 주요 주제이다. 뷜러에게는 본질적으로 세 가지 종류의 행동이 있다. 즉 본능(무조건 반사), 습관(조건 반사), 마지막으로 지적 반응이다. 이들 각각은 변증법적으로 앞선 것을 지양함으로써 창조된다. 즉 조건 반사는 무조건 반사를 지양하며(유전 가능성을 부정하고 그것을 교수 가능성으로 대체함으로써) 지적 반응은 조건 반사를 지양한다(조건화를 없애고 새로운 문제로 대체함으로써!). 이제 비고츠키를 위해 우리는 거기서 멈출 수 없다. 유인원 또한 조건 반사를 갖는다. 만약 장난감에 대한 어린이의 '우회로'에 특유한 것이 무엇인지, 그것을 바나나에 대한 유인원의 '우회로'와 완전히 구별하게 하는 것은 무엇인지를 논의하고 싶다면, 우리는 앞에서와 같이 지적 반응 역시도 지양해야만 할 것이다. 비고츠키는 전체 환경 문제를 제쳐 두고 그것을 어린이 자신의 행동, 사고, 감정으로 대체함으로써 지적 반응을 지양한다. 그러나 어린이는 환경 속에서 다른 사람들의 행동, 사고, 감정에 작용함으로써 시작해야 한다.

4-34] 물론 우리가 염두에 두고 있는 구조는 이러한 우회의 유형에 속한다. 그러나 이를 특정한 종류의 구조인 것처럼 보이게 하는 중대한 차이점이 있다. 이 차이점은 모든 활동의 초점과 우회의 본성에서 찾을 수 있다. 도구 혹은 우회로는 외적 상황에 있는 무언가의 변화에도 초점을 둘 수 있지만

우리가 염두에 두고 있는 특징은 오직 사람의 반응이나 행동을 변화시키기 위해 사용된다. 기호는 대상 자체는 전혀 변화시키지 않고 정신 조작을 다른 방향으로 이끌거나 재구조화할 뿐이다.

> *야생의 침팬지는 구멍에서 나온 흰개미를 도구를 사용하여 잡아먹는다. 이러한 도구는 환경(구멍)을 변화시키고 심지어 대상(흰개미)도 변화시킨다. 하지만 이는 실제로 침팬지가 먹는 방식을 변화시키는 것이 아니며, 하물며 그의 생각을 변화시키는 것이 아니다. 이와는 달리, 어린이들은 놀이를 하면서 환경을 크게 변화시키지 않는다. 그들은 환경에서 그들이 행동하는 방식, 생각하고 느끼는 방식을 변화시키는 데 초점을 맞춘다.

4-35] 이런 식으로, 바깥으로 향하는 도구와 안으로 향하는 기호는 기술技術적으로 다른 정신적 기능들을 수행한다. 이에 따라, 이러한 우회로들은 본질적으로, 그 본성 자체로 다르다. 첫 번째 경우에서는 물질로 구성되어 있는, 객관적으로 주어진 우회로를 볼 수 있으며, 다른 경우에는 정신적 조작의 우회로를 볼 수 있다. 이 상황은 우리가 염두에 두고 있는 구조들과 우회 구조들 사이의 유사점과 차이점을 모두 보여 준다.

4-36] 우리가 말했던 것은 또 다른 핵심 문제에 접근할 수 있게 해 준다. 우리는 행동 발달의 세 번째 단계에 대한 필요성과 관련하여 이전에 논쟁이 되었던 문제, 즉 지적 반응을 단지 복잡화된 습관으로 취급하기보다는 발생적, 기능적, 구조적 특성의 토대 위에서 특별한 부류로 취급하는 문제가 이제 완전히 해결된 것으로 취급할 수 있다. 뷜러를 따라 이러한 행위가 '시도'의 특성을 유지한다고 가정하더라도 그들은 매우 다른 종류의 시도들이다. 그것들은 더 이상 대상과 직접적으로 관계를 맺지 않으며 대신에 내적이면서 극도로 복잡한 과정을 다루기 때문에, 이 경우에 우리는 행동의 진화에서 새로운 단계를 말할 수 있을 것이다. 이 새로운 단계는 물론 앞선 단계들

과 고립된 것으로 여겨져서는 안 된다.

*뷜러는 행동을 본능적(타고난) 행동, 훈련된(조건 반사) 행동, 지적인(통찰력에 의해 동기화된) 행동의 세 범주로 나눈다.

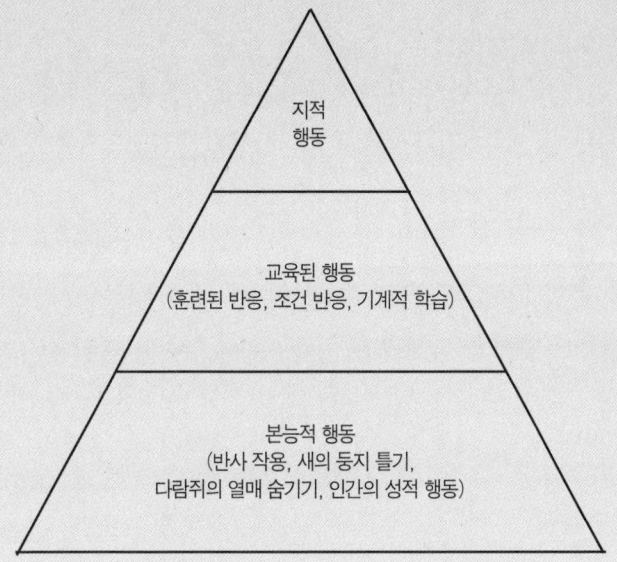

뷜러의 언어의 '오르가논' 이론은 이러한 행동 단계와 밀접하게 연결된 세 가지 주요 기능을 승인한다. 즉 표현적(주로 본능적인) 기능, 능동적(주로 훈련된) 기능, 표상적(지적인) 기능이 그것이다. 이러한 표현, 사회적 관계, 지적 표상으로의 삼중 분할은 로만 야콥슨과 마이클 할리데이와 같은 다른 이름들 아래에서 오늘날에도 큰 영향을 주고 있다. 이는 언어 교수-학습에 있어서 '의사소통 기능'의 토대이다.

*칼 뷜러(Karl Bühler, 1879~1963)는 분트의 제자였으며 퀼페와 함께 뷔르츠부르크 학파 설립에 참여했다. 뷜러와 뷜러의 부인 샤를로트(후설의 제자 중 한 명)는 빈 대학에서 아동심리학을 설립했다. 뷜러는 잠시 나치에

체포되었으며 풀려나자마자 입고 있던 옷만 걸친 채 빈을 떠났다. 무일푼으로 뒤늦게 미국에 도착하여 대부분의 교수직은 이미 다른 망명자들이 차지하고 있었기 때문에, 뷜러는 대학에서 자리를 잡지 못하고 대신에 사설 심리요법 연구소에 종사하게 되었다. 칼 로저스, 아브라함 매슬로우 그리고 프리드리히 펄 등을 통하여, 뷜러의 전체론적 형태Gestalt에 대한 견해는, 그의 이름이 거의 언급되지는 않을지라도 오늘날 심리요법의 주요 형태가 되었다. 비고츠키가 『생각과 말』 5장에서 지적한 것처럼, 뷜러 부부는 상당히 놀라운 발달 이론을 갖고 있었다. 칼 뷜러는 '시행착오'를 통해 'einsicht', 즉 '통찰력'이 뒤따라 생겨난다고 믿었던 반면, 샤를로트 뷜러는 어린이가 이러한 '통찰력' 덕분에 대략 3살경에 어느 정도 성인의 형태로 개념을 획득한다고 믿었다. 모든 개인적 발달의 토대에 있는 이러한 '아하 경험'에 대한 생각은 어린이 발달에서보다 심리요법에서 더 유용하다.

4-37] 두 단계들 사이의 관계는 발달 내내 동일하게 남아 있다. 저차적 형태는 파괴되는 것이 아니라, 고등 (형태-K)에 포함되며 종속된 실체로서 계속 존재한다. 따라서 뷜러가 제안했던, 발달과 행동의 세 단계는 극복할 수 없는 벽에 의해 서로 격리된 고정되고 동결된 행동 영역으로 간주되어서는 안 될 것이라는 코프카의 관찰은 정확한 것으로 보인다. 오히려 그들은 각각의 동일한 행동 과정 속에 다양한 관계들을 포함하는, 고도로 복잡한 상호 의존성을 가진, 구조와 기능면에서 고유한 행동으로 이해되어야 한다.

*코프카가 하나의 발달 과정으로서 통합성을 강조하는 데 반해 뷜러는 세 단계들의 구별성을 강조한다. 비고츠키는 여기에 세 단계가 있으나, 그 사이에는 벽이 아닌, 다리가 놓여 있다고 말한다. 이 지성적 행동과 학습

된 행동 사이에 '교량적' 관계는 본능(무조건 반사)과 학습된 행동(조건 반사)사이에서 찾을 수 있는 교량과 근본적으로 동일하다. 다음으로, 비고츠키는 뷜러에 반박하기 위해(물론 그를 부정하는 것이 아니라 변증법적으로 지양하기 위해) 코프카를 인용한다. 다양한 행동 유형(본능, 습관, 지성)들이 구조와 기능 면에서 고유하다는 관찰은 뷜러의 것이지만, 그들이 하나의 행동 과정 내에 서로 다른 관계들을 자기 자신 속에 포함한다는 관찰은 코프카의 견해에 한 걸음 다가선 것이다. 예를 들자면, 놀이는 항상 어떤 무조건적 행동들로 구성된다. 어린이는 무의식적으로 소리치고 부상을 본능적으로 피하며, 상처가 나면 아기처럼 운다. 또 한편으로 놀이는 달리기, 던지기, 받기와 같은 신체적 기술들과 같이 대체로 매우 조건적이고 의도적인 학습된 행동들로 구성된다. 마지막으로, 놀이는 부분적으로나 전체적으로 새로운 문제 지향적인 지성적 행동을 항상 포함한다. 이는 역할을 전략적으로 사용하는 것에서나 게임에서 이기기 위해 규칙을 이용하는 모습에서 흔히 볼 수 있다. 이런 방식으로 놀이와 같은 하나의 행동은 뷜러의 도식의 세 단계를 모두 포함할 뿐 아니라 이들을 상호 연결할 수도 있다.

4-38] 이 경우 우리는 어떤 의미에서 우리가 지금 막 살펴본 것과는 상당히 상반된 또 다른 질문에 흥미가 있다. 우리가 보기에 행동 발달의 세 단계에 대해서 논의하는 것이 연구자에게 있어 기본적으로 필요하다는 것은 의심의 여지가 없다. 그러나 이 질문에서 좀 더 나아가 보자. 즉 이 세 단계를 넘어서는 것이 가능하지 않은가? 뷜러가 두 번째와 세 번째 단계를 나누면서 극복하고자 했던 실수를 우리가 여전히 똑같이 범하고 있는 것은 아닌가? 이러한 가르침이 여전히 고등 행동 형태를 단순화하고 있지는 않는가? 그리고 우리 과학의 상태가 우리로 하여금 인간의 고등 행동 형태를 특징짓

는 행동 진화의 또 다른 단계, 이 경우 네 번째 단계에 관해 말하도록 요구하는 것은 아닌가?

> *앞에서 세 단계가 너무 많은 것은 아닌지 살펴보았으나 이 문단에서는 상반된 질문, 즉 세 단계가 충분한지에 관해서 살펴본다. 비고츠키는 세 단계는 충분치 않다고 말한다. 그는 인간 행동을 향하는 기호와 자연 환경을 향하는 도구는 질적으로 구분된다고 주장한다. 이것은 본능과 훈련된 습관 사이의 구분, 혹은 훈련된 습관과 지적인 문제 해결 사이의 구분과 동일한 것이다. 이러한 입장이 비고츠키 시대에는 논란의 여지가 있는 것이었다. 왜냐하면 레온티예프가 보기에 이러한 입장은 도구와 노동보다 언어의 가치를 더 중요하게 여기는 것으로 보이기 때문이다. 이것이 논란이 되기는 오늘날도 마찬가지이다. 활동 이론은 도구와 기호를 '매개 활동'의 동등한 두 종류로 간주하기 때문이다. 하지만 이 문단과 이후의 내용에 따르면 도구와 기호를 질적으로 구분하는 것이 곧 비고츠키의 입장이라는 사실은 의심의 여지가 없다.

4-39] 뷜러는 세 번째 단계에 대한 개념을 도입하면서 우리가 인간 사고의 고등 형태와 어린이와 침팬지에서 발견되는 원시적 형태들 모두를 공통분모로 환원해야 하고, 이론상 그들의 토대는 동일한 것이라고 주장했다. 고등 형태의 씨앗은 저차적인 것에 포함되어 있기 때문에 고등 형태와 저차적 형태를 묶어 내는 공통점을 이해하는 것은 당연히 과학의 적합한 목적이다. 그러나 고등 형태와 원시적 형태를 공통분모로만 환원하려는 것은 이 둘에 대한 불충분한 연구, 즉 후자(원시적 형태-K)의 연구에만 토대를 둔 심각한 실수이다.

4-40] 실제로 우리가 고등 행동 형태에서 그것이 저차적 형태와 공유하고 있는 것만을 파악한다면, 단지 과업을 절반만 수행하고 있는 것이다. 우

리는 고등 행동 형태를 실제로 고등 행동 형태가 되도록 하는, 즉 그들 고유의 기능으로 고등 형태를 적절히 기술할 수 없다. 그러므로 반복된 시도 없이 일어난 대상-지향적 적응 행동에서 뷜러가 이해한 공통분모는 고등 행동 형태의 내용에서 중요한 것을 보여 주지 않는다.

4-41] 솔직히 말하면 이러한 발달상의 세 단계는 최소한 도식적으로나마, 동물 세계에서 발견되는 다양한 행동의 변이형들을 낱낱이 설명해 준다. 즉, 이 단계들은 인간의 행동 중에서 동물의 행동과 일치하는 것을 드러내 보인다. 따라서 세 단계 도식은 그러한 생물적 행동 발달의 일반적 경로만을 어느 정도 온전히 나타내는 것이다. 그러나 이것은 인류를 구분해 주는 본질적인, 즉 고유한 정신 발달 형태를 포함하지 않는다. 우리가 앞에서 심리학의 인간화라고 언급한 흐름을 일관성 있게 따르고자 한다면, 어린이 발달에 있어서 인간적인, 오직 인간에게만 고유한 것을 부각시키고자 한다면 우리는 이러한 도식을 넘어서야 한다.

4-42] 사실, 공통분모라는 것은 인간과 동물 행동 사이의 어떠한 종류의 차이점도 제거될 수 있다는 것을 함축하고 있다. 머릿속이나 종이 위에 먼저 새로운 행동 형태를 설계하거나, 지도 위에서 전투를 계획하는 사람, 마음 속 모형을 따라 작업하는 사람은 도식의 외부에 있다. 다시 말해, 생각의 인공적 수단의 사용, 사회적 행동 발달 그리고 특히 기호의 사용과 관련된 인간 행동의 모든 것이 도식의 외부에 있다. 따라서 우리는 세 단계 도식에 덧붙여 그 위에 행동 발달에 있어서 특별한 새로운 단계를 세워야 한다. 이 단계를 네 번째 단계로 부르는 것은 아마도 옳지 않을 것이다. 이 단계가 세 번째 단계와 가지는 관계는 세 번째 단계가 두 번째 단계와 가지는 관계와 다소 다르기 때문이다. 하지만 어떤 경우에든 서수 대신 기수를 사용하여 행동 발달에 있어서 세 단계가 아닌 네 단계가 있다고 말하는 것이 더욱 정확할 것이다.

*비고츠키는 인간 행동의 네 단계를 이야기하면서 왜 서수 대신 기수를 선택한 것일까? 다음 장인 5장은 다윈과 라마르크의 논의로 시작한다. 이 둘 모두 진화는 적응이라고 믿었지만 어떻게 적응이 일어나는지에 대해서는 의견이 일치하지 않았다. 다윈은 적응이 주로 자연 선택 과정을 통해 발생한다고 했지만 라마르크는 적응이 지성적 해결 과정을 통해 발생한다고 믿었다. 뷜러는 이 둘에서 적응이라는 공통분모를 강조한다. 지능으로부터 습관, 지성적 해결에 이르는 인간 행동의 모든 세 가지 단계는 적응으로 보일 수 있다는 것이다. 그러나 비고츠키는 고등 수준에서 이것이 사실이 아님을 파악한다. 기호론적 행동은 종종 환경을 지향하는 것이 아니라 오직 인간 자신의 행동과 사고를 지향한다. 이 행동은 환경에 대한 적응으로 설명될 수 없다. 따라서 이것이 새로운 단계이기 때문에 '네 단계가 있다.'고 말하는 것은 옳지만, 이 고차적 행동을 적응의 네 번째 단계라고 간주하는 것은 옳지 않다.

4-43] 이 입장은 매우 중요한 사실을 감춘다. 우리는 순서상 네 번째인 행동 발달의 새로운 단계의 인정이 발생 심리학의 전망에 대해 갖는 엄청난 의미를 이해하기 위해서, 세 번째 행동 발달 단계의 발견과 인정을 둘러싸고 얼마나 많은 논쟁이 벌어졌는지 기억하는 것으로 충분하다.

*비고츠키는 이제 (자기를 향한 생각 단계인 네 번째가 아닌) 세 번째 지적 행동 단계에 대한 두 종류의 반대를 논할 것이다. 4-44와 4-45에서 비고츠키는 '아래'로부터의 반대(즉 반응과 지적 반응 사이에 어떤 질적 차이가 있다는 것을 부정하는 행동주의자의 관점으로부터)를 논한다. 4-46에서 비고츠키는 '위'로부터의 반대(즉 그들 사이에 어떤 본질적인 연결이 있다는 것을 부정하는 뷔르츠부르크 학파의 관념론자들로부터)를 논한다.

4-44] 잘 알려진 것처럼 지적 반응을 특별한 부류의 반응으로 인정하는 것은 두 측면에서 반론을 불러일으켰다. 한 측은 새로운 개념의 도입이 쓸데없다는 것을 발견했다. 그들은 습관과 비교할 때 지적 반응이 본질적으로 새로운 것을 전혀 포함하지 않으며, 조건 반사의 형성을 기초로 하여 적절히 충분하게 기술될 수 있다는 것, 즉 모든 행동은 타고난 반응과 획득된 반응의 두 단계의 도식을 사용하여 어떤 나머지도 없이 철저하게 기술될 수 있다는 것을 보여 주려 했다.

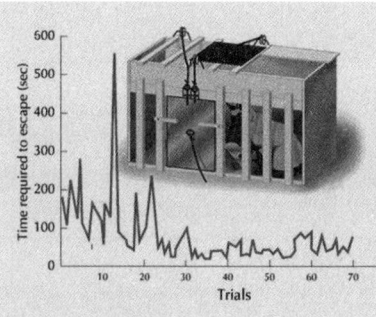

손다이크의 '퍼즐 상자'와 고양이가 탈출하는 데 걸리는 시간과 시도 횟수의 관계를 보여 주는 그래프.

*고양이는 탈출하기 위해 우리의 지붕에 매달린 끈을 당겨야 한다. 끈을 당기는 것과 우리가 열리는 것 사이에는 아무런 분명한 인과 관계(적어도 고양이의 관점에서 보았을 때)가 없다. 손다이크는 고양이가 퍼즐 상자에 대한 해결책을 우연한 '시도들'(**4-34** 단락에서 뷜러는 모든 지적 행위를 '시도'라고 부른다)에 의해 발견했으며 고양이는 연합적(끈을 당기는 것과 문을 여는 것을 비非지적으로 연합하는)으로 기억했다고 가정했다. 손다이크는 이것이 본질적으로 모든 학습의 본성이라는 가설을 세웠다. 그러나 우리는 학습 곡선이 실제로 '연습의 지수 법칙power law of practice'을 따르지 않음을 쉽게 알 수 있다. 곡선에는 많은 순수한 임의적 변이가 있으며 요구되는 시간은 완전히 0으로 떨어지지 않는다. 그것은 확실히, 탈출을 위해 요구되는 시간이 갑자기 사실상 0으로 떨어지는 지적 반응에서 발견하는 갑작스런 불연속적 변화를 따르지 않는다.

4-45] 이러한 견해에 대한 지지자들은 아직 연구되거나 규명되지 않은 세 번째 단계의 인정과 더불어 심리학이 다시 형이상학적이고 사변적인 개념을 다루게 될 것이고, 새로운 용어가 인간 행동 방식을 의인화하여 동물로 이행시키는 순수하게 유심론적인 생각으로의 통로를 다시 열게 될 것이며, 이들은 다시 심리학에 대한 발생적 관점 전체를 치명적으로 왜곡시킬 것이라는 우려를 표명했다. 어쨌든 이 우려들은 어느 정도 타당하다는 사실에 주목하자. 그렇다고 해서 우리가 보기에 이것이 그 저자들이 절대적으로 옳다는 증거는 아니다. 어떤 것이 오용될 수 있다고 하는 단순한 사실이 그것을 사용할 수 없다는 것을 의미하는 것은 아니다.

> *손다이크는 다음과 같이 우려했다. "대부분의 책들은 심리학에 관한 것이기보다는 동물들에 대한 찬사에 가깝다. 그것들은 모두 동물 지성에 관한 것들이었으며 동물의 어리석음에 대해서는 전혀 다루지 않았다." (E. L. Thorndike 1898 Animal Intelligence: An Experimental Study of Processes in Animals: *Psychological Review*, Monograph Supplements, No.8, New York: Macmillan). 사실 스턴은 이 모든 영아들에게서 형이상학적 '인간성'을 발견했으며, 여키스는 침팬지들이 '관념화'를 연습했다고 주장하였고, 베르그송은 지능을 가진 모든 창조물들이 '생명력'으로 가득 차 있다고 주장하였다.

4-46] 이 관점의 지지자들이 세 번째 수준을 인정하는 것이 불필요하다고 여기고 아래로부터, 즉 생물학으로부터 새로운 개념을 비판했다면 그것은 위로부터, 즉 주관적 심리학으로부터 더 날카로운 공격을 받았다. 이 주관적 심리학은 새로운 개념의 도입이 인간 정신의 권리를 폄하하게 될 것과, 다윈에 있어 그러하듯이 인간의 신성한 본성이 발생적 연결로 원숭이와 다시금 엮이게 될 것을 우려하였다. 뷔르츠부르크 학파의 심리학자들은 사고

를 연구하였고, 그것을 순수한 영적 활동이라고 여겼으며, 현대 심리학이 다시 한 번 플라톤의 이데아를 향해서 되돌아간다고 선언하였다. 이러한 관념론적 사고에 대한 가장 심각한 타격은 침팬지가 원시적으로 사용한 도구에서 인간 사고의 뿌리를 보여 준 쾰러의 발견이었다.

4-47] 행동 발달의 세 번째 단계에 대한 발견이 위와 아래 모두로부터 심각한 공격을 유발한 것은 매우 특이한 상황으로 보인다.

4-48] 우리가 심리학을 더 복잡하게 만들어 행동 진화의 세 단계가 아닌 네 개의 주요 단계를 제시하려 한다면 이제 유사한 상황이 벌어진다. 이는 발생 심리학의 기초적이고 근본적인 문제이다. 우리는 새로운 도식이, 기호 사용에 바탕을 둔 인간 사고와 침팬지 사고를 그들의 공통분모로 환원해야 한다는 생물학적 심리학과, 새로운 도식이 고등 행동 형태가 자연적, 역사적 형성에 종속되어 있다고 봄으로써 또다시 플라톤적 이데아를 공격하는 것으로 바라보는 유심론적 심리학 모두로부터 가장 강력한 반대에 직면하게 될 것임을 예상해야 한다.

> 플라톤주의는 기본적으로 비역사적인 관점을 가지고 있다. 플라톤은 수학, 논리를 비롯한 관념들이 이데아의 세계에 이미 존재하며 인간은 현상과 동떨어진 이러한 관념을 일방적으로 주입받거나 혹은 전생으로부터 기억한다고 간주한다. 따라서 인간 지성에 대한 역사적, 발달적 관념은 이러한 형이상학적 관념과 정면으로 배치된다.

4-49] 우리는 오직 이와 같은 위로부터의 비판과 아래로부터의 비판이 서로를 상쇄하고 서로를 중화시켰다는 점에서 위안을 삼을 수 있다. 한편에 있어 이는 원래의 단순한 도식을 부당하게 복잡화한 것으로 보이고 다른 한편에 있어서 이는 지독한 단순화로 받아들여질 것이다.

4-50] 사실 우리의 새로운 시도는 오직 첫 번째 발걸음일 뿐이므로, 위

험은 과도한 복잡화라기보다는 단순화에 놓여 있다는 것을 우리는 알고 있다. 물론 우리의 문제를 도식적으로 환원하고, 관습적으로 고등 행동이라고 명명된 모든 것을 공통분모로 다시 한 번 되돌리려 할 때 우리는 의식적으로든 무의식적으로든 문제를 단순화하게 될 것이다. 물론 인간 행동에 대한 진전된 연구는 더욱 새로운 시대와 새로운 단계를 구분할 수 있을 것이며 우리의 시도 역시 방법론적으로 종결된 것이 아님이 밝혀질 것이고 우리의 시도는 다양한 대상들을 공통분모로 단순화하고 환원하는 것이었음이 실제로 밝혀질 것이다. 그러나 우리는 지금 당장은 과학에서 새로운 개념을 획득하는 것에 대해서 말하는 것이며, 심리학을 옭아매고 있는 생물학적 굴레를 깨치고 역사적인 인간 심리학의 영역으로 들어가는 것에 대해 말하는 것이다.

*1.5와 1/2을 공통분모로 환원한다고 가정해 보자. 3/2와 1/2로 공통분모를 취하여 통분하는 것은 이 둘을 비교하는 데 있어 양적 비교가 훨씬 쉬워지도록 한다. 그러나 이렇게 통분하는 것은 중요한 질적 차이를 모호하게 만든다. 1.5는 완전한 하나(유기체적 완전성)를 포함하지만 1/2는 그렇지 못하다. 사과 한 개와 1/2 조각은 어린이에게 두개의 구별된 물체로 보이지만, 1/2 조각은 1개로 여겨진다. 이러한 질적 차이는 결정적이 될 수 있다. 본능과 습관은 반응이라는 공통분모를 갖는다. 그러나 조건반응의 조건성은 본능에 따르지 않는 행위를 하도록 동물을 훈련하는 데에 결정적이다. 이와 유사하게 지적 해결과 습관은 둘 다 적응(4-40에서 뷜러가 언급한 것과 같이)이라는 공통분모를 갖는다. 그러나 지적 해결의 참신함은 교육에 있어 핵심이 된다. 비고츠키는 어린이 행동의 자기 숙달에 관해 비슷한 주장을 내놓는다. 어린이의 자기행동숙달은 의식적 파악에 있어 지적 해결과 공통분모를 갖지만, 자기 숙달은 더 이상 환경을 향하지 않으며, 심지어 필연적으로 자기에게 이로운 것으로 향하지는 않는다. 우리는 '타자적 행위'와 '자기중심적 말'에서 이러한 차이점이 결정적임을 확인

할 수 있다.

4-51] 따라서 우리의 출발점은 행동의 진화에 있어서 새로운, 네 번째 단계를 인정하는 것이다. 하지만 앞서 우리는 그것을 네 번째라고 부르는 것이 잘못일 수 있다고 말했으며 거기에는 합당한 이유가 있다. 이전 세 단계들 위에 지어진 새로운 단계는 하나 위에 다른 하나가 더해진 이전 단계들과는 완전히 다르다. 이것은 우리가 직면한 행동 발달의 유형과 방향에서의 변화를 함축한다. 즉, 이 단계는 역사적인 인간 발달 유형과 일치한다. 하지만, 그것과 행동 발달에서의 자연적 단계라고 부를 수 있는 앞의 세 단계와의 관계를 생각한다면, 이 관계는 그들 사이의 관계와, 즉 우리가 앞서 말한 단계들의 관계들과 닮았다. 여기서 우리는 인격의 발생적 형성의 발달에 있어서의 독특한 지질학에 주목한다. 본능이 파괴되는 것이 아니라 조건 반사 안에 포함되는 것처럼, 습관이 계속해서 지적 반응 안에 존재하는 것처럼, 자연적 기능은 문화적 기능 속에 계속 존재한다.

> *비고츠키가 인간 행동의 발달에는 네 단계가 있다고 하면서 다른 한편으로는 실제로 세 단계만이 존재한다고 계속 주장하는 이유는 무엇인가? 그리고 바로 이 문단에서 그가 한편으로는 네 번째 단계가 고유한 것이며 그것만이 역사적 발달 유형에 일치한다고 주장하고, 다른 한편으로 이 단계와 다른 단계들과의 관계가 실제로는 다른 관계들 간의 관계와 같다고 주장하고 있는 이유는 무엇인가? 그것은 우리가 다루고 있는 행동 구조를 매우 다른 두 가지 방법으로 생각할 수 있기 때문이다. 우리는 행동의 '안쪽'에 서서 그 관계들을 발달 '안'에서, 발달의 '부분'으로서 생각할 수 있다. 그러나 역시 '바깥쪽'에 서서 행동 구조와 목표 사이의 관계를 생각해 볼 수도 있다.

행동의 구조	기능	발달 유형
본능 (무조건 반사)	환경에의 적응	자연 선택 (유전적)
습관 (조건적 반응)	환경에의 적응	인공적 선택 (비유전적)
해결책 (지적 반응)	환경에의 적응	원시적 (지적, 도구에 의한 매개)
의지 (자발적 생각, 통제된 감정, 의도적 행위)	행동, 생각, 감정의 통제	행동, 생각, 감정의 통제

발달을 내부적으로 고려해 본다면, 즉 개인적 경험의 한 형태와 유형으로 본다면, 모든 것들이 연결되어 있는 것처럼 보인다. 각 단계가 이전 단계의 변증법적 지양을 포함하고 있다는 점에서, 예를 들어 무조건적 반응은 조건적이 되고, 무조건적 반응과 조건적 반응은 지적 반응에 포함된다는 것에서, 이들은 구조적으로 확실하게 연결되어 있다. 이는 우리가 오직 그것을 객관적으로, 멀리 떨어져서 볼 때에야 비로소 발달의 기능 자체가 환경의 통제로부터 자신의 통제로 완전히 바뀌었음을 알 수 있게 된다. 기능적으로 보면, 현재는 결코 과거로 느껴지지 않는다. 이는 몇 년 후 지금 이 순간을 돌이켜 본다면 지금은 과거가 될 것임을 정확히 알고 있음에도 그렇다. 이와 유사하게 현대를 역사의 시기 중 하나일 뿐이라고 생각하는 것은, 우리가 비록 현대라는 것이 단지 역사의 일부임을 잘 알고 있음에도 매우 힘든 일이다. 이 때문에 우리는 정서적 경험을 전체적 체계나 완성된 발달로 바라보는 것이 아니라 과업을 해결하는 방편으로 실용적, 기능적으로 바라보게 된다. 이와 동일하게, 비고츠키는 기능적 관점에서 볼 때에는 문화적 발달이야말로 우리에게 가장 중요한 전부인 것으로 보이지만, 인생 경험에의 전체 체계의 일부로 보았을 때에는 문화적 발달은 자연적 단계들이 서로 간에 맺는 관계와 유사한 관계를 자연적 단계 자체와 맺게 됨을 인식하고 있다.

4-52] 우리가 분석의 결과로 알게 된 것처럼, 모든 고등 행동 형태는 바로 어떤 저차적, 기본적, 자연적 과정의 집합이라는 것이 발견된다. 문화는 아무것도 창조하지 않으며, 단지 자연을 이용하고, 순응시켜 인류에 봉사하도록 한다. 우리는 행동 발달의 이 네 번째 단계를 구심리학의 용어를 사용하여 표현하자면, 지성과 유사하게 의지라 부를 수 있을 것이다. 왜냐하면 우리 연구의 주제인 고등 행동 형태의 가장 실질적 토대를 연구해 온 것은 구심리학의 의지에 대한 장章이기 때문이다.

> 모든 고등 행동 형태는 직접적으로 저차적, 기본적, 자연적 과정의 형태로 출현한다. 예를 들어 볼로시노프가 지적했던 것처럼, 말에 대한 최초의 '직접적인' 연구는 음성과 음향 연구 즉 인간이 동물과 공유하는 저차적, 기본적, 자연적 과정인 물리적 소리에 대한 연구였다. 겉보기에 문화는 전혀 아무것도 창조하지 않는 것처럼 보인다. 즉 단순히 자연에 의해 주어진 것을 취하고 인간의 의지에 따르도록 만든다. 예를 들어 문화는 인간의 목소리를 창조하지 않으며 단지 진화를 통해 발달된 인간의 목소리를 취해서 문화적 의사소통의 형태로 봉사하도록 한다. 만약 우리가 구심리학 즉 데카르트, 스피노자, 로크, 흄의 사변적이고 비실험적인 심리학의 용어를 사용한다면 우리는 '지성'이 세 번째 행동 단계를 기술하는 데 가장 적합했던 것처럼 '의지'가 네 번째 단계를 기술하는데 가장 적합하다는 것을 발견할 것이다. 그러나 이것은 단지 '의지'에 대한 저술들이 고등 행동 형태의 실제 토대를 대부분 차지했기 때문이다. 스피노자는 『윤리학』에서 고등 행동을 대표하는 '지성'이 '의지'와 같은 범위와 영역을 가진다고 가정한다.

4-53] 구심리학에서 잘못 해석되고 파편적으로 묘사되었던 실제적이고 부인할 수 없는 현상과 행동 형태들이 의지에 대한 유심론적 관념과 함께 버

려져야 한다고 생각하는 것은 오류일 것이다. 이런 방식으로 회프딩은 비자발적 활동이 자발적 활동의 내용과 토대를 형성한다고 말했다. 의지는 결코 새로운 것을 창조하지 않고 항상 수정하고 선택한다. 그는 의지는 오직 그 과정들 내에 본래 갖추어진 동일한 법칙 아래에서만 다른 정신 과정에 개입한다고 말했다. 그러므로 구심리학이 자발적 활동과 비자발적 활동과 함께, 자발적 기억과 비자발적 기억, 자발적 사고와 비자발적 사고도 역시 구별하는 데에는 그럴 만한 이유가 있다. 회프딩은 또한 의지의 작용이 항상 주요한 요인인 것은 아니라고 주장했다. 그는 의지가 드릴처럼 초기 원동력을 제공하지만 구덩이가 파지면 물이 그 자체의 힘에 의해 분출되듯이 우리는 오직 추구된 것과 창조된 것을 비교해야 한다고 말했다.

*이 단락은 회프딩의 1904년 책 『심리학 개요』에서 인용된 것이다. 비고츠키는 아마도 독일어판을 읽은 것으로 보인다. 우리는 비고츠키의 인용이 옳지 않다는 것을 알 수 있다. 회프딩은 드릴과 물 분출에 대한 생각을 골드슈미트의 1887년 『회고록』(183쪽)에서 얻었다. 다음은 회프딩 책의 영어 번역본에서 관련된 부분을 인용한 것이다.

"기억과 관념의 흐름은 정해진 법칙의 지배를 받는다. 외부 자연을 변화시켜 우리의 목적에 봉사하도록 하는 것이 단지 자연의 법칙에 의하여 가능한 것처럼, 만약 어떤 관념이 의도적으로 제출되거나 제외될 수 있다면, 그것은 단지 동일한 법칙에 의해서만 가능하다. (……) 골드슈미트의 인상적인 표현을 사용하자면! 의지는 드릴처럼 초기 원동력과 작용을 제공하지만, 한 번 구멍이 뚫리면 물이 그 자신의 힘에 의하여 흘러야 하듯이, 시작한 것과 추구되어야 하는 것을 비교하는 것은 단지 우리에게 남아 있다(pp.330~331)."

Høffding, H.(1904), *Outlines of Psychology*, New York: MacMillan.

> 비고츠키가 3장의 **3-77~3-78**에서 헤겔에 관하여 회프딩을 인용했음을 기억하자. 거기서 회프딩은 헤겔의 개념인 '지양'에 관한 훌륭하고 구체적인 예를 제공한다.

4-54]　의지의 개입은 진정한 의미의 생각, 즉 개념의 형성, 판단, 추론의 토대이다. 그러나 이러한 낱말들 역시 많은 의미를 지니고 있고 네 번째 단계의 행동이 다른 행동과 어떻게 관계 맺고 있는지에 관해서 명확하게 알려 주지 않기 때문에, 우리가 계속해서 언급해 온 것을 새로운 발달 영역이라고 부르고자 한다. 우리는 뷜러의 비교를 사용하여 발달의 또 다른 영역, 앞선 세 영역과는 달리 선택으로 공식화된 생물학적 법칙에 종속되지 않는 영역의 윤곽을 드러냈다고 말할 수 있을 것이다. 선택은 더 이상 행동 영역에 있어 최고의 적응 법칙이 아니며, 모든 중립적 행동 형태는 사회화되어 왔다. 비교를 받아들인다면, 이 새로운 영역이 다른 발달의 세 영역과 갖는 관계가 마치 인류의 역사적 발달 과정 일반이 인간의 생물학적 진화와 갖는 관계와 같다고 말할 수 있다.

> *비고츠키는 우리가 흔히 사용하는 낱말들('생각', '개념 형성', '판단', '추론' 등)이 객관적 세계에서 명확한 지칭 대상을 가지는 것이 아니라 상황과 때에 따라 다양한 의미로 사용된다는 점을 지적한다. 이에 대한 그의 해결책은 새로운 기능적 혹은 구조적인 명칭을 도입함으로써 기존의 복합체에 새로운 요소를 더함으로써 오해를 유발하는 대신 이 새로운 행동 형태를 매우 일반적인 발생적 기술, 즉 새로운 단계 혹은 '신형성'으로 지칭하는 것이다. 그러나 비고츠키는 이것이 완전히 새로운 행동 단계라는 점을 강조한다. 이는 단순히 또 다른 형태의 지적 적응이 아니다. 여기서는 더 이상 환경에 대한 적응을 논의하고 있지 않다. 우리가 생각하고, 개념

을 형성하며, 보이지 않는 사실들에 대한 추론을 하며, 허구, 픽션을 만들어 내고 이를 즐기는 것은 우리가 도구를 사용하여 적용하는 것과는 전혀 다른 활동이다. 따라서 비고츠키는 이를 '신형성'이라고 부른다. 즉, 본능, 조건 반응, 지적 적응과는 질적으로 다른 새로운 행동 형태임을 지적하는 것이다. 그러나 어째서 우리는 이 '신형성'을 단순히 또 다른 형태의 지적 적응이라고 바라보면 안 되는 것일까? 인간 역사와 문화는 환경에 대한 지적 적응을 수없이 포함하고 있지 않은가? 예를 들면, 도시는 강이나 바다 옆에 세워졌으며 공동체는 항상 식량과 물, 보호처를 염두에 두고 위치를 정했고 가족은 언제나 생물학적 관계를 바탕으로 한다. 그러나 환경의 요구에 대한 효율적 적응과는 전혀 상관이 없는 행동 형태도 수없이 많다. 이러한 행동 형태는 본 문단에서 '중립적인' 행동 형태로 지칭되며 다른 말로 하면 '비적응적' 행동이라고 할 수 있을 것이다. 예를 들어, 소리는 제스처에 비하면 의사소통을 하는 데 있어서 더 비효율적인 수단이 된다. 인간 언어의 문법 중 많은 부분은 불필요하게 복잡하고 비적응적인 것으로 보인다. 이러한 것들이 어떻게 사회화될 수 있었는지를 설명해 주는 것은, 오직 '신형성', 즉 인간 행동 진보에 있어서 완전히 새로운 단계라고 비고츠키는 말한다. 사실, 도시는 바닷가가 아닌 산꼭대기에도 세워졌으며 공동체 역시 생물적 욕구를 더 잘 충족시키는 입지를 배제하고 오히려 기능적으로 떨어지는 지역에 존재하며, 가족을 형성하는 첫 단계인 결혼은 생물학적 행위가 아니라 사회적 행위이다.

4-55] 이전 장들에서 우리는 이러한 발달의 고유성을 살펴보았다. 이제 우리에게는 그것의 본성에 대한 간략한 논의가 남아 있다.

4-56] 현대 심리학에서 문화적 발달의 개념이 바르게 이해되지 않았다는 것을 꼭 짚고 넘어가야 한다. 심지어는 현재에도 많은 심리학자들이 문화

적 행동 변화라는 사실을 자연주의적 측면에서 생각하고, 그것이 어떤 문화 내용과 더불어 나타나는 복잡한 습관 혹은 지적 반응이라고 상상하는 경향이 있다. 심리학은 행동 형태의 독립성과 행동 형태 변화의 고유한 움직임의 법칙에 대한 이해를 결여하고 있다. 그러나 심리학 연구들은 고등 행동 형태의 구조가 항상 똑같은 모습으로 존재하지 않고, 스스로의 내적 역사를 가지며, 이 역사 속에는 행동 발달 역사 일반이 포함된다는 것을 보여 준다. 문화적 행동 기술은 동떨어진 습관처럼 간단히 생겨나지 않는다. 그들은 새로운 관계를 도입하고 완전히 새로운 체계를 창조함으로써 인격의 통합적인 부분들이 된다.

*구구단을 외우는 어린 아이를 떠올려 보자. 구구단은 어린이가 아직 갖지 못한 커다란 기억 능력을 요구한다. 어떤 숫자들에 대해서는 다행히 기억을 '모의'할 수 있을 것이다. 예를 들어, $n \times 10$의 경우엔 숫자 n에 단순히 0을 붙이면 되고, 이것을 이용하여 $n \times 5$를 구할 때는 $n \times 10$의 절반을 구하기만 하면 되는 식이다. 이런 식으로 $n \times 9$를 구할 때는 $n \times 10 - n$을 하면 된다. 이런 식으로 곱셈을 덧셈 문제로 분해하거나, 알고 있는 곱셈을 이용해서 모르는 곱셈 문제를 해결하는 '모의'가 수없이 존재한다. 실상 이러한 행동의 '문화적 기술'은 동떨어진 습관이 아니다. 이들은 사람들이 산술 학습에 사용하는 어느 정도 잘 알려진 문화 기호 체계의 측면이다. 그 속에는, 예를 들면 곱셈을 배우기 전에 반드시 덧셈을 이해해야만 하는 것과 같은, 내적 논리와 내재적인 역사가 존재한다. 비고츠키는 현대 심리학이 두 가지를 이해하지 못하고 있다고 지적한다. 첫째는 이처럼 서로 상이한 행동 형태가 독립적임을, 즉 그들이 서로 어떻게 다른지를 이해하지 못한다는 것이다. 예를 들어 손다이크는 지적인 행동을 단순히 습관이라고 간주했기에 구구단을 기억하는 '모의'를 단순 기억하기와 전혀 다른 어떤 것으로 볼 수 없는 것이다. 이 경우 어린이는 곱셈 대신 덧셈과 뺄셈

을 기억하고 있는 것에 불과하다. 둘째, 현대 심리학은 어린이로 하여금 한 행동 형태로부터 다른 형태로 이행할 수 있도록 해 주는 움직임의 법칙, 즉 서로 다른 행동 형태들이 서로 연관된 방식을 이해하지 못한다. 예를 들어 기억 테스트의 경우 비네는 이런 형태의 '모의'를 실제 기억과 무관한 모종의 부정행위로 간주할 것이다. 하지만 분명히 모의는 기억과 연결되어 있다. 우리는 모의에서 기억으로 이어지는 그 움직임의 법칙, 즉 어린이가 그가 모의한 것을 어떻게 기억하게 되는지를 발견해야만 한다. 그리고 무엇보다도 비효율적인 기억으로부터 모의로 이행하는 움직임의 법칙, 즉 어린이가 어떻게 하나의 기능을 또 다른 기능을 보완하기 위하여 사용할 줄 알게 되는지를 알아내야만 한다. 비고츠키에 의하면 이러한 형태의 모의는 고등 행동 형태를 나타낸다. 즉 습관에 의한 기억이 지적 해결 방법으로 이행되는 것이다. 하지만 이 지적 해결 방법은 기억에 의존하고 있으며, 기억을 포함하고 있다.

4-57] 우리는 새로운 행동 양식이 겪는 변화들을 검토함으로써 진정한 의미에서 발달이 갖는 모든 특징을 이해할 수 있다. 물론 이 발달은 유기체적 발달에 비해서 매우 고유하다. 이 고유성 때문에 심리학자들은 여전히 이러한 과정들을 특별한 발달 유형으로 인식하지 못하고 거기서 행동 역사에서 완전히 새로운 측면을 보지 못한다. A. 비네는 가장 뛰어난 자연적 기억보다도 더 훌륭한 결과를 획득하는 기억술로부터, 기호에 근거한 기억이 기능의 증가를 초래한다는 사실에 직면하게 되었다. 비네가 발견한 이 현상은 가장 뛰어난 기억의 모의라 불리었다. 잘 알려진 대로 그가 표현하고자 했던 것은 각각의 정신적 조작이 모의될 수 있다는 생각 즉 완전히 다른 수단에 의해 동일한 결과를 이끄는 다른 조작에 의해 대체될 수 있다는 생각이었다.

새로운 행동 양식이 어떻게 변하는지 고려한다면 실제 발달의 모든 특징들(예를 들어 비선형적 변화들, 예측 불가성, 처음에는 존재하지 않는 새롭고 예기치 않은 요소들의 출현과 발달이 완결되기 이전의 소실, 위기들)을 볼 수 있다. 그러나 물론 이 발달은 유기체 발달과 매우 다르다. 이는 자연 선택, 적자생존, 또는 유전자에 의존하지 않는다. 이 고유성은 많은 심리학자들을 한편으로는 그것을 발달로 인식하지 못하고 다른 한편으로는 그것을 새로운 것으로 보지 못하게 한다. 예를 들면, 촘스키는 언어를 발달하는 것이 아니라 단순히 보편 문법으로부터 펼쳐 나온 것이라고 본다. 핑커는 언어 유전자가 있다고 믿었다. A. 비네는 기억술이 종종 인간의 기억을 그것의 자연적 기능을 훨씬 넘어서도록 확대한다는 것을 발견하였다. 그러나 그는 이것을 기억의 '모의'라 칭하였다. 이는 인간이 '가식적으로 행동'하거나 '가식적으로 꾸미는 것'을 의미하고 실제 기억이 아니라는 것을 의미한다. 지금까지 그는 기억을 포함한 모든 심리적 조작이 다른 방법으로 같은 결과를 이끄는 또 다른 조작들로 대체될 수 있다는 것을 의미했다.

*비네는 2-34, 2-41, 2-51 단락에서 언급된다. 비네에 대해서는 2-34 참조.

4-58] 비네의 정의가 그다지 적합한 것이라고 할 수는 없다. 그것은 외적으로 유사한 조작도 본질적으로 어떤 것이 다른 것인 척하는 상황일 수 있음을 바르게 지적한다. 비네가 염두에 두고 있었던 정의가 오직 첫 번째 기억 유형에 대해 두 번째 기억 유형이 가지는 고유성이었다면 이것은 논쟁의 여지가 없을 것이다. 하지만 두 번째 유형이 반드시 거짓 즉 기만을 포함한다고 결론짓는 것은 잘못이다. 이러한 실용적 관점은 그것이 발견되었던 기만하기 쉬운 특정한 조건(시험-K)과 관련이 있었다. 이는 심리학자의 관점

이라기보다는 시험 감독관의 관점이다. 그러나 비네 스스로도 인식했듯이 이러한 모의 실행이 허상은 아니다. 우리 모두는 일종의 기억술적인 능력을 가지고 있으며, 그에게 기억술은 암산과 함께 학교에서 가르쳐야 하는 것이다. 그가 학교에서 속임수를 가르쳐야 한다고 말하지는 않았을 것이다.

4-59] 이런 발달 유형을 허상적인 유기체적 발달을 이끄는 가상의 것이라고 말하는 것 또한 부적절해 보인다. 여기서 또다시 진정으로 표현된 것은 단지 사태의 부정적인 측면이며, (자연적-K) 기능의 문화적 발달을 더 높은 수준으로 끌어올릴 때, 그 활동의 향상은 유기체적 발달이 아니라 기능적 발달 즉 방법적 발달에 토대를 두고 있다는 것이다.

4-60] 그러나 이 후자의 정의는 이 경우에는 허구적인 발달이 아니라 특수한 규칙성을 가진 특수한 유형의 실제 발달이 있다는 기초적 진실을 감춘다. 그러므로 우리는 자연적 즉 생물학적 발달에 대립하는 것으로 문화적 행동 발달에 대해 이야기하고자 한다.

> *볼로시노프가 지적한 것처럼, 문화적 발달이 궁지에 몰린 것처럼 보이는 시대에, 우리는 말의 힘을 경시하고 불신하는 지적 풍조(현상학, 해체주의 그리고 심지어 활동 이론)를 매우 자주 발견하게 된다. 그것은 언어와 모든 관념적 산물들을 가상적 허구 또는 적어도 사실 이하의 것으로 간주한다. 그러나 이차 방정식을 풀기 위해 공식을 사용하는 어린이는 실제 문제에 대한 실제 해답을 내놓고 있는 것이다. 비록 어린이가 그 공식의 원리를 완전히 이해하지 못한다 할지라도, 어린이의 문제 풀이나 정신 발달을 허구적이라고 말할 수는 없다.

4-61] 우리는 이제 문화적 행동 형태의 기원을 규명하는 과업으로 나아간다. 우리는 실험 연구에서 나타난 발달 과정의 개요를 간결하게 제시할 것이다. 만약 우리가 인위적 실험 조건을 신뢰한다면, 우리는 어린이의 문화적

발달 속에 연속적으로 서로를 대체하고 서로로부터 생겨나는 네 개의 주요 단계 혹은 국면이 있다는 것을 보여 주고자 할 것이다. 전체적으로 볼 때 이 용어들은 모든 정신 기능의 문화적 발달 단계를 기술한다. 실험 외적으로 얻어진 데이터는 계획된 대로 도식과 완전히 일치하고, 도식 내에 자리를 잡고 도식의 사용 가치와 가설적 확장이 되어 완벽하게 들어맞는다.

*비고츠키는 여기서 언급한 네 단계를 이 장의 어디에서도 명백히 밝히고 있지 않다. 대신 그는 기호의 자연적 역사와 모방이라는 두 단계만 밝히면서 이 장을 끝내고 있다. 그러나 다음의 제5장은 사실상 네 단계를 드러내는 하나의 실험을 기술하고, 이것을 수 세기와 말로 일반화하고 있다. 다음의 비교표에서 볼 수 있는 것처럼, 이것은 이 장의 앞에서 논의된 네 가지 행동 '단계' 그리고 또한 『생각과 말』 4장(4-3-16~4-3-21 단락을 볼 것)에서 논의된 네 가지 행동 '단계'와 꽤 밀접하게 상응한다.

역사와 발달 4장	역사와 발달 5장	『생각과 말』 4장 3절
뷜러 : 본능(무조건 반사 즉 다양한 종류의 타고난 반응들) 비고츠키 : 기호의 자연적 역사(4-68~4-69)	선택 반응에서 자연적 기억의 사용, 수 세기에서 양의 시각적 모의 사용(5-106~5-108), 말에서 운동 활동(5-134)	원시적, 자연적 단계, 前的 지적 말, 말 이전의 생각(4-3-16)
뷜러 : 훈련(파블로프에 의해 제공된 그리고 생각을 하지 않는 모방과 같은 조건적 반응) 비고츠키 : 모방(4-70~4-78)	선택 반응에서 기호의 주술적 또는 소박한 사용(5-109~5-121), 수 세기에서 말로 하는 수의 모방(5-135~5-146), 말에서 사물의 속성으로서 낱말을 향한 주술적 태도(5-139)	소박한 심리학, 소박한 물리학, 올바르지만 무의식적인 방식의 말 사용, '○○ 때문에' 또는 '비록 ○○ 하지만'에 이어지는 문장을 의식적으로 완성하지 못함(4-3-17~4-3-19)
뷜러 : 지적 반응(적응적이고 최소한 환경을 향해 바깥쪽으로 명백히 방향 지어진)	선택 반응에서 기호의 능동적 사용(5-122~5-130), 수 세기에서 손가락의 사용(5-137), 말에서 자기중심적 말의 사용(5-143)	외적 기호, 손가락으로 수 세기, 기억술 장치의 사용, 자기중심적 말(4-3-20)

뷜러 : 지적 반응(적응적이고 최소한 환경을 향해 바깥쪽으로 명백히 방향 지어진)	선택 반응에서 기호의 능동적 사용(5-122~5-130), 수 세기에서 손가락의 사용(5-137), 말에서 자기중심적 말의 사용(5-143)	외적 기호, 손가락으로 수 세기, 기억술 장치의 사용, 자기중심적 말(4-3-20)

4-62] 우리는 간단한 실험을 통해 순차적으로 서로서로 나타나는 어린이 문화 발달의 네 단계를 간략하게 추적해 볼 것이다. 어린이 문화 발달에서 선택된 국면들은 문화 발달 역사에 관한 이어지는 장들에서 구체적인 내용으로 채워져야 하는 추상적 도식에 지나지 않는다고 이해된다. 이제 우리는 개별 정신 기능들의 추상적 도식으로부터 구체적인 역사로 나아갈 수 있도록 하는 일반적 문제에 집중해야 할 필요가 있다.

4-63] 물론 실험 연구에서 얻어진 이러한 도식이 실제 발달 과정의 복잡성을 낱낱이 보여 줄 수는 없다고 말하고자 한다. 이 도식은 기껏해야 문화 발달의 가장 중요한 측면을 밝히고 서로의 관계를 알아내기 위해서 주어진 행동 유형을 압축된 형태로부터 과정으로 확장하는 데 도움을 줄 뿐이다. 하지만 인위적인 실험 조건을 토대로 얻어진 이 도식적 이미지를 그저 단순히 하나의 도식 이상으로 생각하는 것은 크나큰 잘못일 것이다. 왜냐하면 발생적 분석의 가장 큰 어려움은 바로 실험적으로 유도되고 인위적으로 조직된 행동 과정의 도움을 사용해서 실제적인 자연적 발달 과정을 꿰뚫어보는 데 있기 때문이다.

*비고츠카-샤카로프 블록 테스트는 실험적으로 유도되고 인위적으로 조직된 행동 과정의 예이다. 비고츠키는 『생각과 말』 5장에서 비고츠카-샤카로프 블록 테스트가 실제로 말 발달의 모형일 뿐이며 진정한 개념 발달 과정은 훨씬 더 복잡할 것이라고 지적한다(『생각과 말』 5-11-3~5-11-11 참조).

4-64] 다시 말해서 발생적 연구는 언제나 실험적 도식에서 실제 삶 그 자체로 이동하는 거대한 과업에 직면한다. 만약 그 실험이 일종의 일관성이나 규칙성을 제공해 준다면 우리는 이 결과를 결코 실험에만 제한할 수 없으며, 실제적인 현실의 삶의 조건이 실험실에서 그 과정을 의도적으로 유발하는 실험자의 손을 대체할 때 우리가 관찰하고 있는 과정이 어떻게 전개되는지를 스스로 질문해야만 한다. 실험적 도식에서 실제로의 이행을 받치고 있는 가장 중요한 기둥 중 하나는 비非실험적으로 얻은 자료이다. 우리는 이미 그 속에서 우리 도식의 정당성에 대한 견고한 확증을 발견했음을 지적해 왔다.

4-65] 그러나 이것이 전부가 아니다. 문화적 행동 형태가 나타난 경로를 추적하는 실제 조사가 남아 있다. 그리고 다시 여기에서 주된 어려움은 아동심리학에서 잠재적인 형태로 지금까지도 만연한, 주지주의와 밀접하게 연관된 전통적 편견을 극복하는 것이다. 발달 과정에 대한 주지주의적 관점은 발달이 일종의 논리적 조작에 따라 일어난다는 가정에 토대를 두고 있다. 어린이가 의식적 언어 사용을 어떻게 발달시키는가라는 질문에 관하여 주지주의 이론은 어린이가 말의 가치를 발견한다고 답한다. 이러한 접근은 설명되어야 할 것을 이미 주어진 것으로 가정하기 때문에 거대한 장애를 초래한다는 것을 알아차리지 못한 채 복잡한 발달 과정을 간단한 논리적 조작으로 대체하려 한다.

> *본문에서 말의 가치значение речи는 뜻과 의미를 모두 포함하는 용어이다(『생각과 말』 1장 참조). 비고츠키가 생각하고 있는 것은 그 시대의 말에 대한 주된 비非실험적 연구이다. 이런 연구의 대표자로 스턴이 있다 (Stern, C. and W.(1928), *Die Kindersprache*(Child Speech), Leipzig: J. A. Barth). 스턴은 어린이는 두 살 때 '말의 가치를 인식한다.'고 가정한다. 또한 비고츠키가 지적한 것처럼 어린이의 발견은 부적응 때문이고 클레파

> 레드의 법칙으로 설명될 수 있다고 가정한 피아제 역시 고도의 주지주의
> 적 접근 방법을 취한다. 후에 피아제의 '발생적 인식론'은 어린이 실제 발
> 달 과정을 단순히 추상적인 지식 발달의 한 예로 사용하면서 훨씬 더 명백
> 히 주지주의적인 것이 되었다(『생각과 말』 3-4~3-10, 6-2-6~6-2-18 참조).

4-66] 우리는 이러한 관점이 잘못임을 말 발달이라는 예를 사용하여 보이고자 하였다. 사실, 문화적 발달이 단순한 논리적 조작이 아니라는 것을 이보다 명확히 보여 주는 예를 찾을 수 없다.

4-67] 문화적 발달 과정에서 진정한 의미에서의 지성, 사고, 발명, 발견이 담당하는 커다란 역할을 부인할 생각은 전혀 없다. 그러나 발생적 연구의 과업은 새로운 행동 형태의 출현을 발견을 통해서 설명하는 것이 아니라 반대로 발달 자체, 어린이 행동에서 발달이 수행하는 역할, 어린이의 발달과 활동에 기여하는 다른 어떤 요소들이 무엇인지를 발생적으로 드러내는 것이다.

4-68] 심리학에서 첫 번째 편견만큼이나 확고히 뿌리 내린 다른 편견을 구체화할 때 지성의 역할은 가장 쉽게 설명된다. 스턴이 어린이 언어 발달을 발견으로서 설명하고자 한 것과는 반대로, 현대 반사학은 이 과정과 다른 수많은 습관들과의 차이를 구체적으로 밝히지 않은 채 이것을 습관 발달의 과정으로 설명하고자 하였다. 말 발달 과정이 운동 기능 발달을 포함하며 단순 조건 반사 형성의 고유한 모든 양식을 말 발달에서 확실히 찾을 수 있음은 물론이다. 하지만 이것은 단지 말의 생득적, 자연적 본성만을 발견했을 뿐이며 그 과정 자체에 대해서는 적절하게 기술할 수 없음을 의미한다.

> *비고츠키는 단순한 조건 반사의 발달을 말의 타고난 자연적 특질의 일
> 부라고 언급했다. 하지만 조건 반사는 비자연적 특질이 아닌가? 비고츠키

에게 있어 조건 반사는 자연적으로 주어진 것이 아닌 그 어떤 실제적 '반응'도 포함하고 있지 않다. 조건 반사에서 우리는 두뇌, 신경자극, 신체적 움직임을 사용하며 이들 모두는 자연적인 자질의 일부이다. 행동 발달의 두 번째 단계(조건 반사)뿐만 아니라 세 번째 단계(지적 반응)도 행동의 자연적 역사의 일부이며 이것은 이 모든 것들이 동물에 의해서 행해졌으며 환경에 대한 적응 반응이기 때문이다.

4-69] 그러므로 우리는 문화를 인간 지성의 활동으로 간주하는 주지주의적 관점과 고등 행동 형태를 단지 그 실행 기제機制의 관점으로만 고찰하는 기계론적 관점 모두를 극복해야 한다. 이 두 오류를 모두 극복함으로써 우리는 잠정적으로 기호의 자연적 역사라고 부르는 것에 곧장 다다르게 된다. 이러한 기호의 자연적 역사는 문화적 행동이 자연적 형성 속에 자연적 근원을 가지며, 수천 가닥의 실에 의해 그것에 연결되어 있고, 그 토대 위에서가 아니면 일어날 수 없다고 우리에게 말하고 있다. 여태까지 연구자들이 단순한 발견이나 단순한 습관 형성 과정을 보아 온 반면 실제 연구는 복잡한 발달 과정을 드러낼 것이다.

*우리가 자연적 근원과 문화적 형성 사이의 이러한 복잡한 상호작용을 연구할 수 있는 하나의 방법은 모방의 연구를 통하는 것이다. 모방은 동물들의 사회 조직에도 제한된 형태로 존재한다. 인간에 있어 모방은 문화적 형성물의 구성을 위한 자연적 토대가 된다. 이것이 비고츠키가 다음에 고찰하고자 하는 것이다.

4-70] 우리가 언급할 수 있는 어린이 문화 발달의 주요 경로 중 하나로 일반적으로 **모방**이라고 일컬어지는 것을 그 가치상 첫 번째 순위에 놓고자

한다. 어린이의 문화 발달의 주요 경로 중 하나로 모방을 이야기하는 것이 우리가 방금 논의한 편견들로 돌아가는 것처럼 보일 수 있을 것이다. 당연히 습관-형성 이론의 지지자들은 모방이란 이미 확립된 행동 형태를 다른 형태로 기계적으로 이동한 것일 뿐이라 말할 것이다. 즉, 모방은 습관 형성 과정이며 동물 발달에서 흔히 관찰되는 것이다. 이러한 견해에 반하여 우리는 현대 심리학에서 발생해 온 분열을 지적할 수 있다.

4-71] 심리학에서 모방 과정은 최근까지 순수하게 주지주의적인 것이 사실이었다. 실제로 모방 과정은 언뜻 보이는 것보다 훨씬 더 복잡한 것으로 드러난다. 따라서 다양한 동물과 인간들이 모방할 수 있는 능력은 엄격히 제한되는 것으로 보이며, 이 분야에 있어 심리학의 새로운 입장을 요약하여 말하자면 모방 가능한 역할 모형의 범위는 동물의 발달 가능성의 범위와 일치한다고 할 수 있을 것이다.

4-72] 예를 들자면 언어 발달이 성인에 대한 어린이의 모방에 의해서 설명될 수 없다는 것은 오랫동안 지적되어 왔다. 결국, 동물은 인간의 목소리를 듣고 모종의 발성 기관으로 그것을 모방할 수 있지만 우리는 그들(예를 들어 앵무새-K)이 인간을 모방할 수 있는 범위가 아주 제한적이라는 것을 애완동물과의 경험을 통해 알고 있다. 거의 무제한의 훈련 가능성을 지닌, 인간에게 가장 친숙한 동물인 개도 인간 행동으로부터 거의 아무것도 취하지 못하며, 어떤 연구자도 아직까지 본능을 벗어난 어떠한 모방도 발견한 바가 없다.

> *어린이에 대한 첫 번째 문장과 동물에 대한 이 단락의 나머지 부분 사이에는 논리적인 틈이 있는 것처럼 보인다. 그러나 비고츠키는 여기서 오히려 큰 걸음을 내딛고 있다. 비고츠키는 어린이가 모방을 통해서만 말을 배우는 것이 아니라고 한다. 그는 동물도 모방하지만 말을 배우지는 못한다고 기술한다. 어린이는 동물처럼 모방하는 능력 이상의 다른 어떤 능력

> 으로 언어를 배운다. '기호의 자연적 역사(즉, 추측에 기초한 자연적인 산술, 순수하게 움직임을 통해서만 즐거움을 얻는 놀이 등과 같은 전前 의미적 형태)'처럼 모방의 존재는 고등 행동 형태의 발달을 설명할 수 없다. 이것들은 행동의 역사에서 첫 번째(본능)과 두 번째(습관) 단계에 상응하며 고등 형태에 있어서는 충분하지는 않지만 필요한 것이다.

4-73] 다시 한 번 분명히 하도록 하자. 우리는 어린이 말 발달에서 모방이 결정적인 역할을 하지 않는다고 말하고자 하는 것이 아니다. 우리는 오히려 그 반대를 말하고자 한다. 즉, 모방은 어린이 문화 발달의 가장 중요한 경로 중 하나이다. 우리는 단지 모방이 말 발달을 설명하지 못하며 그 자체도 설명이 필요하다는 것에 주목하고자 한다. 쾰러는 유인원이 이성적 행동을 할 수 있다는 가정에 반대하는 비판을 고려하면서 특히 모방에 관한 질문에 천착했다. 질문은 이것이다. 실험에서 침팬지는 이전에 본 유사한 인간 행동을 단순히 모방한 것은 아닐까? 이성의 작용이 전혀 없는 단순한 모방이 존재한다면, 즉 한 사람의 행동이 다른 사람에게 기계적으로 이어진다고 가정한다면, 이것은 타당한 비판일 것이라고 쾰러는 말했다. 이러한 순수한 반사적 모방이 분명히 존재하지만, 우리는 그것의 실제 경계를 확립해야 한다.

> *비고츠키가 여기에서 순수한 반응적인 단순한 모방이 존재하며 우리가 그것의 한계와 경계를 찾아야 한다고 할 때, 그는 **4-71**에서 사용한 방식과는 매우 다른 의미로 모방을 사용한다. **4-71**에서 그는 동물의 한계와 경계는 그 스스로 할 수 있는 것에 의해 정해진다고 말한다. 마찬가지로 『생각과 말』6-4-40에서 모방은 동물 스스로 할 줄 아는 것에만 제한되며 이는 또한 단순히 반사적으로 모방한다는 생각과는 대조적이다. 그러나 **4-70**에서 비고츠키는 고등 행동 발달을 위한 중요한 경로 중 하나인 '모

> 방'의 개념이 일반적으로 받아들여지는 '모방'이라는 낱말로 지칭될 것이라 말한다. 비고츠키는 종종 새로운 개념을 발달시킬 때 그 개념에 새로운 이름을 붙이지 않고 그대로 둔다. 예를 들면, '행동의 네 번째 단계'나 '신형성'이 그것이다. 때때로 그는 '자기중심적 말' 혹은 '모방'처럼 이미 있는 말을 사용하지만 그 낱말을 새로운 개념적 내용으로 채운다. 따라서 그가 반사적 모방에 대해 말할 때 그 용어를 일반적으로 수용된 것으로 폭넓게 사용하고 있는 것이고, 동물 스스로의 발달 상태에 따라 모방의 한계가 전적으로 정해진다고 말할 때는 그것을 더 정확한 방식, 즉 그가 나중에 『생각과 말』에서 사용하는 방식으로 사용하고 있는 것이다.

4-74] 만일 단순히 하나를 다른 쪽으로 기계적으로 베끼는 것이 아닌, 상황에 대한 어떤 이해와 연관이 있는 다른 종류의 모방이 있다고 가정한다면 우리는 쉽게 동물의 행동이 진정한 이성적 행동이라는 새로운 해석을 내놓을 수 있을 것이다. 그리고 실제로 아무도 단순히 따라 하는 반사 행위를 통해서 복잡한 행위가 재현될 수 있음을 관찰한 바가 없다. 이 과정은 역할 모형과 타자의 의도에 대한 이해를 전제한다. 사실 (글말을-K) 이해하지 못하는 어린이는 성인 작가를 흉내 내지 못할 것이다. 동물 심리학은 동물들의 모방 역시 이와 같다는 것을 입증한다. 미국 저자들의 연구는 E. 손다이크의 결과와는 반대로, 고등척추동물이 비록 다소의 곤란과 모종의 한계가 있기는 하지만 모방을 할 수 있음을 보여 주었다. 이러한 발견은 복잡한 과정에 대한 단순한 모방은 사전 이해를 요구한다는 가정과 일치한다.

4-75] 쾰러는 만약 어떤 동물이 실제로 이전에 주어진 적이 없는 과업의 문제를 모방을 통해 해결할 수 있었다면, 동물 연구에 참여했던 모든 이들은 그 동물에게 가장 높은 점수를 주어야만 할 것이라고 말했을 것이다. 불행하게도 침팬지에게서는 이런 경우가 극히 드물며, 가장 중요한 것은 이

경우가 침팬지의 자발적 행동 범위 가까이에 해결책이 놓여 있는 상황에만 해당한다는 것을 알 수 있다. 단순 모방은 사람에게서와 똑같은 방식으로 침팬지에게서도 발견된다. 즉 단순 모방은 이미 일상적이고 이해 가능한 행동을 모방함으로써 만들어진다. 쾰러는 고등동물과 인간에 있어 모방의 조건이 같으며 인간은 주어진 과정이나 생각의 방식을 이미 알고 있지 않다면 모방할 수 없다고 믿는다.

*이 문단은 손다이크와 쾰러 사이의 논쟁을 잘 기록한 코프카의 저작 (Koffka, K.(1924/1980), *The Growth of the Mind*, New Brunswick, NJ: Transaction, p.307)을 인용한다. 손다이크는 침팬지의 '지성'을 믿지 않았으며, 쾰러의 결과는 습관 형성을 통해 설명 가능하다고 믿었다. 쾰러는 침팬지가 지성을 가지고 있으며, 침팬지들이 문제와 해결의 전체적 배치 형태(게슈탈트)에 관한 '통찰'을 통해 문제를 해결한다고 주장했다. 이제 논쟁의 중심은 모방에 관한 질문에 이른다. 쾰러는 침팬지가 습관을 형성할 수 없다고 지적한다. 문제들이 완전히 새로워졌기 때문이다. 손다이크는 침팬지는 유사한 문제를 해결한 인간을 모방할 수 있다고 논박한다. 즉, 그는 그 침팬지가 인간이 막대기를 가지고 무언가를 취하거나 전구를 갈기 위해 의자에 올라간 장면을 볼 수 있었다고 반박한다. 물론 쾰러는 명확한 관점을 제시한다. 인간이 막대기를 가지고 무언가를 하거나 의자에 올라간 모습을 통해 침팬지 그 자신의 문제로 일반화할 수 있는 침팬지는 지성을 가진 침팬지라는 것이다. 비고츠키는 동물 행동에 친숙한 누구라도 그런 침팬지에게 가장 높은 점수를 줄 것이라는 데에 동의한다. 그러나 그는 이러한 종류의 모방은 쾰러가 말한 대로 매우 드물다는 것을 덧붙인다. 그는 또한 침팬지가 오직 그들이 스스로 이미 할 수 있는 것에 관해서만 모방한다고 말한다. 이에 대해서도 쾰러는 동의한다. 비고츠키는 모든 종들은 오직 그들이 이해할 수 있는 범위에서만 모방할 것이라고 말한

다. 인간은 눈으로 본 것뿐 아니라 말을 통해 들은 것도 이해할 수 있는 반면 침팬지는 오직 눈으로 본 것만을 이해할 수 있다는 것이다.

4-76] 우리는 쾰러의 입장을 자연적 모방의 영역에만 제한하고 싶다. 특수한 즉 고등한 모방 형태에 관해서, 우리는 그것이 다른 기능들과 유사한 문화적 발달 경로를 따른다고 말하고자 한다. 특히 쾰러는 유인원이 자연적 조건하에서 완벽하게 인간 행동을 모방할 수는 있다고 주장하며, 이것을 유인원 행동에 분별력이 있다는 증거로 이해한다. 보통 쾰러는 침팬지가 인간 행동을 따라 하지 않는다고 강조한다. 이것은 사실이 아니다. 가장 위대한 회의론자조차도 침팬지가 자신과 같은 종뿐만이 아니라 인간으로부터도 새로운 행동 방식을 받아들인다고 인정할 수밖에 없는 경우들이 있다.

*표면적으로는 비고츠키가 모순되는 주장을 펴는 것으로 보인다. 그는 먼저 쾰러에 따라서 침팬지가 인간의 행동을 모방할 수 있지만 그렇게 하지 않는다고 말한다. 이는 역설적이게도 침팬지의 분별력을 입증한다. 침팬지는 인간이 아니므로 인간처럼 행동하기를 거부하는 것이다. 그런데 비고츠키는 다시 침팬지가 결코 인간을 모방하지 않을 것이라는 쾰러의 말을 인용한다. 비고츠키는 아마도 자신의 동료였던 라디기나코흐츠를 통해 집에서 길러진 침팬지는 인간을 모방한다는 것을 알았음이 분명하다. 따라서 비고츠키는 침팬지가 자연적 조건하에서는 인간처럼 행동하지 않을지라도, 인간처럼 행동하는 경우가 존재한다고 말하고 있다. 중요한 점은 저차적 수준의 심리적 기능과는 달리 고등심리기능은 지적 이해와 의도적 의지를 필요로 한다는 것이다. 침팬지는 이 두 가지를 모두 가지고 있지만 침팬지들이 인간을 이해하고 인간을 모방하는 것은 그들이 길러진 인간의 문화적 범위 내에서만 가능하다.

4-77] 우리는 오직 이해를 수반하는 형태와 정도까지 모방이 가능하다고 말함으로써 모방에 관한 이 새로운 평가를 다른 식으로 표현할 수 있다. 동물과 어린이의 지성에서 가능한 행동의 경계와 수준을 설정하도록 하는 방법인 모방의 중요성을 확인하기란 어렵지 않다. 간략히 말하자면, 모방 가능한 경계를 시험함으로써 우리는 동물 지성의 한계를 경험할 수 있다. 그러므로 모방은 특히 발생 연구 분야에서 극히 선호되는 연구 방법이다. 만일 특정 기능에 대해서 지성이 성숙하는 시기가 언제인지를 알고자 한다면 모방을 통해 시험할 수 있으며, 우리가 발달시켜왔다고 믿고 있는 발생적 실험의 주요 형태 중 하나는 다른 이가 적절한 과업을 해결할 때 함께 있던 어린이가 같은 일을 하는 모방과 관련한 실험이다.

4-78] 이러한 고찰을 통해 우리는 모방의 본질을 단순한 습관 형성의 과정으로 환원하는 관점을 버리고, 모방을 인간의 고등 행동 형태 발달의 중요한 요소로 이해할 수밖에 없다.

*어떻게 해서 어린이들은 한 번도 들어 본 적이 없는 말을 할 수 있는가? 게임은 경쟁적이고 공평해야하는 게임의 속성상 미리 본 적 없고 해 본 적도 없는 활동들이 조합된다. 그런데 어린이들은 어떻게 게임을 할 수 있는 것인가? 활동 요소가 매우 크고 의미 요소가 적은 활동 형태, 예를 들면 허들 넘기, 달리기를 떠올릴 수 있다. 이러한 활동 형태들은 본질적으로 기호의 자연적 역사의 부분이다(4-69 참조). 또한 반대의 경우인 활동 요소가 작고 의미 요소가 매우 큰 활동 형태, 즉 체스 두기, 수학 문제 풀기, 말하기, 쓰기 등을 생각해 보자. 이 두 행동 형태는 일반적인 행동 법칙, 즉 모방하는 자는 자신이 이해한 것만을 모방할 수 있다는 법칙을 따른다. 그러나 이 법칙은 일반적이어서, 서로 매우 다른 두 종류의 이해를 포함하고 있다.

모방형태	행동 구조	행동의 예	뷜러의 행동 '단계'
단순 베끼기	활동 〉의미	반사, 신체 움직임, 즉각적인 감정표현, 습관적 반응, 자극에 대한 반응	본능, 습관(타자의 의지적 행동에 대한 소박한 모방 포함)
복합적 모방	활동 〈 의미	문제 해결, 역할놀이, 게임하기, 말하기, 산술, 쓰기(작문), 문화적 행동	습관(지성적, 의지적 행동 포함), 자발적, 고등 행동(의지)

단순 베끼기의 경우 의미 요소는 매우 적다. 따라서 이해의 문턱은 매우 낮다. 즉 행동을 쳐다보는 것으로 충분히 이해할 수 있다. 그럼에도 불구하고 침팬지는 자신이 해 본적이 전혀 없는 단순 활동을 모방하지 않으며, 이미 '이해한' 활동 이상의 것을 거의 하지 않는다. 문화적 행동의 경우 정 반대이다. 의미 요소가 크고 행동 요소가 작다. 복합적 모방에 있어서 반드시 이해되어야 할 것은 보이지 않는 의도이다. 공감 없이 모방은 불가능하다. 단순 베끼기와 복합적 모방 사이의 이러한 경계는 종의 경계와 정확히 일치하지 않는다. 인간이 단순 활동을 모방할 수 있는 것처럼 유인원도 제한적으로 인간의 의도를 이해하고 모방할 수 있다. 유인원이 이런 행동을 한다면 그것은 유인원과 인간의 유사성과 인간 문화에 대한 개방성을 보여 주는 것이다. 그러나 이런 행동은 흔치 않다. 반면 어린이의 경우는 이야기가 완전히 다르다. 어른의 문화에 대한 어린이의 유사성과 개방성은 침팬지에 비해 훨씬 더 크기 때문에 어린이는 가시적인 행동 훨씬 너머에 있는 의도를 파악할 수 있다. 가시적인 행동에 대한 어린이의 모방이 지니는 불완전성은 그 의미의 추상적 표상을 강화시켜 줄 뿐이다. 어린이의 행동에 존재하는 오류가 어린이가 한 번도 본 적이 없는 일을 하는 데 도움을 주고, 승리감처럼 보이지도 않고 알기도 쉽지 않은 성과물을 제공하는 게임 활동을 하도록 한다.

• 고등정신기능의 구조

4장은 구조에 관한 장이지만 오히려 다른 장에 비해 가장 비구조적으로 보일 수 있다. 비고츠키가 4장 말미(**4-61, 4-62**)에서 고등 기능의 문화적 발달이 어린이에게서 일어날 때 거치는 네 단계를 간단한 실험을 통해 제시하겠다는 약속을 하지만, 이것이 지켜지지 않고(이 약속은 5장에서 이행된다), 기호의 자연적 역사에 관한 짧은 논의와 모방에 관한 약간 더 긴 논의로 4장이 마무리되기 때문이다. 그러나 주의 깊은 독자라면 이 4장이 비구조적이라는 오해를 하지는 않을 것이다. 비고츠키는 3장에서 과정이 왜 사물로 취급될 수 없는지, 분리된 부분들에 대한 기술로 환원될 수 없는지, 어째서 발달의 초기의 미분화된 순간부터 관찰해야만 하는지를 역설하였다. 이 주장에 비추어 볼 때, 비고츠키가 말한 '구조'는 부분들을 열거한 목록과 같은 것이 아니며, 분리된 단계들이 마치 선반처럼 쌓여 있는 것과 같은 것이 아니다.

비고츠키에 의하면 '구조' 개념은 첫째는 원시적 형태로, 둘째는 문화적 형태로 어린이의 삶 속에서 두 번에 걸쳐 나타난다. 원시적 형태는 다른 사람에게 의존하여 사회 속에서 기능하며, 문화적 형태는 어린이 개인 속에서 기능한다. 이 두 형태에서 구조는 통합적 형태이다. 통합적 형태라 함은 계기들의 구조와 그것이 남긴 층들로서, 구분된 단계라기보다는 지질학적 층에 가까운 것이다. 계기와 층의 형태는 몇 가지 의미에서 통합된다고 말할 수 있다. 첫째, 형태의 '계기'들은 발달을 통해 통합된다. 기어가기가 걷기로 이어지고 옹알이가 어휘문법으로 이어지는 것이다. 둘째, 층들은 상호 의존적이며 서로 관통하고 있기 때문에 형태가 통합된다. 어린이는 기기와 옹알이하는 능력을 잃지 않으면서 중요한 행동 방식이 그들의 운동 기능에 더해진다. 셋째, 계기와 층들은 처음에는 어린이의 개별 기능 속에서 통합되지만, 나중에는 전체 인격의 기능 속에서 통합된다.

이런 점에서 볼 때, 4장은 진정 형태 기능적 의미에서의 통합된 장이다. 즉 자기행동숙달의 발달을 뜻하는 '의지'라는 하나의 기능에 관한 것이다. 분명 비구조적이고 아마도 미완의 장으로 보이는 이 4장과 비고츠키의 약속 사이에는 어떤 모순도 없다. 오히려 우리는 이 장을 통해서 진정한 '구조'가 무엇인지 깨닫게 된다. 거듭 말하거니와 우리가 이 4장을 4개의 절로 나누고 각각의 절에 따라 또다시 4개의 하위 절로 나눈 것은 순전히 임의적인 것이며 요약을 위한 것에 불과하다. 처음 부분(**4-1~4-15**)에서 비고츠키는 서로 다른 두 구조, 즉 원시적 구조와 문화적 구조를 확립한다. 다음 부분(**4-16~4-36**)에서 그는 의지를 자기행동숙달 과정이라고 정의한다. **4-37~4-54**에서 비고츠키는 행동의 역사를 가장 잘 기술할 수 있는 것이 세 단계인지 또는 네 단계인지 고찰한다. 마지막 부분에서 비고츠키는 원시적 구조에서 문화화된 구조로 이행하는 발달의 본성을 고찰한다. 이러한 고찰은 그로 하여금 기호의 자연적 역사를 확립하게 하고 모방의 역할을 재평가하도록 한다.

I. 첫 번째 절에서 비고츠키는 원시적 구조와 문화적 구조를 구별하는데, 원시적 구조는 자극과 반응이 동일한 차원, 동일한 일반화의 단계에 속하는 구조이며, 문화적 구조는 기호에 의해 가능해지는, 일반화에 의존하는 구조이다.

- A. 비고츠키는 전체가 각 부분의 특성을 결정짓는다는 생각이 심리학에서 우월하고, 그것이 실험적 증거와 변증적 철학 모두에 의해 확인되었다는 것을 지적한다(**4-1, 4-2**). 모든 위대한 역사적 사건은 두 번 발생한다고 헤겔이 말한 것처럼(여기에 마르크스는 사건들이 처음에 비극적으로 나중에는 희극적으로 나타난다고 덧붙인다), 비고츠키는 어린이 발달에서 구조의 개념이 두 번 나타난다고 말한다. 그 첫 번째는 원시적 구조이고, 두 번째는 문화적 형성이다(**4-3**). 이는 모든 고등 문화 기능이 처음에는 개인 간 드라마로, 나중에는 정신 내적 기능으로 나타난다고 말하는 발생 법칙(**5-59** 참조)을 부정하는 것으로 보일 수 있다. 사실, 개인 간 드라마는 정신 내적 기능의 형태를 미리 보여 줄 뿐이다. 즉 고등문화행동이 원시적 구조화의 과정 중에도 존재하지만, 이것은 정확히 말해서 어린이가 개인으로서 참여하게 되는 개인 간 드라마로 존재하는 것이지 어린이 인격으로 통합된 정신 기능으로서 존재하는 것이 아닌 것이다.
- B. 비고츠키에 의하면 어린이의 정서적-의지적 충동으로 '채색된' 하나의 구체적인 활동 '복합체' 속에 자극과 반응이 속한다는 것이 원시적 구조의 주요 특징이다(**4-4**). 폴켈트는 이 복합체를 '영원한 어린이다움'이라 불렀으나(**4-6**), 비고츠키는 이것이 전혀 영원하지 않다고 보았다. 이 영원한 어린이다움은 베르너가 '창조적 분석'이라고 부른 과정을 통해 부서지기 시작한다(**4-5**). 이때 '창조적 분석'이란 원시적 전체가 부서지고 난 후 그것이 '계층화', 즉 이질적, 상호 의존적인 층을 토대로 복원되는 과정을 의미한다(**4-7**).
- C. 비고츠키에 의하면 낮은 수준의 과업에 직면한 어린이는 폴켈트가 예언한 대로 반응하며, 그들의 집은 행동은 정서적으로 채색된 상황에 의해 직접적으로 완전히 지배당한다. 그러나 비고츠키의 실험에서는 어린이가 원시적 방식으로 해결할 수 있는 것보다 선택의 수가 많기 때문에 어린이는 원시적으로 반응하지 않았다. 대신 '중립적 자극(종이, 온도계, 그림 카드)'이 상황 속에 도입되어 기호가 된다(**4-10**). 비고츠키는 이 과정과 쾰러의 침팬지 실험(침팬지가 과일을 딸 수 있도록 막대나 박스 같은 잠재적인 도구가 주어진 실험)을 '비견해' 보자고 한다. 특정한 도구의 사용이 노동 행위를 완전히 변화시키는 것처럼(**4-9**), 기호의 사용도 심리적 조작의 본성을 완전히 변화시킨다(**4-12**). 하지만 이것은 어린이의 기호가 형식적으로, 심지어 기능적으로도 도구들과 동일하다는 것을 의미하는 것이 아니다(이것은 2장 말미에서 이미 언급되었다). 비고츠키는 침팬지가 대상을 목적(과일)과 수단(막대)로 구분하는 것처럼, 어린이도 대상을 자극-대상과 자극-기호로 구별하기 시작했다는 사실을 지적하고자 하는 것이다(**4-11**).
- B. 베르너, 괴테와 마찬가지로 비고츠키도 일반적으로 분화를 발달의 구조적 징후로 본다

(4-13). 특히 비고츠키는 대상을 자극-대상과 자극-기호로 구분하는 것을 고등심리기능의 구조적 징후로 본다(4-14). 비고츠키는 3장에서 살펴본 매개된 선택 반응 도식(3-73)을 폴켈트의 '영원한 어린이다움' 도식과 비교하면서 자극-대상과 자극-기호의 구분이 어린이가 정서적으로 물든 상황에 전적으로 지배당하지 않고, 어린이의 자기행동숙달을 가능하게 한다는 것을 발견한다(4-15). 그는 이러한 자기 숙달이라는 새로운 기능과 이러한 기호 만들기라는 새로운 구조가 하나의 단위를 형성한다고 지적한다. 역사적으로 보았을 때 구조와 기능은 서로를 설명한다(4-13). 기능적 압력이 새로운 구조를 발생시키며, 새로운 구조는 자가조절과 같은 전적으로 새로운 기능을 가능하게 하기 때문이다.

II. 두 번째 절에서 비고츠키는 다소 허술하게 정의되었던 '의지'의 개념에 대한 내용을 매우 상세하게 제공하고자 한다(4-16~4-37).

    A. 먼저 비고츠키는 '의지'를 사용하지 않고 문제를 공식화하려는 K. 레빈의 시도를 '내재적 비판' 방법을 사용하여 반박한다. 비고츠키는 '의지'가 심리학적으로 잘 정의 되지 않았다는 레빈의 말에 동의한다(그는 아마도 개념 형성이 '결정적 경향성'에 의해 설명될 수 있는지에 관한 아흐와 레빈의 논쟁을 생각하고 있는 듯하다). 하지만 그는 레빈처럼 상황-의존적 행위와 인간 의식의 일부가 상황과 무관하게 신비롭게 밖에서 떠도는 행위를 구분하는 것을 혼란스럽다고 말한다. 비고츠키는 거의 모든 (무의미하고 자기 파괴적인 것조차 포함하는) 의도를 만들어 내는 인간의 능력이 인간을 동물과 구별시키고, 어른을 어린이와 구별시키며, 현대 인간을 전근대적 인간과 구별시킨다는 레빈의 의견에 동의한다(4-21). 그러나 그는 인간이 상황 밖에 서서 이렇게 하는 것이 아니라, 상황 속에서 어떤 과정을 사용하여 다른 과정을 극복함으로써 하는 것이라고 주장한다. 비고츠키에 의하면 이러한 개념은 실제로 심리학보다 교육학에서 더 잘 정의되어 있는데, 그것은 진보적인 교육학자들이 어린이의 복종과 선의가 자기 숙달 없이는 상당히 무의미하다는 것을 깨닫고 어린이의 자기 숙달 문제를 '의지의 교육학'의 중심으로 옮겨왔기 때문이다(4-17, 4-18). 그는 어떤 과정을 사용해서 다른 과정을 극복한다는 개념을 어떻게 심리학적 방식으로 표현할 수 있을 것인가를 질문한다(4-22).

    B. 이어서 비고츠키는 자가조절의 문제에 대한 자신의 접근이 기계적, 신경학적 접근, 관념론적 접근 모두와 어떻게 다른지 보여 준다. 그는 구심리학이 의지의 실행을 두 방법 중 한 가지로 설명하였다고 비판한다. 먼저, 어떤 신경 영역은 다른 것에 종속되어 있다. 예를 들어 인간이 숨을 멈출 때, 비자발적인 '구 뇌'의 영역은 자발적 '새로운 뇌' 영역에 의해 통제된다. 둘째, 신비한 정신적 힘이 어떤 방식으로든 뇌 속의 물리적인 부분에 직접적으로 작용하고, 뇌를 통해 신체가 행동하도록 할 것이다(4-16, 4-23). 아동 심리학에서 바소프와 같은 오직 몇몇의 연구자들만이 인간 행동에 있어 인간 특유의 것

이 무엇인지 설명하고자 했다. 예를 들어 레빈은 의도적 행동을 향한 어린이의 경향성에 대해 말하고자 했고, 비고츠키는 어린이 자기 통제 잠재성의 성장에 대해 말하고자 했다. 그러나 심지어 바소프조차 인간 행동에 특유한 성질이 자신의 자연적 행동 과정을 포함하는 자연적 과정에 대한 능동적인 숙달에 있음을 밝혀내지는 못한다(4-24, 4-27).

C. 다음으로 비고츠키는 어린이들이 어떻게 자신의 행동을 숙달하는지에 관한 매우 분명한 예를 제공하며, 이 예는 동시에 유아들이 사용하는 원시적 구조와 좀 더 큰 어린이들이 사용하는 고등한 문화적 구조를 구별할 수 있게 해 준다. 매우 높은 탁자 위에 놓여 있어 손에 닿지 않는 장난감을 갖고 싶어 하는 유아를 상상해 보자. 비고츠키는 어린이 말에 관한 스턴의 연구를 사용하여, 어린이들의 첫 번째 말인 '마'가 이름이 아니라 전체 상황을 향한 전체적 제안임을 보여 준다. 따라서 그것은 정서적인 것과 구별되지 않은 원시적 구조이고(4-30), 폴켈트가 '영원한 어린이다움'이라 부른 것이다. 그러나 얼마 지나지 않아 동일한 어린이가 이 구조를 '엄마, 의자에 올려 주세요.' 나 심지어 '엄마, 장난감 잡게 의자에 올려주세요.' 라고 언어적으로 분화시킬 수 있게 된다. 이제 발화는 구조적으로 분화된다. 여기에는 주어, 동사, 그리고 다양한 품사의 배열이 있다. 하지만 좀 더 중요한 것은 발화가 기능적으로 분화된다는 것이다. 답답해하면서 상황 전체를 가리키는 발화는 더 이상 존재하지 않으며, 그 대신 특정한 사람을 지명한다. 비고츠키가 보기에 이러한 '지명'은 자가조절의 기원이다. 왜냐하면 다른 사람을 조절하는 어린이의 능력은 자기 자신에게 전이되는 것이 가능하기 때문이다(4-31, 4-32).

D. 비고츠키는 이 과정을 심리학 용어로 나타내는 문제와 쾰러의 연구로 돌아와, 어린이의 원시적 '마'가 어머니를 향하는 문장으로 분화한 것이 바로 쾰러가 '우회'라 칭한 것의 형태를 보여 준다고 말한다. 쾰러는 이 용어를 지적 문제 해결 일반을 의미하는 데 사용하였지만, 마음속에 두 가지 서로 다른 구체적 형태를 지니고 있었다. 첫째, 문자 그대로 목표를 향해 '먼 길'을 돌아가는 것을 의미한다. 예를 들어 침팬지가 U자형 우리의 한 쪽에서 과일에 손이 닿지 않자, 과일에 닿을 수 있는 우리의 다른 쪽으로 가기 위해 U자형으로 돌아갈 때처럼 먼 길을 가는 경우이다. 둘째, 과일에 도달하기 위해 막대나 박스를 사용하는 것은 비유적으로 우회로를 의미한다. 왜냐하면 이것은 단지 과일을 잡거나 과일에 닿으려는 것 이외의 행동을 포함하기 때문이다(4-33). 비고츠키에 의하면 어린이의 기호 사용은 두 번째 의미에서 '우회'이다. 그러나 침팬지의 우회가 상황을 향하고, 대상에 변화를 가져오는(즉 사물의 위치를 바꾸는) 반면, 어린이의 기호는 인간의 정신적 조작과 인간 행동을 향하며, 사물의 위치를 꼭 바꿔야 하는 것은 전혀 아니라고 말한다(4-35, 4-36).

III. 자기 행동 조절을 위한 어린이의 기호 사용은 사실상 일종의 '우회로' 즉 지성적 해결임을 확립하면서 비고츠키는 그것이 뷜러의 행동의 단계(본능, 습관, 지성적 반응) 중 어디에 속하는지 확립하고자 한다. 비고츠키는 기호 사용이 일종의 지성이지만 또한 완전히 새로운 행동 유형이라고 결론짓는다. 왜냐하면 그것이 반응, 즉 환경에 적응하거나 환경을 변화시키는 것을 모두 포함하지 않으며, 오히려 인간 행동 자체를 변화시키고 그에 적응하는 것을 포함하기 때문이다.(4-37~4-54)

A. 비고츠키는 뷜러에 동의한다. 즉 쾰러가 묘사한 어린이에게서 관찰되는 지성적 '우회로'는 복잡한 습관으로 간주될 수 없다고 주장한다. 왜냐하면 지성적 우회로는 구조적으로 다르기 때문이며(명확히 규정된 단계를 가지고 있으며 이 단계 중 일부는 목표로부터 일시적으로 멀어지는 것을 포함한다), 기능적으로 다르고(행위를 반복하는 것이 아니라 변화시킨다), 발생적으로 다르기 때문이다(기존의 문제가 아닌 새로운 문제를 지향한다). 비고츠키는 모든 행동을 이른바 '시도'(손다이크의 '시행착오'의 의미에서의 시도)와 같은 공통요소로 환원하고자 하는 뷜러의 목표가 과학적 연구의 타당한 목표임을 인정하였다. 그러나 모든 행동을 공통 요소로 환원하는 것은 비고츠키의 주요 관심사인 인간 행동의 고유한 특성을 모호하게 만든다. 따라서 만일 그것을 '시도'(따라서 복잡한 습관 전체로부터 분리되지 않은 것)로 간주한다면, 그것이 매우 특별한 종류의 시도임을 덧붙여야 할 것이라고 비고츠키는 지적한다. 이 시도와 관련해서, 시도된 것은 대상에 직접적으로 관련되지 않으며, 이들 시도가 내적 특성을 갖는 것으로 보인다(4-42).
B. 비고츠키는 '지성적 반응'이라는 구별된 층을 도입하려는 뷜러의 시도가 서로 다른 두 종류의 심리학자들에 의해 반대되었다는 것을 환기한다. 손다이크와 행동주의자들은 이것이 인간 지성을 인간이 아닌 영장류에 부여하는 것이므로 의인화하는 것이라고 간주한다. 이러한 비판에 대하여 비고츠키는 부분적으로는 정당하지만 과잉 일반화되었다고 간주한다(4-45). 그러나 뷔르츠부르크의 신플라톤주의자들인 뷜러의 동료들은 그가 동물화한다는 관점에서 비판한다. 왜냐하면 고등 사고에 대한 그들의 연구는 고등 사고가 '무심상'임을, 즉 '시도'를 비롯해 다른 어떤 종류의 감각적 동물적 경험의 유형과 전혀 연관이 없음을 시사하기 때문이다(4-46). 비고츠키는 이 두 비판이 서로를 무효화한다고 냉정하게 말한다(4-49).
C. 비고츠키가 '의인화에 대한' 손다이크의 비판에 부분적으로 동의하는 것처럼(비고츠키는 뷜러의 세 번째 단계에 대한 손다이크의 비판에는 동의하지 않는다), 자신의 도식이 환원주의적이라는 신플라톤주의적 비판에도 부분적으로 동의한다. 비고츠키는 미래의 연구가 의지적 행동도 더 질적으로 구분할 것임을 인정하고 있다(4-50). 그는 이 단계를 '네 번째' 단계라고 부르기도 했으나 비고츠키는 이것이 잘못임을 지적한다(4-42, 4-51). 비록 의지적 행동이 본능, 습관, 지성적 문제 해결에서 발견되는 것과 동일한 생리학, 신경적 기능들을 재조직화함은 물론 그대로 보존하고 있는 것이 사실이지만, 새로운 행동 형태는 생물학적인 환경적 편의의 법칙에 종속되지 않는다. 다시 말해, 사고와 말은 자연 선택 법칙에 따르지 않는 것처럼 보인다. 예를 들어 힘을 아껴서 효율적으로

신체 행동을 하는 방식으로 말이나 생각을 효율적으로 해야 하는 것은 아니다(4-54). 또한 땅에 구멍을 뚫는 드릴과 같이 의지가 생각을 촉발할 수는 있지만, 실제 생각 과정은 상당 정도 비의지적이며 의지는 솟아오르는 생각의 분수 옆에 서서 경탄할 뿐이다(4-53). 비고츠키는 '개념', '판단', '추론'과 같은 단어들이 자발적 의미와 비자발적 의미를 동시에 가질 수 있다는 것을 알고 있었다. 따라서 그는 단순히 모든 의지적 행동을 완전히 새로운 형태라고 부르는 것이 가장 최선이고, 이 새로운 행동 형태가 다른 세 가지 영역과 갖는 관계는 인간 역사가 자연적 진화와 갖는 관계와 같다고 결론 맺는다. 즉 이 새로운 행동 형태는 무의식적이고 반응적이 아니라 의식적이고 활동적이다(4-54).

D. 비고츠키는 의지적 행동을 이렇게 별도로 구별하는 것이 발달적으로 설명하는 것을 오히려 어렵게 만든다는 것을 알고 있었다. 그의 해결책은 문화적 발달이 자연적 발달과 구별되지만 자연적 발달에 근원을 둔, 일종의 새로운 종류의 발달임을 제안하는 것이다(4-57). 그는 문화적 발달의 고유성이 비네를 잘못된 길로 이끌었다고 말한다. 비네는 자신의 지능검사에서 어린이가 사용한 기억술을 '속임수'로 간주하였으며 이를 통해 확장된 기억을 '거짓'이라고 불렀다(4-58). 비고츠키는 만일 그것이 '거짓'의 것이라면, 그것은 법정의 위증이라기보다는 가상의 단계와 같은 것이며, 기억술을 단순히 장치로 명명하는 것은 기억술을 통해 확장된 기억이 진정한 기억이라는 사실을 모호하게 만든다(4-60).

IV. 이 마지막 절에서 비고츠키는 이 전장의 마지막에서 매개의 원리를 설명한 것처럼 간단한 실험을 통해 모든 고등 기능의 문화적 발달에 관한 네 단계를 펼쳐 보이기 시작한다. 그러나 그가 실제로 그 목표에 도달하는 것은 이 다음 장에서 이루어진다. 비고츠키가 환기시킨 것처럼('분석'과 '구조'의 문제에 관한 논의의 맥락 속에서), 문제의 발달을 다루기 전에 우리는 먼저 발달의 문제를 제기해야만 한다. 따라서 이 마지막 절은 다음 장까지도 영향을 미치고 있는, 발달의 본성에 관한 매우 긴 논의로 시작한다. 이 다음 장의 부분 혹은 전체가 이에 대한 확장으로 시작되었다고 보는 것이 타당하다. 이는 3장과는 다르게, 이 장의 마지막 부분에서 비고츠키가 다음 장에서 나타날 주제를 미리 소개하지 않는 이유를 설명해 준다(4-61~78).

A. 비고츠키는 문화적 행동 발달의 네 단계를 실험에서 진술된 것과 같은 간단한 개요로 나타낸다. 우리가 5장의 마지막에서 보게 될 것처럼(5-107~5-132) 그는 선택 반응을 다시 사용하고자 한다. 그러나 그 개요는 절대 간단하지 않다. 그는 이렇게 실험을 사용함에 있어 반드시 실험실에서 논리적으로 계획하고 인위적으로 끌어낸 과정과 가정이나 교실, 사회에서 일어난 실제 발달의 과정 사이의 커다란 차이점을 지속적으로 상기해야 한다고 강조한다. 특히 그는 우리가 반드시 실험실 밖에서 마주치는 더 자연적인(또는 더 사회적인) 조건 속에서 정확하게 무엇이 실험자의 손을 대체할 것인가를 우리 자

신에게 끊임없이 물어야 한다고 말한다. 그러나 비고츠키는 비실험적 데이터가 그의 도식(4-61, 4-64)과 일치한다고 믿으며, 실제로 이를 확증하기 위해 산술 학습과 언어 습득을 통해 얻게 된 증거를 5장에서 제시한다(5-134~5-147). 더 나아간 증거는 『생각과 말』 4장과 5장에서 찾을 수 있다.

B. 실험적 환경과 가정, 교실, 공동체 사이의 이러한 구분은 특히 중요하다. 왜냐하면 비고츠키가 지적한 바와 같이 문화적 발달이라는 주제가 아동심리학에서 제한적으로 논의되고, 그로 인해 문화적 발달이 종종 실험적 조건 속에서 행해지는 것처럼 논리적으로 일어난다는 주지주의적 가정으로부터 많은 오류가 생겼기 때문이다. 비고츠키는 이미 어린이가 단순히 말을 발견 또는 발명한다는 스턴의 믿음에 관해 언급해 왔다. 그러나 스턴의 오류는 그 반대의 오류, 다시 말해 발명은 어떠한 역할도 없으며 말의 습득은 모방의 문제라는 행동주의적 가정과 비교함으로써 더욱 극명히 드러낼 수 있다(4-65~4-68).

C. 비고츠키는 모든 유기체가 모방할 수 있는 행동의 범위는 발달 가능성의 범위와 같다는 주장으로 시작한다(4-71). 예를 들어 개는 인간의 말을 모방할 수 없다. 개는 오직 그들의 발달 가능성 내에 있는 인간 행동만을 모방한다(예를 들어 맹도견은 맹인을 인도하거나 장애인을 위해 문을 열도록 훈련된다)(4-72). 유사하게 쓰기를 이해하지 못하는 어린이는 실제 글을 쓰는 어른을 모방할 수 없다(4-74). 침팬지가 인간의 행동, 즉 인간이 사다리를 타고 올라가 막대기를 도구로 사용하는 것을 관찰하고 모방하여 문제를 해결할 수 있었다고 하는 손다이크의 주장이 의미하는 것은 그가 부정하고자 했던 바로 그것, 즉 인간과 유사한 고유한 지성을 인정하는 것을 함의한다고 쾰러는 지적한다. 지성적 행위의 목적을 이해함으로써만 동물은 운동 활동을 효율적으로 역 탐지할 수 있기 때문이다(4-73, 4-76). 비고츠키는 쾰러의 주장을 지지하며 한 발 더 나아가, 어린이에게 모방을 사용하도록 하는 시험을 제안한다. 주어진 문제를 해결할 수 없는 어린이에게 그 해결 방법을 관찰할 수 있도록 한 후, 새로운 문제를 제공하여 풀도록 하는 것이다. 결론적으로 비고츠키는 이전에 말이 주지주의적 발견이라는 생각을 거부한 것처럼, 모방이 온전히 비지성적 습관이라는 생각을 단호히 거부한다(4-78).

제5장
고등정신기능의 발생

라마르크적 진화를 신봉한 라이센코에 반대했다는 이유로 체포되어
사형 선고를 받은 니콜라이 바빌로프

5

　*4-62에서 비고츠키가 하나의 실험을 통해 문화적 발달의 네 단계를 간략히 추적해 볼 것이라고 약속했던 것을 기억하자. 실험에 관해 이야기하는 대신, 그는 기호의 자연적 역사와 모방에 관해 논의하면서 개체 발생에 관한 매우 일반적인 논의를 한다. 이 논의들은 매우 일반적임에도 불구하고 3장을 마무리할 때 비고츠키가 제시한 부정적 논의에 관해 긍정적 내용을 제공한다.

　첫째, 3장에서의 저차적 정신 기능 없이는 고등 형태도 없다는 부정적인 논의에 대해 4장에서는 이러한 저차적 정신 기능의 내용으로 기호의 자연적 역사를 제공한다.

　둘째, 3장에서의 이러한 저차적 형태들이 고등 형태에 관한 모든 것을 설명하지는 못한다는 부정적인 논의에 대해 4장에서는 복잡한 모방이 복잡한 문제 해결을 위한 고등 형태의 모방을 설명하지 못한다는 구체적인 사례를 제시한다.

　그러나 4-62에서 비고츠키가 약속했던 논의, 즉 미소 발생의 한 가지 실험적 사례를 사용하여 문화적 개체 발생의 네 단계를 분명하게 묘사하는 것을 하지 않았다. 이것에 관해서는 이번 장 마지막 부분에서 다루게 될 것이다. 먼저, 다른 장에서와 마찬가지로, 우리는 문제의 발생에 관해 분석하기 이전에 먼저 발생의 문제에 눈을 돌린다.

5-1] 고등행동형태를 고려하는 우리 연구의 세 번째 측면은 우리가 채택한 역사적 방법과 가장 가깝다. 고등정신과정의 구조에 관한 분석은 어린이 문화 발달 역사의 근본적 질문에 대해 설명하도록, 고등 행동 형태의 발생, 즉 우리의 연구 대상인 정신 형성의 기원과 발달을 분명히 하도록 이끈다.

> *비고츠키가 '세 번째 측면'이라고 말할 때, 그는 역사적 측면을 의미하고 있다. 그가 여기서 말하듯이 두 번째 측면은 '구조적' 측면이다. 그렇다면 첫 번째 측면은 무엇인가? 비고츠키가 의미하는 첫 번째 측면은 분석에 대한 장章, 즉 저차적 기능과 연결되어 있되 또한 분명히 구분되는 고등심리기능의 확립에 대한 것으로 보인다. 따라서 이 3개의 장章들은 문제를 분석적이고, 구조적이고, 발생적으로 제시하고자 하는 것으로 보인다. 고등심리기능들이 그 구조로 인해 고등하다는 것을, 즉 할 수 있는 것이 더 많다는 것을 분석은 보여 준다. 그러나 이 고등 구조들은 그들의 기능적 역사 때문에 다시 말해서, 어린이의 욕구의 변화와 '발달의 사회적 상황'과의 관계 변화 때문에 발생했다.

5-2] S. 홀에 의하면 심리학은 논리적 설명보다 발생적 설명을 우선시한다. 심리학은 어디서부터 어디로라는 질문, 즉 무엇으로부터 발생하였으며 그것이 무엇으로 변형되는지에 관심을 기울인다.

> *스탠리 홀(Stanley Hall, 1844~1924)은 미국의 아동심리학자이자 놀이 이론가이다. 사춘기의 위기를 '질풍노도'라고 처음으로 표현한 사람이기도 하다. 충실한 다윈주의자였고 가난하고 장애를 지닌 사람들을 돕기보다는 불임시켜야 한다고 믿었다. 그는 우생 법률이 제정되도록 도왔으며, 이 법률은 나중에 나치가 정신병을 앓고 있는 사람들을 제거하는 근거가 된다. 말할 것도 없이 홀은 진보적인 생각을 가진 사람이 아니었다. 그는

제5장 고등정신기능의 발생 443

강력한 지도자와 그에 대한 절대 복종을 신봉했으며 학교에서의 체벌을 지지했다. 그는 노동자 계급이 대학 교육을 받아서는 안 된다고 생각했으며 이들에게 수학, 과학 등을 비롯한 학교 교과목들을 가르치는 것에 반대하였다. 그는 또한 학교에서 어떤 비판적 생각이나 질문도 허용되어서는 안 된다고 주장하였다. 심리학에서 홀은 개체 발생이 계통 발생을 반복한다는 생각을 옹호하였으며 이에 따라 유년기는 인간 진화를 빠르게 재현하는 시기하고 믿었다. 예를 들어 홀에 따르면, 벽에 말라붙은 페인트를 떼어 입에 집어넣는 어린 아이는 인간 진화의 사냥 채집 시기를 다시 거쳐 가고 있는 중이다. 비고츠키는 이를 받아들이지 않는다. 계통 발생, 사회 발생, 개체 발생은 본질적으로 모두 다른 범주이다. 그들은 서로 직접적으로 연결되어 있지 않으며 다만 발달이라는 상위의 논리 범주에 공통적으로 포함된다. 물론 비고츠키는 심리학적 문제가 장기적 관점에서 볼 때에는 언제나 발달의 문제라는 것을 인정한다. 그러나 이 사실이 우리에게 알려 주는 것은 '장기적 관점'의 본성에 대한 것이지 심리학 자체의 구체적 지식은 아니다.

> 1909년 홀이 총장으로 있던 클라크 대학에서 홀, 프로이트, 칼 융(앞줄 왼쪽부터). 비고츠키가 기술적 심리학에서 분석의 개념을 비판하는 경우, 그는 아마 프로이트와 융을 염두에 두고 있었을 것이다. 프로이트와 융은 '분석'이라는 용어를 사용하지만 비고츠키의 관점에서 그들은 의식을 설명할 수도 없었고 변화시킬 수도 없었다.

5-3] 발달 심리학자에게 역사적 형태의 설명은 모든 가능한 형태 중 가장 우수한 것이다. 그에게 있어 특정 행동 형태를 구성하는 것이 무엇인가라는 질문에 답한다는 것은 그것을 현재에 이르도록 한 기원과 발달의 역사를 드러내는 것을 의미한다. 이러한 의미에서 P. P. 블론스키가 이미 말한 바와 같이 행동은 오직 행동의 역사로만 이해될 수 있다.

5-4] 그러나 고등 행동 형태의 발생으로 넘어가기 전에, 고등정신과정의 분석과 구조에 전념했던 이전 장에서와 같이, 발달의 개념을 더 자세히 설명할 필요가 있다. 모든 심리학 개념이 심리학의 심각한 위기로 인해 연구자가 선택한 연구 대상에 관한 근본적인 관점에 따라 변하면서 다중의 의미를 가졌고 불분명해졌다는 것은 사실이다. 각각 다른 방법론적 원칙을 지향하는 서로 다른 심리학 체계에서, 발생을 포함한 모든 연구의 주요 범주는 각각 다른 의미들을 획득해 왔다.

5-5] 발생의 문제에 머물 수밖에 없는 또 다른 이유는, 우리 연구의 주제인 고등 행동 형태 발달의 고유성이 현대 심리학에서 **아직** 인정받지 못하고 있기 때문이다. 우리가 앞서 입증하려고 했던 것처럼, 어린이의 문화적 발달은 어린이 발달의 완전히 새로운 측면이며, 그것은 아동심리학에서 불충분하게 이해되었을 뿐만 아니라 대개는 명확히 분리조차 되지 않았다.

5-6] 만약 우리가 현대 심리학에서 표현된 것과 같은 발달 개념으로 돌아간다면, 그것이 현대적인 연구가 극복해야 할 수많은 계기들을 포함하고 있다는 것을 알게 된다. 심리학에서의 前 과학적 사고의 처량한 유물인 그 첫 번째 계기는 아동 발달 이론에서 잔존한 채 감추어진 전성설前成說이다. 과학에서 사라져 가는 낡은 생각과 잘못된 이론들의 자취와 흔적들은 관습

적인 사고 형태 속에 남아 있다. 아동 과학의 일반적인 공식에서 어린이는 성인과 신체 비율, 정도, 크기만 다를 뿐이라는 관점은 이미 오래전에 버려졌음에도 불구하고 아동심리학에 암암리에 존재하고 있다. 어린이는 성인의 축소 모형이라는 관점은 오래전에 반박되었기 때문에 그것이 진실이라고 공개적으로 반복하는 아동심리학 논문은 단 하나도 없다. 그러나 이 관점은 이후에도 유지되어 거의 모든 심리학 연구 속에 감추어져 있다는 것을 알 수 있다.

*다음 8개의 단락(5-7~5-14)에서 비고츠키는 아동심리학에서 전성설의 위험성에 대해 경고한다. 그리고 5-15~16에서는 정반대의 순수한 진화론에 대해서도 경고한다. 그렇다면 누구도 전성설을 공개적으로 옹호하지 않은 이유는 무엇일까? 무엇보다도, 비고츠키가 말한 것처럼 탄생 순간에 모든 발달이 이미 다소 잠재적인 형태로 존재한다는 생각은 잠재적인 형태로 여전히 편재해 있다. 예를 들자면, **4-5**에서 비고츠키가 지적한 것처럼 베르너는 어린이의 인격은 아주 초기부터 존재하는 역동적인 전체라고 말한다. 오늘날에도, 모국어 습득의 주요 이론들(예를 들어, 스티븐 핑커와 노엄 촘스키와 연관된 '언어 본능'과 '언어 유전자')은 본질적으로 전성설적인 생각이다. 두 번째, 비고츠키는 이런 관점이 발달 정도를 출생 시를 기준으로 측정하는 것이 아니라 성숙한 상태를 기준으로 측정한다고 본다. 실험자는 성인을 목표로 삼아 어린이 행동과 성인 행동의 차이를 측정한다. 비고츠키가 『도구와 기호』 1장에서 지적했던 것처럼 이것은 필연적으로 어린이 행동에 있어서 아주 특수한 것을 무시한다. 게다가 만약 발달이 (외국어 지식이나 문화역사적 심리학 지식의 경우에서와 같이) 전 인생 기간 동안 지속된다고 생각한다면 어떠한가? 이처럼 종착점이 없는 경우에, 최종 완성과 비교해서 부족한 점을 나열하는 방식으로 발달을 설명하는 것은 전혀 의미 없게 될 것이다. 세 번째 이유는 유전적인 행동 발달(저차적 수준

의 기능)과 그렇지 않은 행동 발달(문화적 행동) 사이의 분명한 차이를 드러내는 것과 관련되어 있다. 라이센코는 이미 학습된 차이는 유전될 수 있다고 스탈린에게 단언했었고, 이 점에 대해 라이센코에 동의하지 않았던 사람들은 총살을 당하거나(물라노프) 음식 없는 감옥에서의 종신형(바빌로프)을 선고받았다. 발달에 대한 라마르크주의적인 개념은 전성설을 가정한다. 왜냐하면 배아는 완전한 형태의—그리고 완전히 교육받은—부모의 축소판이 되어야 하기 때문이다. 이번 장에서 비고츠키는 분명하게 라마르크, 그리고 라이센코에 대항하여 다윈의 편에 함께 선다. 비고츠키는 스스로의 건강 상태가 매우 좋지 않음을 알고 있었기에 더더욱 두려움 없이 정치적, 과학적 대담함을 견지할 수 있었다.

5-7] 아동심리학에서 가장 중요한 장(기억, 주의, 사고에 관한 연구)이 바로 우리 눈앞에서 막다른 골목을 벗어나 정신 발달 과정의 모든 실질적 복잡성을 이제 겨우 인식하기 시작했다고 말하는 것으로 충분할 것이다. 하지만 대다수의 과학적 연구에서 어린이의 발달을 순수하게 양적 현상으로 설명하는 관점이 숨은 형태로 계속 유지되고 있다.

5-8] 이러한 견해들은 태생학胎生學에서 한때 대두되었다. 이런 견해에 바탕을 둔 이론은 전성설 또는 예조설豫造說로 불렸다. 그 본질은 오래전부터 씨눈 속에 비록 매우 작은 비율이긴 하지만 몸이 이미 온전히 완성된 형태로 형성되어 있다는 견해였다. 예를 들어 이 이론에 의하면, 참나무 씨앗 속에는 뿌리, 줄기, 가지 모두를 지닌 미래의 나무 전체가 축소 모형의 형태로 들어 있다. 인간의 정액 속에는 인간 유기체가 축소된 크기로 이미 형성되어 있다.

5-9] 이런 관점에서 보면 전체 발달 과정은 매우 간단히 표현될 수 있다. 즉 발달 과정은 배아 속에 처음부터 주어진 것의 크기가 순수하게 양적

으로 증가하는 것으로 이루어지고, 그 배아는 서서히 확장, 성장하여 성숙한 유기체가 된다. 태생학에 있어서 이 관점은 오래전에 파기되었으며 이제는 단지 역사적 관심거리일 뿐이다. 한편 심리학에서는 비록 이론상 오래전에 버려진 생각임에도 불구하고 실상 이 관점은 여전히 지속적으로 존재하고 있다.

5-10] 심리학 이론은 어린이 발달이 순수하게 양적인 과정이라는 생각을 오래전에 거부했다. 그것이 어떤 양적 변화에 제한되지 않는 훨씬 더 복잡한 과정이라는 것에는 누구나 동의한다. 그러나 실제에 있어서 심리학은 복잡한 발달 과정을 아직 모두 드러내지 못했으며 어린이 행동을 재구성하는 질적 변화와 변형을 모두 파악해 내지 못했다.

> *사태는 지금도 마찬가지이다. 지능검사, 영어 유창성 검사, 수학 능력 검사 등등의 시험들은 모두 양적이다. 그러나 검사의 본질적인 사명은 발달을 드러내는 것이다. 비고츠키가 지적하는 이론과 실제의 괴리는 아직 사라지지 않았으며 이러한 양적 시험들은 발달을 드러내지 못한다. '질적' 접근법과 '양적' 접근법을 나누어 연구를 실시함으로써 이러한 문제를 해결하고자 하는 시도는 오직 이론과 실제의 괴리를 더더욱 넓힐 뿐이다.

5-11] E. 클레파레드가 J. 피아제 연구에 대한 자신의 서문에서, 어린이 생각이라는 문제는 심리학에서 주로 순수하게 양적 문제로 제기되어 왔고 새로운 연구가 비로소 그것을 질적 문제로 바꾸어 놓았다고 말한 것은 옳았다. "이전에는, 어린이의 지성에서 이루어진 진보는 새로운 경험의 증가나 특정한 오류의 제거와 같이 양을 더하거나 뺀 것의 결과로 여겨졌으며 과학이 해야 할 것은 이러한 현상에 대한 설명이었다."라고 클레파레드는 말한다. 현재의 연구들은 어린이의 지적 능력이 "특성의 점진적인 변화를 겪고 있다."는 것을 밝혀 왔다.

5-12] 만약 발달의 문제가 최근 연구들에 제기한 기본적 요구를 일반적으로 기술하고자 한다면, 우리는 이 요구가 어린이 행동의 긍정적 특이성을 탐색하는 것이라고 말할 수 있을 것이다. 이 말은 약간의 설명이 필요하다.

> *발달에 대한 이전의 연구는 보통 어린이에게서 결여된 것, 즉 어린이가 가지고 있지 않은 것만을 우리에게 제공했다. 그것은 어린이의 긍정적 특이성, 즉 어린이만 가지고 있는 특성을 보여 주지 않는다. 이 주장은 또한 『생각과 말』 2-1-7에서 언급된다.

5-13] 지금까지 정상아와 비정상아의 행동을 연구하는 데 사용된 모든 심리학적 방법들은, 그들 사이에 존재하는 엄청난 다양성과 차이에도 불구하고 어느 정도까지는 그들을 통합하는 하나의 공통된 특성을 지닌다. 현존하는 모든 방법들이 설정하고 있는 이 특성은 어린이를 부정적으로 특징짓는 데 있다. 우리의 방법들은 모두 우리에게 어린이답지 않은 것이 무엇인지, 성인과 비교하여 어린이가 무엇을 결여하고 있는지, 정상 아동과 비교하여 비정상 아동이 어떠한지를 우리에게 말해 준다. 우리 앞에는 항상 어린이 인격에 대한 부정적인 이미지가 있다. 이 그림은 여전히 어린이와 성인을 그리고 비정상아와 정상아를 구별하게 하는 긍정적인 특이성에 대해서 어떤 것도 알려 주지 않는다.

> *어떤 독자들은 우리가 현재 '특수 교육'이라고 부르는 것을 묘사하는 데 비고츠키가 사용하는 용어에 대해 불쾌감을 느낄 수도 있다. 비고츠키는 '손상학'이라는 용어를 사용했다. 그리고 '비정상ненормального' 어린이 대 '정상нормального' 어린이라고 언급했다. 번역에서도 비고츠키의 용어가 그대로 사용된다. 무엇보다도 우리는 우리가 지금 사용하는 용어가 역사적인 것임을 인정해야만 하기 때문이다. 예를 들자면, 지금은

아무렇지도 않게 사용되는 '다문화 교육'이나 '특수 교육'의 범주화가 불과 수년 전까지만 하더라도 모욕적이며 차별적인 것으로 비추어졌을 수 있다. 어린이를 보충과 심화 그룹으로 편성하겠다는 생각은 비고츠키에게 결코 수용될 수 없었을 것이다. 둘째, 우리는 비고츠키가 단어는 부족했을지라도(장애, 비장애 어린이를 포함한) 모든 유형의 어린이 발달에 대한 지식과 내용은 부족하지 않았음을 인식해야 한다. 비고츠키는 기능들이 서로를 보완하며 모든 발달은 하나의 기능이 또 다른 기능에 굴절적응하기 위해 사용되고 마침내 그것을 능가하게 되는 노정의 이야기라고 믿었다. 눈 먼 어린이가 읽기를 배우거나 귀가 먼 어린이가 말하기를 배우는 과정은 어린이가 외우거나 추측하는 대신 읽기나 세기를 배우는 과정과 원칙적으로 전혀 다르지 않다. 비고츠키는 특수 교육이라는 이름은 없었지만 개념은 가지고 있었다. 반면 우리 시대 상황은 완전히 반대이다. 우리는 이름을 가지고 있지만 이름이 필요로 하는 긍정적 내용은 가지고 있지 못하는 경우가 많다.

5-14] 지금 심리학이 직면한 과업은 어린이 행동의 진정한 특이성을 깊고 풍부한 실제적 표현으로 파악해 내고 어린이의 인격에 대해 긍정적인 이미지를 제공하는 것이다. 그러나 긍정적인 이미지가 가능해지기 위해서는 어린이 발달에 대한 우리의 이해가 근본적으로 바뀌어야 하고 그것이 복합적 변증법적 과정이며 이 과정은 복잡한 주기성, 개별 기능 발달 사이에 불균형, 변태變態, 즉 한 형태에서 다른 형태로의 질적 변형, 진화와 퇴화 과정들의 복합적 엮임, 외적 요소들과 내적 요소들의 복합적 교차, 위기를 극복하는 동시에 위기에 적응하는 복잡한 과정이라는 특징을 갖는다는 것을 고려해야만 한다.

> 우리가 오늘날 직면한 문제는 어린이 행동의 긍정적 고유성을 드러내는 것이다. 우리는 그것들이 실제로 표현되고 드러나는 것처럼, 모든 다양성과 크기 속에서 그것을 드러내야 한다. 이 긍정적인 그림은 우리의 기존 관념을 변화시킬 때만이 가능하다. 우리는 발달이 다음과 같은 특징을 갖는 복잡한 변증법적 과정임을 보여 주어야 한다.
> 1. 복잡한 주기성(즉 위기)
> 2. 고르지 않은 발달(즉 다른 기능에 비해 어떤 기능의 더딘 발달)
> 3. 결합된 발달(즉 어떤 기능의 다른 기능으로의 변형, 예를 들어 기억이 예측 능력으로 변형되는 것)
> 4. 진화와 퇴화의 합병
> 5. 외적 요인과 내적 요인의 얽힘(예를 들어 외적 말을 내적 말로 사용하기, 혹은 반대로 복합체적 생각이 개념적 말하기에 개입하기)
> 6. 도전을 극복하고 적응하는 복잡한 과정(예를 들어 말 결핍을 극복하거나 성인 사고의 결핍에 적응하는 과정)

5-15] 현대의 발달 연구의 새로운 길을 열기 위해 극복되어야 하는 두 번째 계기는 아동심리학을 여전히 지배하고 있는 숨겨진 진화론이다. 점진적이고 더딘 변화의 누적에 의한 진화나 발달이 계속 어린이 발달의 유일한 형태로 간주되었으며, 모든 주어진 과정들이 이 전체적 개념 속에서 남김없이 설명된다고 여겨졌다. 근본적으로 어린이 발달에 관한 이러한 추론은 숨겨진 식물 성장 과정의 비유를 드러낸다.

> 5-6에서 언급된 숨겨진 전성설에 덧붙여 두 번째 요점은 숨겨진 진화론이다. 이 진화론은 점진적 변화에 의한 더딘 증대로 발달을 이해한다. 다시 말해 전성설이 아닌 개량주의이다. 이는 여전히 어린이 발달의 유일한

> 형태(모든 발달은 학습과 같이 점진적이어야 한다)로 간주된다. 이러한 추론은 숨겨진 식물학의 비유(『도구와 기호』 1장 참조)를 포함한다.

5-16] 아동심리학은 아동 발달 역사를 가득 채우고 문화 발달 역사에서 매우 빈번히 일어나는 전환점, 갑작스런 위기, 혁명적 변화에 대해 아무것도 알고 싶어 하지 않았다. 이 소박한 정신은 혁명과 진화를 양립할 수 없는 것처럼 보이게 만든다. 이것(소박한 정신-K)에 있어 역사적 발달은 오직 직선 경로가 놓여 있을 경우에만 지속된다. 단절, 역사라는 직물의 파열, 비약이 찾아오면 소박한 정신은 재앙과 실패, 절망만을 볼 수 있을 뿐이다. 이것(소박한 정신-K)이 보기에 전체 역사는 중지되고, 곧게 뻗은 평평한 길이 다시 나타나기 전까지 앞으로 나아가지 못한다.

> *여기서 비고츠키가 사용하는 용어 나이브노이에 소즈나니야 наивное сознание는 글자 그대로 '소박한 정신'이다. 하지만 다음 문단과 비교해 보면 그가 의미하는 것이 '소박한 물리학'에서와 마찬가지로 '소박한 사고방식' 또는 '비변증법적, 비과학적 사고' 또는 '통속적 심리학'을 뜻한다는 것을 알 수 있다.
>
> "발달 속에 있는 위기의 존재는 오랫동안 알려졌으며 그 고전적 해석은 다음과 같다. 위기는 어린이의 내적 특성의 성숙에 의해서, 그리고 그 토대 위에서 벌어지는 성숙한 내적 특성과 환경의 모순에 의해서 야기된다는 것이다. 그 어떤 조건 속에서도 성숙한 내적 특성과 환경의 모순을 피할 수 없기 때문에, 이 해석의 관점에서 보면 위기는 피할 수 없는 것이다. 그러나 아동 정신 발달 이론에서 이보다 더 잘못된 생각은 찾아볼 수 없다."
>
> Leontiev, A. R.(1981), *Problems of the Development of the Mind*,

Progress: Moscow, p.399.

최근에 유리 V. 칼포프Yuriy V. Karpov의 책 『The Neo-Vygotskyan Approach to Child Development』에서 홀이 말한 '질풍노도의 시기'에 관한 저술이 논평되었다. 즉 청소년기의 위기가 또래와 어울리고자 하는 청소년기의 전형적인 활동에 부모가 간섭함으로써 발생한다는 것이다. 이런 식의 논평은 순전히 레온티예프다운 것이며 비고츠키와는 아무 상관이 없다. 레온티예프와 비고츠키의 결별은 이 시기(1931년)에 일어났다. 비고츠키가 어째서 위기의 필연성을 받아들이려고 했으며, 또 어째서 레온티예프는 그것을 거부하였는지 이해하기 위해서는 비고츠키가 말한 사회 발달과 어린이 발달 사이의 유사성을 이해하면 될 것이다. 비고츠키가 보기에 사회와 어린이의 발달에 있어서 위기는 필수적인 것이었다. 변증법적 논리에 있어 위기, 즉 기존의 것에 대한 부정은 필수적이다. 하지만 레온티예프가 보기에 역사는 소비에트 연방의 건국과 함께 반드시 종결되어야 하는 것이었다. 다시 말해서 소비에트 연방 이후에는 사회 발달이든 어린이 발달이든 간에 그 어떤 위기도 용납되지 않았다.

5-17] 이와 반대로 과학적인 정신은 진화와 혁명을 발달이 취하는 두 개의 상호 간 연결된 형태로 본다. 과학적인 정신은 아동 발달에서 변화의 계기 중에 일어나는 비약을 일반적 발달 노선 전체에 있어 전환점으로 받아들인다.

5-18] 상황을 이와 같이 고려하는 것은 문화 발달 역사와 연관하여 특히 심각하다. 우리가 보게 되듯이 문화 발달의 역사는 대부분 어린이 발달에서 일어나는 전환점과 급격한 변화를 통해 일어난다. 문화 발달의 본질은 바로 어린이가 겪는 발달된 문화 행동 형태와 그 자신의 행동을 특징짓는 원시적 형태 사이의 충돌에 있다.

5-19] 위로부터 나오는 즉각적인 결론은 어린이의 정신 발달 과정과 그 본성과 구성 경로에 대한 전통적 관점을 바꾸어야 한다는 것이다. 대개 모든 어린이 발달 과정은 전형적인 방식으로 일어난다고 간주되었다. 배아 발달은 모든 다른 형태가 비교되는 전형적인 모형으로 받아들여진다. 이 발달 유형은 외적 환경에 최소한만 의존하며, 문자 그대로의 의미로 '발달'이라는 낱말의 속성 즉 씨눈 속에 봉해지고 구속되어 왔던 잠재력의 전개라는 의미에 가장 적합하다. 그러나 배아 발달은 그 낱말의 진정한 의미에서 모든 발달 과정에 대한 모형으로 받아들여질 수 없다. 대신에 우리는 그것을 결과나 성과로 받아들일 것이다. 그것은 대체로 전형적인 방식으로 나아가는 이미 확립되고 완성된 과정이다.

*비고츠키는 고등정신기능 발생에 대한 두 가지 잘못된 개념화, 즉 전성설과 진화론을 보여 주었다. 그러나 비고츠키는 전성설과 진화론이 동일한 수준에 놓여 있다고 믿지 않는다. 비고츠키가 이 단락에서 지적했듯이, 전성설은 진화의 결과이다. 비고츠키가 다음 단락에서 지적할 것처럼, 진화론은 전성설의 '지금 불능 상태(지적 파산)'에 대한 과학적 대답이다. 전성설과 진화론은 모두 발달에 대한 포괄적인 이론에서 담당할 역할이 있지만, 그 어느 것도 중심 역할을 담당하지는 못할 것이다. 비고츠키는 스치리오치프노cтepeoтипно, 즉 '전형적인'이라는 용어를 주어진 과정이 선례와 정확히 똑같다는 의미로 사용한다. 예를 들어 무성 생식에서 자손이 모체의 전형이고, 반복 훈련('듣고 따라 하기')에서 학습자 반응은 교사 모형의 전형이다. 어떤 것을 '외워서' 기억하게 하는 목적은 사실상 정신 반응에 대한 전형적인 모형을 재생산하기 위함이다. 여기서 우리는 외국어 발달에 대한 전성설적 관점을 발견한다.

5-20] 발달의 두 유형 간의 근본적인 차이를 알아보려면 배아적 발달

과정을 동물 종種의 진화, 즉 다윈이 제시한 진정한 종의 기원과 비교하기만 하면 된다. 종은 생존을 위한 투쟁 속에서 환경에의 적응 과정에서 출현하고 사라지며 진화하고 발달했다. 만약 어린이 발달 과정과 어떤 다른 발달 과정 간의 유사성을 도출하고자 한다면, 우리는 배아적 발달보다는 오히려 동물 종의 진화를 선택해야 할 것이다.

*홀이나 손다이크 심지어는 뷜러와 같은 당대의 다른 심리학자들과는 달리 비고츠키는 아동 발달이 '긍정적 고유성'을 가지고 있으며 이는 다른 어떤 발달 과정들과도 다르다고 주장한다. 심리적 발달은 생물적 변화를 반복할 뿐이라는 '생물발생 법칙'을 완전히 거부하며 비고츠키는 '발생 법칙'(5-59)을 통해 고등정신기능의 심리적 발달조차도 최소한 두 개의 상이한 노선, 즉 정신 간 과정과 정신 내적 과정으로 분화되어야 한다고 주장한다. 그런데 왜 여기서 그는 아동 발달을 다른 유형의 발달에 비유한다면 개체 발생에 더 적합한 비유는 태생학이 아닌 계통 발생이라고 말하고 있는 것일까? 여기에는 최소한 세 가지의 이유를 찾아볼 수 있다. 첫째 진화 이론은 개체와 환경의 상호작용이라는 요소를 중요하게 다룬다. 배아는 자궁 속에 있으면서 환경으로부터 독립되어 있다. 그러나 이와 반대로 아동 발달은 사회적 발달 상황과 지속적인 상호작용을 가지면서 이에 의해 변화하고 또 그러한 환경을 변화시킨다. 둘째 진화 이론은 완전히 새로운 종의 출현을 설명할 수 있다. 배아는 이미 가지고 있는 잠재성을 발현하는 것일 뿐이지만 어린이는 이전에 들은 바 없는 것들을 지속적으로 말하고 들어야 하며 부모들은 알지도 못했던 온갖 종류의 것들을 배워야 하고 궁극적으로, 자신의 부모나 조부모가 알았던 세상과는 전혀 다른 세상에서 자라나야 한다. 셋째 진화 이론은 위기와 재앙을 그 안에 포함한다. 배아의 임무는 자라나는 것이지만 어린이의 임무는 새로운 행동을 창조하는 것뿐 아니라 스스로의 행동 중 부적절한 것을 파괴해 버리는 것 또한 포함하고 있다.

5-21] 어린이 발달은 외부의 영향으로부터 보호를 받는 정형화된 과정과 전혀 다르다. 어린이 발달과 변화는 환경에 대한 살아 있는 능동적 적응에서 발생하기 때문이다. 이 과정 속에는 미리 존재하던 사슬을 단지 전형적으로 재연결하는 것에 그치지 않는 새로운 형태가 있다. 배아 발달에서 각각의 새로운 단계가 잠재적인 형태로 선행 단계에 포함되어 이러한 내적 잠재력의 전개를 통해 발생하지만, 이는 발달 과정이라기보다 생장과 성숙의 과정이라고 해야 할 것이다. 이러한 형태, 이러한 유형은 어린이의 정신 발달에서도 나타나긴 하지만 문화적 발달의 역사는 다른 형태를 통해 훨씬 더 많이 발생한다. 즉, 이미 선행 단계에서 내재된 잠재력의 전개로 나타나는 새로운 단계를 통해서가 아닌, 유기체와 환경 사이의 진정한 직면과 살아 있는 환경에 대한 적응을 통해서 발생한다.

5-22] 현대 아동심리학에는 어린이 발달 과정에 관한 두 가지 기본적 견해가 있다. 그들 중 하나는 J. B. 라마르크로 돌아가는 것이고 다른 하나는 다윈으로 돌아가는 것이다. 뷜러는 아동 정신 발달에 관한 K. 코프카의 저서를 라마르크의 개념에 현대 심리학적 표현을 부여하고자 하는 시도로 간주해야 한다고 옳게 말했다.

*이번 문단에서 5-30까지 비고츠키는 고등정신기능의 발달에 관한 라마르크적인 '하향식' 견해(쾰러와 코프카, 이미 존재하는 형태, 즉 게슈탈트에 관한 관념)와 심리학에서의 발달에 관한 다윈적인 '상향식' 견해(뷜러, 결정적 도약에 의해 구별되는 질적으로 다른 종류의 행동에 관한 관념)를 비교한다. 예를 들어 비고츠키는 조건 반사(습관)가 어떻게 무조건 반사(본능)에서 발달하는지를 설명해야 한다. 그러나 라마르크는 반대로 본능은 습관에서 발달한다고 생각한다. 비고츠키는 지성이 어떻게 습관에서 발달하는지 설명해야 한다. 그러나 코프카에게는 여기서 설명할 것이 없다. 뷜러는 코프카의 1924년 작 『정신의 성장』을 언급하고 있는 것으로 보인다. 제목이 가

리키듯이 이 책은 근본적으로 발달을 시초부터 잠재적으로 존재하는 게슈탈트의 실현 또는 분화로 간주하는 전성설의 입장을 취하고 있다.

*장 바티스트 피에르 안톤 드 모네 슈발리에 드 라 마르크(Jean-Baptiste Pierre Antoine de Monet Chevalier de la Marck, 1744~1823)는 일반적으로 라마르크로 알려져 있다. 이 긴 이름이 의미하듯이 그는 프랑스 귀족이었으며 왕실 정원의 책임자였다. 그리고 혁명 후에는 프랑스의 위대한 자연주의자였다. 그는 달팽이와 땅속에 사는 벌레에 매우 깊은 관심을 가졌으며 무척추 동물을 구분하는 진정한 과학적 체계를 최초로 만들었다. 라마르키아 속屬 식물은 그의 이름을 따른 것이다. 그러나 무척추 동물에 관한 연구 이외에 그의 생각은 특별히 과학적이지 않았다. 그는 4원소설(흙, 공기, 불, 물)을 믿었으며 '생명력'이 물을 동물 조직이라는 토양을 통해 흐르도록 하며 훨씬 복잡한 혈관을 만든다고 믿었다. 이 '생명력'에 관한 믿음은 후에 베르그송과 같은 심리학자들에게 영향을 미친다. 라마르크는 획득된 형질이 유전될 수 있다고 생각했다. 기린들의 긴 목은 그들이 항상 목을 늘렸기 때문이며, 두더지가 작은 눈을 가진 것은 그들이 눈을 별로 사용하지 않기 때문이다. 그리고 이런 특성들은 그들의 자손들에게 이어진다.

*신다윈주의로 잘못 불렸던 라마르크의 생각은 스탈린 시대의 소비에트 과학의 공식 신조가 되었다. 라이센코와 같은 사람들은 밀이 시베리아의 겨울에도 성장하도록 학습될 수 있다고 상상하던 시기였다. 스탈린은 라이센코를 철석같이 믿었었고, 기근은 그 필연적 결과였다. 라이센코는 사기꾼이었다. 그러나 멘델의 법칙을 옹호하고 라마르크적인 '진화'를 반대했던 니콜라이 바빌로프와 같은 진정한 과학자들은 가차 없이 박해를 받았다. 바빌로프는 소련의 현대 유전학의 창립자였으며 농업을 발달시키기 위해 멘델의 법칙, 비非 라마르크 이론, 다윈의 유전 개념을 사용하여

> 세계에서 가장 큰 종자 은행을 만들었다. 1937년에는 그의 협력자 무랄로프와 함께 모스크바 국제학회를 주최하여 러시아에 다윈의 생각을 소개하고자 하였다. 라이센코는 이를 저지하려 하였다. 무랄로프는 체포되어 처형당했다. 1940년에 바빌로프 또한 체포되었으며 사형선고를 받았다. 이에 대한 해외의 격렬한 반응이 있자 러시아 당국은 사라토프 감옥에서 음식 없는 20년 형으로 감형했으며, 그는 1943년에 아사하였다. 그러나 진정한 순교자들은 그의 대학원생들이었다. 그는 학습된 형질은 유전되지 않는다고 공식 정책에 반하여 가르쳤다. 씨앗의 형질이 쉽게 학습되거나 변화될 수 없기 때문에 씨앗을 보존하는 것이 대단히 중요하게 여겨졌다. 따라서 그의 제자들은 세계에서 가장 큰 과일과 곡식의 씨앗 도서관을 건립했다. 소비에트 정부와는 달리 나치는 유전학에 관심이 많아 이 거대한 수집품들을 독일로 가져가려고 계획했다. 나치가 레닌그라드를 포위하는 동안, 나치로부터 소비에트 농업의 미래를 지킨다는 확신 하에 바빌로프의 9명의 제자들은 먹을 수 있는 과일들과 씨앗들의 거대한 수집품들에 둘러싸여 아사하였다.

5-23] 지금까지는 심리학자들이 원시적 행동을 설명하는 데 사용한 원칙을 고등 수준의 행동을 설명하는 데 사용하였다. 하지만 그와 반대로 코프카의 관점의 본질은 고등 행동을 주로 설명하는 원칙으로 저차적 행동 형태를 설명하는 것이다. 그러나 코프카는 이 방법이 의인화와는 아무런 관계가 없다고 말한다. 현대 심리학의 중요한 방법론적 성과 중 하나는 소박한 의인화와 비판적 의인화 사이의 극히 중요한 구분을 확립한 것이다.

> *이것은 코프카의 책 『Growth of the Mind』(21~22쪽)를 참조한 것이다. 여기서 코프카는 침팬지가 통찰의 순간을 경험한다는 사실을 부인하

는 행동주의자들에 대해 논하고 있다. 침팬지가 통찰을 경험했다는 것을 드러내는 직접적, 객관적 '의식'의 증거가 없다는 반박에 대해 코프카는, 그러한 주장은 우리가 모르는 언어를 쓰는 사람을 대상으로도, 심지어 같은 언어를 쓰는 사람을 대상으로도 똑같이 제기될 수 있다고 말한다. 연구자가 외국어를 모른다면 실험 대상의 의식에 직접 접근할 방법이 없으며, 같은 언어를 사용하는 실험 대상이라 하더라도 그의 행동이 나타내는 의식 상태와 언어로 직접 보고되는 의식 상태는 전혀 다를 수 있기 때문이다 (예: 매운 것을 먹고 얼굴이 빨개지고 땀이 나는데도 하나도 안 맵다고 하는 것).

행동주의는 저차적 기능(자극에 대한 연합적 반응)을 이용해 고등 기능(의식)을 설명하려 했다. 이는 교조적 다윈주의로서, '말'을 설명하지 못한다. '말'은 연합을 통해 학습되는 것이 아니기 때문이다. 형태주의자들은 고등 기능(예컨대 통각: 배경과 전경을 구분하는 능력으로 '의식'을 전제로 한다)을 이용해 저차적 기능(지각)을 설명하려 했다. 형태주의자들의 관점은 궁극적으로 비판적 의인화의 관점이다. 행동주의는 동물 행동에 지성이 포함되어 있다고 추정하는 것을 거부하였고 형태주의자 역시 이에 동의한다. 그러나 침팬지와 같은 동물의 경우 인간과 유사한 지성은 '추정'될 필요가 없다. 쾰러의 실험은 침팬지가 지성을 이용해 문제를 해결한다는 사실을 명확히 보여 주기 때문이다. 이는 비판적, 선별적인 의인주의의 토대가 된다.

비고츠키가 비판적 의인화와 라마르크주의를 연관 짓는 이유는 무엇인가? 거기엔 세 가지 이유가 있다. 첫째로 코프카 자신도 각주에서 인정했듯이 순수한 기능주의를 토대로 하고 있기 때문이다. 즉 어떤 것이 의식이 있는 것으로 보이고 행동하면, 그것은 의식이 있는 것이다. 이와 비슷하게 라마르크는 종種이 특정한 기능을 연습함으로써 변화한다고 생각한다. 둘째로 라마르크주의자들은 의식이 자연적 경향이라고 생각한다. 마치 '생명력'이 동물 조직에 장기들과 보다 복잡한 혈관 체계를 새겨 넣은 것처럼, 의식도 '생명력'의 자연적 산물이지 사회 조직의 산물이 아니다. 따라서 코프카는 당연히 가장 원시적인 기능 속에도 단순한 전체 형태(게슈탈트)가 나타난다고 믿었다. 셋째로 라마르크주의자들은 환경이 의식을 창조하는데, 이 의식은 환경에 대한 적응을 통해 매개되고 자연 선택을 통해 전달되는 것이 아니라, 직접적인 반응, 상속 가능한 반응이라고 생각한다. 라마르크주의자들은 대장장이 마을의 아이들의 팔 근육은 쓰든지 쓰지 않든지 발달될 것이며, 지성인의 아이들은 교육을 받든지 받지 않든지 지성적으로 자랄 것이라고 생각한다.

의인화антропоморфизм, anthropomorphism는 동물도 인간의 의식과 비슷한 의식을 갖고 있다는 믿음이다. 앞에서 손다이크는 쾰러에 대해 비판을 했고 비고츠키는 쾰러를 옹호한 바 있다. 비고츠키는 침팬지도 지적이지만 그들의 지성은 인간의 지성과는 질적으로 다르다고 결론짓는다. 인간 지성은 말의 심리적 기능 덕분에 눈에 보이는 것을 넘어서기 때문이다. 코프카는 비非지성을 게슈탈트, 즉 지성적, 비지성적 행동 모두의 근원인 형태(게슈탈트)를 통해 설명할 수 있다고 생각한다. 코프카는 그의 생각이 사실 의인주의는 아니라고 주장한다. 비고츠키는 동물 지성이 본질상 인간과 같다고 믿는 소박한 의인화와 동물의 행동이 인간의 의식적 행동과 유사한 경우 이를 잠정적으로 인간과 유사한 의식의 존재에 대한 증거로 인정하는 비판적 의인화 사이에 중대한 차이가 있음에 동의한다. 비고츠키에게 핵심적인 논점은 다른 데 있었다. 비고츠키는 조건 반사가 무조건 반사로부터 유래하듯이 지성은 비지성으로부터 유래한다는 사실을 확립하고자 한다. 이는 형태주의가 가지는 중대한 문제가 동물이 의식을 가지고 있다는 의인주의적 가정에 있는 것이 아니라 저차적 기능의 존재를 고등 기능을 통해서 설명하려고 하는, 발달에 대한 라마르크주의적 사고방식에 있음을 의미한다.

5-24] 소박한 이론이 서로 다른 발달 수준의 기능들을 동일시하는 것에 토대를 둔 반면, 비판적 의인화는 인간을 통해 알려진 고등 형태로 시작하여 정신 발달의 하위 단계로 내려가면서 이와 동일한 심리 구조와 발달을 추적한다. 이것이 쾰러와 코프카의 연구의 이론이다. 그들이 우리의 이론에 주는 중요한 시사와는 상관없이, 여전히 원칙은 고등 행동 형태에 대한 연구에서 발견된 설명을 저차적 형태에 적용하는 것이다.

> 소박한 의인화 이론은 매우 다른 발달 수준에서 발견되는 기능들을 동일시한다. 예컨대 폰 프리쉬는 벌들의 춤을 '언어'로 해석한다. 비판적 의인화는 인간에게서 발견되는 고등 행동으로 시작해서 이들의 발달을 역추적한다. 이는 쾰러가 유인원에 대한 연구에서 취한 방식이다. 후자의 이론은 쾰러와 코프카 연구의 토대가 된다. 그들은 이러한 기능들이 동일하지 않으며, 우리가 기능의 발달을 역추적할 때 진화의 역사를 거꾸로 되짚어 보게 된다는 중요한 시사를 던져 준다. 그러나 이러한 시사에도 불구하고 이 연구의 초점은 고등 행동 연구에서 발견된 설명 원칙을 저차적 행동에 적용하는 것이다.
>
> *『도구와 기호』 1장에서 비고츠키와 루리야는 침팬지에게서 인간의 특징을 찾는 이러한 절차, 즉 기호의 비非문화적, 자연적 역사를 추출하는 방식이 제한적인 결과만을 가질 뿐 고등정신기능에서 인간에 고유한 것이 무엇인지를 설명하지 못하는 이유에 대해 서술한다.

5-25] 그에 반해 뷜러는 아동심리학을 세우려는 자신의 시도를 다윈의 생각을 계승하는 시도로 간주하였다. 다윈이 오직 발달의 한 영역만 알고 있었다면, 뷜러는 본인이 생각하기에 다윈이 내세운 선택 원리가 확증과 정당성을 발견하는 새로운 두 개의 영역을 지적했다. 그러나 뷜러는 E. 헤링의

언명을 활용하여 다윈과 라마르크의 관점을 결합하려 한다. E. 헤링은 이러한 두 이론으로부터, 즉 라마르크나 다윈의, 한쪽으로 치우친 각각의 천재성을 보여 주는 각 이론으로부터 살아 있는 모든 것의 일반적인 역사적 그림이 나타난다고 말한다. 그에게 일어난 일은 입체경을 들여다볼 때 일어나는 일, 즉 처음에는 서로 대항하여 다투는 두 가지 인상을 보다가 갑자기 그들이 명백히 하나의 삼차원 형상으로 결합하는 것이다.

*칼 이왈드 콘스탄틴 헤링(Karl Ewald Konstantin Hering, 1834~1918)은 주로 색 지각에 관해 연구한 생리학자이다. 그는 주요 삼원색의 감지에 기반한 뉴턴의 색 지각 이론을 거부하고, 현재 인쇄 기술의 기초이지만, 인간의 색 지각에 대해서는 적용되지 않는 색채 대립에 바탕을 둔 색 지각 이론을 주장하였다. 아마 이것이 헤링이 '입체적 효과', 즉 3D 영화나 반대되는 색으로 인쇄된 두 개의 그림을 볼 때 생기는 효과에 대해 쓴 이유일 것이다. 헤링과 뷜러는 다윈과 라마르크가 각각 우리에게 '눈'을 하나씩 준다고 믿었다. 예를 들어 다윈은 무조건 반사가 어떻게 생존에 유리한지를 잘 설명하며, 여기에서 우리는 자연 선택을 통하여 전승되는 일반화된 지성을 상상할 수도 있다. 그러나 다윈이 의도적 행위를 어떻게 설명할 수 있는지는 덜 분명하다. 생존을 위해 필요한 행위가 왜 의도적이어야 하며 따라서 고정적이지 않은가? 반면 라마르크는 의도적 행위가 투쟁과 노력을 통하여 어떻게 생길 수 있는지 명백히 설명한다. 그러나 그것이 어떻게 자손에게 물려지게 되는지는 분명하지 않다. 뷜러는 결국 지성적 행위와 의도적 행위는 실제 행위의 이상적 표현이라고 가정하며 따라서 다윈의 자연 선택의 법칙에 따른다고 가정한다. 불필요한 운동은 제거되고 문제에 대한 잘못된 해결책은 폐기된다. 비고츠키는 아마 뷜러의 이 '해결책'을 5-15에서 그가 경고했던 '숨겨진 진화론'의 일종으로 여길 것이다. 비고츠키는 지성이 어떻게 지성이 아닌 것으로부터 출현하는지를 자연 선

> 택이 설명할 수 있다는 생각에는 전혀 이의가 없다. 그러나 지성은 자연 선택의 원칙에 의해 낱낱이 설명되지 않는다.

5-26] 이러한 비교를 계속하면서, 뷜러는 라마르크가 없는 신다윈주의는 너무 시야가 좁고 편협하다고 말한다. 하지만 다윈이 없는 라마르크주의는 생명 형태의 다양성의 풍부함을 이루지 못한다고 말한다. 아동심리학이 서로에 대한 이 두 학자의 관계를 지금까지 지속되어 온 것보다 더 명백히 할 때, 발달 이론은 진정으로 한 단계의 진전을 이룰 것이다.

> *뷜러와 헤링이 왜 라마르크와 다윈이 양립할 수 있다고 간주했는지 알기 어렵다. 다윈도 비본능적 적응 행동이라는 관념을 그의 이론에 포함하고 있었고, 특히 『인간의 유래』라는 책에서 학습된 지적 선택에 대해 논의했던 것은 사실이다. 다윈이 거부했던 것은 학습된 지적 선택이 자손에게 물려진다는 라마르크의 생각이었다. 비고츠키 또한 이것을 거부했다. 학습된 지적 선택이 전달될 수 있는 수단은 존재한다. 그러나 그것은 생물학적인 것도 아니고 유전될 수 있는 것도 아니다. 그것은 실제 사람들 사이의 실제적 관계라는 구체적 형태를 취하는 어린이의 문화-역사적 상속물이다.

5-27] 이런 식으로 우리는 아동 발달 개념이 서로 다른 연구자들에게 공유된 하나의 개념이 아니라는 것을 알게 된다.

5-28] 그의 연구 작업 속에 나타나는 다양한 발달 영역에 대한 뷜러의 생각은 우리가 보기에는 아주 유익하다. 그에 따르면 다윈은 실상 한 영역만 알고 있었던 반면, 뷜러 자신은 서로와 구분되는 세 영역을 제시한다. 뷜러에 따르면 행동 발달은 발달의 기본적인 세 단계를 통과하며, 변화하는 것은

행동이 선택되는 위치이다. 다원주의적 적응은 불리하게 조직된 개체가 제거됨으로써 수행된다. 이는 삶과 죽음에 대한 것이다. 개체 내의 적응은 훈련에 의해 수행된다. 이는 기존의 행동 형태를 쳐내고 새로운 행동 방식의 창조에 대한 것이다. 이 위치는 신체적 활동의 영역이며 여기서 잃게 되는 것은 생명이 아니라 오히려 불필요한 신체 움직임, 즉 자연 속에서 과도하게 생산된 생명들과 같이 과도하게 생산된 것들이다.

*뷜러에 따르면 다윈은 단지 한 영역(본능)을 고려한 반면, 뷜러는 세 영역(본능, 조건 반사, 지성적 행동)을 고려한다. 다윈 이후 과학자들과 시인들은 자연이 종을 개량하기 위해서 개체를 얼마나 낭비해 버리는지를 깨닫고 이에 전율한다. 마지막 문장에서 뷜러가 하는 말 역시 이에 관련된 것이다. 자연은 무수한 생명을 생산해 낸다. 그러나 그 대부분은 버려진다. 이와 같이 개체가 버려지는 자연 선택의 과정을 통해 종이 완전해지는 것이다. 이와 유사하게 개체는 무수히 많은 행동들을 만들어 낸다. 그러나 대부분의 행동들은 사라져 버리게 된다. 이와 같이 물리적 움직임에서 개인적 선택을 통해 습관이 완전해지게 된다. 뷜러의 체계는 '본능-습관-지적 행동'으로 구성되어 있다. 물리적 움직임은 무수한 정신적 활동을 낳는다. 지적 행동은 정신적 활동의 선택을 통해 생겨난다. 즉, 가능한 여러 신체적 움직임을 떠올려 본 후 그중에서 하나를 선택하는 것이다. 물론 뷜러는 다윈의 원칙을 지나치게 확대하여 적용하고 있다. 각 단계에서 사용되는 '효율성'이라든가 혹은 '완전함'이라는 낱말은 전혀 다른 의미로 이해되어야 한다. 본능은 유전에 의해 자손에게 전해지지만 학습된 지성은 그렇지 않다. 정신적 노력에 적용되는 '효율성'은 신체적 '효율성'과는 비견될 수 없다. 개체의 삶과 종 전체의 삶은 전혀 다른 차원의 문제이다.

5-29] 뷜러는 그 이상의 발달 가능성을 시사했다. 만약 신체 움직임이

지나치게 힘들거나 어떤 이유에서건 불충분하다면 선택의 위치는 지각과 생각의 분야로 대체될 것이다.

5-30] 뷜러는 인간 발명과 발견의 고등한 형태들과 우리가 어린이와 침팬지에게서 찾아낸 가장 원시적인 형태들을 공통분모로 환원하고, 그들의 동일성을 이론적으로 이해하는 것이 필요하다고 말했다. 따라서 내적 시도 혹은 생각에 의한 선택이라는 관념, 즉 물리적 대상 자체를 활용한 즉석 선택의 등가물(대체물-K)은 뷜러가 다윈주의적 선택 공식을 인간 심리학 전 영역으로 확대할 수 있도록 했다. 세 개의 다른 영역(본능, 훈련, 지성), 즉 세 개의 다른 선택 위치에서 목적의 출현은 단일 원칙의 토대 위에서 설명된다. 이 저자의 의견으로, 이 생각은 우리 시대에서 다윈 이론을 직접적으로 발달시킨 것이다.

> 뷜러는 우리가 인간 사고의 고등 형태와 가장 원시적인 형태를 단일한 요인으로 환원하여 추상적이고 이론적인 방식으로 이들이 어떤 공통점을 가지고 있는지 이해해야만 한다고 말한다. '내적 시행착오' 과정, 즉 가설의 사용과 행동의 관념적인 재현은 뷜러가 선택의 공식을 인간 심리학의 영역으로 확장할 수 있도록 해 준다. 따라서 세 영역(본능, 훈련, 지성)에서의 효율성은 하나의 단일한 원칙(편의주의)으로 환원될 수 있다. 저자의 의견으로 이것은 현대 발달 이론에서 다윈주의 이론의 직접적인 계승이다.
>
> *우리는 지난 장(**4-48** 이후 여러 곳)에서 비고츠키가 이런 세 가지 서로 다른 국면들을 수용하지만 네 번째(즉 자기 자신의 행동에 대한 숙달)를 덧붙였다는 것을 기억한다. 그러나 이 마지막 단계를 덧붙이는 것으로 우리는 그것이 더 이상 환경에 대한 적응의 문제가 아니라는 것을 알 수 있다.

5-31] 우리는 행동 발달의 세 단계 이론의 몇 가지 세부 사항에 대해 좀

더 다루고자 한다. 그것은 행동들을 진화의 발판 사다리의 세 단계 위에 위치시키면서 사실 모든 주요한 행동 형태를 아우르고 있다. 본능을 형성하는 첫 번째 단계는 행동의 선천적, 유전적 자질로 이루어져 있다. 그 위에 두 번째 단계가 생겨나며, 뷜러의 말대로 그것을 훈련의 단계 또는 대안적으로는 습관과 조건 반사, 즉 개인적 경험에 의해 학습되거나 조건화되고 습득된 반응의 단계라고 부를 수 있다. 그리고 마지막으로 세 번째 단계는 이들 모두 위에 세워졌으며, 새로운 조건에 대한 적응의 기능을 수행하며 손다이크에 따르면 새로운 문제를 해결하기 위해 조직화된 기술들의 계층 체계를 나타내는 지적 반응, 지성의 단계이다.

5-32] 가장 복잡하지만 가장 덜 연구된 세 번째 단계의 도식에 관한 논쟁은 오늘날까지 남아 있다. 많은 저자들은 지성적 반응이 특별한 부류에 할당되지 않으며 특히 정교한 형태의 습관으로 간주될 수 있다고 가정하면서 오직 도식의 발달을 두 단계로만 제한하려고 시도해 왔다. 최근 실험 연구들은 그 논쟁이 세 번째 단계를 승인하는 쪽으로 기울었다고 간주할 만한 확실한 이유를 제공한다고 생각된다. 쾰러의 연구가 입증해 왔던 것처럼 본질적으로 다른 기원과 기능을 가진 지성적 반응은 동물 행동 분야에서조차 시행착오에 의해 탄생하는 기계적 습관 형성과 동등하게 놓일 수 없다.

> 세 번째 단계에 대한 많은 논쟁이 남아 있다. 이 세 번째 단계는 가장 덜 연구되었으며 가장 복잡하다. 비고츠키는 4장에서 이를 두 단계로 나누길 원했다. 몇몇 저자들(비고츠키는 손다이크와 미국 행동주의자들을 염두에 두고 있는 것이 명백해 보인다)은 지성적 행동은 실제로 복잡한 습관에 지나지 않음을 가정하면서 행동의 분류에 관한 이 도식의 발달을 오직 두 단계로 제한하고자 하였다. 그러나 우리는 현재 연구들이 세 단계를 갖는다는 데에는 더 이상 의심의 여지를 남기지 않는다고 생각한다. 지성적 반응들은 습관과 다르다. 그들은 기원과 기능 면에서 다르다. 왜냐하면 그들은 단순히

수동적으로 자극에 반응하기보다는 자극을 찾아내기 때문이며 그들은 잘 알려진 환경보다는 완전히 새로운 상황을 지향하기 때문이다. 이는 퀼러의 연구에서 나타났듯이 심지어 동물에게서도 증명된 것이다.

　*비고츠키는 여기서 왜 행동 발달에 세 단계가 있다고 말하는가? 4장 (4-62 등)에서 그는 네 단계가 있다고 명백히 말한 바 있다. 그러나 이번 장 후반부에서(5-93) 그는 당장은 두 단계만 있다고 가정하는 것이 안전하다고 말한다. 그렇다면, 그의 생각이 변한 것인가? 비고츠키는 이 주제를 포함한 많은 중요한 주제에 대한 그의 생각을 발전시킨 것이 분명하며, 그의 원고는 읽는 순서에 따라 작성되지 않았음을 항상 기억할 필요가 있다. 그러나 우리는 비고츠키가 자신의 생각을 발전시키는 데 있어, 5-41에서 어린이에게 적용한 것과 동일한 방법을 사용한다는 것 또한 기억할 필요가 있다. 다시 말해 그는 논쟁을 통해 논리를 발전시키며 그의 논쟁은 다른 이들의 주장에 대한 논박으로 시작되어 마지막에 가서야 스스로의 결론에 대한 변증법적 고양으로 발전된다. 다른 이들과의 이러한 논쟁을 하는 동안 그는 종종 '내재적 비판' 방법을 사용한다. 즉, 그는 잠정적으로 다른 이들의 주장을 받아들이고 그들의 논의를 따라가면서 어떤 모순과 복잡한 결과에 이르게 되는지를 알아보는 것이다. 따라서 5-93에서는 비고츠키가 오직 두 단계만 있다고 말하는 손다이크에 동의하는 것은 내재적 비판 방법을 사용하여 세 단계가 필요 없다고 잠정적으로 받아들임으로써 이것이 더 많은 단계의 필요성을 도출하는지 확인하기 위함이다. 물론 이 내재적 비판의 결과는 비고츠키의 예상과 일치한다. 여기서도 그는 잠정적으로 네 단계가 필요 없다고 받아들이면서 뷜러의 주장이 어디에 이르게 되는지를 보기 위해 그의 논리를 따른다. 비고츠키는 세 번째 단계가 가장 논쟁거리가 많고 복잡하다고 말한다. 비고츠키에게 복잡하다는 표현은 그것이 여러 개의 부분으로 이루어져 있다는 의미이다.

5-33] 사실 우리는 지성적 반응 단계가 행동 발달의 두 번째 단계와 매우 밀접하게 연관되어 있고 그것에 의존하고 있다는 것을 결코 잊어서는 안 된다. 그러나 이러한 현상은 행동 발달의 두 번째 단계에도 똑같이 적용될 수 있는 보편적인 이치이다.

> 물론 우리는 지적 반응이 학습된 습관과 밀접히 연결되어 있고 그에 의존한다는 사실을 잊어서는 안 된다. 그러나 이러한 밀접한 연결과 의존성은 일반적인 현상이다. 이는 두 번째 단계에도 적용된다. 다시 말해, 학습된 반응은 선천적 반응에 의존하며 그와 밀접히 연결되어 있다.
>
> *비고츠키는 미국의 행동주의자와 러시아의 반사학자들에 반론하고 있다. 손다이크, 왓슨, 스키너와 같은 행동주의자들의 입장은 단순히 '지성적' 반응과 학습된 반응 사이에 근본적인 차이가 없다는 것이다. 이에 대하여 비고츠키는 그 기원과 기능에서 이 두 반응이 서로 다르다고 지적한다. 왜냐하면 지성적인 문제 해결은 환경에 의해 조건화되지 않으며, 조건화된 문제가 아닌 새로운 문제를 그 대상으로 하기 때문이다. 물론 비고츠키도 쾰러가 유인원이나 어린이에게서 관찰한 것과 같은 지성적인 문제 해결이 훈련과 밀접한 관련이 있고 그것에 의존하고 있음을 인정한다. 지성적 반응은 훈련된 반응이 될 수 있고 여러 가지 상이한 훈련 반응을 포함할 수도 있다. 예를 들어 등교할 때 전에는 가 본 일이 없는 경로를 택하여 학교를 간다고 가정해 보자. 인간은 태어날 때부터 걸을 수 없으므로 걷기는 조건 반응이며 다음 날에도 오늘 택한 길로 등교를 한다면 이제 새로운 길로 가는 일은 습관이 된다. 그러나 비고츠키는 서로 연관되고 토대가 되는 이러한 관계가 매우 일반적인 현상이라고 말한다. 때때로 조건 반사도 무조건 반사와 구분되지 않을 수 있으며, 심지어는 자연 선택을 통해서 본능이 될 수도 있다. 행동주의자들은 조건 반사와 무조건 반사가 진화

에 있어서 서로 다른 사다리의 층에 있다는 것을 인정하고 있으므로 그들은 세 번째의 단계 역시도 인정해야 할 것이다.

5-34] 이론적으로 말한다면 우리의 눈을 뜨게 한 가장 유익한 발생 심리학의 생각 중 하나는 행동 구조가 어떤 측면에서 지구 지각의 지질학적 구조를 떠올리게 한다는 것이다. 인간 행동에 있어서 발생적으로 상이한 층들이 있음이 연구를 통해 확립되어 왔다. 어떤 의미에서 인간 행동의 '지질학'은 뇌의 '지질학적' 기원과 발달을 명확히 반영하는 것이라고 할 수 있다.

5-35] 뇌 발달의 역사를 검토해 보면 우리는 크레치머가 발달 역사에서 '계층화의 법칙'이라고 불렀던 것을 보게 된다. 저차적 영역에서부터 고등한 영역으로 발달하는 동안, 발달 역사에서 더 오래된 영역은 단지 사라지는 것이 아니라 더 고등한 영역의 권한에 종속되어 함께 작용한다. 즉 그들은 대개 온전한 신경계에서는 따로따로 떼어서 설명될 수 없다.

*계층화의 법칙은 오랫동안 사실이 아닌 것으로 간주되어 왔다. 신경학자들은 모든 의식적 기능들은 대뇌에 모여 있고 불수의적인 기능들은 뇌간과 중뇌에 모여 있으며 모든 '조화적' 기제는 소뇌에 모여 있다고 생각해 왔다. 제2차 세계대전 중 뇌 부상을 입은 환자들을 대상으로 연구를 했던 비고츠키의 제자 루리야도 그렇게 생각했다. 그러나 뇌 기능은 이전에 생각되었던 것보다 훨씬 더 넓게 분산되어 있는 것으로 보인다. 예컨대 소뇌도 언어와 창의성에서 모종의 역할을 담당하고, 중뇌는 감정에도 개입하며, 지각을 비롯하여 지각에 연관된 모든 불수의적 기능들(심장 박동의 증가 등)이 대뇌에서도 나타나는 것으로 보인다. 대신에 우리는 뇌 조직이 우리가 생각했던 것보다 훨씬 덜 분화되어 있다고 말할 수 있을 것이다.

> 4-13에서 베르너나 괴테가 말한 바와 같이 발달은 일반적으로 세세하게 분화되는 경향이 있기 때문에, 이로부터 일반적으로는 중추신경계, 특히 뇌는 발생적으로 최신의 산물이라고 할 수 있을 것이다. 이는 물론 명백히 증명된 사실이다. 여기서 중요한 방법론적 주장이 제기될 수 있으며, 비고츠키는 자신이 견지해 온 전체주의적 관점에 따라 이에 조심스럽게 접근한다. 뇌의 여러 부분이 수행하는 다양한 기능에 대해 우리가 알고 있는 것은 오직 병리적 자료를 통해서이다. 누군가 특정한 기능을 상실하면 그가 죽은 후에 부검을 통해 환자의 뇌에서 손상을 입은 부분을 확인하고 그가 겪은 기능 상실과 이를 연결하는 것이다. 그러나 이것이 손상을 입은 부분만이 상실된 특정 기능을 담당하는 중추라는 것을 의미하지는 않는다. 이 때문에 비고츠키는 이 문단의 마지막에서 활발히 기능 중인 손상을 입지 않은 신경계를 대상으로 할 때 두뇌의 각 부분을 기능적으로 따로 떼어 말할 수 없다고 말한다.

5-36] 뇌 발달의 두 번째 규칙성은 기능의 상향 전이轉移라 부를 수 있는 것이다. 발달의 역사에서, 종속된 영역은 온전히 기능하는 원형을 유지하는 것이 아니라, 대신 그 위에 세워지고 있는 새로운 영역에 이전 기능의 상당 부분을 넘겨준다. 이것(종속된 영역-K)은 고등 영역이 손상되거나 종속된 단계에 대한 고등 영역의 기능적 영향력이 약화된 경우에만 독립적이 되며 그 속에 남아 있는 고대의 작용 유형의 흔적을 보여 준다고 크레치머는 말한다.

> 뇌 발달의 두 번째 규칙은 '기능의 상향 전이'라 불러도 좋은 것이다. 이것은 저차적 영역 즉 무의식적 주의, 무의식적 지각 등이 모든 기능을 유지하는 것이 아니라, 대신에 이 기능들의 많은 부분을 고등 기능에 넘겨

준다는 것을 의미한다. 즉 자발적 주의는 무의식적 주의를 이어받고, 언어화된 지각은 더 일반적으로 지각을 이어받는다. 총상이나 뇌졸중에 의해 고등 영역이 손상되거나 고등 영역이 주의나 지각에 대한 영향력을 잃어버렸을 경우에만 저차적 영역은 이전 기능을 다시 드러낸다.

5-37] 따라서 우리는 저차적 영역이 고등한 뇌 발달 내에 종속된 단계로서 남아 있다는 것과, 계층화의 법칙에 따라 뇌 발달은 오래된 층 위에 새로운 층이 더해지는 것임을 알게 된다. 오래된 단계는 새로운 단계가 나타났을 때 사라지지 않았다. 오히려 그것은 새로운 단계 안으로 들어가 거기에 남아 있음으로써 새로운 것으로 바뀌었으며, 그 속에서 변증법적으로 부정되었다. 바로 이런 방식으로 본능은 파괴되지 않고, 새로운 기능들 가운데 고대 뇌의 기능으로 조건 반사 속에 지양된다. 마찬가지로 조건 반사 또한 존재하는 동시에 존재하지 않으면서 지성적 활동 속에 지양되어 나타난다. 두 개의 완전히 동등한 과업, 즉 고등한 것 속에 있는 저차적인 것을 드러내는 것과 저차적인 것으로부터 고등한 것으로의 성숙을 드러내는 것이 과학 앞에 놓여 있다.

*음식점에서의 식사와 인간의 초기 수렵채집 행동을 비교해 볼 때, 무엇이 남아 있고 무엇이 '지양' 되었는가? 그 해답은 단순히 뇌 속에 있지 않다. 왜냐하면 현대 인간의 뇌와 먼 인간 조상의 뇌는 크게 다르지 않기 때문이다. 그러나 여기서 비고츠키도 지적했듯이, 뇌는 분명 무관하지 않다. 악어의 뇌를 조사하면 그것이 전적으로 '오래된 뇌'라는 것을 알 수 있다. 그러나 악어는 이 오래된 뇌 속에 인간의 새로운 뇌가 가진 것과 동일한 기능, 즉 배고픔과 같은 감각, 냄새와 같은 지각, 굉장히 다양한 동작 기능들을 가지고 있다. 비고츠키의 추론에 따르면, 사람의 경우에 이러한

기능들은 새로운 뇌로 상향 전이되고, 오래된 뇌에 남아 있는 대부분의 비자발적인 기능들은 이 기능들에 종속된다. 이런 식으로 오래된 뇌는 새로운 뇌 속에 묻히고, 오래된 뇌의 원시적, 반⁒자발적 기능은 새로운 지적이고 자발적인 기능 속에 '지양' 되는 것이다. 배고픔은 물론 본능적인 것이다. 하지만 요리 행위는 습관이다. 요리 행위 속에는 언제나 배고픔이라는 요소가 존재하지만 그것은 보존될 뿐 아니라 지양된다. 예를 들어서 사람들은 배고프지 않을지라도 배고플 때를 예상하여 언제 요리를 시작할지를 결정한다. 이 결정은 대부분 예상에 의한 것이다. 또한 요리는 습관 역시도 '지양' 되어 고등한 지적 행동 형태(상상력이 풍부하고 창의적인 요리, 퓨전 요리 등)로 대체되는 매우 다양한 범위의 지적 해결책을 포함한다. 나아가 사람들이 음식점에 가는 것은 문화화된 취향의 토대 위에서 상상력 풍부한 창의적 해결책까지도 지양한 채, 훌륭한 취향을 실천하는 과정 속에 '배고픔' 이 보존되는 동시에 한켠으로 미루어지는 장소인 식당으로 향하는 것이다.

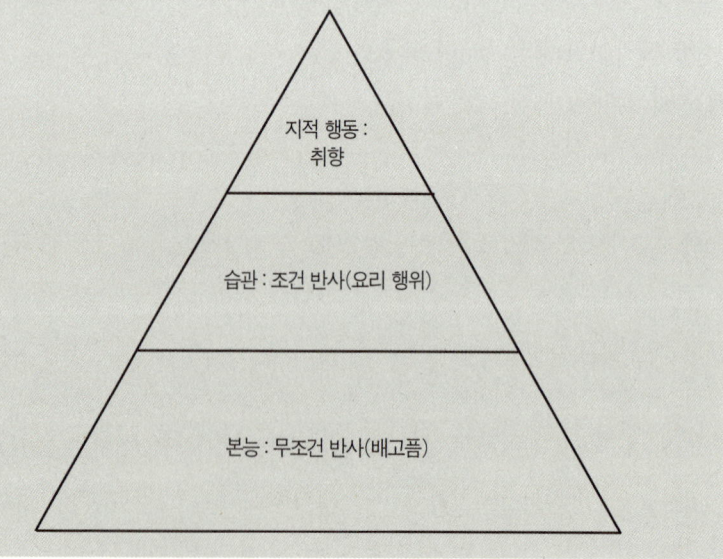

5-38] 최근 베르너는 현대의 문명화된 성인의 행동은 '지질학적'으로만 이해될 수 있다는 의견을 표명했다. 즉 인간은 그의 정신 발달에서 거친 모든 단계를 반영하는 서로 다른 발생적 층들을 그 행동 안에 보존하고 있다는 것이다. 그는 심리학적 구조가 하나가 아닌 다수의 발생적으로 중첩된 층들로 특징지어진다고 말한다. 따라서 발생적 연구하에서는 한 개인조차 발달 과정에서 발생적으로 완성된 어떤 단계들의 행동을 드러낸다. 요소의 심리학만이 인간 행동을 단일한 폐쇄된 영역으로 생각한다. 반면, 새로운 심리학은 한 인간이 발생적으로 다른 단계들의 행동을 보여 준다고 주장한다. 베르너는 현대 연구의 주요 과업은 발생적으로 다층적인 행동을 밝혀내는 것이라고 본다.

5-39] 블론스키의 책 『심리학 개요』 전체는 인간 행동의 발생적 분석에 바탕을 둔다. 책 속에 나타난 새로운 생각은 일반적인 행동 발달 시기인 네 개의 주요 발생적 단계가 인간의 일상 행동 속에 존재함을 드러낼 때만이 그 행동들을 이해할 수 있다는 것이다. 블론스키는 원시적인 삶의 단계로서의 잠, 원시적으로 깨어나는 삶, 불완전하게 깨어 있는 삶, 그리고 완전히 깨어 있는 삶을 구분하였다. 이 단순한 발생적 도식은 인간의 일상 행동과 그 발달의 수천 년 역사 모두를 포함하는 것이며 더 정확히 말하자면, 인간의 일상 행동을 수천 년 역사의 견지에서 조사하는 것이다. 또한 이 도식은 역사적 관점이 현대 인간 행동 분석인 일반적 심리학에 어떻게 적용될 수 있는지에 관한 훌륭한 사례를 제공한다.

5-40] 그러나 기호의 역사는 행동 발달을 지배하는 훨씬 더 일반적인 법칙으로 우리를 이끈다. P. 자네는 이 법칙을 심리학의 근본 법칙이라고 부른다. 이 법칙의 본질은 어린이가 발달하면서 원래 다른 사람들이 자신에게 행했던 행동을 자기 스스로에게 적용하기 시작한다는 사실에 있다. 어린이는 사회적 행동을 학습하고 그것을 스스로에게 적용한다. 우리의 관심 영역에 적용해 보았을 때, 기호의 사용에서보다 이 법칙이 더 명확하게 정확히

맞아 떨어지는 곳은 그 어디에도 없다고 말할 수 있을 것이다.

> *피에르 자네(Pierre Janet, 1859~1947)는 오늘날 우리가 프로이트와 관련짓는 개념들인 잠재 의식, 외상 기억, 전이, 분열의 창시자이다. 하지만 자네는 이 개념들을 야기하는 원인이 왜곡된 성적 생각에 대한 방어라고 생각하는 것에 동의하지 않는다. 비고츠키에게 있어 자네의 통찰 중 가장 중요한 것은 어린이가 다른 이로부터 들었던 명령을 자신에게 적용한다는 생각이다. 하지만 언어의 사회적 발생에서 자네는 이 법칙을 뒤집어 다음과 같이 설명한다. 오래전 사냥에 나선 사람들은 사냥을 하면서 순전히 표현적인 소리를 냈을 것이다. 그러다가 나이 든 유능한 사냥꾼은 행동을 하지 않으면서 소리를 내고, 다른 사냥꾼들은 그 소리에 맞춰 사냥을 하게 되었을 것이다. 자네는 여기에 명령의 기원이 있다고 본다. 이 설명은 '활동'이 어떻게 '행위'로 분석되는지에 관한 레온티예프의 설명과 흥미롭게도 유사하다.
>
>
>
> 프랑스 대학에서 강의할 때의 피에르 자네

5-41] 기호는 언제나 처음에는 사회적 의사소통의 수단, 타인에 영향을 미치는 수단이며 나중에서야 (사용자-K) 자신을 향한 기능이 된다. 심리학에서 우리는 이런 식으로 형성된 사실적 연결과 관계를 많이 발견하게 된다. 일례로 J. 볼드윈에 의해 처음 보고되었으며 최근에는 피아제의 연구에서 진전되고 있는 사례를 언급할 수 있을 것이다. 연구는 어린이의 논쟁과 생각 사이에는 분명한 발생적 연결이 있음을 보여 주었다. 어린이의 논리는 이것이 옳음을 확증한다. 증거는 처음에는 어린이들 간의 논쟁에서 나타나며, 나

중에야 어린이가 자신의 인격을 나타내는 형태와 관련을 맺게 된다.

*여기서 비고츠키가 지적하는 피아제의 연구는 1932년 작인 『아동의 도덕판단』을 지칭하는 것으로 보인다. 여기서 어린이의 논리는 놀이터에서 친구들과 하게 되는 논쟁과 밀접한 관계가 있음이 드러난다. 구슬치기의 규칙과 진행 방식에 대한 논쟁 과정에서 사용되는 주장의 근거와 결론들이 이후 어린이가 스스로의 성격을 표현하는 수단으로 (나는 공정해, 골목대장이야, 소심해 등……) 사용된다.

*볼드윈(James Mark Baldwin, 1861~1934)은 분트의 제자였다. 볼드윈은 매우 독창적인 심리학자, 발달론자, 아동 놀이 이론가였을 뿐 아니라 중요한 철학자이자 진화 이론가였다. 그의 단계 이론은 로렌스 콜버그에 깊은 영향을 미쳤고, '볼드윈 효과'에 대한 연구는 비고츠키가 유전되는 행동(본능)과 유전되지 않는 행동을 어떻게 구분하는지 이해하는 데 중요하다. 우리는 유인원이 근친 교배를 피하는 경향성을 가지고 있음을 알고 있고 이것을 본능이라고 생각할 수 있다. 친족 교배를 통해 태어난 후손 중 20~30%가 죽기 때문에 우리는 친족 간 서로에게 성적으로 이끌리지 않는 것이 더 번성하는 데 유리하다는 것을 쉽게 알 수 있으며, 이러한 본능은 자연 선택을 통해 지배적이 되었음을 이해할 수 있다. 그러나 볼드윈은 많은 경우에 있어 우위에 있는 본능이 사회적 수단을 통해 지배된다는 것을 알고 있었다. 예를 들어 하와이와 고대 이집트에서 귀족들은 (권력 약화를 막기 위해) 그들의 남매와 결혼해야 했으며, 거의 모든 사회에서 상류 계급은 친족과 결혼하는 경향이 있었다. 그 결과 상류 계급

은 열등한 유전인자를 타고나 유전병이나 학습 장애를 가진 비율이 높게 되었다. 볼드윈은 많은 경우 사회적 금기는 유전적 본능을 대체하며 유전적 본능은 시들어 사라지게 된다고 말한다. 그는 이런 방식으로 (유전적이 아닌 문화적인) 사회적 행동 진화가 생물학적 진화에 (직접적이 아니라 종종 반대의 결과를 초래할지라도) 영향을 미친다고 주장한다.

5-42] 어린이 말의 사회화가 증대되고 모든 경험이 증가하는 것을 통해서만 어린이의 논리가 발달된다. 어린이 행동 발달에서 집단의 발생적 역할은 변화하며, 고등 사고 기능이 어린이 집단생활에서 논쟁을 통해 처음으로 나타나고 이후에 어린이 행동에서 생각의 발달을 이끈다는 것은 주목할 만한 일이다.

*후에 비고츠키는 5-42에서 사용된 방식으로 사회화социализацией라는 용어를 사용하는 것을 거부하며, 피아제의 '사회화'에 대한 논쟁을 비판한다(『생각과 말』 2-5-9 참조). 비고츠키는 어린이의 말하기가 타자를 향하든지 어린이 자신을 향하든지 간에 어린이의 말하기는 항상 사회적이라고 말한다. 다만 그 형태에 있어서 사회적-의사소통에 있는 말하기와 심리적인 말하기로 구분될 뿐이다.

5-43] 피아제는 집단적 활동 형태의 변화를 이끄는 전환점이 전前 학령기에서 학령기로의 이행에 있다는 것을 발견했다. 이것(집단적 활동 형태의 변화-K)에 기초하여 어린이 자신의 생각이 변화한다. 피아제는 생각이 내적 논쟁의 한 형태로 간주될 수 있을 것이라고 말한다. 문화적 발달의 역사에 (자네의-K) 법칙을 적용하는 것이 가능하다는 것을 전적으로 분명하게 하기 위해서는, 말이 원래는 다른 사람과의 의사소통의 수단이었고 나중에야 비

로소 내적 말—생각의 수단—의 형태에 이르게 된다는 것을 상기하기만 하면 된다.

> 피아제는 다양한 집단적 활동 형태 간의 결정적 '단절'이 취학 전 연령과 취학 연령 사이에 존재한다는 것을 발견했다. 이러한 단절을 기준으로 어린이의 생각은 변화한다. 피아제에 따르면 생각은 내면의 논쟁이다. 그러나 말이 처음에는 정신-간 과정이고 그 다음에야 비로소 정신-내적 과정이 된다는 것을 기억할 때, 우리는 이것이 단지 자네의 법칙을 적용한 하나의 사례일 뿐임을 알 수 있다.

5-44] 그러나 만약 이 법칙이 문화적 발달 분야에서 구체적인 형태로 나타나는 데 실패했다면 우리는 행동을 규제하는 이 법칙의 의미에 대해서 말할 것이 거의 없었을 것이다. 우리는 이제 위에서 확인했던 행동 발달의 네 단계와 이 법칙을 연결할 수 있을 것이다. 만약 우리가 언급된 법칙을 고려한다면 그것은 내적인 고등정신기능들이 한 때 외적이었던 이유가 아주 분명해질 것이다. 기호가 원래 의사소통의 수단이었고 이후에 개인적인 행동의 수단이 된다는 것이 사실이라면, 문화적 발달이 기호 사용에 토대를 두며, 기호와 전체 행동 체계의 통합이 초기에는 사회적이며 외적인 형태로 진행되었다는 것이 아주 분명하다.

5-45] 일반적으로 우리는 고등심리기능들 간의 관계가 한때 사람들 사이의 실제 관계였다고 말할 수 있을 것이다. 나는 사람들이 나와 관계 맺는 방식으로 나를 대한다. 말로 하는 생각이 말로부터의 전이이고, (논리적-K) 생각이 논쟁으로부터의 전이인 것처럼, 자네의 말에 따르면 인간 자신의 체계보다 더욱 폭넓은 체계를 우리의 설명 속에 포함시키지 않는다면 낱말의 정신적 기능 또한 설명될 수 없다. 낱말의 최초의 심리학적 기능은 사회적 기능이다. 따라서 만약 개인의 행동에서 말이 어떻게 기능하는지 알고 싶다

면 우리는 먼저 그것이 사람들의 사회적 행동 속에서 어떻게 기능했는지를 반드시 고려해야만 한다.

> 고등 기능들 간의 관계가 원래는 사람들 사이의 실제 관계였다는 것은 예를 들어, 대상을 지각하는 어린이의 자발적 주의와 대상을 이름 짓는 말로 하는 기억의 관계가 한때 그 어린이와 교사 또는 부모와의 관계였음을 의미한다. 부모가 아기의 주의를 환기시키고 대상을 명명하는 방식에 따라 어린이는 스스로의 주의를 통제하고 대상에 이름을 붙이게 되는 것이다.
>
> *비고츠키는 자네의 '전이transference'라는 용어를 언급하기 위해 페레녜체냐перенесение를 사용하였다. 자네의 연구에서 그리고 후에 프로이트의 연구에서 이것은 전위(轉位, displacement)의 한 형태로 언급되었다. 예를 들어, 자네의 연구에서 권위에 학대당한 사람들은 그들의 억울한 감정을 더 약한 사람들에게 전위시켰고, 프로이트의 연구에서는 아들들은 어머니로부터 아내에게 성적인 감정을 전위시켰다. 여기에서의 전이는 사람들 사이의 실제적이고 구체적인 관계(예를 들어, 공동체적 삶에서의 논쟁)로부터 정신적 기능들 간의 (예를 들어, 인식에 의한 증거나 논리에 의한 입증들로 제한된) 관계로의 전위를 의미한다. 예를 들어, 어린이들이 술래잡기를 할 때에는 목격자와 전해 들은 말로 증거가 제한된다. 반면에 구슬치기를 한다면 물리적 증거가 논쟁의 증거로 사용된다. 이러한 두 가지 증거의 형태 모두는 서로 다른 설득력을 가지는 논리적 주장으로 내면화된다. 그러나 어린이에게 있어 가장 중요한 '전이'는 다른 사람들이 어린이에게 행한 것이 어린이가 스스로에게 행하는 것으로 된다는 것이다. 그로써 어린이는 스스로 옷을 입고, 음식을 먹을 수 있으며 무엇보다 혼잣말을 하고 그 결과 생각을 하게 되는 것이다.

5-46] 우리는 여기서 자네에 의해 제안된 말에 관한 이론이 본질적으로

얼마나 진실인지 미리 판단하고자 하는 것이 아니다. 우리는 단지 그가 제안한 연구 방법이 문화 발달의 역사라는 관점에서 볼 때 논쟁의 여지가 없다는 것만을 말하고자 한다. 자네에 의하면, 낱말은 원래 타인을 향한 명령이었으며, 그 후에 정교한 모방의 역사와 기능의 변화 등등을 겪고, 점차 행동과 분리되었다. 자네에 의하면 낱말은 항상 명령으로 남아 있으며 바로 이 때문에 낱말이 행동 숙달의 주요한 수단이 된다. 따라서 낱말의 의지적 기능이 어디에 있는지, 낱말이 어떻게 운동 반응을 결정하는지, 행동을 지배하는 낱말의 힘이 어디로부터 오는지를 발생적으로 밝히고자 한다면, 우리는 개체 발생을 통하든, 계통 발생을 통하든 간에 불가피하게 실제 명령적인 기능에 도달하게 될 것이다. 자네는 정신 기능을 지배하는 낱말의 힘이 실제적인 상위의 힘이자 지배적인 힘이며 정신 기능들의 관계는 발생적으로 사람들 사이의 실제 관계로 설명되어야 한다고 말했다. 타인의 낱말에 의한 규제가 점진적으로 개인 자신의 언어화된 행동의 발달을 이끌어 왔다.

*비고츠키가 언급하는 자네의 저서는 『*L' évolution psychologique de la personalité*(인격심리의 진화)』인 것으로 추정된다. 자네는 명령을 구성하는 것이 무엇인지 묻는다. 그는 일반적으로 어떤 유기체가 울음소리를 내면 유기체 스스로가 자신의 울음소리가 나타내는 명령을 수행한다고 지적한다. 예컨대 개는 사냥감을 쫓으면서 짖는다. 그러나 인간에 있어서는 심지어 초기 인간의 경우조차 이와 다르다.

"인간이 큰 소리로 외치면, 최초에는 이것이 사냥감을 쫓아 뛰어가는 개의 짖음과 유사하지만 명령을 내리는 인간의 경우 다소 기이한 일을 하게 된다. 행동을 멈추는 것이다. 개는 시작 신호와 함께 달리기를 계속하지만 진짜 우두머리는 신호, 즉 시작하라는 외침만을 할 뿐 더 이상 다른 일을 하지 않는다. 한마디로 우두머리는 행위의 첫 부분만을 실시하며 행위를

> 이어나가 완결 짓는 것은 부하들의 몫이다. 우두머리는 행위가 실시되는 것을 지켜보고 처음부터 끝까지 행위가 지속되도록 명령을 반복하는 것 이외에 다른 임무를 갖지 않는다. 그는 부하들 대신 자기 자신이 행위의 마무리나 실행에 가담하지 않는다. (……) 명령을 특징짓는 것은 행위가 전체 행위의 일부를 이루는 작은 부분들로 나뉘어 여러 사회화된 개인들 사이에 배분된다는 것이다. 나의 의견으로는 이러한 특징은 모든 사회적 행위에서 발견된다. 모든 사회적 행위는 그것이 무엇이든 간에, 가장 단순한 것에서 가장 복잡한 것에 이르기까지 협동, 분업으로 이루어져 있다. 예컨대 한 개인이 행위의 첫 부분을 수행하고 다른 이가 두 번째 부분을 수행하는 식이다. 모든 사회적 행위에는 협동이 있다(188-189)."
>
> Janet, P.(1929), *L'évolution psychologique de la personalité*, Editions A. Chahine: Paris.

5-47] 그러나 말은 또한 개인의 사회적 관계와 문화적 행동의 중심 기능이기도 하다. 그러므로 개인의 역사는 특히 시사적이다. 여기에서 밖으로부터 안으로의 이행, 사회적 기능으로부터 개인적 기능으로의 이행이 특히 분명하게 일어난다. 왓슨이 내적 말과 외적 말의 중요한 차이점에 대해 전자를 사회적인 아닌 개인적 적응 형태라고 본 것은 합당하다.

5-48] 사회적 의사소통 수단을 돌이켜 보면 우리는 인간관계가 두 가지 종류임을 알게 된다. 이는 인간 사이의 비매개적 관계와 매개적 관계이다. 비매개적 관계는 표현적 움직임과 행위의 본능적 형태에 기반을 둔다. 한 원숭이가 함께 가고 싶은 다른 원숭이를 밀고 그가 행하기를 바라는 행동을 시작하면서 그 원숭이의 눈을 바라보는 모습에 대한 쾰러의 기술에서 우리는 비매개적인 사회적 의사소통의 고전적 사례를 보게 된다. 침팬지의 사회적 행동에 대한 기술에서 한 동물이 행위를 통해 또는 자동화되고 본능적

인 표현적 움직임을 통해 다른 동물에 영향을 미치는 사례는 수없이 많다. 접촉은 만지기, 소리 지르기, 바라보기를 통해 이루어진다. 어린이의 초기 사회적 접촉 형태의 역사 전체는 이런 종류의 예들로 가득 차 있다. 여기서 우리는 소리 지르기, 소매 잡기, 바라보기의 수단을 통해 이루어진 접촉을 보게 되는 것이다.

> *우리는 비고츠키가 왜 언어의 기원에 대한 자네의 이론을 받아들이기 어려워했는지(5-46) 이해할 수 있다. 이는 자네의 이론이 단순히 사변적이고 실제 증거가 없기 때문만은 아니다. 사실 쾰러의 침팬지는 자네 이론에 대한 직접적이지는 않지만 매우 강력한 증거가 된다. 그러나 비고츠키는 이에 만족할 수 없었다. 비록 자네가 명령의 기원을 명확히 설명하기는 했지만 그의 설명은 비매개적인 사회적 의사소통 형태, 즉 본질적으로 환경을 향하는 의사소통에 제한된다. 또한 이러한 형태가 침팬지에게서 발견됨에 따라 이는 인간에게 고유한 의사소통 형태의 독특성을 설명하지 못한다. 그것은 특히 이러한 언어 형태가 어떻게 인간 스스로의 감정과 행동을 적응시키는 수단이 되는지 설명하지 못한다.

5-49] 그러나 더 고등한 발달 단계에서는 매개적 관계가 사람들 사이에 나타나고, 이러한 관계의 본질적 특징은 의사소통을 성립시키는 기호이다. 기호에 의해 매개된 고등한 의사소통 형태가 비매개적인 사회적 접촉이라는 자연적 형태로부터 생겨나는 것은 더 말할 나위 없는 사실이지만, 그것은 여전히 이들과는 질적으로 다르다.

5-50] 따라서 사람들 사이의 기능 분리와 모방은 인격이 가지는 기능들을 수정하고 변형시키는 기본 기제機制가 된다. 만약 노동 활동의 원래 형태를 고려해 본다면, 우리는 수행 기능과 통제 기능이 분리되어 왔다는 것을 알 수 있다. 노동의 진화에서 중요한 진전은 감독자가 하는 것과 노예가 하

는 것이 한 사람 속에서 연결되었다는 것이다. 우리가 아래에서 보게 될 것처럼, 이것은 자발적 주의와 자발적 노동의 기본적 기제이다.

> *생산 기능으로부터 관리 기능의 소외는, 우리가 알고 있듯이 노동의 시작이다. 그러나 노동이 최대한 생산적이기 위해서는 노동자들이 그들 자신의 감독자가 되어야 한다. 어린이의 자기 숙달에서도 마찬가지이다. 복종이나 계약을 통해 도덕적 행동을 기르려는 이론은 단지 관리 기능과 수행 기능의 소외를 영속시키게 될 뿐이다. 그것이 비고츠키가 자기 숙달이 활동의 중심이 되어야 한다고 강조한 이유이다. 비고츠키가 모방이 인격의 기능을 수정하는 기본적 기제라고 말한 이유를 이해하기는 쉽다. 아기들이 학습을 하는 기본적 수단이 모방이기 때문이다. 그러나 모방은 어린이가 말을 배우는 방법이 아니며 말은 어린이의 문화적 형성에서 본질적인 단계이다. 그래서 무언가 더 필요하다. 비고츠키는 또 다른 기본적 기제는 사람들 사이의 기능의 분리라고 말한다. 이것은 무엇을 가리키는가? 먼저 비고츠키가 말한 것처럼 그것은 노동 활동을 가리킨다. 우리 인간들이 아는 것처럼 노동의 기원 자체(예를 들어 노예 제도)가 주인과 노예의 분리 속에 있다. 그러나 생산적 노동(미국의 남북 전쟁이 증명했듯이)은 자유로운 노동이다. 따라서 오직 이러한 근원적인 노동의 분리가 (부분적으로) 극복되고 주인과 노예가 자유로운 노동자 속에서 기능적으로 통합될 때, 노동은 최대한 생산적이게 될 것이다. 두 번째로 그것은 말 활동을 가리킨다. 말 기능은 근원적으로 모두 대화적이다. 즉 명령이 복종을 전제로 하는 것과 마찬가지로, 정보를 얻는 것은 정보를 주는 것을 전제로 한다. 그러나 언어를 이해하기 위해서, 듣는 사람은 어떻게든 감정을 이입하여 말하는 사람의 의도를 재구성할 수 있어야 하고, 그러한 의미에서 이해의 전제 조건으로 부분적으로나마 기능의 분리를 극복해야 한다.

5-51] 어린이의 문화적 발달은 모두 세 가지 주요 단계를 거치는데 이는 헤겔의 구분을 사용하여 다음과 같이 기술될 수 있다.

5-52] 가리키는 몸짓의 역사를 예로 들어보자. 우리가 보게 될 것처럼, 이 몸짓은 어린이 말 발달에서 결정적인 역할을 하며 이것은 일반적으로 상당한 정도로 모든 고등 행동 형태의 고대적인 토대를 이룬다. 가리키는 몸짓은 초기에는 단순히 목표물을 잡으려고 하지만 성공하지 못한 움직임 즉 의도된 행동을 보여 주는 움직임이었다. 어린이는 너무 멀리 떨어진 목표물을 잡으려고 노력하면서 계속 목표물을 향해 손을 뻗으며 손가락은 동작 방향을 가리킨 채로 허공에 떠 있다. 이 상황은 이후 발달의 시발점이다. 여기에 최초의 가리키는 동작이 있으며, 우리는 이것을 가리키는 '몸짓 그 자체'라 부를 것이다. 객관적으로 목표물을 가리키는, 그 이상은 아무것도 아닌 어린이의 동작이 있다.

*비고츠키는 헤겔로부터 다음의 생각을 차용한다.

"발달이 무엇인지를 이해하기 위해서 서로 다른 두 개의 단계라고 불릴 만한 것이 구별되어야만 한다. 첫 번째는 능력, 힘으로 알려진 것으로, 나는 이를 즉자로서의 존재(being in itself, potentia, 잠재성)라고 부를 것이다. 두 번째 원칙은 대자로서의 존재(being for itself, actus, 실재)이다. 예를 들어 인간이 본성적으로 이성적인 존재라고 말한다면 우리는 인간이 생득적이고 태생적으로 이성을 지니고 있다는 것을 뜻한다. 이런 뜻에서 이성, 이해, 상상, 의지는 태어나면서부터 혹은 어머니의 자궁에서부터 소유했던 것이다. 그러나 어린이가 이성의 능력 혹은 실제적인 가능성만을 가지고 있다면 그것은 어린이가 이성을 가지고 있지 않은 것과 마찬가지다. 어린이가 아직 어떤 이성적 행동도 할 수 없고, 어떤 이성적 의식도 가지지 않기 때문에, 이성은 아직 어린이 속에 존재하지 않는다는 것이다. 따라서 처음에는 잠재적이었던 인간 존재가 명시적인 것이 된다."

Hegel, G. W. F.(1805~1806), *Lectures on the History of Philosophy* 2b(20-21).

비고츠키는 이것을 어린이의 가리키는 몸짓 발달에 적용한다. 최초의 몸짓은 그저 잠재적인 기호, '몸짓 그 자체(즉자로서의 몸짓)'이다. 어린이가 스스로에 대한 가리키기 몸짓의 의미를 깨달았을 때야 비로소 우리는 그것이 실제적인 기호, '스스로에 대한 몸짓(대자로서의 몸짓)'이라고 말할 수 있다. 그러나 비고츠키는 새로운 것을 덧붙이면서 진보한다. 그는 '몸짓 그 자체'와 '스스로에 대한 몸짓' 사이에 '타자에 대한 몸짓(대타로서의 몸짓)' 단계를 놓는다. 그가 의미하고자 했던 것은 그 몸짓이 어린이에 의해 기호로 인식되기 이전에 타자에 의해 기호로 인식된다는 것이다. 어린이가 의미 있는 것으로 기호를 인식할 수 있게 된 것은 타자로부터 온 것이다. 그리고 이런 식으로 몸짓은 '어린이 스스로에 대한' 실제적인 기호, 의도적이며 고의적인 기호, 의식적인 기호가 된다. 헤겔의 용어인 'being in itself, being for others, being for myself'는 철학 용어로서 각각 '즉자로서의 나, 대타로서의 나, 대자로서의 나'로 번역되어 사용되고 있다. 다른 비고츠키 번역에서 이는 '자체로서의 존재, 타인을 향한 존재, 스스로를 향한 존재'로 번역하기도 한다.

5-53] 엄마가 어린이를 도와주러 와서 그것을 가리키는 동작으로 해석했을 때, 상황은 급격하게 변한다. 가리키는 몸짓은 다른 사람에 대한 몸짓이 되었다. 어린이의 성공하지 못한 잡기 동작에 대해 목표물의 반응은 없지만 사람의 반응이 있다. 따라서 성공하지 못한 잡기 동작의 원래 의미는 다른 사람에 의해 수행된다. 그리고 나서야 비로소 어린이는 성공하지 못한 잡기 동작을 객관적인 상황 전체와 연관시킴으로써 자신의 동작을 가리키기로 다루기 시작한다.

5-54] 이것은 동작 자체의 기능을 변화시킨다. 즉 대상에 대한 동작으로부터 다른 사람에 대한 동작으로 바뀌어 의사소통의 수단이 되는 것이다. 잡기가 가리키는 것으로 바뀌는 것이다. 이로 인해 동작 자체는 축소되고 생략되어 지시를 형성하는 몸짓을 만들어 내며, 우리는 이를 자신에 대한 몸짓이라 부를 수 있을 것이다. 그러나 동작은 오직 다음과 같은 방식으로만 몸짓이 된다. 먼저 가리키기 그 자체, 즉 가리키기 위해 필요한 기능을 객관적으로 가지며, 그리고 나서야 타자에 대한 가리키기, 즉 다른 사람에 의해 가리키기로 해석되고 이해된다.

기능적으로 가리키는 몸짓은 목표물에 대하는 것으로부터 다른 사람에 대하는 것으로 변한다. 더 이상 그 목표물 자체를 지향하지 않기 때문에 몸짓은 축약되고 생략될 수 있다. 그 결과로 나오는 몸짓은 가리키는 동작이다. 이 가리키는 동작은 자신에 대한 몸짓이다. 즉 어린이 스스로의 의도가 행동을 통해서 표현되는 것이다. 동작은 바로 이런 방식으로 몸짓이 된다. 첫째로, 그 자체로서의 몸짓이 있다. 다시 말해 몸짓이 되기 위한 객관적인 잠재력을 가지고 있지만 몸짓이 갖는 주관적인 의미는 아직 가지고 있지 않은 상태이다. 그리고 나서 이것은 다른 사람에 대한 몸짓이 된다. 다시 말해 다른 사람에 의해 의미를 가진 것으로 해석된다.

	기호 그 자체	타자에 대한 기호	자신에 대한 기호
몸짓	어린이가 손을 뻗는 것	엄마가 물건을 취해 어린이에게 주는 행위	어린이가 의도적으로 가리키는 것
입말	어린이가 옹알이 하는 것	엄마가 옹알이가 마치 말인 것처럼 반응하는 것	어린이가 의도적으로 엄마를 부르는 것
글말	어린이가 낙서하는 것	엄마가 낙서를 보고 구름이나 연기나 뱀으로 인식하는 것	어린이가 의도적으로 그림을 그리는 것

> *이것은 '글말의 선역사'에서 비고츠키가 논의했던 것과 동일한 과정임을 우리는 확인할 수 있다. 어린이는 낙서를 한다. 그 낙서는 다른 사람에 의해 그리기로 인식된다. 그 어린이는 그리기를 배운다. 우리는 '마'와 같은 단어가 같은 역사를 가짐을 쉽게 상상할 수 있을 것이다. 어린이는 옹알이를 한다. 그 옹알이는 다른 사람에 의해 '엄마'와 같은 단어의 한 형태로 해석된다. 그리하여 어린이는 '엄마'라고 말하는 것을 배운다.

5-55] 그러므로 어린이는 맨 나중에 그의 몸짓을 깨닫게 된다. 그 가치와 기능은 초기의 객관적 상황에 놓여 있으며 그 다음에 어린이를 둘러싼 사람들과의 사이에 존재한다. 가리키는 몸짓은 처음에 다른 사람에 의해 이해되는 동작으로 시작하여, 나중에야 비로소 어린이에 의한 가리키기가 된다.

> *일부 연구자는 위의 논의를 경험적으로 증명하려고 하였다. 즉, 어린이가 혼자서 잡을 수 없는 대상을 향해 손을 뻗는 것을 보고 연구자가 그 대상을 어린이에게 건네주는 것이다. 이러한 실험은 비고츠키의 설명을 지지하는 결과를 낳기도 하고 때때로 그에 반하는 결과를 낳기도 했다. 때로 어린이는 가리키는 것을 배우지만 때로는 배우지 못했다. 여기서 비고츠키는 논리적 설명을 하고 있으며 이는 경험적 설명이 아님을 잊지 않아야 한다. 비고츠키는 어린이 기호 발달의 부수적 조건과 상황이 아닌 그 정수를 들여다보고자 하고 있다.

5-56] 따라서 우리가 우리 자신이 되는 것은 다른 사람을 통해서라고 말할 수 있다. 이 법칙은 전체로서의 개인뿐 아니라 개별 기능의 역사에도 적용된다. 이것이 문화적 발달 과정의 본질을 순수하게 논리적 형식으로 표현한 것이다. 인격 자체였던 인격은 타인에 대한 인격을 거쳐 스스로에 대한

인격이 된다. 이것이 형성의 과정이다. 심리학에서는 여기서 처음으로 외적 정신 기능과 내적 정신 기능을 관련짓는 중요한 문제가 발생한다. 앞서 언급한 것처럼 모든 고등 형태가 어째서 필연적으로 한때는 외적이었는지, 즉 현재 자신에 대한 고등 형태가 어째서 다른 사람에 대한 것이었는지가 명확해진다. 모든 정신 기능은 처음에 사회적이기 때문에 반드시 외적 발달 단계를 거쳐야만 한다. 이것이 내적 행동과 외적 행동에 관한 문제의 핵심이다. 오랫동안 많은 저자들이 내면화의 문제, 즉 안으로의 행동 전이의 문제를 지적해 왔다. 크레치머는 그것을 신경 활동의 법칙으로 본다. 뷜러는 이 행동 진화 전체를 밖에서 안으로 전이된 유용한 행위의 선택으로 환원한다.

*타자를 통해 자기 자신이 된다는 것을 이해함으로써 심리학에서 최초로 외부와 내부를 연결하는 것이 가능하게 되었다고 비고츠키는 말한다. 그러나 이러한 이해 없이도 외부와 내부를 연결시켰던 두 명의 연구자를 인용함으로써 스스로의 주장에 모순되는 듯한 모습을 보인다. 크레치머는 '새로운 뇌(대뇌 피질)'가 유기체로 하여금 외부 세계와 상호작용하는 데 관련되어 있는 반면 '오래된 뇌(연수延髓와 뇌간)는 심장 박동과 호르몬 분비와 같은 내적 활동에 깊이 연관되어 있다고 지적한다. 크레치머는 이것이 일종의 '내재화'라고 보았다. 가장 오래된 기능들이 뇌의 가장 안쪽에 위치하고 있기 때문이다. 뷜러는 어린이가 처음 행동을 선택하고 조절하게 될 때 '시행착오'를 통해 행동을 한다고 지적한다. 그러나 이는 비효율적이다. 시행착오를 통한 행동의 선택은 엄청난 에너지의 소비를 요구한다. 따라서 어린이는 실제로 행동을 하는 대신 행동을 상상함으로써 내적으로 선택을 하게 된다. 여기서도 일종의 내면화가 발견된다. 이 두 가지 설명 모두 비고츠키의 설명이 내포하는 바와는 다르다는 것을 알 수 있다. 비고츠키의 논점은 고등 기능들이 실제 사람들 간의 사회적, 문화적 상호 관계로서 시작되고 이것이 심리적, 의미론적, 심리기능 간의 개인 내적 관

> 계로 '내적 변혁'된다는 것이다. 이러한 외적 기능들은 단순히 내재화 혹은 내면화되는 것이 아니다. 그들은 본질적으로 사회적인 본성을 유지하면서 인격의 내부로 파고들어 개인 내적 기능으로 뿌리를 내린다. 이는 심리학에서 완전히 새로운 관점이었으며 심지어 오늘날의 심리학에도 새롭다.

5-57] 그러나 우리가 문화적 발달의 역사에 있어서 외적 국면을 언급할 때 염두에 두고 있는 것은 이와는 다른 것이다. 우리가 '외적' 과정을 논한다고 할 때 이 말이 의미하는 바는 그것이 '사회적'이라는 것이다. 모든 고등 정신기능은 이전에는 사회적이었으므로 한때 외적이었다. 내적, 즉 심리 기능이 되기 전에 그것은 한때 두 사람 사이의 사회적 관계였다. 자신에게 작용하는 수단은 원래 다른 사람에게 작용하는 수단이었거나 아니면 다른 사람이 그 개인에게 작용하는 수단이었다.

5-58] 어린이 말 기능의 발달에서 우리는 점진적인 변화를 세 가지 주요 형태로 추적할 수 있다. 온전한 낱말은 처음부터 의미를 가져야 한다. 즉 대상에 대한 태도는 낱말과 그것이 가진 의미 사이의 객관적 연결이어야 한다. 그렇지 않다면 이후의 낱말의 발달은 불가능하다. 다음에는 낱말과 대상 간 객관적 연결이 어린이와 의사소통하는 수단으로 그 낱말을 사용하는 성인에게 기능적이어야 한다. 마지막으로 그 낱말은 그 자체로 어린이에게 유의미하게 된다. 낱말의 의미가 처음에는 다른 사람을 향하고 오직 나중에야 어린이를 위해 존재하기 시작한다. 성인과 어린이간 언어적 의사소통의 모든 주요한 형태는 후에 정신 기능이 된다.

> *왜 비고츠키는 낱말이 시작부터, 아니 심지어 이해되거나 사용되기 전부터 '객관적 연결'을 갖는다고 말하는 것일까? 또 비고츠키가 낱말이 처

음부터 '의도'나 '태도'를 표현한다고 말하는 것의 의미는 무엇일까? 이는 몸짓의 진화(5-52)와, 어린이의 표현적 운동(5-48)과 아마도 4장의 사례에 관한 이전 논의와의 연결을 통해서만 이해될 수 있다. 어린이가 탁자 위에 놓인 장난감 기관차를 잡으려는 장면을 상상해 보자. 그 어린이는 손을 뻗으며, 소리를 내고, 장난감을 잡으려고 한다. 이 '낱말 그 자체'의 단계를 나중 단계들과 구별하기 위해, 그 어린이가 '기관차'라는 말은 할 수 없지만, 대신 '칙칙폭폭'이라는 말이나 '추추'라는 말을 하는 상황을 상상해 보자. 여기에는 어떤 태도(장난감을 원하는), 의도(장난감을 가지려 하는)와 객관적 상황(장난감에 닿을 수 없는)이 있다. 어린이의 말은 유의미한 낱말에 상응하는 내적 표상을 드러냄을 알 수 있다. 비고츠키가 말했듯이, 이것이 낱말 의미 발달의 출발점이다. 그 후에는 두 가지 가능성이 존재한다. 첫 번째 가능성은 어린이의 사회적 환경 내에 있는 다른 사람(부모, 형제 유치원 선생님 등)이 어린이의 낱말인 '칙칙폭폭'을 받아들이고, 사용하여, 낱말은 후속 발달의 단계를 밟아 나가게 된다. 또 다른 가능성은 다른 사람이 '기관차'나 '기차' 또는 '장난감'이라는 낱말에 고착되어 어린이의 낱말을 받아들이지 않는 경우이다. 이 경우에 낱말의 의미는 여전히 발달하지만, 그 어린이가 다른 이를 이해시키기 위해서는 그 새로운 소리를 받아들여야 한다. 그 어린이는 여전히 '칙칙폭폭'이라고 생각하지만, 이를 '기차'나 '장난감', '기관차'라는 낱말로 바꿔 말해야만 하는 것이다. 두 경우 모두 비고츠키가 앞에서 제시한 방향으로 진보가 이루어진다. '자체로서의' 낱말은 의미가 객관적인 상황 속에 있지만 사회적 상황 속에서는 오직 잠재적으로만 존재하는 경우이다. '다른 사람에 대한' 낱말은 의미가 객관적으로 사회적 상황 속에 있지만, 어린이의 의식 속에서는 잠재적으로만 존재하는 경우이다. 마지막으로 '자신에 대한' 낱말은 의미가 의식적이게 되고 완전히 이해된다.

5-59] 우리는 문화적 발달의 일반적 발생 법칙을 다음과 같이 공식화할 수 있다. 어린이의 문화적 발달에서 모든 기능은 무대에 두 번, 두 국면에서, 즉 처음에는 사회적으로, 그런 다음 심리적으로 나타난다. 처음에는 사람들 사이에서 정신 간 범주로, 그런 다음 어린이 내에서 정신 내 범주로 나타난다. 이것은 자발적 주의, 논리적 기억, 개념 형성 그리고 의지 발달에 동일하게 적용된다. 우리는 표현된 입장을 하나의 법칙으로 간주할 권리가 있다. 그러나 물론 외부로부터 내부로의 전이는, 구조와 기능을 변화시킴으로써 과정 자체를 변형시킨다. 모든 고등 기능과 그 기능 간 관계의 배후에는 발생적으로 사회적 관계, 즉 사람들 사이의 실제 관계가 존재한다. 그러므로 인간 의지의 주요 원칙 중 하나는 사람들 간의 기능 분리의 원칙, 지금은 하나로 합쳐진 것을 두 부분으로 분할하고, 고등정신과정을 사람들 사이에서 일어나는 드라마로 실험적으로 재현하는 데 있다.

우리는 문화적 발달의 일반적 법칙을 다음과 같이 서술할 수 있을 것이다. 어린이의 문화적 발달에서 모든 기능은 두 번, 무대의 두 '국면' 위에 나타난다(어린이의 마음을 무대에 비유한다면 사회적 상호작용은 무대의 뒷부분인 배경에서 이루어지며 그 결과로 나타나는 등장인물의 독백은 전경에서 이루어진다고 할 수 있다). 처음에 그 기능은 개인 간, 사회적, 정신 간 범주(토론, 대화, 논쟁으로)로 나타난다. 두 번째로 그 기능은 개인 내적, 심리적, 정신 내적 범주(내적 말, 말로 하는 생각, 정서적 경험으로)로 나타난다. 이것은 자발적 주의, 논리적 또는 언어적 기억, 개념 형성 그리고 또한 의지력에 대해서도 사실이다. 외부로부터 내부로의 전이가 구조적 변형이고 단순히 내적 사용을 위해 미리 만들어진 어떤 것의 내면화가 아니라는 것을 분명히 이해하는 한, 우리는 이것을 법칙으로 간주할 것이다. 모든 고등 기능 너머에 사회적 관계, 즉 살아서 숨 쉬는 사람들 사이의 구체적 관계가 놓여 있다. 이로부터 우리는 인간 의지의 기본 원칙은 지금 한 인간 속에 합

> 쳐져 있는 것이 한때는 사람들 사이에 분산되어 있던 것이라고 결론 내릴 수 있을 것이다. 우리가 토론, 대화, 논쟁을 '내면화'하기 전에, 우리는 그것을 실제 사람들 사이에서 일어나는 드라마로 재현한다.

5-60] 따라서 어린이 문화적 발달의 역사가 초래한 주요한 결과는 고등 행동 형태의 사회 발생이라고 할 수 있을 것이다.

5-61] 우리 주제에 사용된 '사회적'이라는 낱말은 광범위한 가치를 지닌다. 무엇보다 먼저, 넓은 의미에서 문화적인 모든 것은 사회적인 것이라고 제안한다. 문화는 사회적 삶과 인간의 공적 활동의 산물이다. 그러므로 문화적 행동 발달로 문제를 공식화하는 것 자체가 우리를 발달의 사회적 측면으로 이미 이끈 것이다. 더 나아가 개인과 분리된 수단으로서 신체 외부에 존재하는 기호가 본질적으로 공적 권위 혹은 사회적 도구로 작용한다는 것을 보여 주는 것이 가능해졌다.

5-62] 더 깊이 나아가, 모든 고등 기능들은 생물학적으로나 순수하게 계통 발생적 역사를 통해 발달한 것이 아니며 고등정신기능의 기저에 놓인 기제에는 사회적인 것의 각인이 새겨져 있다고 말할 수 있을 것이다. 모든 고등정신기능은 개인의 사회적 구성을 위한 토대인 사회적 국면이 내면화된 관계이다. 그들의 구성, 발생적 구조, 행동 양식, 간단히 말해 그들의 본성 전체는 사회적이며 정신 과정으로 전이될 때도 그들은 준準사회적으로 남는다. 인간은 혼자 있더라도 이러한 사회적 기능들을 유지한다.

> 준準사회적으로 남는다는 것은 개인 간 관계는 항상 사회적인 관습에 둘러싸여 있으며, 개인적 삶은 가족에 의해 크게 영향받고, 말로 하는 생각은 언어의 흔적을 갖고 있다는 의미이다.

5-63] 마르크스의 잘 알려진 입장을 바꾸어 말하면, 우리는 인간의 정신적 본성은 인격의 기능과 구조의 형태로 내면화되고 변형된 사회적 관계의 총체라고 말할 수 있다. 우리는 이것이 마르크스의 구체적인 의도였다고 말하려는 것은 아니다. 다만 우리는 이러한 입장이 문화적 발달의 역사가 우리에게 가져온 것을 가장 완벽하게 표현했다고 본다.

> *비고츠키는 마르크스의 『정치경제학 비판 요강』(1859)에 있는 유명한 다음의 구절을 언급하고 있다.
>
> "(……)인간의 의식이 존재를 규정하는 것이 아니라 사회적 존재가 그 의식을 규정한다."
>
> 이 인용문에서 마르크스는 사회가 가지는 법률적·정치적 형태의 토대가 경제임을 지적한다. 비고츠키는 동일한 관계를 발달의 더 높은 단계로 적용하여, 사회가 개인이 취하는 심리적 형태의 토대임을 지적한다. 비고츠키가 인정하듯 이는 마르크스가 말하려 했던 바와는 다소 다르다. 마르크스는 정치 경제학에 대해 언급한 것이지 심리학적 사회학에 대해 언급한 것은 아니다. 그러나 마르크스의 진술에는 개인의 의식을 규정하는 것이 사회적 존재로서의 개인임이 암시적으로 드러나 있으며 비고츠키의 발생 법칙은 이러한 진술을 단지 심리학적으로 공식화한 것으로 간주될 수 있다.

5-64] 우리가 문화적 발달의 역사 속에서 관찰한 기본 규칙성을 요약된 형태로 나타내고, 어린이 집단의 문제와 직접 관련되어 있는 여기 표현된 생각들과 관련하여 우리는 낱말의 기능과 같은 고등정신기능이 이전에는 사람들 사이에 분할되고 할당되었지만 나중에는 인격 속에서 기능하기 시작하는 것을 보아 왔다. 행동을 개인적인 것으로 이해할 경우 이런 것을 기대하기란

불가능했다. 심리학자들은 개인의 행동으로부터 시작하여 사회적인 것을 추론하려는 시도를 해 왔다. 우리는 실험실에서 발견된 개인적 반응들을 연구하였고, 그 다음에 집단 속에서, 즉 개인의 반응이 집단적인 환경 속에서 어떻게 변하는지 연구하였다.

5-65] 물론 문제를 이와 같이 공식화하는 것은 더없이 합당한 것이지만 그것은 행동 발달에 있어 발생적으로 두 번째 층을 포함한다. 분석의 첫 번째 과업은 집단적 삶의 형태 안에서 어떻게 개인의 반응이 나타나는지 보이는 것이다. 피아제와는 반대로 우리는 발달이 사회화로 나아가는 것이 아니라 사회적 관계가 정신 기능으로 변형되는 방향으로 나아가는 것이라고 믿는다. 따라서 아동 발달에 있어서 집단의 심리학 전체는 완전히 새롭게 조명된다. 보통 연구자들이 어린이가 집단 내에서 어떻게 행동하는지 묻는다면, 우리는 그 대신 집단이 어린이의 고등심리기능을 어떻게 창조하는지 묻는다.

*비고츠키는 왜 개인이 집단 속에서 어떻게 행동하는가가 이차적 문제라고 말하는가? 개인이 가족, 유치원 그리고 학교에서 상호작용하는 방식은 분명히 심리학과 교육이 직면한 가장 중요한 문제 중의 하나이다. 그뿐만 아니라 어린이는 스스로 하기 위해 필요한 다양한 문화적 기능을 집단으로부터 배우기 때문에, 우리는 집단이 발생적으로 일차적이라고 말할 수 있다. 그러나 바로 그 이유 때문에 개인이 집단 속에서 어떻게 상호작용하는가라는 질문은 발생적으로 이차적이다. 집단 속에서 상호작용하는 개인을 보기 전에, 우리는 먼저 개인이 어떻게 발달하는지를 설명해야 한다. 그리고 개인으로부터 집단이 발달하는 것이 아니라, 집단으로부터 개인이 발달하는 것이다.

5-66] 지금까지 기능은 완결되거나 부분적으로 완결된 혹은 배아적 형태로 개인 내에 존재하며 이것이 집단 속에서, 펼쳐지고 복잡화되고 풍부해

지거나 그와는 반대로 방해되고 억압된다고 가정되었다. 이제 우리는 고등 정신기능에 대해서는 이와는 정반대의 방식으로 제시되어야 한다고 믿을 만한 이유를 가지고 있다. 기능은 처음에는 어린이들 사이의 관계와 같은 집단 속에서 형성된 후 개인의 정신적 기능이 된다. 특히 이전에는 모든 어린이가 생각하고 주장하며 증거를 제공하고 이유를 제시하며 입장에 대한 근거를 찾을 수 있다고 여겨졌다. 이러한 생각들의 충돌에서 논쟁이 생겨난다. 하지만 진실은 이와 정반대이다. 연구들은 논쟁이 생각을 일으킨다는 것을 밝혔다. 다른 모든 기능에 관한 연구도 비슷한 결론에 도달하였다.

5-67] 문제를 공식화하고 연구 방법을 발달시키기 위한 논의를 하면서, 우리는 이미 문화적 발달의 전체 역사의 연구를 위해서는 정상 및 비정상 아동의 비교 연구 방법이 매우 중요하다는 것을 확인할 기회가 있었다. 우리는 이것이 현대 발생 심리학이 가진 중심적 연구 방법임을 보았다. 그것은 정상적인 아동 발달에서 자연적 및 문화적 노선의 수렴과 비정상 아동 발달에서 그에 상응하는 두 노선의 분기를 비교할 수 있게 해 준다. 비정상 아동심리학에 대한 문화적 행동 형태의 분석, 구조, 발생에 관하여 우리가 발견한 주요 결과의 의미에 대해 생각해 보자.

> 문제를 논의하고 방법을 설계하는 데 있어, 우리는 비정상 및 정상 아동을 비교하는 것이 문화적 발달의 역사에 매우 중요하다는 것을 발견했다. 이것은 정상 아동에게 일어나는 자연적, 문화적 발달 노선의 병합과 비교하기 위해 오늘날 우리가 할 수 있는 주요한 방법이다. 정상 아동 발달의 경우 문화적 발달 노선과 자연적 발달 노선이 점차 한데 만나 개체 발생의 문화적 발달이라는 단일한 노선을 형성하는 데 반해, 비정상 아동의 경우 문화적으로 주어진 환경에 부적합한 생물적 발달의 노선으로 인해 이러한 발달 노선상의 병합이 일어나지 않는다(1-132 참조). 우리가 발견했던 주요 사항에 대해 잠시 동안 살펴보고 또한 그것이 아동 정신병리학에 대해

갖는 의미를 알아보자.

5-68] 문화적 행동 형태가 자연적인 토대를 갖는다는 인식으로 이루어진 고등정신기능 분석에서 확립한 토대로부터 시작해 보자. 문화는 어떤 것도 창조하지 않는다. 즉, 그것은 자연적인 자료를 인간의 목적에 부합하도록 바꿀 뿐이다. 따라서 비정상 아동의 문화적 발달의 역사가 어린이의 기본적 결함과 결핍들의 영향으로 가득 차 있는 것은 당연하다. 어린이의 자연적 자원들, 즉 고등한 문화적 행동 양식들을 도출하는 이런 기초적인 과정의 잠재성들은 불충분하고 심지어 미미하기도 하다. 따라서 그런 어린이에게 있어서 고등 행동 형태가 어느 정도 완전히 발달하고 출현할 가능성은 종종 닫히게 되는데 이는 다른 문화적인 행동 형태의 토대가 되는 재료의 빈곤에서 기인한다.

고등정신기능 분석에서 우리가 확립했던 토대로부터 시작해 보자. 3장 (3-82)은 저차적 기능 없이는 고등 기능도 있을 수 없다는 분명한 진술로 끝이 났다. 문화는 어떤 새로운 것을 창조하는 것이 아니다. 실제적인 어떤 물질도 창조되거나 파괴되지 않는다. 다만 물질의 구조가 문화에 의해 대체될 뿐이다. 만약 어린이가 보거나 듣지 못한다면 문화는 사실상 보거나 들을 수 있는 능력을 제공해 줄 수 없다. 이런 이유로 비정상 어린이의 문화 발달 역사는 우리에게 어린이의 자연적인 기능에서 많은 기초적인 결여의 사례들을 보여 준다. 고등 기능 구조의 자연적인 토대가 부족하거나 결핍된 것으로 보인다. 즉 볼 수 없는 어린이들은 정상적으로 쓰기 학습을 시작할 수조차 없다.

*비고츠키는 3장의 끝(3-82)에서 확립했던 토대에서 시작한다. 거기서 그는 저차적인 기능 없이는 고등 기능도 있을 수 없다고 말하며, 문화는

무無로부터 고등 기능을 창조하지 않는다는 것을 우리에게 일깨워 준다. 문화는 이미 지닌 기능을 사용하도록 하는 것이다. 이는 '비非정상적' 어린이가 필연적으로 자연적인 토대에 틈새와 결함을 지니게 될 것이고 그 어린이들이 고등 기능을 구성해 가기 시작할 때 이런 것들이 필연적으로 아주 강렬하게 느껴질 것이라는 점을 의미한다. 예를 들어 청각 장애 어린이는 입말의 결핍이 있고, 입말이 결핍된 어린이들은 언어화된 주의, 의지적인 기억 등이 발달하는 데 어려움을 겪게 될 것이다.

5-69] 이러한 특성은 일반적인 발달 지연을 보이는 어린이, 즉 정신지체아에게서 두드러진다. 문화적 행동 형태의 토대가 단순하고 기초적인 관계들로 이루어진 우회로임을 상기하자. 이것은 고등 행동 형태의 순수하게 연합적인 조절이며, 그것(고등 행동 형태-K)이 발생한 토대이고, 그것이 영양분을 공급받은 토양이며 정신지체아들에게는 처음부터 미약한 것이다.

*앞에서 보았듯이 우회의 대표적인 사례는 도구의 사용이다. 유인원들의 도구 사용은 많은 부분 자극-반응과 시행착오에 근거한다. 따라서 고등 행동 형태가 순수하게 연합적인 연결에 의존하여 형성하는 기능이라고 할 수 있다. 그럼에도 불구하고 도구의 사용은 내적 도구인 기호의 발달을 위해 요구되는 선행 조건이다. 이러한 저차적 수준의 선행 조건들이 충족되지 않는다면 농아 어린이의 경우와 같이, 말을 배우지 못함에 따라 내적 말을 발달시키지 못하고 이는 언어적 기억과 자발적 주의의 결핍으로 이어져 결국 학습 장애에 이르게 되는 것이다.

5-70] 하지만 우리의 분석에서 발견한 두 번째 결과는 중요한 내용을 더한다. 왜냐하면 우리가 지금 말한 것, 다시 말해 어린이 문화적 발달 과정

에서 어떤 다른 기능들에 의해 대체가 이루어지고, 대안적 경로가 생김으로써, 비정상 아동의 발달에서 완전히 새로운 가능성들이 생성되기 때문이다. 한 어린이가 직접적으로 무언가를 성취할 수 없는 경우, 우회로의 발달은 보상의 토대가 된다. 그 어린이는 직접적으로 성취할 수 없었던 것을 우회로를 통해 성취한다. 기능의 대체는 실제적으로 비정상 아동의 모든 문화적 발달의 토대가 되며, 치료 교육학은 문화적 발달의 그러한 우회로와 보상적 가치의 사례들로 가득하다.

> 그러나 우리 분석에 있어서 또 다른 논지는 이전의 논지에 중대한 부가를 제시한다. 정상적인 문화적 발달 과정에서도 어떤 기능이 다른 기능으로 대체되는 경우가 있다. 예를 들면 볼드윈 효과에서 설명한 것과 같이 자연적 본능이 문화적 금기로 대체되는 경우나, 자발적 주의가 자연적 주의의 기능을 대체하는 경우가 있다. 이러한 우회의 가능성은 비정상 아동에게도 열려 있으며 발달의 새로운 가능성을 만들어 준다. 비정상 아동이 직접 듣거나 봄으로써 혹은 정신적 연합을 활용함으로써 목표로 한 바를 직접적으로 획득할 수 없다 해도, 이 어린이는 여전히 점자나 수화 또는 선택 반응 실험에서 도입된 기호 매개 관계를 활용하여 발달적 우회를 사용할 수 있다. 따라서 기능의 대체는 비정상 아동의 문화 발달의 토대이기도 하다. 물론 치료적 교육학은 이러한 보상적 처치의 사례로 가득하다(1장 **1-30~147** 참조).

5-71] 위에서 발견한 세 번째 입장은 다음과 같다. 문화적 행동 형태 구조의 토대는 매개된 활동, 즉 행동 발달을 진전시키는 수단으로 외적 기호를 사용하는 것이다. 기호를 사용한 기능의 배치는 문화적 발달 전체에 특히 중요하다. 비정상 아동에 대한 관찰은 이 기능들이 온전히 남아 있는 곳에서는 어린이의 발달이 어느 정도 왕성하게 보상적으로 일어나며, 이 기능들이 손

상되거나 파괴된 곳에서는 어린이의 문화적 발달이 잘 일어나지 않음을 보여 준다. W. 엘리아스버그는 자신의 실험의 토대로 일반적인 상황을 제시했다. 즉 보조 수단 사용이 정밀한 진단을 위한 기준, 즉 발달 약화, 저抵발달, 지적 활동의 붕괴나 지체와 같은 형태들과 정신 이상을 구별하는 믿을 만한 기준으로서 활용될 수 있다는 것이다. 따라서 행동의 보조로 기호를 사용하는 능력은 오직 정신 이상이 시작될 때에만 사라지는 것으로 보인다.

> *블라디미르 G. 엘리아스버그(Wladimir G. Eliasberg, 1887~1969) 독일의 유태인 심리학자이며 러시아에서 자라고 베를린과 하이델베르크에서 수학하였다. 『생각과 말』에서 비고츠키는 주로 그의 '옹알이'에 관심을 가졌으나 여기서는 장애어린이의 특수 교육에 대한 엘리아스버그의 연구를 언급한다. 엘리아스버그는 놀이와 그리기가 글말의 선역사라고 믿었으며 비고츠키는 이 생각을 이 책의 8장(제2권, 출간 예정)에서 깊이 다룬다. 또한 엘리아스버그는 비고츠키가 9장에서 사용하는 콩이 든 컵 맞히기 게임을 개발한 사람이기도 하다. 그는 프라하로 이주하였다가 제2차 세계대전 중에 미국으로 이주하였으며 뛰어난 심리치료사로서 생을 마감하였다.

5-72] 끝으로, 우리가 발견한 마지막 네 번째 결과는 비정상 아동의 문화적 발달 역사에 대한 새로운 관점을 드러낸다. 그것은 위에서 자기행동숙달이라고 언급된 것을 의미한다. 비정상 아동에게 적용할 때는 기능 발달 정도와 기능 숙달 정도를 구분하는 것이 필수적이라고 말할 수 있다. 정신 지체 어린이의 고등 기능 발달과 저차적 기능 발달 사이에 얼마나 거대한 불균형이 존재하는지는 누구나 알고 있다. 왜냐하면 지체는 모든 기능 전체가 획일적으로 축소되는 것이 아니라, 상대적으로 왕성한 저차적 기능 발달에 비해 고등 기능의 저발달을 특징으로 하기 때문이다. 그러므로 우리는 정신 지체 아동이 얼마나 많이 기억할 수 있는지 뿐만 아니라 자신의 기억을 어떻게

사용할지를 얼마나 잘 알고 있는지를 또한 조사해야만 한다. 정신지체 어린이의 저발달은 우선적으로 고등 행동 형태의 저발달, 즉 자기 행동 과정 숙달 능력과 그 과정을 사용할 능력의 부재에 있다.

*비고츠키에 의하면 정신의 구조는 지질학적이며 고고학적이다. 지질학적, 고고학적 구조는 잠정적으로 행동 역사의 네 단계로 나누어 볼 수 있다. 그것은 본능→습관→기술 또는 새로운 문제에 대한 지적인 해결→의지 또는 의지적인 자기행동숙달의 네 단계이다.

비고츠키가 때때로 네 '결과', 네 '입장'이라는 말로 표현하고 있는 이 네 '단계'는 '정상' 어린이와 '비정상' 어린이를 비교하여 이끌어 낸 것으로서 다음과 같이 나타낼 수 있다.

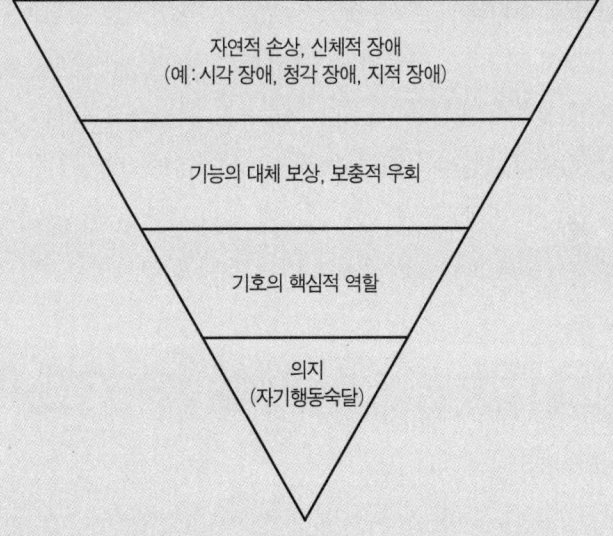

보다시피 이 도식은 고등 행동 발달 역사의 삼각형을 거꾸로 뒤집은 것과 마찬가지이다. 이 도식은 비고츠키가 제시했던 보다 보편적인 행동 발달 구조를 장애 아동에게 적용한 것이다. 그러나 비정상적 발달 역시 분명히 발달이며, 그것을 저발달이나 미발달로 생각해서는 안 될 것이다. 그것

> 은 긍정적인 고유성을 지니고 있으며, 고등 행동 발달 역사의 삼각형을 거
> 꾸로 뒤집는다고 해서 긍정적이었던 것이 모두 부정적인 것으로 변한다고
> 는 볼 수 없는 것이다. 자연적 손상이나 신체적 장애가 어린이의 발달 전
> 체에 단계적으로 영향을 끼치는 것은 사실이지만, 바로 이 자연적 손상 때
> 문에 적어도 어떤 어린이들에게 있어서는 보상과 기호 사용이 고도로 발
> 달하는 것 또한 사실이다. 바로 이 보상과 기호 사용을 기반으로 고등심리
> 기능, 자기행동숙달, 그리고 온전한 인격이 생겨나는 것이다.

5-73] 우리는, 다른 방향으로부터 어느 정도, 백치의 본질을 의지의 결핍에서 찾은 E. 세갱이 제시한 생각으로 돌아간다. 의지를 숙달이라는 관점에서 이해한다면 우리는 그의 의견을 받아들여, 정신지체 어린이의 저발달의 주요한 근원이 자기행동숙달의 결함이라고 말하게 될 것이다. J. 린드보르스키는 지적 활동의 토대를 관계의 지각으로 환원하고자 하면서 동일한 생각을 다소 모순적인 형태로 표현하였다. 그는 이러한 의미에서, 관계를 지각하는 기능으로서의 지성은 백치나 괴테에 있어 같으며 이 둘 사이의 엄청난 차이는 (지각기능의-K) 작용 자체가 아니라 다른 고등정신과정에 있다고 주장하였다.

> *에두아르 세갱(Édouard Séguin, 1812~1880)은 아베롱의 늑대소년 빅터를 발견하여 보고하고 빅터에게 언어를 가르치려 했던 프랑스 특수교육학자 장-마르크 가스파 이타르의 제자이다. 세갱은 '백치'를 위한 학교를 최초로 파리에 세운 혁명주의적 사회주의자였다. 당시만 해도 정신지체에 대해서 알려진 바가 없었다. 다른 혁명주의자들과 마찬가지로 1848년 혁명 이후 프랑스에서 추방되어 미국에 정착하였다. 뉴욕에서 그는 최초로 학습 장애아를 위한 학교를 세운다. 그는 간질(그의 이름을 따서 세갱 반응이

라고도 불린다)에 대한 연구와 간질 환자의 체온을 재는 체온계의 발명가로도 잘 알려져 있다. 학습 장애가 사실상 의지의 결핍이라는 그의 의견은 학습 장애가 치료 가능하고 학습 장애아들을 격리시켜서는 안 된다는 주장을 하기 위함이었다.

*J. 린드보르스키(Johannes Lindworsky, 1875~1939) 독일 심리학자. 뮌헨에서 공부하고 쾰른과 프라하에서 교편을 잡았지만 본질적으로 뷔르츠부르크 학파였다. 그는 순수한, 무심상적 생각을 믿었으며 내관법과 문답법이 연구 방법으로 타당하다고 생각했다. 아흐와 같이 그는 '의지'의 문제에 깊은 관심이 있었으나, 의지를 관념적, 형이상학적인 방식으로 규정하였다. 비고츠키는 『생각과 말』 4장에서 뷜러와 옌쉬에 동의하여 침팬지는 지능이란 것을 전혀 가지고 있지 않다는 그의 주장을 논박한다.

5-74] 이러한 이유로 우리는 비정상 아동의 문화적 발달의 고유성에 관한 언급을 마무리할 주된 결론을 이끌어 낼 수 있다. 정신지체의 이차적 문제는 언제나 다음의 세 가지이다. 첫째, 유기체 뇌의 미성숙에서 일어나는 공통된 문화적 저발달로서의 원시성이다. 둘째, 의지의 저발달, 즉 유아기에서의 자기행동숙달 과정 정지이다. 끝으로, 마지막 세 번째 요점은 정신지체의 주요 문제, 즉 어린이의 인격 전체의 일반적인 저발달이라고 생각할 수 있다.

비고츠키는 일차적 문제(즉 자연적, 유기체적 문제)가 있고, 또 연이은 이차적 문제가 있다고 말한다. 즉 원시성과 그로 인한 환경 의존적인 지적 해결을 넘어서는 의지를 발달시킬 능력의 부재이다. 이 모든 것의 최종 결과는 의지가 아니라 저발달된 인격이다. 우리는 문화적 행동 발달에 관한 뒤집어진 삼각형을 이용하여 다음과 같이 나타낼 수 있을 것이다.

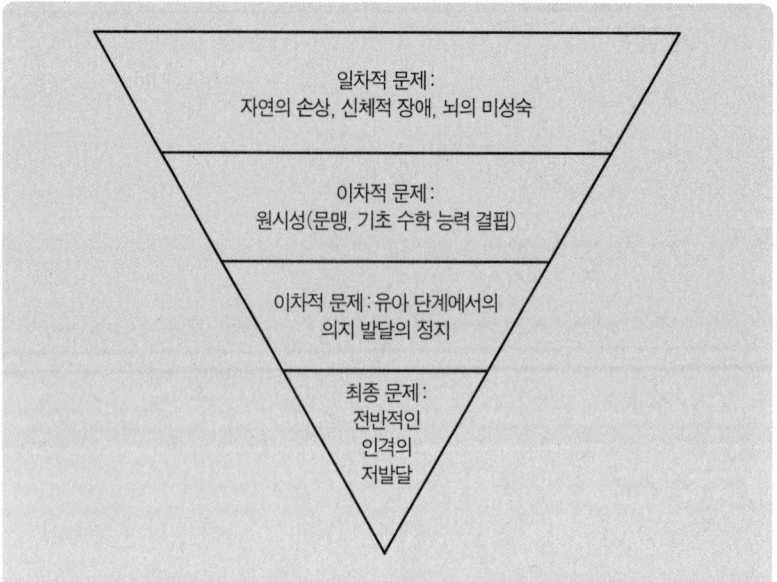

부정적인 효과가 폭포처럼 아래로 전파되는 것을 볼 수 있다. 뇌의 미성숙으로 인해 원시성을 지니게 되고 원시성으로 인해 의지의 발달이 정지된다. 그러나 이러한 부정적인 효과의 전파가 필연적인 것이 아니라는 것 또한 알 수 있다. 보상, 특히 기호의 사용으로 의지의 발달 자체가 중지되지 않을 수 있고, 인격은 발달할 수 있다. 이것이 바로 비고츠키가 단순히 어린이의 저발달이 아닌 비정상 아동 발달의 긍정적 고유성에 관해 이야기하고 있는 이유이다.

5-75] 이제 고등정신기능 발달의 구체적인 문제들로 돌아가 보자. 이는 우리로 하여금 어린이 및 교육 심리학의 기초 자료에 더 잘 접근할 수 있게 해 줄 것이다.

5-76] 일반적인 발달의 개념은 우리가 지금까지 계속 논의해 왔던 변화들에 적용될 수 있는가? 발달이라고 할 때 사실상 우리는 다양한 전조들에 의해 결정되는 매우 복잡한 과정을 의미한다.

*비고츠키가 프리즈나크 признак, 즉 '전조'나 '과잉 증상'이라는 용어를 사용할 때, 비고츠키는 징후적으로, 즉 아마도 의사가 병에 대해 말하는 방식으로 이야기하고 있는 듯하다. '전조'는 경고 신호, 병적 발달의 시작을 암시하는 징후이다. 비고츠키는 이 용어를 음미하며, 다음 몇 문단에서 지속적으로 사용한다. 그러나 그는 비정상 아동에 대한 이전 문단에서와 마찬가지로, 전조의 긍정적 특질—전조는 중요한 발달 형태가 진행 중임을 암시한다—을 강조한다. 비고츠키가 여기서 '발달'이라는 용어를 매우 넓게(예를 들어 학습과 발달을 매우 뚜렷하게 구분한 『생각과 말』 6장에서보다 더 넓게) 적용한다는 것에 주목하자. 특히 비고츠키는 유기체의 발달(예를 들어 계통 발생적 발달)과 행동의 발달(반드시 그런 것은 아니지만 종종 개체 발생적인)을 모두 포함하고 있다. 여기서 비고츠키는 두 가지를 지적한다. 첫 번째는 '토대'는 변하지 않는다는 것이다. 계통 발생적 변화에 관해 이야기할 때, 우리는 환경을 토대로 간주하고 그것이 변하지 않는다고 가정한다. 개체 발생적 행동 변화에 대해 이야기할 때, 우리는 신체 자체를 토대로 간주하고 그것이 변하지 않는다고 가정한다. 그러나 비고츠키의 두 번째 요점은 모든 변화가 발달적인 것은 아니라는 것이다. 변화는 '어느 정도까지' 내적일 때만 발달적이다. 그리고 변화는 '어느 정도까지' 신체 내적이기 때문에, 신체, 인격과 통합되며 따라서 영속성을 갖는다(학습한 것은 잊어버리지만 발달은 사라지지 않는다). 날씨의 변화가 계통 발생적 발달에 영향을 미치려면, 모종의 유기체적 변화, 즉 신체 신진대사에 영향을 미치는 변화를 야기해야 한다. 위치상 변화가 개체 발생적 발달에 영향을 미치려면, 위치 변화로 인해 인간 행동에 근본적 변화가 야기되어야 한다(예컨대 어린이는 외국으로의 이민을 통해 새로운 언어를 학습하게 된다). 이 통합성과 영속성은 훨씬 더 중요한 특질, 즉 단계 의존성을 야기한다. 발달은 '어느 정도까지' 신체에서 내적이고, 통일되고, 영속적이기 때문에 발달 단계들은

> 단순히 날씨나 운동과 같은 외적 힘이 아니라 서로에 연결되어야 한다.

5-77] 첫 번째 전조는, 그 어떤 변화에도 발달 현상의 기저를 이루는 본질이 동일하게 남아 있다는 것이다. 두 번째 가장 즉각적인 전조는, 여기서 말하는 모든 변화가 어느 정도 내적 본성이라는 것이다. 신체에서 일어난 내적 과정이나 목하 연구 중인 활동 형태들과 더불어 일어난 내적 과정과 연결되지 않는 모든 변화를 우리는 발달적 변화라고 부를 수 없다. 모든 발달의 통일성과 영속성, 이전 발달 단계와의 내적 연결과 연속된 변화와의 내적 연결이 발달 개념의 중심인 두 번째 전조의 핵심이다.

5-78] 이런 관점에서 아동심리학은 오랫동안 문화적 경험을 아동 발달의 한 국면으로 간주하기를 거부했다고 말할 수밖에 없다. 전형적으로 이들은 내부로부터 오는 것은 발달이라고 불릴 수 있으나 외부로부터 오는 것은 습관, 훈련이라고 말한다. 왜냐하면 자연 상태에서 산술 기능이 저절로 성숙되는 어린이는 존재하지 않고, 어린이가 이를테면 학령기에 다다르자마자 혹은 그 직전에 어린이의 외부 주위 사람들 사이에서 수많은 산술 개념들과 수 세기 조작을 보기 때문이다. 따라서 우리는 8세 어린이의 덧셈 뺄셈의 습득과 9세 어린이의 곱셈 나눗셈의 습득을 어린이의 자연적 발달의 결과라 부르지 않는다. 이들은 내적 발달의 과정이라기보다는 환경으로부터 발생한 외적 변화일 뿐이다.

5-79] 그러나 어린이가 어떻게 문화적 경험을 축적하는지에 대한 더 깊은 연구는 주어진 발달의 개념을 적용하는 데 명백히 필요한 많은 핵심적인 전조가 이 경우에 존재함을 드러낸다.

5-80] 첫 번째 전조는 새로운 문화적 경험의 형태는 모두 발달 시기의 신체 조건과 상관없이 단순히 외부로부터 오는 것이 아니라는 것이다. 오히려 유기체가 다양한 행동을 학습하고 동화함으로써 정신 발달 수준과 가치

에 따라 외적 영향들을 동화하는 것이다. 유기체의 성장에서 영양분이라고 불리는 것과 닮은 어떤 것, 즉 결국 유기체 속으로 진행되고 동화되는 어떤 외적 물질, 어떤 외적 요소의 동화가 존재한다.

5-81] 문화적 산술 형태에 대해 알지 못하는 어린이가 학교에 입학하여 사칙 연산을 배운다고 생각해 보자. 다음과 같은 질문을 할 수 있을 것이다. 사칙 연산 숙달이 발달 과정으로서 진행된다는 것을 증명할 수 있는가? 즉 이 어린이가 학교에 입학했을 때 가지고 있던 산술적 지식에 접근함으로써 그것이 가능하게 되는가? 사실 그러하다는 것이 드러난다. 이 사실은 특정 연령의 어린이를 대상으로 산술을 가르치는 것과 교수 학습에는 구분된 단계가 있어야 한다는 것의 토대를 제공한다. 이것은 어린이의 사칙 연산의 습득이 7~8세경에 이르러 어린이 내부의 산술 지식의 발달에 힘입어 처음으로 가능해진다는 사실을 설명한다. 1학년에서 3학년 정도의 어린이들을 생각해 보면, 이들이 일반적으로 이 2~3년간의 학습 기간 동안에 학령기 이전의 모습, 즉 입학 시 지니고 온 자연적 산술 유형을 더 많이 보인다는 것을 알 수 있다.

5-82] 이와 유사하게 어린이가 학교에서 다른 조작을 순수한 외적 경로를 통해 동화하는 것처럼 보일 때, 새로운 조작에의 동화는 모두 발달 과정의 결과이다. 이 장의 마지막에서 새로운 행동 형태가 획득되는 모든 방법 즉 동화, 발명, 모델의 모방 개념을 분석하여 이것을 보여 주고자 한다. 단순한 모방을 통해 행동이 습득되는 것으로 보이는 경우조차 단순한 흉내가 아닌 발달의 결과에서 기인하는 것이 가능함을 보여 주고자 한다.

*어째서 동화, 발명, 모델 모방이 근본적으로 동일한 발달 과정이라고 주장되는 것일까? 이 문단에서 비고츠키가 함의하는 바와는 반대로 이 세 개념들이 분석되어 '단순 모방'이 발달의 결과가 될 수 있음을 보여 주는 곳은 이 장에서 찾아볼 수 없다. 물론 이는 비고츠키가 의도는 했으나 미

처 기술하지 못한 것으로 볼 수도 있다. 이 책의 원고가 미완임을 암시하는 징후가 여러 군데서 발견되는 것도 사실이다(예를 들면 장들 속에 절 구분이 되어 있지 않고, 문단들 사이의 이행이 자연스럽지 않은 부분들이 있으며 비고츠키가 어떤 주제에 대해 논의하겠다고 제시한 후에 다른 주제에 대한 기술이 이어지는 부분들도 있다). 또 한편으로는 실제 내면화(내적 변혁)가 일어나는 방식에 대해 기술하던 비고츠키가 원래 주제가 동화, 발명, 모델 모방임을 잊은 것일 수도 있다. 비고츠키는 글을 써 나가는 과정에서 생각과 표현 방식을 발전시키는 편이다. '동화'가 의미하는 바는 피아제의 용어 동화 assimilation와 거의 비슷하다. 어린이가 사회적 행동을 취해서 이를 스스로의 심리적 본질에 어울리도록 변형시키는 것이다. 그러나 비고츠키는 이것을 아동 사고의 긍정적인 고유성이라고 생각했으며 이러한 긍정적 고유성은 그것이 어린이의 자연발생적, 일상적 개념에 적용되는 만큼이나 어린이의 비자연발생적 개념에 적용된다고 보았다. 피아제는 아동 고유의 사고방식은 일상적인, 자연발생적 개념에 대한 아동의 동화 방식에서만 드러날 뿐 비자연발생적 개념, 학교에서 배우는 과학적 개념의 동화 과정에는 드러나지 않는다고 주장하며 이 두 가지 개념 사이의 상호 영향 가능성을 부정한다. 모방은 어린이가 이해하고 따라 하는 것을 의미한다. 고등 행동의 경우 이러한 이해는 단순한 따라 하기 이상을 포함하게 된다. 이는 행위의 배후에 놓인 '의도'를 포함한다. 어떠한 행위나 사물을 하나의 기호로 이해하기 위해서는 누구가가 그것을 기호로 사용하려고 의도했다는 것을 읽어야 하기 때문이다. 어린이의 '모방'은 단순한 행위의 모방이 아니다. 그것은 오히려 필연적으로 그 목적으로 이어지는 행위를 가상적으로 역탐지reverse-engineering하는 기술, 즉 지적 해결 또는 심지어 발명에 가깝다고 할 수 있다.

5-83] 이를 보기 위해서는, 비록 모든 새로운 행동 형태가 외부로부터 동화되었을지라도 각각 다른 특성들을 지니고 있다는 것을 실험으로 보여 주는 것으로 충분하다. 물론 그것(새로운 행동 형태-K)은 이전의 것 위에 세워진다. 즉, 이전 형태를 토대로 했을 때에만 가능하다. 어떤 문화적 조작의 가장 발달한 단계를 단박에 숙달할 수 있는 가능성을 실험적으로 보여 줄 수 있다면, 이는 우리가 이야기하고 있는 것이 발달에 관한 것이 아니라 동화의 외적 형태, 즉 순수하게 외적인 영향에 의한 어떤 변화라는 것을 증명하는 셈이 될 것이다. 그러나 정반대로, 실험은 모든 외적 행위가 내적 발생 유형의 결과임을 알려 준다. 이러한 실험들을 바탕으로 우리는 어떠한 어린이도, 심지어 신동일지라도 첫 번째와 두 번째 단계를 지나기 전에 조작 발달의 마지막 단계를 바로 맞이할 수는 없다고 말할 수 있을 것이다. 다시 말해 모든 새로운 문화적 조작의 수행은 내적으로 서로 연결되고 서로를 계승하는, 여러 단계를 잇는 연결 고리들로 나뉠 수 있을 것이다.

*비고츠키가 열거한 문화적 발달의 첫 번째 기준인 '영양분 공급'이 소화를 암시하는가? 혹은 소화를 동반하지 않은 영양분 공급이 가능한가? 이전 문단에서 비고츠키는 문화적 발달 형태가 소화를 동반한 영양분 공급을 포함한다는 것을 강조해 왔다. 예를 들면, 5-81에서는 어린이가 자연적 산술의 토대 위에 산술 지식의 '영양분 공급'을 세우고, 서로 다른 학년에서 각각 다른 정도의 자연적 산술을 유지한다는 것을 강조한다. 5-82에서는 동화, 발명, 모방 모두가 다양한 방식으로 발달적 자질에 의존한다는 것을 전제로 하기 때문에, 이들 모두가 다양한 방식으로 포함된다는 것을 강조한다. 환경으로부터 영양분을 섭취하는 것이 소화를 동반하지 않는 단순한 영양분 공급의 문제라면, 그것은 다음을 암시할 것이다.

1. 모든 어린이는 새로운 조작을 똑같이 잘 획득할 것이다.
2. 모든 문화적 행동은 언제든지 학습될 수 있을 것이다.

> 두 진술 모두 실험적으로는 반박될 수 있다. 물론, 학습에는 소화를 동반하는 영양분 공급인 내적 동화라기보다는 소화를 동반하지 않은 영양분 공급인 단순한 습득을 포함하는 측면이 있다. 하지만 이는 분명히 미발달적인 것이다. 예를 들면, 외국어 학습에서의 낱말 학습은 주로 기회와 노출의 문제이고, 낱말은 매우 다양한 순서로 학습될 수 있다. 반면, 문법은 다양한 어린이에 의해 매우 다르게 학습되지만 산술과 마찬가지로 고정된 습득 순서를 따르는 경향이 있다.

5-84] 실험이 이것을 보여 주었기 때문에, 우리가 발달 개념을 내적 경험의 축적 과정에 적용할 이유는 충분하며 이것이 우리가 앞에서 말했던 두 번째 특성이다.

5-85] 그러나 우리가 고려하고 있는 발달이 어린이의 초보적 기능 연구에서 일어나는 발달과 완전히 다른 유형이라는 것은 말할 필요도 없다. 이 경우 이 본질적인 차이가 기본 전조 중 하나이기도 하기 때문에, 그 차이에 주목하는 것은 매우 중요하다.

5-86] 기초적인 인간 적응 형태, 인간과 자연의 투쟁, 동물학적 발달 유형이 역사적인 유형과 현저히 다르다는 것을 우리는 알고 있다. 전자에서 유기체 내의 해부학적 변화가 발견되고 생물학적 발달은 그 구조의 유기체적 변화의 토대 위에서 진행되는 반면, 인간 역사에서는 자연에 대한 인간 적응 형태의 집약적인 발달이 본질적인 유기체적 변화 없이 발생한다.

5-87] 끝으로, 유기체적 체계의 성숙에 토대를 둔 어린이의 자연적 행동 발달과 우리가 이야기하고 있는 발달 유형 사이의 관계는, 진화하는 관계가 아니라 혁명적 특성을 갖는다는 것에 주목해야 한다. 즉 발달은 점진적이고 더딘 변화나 점점 더해져서 결국 본질적인 변화를 이루는 작은 특질들의 축적을 통해서 일어나는 것이 아니다. 여기에서, 우리는 처음부터 혁명적인

유형의 발달, 즉 발달 유형, 과정을 추진시키는 힘 자체에 있어서의 날카롭고 근본적인 변화를 보게 된다. 잘 알려진 대로, 진화와 혁명적 변화가 함께 존재한다는 사실이 발달의 개념을 이 과정에 적용할 기회를 배제하는 것을 의미하는 것은 아니다.

> *5-77부터 지금까지의 논의를 요약하면 다음과 같다.
>
> 모든 발달의 일반적 특성(5-77)
>
> 1. 토대는 동일하게 남아 있다(즉 물리적 법칙은 생물학적 변화에 대해 불변하며, 생물학적 자질은 역사적 변화에 대해 상대적으로 불변한다).
> 2. 발달은 통일된 내적 과정이다(즉 위치의 변화가 단독으로 발달을 일으키지 않으며, 날씨는 직접적으로 인간 발달에 영향을 미치지 않는다).
>
> 문화적 발달의 고유한 특성(5-79~5-87)
>
> 1. 외부 원천으로부터의 '영양분 공급'(문화적 발달이 일어나기 위해서는 가족, 학교, 공동체와 같은, 보다 문화적으로 발달된 사회적 환경을 필요로 한다).(5-80)
> 2. 단계 의존성(문화적 발달은 '그 자체로', '타자에 대한', '자신에 대한'과 같은 다양한 단계를 거치는 것처럼 보이며, 연속된 단계들은 앞선 단계들에 의존한다).(5-81~84)
> 3. 비유기체적 변화(문화적 발달은 초보적 기능 발달과 다르다. 우리는 새로운 기관이 생기는 것을 볼 수 없다).(5-85~86)
> 4. 자연적 기능과 문화적 기능 사이의 연결의 혁명적 위기(문화적 발달은 초보적 기능과 변화의 속도가 다르기 때문에, 서로 연결될 때 반드시 다양한 위기에 직면한다).(5-87)

5-88] 이제 우리는 발달 유형에서의 변화의 계기들에 대한 고찰로 곧장

나아간다.

5-89] 현대 아동심리학에는 일반적으로 받아들여지는 두 가지 행동 발달의 발생적 이론들이 존재함을 우리는 잘 알고 있다. 그중 하나는 주요 단계를 둘로 구분하며 다른 하나는 셋으로 구분한다. 첫 번째는 발달하는 모든 행동이 두 가지 주요 단계를 거친다는 것을 가리키는 경향을 보인다. 본능의 단계, 즉 무조건 반사와 유전적 또는 선천적 행동 기능이라고 불리는 단계와, 개인적 경험의 반응이나 조건 반사를 통해 습득되는 단계이자 동물에게 적용되는 것과 같은 훈련의 단계이다.

5-90] 또 다른 이론은 개인적인 경험 과정에서 얻어진 반응 단계를 더 세밀하게 나누어 조건 반사, 즉 습관 단계와 지적 반응 단계로 구분하고자 한다.

5-91] 세 번째 단계는 두 번째 단계와 어떻게 다른가?

5-92] 아주 간단히 말하자면, 본질적인 차이점이 한편으로는 반응이 일어나는 방식에서, 다른 한편으로는 기능의 특징에서, 예컨대 시행착오를 통해 생겨났거나 단일 방향으로 작용하는 자극의 결과로 생긴 습관과는 반대로 생물학적 반응을 사용하는 것에서 생겨난다고 할 수 있다. 지적 반응에서 반응은 단락 현상, 즉 여러 (뇌의-K) 협력 영역들의 흥분을 토대로 하며 새로운 경로를 만들어 내는 복잡한 내적 과정의 결과로 획득된 특정한 이미지의 표현을 통해 생겨난다. 그러므로 우리는 기제의 본성이 대단히 복잡하고, 두뇌 과정에 대한 우리의 지식이 여전히 발달 초기 단계에 있기 때문에 아직 알려지지 않은 반응들의 폭발적 분출에 대해 말하고 있는 것이다.

> *비고츠키는 세 번째 단계와 두 번째 단계의 차이에 대한 설명으로 시작한다. 그는 모든 단계들 사이에는 첫 번째와 두 번째 단계의 차이에서 발견되듯이, 두 가지의 기본적인 차이가 존재한다고 언명한다. 하나는 반응의 방법이고 다른 하나는 기능의 방향이다. 예를 들면 첫 번째 단계(무

조건 반응)와 두 번째 단계(조건 반응)의 차이는 다음과 같다. 한편으로, 첫 번째 단계에서는 반응이 본능적으로 예외 없이 일어나지만, 두 번째 단계에서의 반응은 훈련의 결과로, 조건적으로 일어난다. 다른 한편으로, 반응은 첫 번째 단계의 경우 기능적으로 장기간 매우 고정적인 환경 조건에 대해 일어나지만, 두 번째 단계의 경우에는 지속적이되 영속적이지는 않은 자극의 집단에 대해 일어난다. 첫 번째와 두 번째 단계 사이의 이러한 차이점을 받아들인다면 두 번째 단계와 세 번째 단계의 차이는 무엇이 될까? 비고츠키는 세 번째 단계에서 반응이 일어나는 과정에 대해 우리가 알고 있는 것이 많지 않음을 인정한다. 그러나 이 반응은 내적이고 '반응에 대한 반응' 혹은 '단락 현상'을 포함하므로 우리는 이것이 두 번째 단계와는 매우 다르리라는 것을 추측할 수 있다. 다음 문단에서 비고츠키는 기능적 측면에 대해 언급한다.

*단락 현상short-circuit이란 회로 기관에서 전류가 더 효율적인 이동 경로를 찾아 나아가는 것을 의미한다. 본문에서는 외부 자극의 수용을 통한 반응 형성이라는 전통적 회로도 도식에서 외부 자극이 내적 자극(내적 이미지)으로 대체됨으로써 회로도가 축약, 생략된 것을 의미한다.

5-93] 본능적 반응인 기능이 습관인 기능과 다르다면, 후자는 또한 지적 기능과 다르다. 즉, 습관의 생물학적 기능이 다소 분명하고 단순한, 생존을 위한 개별적 조건에의 적응이라면, 지적 행동의 기능은 변화하는 외부 조건에의 적응과 새로운 환경 속에서 변화하는 상황에의 적응이다. 심리학자들의 논쟁이 여기에 기초한다. 즉 본성상 지성을 특별한 단계라고 간주하는 것에 반대하는 저자들은 지성이 단지 획득된 습관이라는 일반적인 부류에 속하는 특정한 하위 부류라고 주장한다. 여기에서 현재 아동에게 오직 두 가지 행동 부류, 즉 유전적인 것과 획득된 경험이 있다고 말하는 것은 과학적

조심성의 문제로 볼 수 있다. 그러나 우리는 지식의 복잡성이 증가하는 만큼 두 번째 부류, 즉 경험으로 알게 되는 것 속에 두 단계뿐 아니라 아마 더 많은 단계를 확립해야 할 것이다.

*앞서 비고츠키는 지적 반응이 정확히 어떻게 일어나는지 확신할 수 없다고 말했다. 지적 반응은 반응에 대한 반응, 즉 자극을 단락시키는 것으로 보이는 자극의 상상적 표상에 대한 반응이다. 지적 반응은 내적으로 일어나므로 직접적으로 관찰될 수 없다. 그래서 신중할 필요가 있다. 그러나 비고츠키는 방법을 가지고 있다. 그 방법은 흥미롭게도 『생각과 말』에서 내적 말의 발달 모형으로 자기중심적 말을 사용했을 때 적용된 방법과 유사하다. 이번에 비고츠키의 방법은 조건적 반응과 지적 반응 사이의 기능 변화에 대한 모형으로 무조건적 반응과 조건적 반응 사이의 기능 변화를 사용하는 것이다. 무조건적 반응은 기능적으로 전체 종種에 있어서 분명하고 단순한 조건에 대한 반응이다. 반대로 조건적 반응은 기능적으로 개별 개체에 있어서 분명하고 단순한 조건에 대한 반응이다. 비고츠키는 지적 반응이 변화하는 조건과 그러한 조건 내에서 변화하는 환경에 대한 반응이라고 제안한다. 이 제안이 어떻게 하나 또는 심지어 두 개의 새로운 행동 형태로 향한 문을 여는지 주목하자. 즉 변화하는 조건에 반응하는 행동 형태와 그러한 조건 내에서 변화하는 상황에 반응하는 행동 형태가 다른 것은 당연할 것이다. 우리는 지적 반응이 정확히 어떻게 나타나는지 모른다. 그러나 지적 반응이 작용하는 방향에는 중요한 차이점이 있는 것처럼 보인다. 비고츠키는 두 개 이상의 단계를 갖는 것은 논쟁을 일으킬 수 있음을 지적한다. 많은 저자들(예를 들어 손다이크)은 소위 지능이라는 것은 단지 습관의 하위 부류라고 주장한다. 비고츠키는 우리가 조심스럽게 손다이크의 입장을 취할 것이지만, 기능의 변화가 어떻게 기능이 나타나는 방식에 영향을 미치는지에 대해 새롭게 알게 되면 곧, 두 개의 새로운

> 하위 단계(뷜러의 입장)나 또는 더 많은 단계(4장에서 비고츠키의 입장)를 받아들일 준비가 되어 있어야 한다고 말한다.

5-94] 따라서 현재 지식 상태로는 미국 심리학자 손다이크의 관점에서 시작하는 것이 옳다고 생각된다. 그는 두 개의 수준, 즉 유전적인 것과 개인적인 것 또는 타고난 것과 획득된 것을 구분하고 행동 내에서 두 단계, 즉 반응의 두 그룹을 구분한다. 한편으로는 대체로 지속적인 개인적 생존 조건에 적응하기 위한 유전된 습관이고, 다른 한편으로는 유기체가 직면한 새로운 도전에 대처하기 위한 습관들의 계층, 즉 우리가 논의해 왔던 일련의 반응들이다.

> *우리는 비고츠키가 여기서 '내재적 비판'의 방법을 채택하고 있는 것을 알 수 있다. 즉 비고츠키는 부적절한 입장(손다이크의 입장)을 취하고, 그것이 어떤 결론을 이끌어 내는지 보기 위해 일단은 그것이 사실이라고 가정한다. 여기서 비고츠키의 가정(출발점)은 손다이크와 똑같지만, 그가 이용하는 논리는 상당히 다르다. 비고츠키는 단계들 사이에서 발견되는 변증법적 관계(즉 부정의 관계)가 또한 단계 내에서도 적용될 수 있다고 가정할 것이다.

5-95] 아동심리학에서 우리가 관심을 갖고 있는 발달 단계들 간의 관계를 이해하기 위해서는 그들 사이에 존재하는 관계의 유형을 한마디로 정리하는 것이 필요하다. 이런 관계들의 특성은 변증법적이다.

> 이 관계들이 변증법적이라는 것은 말하자면 이들이 대화 속의 말들과 같이 상호작용하며 서로 깊이 침투한다는 것이다. 이런 상호침투의 본질

> 은 역동적인데, 처음에는 기존의 것을 부정하지만 궁극적으로는 지양을 통해 기존의 것을 보존하게 된다. 그러나 변증의 과정을 겪고 보존된 것은 기존의 것과 전혀 달라진다.

5-96] 행동 발달에서의 연속적인 각 단계는, 한편으로는 첫 번째 단계의 행동에 내재하는 특질들을 제거하고 파괴하며 때때로 반대되는 고등 단계의 방향으로 돌아선다는 점에서 이전 단계를 부정한다. 예를 들어, 무조건 반사가 조건 반사가 될 때 무슨 일이 일어나는지를 추적해 본다면 유전적인 성격(그것의 전형성 등)과 관련된 수많은 특질들이 조건 반사에서 부정된다는 것을 알 수 있다. 왜냐하면 조건 반사의 형성이 일시적이고 유연하며 외적인 자극의 영향을 매우 잘 받아들이기 때문이다. 게다가 이는 개인에서만 발견되고 내재적이거나 상속되지 않으며 경험이라는 조건하에서 획득된다. 이처럼 각각의 연속되는 국면은 지난 단계의 부정 또는 특질에 있어서의 변화를 수반한다.

5-97] 다른 한편으로, 예를 들어 조건 반사 단계에서 입증되듯이 이전 단계는 다음에 오는 단계 속에 존재한다. 조건 반사는 무조건 반사의 특성과 동일한 특성을 지니고 있으며 본능과 동일하지만, 다른 모양과 형태로 드러나며 존재한다.

> *미소 발생적으로, 잘 확립된 복합 반응이 단순 반응보다 더 많은 시간이 걸리지 않음을 티치너가 어떻게 보여 주었는지 기억할 것이다. 즉, 한 번 확립된 반응은 단순 반응과 똑같아 보이며 동일한 방식으로 나타나고 존재한다(3-44). 비고츠키는 이러한 관찰을 조건 반응과 무조건 반응으로 확장시킨다.

5-98] 현대 역동적 심리학은 행동 에너지의 다양한 분배의 기저를 탐구하고자 한다. 예를 들어 심리학자들은 본능 형태의 많은 변화 속에서 어린이 말 발달의 영향과 말 발달이 행동에 미치는 영향을 본다. 이것은 물론 의지의 문제와 관련하여 커다란 흥미를 불러일으킨다. 이에 대해서는 추후 논의될 것이다. 지금으로는 심리학자들에게 주어진 기본적 문제들이 명백하고 이해 가능하다. 예를 들어 현대 인간은 음식점에서 식사를 하는 반면 똑같은 자연적 본능을 가지고서 동물은 생존에 필요한 먹이를 구해야만 한다. 동물 행동은 전적으로 본능적 반응에 기초한다. 하지만 동일한 배고픔을 겪는 사람의 행동 방식은 전혀 다른, 불확실한 반응에 기초한다. 전자의 경우 우리는 하나의 반응이 다른 반응을 뒤따르는 자연적 반사를 보게 되는 반면, 다른 경우에는 일련의 조건적 변화를 보게 된다. 그러나 만일 인간의 문화적 행동을 조사한다면, 운동 행동의 목적, 에너지의 기저, 자극이 동물을 움직이게 하는 것과 동일한 본능, 즉 유기체의 물질적 욕구임을 알게 된다. 동물에 있어 본능은 항상 조건 반사를 필요로 하지는 않는다. 인간에 있어 본능은 잠재된 형태로 존재하고, 행동은 반드시 이 본능이 다양하게 변화된 특성들과 관련되어 있다.

5-99] 이것은 이전 단계를 부정하면서도 그것을 감추어진 형태로 보존하는, 우리가 조건 반사와 지적 반응에서 보았던 것과 완전히 동일한 변증법적 관계이다. 잘 알려진 예를 들자면, 손다이크는 새로운 산술 문제에 당면한 어린이가 본질적으로 습관이나 습관들의 조합으로 습득한 반응 이외의 다른 반응은 사용하지 않는다고 말한다. 그러므로 여기서 지적 습관의 반응은 개체가 당면한 도전에 숨겨진 반응처럼 응전하는 습관들을 부정하며, 이에 따라 이러한 습관들의 여러 가지 특징들은 사라진다. 그러나 바로 이 지적 반응은 본질적으로 단지 그러한 습관들의 체계로 환원될 수 있음이 드러나며, 이러한 습관의 체계적 조직이 지성의 고유한 영역이다.

> *비고츠키는 손다이크의 1924년 저작인 『The Psychology of Arithmetic (산술 심리학)』에 대해 언급하고 있는 것으로 보인다.
>
> "추론은 습관에 반하여 작용하는 근본적으로 상이한 종류의 힘이 아니라 여러 가지 습관들과 생각 요인들이 한 데 모여 조직되고 협력하는 것이다. 산술에서 거의 모든 것은 이미 습득된 습관과 연관된 습관으로 지도되어야 하며, 이 모든 것은 앞으로 형성될 다른 습관들과 하나의 조직 내에서 작동할 것이다. 새로운 문제를 풀기 위해 이와 같이 조직화된 습관의 체계를 사용하는 것이 추론이다."

5-100] 자연적 행동 발달 단계의 순서를 고려한다면 우리가 여기에서 염두에 두고 있는, 행동 발달의 네 번째 단계에 관해서도 비슷하게 말해야 한다. 아마도 우리가 말하려는 이러한 고등 행동 과정 역시, 각각의 단계가 이전 단계와 잘 알려진 관계를 지닌 자연적 행동에 속한다는 것을 인정해야 할 것이다. 고등 행동 과정이 어느 정도까지 보다 원시적인 행동 단계들을 부정하지만 그럼에도 자연적 행동을 숨겨진 형태로 유지한다는 것이다.

> *예를 들어 한 아이가 운동장에서 위협을 당하는 친구를 구하려는 장면을 생각해 보자. 물론 이 행동 속에는 두려운 마음에 도망가고 싶은 본능, 쉬는 시간에 친한 친구들과 운동장에서 노는 습관, 나쁜 아이의 주먹을 요리조리 피해서 그 아이가 지치도록 만드는 것과 같은 지성적 문제 해결이 모두 포함된다. 그러나 이 행동 자체는 의지 행위이다. 이 의지 행위가 비고츠키가 4장에서 언급한 행동의 '네 번째 단계'이다. 이것은 도망가려는 본능도 아니고, 일상적으로 일어나거나 항상 보상이 따르는 습관도 아니며 자신이 다칠 수도 있기에 심지어 지성적 반응도 아니다. 그렇다고 해서

이 행동이 자연적 행동이 아니거나, 신의 계시를 받은 행동이라는 뜻은 아니다. 결국 이 행동을 포함한 모든 고등 행동 과정은 단순히 물질적 환경 속의 신경 자극으로 구성되었다는 빤한 의미에서가 아닌, 자연적 행동으로 이루어진 것이다. 도주 본능은 부정되었지만 보호 본능은 보존되었다. 즉 본능은 다른 것으로 전이됨으로써 변형되었다. 예를 들어 운동장에서의 습관적인 질서는 근본적으로 해체되었지만 상호 존중에 바탕을 둔 새로운 질서를 확립함으로써 보존되었으며, 곤란을 피하려는 지성적 반응은 부정되었지만 만약 그 아이와 친구가 이기면 보존되는 것이다. 그러나 이 행동을 이해하고자 한다면 우리는 이 행동을 단순히 정의를 위한 '본능'이나 습관, 심지어 지성으로 환원하는 것만으로는 부족하다. 어떤 행동을 그 하위 요소(습관, 본능)로 환원하는 것은 그 행동이 기반으로 삼고 있는 다층적 구조를 파괴하는 것이다. 인간 행동, 특히 고등 행동은 물질적 사실의 집합인 동시에 정보 구조인 것이다.

5-101] 그런 조작의 한 예로 기호를 사용하는 기억에 대해 살펴보자. 한편으로 기억은 습관의 확립을 통한 암기와는 다르게 진행되며, 지성적 반응으로서의 기억은 전자(암기-K)에 결여된 모종의 특성을 지닌다는 것을 보게 될 것이다. 그러나 만약 기호를 사용하는 기억 과정을 구성 부분으로 분해하면, 결국 이 과정이 새로운 조합 속에서 자연적 기억을 특징짓는 것과 동일한 반응을 포함한다는 것을 쉽게 알 수 있다. 이 새로운 조합이 아동심리학에서 우리 연구의 주된 주제이다.

그런 조작의 예로 매개된 기억을 고려해 보자. 앞으로 보게 될 것처럼, 매개적 기억은 비매개적 기억처럼 보이지 않는다. 매개적 기억에는 비매개적 기억에 존재하지 않는 모종의 특성들이 있다(예를 들어 상세하지는 않으나 상당히 오래 지속된다). 그러나 우리는 기억 과정을 별개의 부분으로 나눌 수 있다(**3-74**에 있는 삼각형 분석을 보라). 그렇게 했을 때 그 부분들은 자연적 기억과 동일하지만 구조는 새롭다는 것을 발견할 수 있다. 이러한 새로운 구조가 앞으로 나올 연구들의 주된 초점이다.

5-102] 주요한 변화는 무엇인가? 그것은 인간이 최고 단계에서 자기행동숙달에 이르게 된다는 사실에 있다. 즉 인간은 자신의 통제 하에 자기 반응을 복종시킨다. 한때 인간이 자연의 외적 힘의 작용을 복종시켰던 것처럼, 이제는 자연적 행동 법칙을 토대로 하여 자기 행동 과정을 지배한다. 자연적 행동 법칙의 토대가 자극-반응의 법칙이기 때문에 자극을 통제하기 전까지는 반응을 숙달할 수 없다. 결과적으로 어린이는 자기의 행동을 숙달하지만 여기에 다다르는 열쇠는 자극 체계의 숙달에 있다. 어린이는 산술적 자극 체계를 숙달했을 때 산술 조작을 파악한다.

인간은 자연 법칙을 사용해야만 한다. 인간은 그 법칙들을 초자연적으로 지배할 수 없기 때문이다. 자연 법칙들은 자극-반응에 토대하고 있기 때문에 인간은 자극을 숙달해야 하며, 어린이는 처음에는 숫자를 세는 도구, 동전 그리고 나서 숫자와 같은 산술 자극을 포함한 자극 체계를 숙달해야만 한다.

5-103] 바로 이런 식으로 어린이는 자극을 숙달함으로써 다른 행동 형태들을 숙달하며, 여기서 자극 체계는 외부로부터 어린이에게 주어진 사회적 힘이다.

어린이는 산술 자극을 숙달하듯이 다른 행동 형태를 숙달한다. 어린이는 문자, 낱말, 음표, 도구와 기호 등과 같은 자극을 숙달한다. 이러한 자극은 교육 과정과 같은 사회적 힘이다. 이 사회적 힘은 학교와 같은 외부로부터 어린이에게 주어진다.

5-104] 앞서 논한 것을 분명히 하기 위해, 어린이 행동에서 자기-숙달이 작동하는 발달 단계들을 추적해 보자. 우리는 선택 반응과 관련하여 위에서 사용했던 실험 사례를 제시한다. 그것은 이 반응이 암기 과정에서 어떻게 변화하는지, 그리고 왜 우리가 발달의 속성을 이런 변화로 정의하는지 간략히 설명하기에 적절한 것이다.

*여기부터 이 장의 끝까지 비고츠키는 4-26에서 약속했던 것처럼 하나의 실험을 통해 문화적인 고등 행동 형태 내면화의 네 단계를 탐색한다. 여기서 사용되는 실험은 앞장에서 제시되었던 선택 반응 실험이다. 실험 대상은 우리가 3장에서 보았던 4, 5, 8 혹은 10개의 건반으로 이루어진 장치('티치너의 피아노')를 누름으로써 시각 자극에 반응한다. 이 네 단계는 본능, 습관, 지성, 의지라는 행동의 역사에 있는 네 개의 서로 다른 '지질학적' 지층에 상응한다. 이들은 또한 메샤리아코프의 네 개의 발생 법칙의 대한 진술과도 상응한다.

1. 행동의 자연적 혹은 원시적 단계: **5-109~110**
2. 행동의 소박한 혹은 주술적 단계: **5-111~123**
3. 내적 변혁 즉 외적 기호의 내적 성장 단계: **5-124~127**
4. 숙달 즉 내적 기호 단계: **5-128~132**

5장 후반의 문단들(**5-133~147**)은 산술과 말 발달을 예로 들어 이런 단계들을 일반화한다.

5-105] 어린이의 발달에서 선택 반응을 구성하는 것은 무엇인가? 이를 조사하기 위해, 말하자면, 우리는 다섯 개에서 여덟 개의 자극을 취하여 어린이들에게 각각의 자극에 대하여 예컨대 파란색에는 하나의 손가락으로, 빨간색에는 다른 손가락으로, 노란색에는 또 다른 손가락으로 각각 반응할 것을 요구했다. 구舊실험심리학에 따르면 선택 반응이 여섯 살 무렵의 어린이에게 성립될 수 있음이 알려져 있다. 성인은 더 어려운 선택에서 복잡한 반응을 형성한다는 것과 선택할 자극이 많아짐에 따라 각 자극에 상응하는 반응을 하기 위해 특별한 노력이 요구된다는 것 또한 알려져 있다.

5-106] 예를 들어 만일 우리가 실험 대상자에게 빨간색에는 왼손으로, 파란색에는 오른손으로 반응하라고 요구한다면, 서너 가지 또는 대여섯 가지의 색을 제공하는 것보다 선택이 더 빨리 이루어질 것이며 반응은 더 쉽게 진행될 것이다. 이미 지적한 바와 같이 구실험에 대한 분석은 심리학자들로 하여금 선택 반응에서 실제로 선택이 일어나지 않는다는 결론을 내리도록 이끌어 왔다. 여기서 그 과정의 본성은 다르며, 단지 외적 형태만이 선택으로 간주될 수 있다. 실제로 일어나는 것은 이 이상이다. 반응의 선택을 위한 토대는 매우 복잡한 행동 형태이고, 무작위로 보이는 자극과 조직화된 것으로 보이는 자극이 구별되어야 하며, 이러한 반응이 관습적으로 닫힌 반응이라고, 즉 구심리학의 표현을 빌리자면 지시에 의한 강화가 존재한다고 여러 연구들은 제시한다. 그러나 지시를 기억하기 위해 기억의 특성이라고 일반적으로 일컫는 기억술을 사용한다면 우리는 올바른 반응 선택이 쉽게 일어나도록 할 수 있을 것이다.

*비고츠키는 우리에게 선택 반응이 잘못된 명칭이라는 것을 일깨워 준다. 즉, 선택 반응이 반응적이라면 선택 반응은 능동적이지 않고, 선택 반응이 능동적이지 않다면 선택 반응은 자발적인 것도 선택되는 것도 아니다. 훨씬 더 복잡한 일이 여기서 일어나고 있다.

비고츠키는 세 가지 요소가 복잡하게 얽혀 있다고 말한다. 첫 번째는 의미성이다. 3-62에서 비고츠키가 의미 있는 자극과 의미 없는 자극을 구분했던 것을 기억하자. 초기 연구들은 이 사실을 확립했다. 뮌스터베르크는 숫자 '하나'에 대한 반응으로 '첫째 손가락'을 '둘'에 대한 반응으로 '둘째 손가락'을 올리는 방법을 도입했다. 빨간색에 대한 반응으로 첫째 손가락을 파란색에 대한 반응으로 둘째 손가락을 올리는 것과는 달리, '하나'와 '첫째 손가락' 간의 연결은 그 실험보다 오래전에 확립된 것이지만 의미 있는 연결이다. 그림과 어린이의 그림에 대한 내적 변혁은 임의적이지 않고, 의미를 갖는다.

두 번째 요소는 관습적인 닫힘이다. 2-153에서 비고츠키가 파블로프의 뇌와 전화 교환대 간의 상당히 색다른 비유를 인용한 것을 기억하자. 우리가 설명서와 교환원이 존재한다고 인정하는 한(즉 한편으로 발달의 사회적 상황과 다른 한편으로 어린이의 인격), 비고츠키는 그 비유가 정당하다고 말한다. 그 설명서는 어린이가 연결을 완료하도록, 즉 이 경우 자극(말)과 반응(썰매를 가진 건반) 간의 간극을 좁히도록 해 주는 것은 '관습'이다. 기호를 기호로 인식하는 능력은 그것이 사회적으로 공유된 관습일지라도 기호가 관습이라고 인식하는 것을 포함한다. 그 능력은 어린이가 자신의 기호를 만들어 낼 수 있는 능력과 함께하며, 이것이 우연히 일치하는 것은 거의 불가능하다.

세 번째 요소는 이것이 전혀 선택이 아니라 자발적 기억이라는 것이다. 그리고 자발적 기억은 (물론 기억을 하기 위해서는 자발적인 기억을 통해 선택을 해야 하지만) 순수한 선택보다 더 많은 것을 포함한다. 이것은 보상과 벌 (행동주의자에게 '강화'가 의미 하는 것)이 아니라 의미를 갖는 관습의 사용을 통해 지시를 강화함으로써 이루어진다.

5-107]   우리는 다음과 같이 진행한다. 6세와 7~8세 어린이에게 여러 가지 그림과 같은 여러 자극을 제공하고 각각의 그림에 맞는 건반을 누르거나 손가락을 움직이는 반응을 요구한다. 우리는 실험 대상에게 내적 조작을 다루는 외적 수단을 사용할 기회를 제공하고, 어린이가 이 경우에 어떻게 행동하는지를 관찰하고자 하였다.

5-108]   흥미롭게도 어린이는 제시된 과제에 항상 응하며, 포기하지 않는다. 어린이는 자신의 정신 능력에 대해 거의 알지 못하기 때문에 그 과제가 불가능해 보이지 않는 것이다. 이와 달리 성인은, 경험에서 알 수 있듯이, 언제나 거절하면서 말한다. "아니요, 기억하지 못할 거예요. 난 할 수 없어요." 그리고 만일 우리가 지시를 계속하면 성인은 질문을 반복하며, 색깔로 되돌아가서 어느 색에 어떤 손가락으로 반응해야 하는지에 관해 더 많은 정보를 얻으려고 한다. 어린이는 이 과제를 수행할 때 주의 깊게 듣고 즉각적으로 실행하려고 할 것이다.

5-109]   실험이 시작된다. 대개의 경우 어린이는 즉각 난관에 부딪히고 90%는 오류를 범한다. 그러나 한두 가지 반응을 습득한 조금 더 큰 어린이들은 어떤 자극, 즉 어떤 색깔이 어떤 손가락에 해당하는지 소박하게 묻기 시작한다. 우리의 연구와 기술記述에서는 이러한 초기 단계를 최초 단계로 채택하여 이를 발달의 자연적 혹은 원시적 단계라고 부른다.

5-110]   이것이 어째서 원시적이고 자연적인지는 명확하다. 이는 모든 어린이들에게 공통적이다. 대다수의 어린이는 이와 같은 단순한 반응 행동 양식을 나타낸다. 이는 원시적이다. 왜냐하면 이 경우 어린이의 행동은 대뇌 피질 기관의 자연적 상태를 활용한 직접적인 기록 능력에 의해 결정되기 때문이다. 사실 어린이가 열 가지 자극이 포함된 복잡한 선택 반응에 응한다면 이는 어린이가 스스로의 능력을 아직 잘 모른 채 복잡한 과업을 단순 과업을 해결하듯 수행하기 때문이다. 다른 말로 하면 그는 복잡한 구조에 대하여 원시적 수단으로 반응하려 하는 것이다.

5-111] 후속 실험은 다음과 같이 계획된다. 어린이가 원시적 수단으로 문제를 해결하지 못하자 우리는 두 번째 자극 집합을 도입하여 실험에 수정을 가하고자 한다. 이는 우리가 어린이의 문화적 행동 연구에서 일반적으로 사용한 기본적인 방법이다.

5-112] 특정한 선택 반응을 일으키는 자극에 덧붙여, 어린이에게 각각의 건반에 붙일 수 있는 그림과 같은 몇몇 부가적인 자극을 제공하고, 그 그림과 주어진 건반을 연결시켜 보라고 제안한다. 예를 들어 말 그림을 제시하면, 어린이는 썰매가 그려져 있는 건반을 누를 수 있을 것이다. 이러한 지시를 받고 어린이는 '말' 그림이 나오면 '썰매'가 그려진 건반을 눌러야 하고 '빵'이 나오면 칼이 그려진 건반을 눌러야 한다는 것을 즉시 알게 된다. 여기서 반응은 순조롭게 진행되며, 원시적 단계를 훨씬 넘어서게 된다. 문제를 해결하는 규칙이 생기자마자, 어린이는 원시적 조건만을 따라서 반응하지 않으며 일반화할 수 있는 반응을 이용하여 선택을 하게 되기 때문이다. 열 개의 자극들 중에서 선택을 해야 할 때, 반응의 특성도 상응하게 변화한다. 자극들의 수에 비례하여 학습 시간이 증가한다는 법칙은 더 이상 유효하지 않다. 자극이 넷이든 여덟이든, 다섯이든 열이든 그것은 모두 똑같다. 자극에 대한 반응의 질은 변하지 않는다.

*위에서 말하는 '일반화할 수 있는 반응'이란 예를 들어 "말과 썰매가 연결되는 것처럼 빵은 ……"과 같이 어린이가 단순히 한 쌍의 그림으로부터 다른 것으로 일반화하는 것이다. 일반화는 추상화 없이도 가능하다. 그러나 추상화 없는 일반화는 장기적으로 효율적이지 않다. 궁극적으로 효율적인 해결책은 모든 그림에 적용되는 "어떻게 해서든 하나의 그림을 보완하는 다른 그림을 찾아라."와 같은 일반적인 규칙을 만드는 것이다. 개념 형성의 문제는 바로 어린이가 "말과 썰매가 연결되는 것처럼 빵은……?"과 같은 일반화를 추상적 논리적 관계로 대체하는 방법을 기술하

는 것이다.

5-113] 그렇지만 어린이가 이런 행동 형태를 곧 완전히 숙달하게 된다고 생각하는 것은 잘못일 것이다. 동일한 그림들을 재배열하기만 하더라도 그들 사이에 마치 아무런 관계가 없었던 것처럼 보인다. 만약 '말' 그림에 상응하는 건반에 '썰매' 그림 대신에 '칼' 그림을 놓고, 어린이에게 '말' 그림을 보면 '칼' 그림이 있는 건반을 누르라고 지시한다면, 어린이는 방금 보조 그림들이 바뀌었다는 것을 처음에는 알아채지 못한다. 만약 어린이에게 기억할 수 있겠는지 묻는다면, 망설임 없이 그렇다고 대답할 것이다.

*그림이 서로 바뀌자마자 어린이는 더 이상 정확하게 반응하지 못한다. 즉 이제 칼 그림이 붙은 원래 건반을 누르는 대신 썰매 그림을 붙인 새 건반을 누르는 것이다. 이 사실에서 어린이가 자극 쌍을 단순히 기억하는 것이 아니라 '상응하는 그림을 찾아라.' 와 같은 일반적 법칙을 적용하고 있음을 알 수 있다. 어린이는 일반적인 규칙을 계속 적용하면서 예외를 인정하지 못한다. 앞서 비고츠키는 어린이가 자신의 정신 과정에 대해 잘 판단하지 못함을 강조했었다. 그와 비슷하게 여기서도 자극에 반응하기 위해서 그림을 사용하고 있다는 사실을 어린이가 인식하지 못하고 있음이 명백히 드러난다. 비고츠키에 있어 어린이가 반응을 '숙달'하지 못했다는 것은 어린이가 자신의 사고 과정을 의식적으로 자각하고 있지 못한다는 의미이다. 그림이 아닌, 자신의 사고 과정에 대한 의식적인 자각의 성장은 점진적으로 일어나며, 좀 더 나은 문제 해결 행동과 그것의 조절과 일반화를 가능하게 하는 조건이 여기서 비롯된다. 자신의 사고 과정에 대한 의식적인 자각의 성장이야말로 어린이로 하여금 반응을 '숙달' 하고 더 나아가 자신만의 연결(예를 들어 어린이는 칼을 가지고 말의 꼬리를 자르는 것을 상상할

수 있다)을 생성할 수 있도록 해 주는 것이기 때문이다.

5-114] 어린이는 지시를 들었지만 실제로 우리가 그림의 위치를 바꾸자 정확한 선택 반응을 하지 못했다. 위의 단계가 어린이에게 다양한 방식으로 일어나지만, 어린이들 모두 '말'이 '썰매'를 찾는 데 어떤 식으로든 도움을 주었다는 것을 기억하나 그림이 작용하는 방식을 실상 이해하지 못하면서 그림에 의지하는 것이 모든 어린이의 기본적인 행동이다. 어린이는 내적 연결을 외적이고 복합적인 연합으로 이해하고 있다. 즉, 기저에 놓인 내적 연결을 설명할 수는 없지만 그림이 자신의 선택을 도와주기 위해 있다는 사실을 느낀다.

5-115] 어린이 조작 발달에서 이 단계에 해당하는 간단한 사례로 어린 소녀를 대상으로 한 실험이 있었다. 엄마는 소녀에게 비네의 테스트와 유사하게 옆방에 가서 세 가지 간단한 과업을 수행하라는 요구를 제시한다. 엄마는 지시를 하면서 여러 번 반복하거나 한 번만 말한다. 그 소녀는 엄마가 여러 번 반복한 경우에는 기억하지만, 그렇지 않은 경우에는 지시를 기억하지 못한다는 것을 깨닫고, 마침내 엄마가 그 지시를 여러 번 반복해 주어야 할 필요가 있음을 이해하기 시작한다. 엄마가 새로운 지시를 제시할 때, 소녀는 "한 번 더 말해 주세요."라고는 말하지만 듣지 않고 떠난다. 그 소녀는 반복과 그 과업의 성공과의 관계를 알아차렸지만, 반복 그 자체가 수행을 돕는 것이 아니고 반복을 꼭 듣고 분명히 이해해야만 그 과업을 쉽게 수행할 수 있다는 것을 이해하지 못했다.

*비고츠키가 왜 이 단계를 '주술적' 단계라 부르는지 알 수 있다. 반복 그 자체가 과업 수행을 보장하는 힘이 있는 것처럼 보이는 것이다. 이와 유사하게, 어린이는 그림들이 어떻게 배열되었는지에 관계없이 그림 자체

가 정답을 보여 주는 힘이 있다고 믿는다. 비고츠키는 여기에서 피아제가 '사실주의'라고 언급한 현상을 설명한다. 즉 이름은 그것으로 명명된 사물의 실제 일부라는 어린이의 분명한 믿음에 대한 설명이다. 예를 들어, 태양을 '달'이라고 부를 수 없는 이유는, 만일 태양을 달이라 부를 경우 태양이 낮이 아니라 밤에 빛나야 하기 때문이다. 이름은 지시의 반복과 그림의 사용이 그러하듯이 주술적이고 객관적인 힘을 가지고 있으며 이 힘은 절대적으로 인간의 의지와 별개의 것이다.

5-116] 따라서 이런 종류의 조작은 자극과 수단의 심리적인 내적 연결이 아닌 외적 연결로 특징지어진다. 흥미롭게도 유사한 현상이 원시적 인간에게서 관찰되며, 종종 주술적 사고라고 일컬어진다. 이것은 자연 법칙의 본질에 대한 불충분한 지식 위에서 발생하며, 원시적 인간이 생각 간의 관계를 사물 간의 관계로 여긴다는 사실에 토대를 둔다.

*이러한 유형의 주술적 생각의 화석화된 형태는 대학 입시 시절이 되면 학부모들이 하는, 거울 사기, 엿 사기 등 미신적 행동들에서 발견된다. 물론 이러한 행동들이 실제 성적에 인과적 연관을 가진다고 믿는 이는 거의 없다. 그렇기에 이러한 행동들이 화석화되었다고 말할 수 있는 것이다. 그러나 이러한 원시적 사고는 성인의 생각에서도 실제로 나타나는 경우가 있다. 예를 들면 많은 부모들은 사교육에 소요되는 교육 비용이 많을수록 더 큰 효과를 일으킬 것이라고 믿는다. 이는 실제로 학생들이 교육 활동에 참여했는지 여부와는 관련 없이 학부모들의 기대(주관적 연결)를 실제 학업 향상(객관적 연결)과 관련짓는 것이다. 사실상, 현대 의학은 다양한 플라시보 효과를 보고해 왔다. 환자들은 설탕으로 만든 알약을 먹는 것만으로도 통증이나 증세가 완화되는 듯한 느낌을 갖게 된다.

5-117] 주술의 전형적인 사례는 다음과 같다. 원시적 인간은 타인에게 해를 끼치기 위해서 상대의 머리카락이나 초상을 구하여 태우면 그 사람에게 해가 가해질 것이라고 생각하며 주술을 행하였다. 이와 같이 사고 사이의 기계적인 연결이 실제 사물을 연결하는 데 사용되었다. 원시적 인간은 어떻게 비를 부르는가? 그들은 주술적 의식을 통해 이를 이루고자 한다. 먼저 그들은 손가락 사이로 바람을 상징하는 입김을 불어 넣은 다음 모래가 물에 젖을 수 있도록 놓아 둔다. 모래가 젖으면 이 의식은 비를 불러올 수 있는 것이다. 정신적 연결이 실제 관계가 되어 버리는 것이다.

> *비고츠키는 원시적 생각이 사고 간의 내적 연결을 취해서, 그것을 사물 간의 외적 관계로 변화시킨다고 말한다. 예를 들면, 누군가를 벌하길 원하는 것과 그들의 머리카락을 태우는 것 사이에는 내적 '사고'의 관계가 있다. 주술적 의식은 그것을 머리카락을 태우는 것과 실제 벌(질병 또는 죽음) 사이의, 즉 사물들 간의 외적 관계로 변화시킨다. 어린이의 생각은 정확하게 이와 반대이다. 어린이는 사물들(그림과 건반, 지시의 반복, 비네의 과업 수행) 간의 외적 관계를 취하고, 그것을 사고들, 즉 지각과 기억(지시를 듣는 것과 바르게 기억하는 것, 말을 보는 것과 올바른 건반을 식별하는 것) 간의 내적 관계로 변화시킨다.

5-118] 우리가 말하고 있는 이 단계의 어린이에게서는 반대 현상이 존재한다. 사물 간의 관계는 생각 간의 관계로 받아들여진다. 즉, 두 그림 간의 관계는 심리적 연결로 받아들여진다. 다시 말해서, 법칙의 진정한 사용이 아니라 외적, 연합적 사용만이 존재한다. 이 단계는 소박한 심리학의 단계라 불릴 수 있다. '소박한 심리학'이라는 이름은 O. 리프만, H. 보겐과 더불어 쾰러가 도입한 '소박한 물리학'을 빗대어 붙여진 것이다. 이것은 동물이 도구의 실제 사용 경험에서 소박하다면, 인간은 자신의 정신 조작 경험에 관해

똑같이 소박할 것이라는 의미이다. 두 경우에 있어 경험은 소박하다. 왜냐하면 직접적이고 소박한 방식으로 획득되기 때문이다. 그러나 소박한 경험은 한계를 지니기 때문에, 유인원에게서 소박한 물리학은 여러 흥미로운 현상을 야기한다. 유인원은 사물의 물리적 성질에 관한 정보를 거의 가지고 있지 않다. 소박한 물리학은 유인원의 시각적 경험 위에 세워지며, 그 결과는 쾰러가 기술한 잘 알려진 다음의 사실과 같다. 막대를 사용하여 과일을 얻는 법을 배운 유인원이 막대를 가지고 있지 않다면, 그는 지푸라기를 사용하여 과일을 밀어내려고 할 것이다. 이러한 실수가 어떻게 가능한가? 지푸라기는 막대와 닮았고 유인원은 막대의 물리적 성질(단단함-K)을 모르기 때문이다. 유인원은 신발, 수건, 밀짚모자의 챙, 그리고 거의 모든 사물을 똑같은 방식으로 사용하려 할 것이다.

> *어린이는 말과 썰매, 빵과 칼의 연결 또는 반복과 과업 성공의 연결을 과도하게 일반화할 것이다. 왜냐하면 모든 경우에 그 관계가 매개된 것이 아니라 직접적인 것이라 가정하기 때문이다. 소박한 단계는 매개된 관계를 매개되지 않은 것처럼 다루는 것으로 이루어져 있다.

5-119] 유인원이 높이 달린 과일을 얻고자 할 때, 소박한 물리학의 명백한 한계는 훨씬 더 흥미롭다. 유인원은 상자를 모퉁이나 모서리로 쌓거나 벽에 대어 놓으려 하며, 상자가 무너지면 몹시 화를 낸다. 어떤 유인원은 자기 키 높이의 벽에 상자를 대고 상자가 그 위치에 머물러 있을 거라는 희망으로 상자를 벽 쪽으로 민다. 이러한 행동은 매우 단순하게도 유인원이 소박한 물리적 경험을 쌓은 숲에서의 자연적 생활에 기인한다. 유인원은 나무의 몸통으로부터 뻗어 나온 나뭇가지 위에 서 있을 수 있으므로, 가지가 뻗어 나온 방향과 같은 위치에 상자를 붙이려고 하는 것이다. 이 잘못된 행동은 자신의 신체와 다른 물체의 물리적 특성에 관한 유인원의 불충분한 지식에

서 비롯된다.

5-120] 동일한 실험을 어린이를 대상으로 했을 때, 실험은 어린 아이들의 도구 사용을 소박한 물리학으로, 즉 어린이가 어떤 경험을 습득한 정도로, 어린이가 다루어야 하는 사물의 특성의 일부를 사용할 수 있는 정도로, 그들과의 모종의 관계를 발달시킬 수 있는 정도로 설명할 수 있다는 것을 보여 준다. 이와 유사하게 어린이가 여전히 소박한 심리적 경험에 따라 기호를 사용하는 것처럼 보이는 것은 기호를 사용했던 실제 경험의 결과이다.

> 어린이를 데리고 수행했던 상자와 과일 실험은 어린 아이들의 도구 사용이 유인원과 유사하다는 것을 보여 준다. 즉, 어린이는 몇 가지 동일한 실수를 하게 되는데, 예를 들자면 어린이들은 시각적으로 판단하기 때문에 상자를 쌓아 올릴 때 상자의 무게 중심이 어디에 있는지를 결정할 수 없다. 어린이의 도구 사용 능력은 도구를 대상으로 한 실제적 경험의 산물이다. 유사하게 어린이의 기호 사용 능력도 실제적 경험의 산물이며, 이 경험은 아주 소박할 것이다.

5-121] 반복이 기억을 향상시킨다는 것을 이해하기 위해서는 그에게 이미 기억의 경험이 어느 정도 있어야 한다. 기억이 어떻게 발생하는가에 관한 실험에서 어린이들의 기억이 반복을 통해 더욱 강화된다는 것은 명백하다. 하지만 반복과 암기의 관계를 이해하지 못하는 어린이는 그들 자신의 반응 과정들의 심리학적 실재에 대한 충분한 경험이 없으며 이 경험을 소박하게 사용한다.

5-122] 소박한 심리적 경험은 어떻게 획득되는 것인가? 어린이가 물체를 조작하고, 동작을 취하고, 물체의 특정 성질을 파악함으로써 그것들을 다루는 방법을 학습하면서, 소박한 물리적 경험과 더불어 이것이(소박한 심리적 경험-K) 습득되고 동화된다는 데에는 의심의 여지가 없다. 동일한 방식으로 어린이는 적응 과정에서 다양한 과업을 수행하는, 즉 일련의 정신적 조작을 시작하는 것을 배운다. 그럼으로써 어린이는 모종의 소박한 심리적 경험을 축적하고 습득하게 되며, 기억하는 방법과 기억이 무엇인지를 이해하기 시작한다. 이를 이해함으로써 어린이는 다른 기호들을 바르게 사용하기 시작한다.

5-123] 이런 식으로 기호의 주술적 단계에 있는 어린이는 기호들 간의 순전히 외적인 유사성에 따라 기호를 사용한다. 그러나 어린이의 이 단계는 잠시 동안 지속될 뿐이다. 어린이는 그림이 어떤 위치에 놓이면 자신이 선택 반응을 기억하고 다른 위치에 놓이면 기억하지 못한다는 것을 알게 된다. 그래서 어린이는 자신의 기억의 특성을 발견하게 되고 곧 다음과 같이 말하기 시작한다. "아니요, 이 그림은 여기에 놓아야 해요." '말' 그림에 대해서 '빵' 건반을 누르라는 말을 들으면 어린이는 다음과 같이 말한다. "아니요, 썰매가 그려진 건반을 누르게 될 거예요." 이런 식으로 어린이는 모호하지만 점진적으로 자신의 기억과 관련된 경험을 획득하기 시작한다.

*여기서 비고츠키는 5-113에서 제기했던 문제, 즉 어린이가 자극 수단

을 사용하는 요령(말→썰매, 빵→칼)을 터득하고, 그 자극 수단이 뒤바뀌었을 때(말→칼, 빵→썰매), 어떤 일이 생기는가 하는 문제에 대해 다시 언급하고 있다. 어린이는 말 그림에 따라 정확한 건반을 누를 수 있을 것인가, 아니면 썰매 그림을 따라 엉뚱한 건반을 누를 것인가? 이 문단에서 비고츠키는, 5-113과는 달리, '말'에 상응하는 그림으로 '칼'이 아닌 '빵' 예로 설명하기 때문에 약간 혼란스러울 수 있다. 아마도 비고츠키는 동일한 실험을 여러 번 반복했을 것이고, 그 과정에서 그림의 쌍을 다양하게 바꾸어 실험을 했을 것이다. 그 결과 그림의 쌍을 혼동했을 수 있다. 그러나 이 두 문단에서 묘사된 실험은 완전히 동일한 것이다. 이러한 자극 수단과 자극 대상이 바뀐 것과 같은 차이는 사소한 것이다. 5-113과 5-123 두 문단의 더 큰 차이점은 어린이의 자신감의 양상이다. 5-113에서 어린이는 자기 기억의 특징을 숙달하지 못했다. 그래서 그는 자신이 실패할 일 (그림이 바뀌어도 올바른 건반을 찾아 누르기) 대해서도 그토록 자신감을 보인 것이다. 하지만 5-123에서 어린이는 그림이 바뀌면 자신이 실수한다는 것을 깨닫는다. 그래서 "아니요, 이 그림은 여기에 놓아야 해요."라고 말하며, 이 말은 사실 "이 그림을 여기 놓지 않으면 난 틀리게 될 거예요."라는 의미를 함축하고 있다. 또 "아니요, 썰매 그림이 있는 건반을 누르게 될 거예요."라는 말은 "그림을 그렇게 바꿔 놓으면, 썰매 그림을 눌러서 틀리게 될 것"이라는 뜻을 함축하고 있다. 이제 어린이는 자신이 말과 썰매를 연결했을 때 더 잘 기억한다는 '자기 기억의 특징'을 깨닫기 시작하는 것이다.

5-124] 기억 조작이 무엇으로 이루어져 있는지 소박하게 이해한 어린이는 다음 단계로 나아간다. 어린이에게 무작위로 그림을 제시하면 그는 혼자서 그림들을 원래 순서로 나열하고 그렇게 함으로써 기존의 연결을 회복한다. 어린이는 더 이상 외적으로 기호를 조작하지 않는다. 그 대신 그는 이

러저러한 기호들이 있음으로써 이들 기호를 사용하여 자신의 조작 수행, 즉 기억에 도움이 된다는 것을 알게 된다.

*어린이가 더 이상 '외적으로 조작' 하지 않는다는 말은 어떤 뜻일까? 어린이가 더 이상 기호를 쳐다보지 않는다는 의미일까? 비고츠키에게 있어 '외적'이라는 말은 사실 '사회적'이라는 말과 같으며, '내적'이라는 말은 '심리적'이라는 말과 같음을 상기하자. 사회적 현상과 심리적 현상은 모든 행동의 외면과 내면을 나타낸다. 따라서 여기서 비고츠키가 의미하는 바는 어린이가 기호를 사용하는 데 있어 더 이상 실험자의 도움을 필요로 하지 않는다는 것이다. 그는 단순히 정신 간 과정을 통해서가 아니라 정신 내적으로 기호를 조작할 수 있는 것이다. 5-113에서 비고츠키는 그림의 도움 없이도 기억 과업을 수행할 수 있다고 생각한, 어린이의 소박함을 강조한다. 5-123에서 비고츠키는 어린이가 그림 없이는 기억을 하지 못함을 점차 인식하게 되는 과정에 대해 기술한다. 이는 개인 내적 측면이다. 이러한 인식의 개인 간 측면은 능동성이다. 처음에 실험자가 그림의 위치를 바꿀 때 어린이는 단순히 그렇게 하지 말 것을 요구한다. 이는 그림 위치 변경으로 인해 어린이는 스스로가 오류를 범할 것임을 이제 알고 있다는 것을 보여 준다. 그러나 이것은 어린이가 직접 조작할 수 있는 능력을 갖고 있다는 것, 즉 기호를 능동적으로 사용할 수 있다는 것을 보여 주는 것은 아니다. 기호를 능동적으로 사용하여 직접 조작을 시작하는 것은 어린이가 인공적 기호의 본성을 완전히 파악하였다는 분명한 증거가 된다. 이 문단에서 우리는 그러한 증거를 보게 된다. 어린이는 단순히 거부하고 항의할 뿐 아니라 그림을 능동적으로 재배열한다. 이러한 기호의 능동적 숙달은 기호 기능에 대한 어린이의 의식적 파악을 보여 주는 외적인 증거이다. 능동적 사용과 의식적 파악은 단지 어린이 스스로의 반응에 대한 숙달을 보여 주는 내적, 외적 측면일 뿐이며 자기 숙달이야말로 진정

문화화된 행동의 정수이다.

5-125] 어린이는 이미 완성된 연결을 활용하여 그러한 관계의 선례(말—썰매 또는 빵—칼)를 확립하면서 곧 연결을 창조하는 데까지 나아간다. 이제 어린이는 유사한 관계들을 창조하고 기억하는 것이 더 이상 어렵지 않음을 깨닫게 된다. 다시 말해서 다음 단계는 어린이가 새로운 연결의 창조로 나아가는 데 주어진 연결을 사용한다는 사실로 특징지어진다. 이 단계는 외적 기호 사용 단계라 불릴 것이다. 이는 내적 조작을 통한 기호 사용과 더불어 어린이 스스로 새로운 연결을 형성하기 시작한다는 사실로 특징지어진다. 그리고 이것이 바로 우리가 드러내고자 했던 가장 중요한 것이다. 어린이는 자신의 반응을 다루기 위해 스스로 자극을 조직한다.

5-126] 우리는 어린이의 행동을 조직하는 기본적인 발생 법칙이 이 단계에서 뚜렷이 발현되는 것을 명백하게 볼 수 있다. 이것은 어린이가 특정한 방향으로 이끌기를 원하는 반응으로 구성되어 있다. 따라서 어린이는 외적 자극을 조직하고 제시된 과업을 수행하기 위해 그것을 이용한다. 이 단계는 오래 지속되지 않으며 어린이는 자신의 활동을 조직하는 다음 형태로 나아간다.

이 단계에서 우리는 기본적인 발생 법칙(즉 기호는 문화적이기 전에 자연적이며, 개인 내적으로 작용하기 전에 개인 간에 작용하며, 정신 내적이기 전에 정신 외적으로 작용한다는 법칙, **5-59** 참조)이 드러나는 것을 분명히 볼 수 있다. 실험의 앞 단계에서는 실험자에 의해 지시를 받던 어린이가 이제는 스스로 그림들을 배열하는 것이다. 그러나 이러한 외적 자극 단계는 오래 지속되지 않는다. 왜냐하면 어린이는 외적일 필요가 없는 새로운 자극의 창조를 숙달하기 때문이다. 어린이는 내면화를 포함한 다음 단계로 나아간다.

5-127] 일단 실험 대상이 몇 번에 걸친 실험을 통과하게 되면 연구자는 반응 시간이 감소하는 것을 관찰하기 시작한다. 즉, 만약 전에는 반응하는 데 0.5초나 그 이상이 걸렸다면 이제는 단지 0.2초만 걸린다. 반응이 2.5배나 빨라진 것이다. 여기에서 가장 중요한 변화는 외적인 기억 수단으로 내적 조작을 할 때 일어난다. 반응을 숙달하길 바라면서 어린이는 자극을 소유하지만 점차 자기 앞에 있는 외적 자극을 거부하고 그것에 주의를 기울이지 않게 되는 것이다. 선택 반응을 수행하면서 어린이는 그가 전에 했던 것처럼 조작하지만 일련의 자극 전체(자극 수단-K)를 생략하고 넘어간다. 그 차이는 외적인 반응이 내적 반응으로 변한다는 것이고 많은 자극으로 인해 이전에는 불가능했던 반응이 이제는 가능하게 되는 것이다.

> *어린이가 그림들을 배치할 수 있는 권리를 요구하자마자 거의 어린이는 그림들을 무시하기 시작한다. 그 이유는 무엇일까? 만약 어린이가 그림들을 무시할 수 있다면 왜 어린이는 그림들을 배치하길 원하는 것일까? 그렇게도 스스로 그림을 배치하고 싶어 하고 실험자는 그림에 손을 대지 못하게 하면서도, 막상 스스로 배치하게 해 주면 왜 어린이는 더 이상 그림을 보지 않는 것일까? 혼자 힘으로 그림을 배치하는 능력과 그림을 무시할 수 있는 능력은 각각 정확하게 동일한 사회-심리학적 현상의 외적 내적 표현이며, 비고츠키가 вращивания, 즉 내적 변혁이라고 언급한 현상은 정신-외적 기호를 정신-내적 기호로 변화시키는 과정이다. 어린이는 이제, 기억하는 것은 '그림'이 아니라 그림을 보고 의미를 이해하는 '어린이'라는 것을 이해하기 때문에 혼자 힘으로 그림을 배치할 수 있다. 그러나 어린이는 또한 이것을 이해하기 때문에 이제는 그림을 보지 않고도 그 의미를 생각할 수 있게 된다.

5-128] 무엇이 일어났는지 상상해 보자. 이미 말한 바와 같이 모든 외

적 조작은 내적인 표상을 가진다. 이것은 무엇을 의미하는가? 우리는 어떤 동작을 수행하고, 주어진 자극의 위치를 바꾸고, 한 자극을 여기에 두고 다른 자극은 저기에 둔다. 이것은 뇌의 내적 과정과 상응한다. 외적 조작이 내적 조작으로 전이되는 일련의 경험의 결과로서 모든 이차적 자극은 불필요해지며 조작은 매개 자극 없이 이루어지기 시작하는 것이다. 다시 말해, 우리가 잠정적으로 내적 변혁вращивания의 과정이라고 부를 수 있는 과정이 존재한다. 외적 조작이 이제 내적이 되었다면 내향內向 성장, 즉 외적 조작의 내적 조작으로의 전이가 일어난 것이다.

5-129] 이러한 실험들에 기초하여, 외적 조작에서 내적 조작으로의 이행인 내적 변혁вращивания의 세 가지 주요 유형을 확인할 수 있을 것이다. 여기서 우리는 이러한 유형들을 제시하고 우리의 결과가 일반적으로는 어린이 문화에서 그리고 구체적으로는 산술, 말, 기억의 발달에서 얼마나 전형적인지 보이려고 할 것이다.

> *비고츠키는 내적 변혁의 형태가 하나 이상이라고 결론지으며, 그것들을 구별하고자 한다. 이후 5-130~5-133 문단에서 그것들을 제시할 것이다. 첫째 외과적으로 상처를 꿰매는 것으로 비유되는 '봉합' 유형, 둘째 거칠었던 길을 반복적으로 밟아서 매끄럽게 만드는 것으로 비유되는 '전체적' 유형, 셋째 새로운 낱말이나 구절의 창조로 비유되는 '언어적' 유형이 그것들이다.

5-130] 내적 변혁, 즉 외적 조작의 내향 성장의 첫 번째 유형은 잠정적으로 봉합 내적 변혁이라 부를 수 있을 것이다. 우리는 살아 있는 조직이 내적 변혁적 성장을 할 때 어떤 일이 벌어지는지 알고 있다. 우리는 먼저 실을 사용해서 파열된 조직의 양쪽 끝을 연결한다. 조직의 양쪽 끝이 연결됨으로써 이들은 병합된다. 그리고 나면 이전에 사용했던 실은 제거되고, 인공적

연결 없이 매끄럽게 아물게 된다.

*예를 들어 우리는 종종 모국어를 매개로 사용하여 외국어 발음을 배운다. 그 결과로 생긴 외국어 억양은 외국어 발음을 생각해 내기 위해 모국어를 사용하는 것을 멈춘 후에도 오랫동안 지속된다. 외국어 발음을 매개하기 위한 모국어의 이러한 사용은 봉합의 한 형태로 볼 수 있으며 외국어 억양은 일종의 반흔 조직(흉터)으로 생각할 수 있다. 물론 우리는 외국어 어휘와 문법 영역에서도 유사한 현상을 볼 수 있으며, 외국어를 매개하기 위해 모국어를 사용한 결과는 '볼품없지만' 매우 강하고 건강한 반흔 조직(흉터)을 남긴다. 여기 '봉합' 내적 변혁의 세 가지 예(산술, 외국어 학습, 컴퓨터)가 있다. 이 중 첫 번째 것만이 비고츠키의 예(5-140)이다.

	숫자 값을 '꿰매기' 위해 말이나 손가락 사용하기	외국어 문장을 '꿰매기' 위해 모국어 사용하기	컴퓨터 기능을 '꿰매기' 위해 메뉴와 아이콘 사용하기
외적 기호	손가락으로 셈하기	외국어를 읽거나 철자를 쓰기 위해 모국어 발음 사용하기	도움말 메뉴나 화면 아이콘 사용하기, 필요한 자판 키 찾기
내향 성장	큰 소리로 셈하기, 자기 혼자 소리 없이 셈하기	자신의 문법, 억양, 모국어 강세를 가지고 외국어 말하기	메뉴 위의 필요한 기호로 직접 가기, 보면서 타이핑하기
내적 기호	셈 없이 계산하기(예를 들어 구구단 암기)	유창하게 말하기	키보드에서 무의식적으로 컴퓨터 기능 사용하기, 안 보고 타이핑하기

물론 누구나 쉽게 다른 예를 생각할 수 있을 것이다. 예로는 소리 없이 읽는 것을 배우는 중간 단계로 소리 내어 읽기, 길을 찾기 위해 지도나 표지물 사용하기, 담배를 끊기 위해 니코틴 껌 사용하기 등이 있다.

5-131] 반응에 자극을 결합할 때 어린이는 이 둘을 꿰맴으로써 반응과

자극을 연결한다. '말' 그림이 '썰매' 건반에 해당한다는 것을 기억하기 위해 어린이는 건반과 이미지 사이에 매개적 요소, 즉 '썰매' 그림을 삽입한다. 이것이 자극과 반응을 꿰매는 바늘땀이다. 그러나 흉터는 점차 사라지고 자극과 반응 사이의 직접 연결로 대체된다. 꿰맨 자리가 사라지면 물론 반응은 가속화되어 0.5초가 소요되던 조작은 이제 0.15초 만에 이루어진다. 자극으로부터 반응으로의 경로가 단축되기 때문이다. 매개된 조작은 직접적 조작으로 바뀐다.

5-132] 내적 변혁의 두 번째 유형은 전체적 내적 변혁이다. 같은 그림의 도움을 받아 동일한 이미지에 여러 번 반응함으로써 모든 것을 명확하게 이해하는 어린이를 상상해 보자. 만약 어린이가 같은 방식으로 서른 번 반응한다면, 우리는 당연히 어린이가 이 이미지('말')에 대해 그 건반('썰매')을 눌러야 함을 기억하고 있음이 틀림없다고 상정할 수 있을 것이다. 다시 말해서 모든 범위의 외적 자극(즉 이미지와 건반 모두-K)이 전적으로 내부로 들어오는 것이다. 이것은 전체 (자극 반응-K)연쇄의 내부로의 이행이 될 것이다. 여기서 조작의 내부로의 이행은 외적 자극과 내적 자극의 차이가 이제 매끄럽게 다듬어졌다는 사실에 근거한다.

> 처음의 세 가지 예를 다시 돌아보자. 외적인 '꿰매기' 단계(손가락, 외국어 음운, 아이콘 사용)가 빠지고, 자극반응 요소의 단순한 반복이 그 자리를 대체한다. 이 '내적 변혁' 방법은 외적 매개(예를 들어 손가락, 외국어 낱말, 컴퓨터 아이콘이나 도움말 메뉴)를 제거하고, 많은 자극반응 연결의 반복으로 그것을 대체하는 것으로 보인다. 이런 방식으로 비고츠키는 손다이크가 이야기하고 있는(**5-99**를 보라) 것과 같은 산술 교수법 또한 설명한다.

	일련의 숫자 값 전체를 내적 변혁하기	일련의 외국어 음성, 단어, 의미 전체를 내적 변혁하기	일련의 컴퓨터 기능 전체를 내적 변혁하기
외적 기호	어린이가 일련의 소리를 내면서 하나부터 다섯까지 여러 번 '센다.'	어린이는 여러 번 모형을 듣고 따라 해야 한다.	사용자는 여러 번의 시행착오를 통해 동일한 조작(예로 '저장')을 수행한다.
내향 성장	어린이는 혼자 셀 수 있으나, 예를 들어 거꾸로 셀 수 없고 하나, 둘, 셋, 넷을 먼저 세지 않고 '다섯'을 사용할 수 없다.	어린이는 모형을 '외워서' 기억한다. 어린이는 모형을 사용할 수는 있으나, 재배치하거나 어떤 식으로든 변형시킬 수 없다.	사용자는 도움말 없이 그 조작을 시작하고 수행할 수 있으나, 변경하거나 작업 순서를 바꿀 수 없다(예를 들어 파일을 어디에 저장할지 선택할 수 없다).
내적 기호	어린이는 앞으로는 물론 거꾸로도 셀 수 있으며, 다섯 개의 물체를 보고 다섯까지 세지 않고 다섯 개라는 것을 인식한다.	어린이는 대답은 물론 묻기 위해서 소리, 단어 그리고 표현까지도 독립적으로 사용할 수 있다.	사용자는 다양한 작업 순서를 다양한 순서로 사용할 수 있으며, 파일을 원하는 대로 언제 어디든 저장할 수 있다.

5-133] 마지막으로 외적 조작의 내부로의 이행의 세 번째이자 가장 중요한 유형은 어린이가 과정의 구조 자체를 습득하고 외적 기호를 사용하는 규칙을 배우는 것이다. 그러나 어린이는 더 많은 내적 자극(즉 낱말 의미-K)을 가지고 있고 외적 자극보다 더 잘 다루기 때문에, 그 구조 자체를 숙달한 결과 어린이는 조작에서 내적 유형의 구조의 사용으로 이동할 수 있다. 어린이는 "그림은 더 이상 필요 없어요. 저 혼자 할 거예요."라고 말하며 언어적 자극을 사용하기 시작한다.

*말이 끄는 썰매를 잘 모르는 도시 어린이를 상상해 보자. 그 어린이는 말이 사과를 좋아하기 때문에, 실제로 사과를 생각하기를 선호할지도 모른다. 그러나 사과 그림은 제시된 그림 중에 없다. 그 어린이는 언어적으

로 꽤 발달했기 때문에, 목표 건반을 어떤 식으로든 사과와 연합시킬 수 있을 것이다. 이 내적 변혁의 형태는 다른 두 가지와 매우 다르다는 것을 알 수 있다. 즉 이 형태는 꿰맨 자리가 '사라지는 것'이 아니라 다른 것으로 완전히 대체되는 것을 포함하며, 전체 그림 체계의 숙달이 아니라 그림을 낱말로 대체하는 것을 포함한다. 그것은 또한 많은 측면에서 이전의 내적 변혁 형태보다 훨씬 강력하다는 것을 알 수 있다. 왜냐하면 그것은 많은 종류의 다양한 심상을 불러올 수 있기 때문이다. 따라서 비고츠키가 이것을 가장 중요하다고 말한 것은 놀라운 일이 아니다. 그것은 또한 비고츠키가 이어서 다루려고 하는 산술과 말의 실제 기능에 가장 가깝다.

	일련의 숫자 값 전체를 내적 변혁하기	일련의 외국어 음성, 단어, 의미 전체를 내적 변혁하기	일련의 컴퓨터 기능 전체를 내적 변혁하기
개인적인 내적 기호	어린이는 불가사리, 다섯 개의 꼭짓점을 가진 별, 오각형의 이미지나 자기 이름의 다섯 개의 문자(예로 'David'나 'Jenny') 등을 사용한다.	어린이는 '키워드' 방법을 사용한다. 즉 'South America'에 대해 '쌌다메리카'와 같은 외국어 단어와 같은 소리가 나는 모국어의 의미를 이용한다.	사용자는 컴퓨터로 일을 하는 자신만의 방식을 발견한다(폴더보다는 이메일에 일 저장하기).
외적 성장	어린이는 이 내적 기호가 주위에서 사용하는 기호들과 어떤 점에서 일치한다는 것을 인식한다(예로 우리는 1, 2, 3, 4, 5를 사용하여 별이나 불가사리의 꼭짓점을 셀 수 있으며, D-a-v-i-d나 J-e-n-n-y는 1, 2, 3, 4, 5와 유사하다).	어린이는 '쌌다메리카'와 같은 키워드는 매우 잘 기억하지만, 실제로 목표로 하는 'South America'와 같은 단어를 기억하는 것은 매우 어렵다는 것을 발견한다.	사용자는 다른 많은 컴퓨터로 이 방법을 사용할 수 있으며 심지어 컴퓨터와는 별개로(예로 휴대 전화를 사용함으로써) 사용할 수도 있다.
사회적으로 공유된 내적 기호	어린이는 숫자를 사용할 수 있고 더 이상 고안된 체계를 필요로 하지 않는다.	어린이는 목표로 하는 단어를 사용할 수 있으며 더 이상 고안된 단어를 필요로 하지 않는다.	사용자는 자신의 더 강력한 작업 처리 방법의 일부로서 표준 방법을 사용할 수 있다.

> 처음의 세 가지 예를 다시 돌아보자. 외적인 '꿰매기' 단계(손가락, 외국어 음운, 아이콘 사용)와 대체된 자극반응 요소의 단순한 반복 단계가 이제 완전히 제거된다. 대신에 개인적인 독특한 기호로 시작하여, 그 과업은 외면화된다.

5-134] 산술 지식과 같이 어린이에게 중요한 지식의 예들을 사용하여 이 발달 단계를 따라가 보자.

5-135] 자연적 또는 원시적 단계에서 어린이는 매개되지 않은 경로로 문제를 해결한다. 어린이는 가장 단순한 문제들을 해결한 후에 기호들이 어떻게 작용하는지 이해하지 못한 채 기호를 사용하는 단계로 이동한다. 그리고 나서 외적 기호를 사용하는 단계에 이르게 되고, 마침내 내적 기호의 단계에 이른다.

> 4장 말미에서 언급했듯이 이 중요한 문화적 행동의 습득에는 네 개의 기본적인 단계가 있다.
> 1. 자연적, 원시적 단계(양에 대한 직접적인 판단)
> 2. 소박한 단계(기호에 대한 이해 없이 숫자와 같은 기호를 사용하는 단계, 수의 순서를 외우지만 대상물과 수를 실제로 연관 짓지 못하는 단계)
> 3. 외적 기호의 사용(손가락으로 수 세기)
> 4. 내적 기호의 사용(머릿속으로 수 세기)

5-136] 어린이의 산술 발달은 모두 자연적이거나 원시적인 단계만을 출발점으로 삼아야 한다. 세 살짜리 어린이가 한눈에 사과 셋과 사과 일곱 중 어느 것이 더 큰지 말할 수 있는가? 그렇다. 하지만 더욱 복잡한 구분을 요구한다면, 즉 사과가 열여섯 개인 그룹과 열아홉 개인 그룹이 각각 어떤

것인지 정확하게 대답하게 한다면 어린이가 올바르게 답할 수 있을까? 그렇지 않다. 다시 말해, 우선 요구된 양에 대해 단지 눈으로 비교하는, 단순히 자연적 법칙에 의해 결정되는 삶의 단계가 있다. 하지만 우리는 어린이가 전혀 보이지 않게 이 지점에서 곧 다른 지점으로 이동하며, 문명 환경에 속한 아이들 대부분이 어느 쪽에 더 많은 개수가 있는지 알기 위해 수를 셀 것임을 안다. 때때로 어린이들은 숫자가 무엇인지 알기도 전에 수를 센다. 즉, 하나, 둘, 셋, 그리고 많은 수를. 하지만 그들은 진정한 수 세기가 무엇인지 모른다.

5-137] 얼마나 많은 어린이들이 숫자가 무엇인지 이해하기도 전에 수를 세기 시작하는지를 알아보기 위해서 연구자들(예를 들어 스턴)은 셈하기를 할 수 있지만, 양量이 무엇인지 이해하지 못하는 어린이를 관찰하였다. 만일 어린이에게 "네 손에는 손가락이 몇 개 있지?"라고 묻는다면, 그 어린이는 차례로 손가락을 꼽아 보고는, "다섯 개."라고 말할 것이다. 또다시 그 어린이에게 "내 손에는 몇 개 있지? 다시 세어 봐!"라고 물으면, "싫어요. 어떻게 하는지 몰라요."라고 대답한다. 이는 어린이가 오직 자신의 손가락을 꼽을 수 있지만, 다른 사람의 손가락은 셀 수 없음을 의미한다.

*이것은 아마 다음을 참조한 것일 것이다.

"그리고 심지어 4세 남자아이의 경우에도 우리는 다음과 같은 결과를 얻었다. 그의 할아버지가 '내 손가락이 몇 개지?'라고 묻자 그 소년은 '몰라요. 저는 제 손가락만 셀 수 있어요.'라고 대답했다."

Stern, W.(1924), *Psychology of Early Childhood*, New York: Henry Holt and Company, p.382.

비고츠키는 진정한 셈하기로의 이행은 눈에 보이지 않는다고 말한다. 보통, 발달은 위기를 수반하기 때문에 셈하기의 경우는 예외적 사례라고 할 수 있다. 어린이는 수 개념이나 어떤 진정한 양의 의미를 갖기 전에 숫

> 자에 해당하는 '일련의 소리들을 적용하기' 시작한다. 따라서 수를 세는 행위는 산술 조작이 아니라 짧은 노랫소리가 붙은 일종의 손가락-춤이 된다. 이것이 코프카가 '동작 선율'이라 불렀던 것이다.

5-138] 스턴의 또 다른 예를 보자. 어린이는 손가락을 꼽는다. "하나, 둘, 셋, 넷, 다섯." "손가락이 모두 몇 개지?"라는 물음에 어린이는 "여섯 개."라고 대답한다. "왜 여섯 개지?" "왜냐하면 이것이 다섯 번째니까 모두 여섯 개가 있어요." 아이의 양의 개념은 명확하지 않다. 말하자면 어린이는 표면적으로 혹은 '주술적으로' 모종의 조작을 획득하였을 뿐, 그 내적인 관계는 전혀 알지 못하는 것이다.

5-139] 마침내 어린이는 진정한 수 세기로 넘어가 손가락을 세는 것이 의미하는 바를 이해하기 시작하지만, 여전히 외적 기호를 이용하여 수 세기를 한다. 이 단계에서 어린이는 주로 손가락을 사용해서 계산한다. "일곱 개의 사과가 있다. 두 개를 빼면 몇이 남을까?"와 같은 문제를 풀 때 어린이는 손가락을 이용한다. 이 경우 손가락은 기호의 역할을 한다. 그는 일곱 개의 손가락을 편 다음 두 개를 빼고 다섯을 얻는다. 다시 말하면 어린이는 외적 기호를 이용하여 문제를 해결한다. 우리는 어린이가 손을 사용하지 않도록 함으로써 적합한 조작을 할 수 없게 만들 수 있다.

5-140] 그러나 우리는 어린이가 손가락 셈하기에서 마음속으로 셈하기로 곧 이행한다는 것을 매우 잘 알고 있다. 더 큰 어린이는 일곱 개에서 두 개를 빼야 할 때 더 이상 손가락이 아닌 마음속으로 셈한다. 이때 우리가 논의한 내적 변혁의 두 가지 유형이 발견될 수 있을 것이다. 한 경우는 마음속 산술이 일련의 외적 숫자들 전체(스스로 '하나, 둘, 셋' 등으로 세는 것)인, 즉 전체적 내적 변혁의 유형이다. 다른 경우는 봉합 내적 변혁이라는 유형이다. 이는 어린이가 무언가를 하려고 잠시 뜸을 들인 후 말할 때 일어난다. 결국

그는 매개 조작을 필요로 하지 않으며 간단히 결과만 말하게 될 것이다. 이것은 모든 매개 작용이 제거되고 자극 자체가 바라는 결과를 일으키는 모든 설명에서 나타난다.

5-141] 또 다른 예는 어린이의 말 발달과 관련이 있다. 처음에 어린이는 자연적, 원시적 그리고 사실 전前 언어적 단계에 서 있다. 즉, 어린이는 소리를 지르고, 다양한 상황에서 같은 소리를 내어, 순전히 외적인 효과만을 얻는다. 이 단계에서 누군가 무엇인가를 요구할 필요가 있을 때, 그는 무조건 반사 또는 조건 반사에 토대한 자연적 수단에 의지한다. 그 뒤에 어린이가 말의 주요한 외적 규칙이나 외적 구조를 알게 되는 다음 단계가 오며, 어린이는 모든 사물이 각각의 낱말에 속하고 이 낱말은 사물의 상징이 된다는 것을 알게 된다. 어린이는 오랫동안 낱말을 사물의 특성의 하나라고 간주한다. 더 큰 어린이들을 대상으로 수행된 연구는 낱말과 사물의 자연적 특성이 가지는 관계가 매우 오랫동안 지속된다는 것을 보여 준다.

5-142] 흥미로운 문헌학적 일화는 덜 문화화된 사람들이 언어와 가지는 관계를 보여 준다. 페도르첸코가 쓴 책에는 어떤 언어가 최고이며 가장 정확한지에 관해 독일 병사와 토론했던 이야기가 있다. 러시아인은 러시아어가 최고임을 다음과 같이 증명한다. "칼을 예로 들어 보자. 독일어에서는 'messer', 불어에서는 'couteau', 영어에서는 'knife'라고 부르지. 그런데 그건 실제로 칼нож이지. 이건 우리말이 가장 정확하다는 것을 보여 주는 거야." 다시 말해, 사물의 이름은 그것의 진정한 정체성을 표현한다고 상정된다.

*이것은 소피아 페도르첸코의 『전쟁 속의 사람들Народ на войне』이라는 책에서 인용된 일화이다. 이 책은 1917년에 키예프에서 출판되었으며 그 신뢰성에 대한 의심이 생길 때까지, 1920년대에 아주 인기 있는 책이었다. 페도르첸코는 제1차 세계대전 때 최전선에서 일했던 간호사였

다. 쿠르트 코프카의 『마음의 성장』이라는 책 324쪽에 동일한 일화가 있다. 그런데 코프카는 아마도 그 일화를 페도르첸코의 책에서 가져온 것 같다. 왜냐하면 페도르첸코의 책이 코프카가 책을 썼던 해와 같은 해에 독일에서 출판되었기 때문이다. 다음의 세 단락에서 비고츠키는 '소박한' 언어의 예들을 제공한다. 비고츠키에게 소박함이란 단순함의 한 형태라는 것을 기억하자. 즉 외부와 내부를 단순히 동일시하는 것이다. 마치 어린이가 자신이 느낀 것을 소박하고, 단순하고, 직접적인 방식으로 표현하는 것처럼 말이다. 소박한 민족 이론들은 표현형과 유전형, 즉 겉모습과 본질을 동일시한다. 5-142 단락에서 우리는 낱말의 '내적' 측면(대상 참조, 본질)은 낱말의 '외적' 측면(러시아어로 발음되는 방식)과 동일하다는 믿음을 보게 된다. 칼의 모든 특질은 칼이라는 낱말로부터 또는 칼이라는 낱말과 함께 나온다. 5-143 단락에서 우리는 낱말의 '외적' 측면(독일어로 발음되는 방식)은 그 '내적' 측면(물을 마신 경험)을 드러낸다는 믿음을 보게 된다. '물'이라는 낱말은 그것의 음용 가능성을 드러내고 실현한다. 5-144 단락에서 우리는 대상의 속성들(예를 들어 죽은 자의 경우에는 죽음, 지옥의 경우에는 악마, 성적 대상의 경우에는 수치심)이 그들의 이름과 함께 전가될 수 있다는 믿음을 보게 된다. 악마에 대해 말하면 악마가 올 것이다!

이 세 가지 모두가 동일한 것을 말하는 세 가지 방식들이라는 것을 보여 줄 것이다. 세 단락 모두 '다시 말해Иначе говоря'로 시작하는 문장으로 끝나는 것이 전혀 놀랍지 않다.

5-143] 스턴의 두 번째 예는 이중 언어를 사용하는 어린이에 관한 것이며, 똑같은 상황을 반영한다. 즉, 어떤 언어가 정확하냐는 질문에 대해 어린이는 독일어가 정확하다고 답한다. 왜냐하면 우리가 마시는 것은 프랑스어로 'de l'eau(물-K)'라고 부르는 것이 아니라 'wasser(독일어로 물-K)'이기

때문이다. 이처럼 우리는 어린이가 사물의 이름과 사물 자체를 연결하는 것을 보게 된다. 어린이들은 이름이 사물의 여러 속성들 중 하나라고 생각한다. 다시 말해, 심리적 연결 속에 외적 자극 사이의 연결이 상정되어 있다.

5-144] 원시적 인간들 사이에 낱말을 향한 주술적 태도가 존재한다는 것은 잘 알려져 있다. 따라서 종교적 편견의 영향 아래서 자란 사람들, 예를 들어 유태인들은 말해서는 안 되는 낱말을 가지고 있다. 일례로 망자와 관련된 말을 해야 할 경우가 있다면, "이것이 당신의 가정에 퍼지지 않기를."과 같은 말을 반드시 덧붙여야만 한다. 지옥이라는 말도 입에 올려서는 안 되는데 이는 만일 이 말을 하게 되면, 악마가 나타날 수 있기 때문이다. '수치스런' 대상을 나타내는 낱말에도 똑같이 적용되는데, 그 낱말들이 이 수치스런 대상들의 그림자가 되어서 그것을 말하는 것은 수치스러운 일이 된다. 다시 말해, 기호에 의해 지시되는 주제의 속성이 기호 자체로 전이된다.

5-145] 어린이는 대상이 지닌 질적 속성으로서의 낱말의 단계를 곧 넘어서서 낱말의 조건적 지칭으로, 즉 낱말을 기호로서 사용하는 앞서 언급한 바 있는 자기중심적 말 단계에 다다른다. 여기서 어린이는 자기 자신에게 말하면서 당면한 주요 조작의 윤곽을 그린다. 마침내 어린이는 자기중심적 말의 단계로부터 그 다음 단계인 진정한 의미의 내적 말의 단계로 이동한다.

5-146] 이와 같이 어린이의 말 발달에서 우리는 동일한 단계들을 보게 된다. 즉 자연적 단계, 낱말이 사물의 속성으로 간주되는 주술적 단계, 그리고 외적 국면, 마침내 내적 말이 되는 것이다. 마지막 단계는 진정한 의미에서 생각의 단계이다.

5-147] 이 모든 예시는 따로따로 논의될 것이다. 그러나 앞의 모든 논의들에 비추어 볼 때, 우리는 기억 형성, 의지, 산술적 지식, 말의 주요 단계들 모두가 우리가 논의해 왔던 동일한 단계를 보이며, 어린이 고등심리기능은 모두 이러한 단계들을 거쳐서 발달한다고 상정할 수 있을 것이다.

*어떤 이들은 『생각과 말』이 의식에 관한 매우 광범위한 작업의 완성되지 않은 머리말이라는 이론을 펴 왔으며, 『생각과 말』의 서문과 첫 번째 장의 결론은 이러한 가설이 정당함을 지지하는 증거들이다. 그러나 『생각과 말』은 2, 3, 5장에서 다량의 오래된 자료들도 역시 담고 있다. 바로 이 장에서 우리는 사고와 언어의 관계에 대한 비고츠키의 기본 윤곽을 보게 된다. 이는 바로 이어지는 장에서 더욱 상세히 다루어진다(6장은 이 책의 2권에서 이어진다). 덧붙여 우리는 비고츠키가 사망하는 순간까지도 어린이 발달에 관한 교재를 포함하여 다른 여러 책들을 저술하고 있었음을 알고 있다. 그러므로 『생각과 말』은 실제로 비고츠키가 이 장에서 언급하는 '개별적 논의'의 일부로 저술된 후속 연구 중 하나일지도 모른다. 그렇다면, 이 책은 결코 버려진 실패작이 아닌, 실제로 비고츠키의 후속 작업 전체를 이해하는 핵심 열쇠이다.

* **고등정신기능의 발생**

비고츠키는 앞 장에서 자신이 독자들과 한 약속을 이 장에서 비로소 지킨다. 즉, 모든 문화적 기능 발달에 있어서 네 가지 단계(원시적 단계, 소박한 단계, 내적 변혁 단계, 내적 기호 단계)를 제시하고 이들을 선택 반응 실험을 통해 상세히 설명하며, 비실험적인 자료(산술 학습)들을 통해 확증하는 것이다. 그러나 이 책 전체의 주요 내용은 사실 비고츠키가 1장의 첫 부분에서 한 약속, 다시 말해 기본 개념을 설명하고 연구의 문제를 더욱 정확하게 정의하는 것과 관련이 있다. 따라서 구체적인 문제(선택과 산술)를 발전시키기 전에 먼저 발달의 문제 자체를 다루어야 한다.

앞부분 25개의 문단에서 비고츠키는 발달이 양적인 변화와 질적인 변화, 혁명적인 변화와 진화적인 변화를 모두 포함하지만 여러 연구자들은 특정한 측면에만 관심을 기울이고 다른 측면은 외면해 왔다고 지적한다. 특히 일부 연구자들은 변화하는 것은 라마르크의 주장과 같이 고등 형태로부터 저차적 형태로 '전수되어 내려온다'고 믿었다. 이에 따르면 발달은 최초부터 개체 안에 내재하고 있는 것이다. 뷜러와 같은 이들은 그 반대를 가정해 왔다. 발달은 다윈이 제시한 선택 과정을 통해 저차적 형태로부터 고등 형태로 일어난다는 것이다.

비고츠키의 해답은 이 둘의 가운데 서는 것이 아니라 두 입장의 극단적 입장을 동시에 넘어서는 것이다. **5-30**에서 **5-50**까지 그리고 **5-88**에서 **5-103**까지 비고츠키는 인간의 행동을 본능적, 습관적, 지적 행위로 나누는 뷜러의 도식을 다시 고찰한다. 그런 후 그는 고등의, 의지적 행동이 개인 내적으로 나타나기 이전에 개인 간으로 나타난다는 것을 보여 준다. **5-51**에서 **5-100**까지 비고츠키는 자신의 유명한 '발생 법칙'이 헤겔식 분석을 통해 도출됨을 보여 준다. 즉, 기호는 '자기 스스로에 대한 것'이기 이전에 '타인에 대한 것'이라는 것이다. 이와 같은 논증은 비고츠키의 네 단계, 설명적인 실험들 그리고 제2권에서 다루게 될 특수한 연구들을 생물적 맥락을 넘어 역사-문화적 맥락에 위치시킨다.

I. 첫 번째 절에서 비고츠키는 발생적 접근이 역사적 접근과 가지는 밀접성을 통해 그 중요성을 설명한다. 그는 전성설과 교조적인 진화론을 비판하지만 이 둘을 동등하게 취급하지는 않는다. 아동 발달이 이 둘 중 하나를 택해야 한다면 그는 다윈주의적 견해 쪽으로 기운다. 이는 다윈주의적 견해가 발달에 있어서 위기와 혁명적 변화를 설명해 주고, 단순한 형태로부터 더욱 복잡한 형태의 출현을 가능하게 하며, 따라서 설명적이기 때문이다(**5-1~5-30**).

   A. '발생'에 대한 비고츠키의 개념은 매우 광범위하다(물론 현대의 유전학까지 포괄하지는 못한다). 이는 어떤 현상이 어디로부터 유래하며 그 다음에 무엇으로 변하는지에 대한 문제일 뿐이다. 따라서 '발생'에 대한 연구는 역사를 포함할 뿐 아니라 역사를 중요시 여

긴다. 특히 행동의 설명에 대한 경우에는 더더욱 그렇다. 그러나 문화적 행동의 고유성은 두 가지의 대칭적인 오해들로 인해 지금껏 무시되어 왔다(5-1~5-5).

B. 이 오해 중 첫 번째의 것은 전성설이다. 즉, 어린이의 고등정신기능들은 이미 배아 속에 처음부터 존재한다는 관념이다. 이러한 관점은 이미 태생학에서 폐기되었지만 심리학에는 여전히 남아 있다. 몇몇을 제외한 심리학자들은 행동 발달의 매 계기에서 질적으로 새롭게 나타나는 것을 특징짓는 대신 점진적인 양적 변화를 감지하고 기록하는 경향이 짙다. 발달에 대한 그와 같은 태도는 발달을 목적론적이고 대체로 부정적으로 묘사하는 결과를 낳게 되었다. 비고츠키는 이것이 각각의 발달 계기가 가지는 긍정적인 고유성에 대해서는 아무것도 알려 주지 못함을 지적한다(5-6~5-14).

C. 두 번째 오해는 진화를 누적적이고 점진적인 것으로 간주하는 소박한 진화론이다. 이 관점은 전성설과 같이 본질적으로 태생학적이다(5-19, 5-21). 비고츠키는 진화에 대한 다윈의 관점이 이와는 매우 달리 때로는 종 전체를 파괴해 버리기도 하는 혁명적 위기도 포함한다는 사실을 지적한다(5-20). 그는 다른 발달의 형태에서 행동 발달의 모형을 찾아야 한다면, 유기체가 진화적일 뿐 아니라 혁명적으로 환경에 투쟁하고 적응하는 방식에서 모색해야 한다고 결론짓는다(5-15~5-21).

D. 비고츠키는 이와 같은 대칭적 오해의 기저에 종의 기원에 대한 라마르크적 이해와 다윈적 이해의 대립이 있음을 지적한다. 그는 코프카와 쾰러의 연구가 라마르크 식의 역탐지, 즉 고등 과정을 단순히 저차적 과정에서 이미 발견되는 가능성들의 실현으로 보는 것이라는 뷜러의 의견에 동의한다. 그는 뷜러가 본능 수준을 넘어 행동의 새로운 두 영역으로 다윈의 자연 선택 개념을 확장하였음을 보여 준다. 뷜러는 일부 본능들이 자손에게 성공적으로 이어짐으로써 환경에 대한 적응에 기여하는 것으로 자연 선택되는 것과 마찬가지로, 일부 학습된 습관들은 다른 것들에 비해 더욱 효과적이고 경제적인 것으로 인공적으로 선택될 수 있을 것이며, 어떤 가상의 시도들은 개개인에 의해 다른 시도들에 비해 더욱 적응에 유익한 것으로 간주될 수 있을 것이라고 말한다. 물론 '적응성'이라는 개념이 이와 같은 식으로 확장되어 모든 형태의 경험을 포함할 수 있는지 여부는 불명확하지만, 비고츠키는 뷜러의 세 단계는 심사숙고할 만한 가치가 충분하다고 믿으며 이에 대한 논의를 다음 절에서 이어간다(5-22~5-30).

II. 그러나 이번 절에서 비고츠키는 뷜러의 '저차적인 것으로부터 고차적인 것으로의' 관점과 코프카와 쾰러의 '고차적인 것으로부터 저차적인 것으로의' 관점을 지양을 통해 역사적-문화적 관점을 도출해 낸다. 그는 우리가 관심을 갖고 있는 고차적 행동 기능들이 저차적 기능 위에 세워지는 것이 사실이지만, 그들은 기원상 개인적이 아니라 사회적임을 보여 준다(5-31~5-50).

A. 첫째, 비고츠키는 뷜러가 인간의 행동을 본능(무조건 반사), 습관(조건 반사) 그리고 지성

(소위 전례가 없는 반응)으로 나눔을 설명한다(5-31~5-33). 그는 각각의 단계가 어떻게 이전 단계를 부정하는 동시에 보존하는지 (예컨대 습관은 본능의 무조건성을 부정하지만 반응성 자체는 보존하며, 지성은 습관의 반응성을 부정하지만 조건적 관계는 유지한다) 지적한다. 이러한 사실은 4장에서(4-36~51) 이미 충분한 논의를 거쳤음에도 불구하고 비고츠키가 이것이 마치 새로운 사실인 것처럼 여기에서 도입하고 있는 것은 다소 이상하다. 더더욱 이상한 것은 5-88에서 인간 행동에 두 단계가 있는지 혹은 세 단계가 있는지에 대한 문제 전체를 갑자기 다시 묻고 있는 것이다. 5-32에서 이미 비고츠키는 행동의 세 번째 단계에 대해 인정해야 한다는 쪽으로 논의를 한 이후이기 때문이다.

B. 각 단계들이 이전 단계를 어떻게 부정하는 동시에 보존하는지 이해한다 하더라도 우리는 논리적인 기술만을 확보했을 뿐 발생적 설명을 하지는 못하는 것이다. 이러한 이유로 비고츠키는 비록 인간 행동에 대한 태생학적, 식물학적 그리고 심지어는 생물학적 비유를 거부하지만 베르너가 제시한 다소 특이한, 행동들의 '지질학적 지층'이라는 비유에 대해 고찰한다(5-34, 5-38). 그는 뇌 조직이 ('오래된 뇌'로부터 소뇌로, 소뇌에서 '새로운 뇌', 즉 대뇌로) 층층이 진화한다는 크레치머의 이론을 인용한다. 새로운 뇌 조직의 층이 쌓이면 기존의 영역들은 새로운 부분에 종속되고 그들의 기능에 대한 통제권이 새로운 영역으로 옮겨 가게 된다. 비고츠키는 인간의 행동을 수면과 각성의 일주기에 따라 구분한 동료 블론스키의 이론도 다소 호의적으로 소개한다(5-39).

C. 그러나 궁극적으로 비고츠키는 베르너나 크레치머 또는 블론스키의 투박한 비유가 아닌 볼드윈과 피아제 그리고 자네의 이론적, 경험적 연구에 근거하여 고등정신기능들의 발달 방식에 대한 발생적 설명을 진전시킨다. 볼드윈은 어린이가 처음에는 논쟁을 통해서 논거를 발달시키며 그런 다음 이를 스스로에 대한 내적 표상으로 전이시킨다고 설명한다(5-41). 피아제는 이러한 주장을 지지하는 경험적 증거를 그의 저서인 『어린이의 도덕적 판단』에서 제공한다. 자네는 언어의 기원을 명령에서 찾는 다소 사변적인 이론을 토대로(5-46) 어린이가 (부모의 명령과 같은) 사회적 행동 형태를 스스로에게 적용한다고 제시하고(5-40) 이것이 일반적 심리 법칙이라고 한다. 최초에 사회적이었던 행동 형태를 어린이가 자기 스스로에게 적용한다는 이 법칙은 일반적으로 비고츠키 자신이 만들어 낸 것처럼 잘못 알려져 왔다. 이 문단에서 비고츠키는 이 이론이 원래 누구로부터 왔는지 명확히 밝히고 있다.

D. 비고츠키는 심리적 발달에 대한 자네의 일반 법칙이 언어의 기원에 대한 그의 사변적인 이론만큼이나 시시한 것이라고 생각했을 수도 있다. 그러나 인정할 수밖에 없는 한 가지가 있다. 자네의 이론은 의지적 행위와 같이 심리적으로 고등한 발달 형태가 본능, 습관, 지성과 같이 직접적 적응을 향하지 않음에도 불구하고(사람은 전혀 무의미한 혹은 자기 파괴적인 행위를 할 수 있고 실제로 행하기 때문이다) 어떻게 지적 행위와 접목될 수 있는지를 명확히 설명할 수 있게 해 준다. 비고츠키는 이전에는 타인의 행동을 통제하기 위해 사용된 모든 행위는 스스로의 행동을 통제하는 데에도 사용될 수 있다는 점을 지적한

다. 예를 들어 말은 타인을 향하고 사회-의사소통적일 수 있지만 또한 스스로를 향하며 심리적일 수도 있다(5-47). 물론 유인원과 영아의 원시적 기능은 대체로 타인을 지향하는 반면 (우리는 자신을 통제하기 위해 화를 쏟아내지 않으며, 어디 가고 싶다는 표시로 자신의 소매를 끌어당기지도 않고, 스스로에게 윙크를 보내지도 않는다) 말과 같은 고등한 의사소통 형태는 자기-통제에 바로 굴절 적용될 수 있는 것들이다. 비고츠키는 자네가 옳다고 결론을 짓는다. 기능의 분리 (명령과 복종) 그리고 그 기능들이 한 사람에게서 모방을 통해 재통합하는 것은 의지적 행동의 발달에서 핵심적인 계기들이다(5-50).

III. 이 절에서 비고츠키는 '타자에 대한' 과 '자신에 대한' 에 관한 헤겔의 구분에 기초하여 자네의 발생 법칙에 대한 자신만의 설명을 공식화한다. 그리고 나서 비고츠키는 장애 아동의 경우 발생 법칙이 적용되지 않음을 보여 줌으로써, 발생 법칙이 어떻게 반대로 작용하는지 보여 준다. 발달의 일반적 특성 두 가지와 문화적 발달에 더 고유한 여러 가지 발달의 특성을 설명한 후, 비고츠키는 행동 단계에는 몇 개의 단계가 있는지 그리고 그 단계들이 어떻게 연결되어 있는지에 대한 논의를 다시 이어 나간다(5-51~5-103).

A. 비고츠키는 모든 고등 행동은 헤겔의 즉자적, 대자적 단계를 거친다는 관찰로 시작한다. 그리고 그는 탁자 위에 놓인 물체를 잡으려 하는 어린이(4-30 참조)의 예를 바탕으로 어린 아이의 가리키는 몸짓의 발달을 (가상으로) 기술함으로써 이를 설명한다. 비고츠키가 이러한 설명을 의도적 행위(실제 다윈의 진화론적 설명처럼, 선택된 무작위 행동이 아니라)로 시작하는 것은 흥미 있는 일이다.
  1. 첫째로, 어린이는 물체를 잡으려 하지만 실패한다. 이것이 '그 자체로의' 행동이다.
  2. 어린이의 뻗은 손가락들은 엄마에 의해 가리키는 몸짓으로 해석된다. 이것이 '타인에 대한' 행동이다. 어린이 자신은 자신이 가리키고 있다는 것을 느끼지 않기 때문이다.
  3. 끝으로, 엄마는 어린이에게 도움을 주며, 어린이는 이제 가리키기를 몸짓으로 이해하고 무엇인가를 원할 때 그것을 사용하게 된다. 몸짓이 '자신을 향한' 행동이 되었기 때문이다.
  비고츠키는 행동의 '내면화' 나 '내재화' 에 대해 말할 때, 자신이 의미하는 것이 발달의 과정이라는 것을 분명히 한다. 즉 '내적' 이라는 것은 단순히 심리적인 것을 의미하며 외적이라는 것은 단순히 사회적, 문화적, 언어적이라는 것을 의미한다(5-57~5-62). 이것은 비고츠키가 발생 법칙을 공식화시키는 것을 가능하게 해 준다. 즉 모든 문화적 기능은 어린이 삶의 무대에 두 '국면' 으로 나타난다. 첫째 실제 사람들 사이의 분업 즉 사람들 사이에 상연된 드라마로서, 둘째 어린이의 마음 안에서 기능의 분리 즉 내적 드라마로서 나타난다(5-59).
B. 이 새로운 발생 법칙을 환영하며 고등 기능 발달의 전체성을 설명하는 데 사용하는 대신, 비고츠키는 이 지점에서 우리에게 필수적인 자연적 토대를 상기시킨다. 그는 정상

적 발달과 비정상적 발달을 비교하며, 이 비교를 행동의 네 지층 모두의 개별성과 의존성에 주의를 끄는 데 이용한다.
   1. 비고츠키는 정신적으로 장애가 있는 어린이는 저차적 심리기능이 극단적으로 허약하다는 것을 보여 준다(예를 들어 어린이는 신발과 양말을 연합시킬 수 없으며 단순히 '신발'이라는 말을 반복한다).**(5-69)**
   2. 비고츠키는 정상적 발달조차도 우회로의 사용과 기능의 대체를 포함하며, 더구나 이것이 치료 교육학에서는 더욱 당연한 일임을 상기시킨다. 예를 들어 어린이는 양말과 신발 사이의 관계를 이해하지 못하더라도 양말과 함께 신발을 신는 습관을 형성할 수 있다**(5-70)**.
   3. 비고츠키는 기호를 지적으로 사용하고 다른 사람과 '기능을 나누는' 능력은 행동의 세 번째 수준인 지적 행동을 나타낸다는 것을 상기시킨다(예를 들어 다른 사람에게 신발과 양말을 짝짓게 하고 다른 사람이 이 일을 할 때 그들의 행동을 이해하는 것이다).**(5-71)**
   4. 비고츠키는 많은 정신 장애의 예를 통해 궁극적으로 손상된 것은 결코 연결을 형성하는 능력이 아니라 정신적 연결을 조절하고 지시하는 능력이라고 제시한다(어린이들의 정신은 정상과 비정상에 무관하게 동등한 생산성을 가지지만 변이와 반복의 의지적 통제 능력에 있어서는 같지 않다).**(5-72, 5-73)**.
   비고츠키는 대개 주요 증상으로 간주되는 어린이의 '일반적' 지체는 사실 저발달의 복잡한 연쇄의 결과라는 결론을 내린다. 즉 지체는 유기체적 장애로부터, 문화적 원시성으로, 보상 형태 발달의 실패로, 의지의 저발달로 이어지는 연쇄의 결과인 것이다**(5-74)**.
C. 이 지점에서 비고츠키는 발달의 개념이 진정으로 의지에 적용될 수 있는 것인지 묻는다. 이 질문에 답하기 위해, 그는 먼저 일반적인 발달의 특성을 고찰한다.
   1. 발달은 미발달된 토대를 남겨 둔다(예를 들어 생물학적 발달은 물리학을 변화시키지 않으며, 사회문화적 발달은 생물학 법칙을 변화시키지 않는다).**(5-77)**
   2. 발달은 개체의 통일성과 완전성을 보존하는 내적 특성의 어떤 변화를 포함한다. 그러므로 발달은 발달의 이전 단계와 다음 단계 사이의 내적 연결을 포함해야 하며, 동시에 발달은 상대적으로 영구적이다(예를 들어 날씨나 위치의 변화는 유기체가 어떤 방식으로든 그것에 적응하지 않는다면 발달을 수반하지 않으며, 만약 유기체가 적응한다면 우리는 그것이 유기적 통합성을 유지하며 적응은 초기 단계와 후속 단계에 연결된 과정이고 적응이 단순히 '잊혀지지' 않는다는 것을 알게 된다).**(5-77)**
D. 그리고 나서 비고츠키는 이러한 특성이 실제로 문화적 발달에 적용되는지 고찰하고, 산술 발달의 예를 든다. 왜냐하면 손다이크가 산술 발달을 어떤 식으로도 내적 발달에 기인하지 않는, 어린이 행동의 순수한 외적 수정으로 간주하기 때문이다. 그러나 비고츠키는 어린이의 곱셈과 나눗셈 능력이 어떻게 덧셈과 뺄셈을 '기반하고' 있는지, 그리고 어린이의 덧셈 능력조차도 어린이가 학교에 들어갔을 때 가지고 있던 많고 적음의 '자

연적' 개념에 의존해야 한다는 것을 보여 준다. 이것은 가변성, 즉 다양한 어린이들이 수학적으로 발달하는 방식의 특질은 (5-83) 물론 불변성 즉 다양한 조작이 발달하는 방식에서 보게 되는 논리적 순서 모두를 설명한다. 게다가 그것은 발달의 고도로 비선형적인 특성, 즉 왜 심지어 어린이 발달 과정의 맨 처음과 맨 끝(예를 들어 한편으로 이가 나고 젖을 떼는 것과 다른 한편으로 사춘기)에서 우리가 위기를 겪게 되는지 설명한다. 그 위기는 바로 두 개의 매우 다른 종류의 발달, 즉 그들의 관계 역시 발달하고 있는 자연적 발달과 문화적 발달의 결과이다(5-87).

E. 발달 유형들 사이의 관계가 어떻게 변하는지 정확히 보여 주기 위해 비고츠키는 이제 어린이 행동 단계가 둘인지 셋인지 넷인지의 문제를 다시 다룬다. 비고츠키는 바로 손다이크의 『Psychology of Arithmetic(산술심리학)』을 염두에 두고 있으며, 이 장의 맨 끝에서 산술의 예를 다시 다룰 것이다. 먼저, 비고츠키는 행동에는 오직 무조건 반사와 조건 반사의 두 가지 형태만 존재한다는 손다이크의 입장을 받아들인다(5-94). 그러나 인간이 길거리에서 비둘기를 잡거나 다람쥐를 쫓는 대신 식당에서 식사를 할 때, 배고픔의 본능이 보존되었다 할지라도 어떤 본능은 부정되었다고 우리는 말할 수밖에 없다(5-98). 유사하게 어린이가 습관에 의해 습득된 '반응'만을 사용하여 새로운 산술 문제를 풀 때, 습관 형성의 어떤 특성(예를 들어 운동 기능의 반복)은 다른 특성들(예를 들어 습관 체계 자체)이 보존될 수 있도록 부정될 수밖에 없다고 비고츠키는 말한다. 그는 자신의 가설적인 네 번째의 의지적 행동 단계 또한 어떤 것은 부정되고 다른 것들은 변형된 방식으로 '제쳐지고' 보존되는 것으로, 단지 지적 반응, 습관적 반응, 무조건 반사의 조직화된 체계에 지나지 않음이 드러날 것이라고 결론 내린다(5-100).

IV. 이 절에서 비고츠키는 실제로 네 번째의 의지적 행동 단계가 어떻게 저차적 단계(물론 그것이 오직 이러한 저차적 단계들만으로 구성되었다는 것을 보여 주는 것은 아니지만)를 포함하는지 보여 준다. 비고츠키는 먼저 3장(3-67~3-74)에서 이용된 선택 반응 과정 속에서 그 단계를 추적하며, 그 반응이 사실상 선택의 예가 아니라 자발적 기억 발달의 연구라고 말한다(5-101). 비고츠키는 산술 발달(5-134~5-140)과 말 발달(5-141~5-147)에서 나온 비실험적 데이터를 통해 결론을 내린다.

A. 비고츠키는 여기서 보게 될 것이 자연적 기억에서 보는 것과 똑같은 반응이 새롭게 조합된 것이라는 지적으로 시작한다. 그는 이러한 새로운 조합이야말로 이 책의 주요 주제라고 덧붙여 말한다(5-101). 먼저 어린이는 다양한 색깔에 대해 서로 다른 손가락으로 (전자 건반을 사용하여) 반응한다. 비고츠키는 어린이의 직접적 기억의 명백한 한계가 그것이 기억의 자연적, 원시적 단계라는 표시라고 제안한다(5-110). 비고츠키는 어린이들이 대체로 이러한 한계를 알아채지 못하며 성인들은 자연적 기억의 한계를 훨씬 더 잘 의식하는 경향이 있다는 것에 주목한다(5-108).

B. 그리고 나서 비고츠키는 그림의 도움으로(예를 들어 어린이는 말 그림을 보면 썰매 그림이 있는 건반을 눌러야 하며, 빵 그림을 보면 칼 그림이 있는 건반을 눌러야 한다) 어린이는 수행 능력을 크게 향상시킬 수 있다는 것을 보여 준다. 그러나 그림이 바뀌면, 어린이는 건반이 아닌 그림을 기억하기 때문에, 스스로 잘 기억할 수 있다고 확신하는 어린이조차 수행 능력은 다시 떨어진다(5-113). 유사하게 비고츠키는 비네 테스트의 일부로서 다른 방에 가서 두세 개의 과업을 수행해야 하는 소녀의 예를 인용하면서, 그 소녀의 수행 능력은 지시가 반복되었을 때 향상되지만 그 소녀가 자신이 지시를 주의 깊게 들어야 한다는 것을 깨닫지 못한다는 것에 주목한다. 비고츠키는 이 단계에서 정신 작용 사이의 관계가 물리적 대상과 외적 사건 사이의 관계로 잘못 이해되고 있다고 주장한다. 비고츠키는 이 단계를 그림과 반복 자체가 인간의 지식과 아무런 관계가 없는 객관적인 힘을 가지고 있다고 간주되는 원시적, 주술적 단계라고 부르며, 이 단계를 어린이와 침팬지가 자신의 신체에 대한 지식을 점진적으로 축적하는 '소박한 물리학'과 마법에 비유한다(5-118). 동일한 방식으로 어린이는 자신의 마음의 특성에 관한 지식을 축적해야만 한다.

C. 이것은 어린이가 자기 자신의 기호를 스스로 만들기 시작할 때 일어난다(5-125). 그렇게 되었을 때 반응 시간은 (티치너가 주목했듯이) 급격히 감소하기 시작하며 어린이는 더 이상 그림을 찾을 필요가 없게 된다. 비고츠키는 이것이 기호의 외적 사용과 내적 표상의 '내적 변혁'이라고 말하며, 이러한 '내적 변혁'이 일어날 수 있는 세 가지 가능한 방식이 존재한다고 제안한다.

  1. 비고츠키는 첫째 유형을 '봉합 내적 변혁'이라 부른다. 그림은 상처를 꿰매는 데 사용되는 바늘땀과 유사하기 때문이다. 자극과 반응 사이를 연결하는 그림은(예를 들어 '말-썰매'와 '빵-칼') 처음에는 필요하지만, 건반의 위치에 익숙해짐에 따라 어린이는 그림을 더 이상 찾지 않는다. 매개된 반응이 비매개적 반응이 되는 것이다. 비고츠키의 용어로 말하면, 자극과 반응 사이의 틈이 이제 '치유'되었으며 봉합실은 제거될 것이다(5-130~5-131).
  2. 두 번째 유형은 '전체적 내적 변혁'이라 불린다. 그것은 단지 단일한 반응이 아니라 일련의 전체 자극의 내적 이행을 포함하기 때문이다. 예를 들어 어린이는 그림 세트 전체를 익혀서 보지 않고도 그림에 대한 반응을 맞힐 수 있다(5-132).
  3. 세 번째 유형은 '언어적 내적 변혁'이라 불린다. 어린이는 외적 자극에 의존하는 대신 자신이 고안한 방대한 내적 자극의 배열을 사용하기 때문이다(5-133).

D. 그리고 나서 비고츠키는 동일한 네 단계(자연적/원시적, 소박한, 내적 변혁, 내적 기호)가 산술 능력 습득에도 성립함을 보여 준다. 예를 들어 세 살 어린이는 일곱 개의 사과 무리가 세 개의 사과 무리보다 많다는 것을 쉽게 말할 수 있지만, 두 무리 중의 어느 것이 16개를 포함하고 어느 것이 19개를 포함하는지는 말할 수 없다. 이것이 자연적 단계이다(5-136). 자신의 손가락으로 수를 세는 어린이는 이것을 할 수 있지만, 어떻게 하는지

는 설명하지 못한다(예를 들어 어떤 어린이는 자신이 자기의 손가락만을 셀 수 있다고 생각한다). 이것이 소박한 단계이다(5-137, 5-138). 그리고 나서 어린이는 머릿속으로 수를 세게 되며 곧 세지 않고도 계산할 수 있게 된다. 유사하게 말 습득에서 어린이(그리고 단지 어린이뿐만이 아니라)는 표현적인 소리와 몸짓의 자연적 단계로부터(5-141) 모든 것은 단지 하나의 이름만을 가지고 있다는 소박한 이해로, 처음에는 자기중심적 말로서 그 다음에는 내적 말로서의 말의 점진적 내재화로 나아가야 한다(5-145). 후속 연구에서 비고츠키는 이러한 예들이 개별적으로 논의될 것임을 약속한다(5-147).

| 참고문헌 일람표 |

베흐테레프 Bekhterev, V.M. *A General Framework for Human Reflexology*. Moscow, Petrograd, 1923. (Бехтерев В.М. Общие основы рефлексологии челвека. М.; Пг., 1923)

베흐테레프 Bekhterev, V.M. *Collective Reflexology*. Petrograd, 1921. (Бехтерев В.М. Коллективная рефлексология. Пг., 1921)

베흐테레프 Bekhterev, V.M. *The Working of the Brain*. Leningrad, 1926. (Бехтерев В.М. Работа головного мозга. Л., 1926)

블론스키 Blonsky, P.P. *Outlines of a Scientific Psychology*. Moscow, 1921 (Блонский П.П. Очерк научной психологии. М., 1921)

블론스키 Blonsky, P.P. *Pedology*. Moscow, 1925. (Блонский П.П. Педология. М., 1925).

블론스키 Blonsky, P.P. Psychology as the Science of Behavior. In *Psychology and Marxism*. Moscow, Leningrad, 1925. (Блонский П.П. Психология как наука о поведении. — В.: Психология и марксизм. М.; Л., 1925)

딜타이 Dilthey, W. *Descriptive Psychology*. Moscow, 1924. (Дильтей В. Описательная психология. М., 1924)

프로이트 Freud, S. *Beyond the Pleasure Principle*. Moscow, 1925. (Фрейд З. По ту сторону принципа удовольствия. М., 1925)

프로이트 Freud, S. *Essays on the Theory of Sexuality*. Moscow, Petrograd, 1924. (Фрейд З. Очерки по теории сексуальности. М.; Пг.,1924)

프로이트 Freud, S. *Ego and Id*. Leningrad, 1924 (Фрейд З. Я и оно. Л., 1924)

프로이트 Freud, S. *Introductory Lectures in Psychoanalysis*. Moscow, 1923, Vols. 1. & 2. (Фрейд З. Лекции по введению в психоанализ. М., 1923, вып. 1, 2)

회프딩 Høffding, H. (1904) *Outlines of Psychology*. New York: MacMillan. (Геффдинг Г. Очерки психологии, основанной нопыте. СПб., 1908)

후설 Husserl, E. *Philosophy as a Rigorous Science*. Moscow, 1911. (Гуссерль Э. Философия как строгая наука. М., 1911)

제임스 James, W. *Conversations with Teachers*. Moscow, 1905. (Джемс В. Психология в беседах с учителями. М., 1905)

제임스 James, W. *Psychology*. Moscow, 1911 (Джем В. Психология. СПб., 1911)

코프카 Koffka, K. *The Basics of Psychic Development*. (Die Grundlagen der psychischen Entwicklung) Osterwieck am Harz, 1925.

코프카 Koffka, K. Introspection and the Method of Psychology. *The British Journal of Psychology*, 1924, Vol. 15.

쾰러 Köhler, W. *Gestalt Psychology*. New York, 1924.

쾰러 Köhler, W. *Intelligence Tests on Anthropoid Apes*. (Intelligenzprüfungen an Anthropoiden, Intelligenzprüfungen an Menschenaffen) Leipzig, 1917.

쾰러 Köhler, W. Of the Psychology of Chimpanzees. (Aus Psychologie des Schimpanzen) *Psychologische Forschung*, 1921, Vol I.

마르크스 Marx, K. & 엥겔스 Engels, F. *Collected Works*. (Маркс К., Энгельс Ф. Сочинения. 2-е изд., т. 20, 23, 25, ч. II, 46, ч. II.)

파블로프 Pavlov, I.P. A Twenty-Year Study of the Subjective Experience of the Higher Nervous Activity (Behavior) of Animals. *Works*. Op. Moscow, Leningrad, 1950, Vol III, Book 1. (Павлов И.П. XX-летний опыт субъективного изучения высшей нервной деятельности [поведения] животных. — Поли. собр. соч. М.; Л., 1950, т. III, кн. 1)

파블로프 Pavlov, I.P. Lectures on the Main Digestive Glands. *Works*. Op. Moscow, Leningrad, 1951, Vol III, Book 2. (Павлов И. П. Лекции о работе главных пищеварительных желез. — Поли. собр. соч. М.; Л., 1951, т. III, кн. 2)

스턴 Stern, W. *The Psychology of Early Childhood to the Age of Six*. Moscow, 1922. (Штерн В. Психология раннего детства до шестилетнего возраста. М., 1922)

스턴 Stern, C. and W. *The Child's Language*, (Child-speech). (Die Kindersprache). Leipzig: J.A. Barth.

손다이크 Thorndike, E.L. *Principles of Teaching Based on Psychology*. Moscow, 1925. (Торндайк Э. Принципы обучения, основанные на психологии М.1925)

티치너 Titchener, E.B. *Textbook of Psychology*. Moscow, 1914, Part 1 and 2.

왓슨 Watson, J. *Psychology as a Science of Behavior*. Moscow, 1926. (Уотсон Дж. Психология как наука о поведении. М. 1926)

| 색인 |

가리키는 몸짓 5-52~5-55
개념 형성 1-6, 1-11, 1-70, 1-74, 1-80, 1-97, 5-59
개인 심리학 1-96
개체 발생 1-83, 1-104, 1-108~1-110, 1-119~1-121, 2-154, 2-178, 2-184, 5-46
객관주의 2-39
게슈탈트(구조주의, 형태주의) 2-22, 2-23, 2-52, 3-7, 3-13
경험적 심리학 1-35, 1-40, 1-41, 1-44, 1-66, 2-10~2-13
경험주의 2-89
계기 1-6, 1-19, 1-20, 1-76, 1-114, 1-115, 2-79, 2-137, 2-147~2-149, 2-156, 3-6, 3-7, 3-12, 3-16~3-18, 3-36~3-38, 3-40, 3-42, 3-57~3-59, 3-64, 3-65
계층화 5-35, 5-37
계통 발생 1-83~1-86, 1-108~1-110, 1-119~1-121, 1-54, 2-78, 2-184, 5-46, 5-62
괴테 J. W. von Goethe 4-13, 5-73
구조주의(게슈탈트, 형태주의) 2-22, 2-23, 2-52, 3-7, 3-13
그리기 1-80, 1-81
그림(실험) 2-72, 5-107~5-118, 5-123, 5-124, 5-132, 5-144
기능의 대체 5-70
기능의 분리(명령과 복종) 4-33
기술記述적 심리학 3-2, 3-4, 3-7, 3-14, 3-21, 3-37
기억(기계적) 1-36

기억(논리적) 1-36~1-39, 1-80, 1-97, 5-59
기억(문화적) 2-113~2-116, 2-119, 2-169
기억술 2-116~2-124, 4-58, 5-106
기억을 위한 매듭 묶기 2-116~2-124
기초 기능 1-33, 3-75~3-83
기호 1-140, 2-43, 2-137, 2-143~2-157, 2-169, 2-172~2-185, 3-26, 3-75, 4-8~4-14, 4-24, 4-34~4-69, 5-40~5-49, 5-61, 5-71, 5-101, 5-120~5-125, 5-133~5-145
기호의 자연적 역사 4-61, 4-69, 4-72, 4-78

나무에 칼자국 2-120, 2-122, 2-123
낱말 1-42, 1-65, 2-18, 2-24, 2-50, 2-58, 2-140, 2-143, 2-152, 2-176, 2-177, 3-47, 3-62, 3-67, 3-72, 4-8, 4-29, 4-30, 4-54, 5-19, 5-45, 5-46, 5-48, 5-61, 5-64, 5-133, 5-144~5-146
내면화 2-174, 5-56, 5-63
내적 말 3-27, 5-43, 5-47, 5-145, 5-146
내적 변혁 вращнвання 5-128~5-132, 5-140
노동 1-91, 2-57, 2-172, 2-178, 2-181, 5-50
논리적 기억 1-36~1-39, 1-80, 1-97, 5-59
뇌 1-31, 1-33, 1-44, 1-52, 1-58, 1-91, 1-114, 1-119, 1-120, 1-133, 1-138, 1-146, 2-110, 2-138, 2-141~2-150, 2-153, 2-168, 2-170, 3-75, 3-81, 4-23, 5-34~5-37, 5-74, 5-92, 5-110, 5-128

다윈 C. Darwin 1-39, 3-23, 3-24, 4-46, 20~5-30
대뇌 1-39, 1-92, 1-138, 2-141~2-143,

2-149~2-154, 2-170, 3-75, 5-110
대상과 과정의 구분 3-16, 3-27, 3-37
데카르트R. Descartes, "cogito ergo sum" 2-165
도구 1-32, 1-46, 1-90, 1-107, 1-113~ 1-120, 1-128, 1-132, 1-133, 1-138, 2-2, 2-57, 2-83, 2-111, 2-115, 2-128, 2-159, 2-173~2-186, 4-9, 4-11, 4-33~4-35, 4-46, 5-61, 5-118, 5-120
도구와 기호 구분 2-173~2-186
도스토예프스키 Достоевский/Dostoevsky 1-63
동물 심리학(비교 심리학) 1-87, 2-34
듀이J. Dewey 2-175
딜타이W. Dilthey 1-40, 3-21

라마르크J.-B. Lamarck 5-22, 5-25, 5-26
레비-브륄L. Lévy-Bruhl 2-97, 2-100, 2-119
레빈K. Lewin 3-3, 3-19~3-21, 3-25, 3-28, 4-17~4-22
레오나르도 다 빈치Leonardo da Vinci 1-63
리프만O. Lipmann 5-118
리히텐베르크G. Lichtenberg 2-165
린드보르스키J. Lindworsky 5-73

마르크스K. Marx 2-145, 3-29, 5-63
마음의 도구 2-174
말름을 가진 도구(노예) 2-159
매개된 활동 2-180~2-183
매듭 묶기 2-113~2-124
메르켈F. Merkel 3-62
메치니코프Мечников/Metchnikoff 2-68~2-70
모방 2-41, 2-144, 4-70~4-77, 5-46, 5-50, 5-82
모방적 행동의 범위 4-70~4-77

무조건 반사 2-147, 2-170, 5-89, 5-96, 5-97, 5-141
문화적 구조 4-28
문화적 발달 1-14, 1-18, 1-32, 1-35, 1-38, 1-50, 1-53, 1-58, 1-74~1-77, 1-83, 1-84, 1-96, 1-99, 1-103~1-113, 1-124~1-132, 1-139~1-145, 1-150, 2-2~2-4, 2-29~2-33, 2-36, 2-55, 2-62, 2-74, 2-163, 2-164, 2-179, 4-3, 4-21, 4-56, 4-59, 4-61, 4-66, 4-67, 4-76, 5-5, 5-21, 5-44, 5-51, 5-56~5-60, 5-63, 5-64, 5-67~5-74
문화적 원시성 1-138~1-148, 5-68~5-74
문화적 행동 1-7, 1-14, 1-19, 1-38, 1-56, 1-61, 1-83, 1-103, 1-104, 1-134, 1-139, 2-42, 2-79~2-82, 2-131, 2-163, 3-74, 4-56, 4-60, 4-61, 4-65, 5-47, 5-67~ 5-70, 5-98, 5-111
뮌스터베르크H. Münsterberg 1-40, 3-62
미지의 영역terra incognita 1-37
민족 심리학 1-84, 1-102, 1-103, 2-29, 2-30, 2-31, 2-35, 2-74, 2-79, 2-165, 3-17

바소프Басов/Basov 3-8, 3-9, 4-25, 4-26
바스티안A. Bastian 2-165
반응 시간 3-41~3-48, 5-127
반응의 성립/확립 3-58
반제만Dr. Wangemann 2-119
반쪽 말을 가진 도구(가축) 2-159
발달 노선 1-86, 1-144
발생 법칙 5-59
발생 심리학 4-43, 4-48
발생적 분석 4-63
방법론 1-11, 1-17~1-20, 1-29, 1-34, 1-41, 1-48, 1-49, 1-65, 1-76~1-78, 1-126, 1-150, 2장, 3-2, 3-15, 3-38, 3-76,

4-50, 5-4, 5-23

배아 1-28~1-33, 1-48, 1-52, 1-56, 2-22, 2-99, 5-9, 5-19~5-21

베르너H. Werner 2-29, 2-77, 3-17, 4-6, 4-13, 5-38

베흐테레프Бехтерев/Bekhterev 2-41

변증법 1-17, 1-20, 1-44, 1-123, 2-59, 2-76, 2-77, 3-78, 4-2, 5-14, 5-37, 5-95, 5-99

보겐H. Bogen 5-118

보조 자극 4-24

복합 반응 3-39, 3-40~3-44, 3-50~3-56, 3-59, 3-60, 3-64

복합체 1-22, 1-148, 4-4, 4-5, 4-30

본능 1-22, 1-33, 1-60, 1-74, 1-104, 4-51, 4-72, 5-30, 5-89, 5-93, 5-97~5-99

볼드윈J.M. Baldwin 5-41

봉합 내적 변혁 5-130, 5-140

분트W. Wundt 1-28, 2-14, 2-15, 2-27~2-30, 2-37, 2-39, 2-176, 3-53, 4-5

뷔르츠부르크Würzburg 2-37, 2-39, 2-42, 2-43, 4-46

뷔리당의 당나귀 2-87~2-93, 2-95, 2-102, 2-105, 2-108, 2-109, 2-112

뷜러K. Bühler 1-115, 2-32, 4-36~4-40, 4-54, 5-22~5-31, 5-56

브라유L. Braille 1-140

블론스키Блонский/Blonsky 2-77, 2- 53, 5-39

비교 분석 1-130, 5-67

비네A. Binet 2-38, 2-41, 2-51, 4-57, 5-115

비정상적인 어린이 1-139, 1-143, 1-144

산술 1-9, 1-23, 1-133, 2-125~129, 3-43, 3-46, 5-78, 5-81, 5-99, 5-102, 5-129, 5-134, 5-136, 5-140, 5-147

상징화сигнификация/signification 2-143, 2-144, 2-146, 2-170, 2-172

상호-인간적 드라마 5-59

새로운 뇌 5-37

새로운 형태 1-42, 1-104, 1-106

생리학 1-22, 1-40, 1-41, 1-43, 1-44, 1-65, 1-66, 1-138, 2-13, 2-27, 2-36, 2-39, 2-49, 2-50, 2-92, 2-138, 2-140, 2-142, 2-165

생물학 1-33, 1-54, 1-55, 1-60~63, 1-66, 1-71, 1-74, 1-84, 1-87, 1-91, 1-94, 1-100, 1-106, 1-116, 1-136, 2-69, 2-93, 2-124, 2-144, 3-20, 3-23, 3-24, 4-50, 4-54, 4-60, 5-62, 5-86, 5-92, 5-93

선택 반응 3-42, 3-43, 3-44, 3-46, 3-49, 3-52, 3-53~3-55, 3-59, 3-62, 3-63, 3-65, 3-60~70, 3-73, 3-82, 4-7, 4-15, 5-104~5-106, 5-110, 5-114, 5-123, 5-127

세겡É. Séguin 5-73

셰익스피어W. Shakespeare 1-63

소박한Naïve 5-16, 5-23, 5-24, 5-118, 5-120, 5-122

소박한 물리학Naïve Physik 5-118~5-120

손다이크E. Thorndike 4-74, 5-31, 5-94, 5-99

수 세기 1-133, 3-62, 5-78, 5-136, 5-139

슈프랑거E. Spranger 1-65, 1-73

스턴W. Stern 3-26, 4-30, 4-68, 5-137, 5-138, 5-143

습관 1-22, 1-23, 1-27, 1-35, 2-41, 2-48, 4-36, 4-51, 4-56, 4-68~4-70, 4-78, 5-31, 5-32, 5-78, 5-90, 5-92~5-94, 5-99, 5-101

시각 장애 1-140, 1-142

시행착오(시도) 5-32, 5-92
신플라톤주의 1-44
신호화 2-142~2-145, 2-152
실험-발생적 방법 3-18
실험 외적 데이터 5-134~5-140, 5-141~5-147

아동심리학 1-2, 1-4, 1-13~1-16, 1-26~1-30, 1-33, 1-37~1-38, 1-52, 1-54, 1-75, 1-77, 1-81~1-85, 1-88, 1-96, 1-116, 1-128, 1-130, 1-136, 1-150, 2-3~2-4, 2-27, 2-32~2-35, 2-42, 2-52, 2-74, 4-25, 4-65, 5-5~5-7, 5-15, 5-16, 5-22, 5-25, 5-26, 5-67, 5-78, 5-89, 5-95, 5-101
아리스토텔레스Aristotle 2-175
아흐N. Ach 2-47, 3-39~3-49, 3-59
언어화 5-46
엘리아스버그W. Eliasberg 5-71
엥겔스F. Engels 2-55, 2-57, 2-61, 2-133, 2-134, 2-151, 3-80, 3-81
역동적 분석 3-18, 3-34~3-37, 3-57~3-59
역사, 문화-사회적 1-18, 1-32, 1-38, 1-47, 1-50, 1-73, 1-83, 1-85, 1-88, 1-96~1-99, 1-107, 1-108, 1-144, 1-150, 2-2~2-4, 2-116, 4-62, 5-1, 5-18, 5-21, 5-40, 5-46, 5-52, 5-57, 5-60, 5-63, 5-64, 5-68, 5-72
역사, 자연적 1-69, 1-70, 1-72, 1-74, 1-89, 1-90, 1-94, 1-118, 1-119, 1-138, 2-55, 2-145, 2-184, 4-69, 5-35, 5-62
연합 1-21, 1-47, 1-85, 1-95, 1-96, 2-21, 2-28, 2-44, 2-48, 2-124, 2-146, 3-3, 3-10, 3-14, 3-45, 3-61, 3-74~3-77, 5-69, 5-114, 5-118
연합(적) 심리학 1-95, 2-52, 3-3, 3-37

연합적 연결 2-124, 3-3, 3-73~3-76
영원한 어린이다움 4-6
왓슨J. B. Watson 2-41, 5-47
우회 1-104, 4-33~4-35, 5-69, 5-70
운명 1-38, 1-43, 1-75, 2-36, 2-99, 2-109, 2-118, 2-124, 3-13
움직임 1-119, 3-18, 3-36, 3-59, 3-61, 3-67, 4-10, 4-56, 5-28, 5-29, 5-48, 5-52
원시(적) 인간 1-17, 1-83, 1-104, 1-118, 1-146, 2-67, 2-74, 2-117, 2-119, 2-121, 2-127, 4-21, 5-116, 5-117, 5-144
원시적 1-17, 1-57, 1-61, 1-83, 1-93, 1-102, 1-145~1-148, 2-62~2-83, 2-100, 2-117~2-121, 2-162, 3-3, 4-3~4-10, 4-14, 4-19~4-21, 4-28, 4-30~4-32, 4-46, 5-18, 5-23, 5-30, 5-100~5-112, 5-116, 5-117, 5-135, 5-136, 5-141, 5-144
원시적 구조 4-4, 4-6~4-7, 4-19, 4-28, 4-31~4-32
원시적 형태 4-39, 5-18
원시적인 통합(감각운동 기능들의 원시적인 통합) 4-6, 4-10~4-15
위기 1-17, 1-41, 2-26, 3-2, 3-20, 5-4, 5-14, 5-16
유심론 4-23, 4-45, 4-48, 4-53
유인원, 침팬지 1-46, 1-87, 1-115, 1-119, 2-110, 2-166, 4-11, 4-39, 4-46, 4-48, 4-73, 4-75, 4-76, 5-48, 5-118, 5-119
의도 1-143, 2-24, 2-95, 2-162, 2-169, 2-183, 3-35, 3-78, 4-18, 4-19, 4-21, 4-64, 4-74, 5-52, 5-63
의미 없는 연결 3-60~3-63
의식 1-29, 1-42, 1-98, 2-38, 2-40, 2-41, 2-51, 2-99, 2-100, 2-117, 2-162,

2-166, 3-2, 3-5, 3-45, 3-49, 3-77, 4-50, 4-65, 5-117
의식의 직접적 데이터 1-166
의인화антропоморфизм, anthropomorphism 5-23
의지의 교육학 4-18
이원론 1-40, 1-41, 2-13
이행적 2-83
인간 적응 1-91, 2-56, 2-57, 2-59, 2-145, 2-172, 5-86
인간화 2-163, 2-164, 4-41
인격 1-1, 1-49, 1-61, 1-68, 1-112, 1-150, 2-63, 2-75, 2-78, 2-141, 2-156, 2-162, 2-163, 2-165, 2-167, 3-8, 4-20, 4-51, 4-56, 5-13, 5-14, 5-41, 5-50, 5-56, 5-63, 5-64, 5-74
인공 자극 2-97, 2-112, 2-121, 2-124, 2-131, 2-136, 2-146

자극과 반응 1-23, 2-8, 2-14, 2-26, 2-28, 2-37, 2-43, 2-59, 2-101, 2-105, 2-110, 3-60, 3-61, 3-63, 3-69, 3-71, 4-7, 5-131
자극-기호 4-14, 4-24
자극-대상 4-7, 4-14
자극-장치 2-108, 2-112, 2-124, 3-72
자기 숙달 4-18
자기 조절 2-99
자기중심적 말 3-27, 5-145
자기통제 4-21
자네P. Janet 5-40, 5-45, 5-46
자발적 기억 4-53
자발적 주의 1-36~1-39, 1-80, 1-97, 2-146, 3-35, 3-49, 5-50, 5-59
자발적 행동 4-75
자연의 숙달과 행동의 숙달 2-184
자연주의 1-53, 1-56, 1-60, 1-63, 1-67,

2-33, 2-34, 2-39, 2-44, 2-55, 2-56, 2-58, 2-151, 4-56
자유 의지 2-38, 2-90, 2-112, 3-31
작업가설 1-1, 2-61
장애아(동) 1-138, 1-141, 1-144
전성설 5-6, 5-8
전체론적 심리학 3-8, 3-11
전체적 내적 변혁 5-132, 5-140
정신분석 1-60, 1-61, 1-63, 1-65~1-67
제닝스H. S. Jennings 1-113, 1-114, 1-116, 1-118, 1-120, 1-122, 2-58, 2-185
제임스W. James 2-89, 4-16
제비뽑기 2-97, 2-95~2-114, 2-102~2-114, 2-122, 2-162, 2-171
조건 반사 1-92, 2-142, 2-147~2-150, 2-170, 3-75, 4-44, 4-51, 4-68, 5-31, 5-37, 5-89, 5-90, 5-96~5-99, 5-141
조건-발생적 분석 3-25~3-33
주관주의 2-21, 2-39
주술 2-100, 2-117, 5-116, 5-117
주의注意 1-21, 1-36, 1-39, 3-35, 3-36, 5-51, 5-59
주지주의 1-117, 3-50, 3-59, 4-65, 4-69, 4-71
지각 1-94, 1-120, 2-14, 2-126~2-130, 3-17, 3-44, 3-46, 3-70, 4-4, 5-73
지그바르트K. Zigvart 2-165
지성적 반응 5-31, 5-33, 5-101
지양 3-78, 5-37
지질학적 층 1-129
진화 1-83~1-90, 1-111, 2-70, 2-153, 4-36, 4-48~4-54, 5-14, 5-17, 5-20, 5-31, 5-50, 5-87

창조적 분석 4-5
침팬지, 유인원 1-46, 1-87, 1-115, 1-119, 2-83, 2-110, 2-166, 4-11, 4-39, 4-46,

4-48, 4-73~4-76, 5-30, 5-118, 5-119
카프E. Kapp 2-176
칼자국을 낸 나무 막대기 2-120~2-123
케틀레L. A. J. Quetelet 3-47
코프카K. Koffka 3-16, 4-37, 5-22~5-24
쾰러W. Köhler 2-83, 2-110, 4-11, 4-33, 4-46, 4-73~4-76, 5-24, 5-32, 5-48, 5-118
퀼페O. Külpe 2-37
크레치머E. Kretschmer 1-125, 2-162, 2-163, 3-76, 5-35, 5-36, 5-56

타인을 향한 5-46, 5-56
태생학 1-29, 1-30, 1-57, 5-8, 5-9
톨스토이Толстой/Tolstoy 2-95
투른발트R. Thurnwald 2-99 2-116, 2-117, 2-123, 2-159
티치너E. B. Titchener 3-35, 3-44, 3-49, 3-52, 3-53, 3-59

파블로프Павлов/Pavlov 2-49, 2-50, 2-92, 2-93, 2-138, 2-140, 2-142, 2-147, 2-150~2-153, 2-157, 2-170
판단 1-42, 1-49, 2-26, 2-36, 2-64
페도르첸코Федорченко/Fedorchenko 5-142
폴리처Georges Politzer 2-164, 2-165
폴켈트H. Volkelt 2-34, 3-11, 3-12, 4-6, 4-7, 4-10, 4-15, 4-30
프로이트S. Freud 1-54, 1-60~1-67, 2-65~2-66, 5-2, 5-40, 5-45
피아제Piaget 1-6, 1-7, 1-17, 1-41, 1-46, 1-49, 1-51~1-56, 1-69, 1-109, 1-117, 2-52, 2-126, 3-19, 4-65, 5-11, 5-41~5-43, 5-65, 5-82, 5-115

해석적 심리학 1-60, 1-64~1-74, 1-99, 2-12, 3-31
행동주의 1-6, 1-10, 1-11, 1-14, 1-17, 1-19~1-23, 1-56, 2-8, 2-12, 2-21, 2-39, 2-41, 2-43, 2-44, 2-73, 2-89, 2-164, 3-6, 3-8, 3-14, 3-31~3-32, 4-43, 5-23, 5-32, 5-33, 5-106
헤겔G. W. F. Hegel 2-59, 2-126, 2-169, 2-181~182, 3-78, 4-3, 5-53, 5-51~52
헤링E. Hering 5-25
혁명 2-12, 2-58, 5-16, 3-17, 5-87
현상학 1-40~41, 1-44, 1-63, 3-2~3-3, 3-6, 3-19, 3-24~3-25, 3-32, 3-36, 3-59, 4-60
형이상학 1-39~1-45, 1-54, 1-60, 1-70~1-74, 2-42, 3-79, 4-6, 4-45, 4-48, 5-73
형태주의(구조주의, 게슈탈트) 2-22, 2-23, 2-52, 3-7, 3-13
형태주의 심리학 1-17, 1-47, 2-21~2-23, 2-52, 3-7, 3-11, 3-13
혼합물 1-82, 1-146, 2-6, 2-62, 3-2, 3-26, 3-39
화석화 2-65, 2-84, 3-34, 5-116
환원 1-8, 1-14, 1-15, 1-19~1-21, 1-61, 1-70, 1-84, 2-15, 2-40, 2-46, 2-158, 3-2, 3-17, 3-18, 3-74, 3-79, 3-80, 3-81, 4-39, 4-48, 4-50, 4-78, 5-30, 5-56, 5-73, 5-99
환원주의 1-22~1-23, 1-59, 2-165, 3-14
회프딩H. Høffding 3-77, 3-78, 4-53
후설E. Husserl 1-40, 3-2, 3-37
휘트니W. D. Whitney 2-176
흔적 기관 2-68~2-69, 2-73, 2-164
흔적 기능 2-68~2-75, 2-78~2-86, 2-93, 2-95, 2-97, 2-100, 2-113, 2-125, 2-132~2-135, 2-146, 2-156, 2-161, 2-180, 3-18, 4-28

| 비고츠키 연구회 |

교육의 본질을 고민하고 진정한 교육적 혁신을 위해 비고츠키를 연구하는 교사들의 모임, 비고츠키 원전을 번역하고 현장 연구를 통한 논문을 지속적으로 발표해 오고 있다. 진지하고 성실한 학문적 접근을 통해 비고츠키 사상을 이해하고자 하는 교사라면 누구나 함께할 수 있다. 『어린이 자기행동숙달의 역사와 발달 I』의 번역에 참여한 회원은 다음과 같다.

김여선 서울인수초등학교 교사로 부산교육대학교를 졸업하고 한국외국어대학교에서 TESOL 석사학위를 받았습니다. 영어 수업에서 소외된 아이들 지도에 관한 논문 완성 중 D. 켈로그 교수님을 만나 모든 아이들이 행복하고 즐거울 수 있는 영어 수업을 꿈꾸며 비고츠키 공부를 함께하게 되었습니다. 가르치기가 두려워질 때 비고츠키를 만나 이제 가르칠 수 있는 용기, 나 자신에게로의 용기를 얻어 희망을 이야기할 수 있게 되었습니다.

김용호 서울교육대학교와 교육대학원을 졸업하고 한국교원대학교에서 교육학 박사학위를 받았습니다. 현재 서울 녹번초등학교에서 어린이들을 가르치고 있습니다. 켈로그 교수님과 함께 영어 교수법 책을 쓰기도 하고(『얽힌 실타래 풀기-초등 영어수업의 문제』, 2011) 잘 알려진 국제 학술지(Applied Linguistics, 2006; Journal of Applied Linguistics, 2006)에 논문을 게재하는가 하면 미국 대학 교재(IGI, 2010)의 한 챕터를 맡아 저술하기도 하였습니다.

데이비드 켈로그 David Kellogg 부산교육대학교, 서울교육대학교 영어교육과 교수를 역임하고 현재는 한국외국어 대학교 테솔대학원 영어교육학과 학과장을 맡고 있습니다. 『생각과 말』, 『도구와 기호』의 공동 번역 작업에 참여하였습니다. 다수의 저서를 저술하였으며 Applied Linguistics, Modern Language Journal, Language Teaching Research 등의 해외 유수 학술지에 지속적으로 논문을 기재해 오고 있습니다. 비고츠키 연구의 권위자로 인정받고 있습니다.

송선미 서울교육대학교와 교육대학원을 졸업하였으며 지금은 서울신상도초등학교에서 근무하고 있습니다. 대학원 재학 중 인생의 스승 D. 켈로그 교수님을 만났으며, 스승의 스승 비고츠키를 만났습니다. 교사로서의 자기 발전만을 고민하던 좁은 시야가 아이들을 향해 열리게 되었으며 '성장과 발달'에 대한 새로운 이해에 눈을 떴습니다. 갓 두 돌을 넘긴 첫째 아이의 육아에는 『도구와 기호』, 곧 태어날 둘째 아이의 태교에는 이 책의 번역을 통해 얻은 배움이 함께했습니다. 연구회 선생님들 덕분에 비고츠키적 초보 엄마가 될 수 있었습니다. 켈로그 교수님과 함께 Modern Language Journal에 논문을 게재한 바 있습니다.

이두표 서울에 있는 개웅중학교 과학 교사로 서울대학교 물리교육과와 대학원 과학교육과를 졸업하였습니다. 2010년 여름 비고츠키를 처음 만난 후 그 매력에 푹 빠져 꾸준히 비고츠키를 공부하고 있습니다. 번역에 대해 아무런 경험도 없던 제가 켈로그 교수님과 동료 선생님들 덕분에 이 책 번역에 끝까지 함께할 수 있게 된 것을 행운이라 여기고 있습니다.

이미영 서울교육대학교를 졸업하고 현재 서울광남초등학교 교사로 근무하고 있으며 서울교육대학교 대학원 초등영어교육에 대해 공부하고 있습니다. 교실 수업에서조차 흐름에 편승해 가는 모습에 염증을 느끼던 중 D. 켈로그 교수님을 통해 교육의 본질을 향할 수 있는 새로운 눈을 제시해 준 비고츠키를 접하게 되었습니다. 『도구와 기호』에 이어 번역 작업을 함께하는 여러 선생님들과 함께 더디지만 한 걸음 한 걸음 즐겁게 비고츠키를 향해 나아가고 있습니다.

최영미 춘천교육대학교를 졸업하고 현재 성남 복정초등학교에서 근무하고 있습니다. 서울교육대학교 대학원 영어교육과 재학 중 D. 켈로그 교수님을 만나 제가 속한 작지만 커다란 세상을 바라보는 새로운 눈을 갖게 되기를 소망하게 되었습니다. 그 바람을 이루기 위해 든든한 길동무와도 같은 선생님들과 『도구와 기호』를 함께 번역하였으며, 지금도 부족한 공부를 계속하고 있습니다.

한희정 서울형 혁신학교 서울유현초등학교 교사로 청주교육대학교와 한국교원대학교 대학원에서 초등국어교육에 대해 공부했습니다. 2006년부터 초등교육과정연구모임에 함께하면서 우리 사회의 교육 문제를 제대로 된 교육과정을 통해 바꿔 가고 싶다는 꿈이 생겼고, 그 꿈을 찾아가는 길에 좋은 길동무로 비고츠키라는 거대한 산맥을 만나게 되었습니다. 함께 공부하는 선생님들과 『도구와 기호』를 함께 번역했고, 『교과서를 믿지 마라』, 『행복한 혁신학교 만들기』, 『문학수업방법』을 함께 썼습니다.

*비고츠키 연구회와 함께 번역, 연구 작업에 동참하고 싶으신 분들은 iron_lung@hanmail.net 으로 문의해 주시기 바랍니다.